U0139027

法官倫理規範與實踐

蔡烱燉◆著

序

　　自有人類社會以來，人與人間由於財產或身分所衍生的各種爭議，層出不窮，而隨著社會的進步，其爭議也日益複雜。為維持社會的和諧與安定，以「定分止爭」，自然會演化出解決紛爭的模式，在歷史上所演化出來的紛爭解決模式，固然可能因時空環境的不同，而有其差異性，然由國家賦予特定人以公權力來終局解決紛爭，則舉世所同，該有特定解決爭議權力之人，不論其名稱為何，終究是扮演法官的角色。

　　從中國的歷史來看，中國在清末以前，行政、立法與司法權不分，皇帝集大權於一身，處理司法紛爭，民事與刑事不分，且常以刑罰作為解決民事紛爭的手段。握有行政權者，例如地方父母官——縣令（相當於現在的縣長），不僅為地方行政首長，具有行政權，而且享有由最高統治者（皇帝）所賦予，對於糾紛具有定分止爭功能之審判權（司法權）能，而最高統治者本身，對於糾紛之解決則握有最終的裁判權。在這樣的政治結構下，司法僅屬行政權的附庸，並沒有近代所謂審判獨立（或司法獨立）的觀念。為官者固然應依據法律來進行審判，但如何確保其以公正態度來職司審判工作，似無明確規範。宋朝名臣真秀德（號西山）（1178-1235年）曾以「律己以廉，撫民以仁，存心以公，蒞事以勤」四事自勉，並以之勸勉同僚，以為民除去「斷獄不公、聽訟不審、淹延囚繫、慘酷用刑、氾濫追呼、招引告訐、重迭催稅、科罰取財、縱吏下鄉、低價買物」等十害（見《名公書判清明集》頁1-4）。依其所見，如父母官能以「廉、仁、公、勤」的態度為官，當可

為民除去十害，審判自然公平。雖然過去歷史小說評價古代地方父母官處理司法案件的公正性，普遍不佳，然無可諱言，中國古代對於職司審判權者的要求，較之現代，或許有過之而無不及。

　　陳顧遠先生在他所著《中國法制史概要》中曾謂：「在過去之司法無論為何種形態之組織，法官斷案故出入，失出入均負有絕大責任，而訟案滯淹不決，稽延時日，自宋以後亦有刑責，此一光明的火炬，則為現代法未注意焉。」然吾人以為其見解，依現代法治而觀，未必是的論。法官斷案「故出入」，以我國現行刑法而觀，係屬受第125條「明知為無罪之人，而使其受處罰，或明知為有罪之人，而無故不使其受處罰」所規範的犯罪行為；至於法官斷案「失出入」或「訟案滯淹不決，稽延時日」問題，似乎是有違謹慎及勤勉的倫理問題，在清末引進西方司法獨立的觀念後，在概念上，除其情節重大，法官有可能擔負懲戒或民事責任外，此等缺失是屬於法官監督所應解決的問題，不宜以犯罪行為視之。中國古代法官兼有現代檢察官與司法警察官職能，由人民父母官的角度來看他的功能，課以「失出入」責任，或許無可厚非，但由現代司法之中立、消極、被動的本質，以及法官僅對良心及法律負責，法官就審判職務並無長官之觀念言，以刑事來追究上開缺失，恐易招致干預審判之後果，自不足取。又，清末仿日本裁判所構成法所制定之法院編制法，及後來國民政府所制定之法院組織法，除就法院院長的職務監督責任，有所規定外，另規定法官不得干預政事、為政黨員、兼任法所不許之公職及經營商業等，以今日眼光來看，或可認為是中國對於法官的行為有所規範之嚆矢。

清末在多次與列強交手而節節敗退後，雖亟思經由君主立憲及司法變革，倡議司法獨立，企圖挽回頹勢，然而此時國祚已盡，遲來的司法變革，已無能挽救破落的政體，許多大臣早已離心離德，因此清朝敗亡，不過為大勢所趨，1911年10月10日辛亥革命一起，滿清政府即被推翻。中華民國於1912年建立之初，百廢待舉，尤其要由專制政體，轉化為民主法治政體，法制建設尤須長遠擘劃，因此最初在不違背民初由臨時政府所制定「臨時約法」精神的前提下，仍賡續清末司法改革的路徑，只是中國在這之後，長期處於戰爭及動亂當中，國家得以挹注於司法的經費，極為有限，司法變革，有心無力，許多制度，可說因陋就簡，便宜行事。直到國民政府在大陸之爭戰失利，而於民國38年播遷到臺灣之前，實際上並未能在中國建構一可長可久而令人信服的司法制度。而中華民國（臺灣）政府從38年以迄76年解嚴之前，施政重點基本上也是力求經濟發展與社會隱定，在司法改革這部分，著墨不多，除了69年間有關審檢分隸的改革外，並無何傲人成績。

　　臺灣於76年間解嚴之後，一般認為我國有制定法官法的迫切需要，原因在於我國長久以來並無一套健全的法官人事制度，一方面不足以吸收具有多年實務經驗的優秀律師或優秀法律人才，投入法官工作行列，另一方面則是以一般公務員的水平來要求法官，尚有未足，且相關的不適任法官淘汰機制，成效不彰。在76年間林洋港先生出任司法院長後，有感於建立獨立法官人事制度的重要性，因而在他就任第2年即77年間，即成立研修法官法的委員會，希望早日完成「法官法」的立法。然而由於法官法牽涉範圍極廣，不僅與五院職權均有關連性，且民間團體，甚至法官內部都有不同想法，加以部分極力主張

維護所謂的「檢察官的司法官屬性」的檢察官，反對制定法官法，希望制定司法官法，因而所形成的抵制力量也不小，是以本法在推動過程，很不容易獲得共識，更重要的是，有關權責單位，尤其政治部門，也未能充分展現完成立法的決心，以致歷經林洋港及其後施啟揚、翁岳生、賴英照等院長的努力，數度將法官法草案送入立法院審議，均未能竟其功。

　　直到99年間發生三位高等法院法官涉嫌貪瀆而被收押等重大司法醜聞，始喚起各界及輿論一片要求儘速通過法官法，淘汰不適任法官的呼聲。而於總統及在野政治領袖力挺、司法院賴浩敏院長行政團隊，與法官協會、民間司法改革基金會等相關民間團體的努力，以及朝野立委等不斷折衝之下，立法院終於在100年6月14日通過了長達23年立法時程的法官法。本法經總統於同年7月6日公布，依本法第103條規定，除第5章法官評鑑自公布後半年施行、第78條自公布後3年6個月施行外，自公布後1年施行。本法案的通過，可說是我國司法史上的重大事件及重大變革。因本法的通過，確立了我國法官與一般公務人員的區隔，確定法官與國家間的特別任用關係，也可說在樹立我國司法獨立的制度上，具有高度指標性的意義。

　　法官法第13條規定：「（第1項）法官應依據憲法及法律，本於良心，超然、獨立、公正審判，不受任何干涉。（第2項）法官應遵守法官倫理規範，其內容由司法院徵詢全國各法院法官代表意見定之。」而由於法官評鑑涉及法官有無違反倫理規範之問題，法官倫理規範自須於101年1月6日前完成法定之制定程序，司法院乃於事前成立「法官守則研修會」研擬草案、舉辦公聽會、函請各級法院及相關單位表示意見後，於101年1月5日訂定發布全文，並自同年1月6日施行。

筆者於臺灣仍處威權時代的民國72年間開始法官生涯，其間目睹及親身體驗我國司法由保守封閉到改革開放的歷程，並積極參與法官協會自84年成立以迄100年初之間的會務，及法官法立法之推動，且為推動法官法並曾與各民間團體代表（1次）及與法官協會代表（2次），赴總統府，籲請馬英九總統支持法官法立法，此外也拜會了相關政府機關，以及接觸了許許多多政治人物與民間人士，呼籲支持法官法的制定。對於這段時間的司法演變，有著深刻的感受。

　　臺灣在威權時代，政府並未特別重視法官身分與地位的保障，將法官與一般公務員同視，對於法官的管理與懲戒模式，基本上與一般公務人員並無不同，法官既未特別受到重視與尊重，則法官空有「職務的尊榮」，自不足以形塑法官所被期待或自我要求的高尚情操。在這時期，許多當事人試圖透過關係影響法官裁判的關說行為或傳聞，不論是否真實，經常困擾著法官，不僅使有的法官在行使職權方面多所顧忌（例如，法官為免他人懷疑操守，對於輕微案件也不輕易宣告緩刑或易科罰金，而造成短期自由刑的流弊），連帶地也使法官行使職權可能受到干預的陰影，一直在人民心中揮之不去，致使司法公信力一直不易提升。另一方面，國家以「類行政機關」的「法官人事結構」，將法官當做一般公務員來加以管考，致使法官被科員化，而且在人事遷調方面，或有「重行政輕審判」的傾向，形同在法官心中勾勒了一幅「升官圖」，不明就裡的人常以為法院院長有監督法官的權力，可以影響法官判決，或認為有的法官判決會「揣摩上意」，也就不足為奇。如臺灣司法不走出傳統上「法官可能受到他人干涉或影響的刻板印象」，司法公信力即難以提升。

從歷史縱深來觀察，雖然在民國35年的憲法已揭舉法官審判獨立的大原則，但在76年威權時代結束以前，「審判（司法）獨立」恐怕僅止於口號，或個別法官的堅持。在此之前，政治勢力對於司法的影響，如影隨形，林洋港先生擔任司法院院長期間，同時位居重要黨職（民國82年間並任中國國民黨副主席），在爭取司法資源方面，發揮了相當功能，但在外界眼光，此時司法獨立的形象，仍然不高，在他之後，施啟揚及翁岳生二位司法院長前後10餘年「堅持樹立司法獨立形象」的努力，始讓臺灣「司法」逐漸走出政治勢力影響的陰影，但如今仍有為數不少的人，認為政治力可以影響司法，人民對司法的刻板印象，仍未能完全改觀，顯示司法作為，仍有許多改進空間。或許在經過法官法以及法官倫理規範一段時間的洗禮，法官不再發生貪瀆及其他不名譽事件；在處理個案，可以逐漸讓人民擺脫法官可能有「意識形態偏見」的觀感；以及法官可以深入體察社會脈動而為裁判；法官認清自己角色的重要性，而時時注意自己言行等等，則人民對司法不良的刻板印象，才有改變的一天。

　　部分法官在受社會矚目案件的判決所表示的法律見解，受到媒體或一般人民的嚴厲批評，固然是晚近司法公信力受挫的原因之一，值得法官群體虛心傾聽與檢討，但法官仍不應受媒體意見所左右。每一法官就每一個案所為裁判，均係代表國家行使司法權，法官本於良知、依據法律，所為裁判，是法官本於自己對法律的確信，對自己良知、良能負責的表現，也是憲法所賦予法官「獨立審判」的責任。法官本不應屈服或迎合媒體或某些人的好惡，而為裁判。但法官也要避免將個人的「主觀偏見」注入裁判中。因法官固然有「依『自由心證』判斷事

實之真偽」的權力，但法官對於事實的判斷如不合「經驗法則」與「論理法則」，則其依「自由心證」所得結論，自然難以讓人信服。因此法官在裁判時，應時時由第三者角度為理性的觀察，檢視自己所為的判斷，是否有違一般人或在個案情況下的「經驗法則」與「論理法則」？

筆者於96年及100年間二度應邀參與司法院法官守則研修工作，共同研擬法官倫理規範草案。當時是以實施中的「法官守則」為基礎，參酌國外相關倫理規範及我國國情，預為法官法通過後，研擬法官倫理規範。筆者在開始接觸法官倫理規範相關問題後，除參考國內外有關法官倫理方面的資料外，並檢視過去公務員懲戒委員會有關法官被付懲戒的相關案例，深思之餘，深感我國以往對此一領域，極少深入研究，以致法官職務監督及懲戒制度，似乎欠缺一套有系統而周延的制度，有待日後實務及學術的深度開發。

台北律師公會於99年間有感於考試院決定自100年司法官及律師考試「法律倫理」，與五南圖書合作，擬出版「法律倫理」專書，涵蓋法官、律師、仲裁人、公證人及調解人的倫理問題，採「集體創作」的模式進行，筆者受邀擔任「法官倫理」部分編輯，乃邀請多位現職及卸任法官共同參與。該書業經出版，相關內容係以主題式探討法官倫理的相關問題。筆者於該書撰寫過程中，感覺有撰寫一本系統性討論法官倫理規範，並介紹相關外國立法例專書的必要，此即筆者撰寫本書的主要動機。然而筆者學殖不深，舛誤難免，尚祈方家不吝指正。

本書除闡述我國法官倫理規範內涵外，並蒐集過去公務員懲戒委員會、司法院職務法庭所受理的相關案例，予以歸類，

為我國法官倫理規範發展的歷史軌跡，留下紀錄，以策來茲。此外，由他國經驗及我國現制，探討落實法官倫理規範的相關機制。而由於我國在研擬法官倫理規範時，曾參考國際上重要法官倫理規範文件（班加羅爾司法行為評註、美國法曹協會司法行為模範法典等），爰將其中譯文作為本書附錄，供讀者進一步研析。

　　本書的資料收集，承蒙公務員懲戒委員會謝文定委員長、司法院司法行政廳黃國忠廳長、黃源盛教授，以及司法院相關廳處同仁的協助，謹致以誠摯謝意。

蔡烱燉

103年5月

目錄

壹、前言

　　我國近代法官制度，於清末試圖仿效西方司法獨立制度，以變法圖強，雖未成功，但民國建立後，大抵賡續清末的改革方向，一直到臺灣現在比較成熟的法治建設，基本上都是致力建構獨立而公正的司法制度。本書雖旨在論述現代法官的倫理規範問題，然而在清末以前的中國傳統社會下，法官所扮演角色、表現、自我期許與責任等等，仍不能不加以瞭解，爰擇要闡述如次。

貳、法官乙詞之起源

　　法官乙詞首見於戰國時期法家著作[1]《商君書‧定分第二十六》記載商鞅（西元前455年－前395年）答覆秦孝公關於如何使官吏及人民奉公守法的問題，表示：「天子置三法官；殿中置一法官，御史置一法官及吏，丞相置一法官，諸侯、郡、縣皆各為置一法官及吏，皆此秦（奉）一法官。郡、縣、諸侯一受寶（賫）來之法令，學問並所謂。吏民（欲）知法令者，皆問法官。故天下之吏民，無不知法者。吏明知民知法令也，故吏不敢以非法遇民，民不敢犯法以干法官也。遇民不修法，問法官，法官即以法之罪告之，民即以法官之言正告之吏。公知其如此，故吏不敢以非法遇民，民又不敢犯法。如此，則天下之吏民，雖有賢良辯慧，不能開一言以枉法；雖有千金，不能以用一銖。故知詐賢能者，皆作而為善，皆務自治奉公，民愚則易治也，此所生於法明白易知而必行也。」又說：「為置法官，置主法之吏，以為天下師，令萬民無陷於險危。故聖人立天下而無刑死者，非不刑殺也，行法令，明白易知，為置法官吏為之師，以道之知，萬民皆知所避就，避禍就福，而皆以自治也。」其大意略以天子在國家各級單位設置法官，以及中央如何集中掌握主管法令的領導權。

---

[1]　譚世民著〈中國法官制度概述〉，載譚世民等《中國法官制度研究》，頁1以下，頁2參照。

法令必須明白易懂，有疑義的，請法官解釋，以便家喻戶曉、上下約束，無論法官或吏民都不敢胡作非爲。又，設置法官、法吏，以爲民師，使人民能夠「避禍就福」[2]。不過，於此所謂法官，似非掌管實際個案審判的官吏，而是主管法令解釋的官吏。依學者研究秦朝的司法制度，不論中央或地方掌管審判職務的職稱，均無法官乙詞[3]。

然而中國古籍中，也有把從事審判工作的官吏稱爲「法官」的情形，例如：「律法斷罪，皆當以法律令正文，若無正文，依附名例斷之，其正文、名例所不及，皆勿論。法吏以上，所執不同，得爲異議。如律之文，守法之官，唯當奉用律令。至於法律之內，所見不同，乃得爲異議也。今限法曹郎令史，意有不同爲駁，唯得論釋法律，以正所斷，不得援求諸外，論隨時之宜，以明『法官』守局之分。」[4]又如：「凡吏曹補署『法官』，則與刑部尚書、侍郎議其人可否，然後註擬」[5]。

參、中國傳統審判制度述要

中國傳統審判制度起源甚早，有關堯舜的古籍早有記載。例如《尚書・舜典》中載有：「象以典刑，流宥五刑，鞭作官刑[6]，扑作教刑，金作贖刑。眚災肆赦，怙終賊刑。欽哉，欽哉，惟刑之恤哉！流共工于幽洲，放驩兜于崇山，竄三苗于三危，殛鯀于羽山，四罪而天下咸服。」又載：「汝（皋陶）作士，五刑有服，……」，「士」即現代的法官，其職掌爲掌管刑事案件的審判。不過舜與堯爲上古傳說的賢明君主，其典章制度，並無信史可徵[7]。

在周朝，法官統名「秋官」，或泛稱「理官」，春秋各國有「司寇」、陳

---

[2] 見貝遠辰《新譯商君書》，頁225-231、235-236。依學者考證，據《史記・秦本紀》所載，秦武王二年（距商鞅死後三十年）才「初置丞相」，而本篇有「丞相置一法官，諸侯、郡、縣皆各為置一法官及吏」之類的話，所以歷來學者率無異辭地認為《定分》篇並非出自商鞅的手筆，而是秦始皇統一天下以後，有人掇拾法家餘論而偽託商鞅所作。（同上，頁225）

[3] 見那思陸，《中國審判制度史》，頁63-78。

[4] 杜佑《通典》卷一百六十六，刑法四。

[5] 《唐六典》卷十八・大理寺。

[6] 五刑是中國古代五種刑罰之統稱，秦朝以前，五刑指墨、劓、刖、宮、大辟；隋唐之後，五刑則指笞、杖、徒、流、死。（教育部重編國語辭典）

[7] 陳顧遠先生認爲《尚書》及曲禮鄭注所謂舜命皋陶作士，夏曰大理，殷曰司寇，不必盡屬可靠。（見氏著，《中國法制史概要》，頁115）

楚有「司敗」、齊有「士」、晉有「理」等官職，辦理刑事案件，此等記載散見經傳，法制史學者認爲比較可信[8]。在春秋時期，孔子（西元前551-479）曾爲魯國的大司寇。

據現有史料可知，中國最早編著成文法典的法學家爲戰國時期的李悝[9]（西元前455年─前395年），李悝著《法經》六篇，商鞅曾以李悝爲師，衛王不用他，後來爲秦孝公所用。商鞅在秦變法十年，「秦民大説，道不拾遺，山無盜賊，家給人足。民勇於公戰，怯於私鬥，鄉邑大治。」[10]商鞅變法是以李悝《法經》爲基礎，改法爲律，主張「壹刑」，即「刑無等級」：「所謂壹刑者，刑無等級。自卿相將軍以至大夫庶人，有不從王令，犯國禁，亂上制者，罪死不赦。」[11]商鞅在封建的戰國時代，即能提出除君王之外，法律之前人人平等的主張，固屬難能可貴，但其力主「重刑」，認爲「禁姦止過，莫若重刑。刑重而必得，則民不敢試，故國無刑民。國無刑民，故曰：明刑不戮。」[12]亦即認爲只要貫徹嚴刑峻罰的政策，使人民不敢以身試法，就可以達到沒有刑罰的境界[13]。

西元前221年，秦滅齊，統一六國。秦王政以「德高三皇，功蓋五帝」，號稱「皇帝」，因其爲秦代第一個皇帝，故稱「始皇帝」，由秦始皇開始，中國進入了「中央集權的君主政治」時代，在司法制度方面，則進入了「中央集權的審判制度」時代[14]。秦始皇本人則「專任刑罰，躬操文墨，晝斷獄，夜理書，自程決事，日縣石之一。」[15]成爲最高的審判機關[16]。自秦以後，中國比較有了制度性的中央及地方審判制度。茲以清朝爲例，要述之。

8　陳顧遠上揭書，頁115。
9　那思陸《中國審判制度史》，頁63-64。
10　《史記・商君列傳第八》。
11　《商君書・賞刑》。
12　同上註。
13　商鞅這樣的思維，可能犯了對於人性的解讀過於單純的錯誤。人非聖賢，即便應該公正行使職權的法官，也有濫權的可能，而古代一國之君，昏庸者比比皆是，其本身既未必能公正行使職權，或知人善任，又如何期待其不爲一己之私而濫權？是以商鞅後來嘗到自己因受人陷害而被車裂身死的惡果。
14　那思陸《中國審判制度史》，頁67-68。
15　《漢書・刑法志》。
16　陳顧遠先生認爲，自秦以迄清朝，中國歷代中央司法組織，俏從實際而言，帝王終不失其最高審判機關之地位，而廷訊制或御前會審制，尤爲顯著事例。（參見陳顧遠上揭書，頁116）

一、地方審判機關

中國古代沒有權力分立的觀念，行政官兼理司法，地方行政機關首長即有審判地方司法案件的權力，清朝的地方審判機關有：(一)州、縣、廳；(二)府、直隸州、直隸廳；(三)道（分守道及分巡道）；(四)按察使司（俗稱臬司）；(五)總督及巡撫。廳設同知或通判一人。分守道及分巡道，原分掌錢穀、刑名，至清末，均得兼掌之。餘略同明代[17]。

二、中央審判機關

中國古代的中央審判機關由一法司──即最初的司寇或之後的廷尉，發展到清末之前的三法司──即大理寺、刑部及都察院，屬於純粹的審判機關或屬性較強的審判機關，但事實上在中央具有審判權的機關，並不以此為限。除皇帝握有最終的審判權外，其他中央機關，依有關規定或皇帝的命令，而具有審判權。稱為「多官會審」、「九卿會審」或「三法司會審」[18]。

肆、中國古代審判事例舉隅

中國古代的審判事例，並沒有被有系統的整理，部分重要事件，散見於史書，但多僅述其要，難以窺其事件原委。由這些史料記載，可以看出，中國古代皇帝固然握有最終審判權，但皇帝不僅大多不諳法律，而且可以法外用刑，也可以法外施恩[19]，比較賢明的君主大多會尊重專業法官（如廷尉）的意見。歷史上固然不乏正義凜然的法官，但也不乏為討好皇帝而曲法逢迎的酷吏[20]。

中國古代，司法為行政之附庸，並無現代所謂獨立審判的概念，但在歷史上也有一些無懼皇帝威權而能公平審判的法官，例如漢朝廷尉（屬於中央層級之專業法官）張釋之斷案之公正，使漢文帝（西元前202年－前157年）為之折

17　那思陸《中國審判制度史》，頁282-283。

18　那思陸《中國審判制度史》，頁78、101。

19　譚世民著〈中國法官制度概述〉，載譚世民等著《中國法官制度研究》，頁1以下，頁4參照。

20　例如，《史記‧卷一二二‧酷吏傳‧杜周傳》：「君為天子決平，不循三尺法，專以人主意指為獄，獄者固如是乎？」

服[21]，成為歷史美談，其所處理的著名案例，有「縣人犯蹕案」及「盜高廟玉環案」等，茲引述史書所載二例供參：

縣人犯蹕案

頃之，上（即漢文帝）行出中渭橋，有一人從橋下走出，乘輿馬驚。於是使騎捕，屬之廷尉。釋之治問。曰：「縣人來，聞蹕，匿橋下。久之，以爲行已過，即出，見乘輿車騎，即走耳。」廷尉奏當（註：判決），一人犯蹕，當罰金。文帝怒曰：「此人親驚吾馬，吾馬賴柔和，令他馬，固不敗傷我乎？而廷尉乃當之罰金！」釋之曰：「法者，天子所與天下公共也。今法如此而更重之，是法不信於民也。且方其時，上使立誅之則已。今既下廷尉，廷尉，天下之平也，一傾而天下用法皆爲輕重，民安所措其手足？唯陛下察之。」良久，上曰：「廷尉當是也。」

盜高廟玉環案

其后有人盜高廟坐前玉環，捕得，文帝怒，下（註：交付）廷尉治。釋之案律盜宗廟服御物者爲奏，奏當棄市。上大怒曰：「人之無道，乃盜先帝廟器，吾屬廷尉者，欲致之族，而君以法奏之，非吾所以共承宗廟意也。」釋之免冠頓首謝曰：「法如是足也。且罪等，然以逆順爲差。今盜宗廟器而族之，有如萬分之一，假令愚民取長陵一抔土，陛下何以加其法乎？」久之，文帝與太后言之，乃許廷尉當。是時，中尉條侯周亞夫與梁相山都侯王恬開見釋之持議平，乃結爲親友。張廷尉由此天下稱之。

　　張釋之廷尉執法公正無私之精神，成爲後代許多法官心中的典範。唐代的狄仁傑（西元630年－700年）於唐高宗（西元628年－683年）在位年代擔任大理寺丞（即中央機關法官）時，也有一「師法張釋之」的著名案例，載於史書：

　　（唐高宗在位時）時武衛大將軍權善才坐誤斫昭陵柏樹，仁傑奏罪當免職。高宗令即誅之，仁傑又奏罪不當死。帝作色曰：「善才斫陵上樹，是

21　見司馬遷《史記》卷102，第42目，張釋之馮唐列傳。

使我不孝，必須殺之。」左右曬仁傑令出，仁傑曰：「臣聞逆龍鱗，忤人主，自古以為難，臣愚以為不然。居桀、紂時則難，堯、舜時則易。臣今幸逢堯、舜，不懼比幹之誅。昔漢文時有盜高廟玉環，張釋之廷諍，罪止棄市。魏文將徙其人，辛毗引裾而諫，亦見納用。且明主可以理奪，忠臣不可以威懼。今陛下不納臣言，瞑目之後，羞見釋之、辛毗於地下。陛下作法，懸之象魏，徒流死罪，俱有等差。豈有犯非極刑，即令賜死？法既無常，則萬姓何所措其手足？陛下必欲變法，請從今日為始。古人云：『假使盜長陵一抔土，陛下何以加之？』今陛下以昭陵一株柏殺一將軍，千載之後，謂陛下為何主？此臣所以不敢奉制殺善才，陷陛下於不道。」帝意稍解，善才因而免死。居數日，授仁傑侍御史[22]。

另，漢武帝（西元前156年－前87年）對於外甥犯大辟之罪，面臨廷尉奏請處死的請求，曾感到相當為難，終以維護國法尊嚴的考量，而批准廷尉的判決：

隆慮公主（漢武帝的妹妹）子昭平君尚（娶）帝女夷安公主，隆慮主病困，以金千斤錢千萬為昭平君豫贖死罪，上（漢武帝）許之。隆慮主卒，昭平君日驕，醉殺主傅，獄系內官。以公主子，廷尉上請請論。左右人人為言：「前又入贖，陛下許之。」上曰：「吾弟老有是一子，死以屬我。」於是為之垂涕嘆息，良久曰：「法令者，先帝所造也，用弟故而誣先帝之法，吾何面目入高廟乎！又下負萬民。」乃可其奏，哀不能自止，左右盡悲[23]。

又，唐太宗（西元599年－649年）時，戴胄為大理少卿，唐太宗以有人違背他所發布敕令，要予以處死，戴胄依法判處流放，唐太宗感到憤怒，戴胄告訴唐太宗法律是國家向天下承諾的大信，要忍小忿存大信，唐太宗終於接受他的諫諍：

22　《舊唐書卷八十九‧狄人傑傳》，中華書局《舊唐書》第9冊，頁2886。
23　《漢書‧東方朔傳》，中華書局《漢書》第9冊，頁2851-2852。

上以兵部郎中載冑忠清公直，擢為大理少卿。上以選人多詐冒資蔭，敕令自首，不首者死。未幾，有詐冒事覺者，上欲殺之。冑奏：「據法應流。」上怒曰：「卿欲守法而使朕失信乎？」對曰：「敕者出於一時之喜怒，法者國家所以布大信於天下也。陛下忿選人之多詐，故欲殺之，而既知其不可，復斷之以法，此乃忍小忿而存大信也。」上曰：「卿能執法，朕復何憂！」冑前後犯顏執法，言如涌泉，上皆從之，天下無冤獄[24]。

　　在中央機關會審的案件，專職法官（如廷尉）的見解，雖具相當重要性，但其見解並不一定獲得其他（非專職）參與審判法官所認同，皇帝也可能採取其他參與法官的意見，而否決廷尉的意見。例如在晉武帝（西元236年－290年）時擔任廷尉的劉頌，以奏庾廙等犯大不敬罪，應處死，但因其他有審判權的尚書台等重要官員反對，晉武帝因而變更其判決：

（庾）廙（庾純之子）字允臧。少有清節，歷位博士。齊王攸之就國也，下禮官議崇錫之物。廙與博士太叔廣、劉暾、繆蔚、郭頤、秦秀、傅珍等上表諫曰：……書稱「帝堯克明俊德，以親九族」。……廙草議，先以呈父純，純不禁。……武帝以博士不答所問，答所不問，大怒，事下有司。尚書朱整、褚䂮等奏：「廙等侵官離局，迷罔朝廷，崇飾惡言，假託無諱，請收廙等八人付廷尉科罪。」廙父純詣廷尉自首：「廙以議草見示，愚淺聽之。」詔免純罪。廷尉劉頌又奏廙等大不敬，棄市論，求平議。尚書又奏請報聽廷尉行刑。尚書夏侯駿謂朱整曰：「國家乃欲誅諫臣！官立八座，正為此時，卿可共駁正之。」整不從，駿怒起，曰：「非所望也！」乃獨為駁議。左僕射魏舒、右僕射下邳王晃等從駿議。奏留中七日，乃詔曰：「廙等備為儒官，不念奉憲制，不指答所問，敢肆其誣罔之言，以干亂視聽。而廙是議主，應為戮首。但廙及家人並自首，大信不可奪。秦秀、傅珍前者虛妄，幸而得免，復不以為懼，當加罪戮，以彰凶愿。猶復不忍，皆丐其死命。秀、珍、廙等並除名。」[25]

---

[24]　《資治通鑑卷一九二·唐紀八》，中華書局《資治通鑑》，第7冊，頁6031-6032。
[25]　《晉書卷五十·庾純傳》，那思陸《中國審判制度史》，頁114-115。

　　中國古代國君也有接受人民陳情，而改變嚴酷法律的事例，例如春秋時期齊景公（西元前547年－前490年）所發生「齊傷槐女」[26]的故事，齊景公因個人對於槐樹的喜好，而加重法律對於毀傷槐樹的處罰規定，其後有人毀損槐樹被逮，損壞槐樹人的女兒向晏子（即晏嬰）陳情，晏子接受她的陳情，轉而說服齊景公廢除所變更的法律；又如史上著名的「緹縈救父」[27]故事，漢文帝（西元前203年－前157年）感於緹縈的孝心，領悟到肉刑的殘酷，而廢除肉刑[28]：

齊傷槐女

景公有所愛槐，令吏謹守之，植木縣之，下令曰：「犯槐者刑，傷之者死。」有不聞令，醉而犯之者，公聞之曰：「是先犯我令。」使吏拘之，且加罪焉。其女子往辭晏子之家，託曰：「負廓之民賤妾，請有道于相國，不勝其欲，願得充數乎下陳。」晏子聞之，笑曰：「嬰其淫于色乎？何爲老而見牛？雖然，是必有故。」令內之。女子入門，晏子望見之，曰：「怪哉！有深憂。」進而問焉，曰：「所憂何也？」對曰：「君樹槐，縣令犯之者刑，傷之者死。妾父不仁，不聞令醉而犯之，吏將加罪焉。妾聞之，明君蒞國立政，不損祿，不益刑，又不以私恚害公法，不爲禽獸傷人民，不爲草木傷禽獸，不爲野草傷禾苗。吾君欲以樹木之故，殺妾父，孤妾身，此令行於民而法于國矣。雖然，妾聞之，勇士不以眾彊淩孤獨，明惠之君不拂，是以行其所欲，此譬之猶自治魚鱉者也，去其腥臊者而已。昧墨與人比居庾肆，而教人危坐。今君出令于民，苟可法於國，而善益於後世，則父死亦當矣，妾爲之收亦宜矣。甚乎！今之令不然，以樹木之故，罪法妾父，妾恐其傷察吏之法，而害明君之義也。鄰國聞之，皆謂吾君愛樹而賤人，其可乎？願相國察妾言以裁犯

26　晏嬰《晏子春秋》，孫星衍等校，商務印書館26年初版，頁13-14。
27　《漢書卷二十三・刑法志第三》，中華書局《漢書》第4冊，頁1097-1098。
28　據程樹德的考證，漢文帝時似未完全廢除肉刑：「文帝十三年既除肉刑矣，肅宗時又詔有司絕鉆、鑽諸慘酷之科，按鑽者，鑽去其臏骨，即臏刑也。文帝定律當刖右趾者，棄市，而明帝贖罪詔中於死罪之下，又列右趾是刖刑，未盡除也。景帝元年詔既明言文帝除宮刑矣，然陳忠傳則又云請除蠶室刑事皆施行，而光武以後，時有募下蠶室之詔。考宮刑至隋開皇初始廢，是終漢世未嘗除也。」（見氏著《九朝律考》，頁41。）

禁者。」晏子曰：「甚矣！吾將爲子言之于君。」使人送之歸。明日早朝
而復于公曰：「嬰聞之，窮民財力以供嗜欲謂之暴，崇玩好威嚴擬乎君謂
之逆，刑殺不辜謂之賊。此三者守國之大殃。今君窮民財力，以羨餒食之
具，繁鍾鼓之樂，極宮室之觀，行暴之大者；崇玩好，縣愛槐之令，載過
者馳，步過者趨，威嚴擬乎君，逆之明者也；犯槐者刑，傷槐者死，刑殺
不稱，賊民之深者。君享國德行未見於眾，而三辟著于國，嬰恐其不可以
莅國子民也。」公曰：「微大夫教，寡人幾有大罪以累社稷，今子大夫教
之，社稷之福，寡人受命矣。」晏子出，公令趣罷守槐之役，拔置縣之
木，廢傷槐之法，出犯槐之囚。

緹縈救父

（漢文帝）即位十三年，齊太倉令淳于公有罪當刑，詔獄逮繫長安。淳
于公無男，有五女，當行會逮，罵其女曰：「生子不生男，緩急非有益
也！」其少女緹縈，自傷悲泣，乃隨其父至長安，上書曰：「妾父爲
吏，齊中皆稱其廉平，今坐法當刑。妾傷夫死者不可復生，刑者不可復
屬，雖後欲改過自新，其道亡繇也。妾願沒入爲官婢，以贖父刑罪，使得
自新。」書奏天子，天子憐悲其意，遂下令曰：「制詔御史：蓋聞有虞氏
之時，畫衣冠異章服以爲戮，而民弗犯，何治之至也！今法有肉刑三，而
姦不止，其咎安在？非乃朕德之薄，而教不明與！吾甚自愧。故夫訓道不
純而愚民陷焉。《詩》曰：『愷弟君子，民之父母。』今人有過，教未施
而刑已加焉，或欲改行爲善，而道亡繇至，朕甚憐之。夫刑至斷支體，刻
肌膚，終身不息，何其刑之痛而不德也！豈稱爲民父母之意哉？其除肉
刑，有以易之；及令罪人各以輕重，不亡逃，有年而免。具爲令。」

中國並無獨立的民事法典，有些民事案件，也當作刑事案件來處理，通常
民事案件，在地方審判機關即告結案。而中央審判機關少有審判民事案件的機
會，不過由君王交付中央機關的法官處理，亦有可能。宋朝宰相張齊賢（西元
943年－1014年）即曾爲宋眞宗（西元968年－1022年）處理一件皇帝親戚爭產
的訟案，皇帝對他處理的結果，表示非常滿意：

（宋眞宗）時戚裡有分財不均者更相訟，又入宮自訴，齊賢請自治之，

乃坐相府，召而問曰：「汝非以彼所分財多，汝所分少乎？」曰：
「然。」命具款。乃召兩吏令甲家入乙舍，乙家入甲舍，貨財無得動，分
書則交易之。明日，奏聞，帝大悅，曰：「朕固知非卿莫能定也。」[29]

　　然而中國歷史上也有皇帝不理廷尉意見，逕以私人恩怨恣意決定的例
子，例如魏文帝在位時（西元226年），因個人私怨，不理會廷尉判決及諸朝
廷大臣異議，而恣意做出殺害良臣鮑勛的決定[30]：

帝之為太子也，郭夫人弟有罪，魏郡西部都尉鮑勛治之；太子請，不能
得，由是恨勛。及即位，勛數直諫，帝益忿之。帝伐吳還，屯陳留界。勛
為治書執法，太守孫邕見出，過勛；時營壘未成，但立標埒，邕邪行，不
從正道，軍營令史劉曜欲推之，勛以塹壘未成，解止不舉。帝聞之，詔
曰：「勛指鹿作馬，收付廷尉。」廷尉法議，「正刑五歲」，三官駁，
「依律，罰金二斤」，帝大怒曰：「勛無活分，而汝等欲縱之！收三官已
下付刺姦，當令十鼠同穴！」鍾繇、華歆、陳群、辛毗、高柔、衛臻等
並表勛父信有功於太祖，求請勛罪，帝不許。高柔固執不從詔命，帝怒
甚，召柔詣臺，遣使者承指至廷尉誅勛。勛死，乃遣柔還寺。

---

[29]　《續資治通鑑・卷第二十》，古籍出版社（北京），《續資治通鑑》第1冊，頁471。
[30]　《資治通鑑・卷七十・魏紀二》，中華書局《資治通鑑》，第3冊，頁2227。《三國志・卷十二・魏書
十二鮑勛傳》記載此段史實較為詳細：……太子郭夫人弟為曲周縣吏，斷盜官布，法應棄市。太祖時在
譙，太子留署，數手書為之請罪。勛不敢擅縱，具列上。勛前在東宮，守正不撓，太子固不能，及重
此事，恚望滋甚。會郡界休兵有失期者，密敕中尉奏免勛官。久之，拜侍御史。延康元年，太祖崩，太
子即王位，勛以駙馬都尉兼侍中。……文帝受禪，勛每陳「今之所急，唯在軍農，寬惠百姓。臺榭苑
囿，宜以為後。」……帝從壽春還，屯陳留郡界。太守孫邕見，出過勛。時營壘未成，但立標埒，邕邪
行不從正道，軍營令史劉曜欲推之，勛以塹壘未成，解止不舉。大軍還洛陽，曜有罪，勛奏絀遣，而曜
密表勛私解邕事。詔曰：「勛指鹿作馬，收付廷尉。」廷尉法議：「正刑五歲。」三官駁：「依律罰金
二斤。」帝大怒曰：「勛無活分，而汝等敢縱之！收三官已下付刺姦，當令十鼠同穴。」太尉鍾繇、司
徒華歆、鎮軍大將軍陳群、侍中辛毗、尚書衛臻、守廷尉高柔等並表「勛父信有功於太祖」，求請勛
罪。帝不許，遂誅勛。勛內行既脩，廉而能施，死之日，家無餘財。後二旬，文帝亦崩，莫不為勛歎
恨。（中華書局《三國志》第2冊，頁385-386。）

伍、中國古代法官之自我期許與責任

一、中國古代法官之自我期許

中國古代法官基本上為行政附庸，自然適用一般的行政官箴，並無現代一般的行為規範，有些為官者，寫出自己為官或從事審判工作的經驗，一方面用以自勉，另方面也供為勸勉同僚之意，其著名者有宋朝的許月卿、元朝的張養浩及明朝的王陽明等，茲述其要：

(一)宋朝許月卿曾撰《百官箴》，其中有一段「大理箴」，談身為法官所應秉持的態度[31]：

> 千載稱賢，漢張廷尉，仁哉文帝，故能用之。為政在人，取人以身，移風易俗，黎民孔醇，幾致刑措，豈無所自，效釋之語，惡刀筆吏，曰亟疾苛察，秦是以亡，惻隱之實，過失不聞，舉措繫風化，不可不謹。帝善其言進，進吾仁，故其為廷尉，不以天子喜怒易其平，天下無冤民，豈惟釋之賢能，用釋之文帝之功。張湯杜周，彼胡能忍，武帝其原，其原帝心，堯舜率天下以仁民僂如風，桀紂率天下以暴民應如響，其所令反其所好，而民不從，未聞堯舜而喜惡來，未聞桀紂而用皋陶，向使桀紂令其臣以恤刑，彼從其意，不從其令，夫子不云乎，聽訟吾猶人，必也使無訟盍，亦反諸心物、格知，至意誠、心正、身修、家齊、國治、天下平。堯舜好仁，天下景從，尚為用訟，允也無刑，一念之差，上僅萌芽，下以尋丈，誅不勝誅，欲齊其末逾勤，寢退卿臣司士，敢告掃除。

(二)元朝張養浩（西元1270年－1329年），擔任過縣令、監察御史、禮部尚書，著有《三事忠告》：〈牧民忠告〉、〈風憲忠告〉、〈廟堂忠告〉，他在〈牧民忠告〉中提到縣令「聽訟」與「慎獄（刑）」之道，所言部分內容，如今仍有參考價值：

31　景印文淵閣四庫全書第602冊，臺灣商務印書館，頁602。

1. 聽訟[32]

(1) 察情

人不能獨處，必資眾以遂其生。眾以相資，此訟之所從起也。故聖人作《易》，訟以繼師，其示警固深矣。夫善聽訟者，必先察其情；欲察其情，必先審其辭。其情直，其辭直；其情曲，其辭曲。正使強直其辭，而其情則必自相矛盾，從而詰之，誠偽見矣。《周禮》以五聲聽獄訟，求民情，固不外乎此。然聖人謂：「聽訟，吾猶人也。必也使無訟乎！」蓋聽訟者折衷於已然，苟公其心，人皆可能也；無訟者救過於未然，非以德化民，何由及此？嗚呼！凡牧民者，其勿恃能聽訟為德也。

(2) 弭訟

起訟有原書，訟牒者是也。蓋蚩蚩之氓闇于刑憲，書訟者誠能開之以枉直，而曉之以利害，鮮有不愧服，兩釋而退者。惟其心利於所獲，含糊其是非，陽解而陰嗾，左縱而右擒，舞智弄民，不厭不已，所以厥今吏案情偽混殽，莫之能信者，蓋職乎此也。大抵一方之訟，宜擇一二老成鍊事者使書之，月比而季考，酌其功過而加賞罰焉。若夫毆詈假質，凡不切之訟，聽其從宜諭遣之；諭之而不伏，乃達於官；終無悛心，律以三尺。如此則訟源可清，而民間澆薄之俗庶幾乎複歸於厚矣。

(3) 勿聽讒

健訟者理或不勝，則往往誣其敵嘗謗官長也。聽之者當平心易氣，置謗言於事外，惟核其實而遣之，庶不墮奸民計中矣。

(4) 親族之訟宜緩

親族相訟，宜徐而不宜亟，宜寬而不宜猛。徐則或悟其非，猛則益滋其惡。第下其里中開諭之，斯得體矣。

(5) 別強弱

世俗之情，強者欺弱，富者吞貧，眾者暴寡，在官者多淩無勢之人。聽訟之際，不可不察。

(6) 待問者勿停留

昔嘗使外，所過州縣，待問者雲集乎門，每病焉。乃命一能吏簿其所告，而日省之，而日遣之。不浹旬，則訟庭闃然矣。

---

[32]　景印文淵閣四庫全書第602冊，臺灣商務印書館，頁735-737。

(7) 會問

訟有相約而問者，不可乘一時之忿擅加榜掠也。若釋道，若兵卒，諸不隸所部者是已。

(8) 妖言

民有妖言惑眾者，則當假以別罪而罪之。如有妄書，取而火之，則厥跡滅矣。勿使蔓爲大獄，延禍無辜。

(9) 民病如己病

民之有訟，如己有訟；民之流亡，如己流亡；民在縲紲，如己在縲紲；民陷水火，如己陷水火。凡民疾苦，皆如己疾苦也，雖欲因仍，可得乎？

(10) 移聽

近年司憲受詞訟，往往檄州郡官代聽之。代聽者不可承望風旨，邀寵一時，使人茹枉受刑，而靡恤陰理。

2. 慎獄[33]

(1) 存恕

人之良，孰願爲盜也，由長民者失於教養，凍餒之極，遂至於此，要非其得已也。嘗潛體其然，使父饑母寒，妻子愠見，微負旁午，疹疫交攻，萬死一生，朝不逮暮，於斯時也，見利而不回者，能幾何人？其或因而攘竊，不原其情，輒置諸理，嬰笞關木，彼固無辭，然百需叢身，孰明其不獲已哉！古人謂：「上失其道，民散久矣。如得其情，則哀矜而勿喜。」嗚呼！人能以是論囚，雖欲慘酷，亦必有所不忍矣。

(2) 獄詰其初

獄問初情，人之常言也。蓋獄之初發，犯者不暇藻飾，問者不暇鍛鍊，其情必眞而易見，威以臨之，虛心以詰之，十得七八矣。少萌姑息，則其勞將有百倍厥初者，故片言折獄，聖人惟與乎子路，其難可知矣。

(3) 詳讞

在獄之囚，吏案雖成，猶當詳讞也。若酷吏鍛鍊而成者，雖讞之，囚不敢異辭焉。須盡辟吏卒，和顏易氣，開誠心以感之，或令忠厚獄卒款曲以其情問之。如得其冤，立爲辨白，不可徒拘閡吏文也。噫！奸吏無文，何所

33　景印文淵閣四庫全書第602冊，臺灣商務印書館，頁740。

不至哉！

(4) 視屍

故事：承檢屍之牒，則劃時而行，重人命也。其或行焉而後時，時焉而不親蒞，親焉而不精詳，罪皆不輕也。其檢之之式又當遍考，筮仕者不可以不知。

(5) 囚糧

天地之德曰好生，聖朝體之，以有天下。諸在縲紲無家者，皆給之糧，惟縣獄不給也。意者縣非待報之官府，故令略詰其然，而上之州。比見為州者，往往為吏之所欺，吹求不受，以致瘐死於縣獄。夫罪不至死，而以已私縲殺之，不仁甚矣。為州若府者，尚深戒之。

(6) 巡警

詰盜非難，而警盜為難。警盜非難，而使民不為盜尤難，蓋天下之事，先其幾為之則有餘，後其幾為之則艱苦而無益。夫盜之發也，恒出不虞，知者防於未然。其防之之術，則在廣耳目、嚴巡邏、戒飲博、禁遊聚，或旬或月，即命尉行境以恐懼之，夫盜猶鼠也，尉猶捕鼠之狸也，勤於出，鼠必伏而不動；狸怠出，則鼠必興矣。彼為尉者，與其勞於已然，孰若警於未發之為愈？若夫使民不為盜，則又在於勤本以致富。勤斯富，富斯禮義生。禮義生，雖驅之使竊，亦必不肯為之矣。故管子謂：「倉廩實而知禮節，衣食足而知榮辱。」諒哉！

(7) 按視

獄庭時當一至也，不惟有以安眾囚之必，亦使司獄卒吏輩知所警畏，而無飲博喧嘩、逸而反獄者，是亦先事防之之微意也。倉庫同。

(8) 哀矜

亡友段伯英嘗尹巨野，民有犯法受刑者，每為泣下。或以為過，余聞之，私自語曰：「人必有是心，然後可以語王政。且獨不聞古人亦有禁人於獄而不家寢者乎？要皆良心之所發，非過也。」

(9) 非縱囚

古人縱囚省親，如期還獄者甚多，要不可以為法也。夫法者，天子之所有，而民或犯之，是犯天子之法也。而彼乃與期而縱之，是不幾於弄天子之法，以掠美市恩於下者乎？然出於朝廷則可，出於一己之私則不可。

(10) 自責

教民不至，則犯禁者多；養民無術，則病饑者眾。為守與牧，而使其至此，獨歸咎於民，難矣哉！

(三)明朝時期王守仁講學紀錄中有一段話，談到做為一個法官，在審判案件時所應秉持的態度：

有一屬官，因久聽講先生之學，曰：「此學（格物致知之學）甚好，只是簿書訟獄繁難，不得為學。」先生聞之，曰：「我何嘗教爾離了簿書訟獄懸空去講學？爾既有官司之事，便從官司的事上為學，才是真格物。如問一詞訟，不可因其應對無狀，起個怒心：不可因他言語圓轉，生個喜心：不可惡其囑託，加意治之：不可因其請求，屈意從之：不可因自己事務煩冗，隨意苟且斷之；不可因旁人譖毀羅織，隨人意思處之：這許多意思皆私，只爾自知，須精細省察克治，惟恐此心有一毫偏倚，杜人是非，這便是格物致知。簿書訟獄之閒，無非實學。若離了事物為學，卻是著空。」[34]

二、中國古代法官的責任

中國在過去之司法無論為何種形態之組織，法官斷案因故意或過失誤判，將無辜之人予以定罪，或將有罪之人判決無罪或輕縱，均負有絕大責任，而訟案滯淹不決，稽延時日，自宋以後亦有刑責。據法制史學者陳顧遠之研究：「就出入人罪之責任言：秦遣治獄不直者築長城，……。漢出罪為故縱，入罪為故不直，犯之者或免官，然尤多棄市，……。其鞫獄不實者，罪亦至死……。唐律，凡斷獄皆須具引律令格式，違者笞三十；若數事共條時，止引所犯之罪者聽；若律無正條，則按罪情之輕重，用舉重明輕、舉輕明重之例，以為應出罪應入罪之標準。此其一。故意出入人罪者，若出入全罪時，則以全罪論，由輕入重時則以所剩論；……過失出入人罪者，失於入各減三等，失於

---

[34] 王陽明《傳習錄》。

出各減五等。若未決放，及放而遠獲，若囚自死，各聽減一等；代理審判誤斷者，推事通狀失情，各又減二等。此其二。諸鞠獄者，旨須依所告狀鞠之，若於本狀之外，別求他罪者，以故入人罪論。此其三。諸斷罪應決配之而聽收贖，應收贖而決配之，各依本罪減故失一等；應絞而斬，應斬而絞，徒一年，自盡亦如之，失者減二等。此其四。諸獄結竟，徒以上各囚及其家屬，具告以罪名，仍取囚之服辯，若不服者，聽其自理，更為審詳；違者笞五十，死罪，杖一百。此其五。……。宋，法尚寬仁，重視入罪之責任，而輕出罪之責任。太宗時，詔凡斷獄失入，死刑者不得以官減贖，檢法官判官皆削一任；仁宗時，凡集斷急按，法官與議者並書姓名，議刑有失，則皆坐之；且對於嘗失入人罪者，不得遷官，有舉之者罰以金，皆其例也。元，故入人罪若未決者，及囚自死者，以所入罪減一等論，否則入人全罪以全罪論，若未決放仍以減等論。故出人之罪，應全科而未決放者，從減等論，仍記過。僅失入人之罪者減三等；失出人罪者減五等；未決放者又減一等，並記過。明清律，與唐律規定大同小異；明孝宗時，且令審錄錯誤者，以失出失入論，其受賄及任己見者，以故出入人罪論云。就淹禁不決之責任言：自漢迄唐，雖亦重視迅速定讞，但法官之責尚不明也。漢，高帝七年，詔獄之疑者，吏或不敢決，有罪者久而不論，無罪者久系不決：自今以來，縣道官疑獄者，各讞所屬二千石官，二千石官以其罪名報之；所不能決者皆移廷尉，廷尉亦當報之；所不能決謹具為奏云云，是首以淹禁不決為懷也。……。唐禁囚五日一慮，二十日一訊；其在京諸司現禁囚，每月二十五日以前，本司錄其所犯及禁時月日，以報刑部。對於一案聽斷之期日仍不甚明。……宋在太宗時建聽獄之限，大事四十日，中事二十日，小事十日，不他逮捕而易決者毋過三日。凡決獄違限，准官書稽程律論；逾四十日，則奏裁；事須證逮致稽緩者，聽在以其事聞。後又立制，凡大理寺決天下案牘，大事限二十五日，中事二十日，小事十日；審刑院詳復大事十五日，中事十日，小事五日。……。元至正間，詔民間訴訟，有司依理處理，毋得淹滯歲月；凡官僚各執所見不同者，許申聞上司詳勘，違者由監察禦史及廉訪司糾治；是淹獄不決，顯然視其有罪也。他如兩造具訟，一造逃匿不赴者，滿百日即將對待者釋放；重獄淹禁三年以上，疑不能決者，申達省部，詳讞釋放；亦系免於淹禁者也。自明迄清，律有淹禁責任之專條，雖無宋制之詳，

而其事則具有法律上之拘束力。」[35]而認「在過去之司法無論爲何種形態之組織，法官斷案『故出入，失出入』均負有絕大責任，而訟案滯淹不決，稽延時日，自宋以後亦有刑責」，此等制度係中國法制上「光明的火炬」，但爲現代法未注意[36]。展恒舉先生亦認爲：「……昔時法官判案，失出失入，均有嚴厲懲罰，而新法（指清末變法以後）對於斷案不服，只有上訴，刑法雖有瀆職罪之規定，惟其既苛限罪證，又失之輕縱，不能收防範瀆職罪之效，此其弊二也。往日對於法官辦案，其審限亦有嚴格規定，違者重懲，而新法摒此而無之，此其弊三也。……」[37]顯然是贊成陳顧遠先生的觀點。

中國古代法官因斷案出入而受處罰的例子，在史書上載有唐高宗時中書令褚遂良賤買地宅，大理少卿張叡冊準估，斷爲無罪，經監察御史韋思謙（仁約）奏劾，二人均遭貶抑的事件：

> 監察御史陽武韋思謙（仁約）劾奏中書令褚遂良抑買中書譯語人地；大理少卿張叡冊以爲准估無罪，思謙奏稱：「估價之設，備國家所須，臣下交易，豈得准估爲定！叡冊舞文，附下罔上，罪當誅。」是日，左遷遂良爲同州刺史，叡冊循州刺史[38]。

然而「徒法不能以自行」，對於法官的嚴格要求，空有法律規定是不夠的，如法官的素質亦不高，視法律要求爲無物，則該等處罰規定也難以眞正落實，即無法發揮它的效果。例如唐高宗在位時曾頒《禁酷刑及匿名書詔》：「朕聞小大以情，義重前詰，哀矜勿喜，……。憲制久行，鞫訊之法，律條具載。深文之吏，猶未遵奉，肆行慘虐，曾靡人心。在含氣之倫，稟柔脆之質，乃有懸枷著樹，經日不解；脫衣迥立，連宵忍凍。動轉有礙，食飲乖節。殘酷之事，非複一途，楚痛切身，何求不得，言念及此，深以矜懷。又挾匿名書，國有常禁。凡厥寮庶，鹹應具述。近遂有人，向朝廷之側，投書於地，隱其姓名，誣人之罪。朕察其所陳，皆極虛妄，此風若扇，爲蠹方深。自今以後，內

35　陳顧遠《中國法制史概要》，頁158-161。
36　同上註，頁346。
37　展恒舉《中國近代法制史》，頁108。
38　《資治通鑑，卷一百九十九，唐紀十五》，中華書局《資治通鑑》第7冊，頁6272-6273。

外法司，及別敕推事宜，並依律文，勿更別爲酷法。其匿名書，亦宜准律處分。……」[39]等情，或可概見雖然當時法律對於法官問案方式有明文規定，但嚴苛的法官仍未能遵守，恣意殘酷對待人犯，爲取得口供，可以不擇手段、無所不用其極，而且以匿名檢舉方式誣陷人於罪情形相當普遍，唐高宗爲矯正此一現象，而頒布上開詔書，唐朝盛世都有如此現象，其他朝代恐怕也好不到哪裡。由現代刑法觀點言，法官斷案「故出入」，屬於法官「濫權處罰」的問題，如辦理刑事案件之法官「明知爲無罪之人，而使其受處罰，或明知爲有罪之人，而無故不使其受處罰」，自得依刑法第125條規定，予以處罰，法官「意圖取供施強暴、脅迫」者（即以「刑訊」取供），亦同[40]。至於法官斷案「失出入」或「訟案滯淹不決，稽延時日」問題，因在中國古代重實質眞實的發現（實體正義），至於發現眞實的程序（程序正義），則較不受重視，因而經由「刑訊」來發現眞實，向爲法律所許[41,42]，在此一前提之下，重視法官發現眞實的責任，進而課以「失出入」或「訟案滯淹不決，稽延時日」之責任，或有其立論基礎，惟在清末引進西方司法獨立的觀念後，在概念上，法官獨立審判，不受任何干涉，法官審判案件，禁止「刑訊」。法官如無枉法裁判或濫權處罰等情事，縱其辦理案件有重大違失而應擔負懲戒責任，此等缺失應屬於法官監督所應解決的問題，如因案件繁雜，難以釐清，而有稽延時日情事，乃司法行政應如何支持，以利審判的問題，均不應試圖經由課以法官刑事責任，來解決此等問題。此於清末所研擬的刑事、民事訴訟法（草案）第17條規定：「凡審訊一切案件，概不准用杖責、掌責及他項刑具或語言威嚇、交逼，令原告、被告及各證人偏袒供證，致令淆亂事實。」明定不問民事、刑事案件之審

---

[39] 山西教育出版社《全唐文·卷十一》。

[40] 我國刑法第125條第1項第2、3款參照。構成本條之罪者，處1年以上、7年以下有期徒刑。因而致人於死者，處無徒刑或7年以上有期徒刑。致重傷者，處3年以上、10年以下有期徒刑。

[41] 陳顧遠《中國法制史概要》，頁164-167。

[42] 刑訊制度，極易造成冤獄，古人並非不知，此由西漢宣帝即位時，路溫舒上書建議「尙德緩刑」所言：「夫人情安則樂生，痛則思死。棰楚之下，何求而不得？故囚人不勝痛，則飾辭以視之；吏治者利其然，則指道以明之；上奏畏卻，則鍛鍊而周內之（酷吏故意加罪於人，四處羅織罪名，以使人入獄）。」等情，當可明瞭。《路溫舒尙德緩刑書》陳顧遠先生也認爲：「刑訊者，訊問獄囚以刑求之之謂。蓋在昔並不重視證據，而惟取於口供，縱而法官對於獄囚，遂得以榜掠之，而爲法之所許；尤其關於盜命重案，爲錄口供，視爲當然有刑訊之必要。但其結果，善良者或因刑逼，而爲誣服，兇惡者或玩刑無供，終得免刑，則又失其平矣。歷代對此亦嘗謀有改革，惜皆除惡未盡，過時復張，不可謂非中國法制史上之一汙點也。」（陳顧遠《中國法制史概要》，頁162）

訊，均不得爲刑訊。第250條規定：「高等公堂復審後平反或更改原判者，原審之公堂之承審官除查有貪賄、曲庇或溺職等弊確據，照例懲治外，餘俱不得申飭議處。」[43]已指明下級審裁判，經上級審撤銷改判，除有應負刑事或懲戒責任情事外，不得予以究責。凡此由審判獨立觀點言，當係論理上所必然。

中國古代官吏清廉度，向爲民間所詬病，此由收集南宋中後期社會爲主的訴訟判決書和官府公文的《名公書判清明集》，所載當時官場百態，在一定程度上暴露了當時政治的腐敗，官吏的貪橫，可以得知。例如其中提到：「今之居官者，或以酣詠遨遊爲高，以勤強謹恪爲俗。」（《諭州縣官僚》）「弋陽縣官，其不狎妓者，想獨知縣一人耳！」（《狎妓》）崇安知縣「不理民事，罕見吏民，凡有詞訴，吏先得金然後呈判，高下曲直，惟吏是從」；「醉後必肆意施加酷罰以爲戲樂」（《知縣淫穢貪酷且與對移》）「官之貪者不敢問吏，且相與爲市；官之庸者不能制吏，皆受成其手」。（《汰去貪庸之官》）有的知縣，「縱吏受賕，貪聲載路」。（《繆令》）官吏與當地的豪家巨室互相勾結、利用，如泉州「豪民巨室，有所訟，志在求勝，不吝揮金，苟非好修自愛之士，未有不爲污染者」。（《諭州縣官僚》）如玉山縣，「縣官、寨官，不顧法理而寧畏豪家」，「柳都寨非公家之寨，乃豪家之土牢；玉山縣非公家之縣，乃豪家之杖臺」。（《不許縣官寨官擅自押人下寨》）特別值得注意的是，官吏利用執法行法的機會，趁機敲詐勒索，黑幕重重。有的知縣，「輕寘人圄圄，而付推鞫于吏手者，往往寫成草子，令其依樣供寫，及勒令立批，出外索錢。稍不聽從，輒加箠楚，哀號慘毒，呼天莫聞。或囚糧減削，衣被單少，饑凍至于交迫」（《勸諭事件于後》）饒州一個監稅，百姓控訴他縱容吏卒，「恐嚇取財」，他竟以「咆哮本官」的罪名將訴狀人及所訴二吏卒送獄，「意欲藉此以脫二吏之罪，箝詞人之口，使詞人受苦而二卒苟免」。（《監稅遷怒不免對移》）等等。中國大陸的法制史學者陳智超先生認爲：「從《清明集》的判語可見，上面這些情況，在當時絕不是個別的、而是相當普遍的現象。這些所謂『名公』，對個別貪官污吏雖然也加懲處，但這些懲處都是很輕的，他們對消滅這些現象毫無信心。」[44]由是可認在中國古代專制體

43　大清新法令點校本第一卷，頁424、455。

44　中國社會科學院歷史研究所宋遼金元史研究室點校《名公書判清明集上》，（北京）中華書局1987年出版，頁1；陳智超，宋史研究的珍貴史料——明刻《名公書判清明集》介紹，載《名公書判清明集

制下的法官，只是行政的附庸，縱有嚴刑峻法防免法官的貪瀆或「斷案故出
入」的枉法行為，但在狼狽為奸的社會中「上樑不正下樑歪」，此等法律對於
貪贓枉法的法官，既已不能或難以發揮作用，更不用說「斷案失出入」或「訟
案滯淹不決」等情事了。是以筆者並不認為中國古代對於法官「斷案失出入」
或「訟案滯淹不決」者課以刑責的制度，是中國法制上「光明的火炬」[45]。

下》頁645-686，參照頁668-671。

[45] 我國已故知名法學教授梅仲協先生在民國40年間曾指出：「法官不是神仙，決不能無錯，祇要不構成瀆
職罪，自應尊重其審判獨立的精神，未可因其裁判之末由維持，輒任意予以懲罰，可是為救濟當事人
的利益，自不能不承認上訴制度。」（參照氏著〈改革司法制度芻議〉載法律評論復刊號，第17卷第1
期，40年6月1日出版，頁8。）稽其本意，凡屬法官審判核心領域之事項，他人不應任意介入監督，有
關法官所持法律見解之問題，應循審級救濟謀求解決。

第一篇

法官倫理規範

第一章 導論

壹、前言

在法治社會當中，司法是社會正義的最後一道防線，法官係法律之代言人，每一法官均係直接行使司法權之人，法官審判案件，非僅機器式地適用法律而已，而是應本諸良心，以及對於法律之確信，依法獨立審判，不受任何干涉。從而法官職務上或職務外的行為，對於公平正義是否實現，以及人民對其實現的信賴度，即司法公信力，有密不可分的關係。

法官行使司法權，權責重大，法官公正行使職權的前提，在於不受其他政府機關或任何人以任何理由所為之干涉。儘管如此，擔任法官之人，固應有優於一般人的高尚情操，但法官並非神，也可能犯錯，身體也可能衰弱乃至失能，而達到不能勝任職務的地步。因而各法治國家大抵給予法官，較一般公務員為優的待遇及身分保障，然另一方面對於法官，也都設有職務監督及懲戒制度。

我國法官職務監督及懲戒制度制度，可回溯自孕育我國現代司法制度之清朝末年司法變革。清朝末年變法圖強，於光緒32年（西元1906年）所頒布之「大理院審判編制法」第6條規定：「自大理院以下及本院直轄各審判廳局，關於司法裁判全不受行政衙門干涉，以重國家『司法獨立』大權而保人民身體財產。」揭櫫「司法獨立」之意旨，為行「君主立憲」作準備，這是「司法獨立」第一次出現在清朝法律。清朝隨之於宣統元年（1909年）頒布「法院編制法」，採行四級三審制，計劃於全國各地普設法院，使司法權獨立於行政權之外。無奈此時之司法變革，為時已晚，抵擋不住一波波的革命勢力，1911年10月10日辛亥革命爆發，1912年1月1日中華民國成立，由孫中山先生出任臨時大總統，孫中山先生為使國家動亂早日終結，步入正軌，在1912（民國元）年2月12日宣統帝宣布退位後，也請辭臨時大總統職位，並向臨時參議院推薦袁世

凱出任。袁世凱於同年3月10日接任，並發布命令[1]：

> 現在民國法律未經議定頒布，所有從前施行之法律及新刑律，除與民國國體牴觸各條，應失效力外，餘均暫行援用，以資遵守。

此一命令，使得在清朝期間，為變法革新所制定相關法律，於中華民國成立後，取得了繼續適用的法源。前清宣統元年（1908年）所制定，關係到司法機關結構之「法院編制法」，於民國成立後，本應重新檢討，但由於國家長期動亂，無暇專注思考此一重要立法，除民國成立仍繼續沿用之外，北洋政府於民國4年6月間，刪除或修改部分不合民國體制之規定後，予以重刊，而一直延用到民國24年間，始為於21年間所制定，而於24年間才實施之法院組織法所取代。

民初臨時政府於民國元年3月11日所公布之「中華民國臨時約法」第51條規定：「法官獨立審判，不受上級官廳之干涉。」同法第54條規定：「中華民國之憲法由國會制定。憲法未施行以前，本約法之效力與憲法等。」由是可認於中華民國政府創立之初，當時政府對於建立「審判獨立」之決心[2]。

---

[1] 臨時政府公報，民國元年3月17日出版，附錄「電報」，頁898。

[2] 只惜中華民國政府成立之後，國家長期處於動亂不安狀態，政府對於「司法（審判）獨立」，仍持相當保留的態度，此由民國7年間廣州軍政府內政部，請大元帥撤銷省長司法權之呈文可見一斑：

> 為擬請撤銷各省區長官監督司法命令，扶植司法獨立，仰祈鈞鑒事竊，維近世立憲國家，立法、司法、行政三權分立，不相侵越，所以昭法治之精神，非徒襲文明之名號也，民國成立以還，司法之權屬諸法院，司法行政隸於中央，約法具存，粲然可考。自袁氏專政，梁啓超任司法總長，以暴力干涉國會，使立法機關失其監督政府之能力，復以監督司法之權授諸各省省長，使行政兼理司法，於是司法前途遂不堪言，嗣共和恢復，以為此項弊端，苟非喪心病狂，決無尤而效之，乃前司法總長張耀曾仰承段祺瑞意旨，仍舉監督各地司法行政之權，委諸各省區長官，法界譁然，指為顯違約法上司法獨立之規定，迭經國會提案質問，乃悍然不顧，置若罔聞，顓頊官僚，殊堪痛恨，今軍政府以護法大義，號召全國，既與與非法政府斷絕關係，自宜與民更始，一反其悖謬之所為，非法政府前頒各省區長官監督司法之偽令，當然無復存之理，……

大元帥則於同年2月23日發布以下命令：

> 內政部呈請明令撤銷地方行政長官監督司法，以維司法獨立，查三權分立，約法具有明文，以行政長官監督司法，實為司法獨立之障礙，軍政府以護法為職志，自宜遵守約法上之規定，所請撤銷地方行政長官監督司法，應即照准，至司法行政及籌備司法事務，應暫由內政部管理，此令。

（參見軍政府公報第49號，民國7年2月23日出版）

同法第52條規定：「法官在任中不得減俸或轉職。非依法律受刑罰宣告或應免職之懲戒處分，不得解職。懲戒條規以法律定之。」對於法官之身分加以保障，以維護法官之審判獨立，進而達到同法第9條所保障人民訴訟權[3]之目的。此二規定與現行憲法第81條及第16條規定的基本精神相當，由上可知，我國在民國元年之臨時約法，即已描繪出理想的司法制度，其精神較諸現代法治國家，並不遜色。可惜的是，前清時期所制定之法院編制法部分規定內容，其精神與臨時約法未必相容，尤其對於法官之職務監督與審判獨立之界限，究應如何劃分，概念模糊，主政者也長期以「類行政機關」的心態，來管理法院（官），以致審判職權仍然受制於行政權，或受其影響很深，致使法官審判獨立之環境，遲遲難以建立。

由於法官行使職權應本於良心、依照法律，獨立審判。法官的「獨立」行使職權」，與一般公務員「服從」上級長官命令行使職權，有著基本不同的特質。就審判職務，法官間只有資歷深淺關係，並無如一般公務員之上下從屬或上命下從關係，審級關係之存在，是為了訴訟救濟程序，非謂上級審與下級審間為如一般行政關係之上下級關係[4]，因而一般公務人員之監督機制，自不適用於法官。未能掌握此一本質之特性，即難以建構理想的法官人事制度；而如沒有健全的法官人事制度，對於法官予以適當保障，以及對法官職務為合理監督，並建立有效淘汰不適任法官的制度，即難以期待建構完全的「審判獨立」的環境。歷經23年立法程序，於民國100年7月6日所公布的法官法，使法官人事制度獨立於一般公務人員之外，因而使我國邁向真正司法獨立的境界，又前進了一大步。

法官法固已通過立法，法官已建立起健全的人事制度，對於實踐憲法上所揭櫫「法官審判獨立」的理想，必然有重大的影響，然而法官要如何實踐憲法所賦予「審判獨立」之責任，進而達到實質保障人民訴訟權益之目的，相信

---

[3] 條文內容：「人民有訴訟於法院，受其審判之權」。

[4] 按清末為司法變革時，曾邀請許多日人到中國協助（參照），而法院編制法頒布之初，即經來華協助建立相關法制之日人講授甚明：「行政官廳者，上有主任長官，下置輔助官吏，上下互相繫屬，依命令服從之法，以圖執務之統一。苟以此法用之於司法機關，必至於不知不覺之間，釀成流弊，下級審判官必仰上級審判官之鼻息，而行審判，則其審判之公平，烏可得乎？此各審判廳必須互相獨立之理由也。」〔參照金華汪庚年編輯，《法學彙編（大清法院編制法）》，宣統3年5月15日京師法學編輯社發行，頁10-11。本書係由黃源盛教授所提供，謹表謝意。〕

沒有人可以提出具體的標準答案。有謂：「除了法官人格，正義沒有任何保障」，正說明了「公平正義境界」的難處。近年來許多人認為，經由大多數法官可以接受、具有普世價值之倫理規範，來形塑法官的理想人格，或許是設計司法制度所欲達到理想的不二法門。2002年間經由國際上數十國（包括大陸法系及英美法系國家）資深法官所參與，在聯合國相關組織贊助下所通過之「班加羅爾司法行為原則」（The Bangalore Principles of Judicial Conduct），以作為法官倫理規範的普世標準，即在此一思想背景下所蘊育出來的。

　　雖然依法官法所訂頒的法官倫理規範從民國101年1月5日正式頒布後，我國才能說也擁有具有法規範效力之法官倫理規範，但在此之前，乃至民初建構獨立的司法制度伊始，也不能說完全沒有法官行為規範，因為相關的監督及懲戒規定，在實質上也具有行為或倫理規範之性質，茲以法院組織法實施前後之階段，來加以說明。

貳、法院組織法實施前之法官行為規範

　　我國法院組織法於民國24年7月22日開始實施，在此之前，即由民初以迄法院組織法實施之前，有關法官職務上或職務外之行為規範，即依法院組織法的前身即法院編制法，以及相關懲戒法規之規定辦理。關於法官職務外行為之規範，首見於法院編制法第121條規定，推事（及檢察官）在職中不得為下列事宜：1.於職務外干與政事。2.為政黨員[5]、政社員及中央議會或地方議會之議員。3.為報館主筆及律師。4.兼任非本法所許之公職。5.經營商業及官吏不應為之業務[6]。

---

[5] 司法部於民國元年12月間曾以訓令第16號令京外司法官不得參加政黨：「法官入政黨，先進各國大多引為深戒，誠以職在平亭，獨立行其職務，深維當官而行之義重，以執法不撓之權，若復號稱為黨人奔走於黨事，微論紛心旁鶩，無益於政治，抑恐遇事瞻顧，有損於公平。黨見棋豎，百叢之，非所以重司法也。查法院編制法第一百二十一條，推事及檢察官在職中不得為政黨員、政社員及中央議會或地方議會之議員。條文深切著明，規定至為嚴密，乃者京外政黨林立，頗有現充法官，置身黨籍者，現在國會召集，為期不遠，非僅勉符約法定限，遂謂責任已完。本大總統迭次諄諄告誡之苦心，尚望我國民三復致意，此日之重選舉，將來之共濟艱難，國利民福之前途，實深倚賴焉。特此布告。」（見政府公報第229號（01.12.16），頁183-184。）

[6] 按本條係仿自日本明治23年（1890年）裁判所構成法第72條之規定：「判事ハ在職中左ノ諸件ヲ為スコトヲ得ス　第一　公然政事ニ關係スル事　第二　政党ノ党員又ハ政社ノ社員トナリ又ハ府県郡市町村ノ議会ノ議員トナル事　第三　俸給アル又ハ金銭ノ利益ヲ目的トスル公務ニ就ク事　第四　商業ヲ営

　　本條第1款限制法官從事政治活動；第2款要求法官不得參加政黨或政治性團體，且不得兼任中央及地方民意代表；第3款有關「不得爲報館主筆及律師」，在於規範法官職務外行爲之妥當性，以及禁止其爲與職務相衝突之行爲。第4、5款則禁止其爲相關之兼職。其規定之內涵，依清朝宣統年間，至中國講學日人之講義所述[7]，略爲：

一、公然干預政事

　　按干預二字，最宜注意，蓋司法官必係嫻習法律之人，如對於國家研究時政之得失，著爲論說，登之報章，是謂發表意見，不爲干預政事。干預政事云者，乃運動政黨及政府，以使其成功或不成功之謂也。

二、爲政黨員、政社員及中央議會或地方議會之議員

　　按政黨與政社之區別，頗難明瞭。概括言之，皆關於政治上所結之團體。若就內容而觀，性質各異。政黨者，乃中央議會成立後，關於政治上之意見不同……若政社則與議會之成立，無直接之關係，不過對於現在政治而研究之。……然而裁判官不能爲政黨者何也？因政治上之組織，與裁判上之公平，其性質各不相伴，裁判官但就一事而究厥眞僞，其用心至爲結密，政黨則須統朝野之全局而籌其得失，其眼光不容偏注一偶（隅），性質既異，則兼長自難，未有各二者而並顧不遺者也。且專就政黨論，進步保守，各有長短，旁觀採取之人，當去其短，而用其長，但使國家日躋於文明，而不至紛亂，則得矣。以中國現在情形觀，一般人之議論雖多，不得謂之政黨，大約多爲人身上之攻擊（以人爲攻擊之目的），而無政治上之討論，此亦人民程度上之關係，學力上之比差，而無

ミ又ハ其ノ他行政上ノ命令ヲ以テ禁シタル業務ヲ営ム事」。（法官在職中，不得爲左列各項事務：第一、公然參與有關政事之事務。第二、爲政黨黨員或政社社員，或爲府縣郡市町村之議會之議員。第三、擔任有俸給或以金錢利益爲目的之公務。第四、經營商業或其他行政命令所禁止經營之業務。）所不同者，法院編制法就此規範之對象包括法官（推事）及檢察官，而日本法則僅針對法官（判事）加以規定。此外，法院編制法另規定法官「不得爲報館主筆及律師」，此爲日本法所無。日本於二次大戰後制定「裁判所法」，於第52條爲相類似之規定：「裁判官任職中，不得爲左列行爲。一、成爲國會或地方公共團體議會之議員，或積極參與政治運動。二、除最高裁判所許可外，從事有報酬之其他職務。三、經營商業，或爲其他以金錢上利益爲目的之業務。」

[7]　按法院編制法雖公布於宣統元年，但日人講學時，本法尚屬草案階段〔參照金華汪庚年編輯，《法學彙編（大清法院編制法）》，頁5。〕，因而部分文字與公布之內容略有出入，例如本條第3至5款之內容是。另參照同書，頁107-110。

可如何者。然長此終古，不彼此交換意見，而徒爲個人之私益計，亦中國前途之隱憂也。……

三、爲新聞記者及律師

按裁判官不能爲新聞記者及律師，其理由亦與前同。新聞記者專對於國家政治之方針及現在之時勢，痛切指陳，與研究學問之雜誌不同，換言之，即非學理上之論說也。律師，日文謂之辯護士，……裁判官不能爲辯護士者，因裁判官審理案件，必據辯護士之申述及證據，調查其確實，或正當與否，不能自爲辯護士，其理由蓋明甚。

四、兼攝非本法所許之公職

按公職即執行公務之官職，本法者，指編制法言。其爲本法所許者，例如大理院推事，可兼攝分院推事；高等審判廳推事，可兼攝高等分廳推事。除編制法有明文特許者外，一概不得兼攝。

五、經營商業及律例所禁吏員之業務

按官商不得兼營，並非絕對的限制，例如公司役員（理事），其所經營之商業，非理事一人之商業，乃公司之商業，故推事不得而爲。然如株主（日本名詞，即中國之所謂股東）非自己經營商業，係出貲財於公司，俾理事代爲經紀，則推事亦可爲之。

　　法官違反上開規定者，依同法第125條規定，法官可能受到勒令調任、借補、停職、免職及減俸等處分。限制法官以上行爲，原在確保法官審判獨立之精神，立法意旨良善。惜國民政府於民國14年間或爲貫徹「以黨治國」的基本主張[8]，於14年11月28日修正本法第121條規定，將本條第2款之「爲政黨員、政社員及」等字刪除，自此，解除了法官（及檢察官）加入政黨之限制[9]，而使得政黨有影響審判的空間[10]。其次，法院編制法第158條第1項，同樣有類似

---

[8]　參照第5章、捌、二、我國限制法官參與政治活動的立法沿革。

[9]　見國民政府公報第209號（14.11.28）卷期16(三)，民國14年11月出版，頁7-8。

[10]　北伐勝利，奠都南京，司法院於民國17年成立，王寵惠任院長，提出多項改良司法之方針與計劃，其中一項即爲「法官黨化」，王氏認爲：「以黨治國，無所不賅，法官司審判，尤有密切之關係。……爲法官者，對於黨義，苟無明澈之體驗，堅固之信仰，恐不能得適當之裁判。」……實現此項計劃，他提出三種辦法：「一、網羅黨員中之法政畢業人員，使之注意司法行政及審判實務，以備任爲法院重要職務，俾得領導僚屬，推行黨治；二、訓練法政畢業人員，特別注意於黨義，務期嫺熟，以備任用；三、全國法院，一律遵照中央通令，實行研究黨義，使現任法官，悉受黨義之陶鎔，以收黨化之速

目前法院組織法第110條之職務監督規定，其內容為：「司法行政監督權之施行，其區別如左：一、司法總長監督全國審判衙門及檢察廳。二、大理院長監督大理院。……四、高等審判廳長監督該廳及所屬下級審判廳。五、地方審判廳長監督該廳及所屬初級審判廳。……」[11]，同法第159條規定：「監督權之施行，其權如左：一、有廢弛職務及侵越者，應加儆告，使之勤慎。二、有行止不檢者，應加儆告，使之悛改。」也與現行法院組織法第112條相類。

　　民國元年9月間，司法總長許世英本於司法行政最高監督權人之身分，向大理院及京師各級審判檢察廳，發出通告，勉勵「所有推檢各員務宜守法，尚廉勤、慎將事，以保人民之權利……互相勸勉，尊重法官之名譽，維持獨立之精神」，其內容如次[12]：

「司法部致大理院暨京師各級審判檢察廳通告」

民國甫立，經緯萬端，司法改良尤為重要，京師自大理院、總檢察廳以及高等、地方、初級各司法官俱已從新任命，雖機關改組固為理勢之所當然，而資格從嚴實為怨謗之所叢集，又況中央審判繫中外之觀瞻，所有推檢各員務宜守法，尚廉勤、慎將事，以保人民之權利，而為全國之楷模，否則徒事更張，毫無實濟，匪但學不適用，致違改革之初心，竊恐始謀不臧，反阻後來之進步，瞻望前途，憂心如擣。本總長德薄能鮮，忝司監督，當茲改良伊始，故不憚推誠相告，願我院廳推檢諸君，互相勸勉，尊重法官之名譽，維持獨立之精神，庶神聖法權將歷久而彌固，斯國民幸福，自繼長而增高，凡我同人幸其勉之。特此通告。

效。」（參照王寵惠《今後司法改良之方針》，載中央週報，民國18年1月出版，頁21，轉引自余偉雄《王寵惠與近代中國》，文史哲出版社民國76年7月出版，頁226、182。）國民政府播遷來台之後，國民黨在臺灣威權時期，廣泛吸收青年加入政黨，是以在此之前通過法官考試、取得法官資格，而具有國民黨黨員身分者比比皆是。

[11] 第158條原規定內容為：「司法行政監督權之施行，其區別如左：一、法部堂官監督全國審判衙門及檢察廳。二、大理院卿監督大理院。三、各省提法使監督本省各級審判廳及檢察廳。四、高等審判廳廳丞監督該廳及所屬下級審判廳。五、地方審判廳廳丞或廳長股監督該廳及所屬初級審判廳。六、初級審判廳監督推事或獨任推事監督該廳各員。七、總檢察廳廳丞監督該廳及各級檢察廳。八、高等檢察廳檢察長監督該廳及所屬下級檢察廳。九、地方檢察廳檢察長監督該廳及所屬初級檢察廳。十、初級檢察廳監督檢察官或檢察官監督該廳各員。」

[12] 政府公報（重印本）第129期，民國1年9月出版，頁569-570。

此外，爲有效監督法官之工作，民國3年2月間，當時負有監督法官權責之司法部，針對高等審判廳以下法官，訂頒有「司法官考績規則」及「審判事務成績表編製細則」[13]，以對於法官之審判職務及審判外事務，爲一般性之監督[14]。雖然依法院編制法第110條第1項第1款規定，司法總長監督全國審判衙門及檢察廳，但司法官考績規則第20條規定，關於大理院司法官之考績由大理院長另定規則行之，惟大理院似未即時訂定有類似之規則，據目前可考之資料，大理院於民國13年間始制定「大理院考績規則」，但其內容與「司法官考績規則」大異其趣，大部分係有關請假及代理薪給之給付，或結案量達一定數額時如何獎勵之規定[15]。由這段歷史可以概見，在這個時期司法部在法制上雖然具有監督大理院的職權，但在實際運作上，似乎存留了模糊的空間。

由於民國元年之中華民國臨時約法第52條規定：「法官在任中不得減俸，或轉職。非經法律受刑罰宣告或應免職之懲戒處分，不得解職。懲戒條規以法律定之。」民國3年之中華民國約法第48條也有同樣之規定，民國4年10月間大總統乃公布「司法官懲戒法」[16]，以爲懲戒法官（含檢察官）之依據。本法第1條規定：「司法官有左列行爲之一者，依本法懲戒之：一、違背或廢弛職務。二、有失官職上威嚴或信用。」第6條規定之懲戒處分之種類如下：一、奪官。二、褫職。三、降官。四、調職。五、減俸。六、誡飭。

依上所述，可知自民初建構法官獨立審判之制度，以迄法院組織法於民國24年7月22日開始實施之前，我國並不缺乏對法官之職務監督制度，不過在這段期間，對於法官與檢察官角色之不同，概念含糊，此由此一時期，對於職司審判工作之人，以法官、審判官、司法官、推事等名詞混用，即可見一斑[17]，

---

[13] 司法部訓令，載政府公報（重印本）第646期，民國3年2月24日出版，頁585-590。
[14] 司法部於民國15年1月間，以命令發布「法官考績條例」，觀其內容，旨在拔擢優秀人才。載政府公報（重印本），第3522期，民國15年1月29日出版，頁305-308。
[15] 載政府公報（重印本）第3065期，民國13年10月04日出版，頁4257-4258。
[16] 載政府公報（重印本）第1235期，民國4年10月16日出版，頁687-691。
[17] 雖然臨時約法第51條規定，法官獨立審判，不受上級官廳之干涉。其中「法官」應該是專指從事審判工作之法官（推事）而言（一如司法院大法官釋字第13號對於憲法第81條規定「法官」意涵之解釋），然因當時對於「法官」及「司法官」等名詞混用之結果，當時法官之考試，兼指推事及檢察官，難免望文生義，認爲臨時約法上之法官，兼指檢察官。例如，民初總檢察廳呈司法部，據吉林高等檢察官諾克聰以吉林省都督破壞司法，請予查辦等情，轉請咨行取消處分命令文中，表示：「本廳查臨時約法第五十二條（相當於現行憲法第81條），法官在任中不件減俸或轉職，非依法律受刑罰宣告或應免職之懲戒處分，不得解職。懲戒條規，以法律定之。該都督雖係一省行政長官，而司法獨立，法官實不能受其干涉，是

也有同一公文中，同時使用法官及司法官，而其內涵相同者[18]。此一紊亂現象，始自清末所公布之「大理院審判編制法」及「法院編制法」，而使用此等名詞之混亂現象之源頭，或許是清末在引進西方司法制度時，對於審判權與司法權在概念及內涵上自始即生混淆，亦未可知。

在此一期間，依現存官方資料，也有法官因違法失職被懲戒之事例，例如民國24年間，有河南開封地方法院候補推事高○，因辦理強制執行事件，率將債務人以外之第三人拘提管收，被當時的中央公務員懲戒委員會為「書面申誡」懲戒處分[19]，其事實為：

> 緣被付懲人高○辦理張○齋與張○謨債務執行案，債權人張○齋以債務人張○謨迭傳不到，請查封張○謨夥開之鎮○昌紙店抵償被付懲戒人，因即票傳訊問，據執達員報稱張○謨匿不見面，鎮○昌掌櫃王○齋（即王○初）出言不遜，抗不到案，而張○齋堅稱張○謨為鎮○昌之股東，請票拘該掌櫃，因於23年10月22日將王○齋拘到，王○齋當庭否認張○謨為該店股東，被村懲戒人命其將合同呈驗，王○齋堅執不肯，遂被管收並禁止接見，旋有署名鎮○昌股東汪○新（即汪○盤）者致函該院，聲辯一切事因，亦於同月23日被傳到案，經將合同呈閱，其中並無張○謨之名，始知張○謨並非鎮○昌股東，隨將王○齋提釋，汪○盤遂以被付懲戒人違法拘提，向司法行政部呈控，經令據河南高等法院查悉前情，認該被付懲戒人辦事操切，咨請審議到會。

懲戒理由為：

對於該檢察官並無『撤差及限令出境』之特權，且所謂該檢察官遇事生風、不知檢束，亦屬影響之詞，非即應受法律上之懲戒，此項處分命令，實屬違法、侵權。本廳有監督全國檢察官之責，該檢察官既無觸犯約法第五十二條情事，則無受懲戒之義務，所有該都督此次處分，本廳應認為無效。」等情，即將法官（推事）與檢察官的角色混為一談，由是足認在中國早期對於臨時約法上有關「法官」之內涵，即有所混淆。

[18] 例如民國元年8月28日司法部咨大理院「暫定司法官蒞庭服色」之公文中表示：「現在法官制服尚未擬定公布，所有司法官蒞庭服色，暫用藍色長袍、青色對襟、長袖馬掛，以示劃一而免紛歧。」（參照政府公報（重印本）第122期，民國1年08月出版，頁230。）

[19] 中央公務員懲戒委員23年度鑑字第221號議決書。（參照司法公報第34號，頁33）

本案張○齋既指稱張○謨爲鎭○昌股東，被付懲戒人又因張○謨曾因他案由鎭○昌代出錢條，有卷可稽，認張○齋所稱非爲無據，票傳鎭○昌訊問辦理，固無不合，惟對於鎭○昌夥友（河南高等法院查復文稱王○齋自稱夥友），王○齋僅據執達員及張○齋之陳述，動予拘提，拘提到之後，據王○齋聲明爲夥友，自非執有合同之人，乃必責令呈驗合同，不允呈驗，即予管收，並停止接見，雖據河南高等法院查稱王○齋一味蠻橫，直稱合同不能看云云，該王○齋固屬非是，然被付懲戒人以民事執行案件，率將債務人以外之第三人拘提管收，究於法定程序未盡適合，申辯書乃就民事訴訟法第290條、第338條各規定斷章取義，以爲辯飾，殊不足以解免其違法責任。

由以上事例可認，我國早年懲戒機關對於法官辦案過程，有無依法律所規範程序處理，即採取介入審查的態度。

參、法院組織法實施後之法官行爲規範

民國24年7月22日開始實施之法院組織法，已無類似上開法院編制法第121條，有關法官職務外行爲規範之規定，僅於第88條有類如之前法院編制法第159條之規定，其內容爲：依前條規定有監督權者，對於被監督之人員得爲左列處分：一、關於職務上之事項，得發命令使之注意。二、有廢弛職務，侵越權限或行止不檢者，加以警告。」目前之法院組織法第112條之對應內容，基本上並無更動。

然而在法院組織法實施後，以迄法官法公布施行前，國家對於法官職務上或職務外行爲的要求，除性質上顯不合宜者外[20]，大抵依公務員服務法及職務監督命令[21]予以規範，例如公務員服務法第2條規定：「長官就其監督範圍以內

---

[20] 往年曾有法院院長因有干涉法官審判情事而受懲處之例：例如公務員懲戒委員會44年鑑字第1933號：「被付懲戒人乙，任職高院院長，對於申請示另行評議是否適當，未爲明確之指復，雖非有意促成干涉審判，而大致恰似贊同失出之見解，卒導致干涉審判，其處理亦非適當，應記過1次。」又如58年鑑字第3966號：「被付懲戒人係臺灣高等法院院長，……原彈劾案指摘被付懲戒人不應以行政命令影響執行案件之進行，義正詞嚴，違失之責，未可輕言解免，應記過1次。」

[21] 法院組織法關於院長對於法院所屬成員（包括法官）之職務監督有以下二條文：

第110條：「各級法院行政之監督，依左列規定：一、司法院院長監督各級法院及分院。二、最高法

所發命令，屬官有服從之義務」，此即明示一般公務人員與長官之間，有上命下從關係。然而法官獨立審判，係憲法第80條對於法官職務上之要求，有關法官裁判之內涵，不在院長之監督範圍，院長自不得指示法官應如何裁判。法院組織法第11章「司法行政之監督」中第114條規定：「本章之規定，不影響審判權之行使。」即指明司法行政之監督，不得介入法官審判權之行使。

　　法院組織法並無類似前開法院編制法第159條規定，對於法官職務外行為之規範，以致法官是否得為相關行為，即無明確之規範，就此而論，法院編制法似較法院組織法具有前瞻性。一直到民國84年間「法官守則」訂頒前，司法行政權責單位並未特別針對法官在職務上或職務外行為所應遵循的規則，訂定倫理規範[22]，或據為懲戒之依據，僅依公務員服務法相關規定辦理[23]。

肆、法官法之制定與法官倫理規範

　　民國76年間臺灣解嚴之前，政府屬威權體制，在此氛圍下，法官可以說是被視為辦理審判事務的公務員，司法部門對於法官的裁判，透過「事前審閱」及「行政管考」制度來「管控品質」，法官審判獨立的環境不佳。這段時間的司法改革比較值得一提的是69年間「審檢分隸」的變革，法院組織法修改，臺

院長監督該法院。三、高等法院院長監督該法院及其分院與所屬地方法院及其分院。四、高等法院分院院長監督該分院與轄區內地方法院及其分院。五、地方法院院長監督該法院及其分院。六、地方法院分院院長監督該分院。」

第112條：「依前二條規定有監督權者，對於被監督之人員得為左列處分：一、關於職務上之事項，得發命令使之注意。二、有廢弛職務，侵越權限或行為不檢者，加以警告。」

[22] 參照法務部司法官訓練所編印，司法倫理資料彙編。司法首長偶會以古人名言，勉勵法官要有高尚人格，勤慎廉能等，例如於民國68年至76年間擔任司法院院長之黃少谷先生，即勉勵法官要以「明鏡止水以澄心，泰山喬嶽以立身；青天白日以應事，霽月光風以待人。」做為為人處事之座右銘。

[23] 公務員懲戒委員會57年鑑字第3825號：「被付懲戒人丁係某高等法院推事，配受曾姓傷害上訴案，第一次準備期日係二月四日開具審理單，定期至七月四日始行調查，距離長達五月之久，核與公務員執行職務不得無故稽延之義務，難謂無違，應申誡。」

78年鑑字第6268號：「被付懲戒人……經辦鄭某侵占案件時，私自前往被告住宅，交付複印偵查筆錄節本，囑其就不利部分提出辯解。又該案於民國七十八年一月十三日辯論終結，同月廿七日再開辯論，二月十五日及廿七日各開庭一次，即予擱置。無故拖延三個月後，再行辯論終結。於判決前，又私以電話告知被告要為其查明水落石出等語，有違公務員服務法第四條第一項及第七條所定『公務員不得洩漏職務上之秘密及執行職務不得無故稽延』之規定，應休職期間一年。」

83年鑑字第7229號：「被付懲戒人身為法官，竟因細故，觸犯刑章，其言行顯失謹慎，核與公務員服務法第五條所定：公務員應謹慎之旨有違，應記過1次。」

灣高等法院以下各級法院,原隸屬司法行政部(法務部前身),改隸司法院,解決多年「審檢不分」的現象,法官不再受到來自行政部門的監督,奠定司法審判獨立的基礎[24]。

　　林洋港先生於民國76年間就任司法院院長時,有感於司法資源匱乏、一般民眾對於司法的信賴度偏低、對法官操守存疑,乃積極爭取司法資源、提高法官待遇,並以「法官的操守應該和皇后的貞操一樣,連被懷疑都不容許。」[25]來期許法官,並試圖扭轉國人對於司法的不良印象。更值得一提的是,司法院在林院長接任不久後之民國77年間,即著手研制法官法,希望建立一套健全的法官人事制度[26]。

　　施啓揚先生於83年間就任司法院院長,有感於民眾對於法官之審判,是否不受干涉,仍有諸多質疑,乃確立「確保司法獨立」爲其改革主軸,並喊出「只有甲等法官,沒有乙等法官」的口號,且放寬法官考績甲等之比例。並於84年間仿美國之例,訂頒「法官守則」8條[27],嗣於86年11月間訂頒法官「自律委員會試辦要點」[28],希望藉由法官自治、自律之機制,提升我國法官自我管理能力,摒除外界對於司法權長期受制於行政權之不良印象。違反法官守則

---

[24] 翁岳生,司法改革十週年的回顧與展望〔主題演說〕,載黃國昌、湯德宗主編「司法改革十週年的回顧與展望會議實錄」,頁57,中央研究院法律學研究所籌備處,2010年3月出版。

[25] 司法院司法行政廳編輯《臺灣法界耆宿口述歷史第二輯》,頁246。

[26] 在77年5月27日第一次預備會議中,即有多位出席專家學者,主張法官非一般公務人員,有制定法官法之必要、應建立法官職務法庭、取消送閱制度等。(參照法官法草案研究彙編(一),頁3-20,司法院79年出版。)

[27] 民國84年8月22日(84)院台廳司一字第16405號函訂定全文8條:1.法官應保持高尚品格,維護司法信譽。2.法官應依據憲法及法律,本於良知、超然獨立、公正篤實執行職務,不受及不爲任何關說、干涉。3.法官處理案件,應潔己奉公,發揮耐心、毅力,懇切和藹問案,予當事人充分陳述機會,周詳調查證據,裁判書類應認真製作,務求定奪合宜、執法平允,使人信服。4.法官言行舉從應端正謹慎,令人敬重,日常生活應嚴守分際,知所檢點,避免不當或外觀上易被認爲不當之行爲,務須不損司法之形象。5.法官不得參加任何政黨或其他政治團體之活動,並不得從事足以影響獨立審判或與法官倫理、尊嚴不相容之事務或活動。6.法官應嚴守職務上知悉之事項,並不得探詢不應知悉之事項。7.法官應精研法理,溝通彼此法律見解,提高裁判品質,維護司法公信。8.法官應隨時汲取新知,掌握時代脈動,充實辦案智能,並應勤研法學理論及瞭解外國司法制度,促進司法進步。

[28] 民國86年11月24日(86)司法院台廳司一字第25619號函訂定發布全文8點;並自86年12月1日起實施,其中第3條規定:「法院法官有品德操守不佳、敬業精神不足或問案態度不良之情形者,法院院長或法官三人以上,得檢具相關資料,送交該院法官自律委員會評議。」

者，其後並經公務員懲戒委員會作為懲戒之依據[29]，自此，我國對於法官的倫理規範，算是有了初步的雛形。

　　司法院翁前院長岳生先生於88年間繼任施院長職務後，持續維護法官審判獨立環境，翁院長上任不久，即試圖強化法官自律功能，除將上開「自律委員會試辦要點」，修正為「各級法院法官自律委員會實施要點」外[30]，並將法官守則相關內容落實為自律機制啓動之事由[31]，且修正了法官守則，將條文內容精簡為5條[32]，實務上亦有據以懲戒之案例[33]。值得一提的是，翁院長受總統之託，於88年間舉辦了「全國司法改革會議」，會議做出多項重大決議，部分決議並已於翁院長96年間卸任時完成，然有二項在其卸任前仍未能實現，而令其懸念不已的是：「司法院的憲法定位與審判機關化」及「法官法的制定與審判獨立的落實」[34]。

　　由於法官權責重大，其在裁判上所為決定，對於人民的生命、自由、名譽及財產等，有無可替代性的影響，因而法官很容易成為有心人士企圖影響的對象。為維繫法官公正無私的形象，人民對於法官無論在職務上或職務外行為的要求，均遠較一般公務人員為高。法官職務外行為中涉及社交理財行為部分，

---

[29] 例如公務員懲戒委員會87年鑑字第8717號：「林○○利用其身分及職權申貸鉅額非消費性貸款，顯有違公務員服務法第六條、公務員不得假借權力，以圖本身之利益之規定。……亦違反司法院84.8.22函頒之法官守則第四條：『法官言行舉止應端正謹慎，令人敬重，日常生活應嚴守分際，知所檢點，避免不當或外觀上易被認為不當之行為，務須不損司法之形象。』之規定。」
[30] 民國88年6月30日司法院（88）院台廳司一字第16684號函修正發布。
[31] 其規定構成自律事由者，曾經數度修正，最後一次修正，有以下各項：1.品德操守不佳，有損司法信譽者。2.不當社交、理財或言行不檢，有損司法信譽者。3.無正當理由，洩漏職務上應守秘密之事項，有損司法信譽者。4.接受他人關說訴訟案件者。5.為人關說訴訟案件者。6.參加政黨或其他政治團體之活動者。7.為政黨、政治團體或個人作政治上之助選者。8.辦理合議案件，未依法評議者。9.確定裁判經非常上訴判決撤銷，其疏失情節嚴重者。10.上級審發現原審法官之辦案顯有草率情形者。11.辦理案件、宣示裁判或交付裁判原本顯有不當之稽延，經通知於相當期限內改善，而不改善者。12.以無關案情之事項，辱罵當事人者。13.生活奢靡、敬業精神不足或審案態度不良，有損司法信譽者。
[32] 司法院88年12月18日（88）院台廳司一字第32382號函修正發布全文5點：1.法官應保有高尚品格，謹言慎行、廉潔自持，避免不當或易被認為不當的行為32。2.法官應超然公正，依據憲法及法律，獨立審判，不受及不為任何關說或干涉。3.法官應避免參加政治活動，並不得從事與法官身分不相容的事務或活動。4.法官應勤慎篤實地執行職務，尊重人民司法上的權利。5.法官應隨時汲取新知，掌握時代脈動，精進裁判品質。
[33] 例如公務員懲戒委員會98年鑑字第11428號，明白指出受懲戒法官「沉湎麻將賭博」，係違反法官守則第1條所明定：「法官應保有高尚品格，謹言慎行，廉潔自持，避免不當或易被認為不當之行為。」
[34] 翁岳生〈司法改革十週年的回顧與展望〔主題演說〕〉，載黃國昌、湯德宗主編《司法改革十週年的回顧與展望會議實錄》，頁57，中央研究院法律學研究所籌備處，2010年3月出版，頁52-60。

如有不當，不僅會成為有心人士影響法官裁判的途徑，也會影響法官形象，進而影響司法公信力。加以88年間發生了幾位法官及檢察官接受企業界人士招待，並有法官因該次宴會而涉及之股票炒作行為[35]，使得外界對於法官交友及理財行為的妥當性，有要求規範之聲音。而為使法官之社交理財行為有依循之標準，司法院乃於89年間訂頒了「法官社交及理財自律事項」[36]。

法官守則、法官社交及理財自律事項，以及各級法院法官自律委員會實施要點第5條所列舉各項事由，以抽象規範觀之，可謂係在法官法制定前，現實存在我國之「法官倫理規範」[37]。然而上開法令，並非法律所授權發布之命令，依司法院大法官釋字第530號解釋意旨，其僅係司法院本於司法行政監督權所發布之職務監督命令[38]，其法規範效果稍嫌薄弱。

賴英照先生於96年間接任司法院院長，宣示持續推動之前的司法改革政策，並積極爭取補充人力，營造合理的審判工作環境。賴浩敏先生於99年間接任司法院院長，也積極持續推動法官法，而立法院在各界的壓力下，終於在第7屆立法委員最後第2次會期的最後一天，即100年6月14日，完成立法程序，總統於同年7月6日公布。攸關健全法官人事制度的建立，前後歷經5任司法院院長[39]，23個年頭。

民間司法改革基金會等團體自民國87年間起，也積極參與法官法之推

---

[35] 媒體將該次事件稱為「台鳳案」。

[36] 司法院89年1月25日司法院（89）院台廳司一字第02426號函訂定發布全文6點：1法官不得與案件繫屬中之當事人、關係人及其代理人、辯護人酬酢往來。但合於一般禮俗、學術、司法、公益等活動者，不在此限。2法官應避免經常與特定律師在社交場所出現。但有前條但書之情形者，不在此限。3法官應避免與律師、案件之當事人有財務往來。但該當事人為金融機構且其交易係正當者，不在此限。4法官不得以投機、違反公平方式、利用法官身分或職務，獲取不當利益或財物。5法官應避免讓律師經常進出其辦公室。但因公務或有其他正當理由者，不在此限。6法官應避免其他有損法官形象之應酬或交往。

[37] 「法官倫理」乙詞於司法院84年間所訂頒之「法官守則」第5條即已出現。（見註12）

[38] 本號解釋理由書謂：「人民之訴訟權為憲法所保障，國家應確保人民有依法定程序提起訴訟，受充分而有效公平審判之權利，以維護人民之司法受益權，最高司法機關對於法官自有司法行政之監督權。……最高司法機關於達成上述司法行政監督之範圍內，雖得發布命令，但不得違反首揭審判獨立之原則。……司法行政機關為使人民之司法受益權獲得充分而有效之保障，對法官之職務於不違反審判獨立原則之範圍內，自得為必要之監督。法官於受理之案件，負有合法、公正、妥速及時處理之義務，其執行職務如有違反，或就職務之執行有所懈怠，應依法促其注意、警告或予以懲處。」

[39] 前司法院副院長謝在全先生曾於99年7月19日至同年10月12日間代理司法院院長職務，如亦將此計入，則為6任司法院院長。

動，提出法官法草案[40]，喊出的推動口號是「保障好法官，淘汰壞法官」，惟依法官法第50條第2項「依應受懲戒之具體情事足認已不適任法官者，應予撤職以上之處分。」的用語，其口號或可改爲「保障『適任』法官，淘汰『不適任』法官」。然而「適任」與否的判斷基準如何？如果沒有客觀準據，即可能危及法官的身分保障，而有侵害審判獨立之虞。法官法第13條第2項規定：「法官應遵守法官倫理規範，其內容由司法院徵詢全國法官代表意見定之。」從而如謂「法官倫理規範」即爲「適任法官」與否之客觀準據，亦不爲過。

在法官法推動過程，司法院爲因應法官法完成立法即需面臨的法官評鑑及懲戒問題，自96年間即成立「法官守則研修會」，參考國際及相關國家立法例[41]，以充實、改寫法官守則原內容，並將名稱修改爲「法官倫理規範」，另舉辦公聽會，聽取各界意見；在法官法通過後，持續檢討其內容，並徵詢各級法院及各界意見，而於101年1月5日公布，同月6日實施，以因應法官法第103條有關「法官評鑑自公布後半年施行[42]」之規定。

伍、法官倫理規範

法官法第13條規定：「（第1項）法官應依據憲法及法律，本於良心，超然、獨立、公正審判，不受任何干涉。（第2項）法官應遵守法官倫理規範，其內容由司法院徵詢全國各法院法官代表意見定之。」而法官如「違反法官倫

---

[40] 參見民間版法官法草案（87.4.10），參與的團體有民間司法改革基金會、臺灣法學會、台北律師公會，見民間司改會官網：http://www.jrf.org.tw。
[41] 其內容主要是參考過去我國實務上案例、美國、加拿大、中國大陸香港地區等之法官倫理規範，以及於2002年，由包括許多大陸法及英美法國家之首席法官（或代表）在海牙和平宮之法官圓桌會議，所通過之班加羅爾司法行爲原則（The Bangalore Principles of Judicial Conduct, 2002）。值得一提的是，國際法官協會（International Association of Judges, IAJ）於1999年在台北所舉辦的年會中（與會者包括許多主要的英美法及大陸法國家代表），通過了法官憲章（The Universal Charter of the Judges），其內容即不乏與法官倫理規範有關者（參照國際法官協會IAJ官網，http://www.iaj-uim.org/，2011年11月30日造訪）。另聯合國大會於1985年亦通過了有關司法獨立之基本原則（Basic Principles on the Independence of the Judiciary），其中第2條亦規定了法官執行職務之基本倫理規範：「法官應公正裁判案件，以事實爲基礎，依據法律，不受任何直接或間接之限制、不當影響、引誘、壓力、威脅或干涉，不論其來自何方或基於任何理由。」（參照蔡烱燉〈由司法的內涵談法官法的制定〉，載法官協會雜誌第10卷，頁103以下）又，海峽對岸之中華人民共和國最高人民法院於2001年間根據《中華人民共和國法官法》，訂頒了《中華人民共和國法官職業道德基本準則》50條，其內容也值得參考。
[42] 本法經總統於100年7月6日公布，有關法官評鑑部分，即自101年1月6日起實施。

理規範，情節重大」者，依同法第30條第2項第7款規定，構成個案評鑑事由，依同法第49條第1項規定，並爲懲戒事由。懲戒，最重者爲「免除法官職務，並喪失公務人員任用資格」，最輕者爲「申誡」[43]。是以「法官倫理規範」對於法官言，具有法規範效力。

業經司法院完成法定程序而依法公布之「法官倫理規範」，全文共有28條，第1條規定本規範之訂定依據；第2條揭示法官角色之基本思惟；第3條至17條規範法官執行職務之行爲；第18條至第24條規範法官職務外之行爲；第25條對於本規範所稱「家庭成員」，予以定義，以免爭議；第26條明定法官對於其他法官、檢察官及律師違反倫理規範時，有舉發義務；第27條規定司法院得就本規範之實施，設置「諮詢委員會」；第28條明定本規範自101年1月6日施行。其內容如下：

第一條　本規範依法官法第十三條第二項規定訂定之。

第二條　法官爲捍衛自由民主之基本秩序，維護法治，保障人權及自由，應本於良心，依據憲法及法律，超然、獨立從事審判及其他司法職務，不受任何干涉，不因家庭、社會、政治、經濟或其他利害關係，或可能遭公衆批評議論而受影響。

第三條　法官執行職務時，應保持公正、客觀、中立，不得有損及人民對於司法信賴之行爲。

第四條　法官執行職務時，不得因性別、種族、地域、宗教、國籍、年齡、身體、性傾向、婚姻狀態、社會經濟地位、政治關係、文化背景或其他因素，而有偏見、歧視、差別待遇或其他不當行爲。

第五條　法官應保有高尚品格，謹言愼行，廉潔自持，避免有不當或易被認爲損及司法形象之行爲。

第六條　法官不得利用其職務或名銜，爲自己或他人謀取不當財物、利益或要求特殊待遇。

第七條　法官對於他人承辦之案件，不得關說或請託。

第八條　法官不得收受與其職務上有利害關係者之任何餽贈或其他利益。

　　　　法官收受與其職務上無利害關係者合乎正常社交禮俗標準之餽贈或其

43　法官法第50條規定。

他利益，不得有損司法或法官之獨立、公正、中立、廉潔、正直形象。

法官應要求其家庭成員或受其指揮、服從其監督之法院人員遵守前二項規定。

第九條　法官應隨時注意保持並充實執行職務所需之智識及能力。

第十條　法官應善用在職進修、國內外考察或進修之機會，增進其智識及能力。

第十一條　法官應謹慎、勤勉、妥速執行職務，不得無故延滯或增加當事人、關係人不合理之負擔。

第十二條　法官開庭前應充分準備；開庭時應客觀、公正、中立、耐心、有禮聽審，維護當事人、關係人訴訟上權利或辯護權。

法官應維持法庭莊嚴及秩序，不得對在庭之人辱罵、無理之責備或有其他損其尊嚴之行為。

法官得鼓勵、促成當事人進行調解、和解或以其他適當方式解決爭議，但不得以不當之方式為之。

第十三條　法官就審判職務上受其指揮或服從其監督之法院人員，應要求其切實依法執行職務。

第十四條　法官知悉於收受案件時，當事人之代理人或辯護人與自己之家庭成員於同一事務所執行律師業務者，應將其事由告知當事人並陳報院長知悉。

第十五條　法官就承辦之案件，除有下列情形之一者外，不得僅與一方當事人或其關係人溝通、會面：

一、有急迫情形，無法通知他方當事人到場。

二、經他方當事人同意。

三、就期日之指定、程序之進行或其他無涉實體事項之正當情形。

四、法令另有規定或依其事件之性質確有必要。

有前項各款情形之一者，法官應儘速將單方溝通、會面內容告知他方當事人。但法令另有規定者，不在此限。

第十六條　法官不得揭露或利用因職務所知悉之非公開訊息。

第十七條　法官對於繫屬中或即將繫屬之案件，不得公開發表可能影響裁判或程序公正之言論。但依合理之預期，不足以影響裁判或程序公正，

或本於職務上所必要之公開解說者，不在此限。

法官應要求受其指揮或服從其監督之法院人員遵守前項規定。

第十八條　法官參與職務外之團體、組織或活動，不得與司法職責產生衝突，或有損於司法或法官之獨立、公正、中立、廉潔、正直形象。

第十九條　法官不得為任何團體、組織募款或召募成員。但為機關內部成員所組成或無損於司法或法官之獨立、公正、中立、廉潔、正直形象之團體、組織募款或召募成員，不在此限。

第二十條　法官參與司法職務外之活動，而收受非政府機關支給之報酬或補助逾一定金額者，應申報之。

前項所稱一定金額及申報程序，由司法院定之。

第二十一條　法官於任職期間不得從事下列政治活動：

　　　　一、為政黨、政治團體、組織或其內部候選人、公職候選人公開發言或發表演說。

　　　　二、公開支持、反對或評論任一政黨、政治團體、組織或其內部候選人、公職候選人。

　　　　三、為政黨、政治團體、組織或其內部候選人、公職候選人募款或為其他協助。

　　　　四、參與政黨、政治團體、組織之內部候選人、公職候選人之政治性集會或活動。

法官不得指示受其指揮或服從其監督之法院人員或利用他人代為從事前項活動；並應採取合理措施，避免親友利用法官名義從事前項活動。

第二十二條　法官應避免為與司法或法官獨立、公正、中立、廉潔、正直形象不相容之飲宴應酬、社交活動或財物往來。

第二十三條　法官不得經營商業或其他營利事業，亦不得為有減損法官廉潔、正直形象之其他經濟活動。

第二十四條　法官不得執行律師職務，並避免為輔佐人。但無償為其家庭成員、親屬提供法律諮詢或草擬法律文書者，不在此限。

前項但書情形，除家庭成員外，法官應告知該親屬宜尋求其他正式專業諮詢或法律服務。

第二十五條　本規範所稱家庭成員，指配偶、直系親屬或家長、家屬。

第二十六條　法官執行職務時，知悉其他法官、檢察官或律師確有違反其倫理
　　　　　　規範之行為時，應通知該法官、檢察官所屬職務監督權人或律師
　　　　　　公會。
第二十七條　司法院得設諮詢委員會，負責本規範適用疑義之諮詢及研議。
第二十八條　本規範自中華民國一百零一年一月六日施行。

陸、結語

　　各國關於法官倫理規範內容的規定模式，大抵區分為二，一為英美法
式，即揭櫫倫理規範之核心價值，在此基本原則下，再以細目詳列相關細則；
另一為大陸法式，即不特別揭示核心價值，由職務上至職務外之行為規範，順
次排列，不過二者之內容或內涵，大多相通。

　　我國屬大陸法系國家，採取後者之規定模式，然而由許多英美法及大陸法
國家資深法官所參與制定之班加羅爾司法行為原則，則採前者之規定模式。由
於某些司法行為規範的核心價值，不僅與職務上行為有關，也關係到職務外行
為，為免重複說明，且凸顯核心價值的重要性，本書爰以班加羅爾司法原則所
揭櫫之六大原則：獨立、公正、廉正、妥適、平等、稱職與盡責，做為論述之
順序。

　　法官倫理規範第1條規定：「本規範依法官法第十三條第二項規定訂定
之。」說明本規範之制定依據；由於本規範內容，不可能巨細靡遺的將法官各
種可能被非議之行為，均加以規範，在某些國家設有行為規範之諮詢委員會，
提供法官在為某項行為時之諮詢管道，第27條關於「司法院得設諮詢委員會，
負責本規範適用疑義之諮詢及研議。」之規定，即仿國外立法例而為。第28條
規定本規範自中華民國101年1月6日施行。本篇所論述者，僅限於第2至27條。

　　以下數章，分別以獨立、公正、廉正、妥適、平等、稱職與盡責等六大
主題為中心，將倫理規範相關內容於各章中，予以評釋。第二章獨立，評釋第
2條及第7條；第三章公正，評釋第3、第14條、第15條及第17條；第四章廉
正，評釋第5條、第22條及第23條；第五章妥適，評釋第5條、第6條、第8條、
第16條、第18條、第19條、第20條、第21條、及第24條；第六章平等，評釋第
4條；第七章稱職與盡責，評釋第9條、第10條、第11條、第12條、第13條及第
26條。第八章法官倫理規範諮詢委員會，則就現制運作狀況，要述之。

壹、維護審判獨立

> **第二條**
>
> 　　法官為捍衛自由民主之基本秩序，維護法治，保障人權及自由，應本於良心，依據憲法及法律，超然、獨立從事審判及其他司法職務，不受任何干涉，不因家庭、社會、政治、經濟或其他利害關係，或可能遭公眾批評議論而受影響。

評釋

一、獨立審判，係法官憲法上職責

　　憲法第80條規定：「法官須超出黨派以外，依據法律獨立審判，不受任何干涉。」獨立審判，是法官在憲法上所明定之職責，是憲法所賦予法官之神聖使命，並非法官之特有權利。法官獨立審判之目的，在保障人民可以接受公正之審判，以實踐憲法第16條所規定：「人民訴訟權」之保障。法官法第13條第1項規定：「法官應依據憲法及法律，本於良心，超然、獨立、公正審判，不受任何干涉。」[1]乃進一步闡釋「獨立審判」之內涵。同法第1條也明定本法立法目的，係「確保人民接受公正審判之權利」。

　　法官基本的職責就是獨立審判，法官如果不能獨立審判，裁判自不可能被認為公正。法官的獨立審判，是目的還是手段？憲法賦予法官審判獨立職責的

---

[1]　本規定之立法理由乃：為維護司法之超然、獨立、公正及法官全體之尊嚴，法官務須自我要求在專業及個人行為方面均符合較高之標準。

目的，在於希望法官能出公正判決，保障人民的訴訟權益，實現憲法第16條所保障人民的訴訟權。是以獨立審判僅係實現保障人民訴訟權益之手段，本身並非目的。如果法官行使職權，不以人民訴訟權之保障為念，恣意行事、濫用職權或有其他不當行為，當無不容司法行政介入監督之理，是以世界沒有一個國家會對法官放棄監督的。法官法第19條第1項所明定：「法官於其獨立審判不受影響之限度內，受職務監督。職務監督包括制止法官違法行使職權、糾正法官不當言行及督促法官依法迅速執行職務。」本條項係仿自德國法官法第26條第1、2項規定：「法官僅於其獨立性不受影響之範圍內，受職務之監督。（第2項）於第一項之前提下，職務監督亦包括制止執行職務上之違法行為與督促合法及時完成職務之權限。」惟何謂「於其獨立審判不受影響之限度內」？法無明文，應依具體個案而決定。然而何種情事是屬於不受影響的審判領域，有時並不容易區隔，在德國區分法官活動為「核心領域」（Kernbereich）及「外部秩序領域」（äußeren Ordnungsbereich），「外部秩序領域」無法援引德國基本法第97條第1項規定「法官應獨立行使職權，並只服從法律。」作為屏障，不屬於實質裁判核心領域之活動。對於外部秩序領域部分之監督，不生干涉法官獨立之問題[2]。

二、法官依據法律所表示之見解，係獨立審判之內涵

司法院大法官釋字第371號解釋謂：「憲法之效力既高於法律，法官有優先遵守之義務，法官於審理案件時，對於應適用之法律，依其合理之確信，認為有牴觸憲法之疑義者，自應許其先行聲請解釋憲法，以求解決。」依此可認，「法官於審理案件時，對於應適用之法律，依其合理之確信，所表示之法律見解」，即係法官獨立審判之內涵，對此「審判核心領域」之事項，不在職務監督之範圍，自亦不得據為法官法上所規定法官評鑑及懲戒之依據[3]。

法官法關於法官評鑑部分，自民國101年1月6日起實施，關於法官懲戒部分自同年7月6日實施，自此有關法官之懲戒自應適用法官法所規定之程序，由司法院職務法庭所定懲戒程序來處理，不再依公務員懲戒法所定程序來處理，

不過在法官法生效之前，公務員懲戒委員會對於法官被付懲戒所作成之相關議決書，仍有參考之價值。公務員懲戒委員會在99年度鑑字第11684號議決書中，對於法官依法所表示之法律見解，應否受到監督，表示如下見解：

按法官依據法律獨立審判，法官應依其確信之法律見解而為審判，縱與最高法院之判決意旨相異，乃法官依職權為獨立審判之結果，不能遽認為係違法失職應受懲戒：1.按最高法院之判例，對於下級法院固有事實上之拘束力[4]，法官審判時原則上應予尊重。而最高法院判決在未成為判例之前，對下級法院尚無拘束力，但不能以下級法院之判決違反最高法院判決意旨，即遽認係誤判或違背法令應受懲戒。蓋法官審判案件時，除應依照

---

[4] 按民事訴訟法第478條第3項規定：「受發回或發交之法院，應以第三審法院所為廢棄理由之法律上判斷為其判決基礎。」刑事訴訟法雖無相類條文規定，惟最高法院88年度台上字第1412號刑事判決意旨以：「刑事訴訟，法律設有審級制度，旨在由上級審以裁判糾正下級審之違法或不當判決，期使憲法規定國家之司法權得以正確行使，人民之權利得以確保，且第三審係終審法院，為法律審，就其具體個案所為法律上之意見，於發回更審後，對於下級法院有拘束力，自不容下級審為相異之『法律上判斷』。在多次發回更審之情形，以前或因案件尚欠明瞭，本院發回更審法律上之意見，容有未盡相同之處，但以前之發回意旨，已時過境遷，應以最後一次發回更審之意見為準。」由是以觀，最高法院判決針對個案廢棄發回原審所為之法律上判斷，對於被發回之下級審自有拘束力。亦即最高法院判決所表示之見解，具有個案之拘束力，對於其他相類似案件之下級審法官言，僅供其承辦案件之參考，並無法律上拘束效力。此乃公務員懲戒委員會在99年度鑑字第11684號議決書中，所闡釋之見解，值得贊同。而其所謂「最高法院之判例，對於下級法院固有事實上之拘束力」乙節，依法院組織法第57條規定：「最高法院之裁判，其所持法律見解，認有編為判例之必要者，應分別經由院長、庭長、法官組成之民事庭會議、刑事庭會議或民、刑事庭總會議決議後，報請司法院備查。（第2項）最高法院審理案件，關於法律上之見解，認有變更判例之必要時，適用前項規定」之內容而論，亦屬實情，然最高法院判例，在實務運作上，已具有近乎法律之效力，此舉實有侵犯立法權之虞，而雖說其具有近乎法律之效力，大法官向不認為其為法律，充其量僅具命令之地位，因而否定法官得以依釋字第371號解釋意旨（曾有多位法官以判例違憲為由，聲請大法官解釋，均經大法官以不受理結案，但實務上既認為法官判決如違反判例，得據為提起再審及非常上訴之理由，又認為法官得不受判例拘束，論理上自有欠周延。）值得注意者，司法院於12月22日召開第146次院會，會中通過法院組織法及行政法院組織法部分條文修正草案，刪除現行判例選編及變更制度，並於最高法院及最高行政法院設立大法庭，以促進終審法院統一法律見解的功能。修正草案將於函請行政院會銜後，送請立法院審議。（參照司法周刊1626期，101年12月28日出刊，第1版）倘此一修法順利完成，則判例制度即走入歷史，而使最高法院裁判，不論是否曾經「編為判例」，均回歸僅具個案拘束力之常態效果。一旦大法庭制度完成立法，前於於民國99年5月19日公布（其中第九條自公布後一年即100年5月19日施行）之刑事妥速審判法，該第9條第1項規定，除同法第8條所列禁止上訴第三審之情形外，對第二審法院所為維持第一審無罪之判決提起上訴之理由，特別採行嚴格法律審制，僅限於：「一、判決所適用之法令牴觸憲法。二、判決違背司法院解釋。三、判決違背判例。」使判例具有法拘束效力（最高法院100年度台上字第3889號判決意旨參照）效果之立法，即有重加檢討之必要。

法律之規定外，對於無法律規定或法律規定不明確者，審判時尚應體察時代環境之脈動，社會客觀環境之變化，本於法官法律上確信之見解，於不違反經驗法則及論理法則之精神，衡酌當事人之一切情況，作出最妥適之判決，否則如社會一般客觀環境已有變化，如仍然要完全固守以前不妥適之先例，不能採取法律上確信的妥適見解，將阻礙司法之進步，此乃憲法第80條所定法官應依據法律獨立審判之精神所在。按具體案件之審判，應委諸於審理該案之法官判斷，當事人如有不服，應循上訴或抗告之法定程序，請求救濟。如因與最高法院之判決意旨有異，即構成懲戒之事由，將導致審判法官之心理畏縮，危害審判獨立，有違法律設定上訴、抗告等救濟制度之本旨。故除法官之裁判，有明顯且重大之錯誤外，不能以其認定，經上級法院撤銷或廢棄，遽認應構成懲戒之事由，方能確保憲法保障法官獨立審判之目的。2.該案臺南地院對被告林○○、陳○○以外之64名被告有無因與被告林○○、陳○○有共犯關係，而應由臺南地院因牽連案件關係而取得牽連管轄權？又有無共犯關係，係以起訴書所載為準，或以法院實質審理之結果為準？該案對被告林○○以外之65名被告均為管轄錯誤判決，其判決是否妥適？有無與最高法院之上揭判決意旨相異，如相異，是否即判決違誤？核均屬法官依職權行使獨立審判權之核心問題，判決如有不當，依上揭說明，應由上級法院予以救濟。然無論判決如何認定，均不能遽認為承辦人有違法失職應受懲戒之事由，從而被付懲戒人2人（蘇○○、徐○○法官）此部分行為亦難認為有違失。

公務員懲戒委員會89年度鑑字第9243號議決書也認為刑事被告有無羈押之必要，乃屬審判核心問題，不能因認定不同，即構成懲戒之事由：

本件羈押之程序，就形式而言，尚難認有違反……刑事訴訟法規定之情事。至實質上是否有羈押之必要，應委諸於審理該案之法官判斷，當事人如有不服，應循上訴或抗告之法定程序，請求救濟。蓋有無羈押之必要，乃屬審判核心問題，如因認定不同，即構成懲戒之事由，將導致審判法官之心理畏縮，危害審判獨立，有違法律設定上訴、抗告等救濟制度之本旨。故除法官之裁判，有明顯且重大之錯誤外，不能以其認定，經上級法院撤銷或廢棄，遽認應構成懲戒之事由，方能確保憲法保障法官獨立審

判之目的。本件被付懲戒人駁回被告簡○○具保停止羈押之裁定，雖經上級法院裁定撤銷，然由其裁定理由之記載，尚難認該裁判依經驗法則，有明顯且重大之錯誤，自不能進而就實質上有無羈押之必要，作為被付懲戒人有無違失之依據，從而被付懲戒人此部分難認有違失責任之可言。

公務員懲戒委員會在100年度鑑字第12011號議決書中，認為法官於審判中所為之具體決定，若無任何合理之解釋得以支持其法律適用，而屬明顯違法者，自不得以審判獨立為由，而規避其並未依法審判之違失：

被付懲戒人唐○○於臺灣高雄地方法院法官任內，審理該院96年度交簡字第3567號案件，在未敘明有何事證足資顯示被告具有法定羈押原因下，即諭令被告具保。……「法官須超出黨派以外，依據法律獨立審判，不受任何干涉。」憲法第80條定有明文。是法官應依據法律獨立審判，乃憲法對審判獨立之保障，同時亦為憲法對法官依法審判之要求。法官依法審判所表示之法律見解，乃憲法第80條保障與要求之核心內容，除當事人得依上訴或抗告程序請求救濟外，原則上並非監察院彈劾或公務員懲戒之事由。但**法官於審判中所為之具體決定，若無任何合理之解釋得以支持其法律適用，而屬明顯違法者，自不得以審判獨立為由，而規避其並未依法審判之違失**，否則即與首開憲法第80條規定之意旨不符。上開有關審判中裁定命被告具保之法定要件，及認定被告是否合於「有事實足認為有逃亡之虞」之法定羈押原因，或為刑事訴訟法所明定，或為學理與審判實務之共識。被付懲戒人審理上開案件，查無客觀、具體之事實足認被告有逃亡之虞，又無事實可資證明被告有法定羈押原因存在，仍裁定命被告以3萬元具保，且對其裁定命被告具保之根據、緣由，先則申辯依刑事訴訟法第101條之2前段並不限於被告「有羈押原因」而「無羈押必要」之情形始得逕命具保；繼則申辯係因被告所為逾越法律所賦予之防禦、抗辯權，並以非法手段干擾訴訟程序，為使案件得以順利進行，可認具有相當理由認其有逃亡之虞，自可依法予以具保云云。尚無合理之解釋得以支持其法律適用，自不得以審判獨立為由，解免其違失責任。

以上案例，乃懲戒機關明示法官所為法律見解，除有明顯且重大之錯誤

外，不能以其認定，經上級法院撤銷或廢棄，或者法官所為具體決定，並無任何合理之解釋得以支持其法律適用，而屬明顯違法情形之外，不認為構成懲戒之事由，以「確保憲法保障法官獨立審判」之目的。然而公務員懲戒委員會早期部分案例，對於法律見解之錯誤，採取相當寬鬆的態度，而對法官施以懲戒，其見解實有商榷餘地。

　　例如在60年度鑑字第4232號新竹地方法院推事王○○受降1級改敘之懲戒案，其被提出的懲戒事由為：「緣泰祥實業公司於民國54年間，向義大利某公司以分期付款方式購買混紡機器，除泰祥自付價款百分之20外，餘款美金66萬2,840元無力支付，乃將機器依動產擔保交易法之規定，抵押典交通銀行保證支付。至56年3月間，泰祥公司將該已設定抵押權之機器稱已出租予祥興紡織企業股份有限公司，一面以資金周轉不靈為詞，應付義大刊廠商之機器價款，遂由交通銀行墊付之。交通銀行發現此種情形後，於56年10月11日狀請新竹地方法院民事執行處以裁定除去債務人泰祥公司與第三人間之租賃關係，查封拍賣，以抵償其債權。新竹地方法院推事王○○於除去租賃關係事件確定後，執行拍賣，拍賣公告上並無不點交拍賣物之記載，但該推事於拍賣現場臨時宣稱該項拍賣之機器拍定後不予點交，58年3月4日法院第2次拍賣時，由方○出價新臺幣2,300萬元之最高價標得，並於規定期限內付清價款，要求交付買得之機器，但推事王○○以拍賣時已聲明不點交為理由，以裁定駁回方○之聲請。嗣方○一再請求，至58年4月29日新竹地方法院始發布移轉命令，將泰祥公司對祥興公司原出租之機器之『返還請求權』移轉於買受人（方○）。至於如何實際取得機器，該推事王○○認為尚須另案訴訟，獲到勝訴確定，始能由法院強制執行。方○向法院買受拍賣之動產，耗費新臺幣2,300萬元而實際一無所得，因此引起之訴訟案件多達20餘起。」等情，公務員懲戒委員會以：「申辯意旨謂第2、3審法院亦認拍賣開始之前宣布不予點交尚非不合法，並認對查封前已占有拍賣物之第三人，非另行起訴取得執行名義，執行法院不得遽予點交，而維持原裁定，足見其處理本案之見解尚無錯誤云云。按之上述最高法院與臺灣高等法院裁定所持理由，被付懲戒人所為駁回方○點交聲請裁定之法律見解，雖難認為無據，惟查本件拍賣標的物，鑑價新臺幣3,700餘萬元，而以2,300萬元拍定，價額甚大，關係雙方權益至鉅，自應審慎處理，既認為拍賣物在查封前已為第三人占有，拍定後不予點交，尚須另行訴訟取得執行名義後方可辦理，則關係拍定人之權利何等重大，自屬在公告上應記明之事項，使拍

定人事前切實了解其中利害，方能投標。……彈劾案指其在拍賣公告上並無不
點交拍賣物之記載，但於拍賣現場臨時宣稱該項拍賣之機器拍定後不予點交，
方○向法院買受拍賣之動產耗費新臺幣貳仟參佰萬元，而實際一無所得，引起
訴訟多達二十餘件；買受人之權利受損害云云，自屬實情。被付懲戒人執行該
案機器拍賣，縱非擅自宣布不點交，但處理上殊欠切實，顯有疏失之處，以致
遭受指摘，影響法院信譽，咎責無可解免，申辯未可盡信。」的理由懲戒法
官。然而本件法官對於本件拍賣物是否點交，爲法律見解之陳述，其法律見解
甚至被上級法院所支持，而且其見解係「於審判中所爲之具體決定，『具有』
合理之解釋得以支持其法律適用，並無明顯違法」情形，無奈監察院及公務員
懲戒委員會，徒以當事人事後有20餘起訟爭之情事，做爲介入法官審判核心領
域之法律見解之事由，形同法律審級外之第四審，殊屬不當，因法院既已於拍
賣程序開始之前宣布標的物不予點交，當事人仍願投標，對於嗣後引起訟爭之
結果，或係其投標之初所可預見，或係其本身行爲所導致之後果，何能以之歸
咎法官？

　　另，公務員懲戒委員會在65年度鑑字第4737號臺中地方法院推事李○○
被付申誡乙案，以：「被付懲戒人李○○，係臺灣臺中地方法院前推事，承審
許○○所提確認廖○○優先承買權不存在事件，經監察院提出彈劾，以其漠視
證據，罔顧事實，顯有利用審判權圖利他人之嫌。……按民事訴訟，採當事人
進行主義，當事人對於有利於己之積極事實，有主張及舉證責任。消極確認之
訴，應由被告負責舉證。該確認優先承買權不存在之訴訟事件，在第一審審判
程序中，被告廖○○等提出之各項證據，所載地號不盡一致，且間有錯誤不足
以證明其前所承租之土地即係系爭標購之土地，又未聲請勘驗現場；所提土地
使用同意書等，亦不能確切證明租賃關係合法存在之事實；水利會公告復未明
載解除條件，又未將有利於被告之投標須知於第一審提出，致一審推事無從
知有其物，更不知其買賣附何條件，被付懲戒人對此部分之申辯，尚不無可
採。從而堪以認定該訴訟事件當事人廖○○等在第一審未善盡舉證責任，當係
導致判決認事用法發生差誤之重要原因。惟細繹民事訴訟法之精神，法官在
審判中，亦應注意其闡明權調查權之運用，以期發見眞實，確定法律關係。
該法第一百九十九條第一項、第二項、第二百零三條、第二百八十八條均有規
定，辦理民事訴訟案件應行注意事項第二十四項、第二十五項、第三十三項亦
有明切指示。而被付懲戒人李○○審理該訴訟案時，未善用上述法律賦予之闡

明權及調查權，遽爲違反事實之認定，難謂爲不負違失責任。申辯所稱：法官本自由心證主義對事實證據認定，應論得心證之理由，若謂法理見解未當，亦屬見仁見智，如下級審係按法定程序審判，縱判決被上級審改判，亦不能據此謂下級審違法失職。因事實認定法理見解之不同，既在訴訟程序上可資救濟，即應無責云云。此在法官執行審判職務已盡其應盡之職責，並無瑕疵者，固屬當然之解繹。但法官於審判中有違失情事者，仍不能免除責任。本案被付懲戒人李○○既已自承未多開庭調查之疏失，則彈劾案之指摘當非無因。揆以公務員服務法第五條、第七條規定，公務員應謹慎及力求切實之旨，即屬有違。」的理由懲戒法官，然而本議決書就被付懲戒人所辯「……下級審係按法定程序審判，縱判決被上級審改判，亦不能據此謂下級審違法失職。因事實認定法理見解之不同，既在訴訟程序上可資救濟，即應無責」云云，認爲「此在法官執行審判職務已盡其應盡之職責，並無瑕疵者，固屬當然之解繹。但法官於審判中有違失情事者，仍不能免除責任。」但何謂「執行審判職務已盡其應盡之職責」，本議決書並無著墨，僅謂被付懲戒人「未善用上述法律賦予之闡明權及調查權，遽爲違反事實之認定」云云。且在民事訴訟程序當中，當事人所未主張之事項，法院不得擅自曉諭其主張，俾維持中立之角色，當事人以虛假之主張，佐以虛假之證據，法院受其誤導，致爲反於事實之判斷，自非可歸責於法官，或當事人所爲主張，因未能舉證證明，致法官爲反於事實之判斷，亦不可歸責法官。又，議決書一方面認爲該訴訟事件當事人廖○○等在第一審之所以受到敗訴判決，乃其「未善盡舉證責任」所致，依法自不能受到勝訴判決，但另一方面又認爲被付懲戒人李○○審理該訴訟案時，「未善用法律所賦予之闡明權及調查權」，而爲「違反事實之認定，難謂爲不負違失責任」，前後立論自屬矛盾，因民事訴訟法第277條規定：「當事人主張有利於己之事實者，就其事實有舉證之責任。但法律別有規定，或依其情形顯失公平者，不在此限。」乃舉證責任分配之基本原則，當事人對於應舉證之事項未能舉證而受敗訴判決，事所當然，法院因其未能舉證而爲其敗訴之判決，自不生「違法認定」之問題，是以本議決書謂被付懲戒人李○○應負違失責任，即有未當。

三、監察權與司法權之界限

　　監察權行使的對象是否及於法官，在早年雖有爭議[5]，然而如今鮮有持反對論者，比較具有爭議的是，監察權對於司法權的監督，其界限何在？亦即對於法官職權的行使，究竟在何範圍內可以加以監督？曾經擔任立法委員的中國法制史學者陳顧遠先生認為：「（法官）既係依法審判，在審判程序中，任何人不得加以干涉，即在判決確定後，尤其經第三審確定後，苟係依法而為，也不應為彈劾案的發動。除非認為確有枉法情事而為的裁判乃可。若係循訴訟法的程序而為審理，依訴訟程序的規定而為採證，適合憲法上『依法獨立審判』的範圍，自不得認為枉法裁判，……苟對依法獨立審判的確定判決，僅因對判決結果不滿，就法院的自由判斷方面有所攻擊，倒變成了近於外的要求，原非司法權發動的法官枉法行為，反因於法有據而受彈劾，對於司法權的正常發展，實有考慮的餘地。」[6]易言之，陳氏亦認有關法官所為法律見解，除有枉法裁判情事外，不在監察權審查的範圍。然而早年監察院針對法官裁判所持法律見解或所行程序之當否，介入審查之例相當多。爆發爭議的是民國49年間監察院對於最高法院5位合議庭法官，以其「承辦某違反國家總動員法案件，故入人罪違法瀆職」，而提案彈劾，惟其後公務員懲戒委員會以：「彈劾案所持法律上見解，固屬言之成理；惟被付懲戒人等辦理該案件本於職權所為之司法解釋，亦難遽認為曲解法意。此項法律見解之不同，究不足構成懲戒之事由」，因而做出「不受懲戒」的決議[7]。

---

[5]　論者曾認為憲法第97條第2項規定：「監察院對於中央及地方公務人員，認為有失職或違法情事，得提出糾舉案或彈劾案，如涉及刑事，應移送法院辦理。」其中之「中央及地方公務人員」並不包括法官在內，此由第99條對於司法院或考試院人員之彈劾另規定：「監察院對於司法院或考試院人員失職或違法之彈劾，適用本憲法第九十五條、第九十七條及第九十八條之規定。」可以得證，參照當時司法院組織法之司法人員，僅有司法行政人員，法官則專設於各級法院組織法中。（參照虞舜〈審判獨立與監察之行使〉，《法令月刊》第15卷3期，53年3月出版，頁6。）然而當時司法院組織法所規定者，尚有大法官，並非只有司法行政人員；又依司法院大法官釋字第86號解釋，憲法第77條所定司法院為國家最高司法機關，掌理民事刑事訴訟之審判。其所謂審判自係指各級法院民事刑事訴訟之審判而言，……高等法院以下各級法院及分院自應隸屬於司法院，其有關法令並應分別予以修正，以期符合憲法第77條之本旨。法院組織法於民國69年修正後，將高等以下各級法院改隸司法院，因之，各級法院中之司法行政人員及法官均屬司法院人員，上開不包括法官的觀點，自非的論。

[6]　見陳氏著〈論司法權與監察權的運用及其相互關係〉，載《法令月刊》第41卷第10期，民國79年10月出版，頁97。

[7]　見虞舜上揭文、公務員懲戒委員會50年度鑑字第2602號議決書。

　　法官於裁判上所表示之法律見解，法官如何形成此法律見解，如何認定事實、適用法律，除非有明顯重大違誤外，係屬法官應受審判獨立保障之範疇，他人不得假借名義，任意介入，甚至加以懲戒。否則審判獨立之保障將被人透過各種名義予以掏空，而空洞化。法官獨立審判之內涵──「審判核心領域」之事項，不在職務監督之範圍，不得據為法官法上所規定法官評鑑及懲戒之依據，已如前述。負有彈劾法官權責的監察院以及負有懲戒職權的公務員懲戒委員會，在早年就此或未有正確的認識，輕率地介入此一領域，對於個案法官加以彈劾、懲戒。公務員懲戒委員會57年度鑑字第3777號乙案，其輕率介入情事，表露無遺。

　　在本案監察院就本件之彈劾文略以：「本案雖經第三審駁回上訴，但事證之認定依法為第一、二審職權，第三審僅就法律觀點予以審判，本案第一、二審有歪曲事證之事實，故仍應由第一、二審負責。」公務員懲戒委員會認為：「被付懲戒人廖○係臺灣新竹地方法院推事，尹○○係某高等法院推事，廖○承辦請求拆屋還地一案，先後開庭十餘次，歷次言詞辯論筆錄，多為寥寥數行，其如何依民訴法第199條命當事人得無適當完全之辯論，固無記錄可查，曾於辯論終結後宣示再開，亦因記載缺略無從知其原因之所在，其依職權命當事人繳納勘費，履勘現場，勘驗筆錄及附圖極為簡單，亦難明瞭土地使用面積及訟爭標的物之現存狀況，凡此種種，均非進行訴訟程序之正常現象，潦草輕率，顯未盡其職責。該案上訴高等法院，由尹○○為受命推事，於準備程序中調查證據，另選鑑定人實施測量，經將該項鑑定結果與所附實測圖兩相比對，提示兩造閱覽，均無爭執，被付懲戒人對此解決該案爭點之重要關鍵，竟予捨置不論，徒沿襲與第一審判決相類之見解，持為駁回上訴之理由，其在審理時，未使當事人得為適當完全之辯論，在裁判上亦未斟酌全辯論意旨及調查證據之結果，核與民訴法第199條及第222條之規定均有未合，顯難謂已盡其職責。綜觀廖○、尹○○兩員承辦該案之經過，雖尚未能遽謂其為枉法裁判，但於公務員服務法第7條所定公務員執行職務，應力求切實之旨，究非無違，廖○降1級改敘，尹○○記過1次。而被付懲戒人揚○○、王○○均為該案陪席推事，並未為事實調查。王員之補充申辯所云既未參與準備程序調查證據，更未參加勘驗工作，尚屬實情，未便遽令同負違失之責。該王揚兩員，應免置議。」然而被付懲戒人廖○、尹○○、楊○○、王○○申辯略稱：「……裁判權為法律賦予法官之神聖職權，法官於其職務範圍內之裁量權，為彈劾權

行使所不及。我國法院組織法採三級三審制，凡訴訟案件，當事人不服第一審判決，得上訴于第二審，不服第二審判決，得上訴于第三審，第三審爲法律審，即終審。凡案件一經三審判決，即爲確定。非有再審理由提起再審之訴，或刑事案件依非常上訴程序，提起非常上訴外，則該判決即不得任意動搖其確定性，尤不能於判決確定後，另闢途徑，而達到變更確定判決之目的。否則法院三級三審之制度必被破壞，憲法第八十條所規定法官審判獨立之精神即被侵犯。今本經一、二、三審法院一致認爲黃○○之請求爲無理由，而爲其敗訴之判決，尚且被指爲違法提出彈劾，則第一審判決被第二審指爲違法，第二審判決被第三審指爲違法之案件，爲數甚多，即經提起非常上訴，由最高法院接受改判之案件，亦屢見不鮮，此等下級法院之判決，均被上級法院認爲違背法令之判決，如果違法即須糾彈，則每位法官均爲被糾彈之對象，司法獨立審判之精神，焉能保持？是故對法官之彈劾範圍，應與一般之公務人員有別，蓋法官依法獨立審判，不受任何干涉，對法官之彈劾，自不能侵害其審判獨立之精神範圍。按法官之行爲分爲兩種：一爲職務上之意思表示，即裁判，一爲裁判以外之行爲，前者爲法官獨有之行爲，不得爲彈劾之對象，已爲多數學者所是認。是凡法官依法之裁量權，即爲彈劾權行使所不及，對法官彈劾之範圍，祗應以司法行政所能行使之監督權之範圍（如收賄、曠職、行爲不檢）爲限（請參照洪應灶先生著中華民國憲法新論第二○二頁）。至若關於審判上行爲，其認事用法，原係法官神聖職權，當事人縱有不服，原有依訴訟程序救濟之道，即使關於法律見解有所不同，對證據價值或有爭論，亦可請求上級法院糾正。蓋法律之適用，惟法官知之最稔，裁判之實務經驗，亦惟法官最爲豐富，若於法院之裁判外，又由監察院判斷法院所爲之裁判是否違法，是否適當，則何異將監察權駕凌於司法權之上。」（監察院對申辯書意見有關此部分之意見爲：「委員依法行使職權，於訴訟定案後提出彈劾，根本無意干涉審判，亦絕無干涉審判之可能，至於最高法院承辦推事之是否提出彈劾，委員自得視其情形之嚴重與否予以權衡，不能以未彈劾最高法院承辦推事即推翻第一、二審推事歪曲事實、枉法裁判之事實。」）筆者以爲本案關係到監察權與司法權界限，至少有以下數點值得檢討：

1. 本件彈劾理由以「本案雖經第三審駁回上訴，但事證之認定依法爲第一、二審職權，第三審僅就法律觀點予以審判，本案第一、二審有歪曲事證之事實，故仍應由第一、二審負責。」然而就訴訟程序之審

級救濟而言，一審事實認定有誤，由二審予以糾正，二審事實認定有誤，由三審予以糾正，三審既不認二審認定事實有何違誤，維持第二審所為判決，當事人如有不服，僅得依再審程序謀求救濟，此乃訴訟程序設置之原理，監察院究竟基於何等角色，可以否定經最高法院所肯認之事實認定？如果最高法院維持第二審裁判，有枉法裁判情事，當無不受糾彈之理，無奈監察院就此僅以：「最高法院承辦推事之是否提出彈劾，委員自得視其情形之嚴重與否予以權衡，不能以未彈劾最高法院承辦推事即推翻第一、二審推事歪曲事證、枉法裁判之事實。」輕輕帶過，實屬避重就輕，無法令人信服。

2. 監察院依法對法官行使彈劾權，即使有未能把握其行使職權分際之情事，只是其職權之行使有瑕疵，難指為違法，然而公務員懲戒委員會職司懲戒職權，當明瞭監察權與司法權之分際，及其自身權限之界限，對於關係審判核心之事項，不僅監察權不得介入，懲戒權亦不得加以審查。遺憾的是，不論系爭第一、二審案件事實認定有無錯誤，在本案公務員懲戒委員會竟以最高法院的上級審自居，直接指摘第一審承辦法官及第二審受命法官辦理案件潦草輕率，而予以重懲，當亦難以服人。

3. 公務員懲戒委員會對於被付懲戒人所申辯「裁判權為法律賦予法官之神聖職權，法官於其職務範圍內之裁量權，為彈劾權行使所不及。我國法院組織法採三級三審制，凡訴訟案件，當事人不服第一審判決，得上訴於第二審，不服第二審判決，得上訴於第三審，第三審為法律審，即終審。凡案件一經三審判決，即為確定。非有再審理由提起再審之訴，或刑事案件依非常上訴程序，提起非常上訴外，則該判決即不得任意動搖其確定性，尤不能於判決確定後，另闢途徑，而達到變更確定判決之目的。否則法院三級三審之制度必被破壞，憲法第八十條所規定法官審判獨立之精神即被侵犯。」等關係到本件監察院得否行使彈劾權，以及懲戒機關本得否行使懲戒權之內容，未置一詞，究係故意視而不見，抑係避重就輕？如今恐已難審究，只得留待歷史公斷。

公務員懲戒委員會79年度鑑字第6375號乙案，與上述案件，有同樣類似問題，監察院以臺灣高等法院台南分院法官兼庭長吳○○、法官李○○審理高

雄市民張○○等與林○○等間租佃爭議事件，曲解法令，違法裁判；最高法院法官兼庭長趙○○、法官羅○○身爲最高審判權之資深法官，採用歪曲判決，維持原判，亦屬違法瀆職等情，將他們提出彈劾。所不同的，在本案監察院彈劾的對象，及於最高法院法官，公務員懲戒委員會審認結果以：「訂有三七五租約之耕地，係指現供耕作之土地而言，與土地之地目無關，如租賃關係存在，即爲耕作之租佃，不能因地目變更爲『建』，而排除耕地三七五減租條例之適用；如承租人以承租耕地建築房屋，或供其他非耕作之使用，均應解爲非自任耕作，而使原訂租約無效，有最高法院判決先例可據（該院71年度台上字第3055號70年度台上字第4426號、64年度再字第80號）。本件承租人張○○等在系爭耕地上所建房屋，既以供其家人居住爲目的，不能認爲農舍，其面臨公路之倉庫，又供營業之用，……縱令系爭耕地之地目變更爲建地，仍有耕地三七五減租條例第16條第2項之適用，其原訂租約無效，得由出租人收回自行耕作或另行出租。復查本件租佃契約於72年12月換約時，係承租人張○○等單方向高雄市三民區公所申請，出租人林○○等並未參與，要難執此而謂出租人對於此項建已有同意之默示。被付懲戒人吳○○、李○○審理本件租佃爭議上訴事件以承租人張○○等有租約無效之原因，廢棄第一審不當之判決，而爲出租人林○○等勝訴之判決，於法並無違誤，自難認有違失責任。本件租佃爭議事件第二審判決既無違誤，已如前述，則被付懲戒人趙○○、羅○○以張○○等之上訴，不備法律審之形式要件，以裁定駁回其上訴，於法洵屬正常，亦無違失責任可言。」等情，均將所有被付懲戒的法官，不付懲戒。不過在本案，監察院同樣介入第二、三審法律見解的審查，認爲第二審「曲解法令，違法裁判」，第三審「採用歪曲判決，維持原判」，做爲彈劾理由，而公務員懲戒委員會在本案對其彈劾適法性未加斟酌，同樣審查了原確定判決法律見解的正確性，只是其也肯認第二、三審見解無誤，始將第二、三審法官不付懲戒，如其不認同第二、三審法官見解，是否將予懲戒？如公務員懲戒委員會可以針對法律見解不當爲由，對法官爲懲戒，則其在審級制度上，究竟是處於何種地位？

　　公務員懲戒委員會在87年度鑑字第8597號乙案中，認爲：「被付懲戒人邱○○、江○○、張○○合議審理高雄地方法院85年度重訴字第48號洪○○於83年1月間自泰國走私海洛因150公斤進關，在台販售乙案，由邱○○擔任審判長、江○○爲受命法官、張○○爲陪席法官……。按關於連續犯之認定，固屬法律上之見解，惟彈劾意旨敘明被付懲戒人等之違法失職，非爭議其法律見

解，而係就前後兩案是否具有連續關係，及其犯意之形成、犯罪之手段方法、犯罪之時間經過、共犯之分工情形等事實，應詳加查明研判，俾確定是否自始即基於預定之一個犯罪計畫，苟本次犯罪確係連續其初發之犯意，而非另行起意，方能斷定前後兩案有連續關係。經查洪○○於被付懲戒人江○○訊問時，已否認有前揭走私海洛因進口販賣之情事，且無證據證明其二次販毒犯行係基於概括之犯意而連續為之。依刑事訴訟法第2條第1項：『實施刑事訴訟程序之公務員，就該管案件，應於被告有利及不利之情形，一律注意。』之規定，自應依職權詳為調查，發現真實，以認定洪某是否有前揭犯罪行為，初不能僅憑起訴事實為裁判基礎，據以推論洪某有前揭犯行，認定前後兩次行為，係基於概括之犯意。乃被付懲戒人江○○未注意上開彰化地院及台中高分院認定兩案無連續關係之理由，就洪某所犯兩案是否基於概括之犯意，未詳予調查，且該免訴判決復未說明其認定洪某係出於一個概括犯意所憑之依據。而被付懲戒人邱○○、張○○於評議時，亦未能注意上情，發揮合議制度之功能，率爾同意江法官之主張，評議為免訴之判決，足見其等執行職務有欠謹慎、切實。彈劾意旨指摘被付懲戒人邱○○、江○○、張○○審理本案，過程草率，缺乏敬業謹慎，未求切實，尚非無據。被付懲戒人邱○○、江○○、張○○申辯本件純屬連續犯之法律見解問題，伊等並無辦案草率疏失，應不受懲戒云云，自無可採。核其等所為，有違公務員服務法第5條、第7條：公務員應謹慎、執行職務，應力求切實之規定。審酌其等參與案件評議之程度，酌情議處邱○○、江○○各記過二次，張○○申誡。」不採被付懲戒人關於本件犯罪事實之認定，乃「純屬連續犯之法律見解問題」之申辯，而採取監察院所執「彈劾意旨敘明被付懲戒人等之違法失職，非爭議其法律見解，而係就前後兩案是否具有連續關係，及其犯意之形成、犯罪之手段方法、犯罪之時間經過、共犯之分工情形等事實，應詳加查明研判，俾確定是否自始即基於預定之一個犯罪計畫，苟本次犯罪確係連續其初發之犯意，而非另行起意，方能斷定前後兩案有連續關係。」之意見。法官針對「前後兩案是否具有連續關係，及其犯意之形成、犯罪之手段方法、犯罪之時間經過、共犯之分工情形等事實」，有無「詳加查明研判」，固非不可由相關卷證來判定「法官辦案有無盡責」，然而此部分乃涉及高度個人主觀評價問題，且與審判核心領域之法律見解有密切關連性，懲戒機關宜否介入，個人仍持保留的態度。

　　有關法官的法律見解，不得作為監察院審查及公務員懲戒委員會懲戒的法

官的原因,雖然在晚近已為通說[8],然而在民國99年間民間自發性組成的「正義聯盟」針對法院長期對幼童性侵案輕判之情形,感到不滿,而於同年9月在總統府前的凱達格蘭大道上,發起「白玫瑰親子集會活動」而發生民間所發動的白玫瑰運動後[9],導致當時正為立法院審議重點的法官法,要否將「法律見解」規定為法官評鑑及懲戒事由,再度成為輿論及立法院關心的焦點,有部分民間團體或立法委員要求法官所為法律見解,如有「顯然違反倫理法則、經驗法則、立法意旨或法律見解流於恣意者,致侵害人民權益者」之情形者,也應列為法官評鑑及懲戒事由[10],然而法律見解有無違反倫理法則、經驗法則、立法意旨或法律見解是否流於恣意,不是仍應由司法機關審查嗎?否則評鑑機關及懲戒機關豈不成為訴訟體制外的第四審?所幸此一修正意見在司法院及法官協會及部分學者的強烈反對下,未獲採納。

四、媒體對法官裁判評論的界限

媒體報導訴訟中案件,除係法律所明文禁止者外,當為法之所許。問題在於,媒體可否對於尚在審判中之訴訟事件,或承辦該事件之司法人員,或與該事件有關之訴訟關係人,加以評論?民初北洋政府於民國3年4月2日所頒布之報紙條例第10條規定:「左列各款,報紙不得登載:……五、預審未經公判之案件及訴訟之禁止旁聽者。……七、煽動曲庇贊賞救護犯罪人刑事被告人,或陷害刑事被告人者。……」[11]同年12月4日所頒布之出版法第11條規定:「文書圖畫有左列各款情事之一者,不得出版:……四、煽動曲庇犯罪人刑事被告人,或陷害刑事被告人者。五、輕罪重罪之預審案件未經公判者。六、訴訟或會議事件之禁止旁聽者。……」[12]顯然對於涉及訴訟案件內容之出版,有相當

---

[8] 參照中國法學會等〈從監察院之地位論監察權對司法權行使之界限學術研討會〉,有蔡志方方所提〈從監察院之地位,論監察權對司法權行使之界限〉,洪家殷所提〈從監察院之地位,論監察權對司法權行使之界限──以彈劾權行使之原因為對象〉及林世宗所提〈監察權、立法權與監察權之爭議──兼論監察委員對司法人員之調查權〉等論文,基本上均主張法官所持法律見解不得作為監察院調查、彈劾的理由,憲政時代第20卷第1期,民國83年7月出版,頁3以下,頁13、32、49。

[9] 正義聯盟官網,http://www.xteam.tw,2011/02/25造訪。

[10] 見99年立法院司法及法制委員會審查法官法草案,柯建銘委員對於司法院版修正動議,第32條之3第2項。

[11] 政府公報(重印本)第684卷,民國3年04月03日出版,頁85-91。

[12] 政府公報(重印本)第929卷,民國3年12月04日出版,頁351-354。

之限制[13]。但國民政府於19年12月16日公布之出版法第20條規定：「出版品，不得登載禁止公開訴訟事件之辯論。」刪除了上開「煽動曲庇犯罪人刑事被告人，或陷害刑事被告人者」規定，形同解除了出版品對相關刑事案件之評論，放寬了對於訴訟報導與評論之限制，其後本法全文二度修正，規定於25年11月27日修正為第23條；於41年3月25日修正為34條，內容均未變更，但47年6月20日所公布之出版法（88年1月25日廢止）於第33條就上開內容，增訂了出版品「對於尚在偵查或審判中之訴訟事件，或承辦該事件之司法人員，或與該事件有關之訴訟關係人」為評論之限制，其規定全文為：「出版品對於尚在偵查或審判中之訴訟事件，或承辦該事件之司法人員，或與該事件有關之訴訟關係人，不得評論；並不得登載禁止公開訴訟事件之辯論。」[14]本規定內容是否有違憲之虞，也引發了討論[15]。自出版法於47年6月20日修正後，以迄本法於88年

---

[13] 相關規定或係延續光緒33年之前清報律第10條規定：「訴訟事件，經審判衙門禁止旁聽者，報紙不得揭載。」而來，至於案件未經裁判時禁止評論之規定，在光緒32年「報章應守規則」第6條「凡關涉詞訟之案件，於未定案以前，該報館不得妄下斷語，並不得作庇護犯人之語。」（尤英夫《出版法第三十三條之研究》，法令月刊第20卷3期頁12-15，民國58年3月出版，頁12參照。）

[14] 據稱當時主管機關內政部就此立法理由表示「有鑑於版品對於尚在偵查或審判中之訴訟事件或司法人員或當事人常有評論，有時濫作主張，甚至擅擬判決條款，淆亂視聽，無論其用意如何，均足以直接影響司法機關之審判，間接使訴訟當事人不能獲得公平之裁判，而出版法均未加禁止，顯有補充之必要。」（尤英夫《出版法第三十三條之研究》，出處同前，頁12。）前行政院新聞局於民國76年2月23日曾以(76)京版二字第3017號針對本條有關「限制出版品得評論之對象及限制出版品評論的範圍等」解釋如下：「一、限制出版品得評論之對象：本條所禁止者為評論，所謂評論，依其表現方式包括社論、短評、專欄、特寫、專訪、漫畫、圖片及其說明文字，含有批評議論性質之新聞報導。其以讀者投書、更正、辯駁書、廣告等方式，登載於出版品者，應受同等之限制（參閱出版法第35條）。至於出版品報導公開審判案件的審理情形，應為出版法所不禁止。至於偵查案件，我國採密行主義（參閱刑事訴訟法第245條第1項），自不宜將偵查階段的調查犯罪嫌疑人及蒐集證據的情形予公開。二、限制出版品評論的範圍：1.訴訟事件本身包括民事及刑事訴訟事件。刑事訴訟事件，在偵查階段中抑在審判階段均屬之。2.承辦該訴訟事件之司法人員包括檢察官、推事及書記官、通譯。3.與該訴訟事件有關之訴訟關係人包括告訴人、告發人、原告、被告、鑑定人、證人、輔助人及辯護人。三、所謂『尚在偵查或審判中訴訟事件』之定義對於偵查或審判起止時間如何計算？有廣義或狹義二種解釋，根據本條立法目的（防止出版品評論影響法官判案心理）似應從嚴解釋，即自檢察官開始偵查之日起至偵查終結提起公訴或不起訴處分確定之日止，均屬偵查階段。自案件繫屬於法院審判之日起至法院最後判決確定之日止，均屬審判階段。在偵查或審判階段的訴訟事件，即本法所謂尚在偵查審判之中訴訟事件。四、『程序問題』可否評論，本院既明定尚在偵查及審判中之訴訟事件，則所謂訴訟事件，應兼指實體與程序而言。事實上實體事項與程序事項本難劃分。以刑事案件為例，在實體法中有程序事項的規定，在程序中亦有實體事項的規定。對於程序事項加以評論，即足以影響法官辦案的心理，似應禁止其登載。」

[15] 參照尤英夫上揭《出版法第三十三條之研究》，及黃東熊《論出版法第三十三條－審判獨立與言論自由之關係》，輔仁法學第6期，民國76年1月出版，頁37以下。

1月25日廢止期間，上開評論，並非法之所許。違反者，其情節輕者，得予以「警告」，其情節重大者，並得禁止其出售及散佈，必要時並得予以扣押[16]，然而主管機關對於違反者，事實上鮮有依此相關規定加以處分[17]。立法院在民國87年間討論行政院函請審議廢止出版法案時，當時行政院新聞局所報告的出版法功能中，完全未提到出版法第33法的功能[18]，由是堪認此一規定，並未發生實質規範效力。

　　出版法於民國88年間廢止後，上開訴訟案件禁止評論之規定，對於新聞紙類媒體已無適用餘地。然而民國65年1月8日公布之廣播電視法第22條也有類似規定：「廣播、電視節目對於尚在偵查或審判中之訴訟事件，或承辦該事件之司法人員或有關之訴訟關係人，不得評論；並不得報導禁止公開訴訟事件之辯論。」民國86年6月18日公布之公共電視法第36條規定：「節目之製播，應遵守下列規定：……六、對於尚在偵查或審判中之訴訟事件，或承辦該事件之司法人員或有關之訴訟關係人，不得評論；並不得報導禁止公開訴訟之事件之辯論。」二規定迄未經刪除或修改。雖然違反本規定之電視事業，依同法第43條第1項第3款規定，電視事業可能受到「五千元以上、二十萬元以下」罰鍰；廣播事業可能受到「三千元以上、三萬元以下」之罰鍰，又依同條第2項規定：「廣播、電視事業因播送節目或廣告受前項規定處分者，得停止該一節目或廣告之播送。」但或許如同新聞紙類一般，主管機關亦鮮有適用相關規定予以處分。而從另一方面觀察，如果新聞紙業因出版法之廢止，而不受「禁止評論訴訟中案件」之限制，廣播、電視事業似亦無加以限制之理由。

　　媒體評論法官裁判的目的，當然是希望經由評論，對於承辦法官造成心理上壓力，進而影響法官的裁判[19]。我國媒體對於法官針對受到社會矚目的案件，所為判決，往往大篇幅報導，平面媒體以社論、短評、讀者投書等方式，電子媒體以特別報導或談話性節目來評論者，比比皆是，如謂法官得以完全無

---

[16] 出版法第39條。

[17] 據尤英夫先生於民國58年間所撰上開《出版法第三十三條之研究》文章中表示：「就言論與出版自由言，究以不輕易授（援）用出版法之處分為宜。內政部出版事業管理處處長態純生曾表示，自出版法於四十七年六月份修正公布迄今，內政部對違反該法第卅三條出版品之處分，極為少見，足證政府在適當範圍內，對出版品就訴訟事件之評論或記載，是不大追究的。」

[18] 參照立法院公報第87卷第45期，頁71-74。

[19] 參照前行政院新聞局76年間對出版法第33條的函釋。

視於該等評論的存在，恐不符事實。問題在於法官如何掌握社會脈動，秉持自己良知、良能，依法裁判。至於輿論是否會支持其裁判，應非法官「獨立審判」所應考慮的重點。

我國媒體對案件的評論，固然不能斷言法官絕對不會受其影響，但可以肯定的是，其評論絕對會對於當事人或一般民眾造成影響。法官本身有其法律專業，一般而言，外界的評論未必能動搖法官本於自己對於法律的確信見解，然而一般民眾通常沒有法律專業的判斷能力，或能力不足，自然容易受到媒體評論的影響。如果媒體在評論特殊案件時，本身已具特定立場，其評論自難期公允，而且部分評論者，對於法院的訴訟程序未必瞭解，法律專業能力未必充足，常常在評論時傳達了錯誤的資訊，沒有判別能力的民眾，即因而受到誤導，進而對法院產生誤解，影響其對司法的信心，也許是我國媒體對於法院裁判言論漫無限制或缺乏自律的隱憂。法官倫理規範第2條已要求法官「不因……可能遭公眾批評議論而受影響」，是以法官要有不受媒體批評而影響裁判的修為。儘管以往媒體評論法官裁判的（受到社會矚目）案件的情事，時常發生，似無法官因其本身或裁判被評論，而要求主管機關對媒體為處分者。不過由於媒體的任意評論，的確對於當事人以及一般民眾對法院的公信力，會有某程度的影響，如完全放任，恐非合宜。有關「媒體評論」的自律，由中華民國新聞評議委員會所擬定的「中華民國報業道德規範」關於「新聞評論」部分，也在第5點規定「偵查或審判中之訴訟事件，不得評論。」[20]中華民國電視道德規範[21]關於「新聞節目」部分第10點也規定：「對於正在法院審理中之案件不得評論，以免影響審判。」但自律效果似乎不良。我國法制上對於媒體評論法院裁判的規範，有其先天不足的問題，而且媒體自律功能亦不佳，因而今後如何建構對法院裁判評論的合理界限，在言論自由與有關人員名譽保障及司法公信間，如何求其平衡，也是值得深思的課題。

值得一提的是，臺北地方法院於102年4月30日就該院101年度金訴字第47號被告即前行政院秘書長林○○等涉嫌貪污等案宣判，對於檢察官起訴被告林○○及沈○○之罪名為貪污治罪條例第4條第1項第5款公務員違背職務收

---

[20]　參照http://www.newscatcher.org.tw/a_2_1.php?sn=4，2013/05/17造訪。

[21]　1973年8月24日，中華民國電視學會節目研究審議會通過《中華民國電視道德規範》。（參照維基百科《中華民國電視學會》，2013/05/17造訪。）

賄罪、第5條第1項第3款之公務員對於職務上行為收賄罪（不違背職務收賄罪），變更檢察官起訴法條，論以刑法第134條前段及第346條第2項之公務員假借職務上之權力及機會恐嚇得利罪，判處其有期徒刑5年6月，褫奪公權5年等情，由於判決結果與社會期待落差太大，接連數日，飽受各大平面與電子媒體評論、學者及一般民眾投書之批評。三位承審法官（審判長吳○○、受命法官紀○○及陪席法官林○○），認為媒體報導有所誤解，為澄清社會上就本案判決內容及其個人之誤解，分別決定自行依法官法第35條第4項規定[22]，請求臺北地方法院送請個案評鑑，該院於同年5月7日依其等請求轉請法官評鑑委員會進行個案評鑑[23]，為法官法開始實施以來，首度有法官自請評鑑[24]。然而法官評鑑委員會以本件並非以受評鑑法官所屬機關之適格請求人請求進行個案評鑑，即3位請求人均非法官法第35條第1項各款規定得請求法官個案評鑑之人員或機關、團體，且請求人不適格，無法補正，其請求顯於法不合，而做成「不付評鑑」的決議[25]。嗣林○○法官個人仍以：「因許多人不滿判決結果與理由，輿論屢有『法院是國民黨開的』、『政治力介入司法』、『合議庭法官是政治打手』、『用意識型態辦案』等批評及指摘，受評鑑法官為消除誤解，以免名譽受損，並維護人民對於司法之信賴」等理由，陳請臺北地院將其移送法官評鑑委員會評鑑，該院就林○○法官所提上開事實，認非法官自律委員會所能調查認定之範圍，難以協助澄清，因而移請進行法官個案評鑑。然而法官評鑑委員會以：「請求人依法官法第35條第4項規定以澄清為目的請求個案評鑑時，其請求事由仍應符合『確定性原則』，並就其請求評鑑之事實負有『具體化義

[22] 法官法第三十五條第四項規定：「就第三十條第二項各款情事，法官認有澄清之必要時，得陳請所屬機關請求法官評鑑委員會個案評鑑之。」

[23] 臺北地方法院官網，http://tpd.judicial.gov.tw/?newsType=2&SEQNO=120588，2103/05/17造訪。

[24] 其中林○○法官提出的四點請求評鑑事由為：一、101年11月15日媒體報導：臺北地院三位法官為了讓被告林○○「獲得自由」，故意「非法」作成一人處分，而不採用「合法」的三人合議裁定，這種異常的「交保作業」方式，讓人高度懷疑，他們三人的背後，有政治力介入！二、102年2月25日媒體報導：承審林○○的三位法官，為了替林○○「營造」有利的「脫罪條件」和「社會氣氛」，在審判庭上，公然非法恐嚇證人陳○○，違反刑事訴訟法基本精神。三、本案宣判後，因為許多人不滿判決結果與理由，輿論屢有「法院是國民黨開的」、「政治力介入司法」、「合議庭法官是政治打手」、「用意識形態辦案」等批評。四、本案宣判後，竟傳出答辯人參與本件審理，即可派任庭長，暗示答辯人是為名位、曲意逢迎而審判，雖經臺北地方法院予以反駁，三立電視台仍於102年5月3日予以播出，以致網路上有人肆意散布這則傳聞。（參照林孟皇法官所提法官個案評鑑請求書）

[25] 法官評鑑委員會102年度評字第3號評鑑決議書。

務』，本會始得就該具體事實進行審查。倘請求人請求評鑑事由之相關事實流於空泛、不確定，或其所提出之資料盡屬捕風捉影、恣意猜測等欠缺具體事實之描述，本會自無從審查其評論之正確性，亦難以透過本會之審查獲致『澄清』之目的。……本件請求書所附與上開請求評鑑事實相應之證據資料……，其中『法院是國民黨開的嗎』之社論內容固提及『因此民間又出現法院是國民黨開的聲音』，另一篇署名南方朔之評論內容亦提及『這也證實法院是國民黨開的』、『臺灣的司法碰到國民黨大官就會轉彎』，但林○○法官……之資料並無提及『政治力介入司法』、『合議庭法官是政治打手』、『用意識型態辦案』等類似文字或措詞。又附件三媒體評論內容雖有指摘『法院是國民黨開的』諸如此類之批評，但上開評論內容，既未有任何具體指摘受評鑑法官之相應關聯事實，而請求人亦未指出有何具體事實或得進行調查之方法以供認定受評鑑法官是否有違反法官法第30條第2項第5款、第7款之事由，徒以非其所能調查認定遽為請求法官個案評鑑，本會實無從就此空泛、欠缺具體事實根據之請求，予以評鑑澄清」等情，仍認為其請求顯無理由，而不付評鑑[26]。

　　法官法第35條第4項創設法官自請評鑑制度，其理由在於：「法官處理案件，遇輿論或外界不實之批評或指摘，為消除誤解，以免名譽受損，維護人民對於司法之信賴，於必要時得主動陳請所屬機關請求評鑑」。不過外界如針對法官所持裁判之法律見解有所批評，除非有顯然誤解法官裁判的情事，法官依倫理規範第17條規定，於必要時為之公開解說之外，仍以保持緘默為宜，畢竟法官就承辦個案本乎良知依法做成裁判之後，責任已盡，至外界是否認同法官裁判見解，並非法官所應關切之事，法官予以回應，或許只是讓爭議更加複雜化，且未必有助於誤解的消除。香港法官行為指引16即提示法官：「司法獨立包括獨立於所有外界的影響。法官行事須無畏無懼，對輿論的毀譽必須置之度外。」可資省思[27]。

---

[26] 法官評鑑委員會102年度評字第7號評鑑決議書。

[27] 臺南地院法官陳欽賢針對社會對其所參與二件社會囑目案件審判結果的兩極反應，有著如下的感想：「有些時候，我們的判斷會符合大部分人民的期待，並且讓我們獲得掌聲。……有些時候，我們的判斷會完全全違反大部分人民期待，並且讓我們獲得預期中的批評和詛咒。……所有的判斷和評論，都將是我們所處社會的文明紀錄，記載著這個時代法官面對集體意見的柔弱、勇敢、游移、固執、流俗或者堅持！」（陳欽賢《社會的反應》，載103年1月6日自由時報A14版）展現出法官「對輿論的毀譽，置之度外」的精神。

五、國家有維護法官獨立審判之責任

　　法官固然有依據法律獨立審判之義務，但國家在設計相關制度時，如未能考量法官職務之特性，仍將其以具「上命下從」性質之一般公務員視之，且在職務及身分制度設計上，未有較一般公務員為優之保障，自難期待法官得以實踐其憲法上所賦予之神聖使命。一般法治國家如此，我國也應不例外。憲法第81條所揭示「法官為終身職，非受刑事或懲戒處分，或禁治產之宣告，不得免職。非依法律，不得停職、轉任或減俸。」之身分保障，因法官法之完成立法程序，可謂國家已落實了以法律對法官為制度性保障之責任。此由法官法第1條規定「『為維護法官依法獨立審判，保障法官之身分』，並建立法官評鑑機制，以確保人民接受公正審判之權利，特制定本法。」內容，可得明證。

　　法官法的完成立法，並不是法官審判獨立的保證，仍要觀察國家在各方面是否有透過制度面的運作，來防礙法官法的有效落實，或者掌握司法行政權力者有無未能體察審判獨立的精神，經由行政權（例如人事權）的運作，來影響司法的情事。

　　以中國大陸為例，中國大陸雖比臺灣早十幾年，在1995年即制定有法官法，並於第8條第2項規定法官享有「依法審判案件不受行政機關、社會團體和個人的干涉」的權利。但依中華人民共和國憲法第126條規定：「人民法院依照法律規定獨立行使審判權，不受行政機關、社會團體和個人的干涉。」強調的是「法院獨立」而非「法官獨立」，不同於一般法治國家。又其人民法院組織法第10條規定：「各級人民法院設立審判委員會，實行民主集中制。審判委員會的任務是總結審判經驗，討論重大的或者疑難的案件和其他有關審判工作的問題。地方各級人民法院審判委員會委員，由院長提請本級人民代表大會常務委員會任免；最高人民法院審判委員會委員，由最高人民法院院長提請全國人民代表大會常務委員會任免。各級人民法院審判委員會會議由院長主持，本級人民檢察院檢察長可以列席。」亦即在法官（不論是獨任或合議）審判之外，另有「審判委員會」的設置，以「總結審判經驗，討論重大的或者疑難的案件和其他有關審判工作的問題」。由是可見，法官對於「重大的或者疑難的案件」，並無獨立審判的權力。無怪乎中國大陸學者，對於中國大陸的司法體制，有如下批評：

……1995年制定的《法官法》第8條第(二)項規定，法官依法審判案件不受行政機關、社會團體和個人的干涉。這是我國立法向法官獨立邁出的重大一步，反映了我國立法機關已經認識到了法官獨立對於保障司法公正的重要意義；現實中遇到問題層層請示，院長有權指揮審判和審批案件等，這些偏離了司法獨立的現象，在推進法官職業化建設中應逐步予以改正。法官是人們理念中正義的化身，只有排除法院內外的影響與干涉，保持獨立性，才能憑自己的理性和良心作出公正的裁判。

目前在法官獨立審判與接受同級黨委領導之間仍存在一些不正常的關係，具體表現在：第一，在涉及地方利益的重大經濟案件中，地方黨委為了本地利益，往往利用手中的權力對案件施加影響，進行干預，而司法機關卻難以抵禦這種非法干預。由於現行體制下，司法機關的人事財政、受控於地方，常常不得不違背法律的正義屈從於這種干預，這使得司法不能獨立，地方保護主義盛行，國家法制難以統一。司法受控於地方，其獨立性的喪失也就不足為怪。難怪漢密爾頓早就發出警世之言：就人類天性而言，對某人之生活有控制權，等於對其意志有控制權。司法的無奈莫不源於此。第二，黨委人員審閱、批示案件。司法的親歷性要求行使司法權的主體必須親自接觸當事人和有關訴訟參與人，必須在象徵公正而獨立的場所—「法庭」上運用證據規則和程式規則解決糾紛和爭執。如果僅僅是庭下看看案卷、聽聽彙報，根本不參與庭審過程，就對案件事實作出認定，則難以保證認定事實的準確性和適用法律的正確性。第三，黨委領導直接過問甚至參與討論、處理具體案件的做法，極易導致不正之風、司法腐敗等。因為這些具體做法缺乏法律依據，操作起來沒有嚴格的法律程式，很容易使某些人借此干預司法，謀取私利[28]。

28　王艷《法官獨立制度》，載譚世貴等著《中國法官制度研究》，法律出版社2009年出版，頁224-225參照。譚世貴先生憂心地指出：「改革開放以來，特別是最近十幾年來，由於市場經濟的負面影響以及外來腐朽思想的侵蝕，我國的司法隊伍中發生了嚴重的司法腐敗現象；人情案、關係案、金錢案大量出現，司法不公問題日益突出。而且，由於經濟的迅猛發展和人們法制意識的不斷增強，各類訴訟案件大量增加，司法機關和司法人員疲於奔命，難於應付，訴訟案件超審限的問題比較突出，國家有限的司法資源也不勝負擔；由於地位不高，待遇較低，保障不力，不僅現有司法人員的整體素質難於大幅提高，而且司法隊伍人員流失情況日益嚴重，西部地區合格的司法人員嚴重匱乏；司法與傳媒的關係一直比較緊張，司法機關的形象欠佳。……通過研究司法管理，以改進司法管理，創新司法管理，進而促進司法公正和提高司法效率，就成為擺在我們面前的重大而緊迫的課題。」（見譚世貴《建構法治國家的司法體系——我國司法制度研究的回顧與展望》（代前言），載前揭書，頁1以下，頁10參照。）又說：「隨著司法改革的逐步深入，我國的司法腐敗特別是法官腐敗不僅沒有得到有效遏制，反而有不斷滋生

六、身分保障為審判獨立的前提要件

　　法官審判職務之保障，如未佐以身分保障，則其保障，可謂虛有其表，難以落實，身分保障可謂審判獨立之前提[29]，是以對法官身分加以保障，縱無審判獨立明文規定，仍可達到審判獨立之目的。英美法國家憲法，未對法官審判獨立（職務）保障予以明示，惟對法官身分保障予以明文規定，厥意在此[30]。我國大法官會議釋字第530號解釋文：「憲法第八十條規定法官須超出黨派以外，依據法律獨立審判，不受任何干涉，明文揭示法官獨立審判原則，其內容可分職務獨立性及身分獨立性二者，前者指法官從事審判僅受法律之拘束，不受其他任何形式之干涉；後者謂法官之身分或職位不因審判之結果而受影響。憲法第八十一條規定法官為終身職，非受刑事或懲戒處分或禁治產之宣告，不得免職，非依法律不得停職、轉任或減俸，即係本此意旨。」對二者之關係，闡釋已明。

　　各國憲法及法律為擔保法官公正行使審判職權，對法官之身分保障，大同小異，大別之，可分為任期保障、待遇保障及職位安定保障，茲分述之[31]。

1. 任期保障

　　一般大陸法系國家，法官均受終職保障，日本及韓國則係例外，採取職期屆滿再任制。關於終身職保障，美國聯邦法院法官得終身保有其職位，只要其

蔓延、日益嚴重的趨勢。其突出表現是貪腐者的級別越來越高，數額越來越大，窩案、串案越來越多，捲入的法官越來越多，引起了人民群眾的強烈不滿和社會公眾對法院公信力的普遍懷疑。」（同前揭書，頁631參照。）

[29] 德國聯邦憲法法院也認，法官職務獨立，也經由德國基本法第97條第2項對身分獨立的保障，而獲得確保。（BVerfGE 87, 68 <85 m.w.N）即職務獨立以身分獨立為必要。參照Hans-Jürgen Papier, Die richterliche Unabhüngigkeit und ihr Schranken, http://edvgt.jura.uni-sb.de/bdvr/ BW40- FestvortragPapier.html.

[30] 美國學者Martin H. Redish認為美國憲法的立法方式，乃採取「選擇性工具主義」（selective instrumentalism），即其首先設定具體而易明的保護規定，不採取對終極利益（ultimate value）（於此乃指審判獨立）為空白憲法保護之方式；其次，其對終極利益之保護，採取防患未然之方式（prophylactic manner），亦即對於政府可能危及終極利益之行為，施以障礙。換言之，即為了保護A利益，美國制憲者選擇不直接將其利益於憲法中明定，而採取保護B及C之次要利益，以間接方式保證A利益，其乃認保護B及C之次要利益，比就A利益予以空白保護，來得容易。此選擇性的工具主義也造成保護不足（under-protection）之危險，因僅經由保護B及C之次要利益，來保證終極利益A，國會仍有可能藉由干預D及E之次要利益來危及A利益。其認為選擇對審判獨立直接保障的立法，較美國現行規定為優。（Martin H. Redish, Judicial Discipline, Judicial Independence and the Constitution: A Textual and Structural Analysis, pp.20-21, 60. http://www.usc.edu/dept/law/symposia/judicial/pdf/ redish.pdf）

[31] 參照蔡烱燉《審判獨立與職務監督》，頁19-28。

在職期間行為良好，即得保有職位；但各州法官，不論係選舉或選任，經州長任命取得資格，大抵採任期及屆齡退休制。其他英美法國家也都採取屆齡退休制。

2. 待遇保障

各國為保障法官享有社會上水平以上的生活，大都給予較一般公務員為優之待遇，並於憲法中明定於其任職期間，不得減少。例如美國聯邦憲法第3條、日本憲法第79條第6項、第80條第2項、我國憲法第80條等。加拿大法官法（Judges Act）有關法官待遇及福利問題之規定，占了極大篇幅。日本針對法官待遇則特別制定法律（裁判官の報酬等に関する法律），以為規範，足見其對保障法官待遇之重視。

3. 職位安定之保障

各國憲法為保障法官得以獨立行使職權，通常均予以終身職保障，對有失職或行為不當之法官，也只能透過嚴格的彈劾及懲戒程序，始得使之去職，以免外力假借彈劾及懲戒之威脅，影響法官裁判。此外，法官雖有任期之保障，但國家如得對其任意調動，難免有假調動之名，行干涉審判之實，是以法官之不可遷調性，也是法官身分保障之重要環節，英美等國憲法對此雖無規定，亦屬解釋所當然。德國基本法第97條第2項規定：「專職並在編制上確定聘任之法官，在違反其意志之情形，僅得根據法官之裁判並基於法律所規定之理由及以法律所規定之方式，……調職……。」日本憲法雖無規定，惟其法院法（裁判所法）第48條有限制之規定：「法官除……其他法律別有規定，……不得違反其意思予以……轉任、調動處所……。」我國憲法第81條也規定，法官……非依法律，不得……轉任。均係對法官職位安定保障之適例。我國法官法進一步於第44條至46條就非自願性調動之限制，詳為規定[32]：

第44條　實任法官除法律規定或經本人同意外，不得將其轉任法官以外職務。
第45條　實任法官除經本人同意外，非有下列原因之一，不得為地區調動：
　　　　一、因法院設立、裁併或員額增減者。
　　　　二、因審判事務量之需要，急需人員補充者。

---

[32] 同法第47條第2款並規定，不服司法院調動之法官，得向職務法庭請求救濟。

三、依法停止職務之原因消滅而復職者。

四、有相當原因足資釋明不適合繼續在原地區任職者。

五、因法院業務需要，無適當人員志願前往，調派同級法院法官至該
　　法院任職或辦理審判事務者，其期間不得逾二年，期滿回任原法
　　院。

前項第五款之法官調派辦法，由司法院定之；其調派期間之津貼補助
辦法，由司法院會同行政院定之。

第46條　實任法官除經本人同意外，非有下列原因之一，不得爲審級調動：

一、因法院設立、裁併或編制員額增減而調派至直接下級審法院。

二、於高等法院繼續服務二年以上，爲堅實事實審功能，調派至直接
　　下級審法院。

三、依法停止職務之原因消滅而復職，顯然不適合在原審級法院任職
　　者。

四、有相當原因足資釋明不適合繼續在原審級法院任職者[33]。

---

[33] 值得注意的是，102年3月13日司法院人審會「有關花蓮地院陳○○庭長及陳○○法官調動案」，在法官間引起該調動危及法官身分保障乃至審判獨立的疑慮，值得討論。本事件緣起於花蓮地院合議庭承審被告黃○○涉嫌傷害地方女民代案件，因該案屬於地方民代涉案之地方矚目案件，外界有行賄傳聞，據受命法官陳○○稱，其於101年10月30日曾將行賄傳聞報告院長請求處理，以期公正審判，惟嗣後陳法官與合議庭陳庭長於101年11月12日、同年月23日，於法院內部就「延押裁定理由補充與否」以及「被告行賄傳聞」爆發言語衝突；該案於101年11月26日宣判後，人審委員林孟皇將該案行賄傳聞告知司法院人事處長轉知政風處處理，其後林委員以因司法院調查進度緩慢，遂於102年2月4日在法官論壇上爲文質疑司法院爲何遲未公布調查結果。嗣後花蓮地院院長正式啓動調查程序，經花蓮地院政風室訪談法官、行賄消息來源後，做成調查報告。102年3月5日花蓮地院自律委員會對二位「吵架」的法官及庭長，均作成不付處置之決議。司法院於3月13日在沒有徵詢二位當事人意願的情形下，於人審會提案將二位調離花蓮地院，陳○○庭長調桃園地院，陳○○法官調屛東地院，而人審會在地方法院6位人審委員抗議程序問題而缺席的情況下，通過調動提案。當日退席的6位人審委員發布「沒有是非、退席抗議」新聞稿，對於司法院任意擴張法官法第45條第1項第4款的適用，表達不滿。（參照102年3月13日法官論壇）司法院之後也發布新聞稿表示：「關說查無實據。惟人事審議委員會鑑於陳庭長及陳法官因該案所生之糾紛，已嚴重影響該院法官群體間之和諧及民眾對司法之信任，考量該法院未來發展與整體司法利益，認爲二人均不適合繼續在原地區任職，爰決議依法官法第45條第1項第4款『有相當原因足資釋明不適合繼續在原地區任職』將二名法官調職」，法官協會對此一調動也隨之表達遺憾之意。法官間對於司法院的處置，群起譁然，於法官論壇上紛紛發表有關司法院調動處分不當的意見。其間雖經司法院分別與法官協會代表及之前退席的地方法院6位人審委員再溝通，仍未能平息許多法官的不滿，許多法官希望二位當事人對於調動處分提出異議，二人也在收到司法院調職處分後提出異議。同時，在法官論壇上，臺中高分院陳毓秀法官應許多法官發動連署的要求，而出面發動連署，連署聲明爲：「我們反對該次決議以『法官情緒管理不佳』、『破壞法院和諧及民眾對司法之信任』、『解決司法權困境』

七、法官內在獨立的實現，繫乎法官本身

法官內在的獨立，並非憲法或法律所得加以保障，此乃法官個人之修為。法官必須保持內在的獨立來對抗法律所無法涵蓋的影響。

國家為了確保法官審判獨立，在制度上固然要避免任何可能影響法官裁判的因素，在行動上也要防止他人有影響法官裁判的行為。然而法官既為社會的一員，其裁判難免涉及家庭、社會、政治、經濟或其他利害關係，或者公眾批評議論，是以在涉及這些因素時，難免有受其影響的可能性，然而此往往涉及法官內心世界及價值的取捨，法官面對此等因素所造成的壓力，自己必須設法克服，國家制度難以在此一領域提供保護。例如，當事人可能透過關係向法官關說，企圖影響裁判結果；媒體可能經由評論來對承審案件的法官造成心

等抽象理由，做為法官法第45條第1項第4款『有相當原因足資釋明不適合繼續在原地區任職者』要件之認定標準，並認有嚴重侵害法官審判獨立之虞。」（參照101年3月22日法官論壇），直到4月10日人審會開會審議異議案之前，共有910人法官參與連署，其中包含終審法官14人、二審法官180人及一審法官716人。在人審會針對異議案審議的前一天即4月9日，花蓮地院院長又以陳○○法官言行不檢為由，本於職務監督人身分，依法官法第21條第1項第2款給予警告處分，而之後4月10日的人審會通過如下決議：「陳○○異議成立；陳○○異議駁回。」法官群體對於司法院人審會的結論，仍表不滿。陳毓秀法官在事件結束後，撰文表示本次調動案之爭議，有關本調動案及異議案均未賦予二位法官正當程序保障，本調動案適用法官法第45條第1項第4款之要件過於抽象，顯有侵害法官職位保障而有侵害審判獨立之虞。（參照陳毓秀《司法權困境？孰令致之？》，載102年4月12日法官論壇）陳○○法官對於異議案的決議不服，向職務法庭尋求救濟，其所提「暫時停止調動處分執行」之聲請，經司法院職務法庭102年度停字第2號裁定准許，其理由為：「審酌本件調動處分對聲請人個人權益及憲法上保障法官之審判獨立，將發生難於回復之損害，及有急迫情事，並衡量停止本件調動處分之執行於司法之整體公益無重大影響、且原告之訴在法律上非顯無理由，准予本件調動處分，於本庭102年度訴字第1號調動之訴訟程序終結前，停止執行。」關於花蓮地院院長對其所為的職務監督處分，陳○○法官也以其處分危及其審判獨立為由，請求職務法庭撤銷之（法官法第19條第2項、第54條）。陳○○法官所提二件案訴訟：司法院職務法庭102年度訴字第1號撤銷調動處分之訴及102年度訴字第2號確認警告處分影響審判獨立之訴，於103年4月10日經職務法庭作成判決，均駁回陳○○法官之訴。前者理由略以：「被告（即司法院）作成系爭處分時，以原告上開行為結果，已有相當原因，足資釋明不適合繼續在原地區任職，而認原告行為已合致於系爭規定之規範要件，依法核無不合。則原告起訴主張，本案縱使原告與相關當事人間有不當言行，倘被告欲處理原告與陳○○庭長間之紛爭，原告之職務監督權人或被告已有法官法第19條、第21條等侵害較小手段，包括對原告發出制止、糾正、發命令、書面或口頭警告等職務監督措施可資使用，而對原告進行職務監督，以促使原告改善或平息本案紛爭，尚無對原告進行系爭地區調動處分之必要云云。依上所述，尚難採取。」後者理由略以：「系爭警告處分及異議決定，純係就原告個人未能謹言慎行之行為，所為外部秩序之監督處置，核與該刑事案件之審判核心領域無涉，亦與陳庭長是否有原告指為干預審判獨立之事無關；又原告與陳庭長就前開延押裁定理由之爭執，核屬該案審判權之範圍，應依上揭法院組織法等規範，透過合議庭評議機制解決之，亦無影響審判獨立之問題。是系爭監督處置並無侵犯原告之審判獨立。原告主張該監督處置有干預其審判獨立云云，洵無可取。」

理上壓力，藉以影響到法官裁判；政治人物透過媒體公開向法院表達他的期待，試圖經由媒體傳播的力量給法官造成壓力；以及法官辦理有親誼關係當事人之案件，但因不符法定迴避事由無法迴避，因而所生情感上壓力等等，都是法官自己要努力去克服，非他人所得協力。此乃本條要求法官「不因家庭、社會、政治、經濟或其他利害關係，或可能遭公眾批評議論而受影響」之精義，而其規定之目的或許即在於「強化並維護法官之內心的獨立（die innere Unabhängigkeit des Richters），喚起並促使法官刻意成為自我之批判者，嚴格防免其一己之恣意、武斷或主觀好惡影響裁判之客觀性，俾其於審判過程盡力探求現代法之精神、追求法的實現及客觀的正義」[34]。

八、法官誓詞

法官法第14條規定：「法官於就職時應依法宣誓，其誓詞如下：『余誓以至誠，接受國家任命，恪遵憲法及法律之規定，秉持超然獨立之精神，公正廉明，勤奮謹慎，執行法官職務，如違誓言，願受最嚴屬之制裁。謹誓。』」除了憲法第48條有明定總統之誓詞[35]，以及總統副總統宣誓條例[36]第3條規定副總統誓詞[37]外，宣誓條例規定了其他擔任國家重要職務者（包括法官）之誓詞[38]，

---

[34] 參照邱聯恭《司法之現代化與程序法》，2001年10月7刷，頁61。

[35] 其誓詞為：「余謹以至誠，向全國人民宣誓，余必遵守憲法，盡忠職務，增進人民福利，保衛國家，無負國民付託。如違誓言，願受國家嚴屬之制裁。謹誓。」

[36] 民國43年5月13日公發布。

[37] 其誓詞為：「余謹以至誠，向全國人民宣誓。余必遵守憲法，效忠國家，如違誓言，願受國家嚴屬之制裁。謹誓。」

[38] 宣誓條例（民國95年5月17日修正）第2條規定：「下列公職人員應依本條例宣誓：一、立法委員、直轄市議會議員、縣（市）議會議員、鄉（鎮、市）民代表會代表。二、立法院院長、副院長；直轄市議會議長、副議長；縣（市）議會議長、副議長；鄉（鎮、市）民代表會主席、副主席。三、中央政府各級機關政務人員、首長、副首長及簡任第十職等以上單位主管人員。四、司法院大法官、考試院考試委員、監察委員、監察院院長、副院長。五、駐外大使、公使館公使、代辦、總領事、領事館領事或其相當之駐外機構主管人員。六、各級法院法官、檢察機關檢察官、行政法院法官及公務員懲戒委員會委員。七、直轄市政府首長、委員及其所屬各機關首長。八、縣（市）政府首長及其所屬各機關首長。九、鄉（鎮、市）長。十、各級公立學校校長。十一、相當於簡任第十職等以上之公營事業機構或其所屬機構首長、董事、理事、監察人、監事。」第6條規定：「宣誓之誓詞，依下列之規定：一、第二條第一款人員之誓詞：余誓以至誠，恪遵憲法，效忠國家，代表人民依法行使職權，不徇私舞弊，不營求私利，不受授賄賂，不干涉司法。如違誓言，願受最嚴屬之制裁，謹誓。二、第二條第二款至第十一款人員之誓詞：余誓以至誠，恪遵國家法令，盡忠職守，報效國家，不妄費公帑，不濫用人員，不營私舞弊，不受授賄賂。如違誓言，願受最嚴屬之處罰，謹誓。」

法官法特別明定了法官之誓詞,自法官法生效後,法官宣誓之誓詞即不再適用宣誓條例規定,由此也凸顯了法官職務之重要性及神聖性,然而誓詞內容所謂「超然獨立之精神」、「公正廉明」、「勤奮謹慎」,如無客觀之行為規範準據,又如何判定法官是否實踐其誓詞或職責?

美國聯邦法官自從1789年以來,在任職前都依法律規定,宣誓「處理司法事務,不因人而異」、「公平對待窮人及富人」,並且「忠實而無私履行」司法職務[39]。德國法官也要踐行法定宣誓義務,德國法官法第38條規定:「法官應於法院之公開法庭為下列之宣誓:『余宣誓,忠於德意志聯邦共和國基本法與忠於法律執行法官職務,本著最大良知與良心一視同仁而為裁判,唯事實與正義是從,願上帝保祐。』(第2項)宣誓得免去『願上帝保祐』之誓詞。(第3項)對任職於邦之法官,誓詞得包含對邦憲法之義務,且得不於法庭之上,而以另一方式公開宣誓。」又,依德國法官法第21條第2項規定,拒絕為法官之宣誓,構成免職之事由。由是足認一般法治國家對於法官任職宣誓之重視。

九、倫理規範有助於獨立審判之實踐

在民國84年司法院公布法官守則之前,多數法官之職務上或職務外行為,大抵本於資深法官之經驗傳承,或者本於法官自己主觀之價值判斷,幾無標準可言,縱使有了法官守則,由於其內容相當抽象,法官間基於自己主觀價值判斷,各自解讀,欠缺法律授權訂定規範的實效。由於倫理規範,帶有濃厚的道德觀或主觀價值判斷,欲賦予其拘束力,自然以受拘束之群體有高度共識為前提,一般法治國家通例,多由法官群體形成高度共識而制定,法官法第13條第2項規定:「法官應遵守法官倫理規範,其內容由司法院徵詢全國法官代表意見定之。」即本於上開精神而訂定。

美國首度規範法官行為之規則,是由美國法曹協會於1924年所訂定之司法

---

[39] Each justice or judge of the United States shall take the following oath or affirmation before performing the duties of his office: "I, XXX XXX, do solemnly swear(or affirm)that I will administer justice without respect to persons, and do equal right to the poor and to the rich, and that I will faithfully and impartially discharge and perform all the duties incumbent upon me as XXX under the Constitution and laws of the United States. So help me God."(28 USC § 453 - Oaths of justices and judges.)

倫理守則（the Canons of Judicial Ethics），當時本會之主席爲William Howard Taft，也是美國聯邦最高法院院長。美國法曹協會於1922年成立司法倫理委員會來草擬司法行爲守則。促使起草該守則的主要原因，乃當年聯邦地方法院法官Kenesaw Mountain Landis在擔任法官的同時，應聘爲職業棒球之行政管理人（commissioner），他除了法官薪資7,500美元外，另外領取了擔任行政管理人之42,500美元的酬勞。Landis法官在處理當年棒球隊腐化問題，固然受到民眾的歡迎，但他接受聘任的行爲，卻引起另一爭議，亦即法官在職期間，可否擔任職業棒球之行政管理人？美國法曹協會認爲他的行爲構成利益衝突，於1921年間決議予以譴責，Landis法官於是在1922年3月1日職辭。同年美國法曹協會乃要求新任之最高法院院長，即前美國總統William Howard Taft[40]來擔任司法倫理委員會（Commission on Judicial Ethics）主席[41]。美國法曹協會於1924年通過了司法倫理守則（Canons of Judicial Ethics），以爲全美法官的行爲準據。本守則具有規勸效果，一如首席大法官Taft所言，該34條一般原則係作爲聯邦及州法官執行職務之「指引及提示」。其後該會開始全面檢討、評估及更新其內容的程序，終於1972年通過了司法行爲模範法典（Model Code of Judicial Conduct），本法典改變了規則的形式與格式，以7條準則取代原先的36條準則，並釐清了一些勸勉性用語（hortatory language），而維持了準則的本質。而美國司法會議（Judicial Conference of the United States）——下級聯邦法院之政策決定單位——通過了其自身之司法行爲守則，作爲聯邦法官之行爲指引[42]。目前全美各州均訂頒有法官行爲規範，並均有成立獨立之委員會，執行規範，以確保法官遵循該等規範[43]。

---

[40] William Howard Taft爲美國第27任總統，任期1909 3月4日至1913年3月4日；爲美國第10任最高法院院長，任期1921年7月11日至1930年2月3日。（資料來源：維基百科）

[41] ABA Activities in Judicial Ethics , http://www.americanbar.org/groups/professional_ responsibility/policy/ judicial_code_revision_ project/background.html, 2012/12/18造訪；2011 Year-End Report on the Federal Judiciary, http://www.supremecourt.gov/publicinfo/year-end/2011year- endreport.pdf, 2012/12/18造訪；http:// lawbrain.com/wiki/Code_of_Judicial_Conduct, 2012/12/18造訪。

[42] Ibid.美國法官行爲守則，最初爲司法會議於1973年4月5日通過，當時稱爲「美國法官司法行爲守則」（Code of Judicial Conduct for United States Judges），1987年會議中，司法會議將守則名稱中之「司法」（judicial）乙字予以刪除。

[43] 參照American Judicature Society官網，http://www.ajs.org/ethics/eth_jud_conduct.asp., 2013/01/06造訪。

十、法官應捍衛憲法核心價值

　　憲法第80條所規定，法官依據法律獨立審判，當然包括憲法。法官法第13條，已進一步申明其旨：「法官應依據憲法及法律，本於良心，超然、獨立、公正審判，不受任何干涉。」而倫理規範第2條則勉勵法官要「捍衛自由民主之基本秩序，維護法治，保障人權及自由」等憲法所揭示之各項核心價值，本於良心，依據憲法及法律，超然、獨立從事審判及其他司法職務，不受任何干涉。由法律位階言，憲法位階在法律之上，法律位階在命令之上。法律與憲法牴觸者無效。法律與憲法有無牴觸發生疑義時，由司法院解釋之（憲法第171條）。憲法所規定者，大抵關係「捍衛自由民主之基本秩序，維護法治，保障人權及自由」之核心價值，法律所規定內容有無牴觸該等核心價值，是法官審理案件時，所應時時加以留意者。法官對於法律的合憲性，有表示意見的權力，但法官如認所適用之法律有違憲之疑義，應停止訴訟程序，依司法院大法官釋字第371號意旨，聲請大法官解釋：

　　憲法為國家最高規範，法律牴觸憲法者無效，法律與憲法有無牴觸發生疑義而須予以解釋時，由司法院大法官掌理，比觀憲法第一百七十一條、第一百七十三條、第七十八條及第七十九條第二項規定甚明。又法官依據法律獨立審判，憲法第八十條定有明文，故依法公布施行之法律，法官應以其為審判之依據，不得認定法律為違憲而逕行拒絕適用。惟憲法之效力既高於法律，法官有優先遵守之義務，法官於審理案件時，對於應適用之法律，依其合理之確信，認為有牴觸憲法之疑義者，自應許其先行聲請解釋憲法，以求解決。是遇有前述情形，各級法院得以之為先決問題裁定停止訴訟程序，並提出客觀上形成確信法律為違憲之具體理由，聲請本院大法官解釋。司法院大法官審理案件法第五條第二項、第三項之規定，與上開意旨不符部分，應停止適用。

　　在本號解釋做成之前，民國47年7月21日公布之司法院大法官會議法第4條規定：「有左列情形之一者，得聲請解釋憲法：……二、人民於其憲法上所保障之權利遭受不法侵害，經依法定程序提起訴訟，對於確定終局裁判所適用之法律或命令發生有牴觸憲法之疑義者。（第2項）聲請解釋憲法，不合前項

規定者，大法官會議應不受理。」民國82年2月3日修正公布之司法院大法官審理案件法第5條規定：「有左列情形之一者，得聲請解釋憲法：……二、人民、法人或政黨於其憲法上所保障之權利，遭受不法侵害，經依法定程序提起訴訟，對於確定終局裁判所適用之法律或命令發生有牴觸憲法之疑義者。（第2項）最高法院或行政法院就其受理之案件，對所適用之法律或命令，確信有牴觸憲法之疑義時，得以裁定停止訴訟程序，聲請大法官解釋。（第3項）聲請解釋憲法不合前二項規定者，應不受理。」也就是在民國82年2月3日司法院大法官審理案件法修正公布之前，法官辦理案件，即使認爲所適用的法律有違憲之虞，仍只得依據法律予以裁判，人民如認爲法律違憲，亦僅得於法院裁判確定後，才能聲請大法官解釋是否違憲，司法院大法官審理案件法修正公布之後，在民國84年1月20日司法院大法官做成釋字第371號解釋之前，最高法院或行政法院就其受理之案件，對所適用之法律或命令，確信有牴觸憲法之疑義時，得以裁定停止訴訟程序，聲請大法官解釋。而在第371號解釋做成之後，不僅最高法院或行政法院法官，所有法官均有「法律違憲」的形式審查權，亦即「法官於審理案件時，對於應適用之法律，依其合理之確信，認爲有牴觸憲法之疑義者，……各級法院得以之爲先決問題裁定停止訴訟程序，並提出客觀上形成確信法律爲違憲之具體理由，聲請本院大法官解釋。」至於命令，法官本有違憲審查權，並不其拘束，業經司法院大法官釋字第216號解釋在案：「法官依據法律獨立審判，憲法第八十條載有明文。各機關依其職掌就有關法規爲釋示之行政命令，法官於審判案件時，固可予以引用，但仍得依據法律，表示適當之不同見解，並不受其拘束，……司法行政機關所發司法行政上之命令，如涉及審判上之法律見解，僅供法官參考，法官於審判案件時，亦不受其拘束」。

十一、依法評議

　　法院組織法第3條規定，地方法院審判案件，以法官一人獨任或三人合議行之。高等法院審判案件，以法官三人合議行之。最高法院審判案件，以法官五人合議行之。合議審判，係法官以評決的方式，就案件而以合議方式共同行使審判權。

　　按高等法院及最高法院審判案件，均以合議行之，固不待言。地方法院

民事庭除依法應行合議審判外，例如法官迴避之聲請（民事訴訟法第35條），原則上以獨任行之[44]。地方法院刑事庭則除簡式審判程序、簡易程序及刑事訴訟法第376條第1款、第2款所列之罪之案件外，應行合議審判（刑事訴訟法第284-1條）。至於地方法院處理民刑事簡易程序的第二審程序，係立於上訴審的地位，均如高等法院行合議審判。

　　法院組織法第104條規定，評議時法官應各陳述意見，其次序以資淺者為先，資同以年少者為先，遞至審判長為終。同法第105條規定，評議以過半數之意見決定之。關於數額，如法官之意見分三說以上，各不達過半數時，以最多額之意見順次算入次多額之意見，至達過半數為止。關於刑事，如法官之意見分三說以上，各不達過半數時，以最不利於被告之意見順次算入次不利於被告之意見，至達過半數為止。地方法院及高等法院的評議方式，基本上即依照法院組織法規定的模式而為。不過在過去實務運作上，有的審判長作風比較強勢，堅持一定要依其意見通過評議，而有的法官或礙於情面，或考量審判長所掌握的考核權，以致不願或不敢力爭，凡此均係未能實踐憲法上依法獨立審判的精神，有悖於法官本身內在獨立性的要求，而不利於司法公信力的建立。

　　據瞭解，最高法院的評議方式，向來即與高等及地方法院不同。依最高法院處務規程第19條規定，民刑事各庭庭長固有責任主持「本庭評議」，及核定「本庭法官所擬裁判書」；依第21條規定，民刑事庭法官有提出「主辦案件內容之審查報告」的責任，而依第25條規定，法官應就主辦案件先行審查，將審

---

[44] 臺灣各地方法院行合議審判暨加強庭長監督責任實施要點（民國93年6月15日修正）規定：1.因營建工程事件涉訟者，2.因醫療糾紛涉訟者，3.因海洋污染、工業污染、環境保護涉訟者，4.因祭祀公業派下權涉訟者，5.因著作權、商標權、專利權、積體電路、電路布局、營業秘密涉訟者，6.因國際貿易及海商事件涉訟者，7.因保險契約涉訟者，8.因勞動契約涉訟者，9.訴訟標的之金額或價額逾新臺幣陸佰萬元。此等案件於分案前，應先經分案之庭長或審判長審核，如認有行合議審判之必要者，報請院長核定後，分案依合議方式審理。認為不必要者，則依輪分方式，交由法官獨任審判。至於其他訴訟標的之法律關係繁雜者，或依上開交由法官獨任審判之案件，如認有行合議審判之必要者，得報經庭長或審判長轉報院長後行之；庭長或審判長認有行合議審判之必要者，亦得以徵詢法官之意見，陳報院長後行之；院長認有行合議審判之必要者，亦得於徵詢庭長或審判長及法官意見後，命組織合議庭審理之。（第1、3點參照）關於案件是否以合議行之，於法律有明文規定時，自應依法律明文規定，在法律無明文規定，以行政命令規定應行合議之案件，由保障人民訴訟權之觀點言，固無不妥，然而如案件已分由特定法官辦理，如非由承辦法官主動表示希望以合議行之，而係庭長或院長在徵詢法官意見是否行合議審判時，應小心為之（最好是有法官法第20條第2項所定：「基於保障人民之訴訟權及服公職權益，各法院或分院院長，得對該院法官遲延未結之案件，提經法官會議決議改分同院其他法官辦理，或為其他適當之處理。」情形），以免被認有違法定法官原則或干涉審判之虞。

查結果報由審判長定期交付評議。然而長年來實際運作上，向由主辦法官先預擬「裁判草稿」（即所謂「主辦案件內容之審查報告」）交由庭長審查，經庭長審查通過的案件，始提交評議，是以未經庭長審查通過的「裁判草稿」，即未能提出評議。此一評議運作模式，固與法院組織法規定不合，也有部分法官不表認同，但最高法院積習已深，希望改變此一運作模式，恐有賴最高法院法官本乎內省及自律功能，始有改變的可能性[45]。

十二、案例參考

　　法官明顯違反依法審判責任，固可能違反第11條有關「法官應謹慎、勤勉、妥速執行職務，不得無故延滯或增加當事人、關係人不合理之負擔。」之規範，然由本條法官負有維護審判獨立之責任言，依法評議，係法官獨立審判的表現，不依法律規定為評議，自屬本條規範之違反。公務員懲戒委員會在98年度鑑字第11334號乙案中認為：「高雄高分院94年度上字第33號確認債權不存在案件評議時，被付懲戒人周○○之意見與審判長簡○○不同，即表示本件再開辯論，要將案件擺著。審判長告知應由陪席法官謝○○表示意見，被付懲戒人則認為毋庸陪席法官表示意見。其後經審判長堅持，陪席法官表示贊同審判長意見；被付懲戒人仍表示應再開辯論，否則判決書由審判長撰寫，並表示須與院長另行討論再作定論。核被付懲戒人所為，係違反公務員服務法第5條及第7條所定公務員應勤勉，執行職務應力求切實，不得有畏難規避，無故稽延之規定。審酌被付懲戒人身為資深法官，未能黽勉任事，臨退之際，尚任性恣意，怠忽職守，致滋外議，已對司法信譽、形象造成傷害……」等情，而予以記過2次之懲戒。

---

45 前司法院大法官史錫恩，回憶其在最高法院擔任法官時，參與評議的經驗，表示：「評議前受命推事已將判詞（判決書）擬就，並未先討論案件處理原則，這雖然是因為推事工作忙錄，才節省此一程序，但受命推事既已擬好判詞，其餘法官（推事）自不願再提出相反的其他意見，以免增加受命推事的負荷，致使評議不能發揮其應有之功能。又如每次評議案件太多，法官們也無法深入研討個案之情形。凡此，均應從減少法官負荷及增加評議次數著手，以求辦案更加公允」。（參照司法院司法行政廳編輯《臺灣法界耆宿口述歷史》第六輯，民國100年9月出版，頁69。）

十三、相關立法例

(一)班加羅爾司法行為原則

準則1　獨立

司法獨立乃法治之先決條件,亦爲公平審訊之基本保證。因此,就法官個人及司法機關而言,法官應維護司法獨立,並應以身作則。

(二)美國法曹協會司法行為模範法典

前言

[1] 獨立、公平而公正之司法,係我國司法制度所不可缺少。美國司法制度係建立在以下原則:由正直之人所組成之獨立而公正之司法當局,將解釋及適用治理我國社會的法律。從而司法在維護司法原則及法治方面即扮演著核心角色。本法所涵蓋之法則乃所有個別及全體法官應重視此司法職位應受公眾信賴,並努力維持及強化其對司法制度之信心。

[2] 法官應隨時維持司法職務之尊嚴,於職業上及個人生活方面,避免不適當及看似不適當之行爲。其應高度自我要求,於行爲隨時確保公眾對其獨立、公正、正直及能力方面之最大信心。

[3] 司法行爲模範法,建立了有關法官及法官候選人之倫理標準。本法並無意成爲全面性法官及法官候選人之倫理規範,渠等爲適用於其司法及個人之一般倫理及本法標準之規範。惟本法意在提供司法行爲指引,並協助其維持司法及個人行爲之最高標準,亦提供懲戒單位規範其行爲之基礎。

(三)香港法官行為指引

12. 司法獨立受《基本法》的保障,因此得到憲法上的保證。根據《基本法》第八十五條,香港法院獨立進行審判,而不受任何干涉;此外,法官履行審判職責的行爲不會受法律追究。

13. 司法獨立當然不是賦予法官甚麼特權,而是委予法官的重任,是法官賴以履行其憲法職能的關鍵因素,使他們得以本著公平公正、無懼無私的態度審理糾紛。司法獨立是公平審訊的基本保證,也是香港居民能夠享有權利和自由的基本保障。司法獨立是法治的先決條件。法官必須確保無論在庭裡庭外,其行爲都不可削弱司法獨立,也不可令人感到司法獨立受到削弱。

14. 司法機構必須獨立於政府的行政及立法機關,而且其獨立性必須是有

目共睹的。司法機構須與政府的行政及立法機關有互相尊重的關係，任何一方須認同及尊重其他兩方的職能。終審法院首席法官，肩負著代表司法機構與政府其他機關公事上交往的重任。

15. 法官必須注意，以下的情況可能會令法官本身的司法獨立受到威脅：當有人以不易察覺的手法，試圖影響法官如何處理某些案件，或用某些方法討好法官，以圖得到某些好處。若有人試圖以外力影響法官，無論是直接或間接的，也不論所用是何種方法，法官都必須拒絕接受。在適當情況下，更應向法院領導報告，指出曾有人試圖做該等事情，以便領導考慮採取任何必要的行動。法官在判案時，只可考慮循正當程序呈交給法庭的事物和資料。

16. 公眾會對某些案件議論紛紛，傳媒亦會廣泛報導。有時輿論會明顯傾向支持某個結果。不過，法官在履行其司法職能時，必須不受該等輿論影響。司法獨立包括獨立於所有外界的影響。法官行事須無畏無懼，對輿論的毀譽必須置之度外。

17. 司法獨立不單指司法機構作為一個社會公共機構，是獨立於其他政府機關，同時亦是指法官必須獨立於其他法官。法官有時求教同事，也許有助解決問題，不過，必須緊記，法官作出任何裁決都是他個人的責任，即使參與合議庭聆聽上訴案件時，也是一樣。

貳、禁止關說

第七條
　　法官對於他人承辦之案件，不得關說或請託。

評釋

一、法官不得為人關說案件

　　司法院在民國84年最初訂頒的法官守則第2條規定：「法官應依據憲法及法律，本於良知、超然獨立、公正篤實執行職務，不受及不為任何關說、干涉。」中，即要求法官對於他人承辦之案件「不為任何關說、干涉」，嗣於88

年間修正本守則時，將文字調整爲：「法官應超然公正，依據憲法及法律，獨立審判，不受及不爲任何關說或干涉。」其旨相同。

　　法官有獨立審判之職責，他人試圖影響或干預法官之職責，固不可取，法官試圖影響或干預其他法官公正行使職權，尤難寬宥。雖然如此，在民國101年4月間，最高法院及最高行政法院廢除實施60年左右的「保密分案制度」之前，所謂的「關說問題」一直困擾著司法圈[46]，人民對於司法公信力不足，不能不說與此問題，有莫大關係，如說它是過去縈繞司法圈的夢魘，亦不爲過。

　　保密分案制度，是民國41年間，當時的最高法院院長謝瀛洲先生，爲了保護最高法院法官免受關說之苦及人身安全，所創設的制度，依照相關規定，亦即在案件終結以前，除承辦法官以及分案人員等有關人員，他人無從得知案件由哪位法官承辦，以「恢宏獨立審判精神」[47]。此制度實施數十年來，或有阻絕部分關說的效果，然而卻長期陪葬了司法公信力。因爲公開透明本爲司法的本質，以此方式隔絕關說之途，形同向人民宣示關說可能具有影響法官裁判結果的效果，而且也在暗示他人，法官抗拒關說的道德勇氣不足。何況儘管之前最高法院法官有所謂保密分案的保護傘，但外界對於有人仍可以透過管道得知案件由何法官承辦的傳言，從未中斷，無論該傳言是否爲眞，由此已可顯示外界對此制度存在效果之存疑。而且若傳言眞有其事，則保密分案不過是掩飾眞相、欲蓋彌彰之障眼法，且使司法行政及外界難以有效監督。不僅如此，在下級審法官以前在辦理與繫屬最高法院中案件有關連之案件，例如辦理刑事附帶民事案件，刑事案件業已上訴第三審，第一、二審有必要向最高法院借閱相關刑事案件時，也常被最高法院以該案屬保密分案案件的理由，而拒絕調閱。其所持理由，如由案件當事人角度言，的確會影響其訴訟時程之訴訟上權益。至

---

[46] 司法院前大法官姚瑞光先生於民國91年間受訪時，即指出其在民國39年間於高等法院台南分院服務期間，院長方○○曾對其干涉審判，要求他就某案件再開辦論（並提出方院長所書字據爲證），爲其所拒，其並表示方院長將其承辦之案件壓至18天才交給書記官。（司法院司法行政廳編《臺灣法界耆宿口述歷史第一輯》，頁14-15）又如，在公務員懲戒委員會53年鑑字第3060號議決書中，被付懲戒人黃推事對於被函請懲戒（因對於被告之羈押及聲請停止羈押有延不裁定等情）所爲之申辯書中即提到：……申辯人不幸接辦該案，雖經有力者示意『關說』，亦惟法是遵，致有所忤，因而串通林妻重疊爲不必要之聲請（停止羈押），藉以構陷清白，得禍不若污濁之得福，必要時當將該案經過情形公之天下，以問是非曲直公道人心，……。」而且據筆者所知，有許多法官私下表示，尤其在威權時代曾有被同儕關說的經驗，由是可見，早年確有一些法官礙於人情壓力，不能謹守法官行爲之分際，而有向其他法官「關說」的不當行爲。

[47] 參照司法院編《司法院史實紀要第一冊》，71年12月出版，頁110。

於法官人身安全問題，乃涉及國家要如何加強保護所有法官人身安全之問題，並非僅最高法院獨有的問題，此一理由，亦不具說服力。各界對此一制度，雖早有廢除之呼籲，但最高法院卻長期以上開理由反對廢除。101年年初，由數位一、二審法官所組成的「推動最高法院改革聯盟」[48]，於2月9日面見馬英九總統，希望馬總統愼選即將繼任的最高法院院長人選，以及公開支持十點有關最高法院的改革訴求，馬總統對於各點訴求咸表認同，尤其對於其中有關廢除保密分案的想法，持高度肯定態度，並支持即刻改革，此等訊息經媒體披露後，各界原期待最高法院得以審時度勢，從善如流，以回應各界殷殷期盼。無奈即將卸任的最高法院楊仁壽院長於2月16日的新卸任院長交接典禮上，卻重砲抨擊馬總統支持廢除保密分案之不當，謂馬總統此舉乃干涉審判云云[49]，且認爲司法院院長不但不能觸碰保密分案方法，而且應捍衛之云云[50]。然其說法

---

[48] 聯盟發起人爲臺北地方法官林孟皇及桃園地院法官錢建榮；前往總統府會見馬總統的聯盟成員爲：臺北地方法官林孟皇、士林地院法官蔡志宏、桃園地院法官錢建榮、臺中地院法官張升星、雲林地院法官侯廷昌、臺南地院法官林臻嫻及高等法院法官兼庭長蔡烱燉。

[49] 楊院長的卸職演講稿提到：「最高法院是法律審，除需言詞辯論，依法院組織法第八十六條規定『訴訟之辯論，應公開法庭行之』外，一律都以書面爲之。採保密分案與否，是法律審、書面審事務分配的一種，事務分配是爲確保審判獨立而設的制度，法律審、書面審要採何種方法分案，不是法律審法官以外的任何人所能置喙的。……馬總統將『保密分案』曲解成『公開審判』的反面詞，或將它污名化，曲解爲秘密分案，還親自指示下屆最高法院院長，亦即今天就任的楊院長開始更改。以總統的高度作這樣侵犯審判權的指示，我們很爲總統不值」等語。（參照2012年2月17日司法院法官論壇）然而保密分案制度，違反法治國家公開、透明原則，是不爭之事實，過去數十年來，此一制度，久爲人所詬病，甚至有卸任大法官直指此一制度爲「國恥」，據悉司法院以前也有思考廢除此一制度，終因最高法院庭長及法官們之反對，而未能實現。保密分案的創設理由，在講求公開透明的時代，已失其存在的基礎，還要勞動總統出面公開表示支持廢除，也反應出最高法院在過去對於本身角色的定位，還有諸多反省的空間。

[50] 其所講內容爲：「賴大院長……無論如何，希望您能了解擁有司法行政權的司法院固然擁有相當於美、日等國的最高法院權限之一，但掌理我國民、刑事最高審判機關的最高法院也同樣分享他們最高法院的審判權限，司法行政之監督，不能影響審判權之行使，最高審判機關所掌理的審判事務及爲確保審判獨立之保密分案方法，您依法不但不能觸碰，而且更應挺身捍衛，……。」（出處同前註）然而其中楊前院長所言：「最高審判機關所掌理的審判事務及爲確保審判獨立之保密分案方法」之見解，容有商榷之餘地。因憲法係經由法官之身分保障來確保法官得以審判獨立，審判獨立並非法官之特權，法官審判獨立之目的，在於確保人民訴訟權得以受到充分保障，而非單純在於保障法官；法官依法獨立審判，實乃法官職務上之義務；抗拒任何關說，排除干涉，依法審判，乃法官職務所當爲，司法行政固然得以協助法官排除關說，卻無從替法官抗拒關說，法官有無能力抗拒關說，在於法官本身，不在司法行政。而且保密分案問題，應係司法審判行政的問題，不屬審判核心領域問題，仍應受到職務監督之節制，關於司法審判行政的最高職務監督權人，是司法院院長，是以關於最高法院保密分案制度之存廢，司法院賴院長有最後決定權，楊前院長認爲司法院院長不能觸碰保密分案問題，恐非的論。（參照蔡烱燉《楊前院長致詞稿－總統受到基層法官懲恿？》，載102年1月20日法官論壇）

不僅不爲司法院賴浩敏院長及新任楊鼎章院長所認同，而且遭到各界及輿論的強烈回擊。之後司法院順應各界的強烈改革要求，先修改了最高法院及最高行政法院的處務規程，取消的保密分案的法源，二個終審法院也接踵修改了內規，於4月16日正式終結了行諸60年左右的保密分案制度，同時也決定裁判主辦人簽名於裁判書最後一欄[51]，一掃過去大家無從由裁判書知悉案件係由何人主辦的不公開舉措。

　　法官不得爲人關說案件，由另一方面言，也包含法官不得接受關說的意義。但法官不得接受關說，並非意味法官的裁判，必然要做出不同於關說者請求的決定，而是法官仍應不受關說者的影響，本諸良心，依據法律爲裁判，否則法官的行爲，仍可能違反公正或妥當性等相關的倫理規範。

　　儘管早年司法關說醜聞一再被媒體披露，最高法院也才於民國101年間公開表示坦然面對關說問題。不論過去實際上在司法圈內究竟發生過多少關說事件，關說之傳聞（不論是否法官所爲），在以往不僅長期困擾司法界[52]，影響司法公信力，而且法官因涉及關說（包括進行關說或接受關說，以及假借關說等情），而被懲戒的個案，例子不少[53]。關說行爲，在過去是斷喪司法公信力的元凶之一，如今倫理規範第26條已明定：「法官執行職務時，知悉其他法官、檢察官或律師確有違反其倫理規範之行爲時，應通知該法官、檢察官所屬職務監督權人或律師公會。」是以本規範實施後，如法官有被其他法官關說情事，自當依本規定，通知其所屬職務監督權人，由其依法處置。如每位法官均能遵循此規定辦理，或許在短期內法官爲人關說的傳聞，即可成爲絕響，而有助於司法公信力的提升。

　　司法院爲杜絕關說情事，也於民國101年11月20日發布「司法院及所屬機關請託關說事件處理要點」[54]，以作爲包括法官在內之有關人員處理關說事宜

---

[51] 地方法院及高等法院合議庭裁判，除審判長係裁判主筆人外，其裁判主筆人（受命法官）均簽名於最後一欄，是以除審判長係裁判主筆人外，外界通常可以由裁判書的簽名位置得知裁判書由何人主筆。

[52] 楊仁壽前最高法院院長在卸任後接受媒體專訪，坦承於其任期間，有許多人前去關切繫屬最高法院中之案件，爲其所回絕云云。不論前去關切案件之人，是否得逞，楊院長的說法，只是更加坐實了關說傳聞之不虛。

[53] 公務員懲戒委員會100年鑑字第1185號、90年鑑字第9513號、87年鑑字第8629號、84年鑑字第7558號、78年鑑字第6172號。另，89年鑑字第9238號，爲法官涉及爲他人向警方關說之事例。

[54] 司法院民國101年11月20日司法院院台政二字第1010032697號函。

之依據[55]。處理要點之主要內容爲：

1. 請託關說事件，依下列方式登錄：（第4點）

    (1) 請託關說不論是否以書面爲之，受請託關說者應於三日內向機關政風單位登錄。

    (2) 請託關說以機關首長爲對象者，該首長應告知政風單位，由政風單位代爲登錄。

2. 司法院應按月將請託關說事件登錄之統計類型、數量及因請託關說受懲戒確定之人員姓名、事由公開於機關網站。（第7點）

3. 司法院對請託關說司法案件者，除依前點規定公開外，應按月將請託關說者刊登於司法周刊。（第8點）

4. 各機關就請託關說事件，應追蹤後續辦理情形，作適當之處理；除司法案件外，應將處理結果知會政風單位。前項情形，各機關發現違法或失職行爲者，應依法移送偵辦或陳報議處；因而查獲貪瀆不法者，應對相關人員予以獎勵。（第11點）

5. 各機關人員就受請託關說事件未予登錄，經查證屬實者，應嚴予議處。受理登錄人員或機關首長，故意隱匿、延宕或積壓不報，經查證屬實者，各機關或其上級機關應議處相關人員。（第12點）

諷刺的是，司法院甫發布該要點不久，102年初即於花蓮地區發生前花蓮縣長謝○○向法官關說的事件，而被司法院的司法周刊及媒體披露[56]，由是可見，爲維護司法公正性，除法官要有抗拒並舉發關說的道德勇氣外，並採取有效遏阻關說的措施，亦屬刻不容緩之事。

二、案例參考

法官爲人關說案件或假借爲人關說案件以謀利的行爲，雖屬嚴重的違反倫理規範的行爲，然而此等情事卻在司法界一再發生，由此可認過往法官們對於

---

[55] 在實務上當事人亦可能向法官以外之人如書記官、法警或其他行政人員就審判以外事項進行請託關說。

[56] 報導指出，國民黨籍花蓮前縣長謝○○，於102年1月間帶禮盒到花蓮高分院法官賴○○家，向同爲法官的賴妻陳○○關說，希望賴裁准讓因教唆打傷女市代的花蓮市代會前主席黃○○交保，但遭賴妻退回禮盒拒絕，並向政風室回報。謝○○關說踢到鐵板，糗事還登上司法院日前出版的《司法周刊》。（參照蘋果日報官網，102年02月19日報導，102/04/12造訪。）

此一行爲嚴重性的漠視，從另一角度觀察，也象徵司法形象難以提升，其來有自。過去法官因涉及關說案件行爲而被公務員懲戒委員會懲戒的情形，如下：

1. 47年鑑字第2210號

查邱○○盜伐森林案，張甲受邱○○之托，張乙受張甲之托，被付懲戒人汪○○時任臺中地方法院推事，又受張乙之托，向其同室辦公之承辦邱案推事張○○關說酬謝，經張○○兩次口頭報告並簽呈朱院長。臺灣高等法院再審判決據以認定被付懲戒人共同對於違背職務之行爲行求賄賂，科處徒刑6月，准易科罰金。其行爲與公務員服務法第5條之規定有違，酌處汪○○法官休職期間6月。

2. 57年度鑑字第3829號

民國49年10月間前行政院新聞局電影檢查處處長沈○○瀆職罪嫌案適在臺北地方法院偵查中，沈妻張○○爲求無事，乃囑電檢處科長李○○出而負責活動，李商之於至友影片商○○，廖轉託武○○；武乃託被付懲戒人臺北地方法院推事李○○設法向承辦檢察官活動，該李員意圖漁利，承諾負責關說使沈案獲不起訴，於是由武介紹其數度在廖所經營之大新影業社及錦江飯店、圓山飯店等處與李○○晤談或餐敍，旋該員表示需活動費新臺幣10萬元，李○○遂於同年11月中旬如數籌款交武轉交與該員，月餘後，沈案仍未見不起訴，該李員復兩度向廖衡表示尚有若干處猶待疏通，另需10萬元，廖商諸於李○○，因無力再行籌措作罷。案經司法行政部調查局調查，臺灣高等法院判決該員意圖漁利，包攬他人訴訟，處有期徒刑10月確定在卷[57]，因將李○○法官撤職並停止任用5年之懲戒。

3. 78年鑑字第6172號

被付懲戒人係臺灣臺中地方法院推事兼庭長浦○○，緣有陳某之妻因經營「大家樂」被提起公訴，陳某託隆某設法關說，並交付隆某新臺幣（下同）35萬元，隆某於民國76年3月8日以其中20萬元交付被付懲戒人作爲關說活動之用，但被付懲戒人並未爲之關說活動，隆某乃向被付懲戒人取回該20萬元。至民國76年7月3日隆某又向被付懲戒人商量爲陳某之妻再審，被付懲戒人爲之介紹律師辦理聲請再審，並向隆某索取5萬元活動費。迨再審之聲請駁回，陳某

---

[57]　司法院公報第11卷第4期，頁31。

之妻再經隆某向被付懲戒人請託,希延緩執行。被付懲戒人先收受7萬元,後又收受5萬元,旋陳某之妻仍發監執行。在執行中,復又第2次聲請再審,被付懲戒人告知需活動費120萬元,經陳某答允先付40萬元,於民國76年8月12日由隆某交付被付懲戒人親收。數日後,又再交付10萬元,共計50萬元,其中40萬元被付懲戒人交與律師祝某,僅留10萬元。但該第2次聲請再審,仍被駁回,隆某乃向被付懲戒人索回該50萬元。案經法院判處被付懲戒人有期徒刑1年,減有有期徒刑6月確定,因而爲予以撤職並停止任用2年之懲戒。

4. 84年度鑑字第7558號

蔡○○爲士林地院法官兼庭長,竟在電話中表示(一)對洪女承諾爲李女違反菸酒專賣條例案件關說檢察官,使檢察官不再傳訊對李女曾有不利證述之證人楊○○。(二)唆使僞造楊○○錄音爲李女脫罪。(三)對不接受關說之法官稱爲「怪胎」,對同流合污之人稱爲「上道」等。蔡員違法事實,已臻明確,且嚴重損害法官形象,因將其爲撤職並停止任用1年之懲戒。

5. 87年度鑑字第8629號

被付懲戒人蔡○○身爲法官,未能端正品德、潔身自愛,允諾利用職務上機會關說案件,收取100萬元鉅款;與洪○○間之債務,不思循法律途徑解決,委由黑道人物或以顯不適當之方法索債;明知應依法申報財產,故意不據實申報;生活失檢,與婚外女子姘居,凡此違失事證均臻明確,所爲申辯及所提各項證據,經核皆難資爲免責之論據。其請求在相關刑事案件裁判確定前,停止本件審議程序,核非必要。被付懲戒人所爲,係違反公務員服務法第5條公務員應誠實、清廉、謹慎,不得有放蕩,足以損失名譽之行爲之規定,因將其爲撤職並停止任用3年之懲戒。

6. 88年度鑑字第8996號

被付懲戒人李○○於84年間,因與其母有世誼之楊○○之子楊○○,涉嫌酒後持刀砍傷他人,經板橋地方法院檢察署高○○檢察官以重傷害未遂罪提起公訴,嗣因已和解被害人撤回告訴,法院遂判決不受理。被付懲戒人竟受楊○○之託,向高檢察官表示:被告家境不好,已與被害人和解,請不要上訴等語,高檢察官告以其一向尊重法院判決,該案原無意上訴,受託後亦未因而變更原意。又於86年底,因其胞妹之小叔江○○,被自訴詐欺經法院通緝後,由臺北市萬華警察分局緝獲,被付懲戒人於警局解送至同院法警室之前,即以電話向值日法官吳○○稱:有一自訴案通緝被告係其妹之小叔,該案係屬民事

糾紛，可否先行開庭訊問等語。87年5月間，其遠親少年陳某涉嫌販賣安非他命，經同院承辦法官陳○○諭知收容，被付懲戒人乃於同年6月間某日，向陳法官謂：該少年未販賣安非他命，是被冤枉云云。查法官職司審判，責任重大，應維護公正超然地位，被付懲戒人身爲法官自應本此意旨，避免干與他人之司法事務，其就具體個案向承辦司法官查詢案件處理情形，或具體要求作某種處理，行爲自欠謹慎，有損法官之品位。因將其爲降2級改敘之懲戒。

7. 90年度鑑字第9513號

按法官本應保持高尚品格，謹言慎行，廉潔自持，避免不當或易被認爲不當的行爲，並應超然公正，不受及不爲任何關說或干涉，尤應避免其他有損法官形象之應酬或交往，更不得利用法官身分，獲取不當利益或財物。查被付懲戒人黃○○身爲臺灣高等法院民事庭法官兼庭長，明知其友人曾○○因案在其所服務機關之刑事庭涉訟中而有求於其本人，竟不知潔身自愛，謹慎自持及遠嫌避疑，嚴守分際，知所檢點，卻接受涉案友人之招待飲宴，受贈不當財物，有損法官形象。又接受涉案友人安排其子職務而坐領高薪，復未能保有法官本應具備之超然公正立場，竟替涉案友人撰寫刑事答辯狀及聲請再審訴狀，且於曾○○企圖以鉅款託其關說行賄，猶不斷然拒絕，反而向承辦庭長及法官關說案情，敗壞司法風紀，有損司法信譽。核其所爲，有違公務員服務法第5條所定「公務員應清廉、謹慎，不得有足以損失名譽之行爲」及第6條所定「公務員不得假借權力，以圖本身或他人之利益」之旨，因將其爲撤職並停止任用2年之懲戒。

8. 100年度鑑字第11895號

被付懲戒人蕭○○爲最高法院法官、高○○爲臺灣高等法院審判長，二人未能嚴守分際，遵守法官守則，保有高尚品格，謹言慎行，不受及不爲任何關說或干涉之規定。被付懲戒人蕭○○爲子肇逃事件向高○○關說之違失事證，均已明確。核被付懲戒人二人所爲，均有違公務員服務法第5條所定，公務員應謹慎，不得有足以損失名譽之行爲之旨，……審酌被付懲戒人二人身爲資深法官，被付懲戒人蕭○○於其子涉案時，囿於父子之情，多次向承審法官關說；被付懲戒人高○○審理案件時，受好友之請託，並向受命法官爲具體要求，嚴重損及法官形象及司法公信，並參以檢察官偵查結果，認定臺灣高等法院判決並無枉法裁判之故意等情，因將蕭○○法官休職，期間6月；高○○法官降2級改敘之懲戒。

三、相關立法例

我國法官倫理規範只針對法官對於他人承辦之案件，爲關說或請託，有所規範，但對於自己承辦案件，也不可以接受關說或請託，則未如之前「法官守則」般有明文規範，然而二者均屬於顯然不妥當的行爲，本無待贅言，而即使沒有特別規定，依倫理規範第5條：「法官應保有高尚品格，謹言愼行，廉潔自持，避免有不當或易被認爲損及司法形象之行爲。」當亦可涵蓋在內。此或係美國法曹協會司法行爲模範法典，均未予以明定的原因。班加羅爾司法行爲原則關於法官不得接受關說，在準則1「獨立」中有類似規範：

1.1 法官應依照事實判斷和對法律的眞心實意理解，行使司法職能，不受來自外部的任何直接或間接的誘導、壓力、恐嚇或干預的影響，亦不應因任何理由影響判決。

評註28：任何影響裁判的企圖均應予以拒絕

法官可能偶而會遭到法庭以外的其他人，想影響仍在訴訟中的案件，不論其來源是部長、政治人物、官員、媒體、家人或其他人，所有該等企圖，均應堅定的加以拒絕。此等對於司法獨立的威脅，其手法有時可能是細緻的，以法官在某種案件應如何處理，或者以某種方法討好法官。任何此種影響法官的外來企圖，不論直接或間接，均應加以拒絕。在某些情形，尤其是對於一再嘗試的企圖，已予當面拒絕的情形，法官應將該等企圖報告有關當局。法官應不容許家人、社會或政治關係影響任何司法裁判。

壹、公正客觀

> **第三條**
>
> 　　法官執行職務時，應保持公正、客觀、中立，不得有損及人民對於司法信賴之行爲。

評釋

一、獨立與公正關係密切

　　法官獨立審判與公正審判，是不同的核心價值，然而二者實有密不可分之關係。審判獨立是公正審判的必要先決條件。法官可能獨立，但不一定公正（依個案而定），然而法官如不獨立，由司法整體來看，即不可能公正[1]。例如一個法官固然能本於自己對法律的確信，且不受他人影響而爲裁判，但如其本身對於案件當事人具有偏見，或其法律上之判斷，影響到自身權益，其裁判的公正性，即容易受到質疑；反之，如法官無法獨立審判，易受職務監督權人或其他利害關係人之影響，則其所爲之法律上判斷，在他人看來，均難認爲公正。

---

[1]　參照班加羅爾司法行爲原則評註，準則2之評註。

二、中國古人對公正之詮釋

宋朝名臣眞西山在所著〈諭州縣官僚〉乙文，針對「存心以公」的爲官之道，爲如下詮釋：「公事在官，是非有理，輕重有法，不可以己私而拂公理，亦不可顨公法以狗（徇）人情。諸葛公有言：吾心有秤，不能爲人作輕重。此有位之士所當視以爲法也。然人之情每以私勝公者，蓋狗貨賄則不能公，任喜怒則不能公，黨親戚，畏豪強，顧禍福，計利害，則皆不能公。殊不思是非之不可易者，天理也，輕重之不可踰者，國法也。以是爲非，以非爲是，則逆乎天理矣！以輕爲重，以重爲輕，則違乎國法矣！居官臨民，而逆天理，違國法，于心安乎？雷霆鬼神之誅，金科玉條之禁，其可忽乎？故願同僚以公心持公道，而不汨於私情，不撓於私請，庶幾枉直適宜，而無冤抑不平之歎。」[2]其所爲詮釋，鞭辟入裡，重在內心世界的修爲，如今看來，仍屬「公正」意涵解釋的佳作。

同爲宋朝名臣的歐陽修在其爲紀念父母親所撰寫的<瀧岡阡表>中，敘述了一段其父在決定是否判決罪犯死刑的案件，與其母的對話，其父再三斟酌省思，所表現公正無私的精神，值得後世法官效法：

太夫人告之曰：「汝父爲吏廉，而好施與，喜賓客；……汝父爲吏，嘗夜燭治官書，屢廢而歎。吾問之，則曰：『此死獄也，我求其生不得爾。』吾曰：『生可求乎？』曰：『求其生而不得，則死者與我皆無恨也；矧求而有得邪？以其有得，則知不求而死者有恨也。夫常求其生，猶失之死，而世常求其死也。』回顧乳者劍汝而立於旁，因指而歎，曰：『術者謂我歲行在戌將死，使其言然，吾不及見兒之立也，後當以我語告之。』其平居教他子弟，常用此語，吾早熟焉，故能詳也。其施於外事，吾不能知；其居於家，無所矜飾，而所爲如此，是眞發於中者邪！嗚呼！其心厚於仁者邪！此吾知汝父之必將有後也。汝其勉之！夫養不必豐，要於孝；利雖不得博於物，要其心之厚於仁，吾不能教汝，此汝父之志也。」修泣而志之，不敢忘。

---

[2]　中國社會科學院歷史研究所宋遼金元史研究室點校《名公書判清明集上》，（北京）中華書局1987年出版，頁6-7。

三、公正之感覺與要件

　　公正是法官及司法機關的基本特質，公正必須存在於事實及感覺上。如果法官被合理地認為偏心，該感覺即可能讓人心中不平，或認為法官處理不公，從而破壞公眾對於司法制度的信心。不過，公正的感覺是由合理旁觀者的角度來衡量；法官是否公正，可以由許多方面來觀察，例如法官被認為有利益衝突、法官在職務上的表現或法官在職務外的交往與活動等等。

　　法院必須在客觀上令人感到公正，亦即法院應免除公眾在這方面的任何合理懷疑。基此標準，對於法官個人行為，是否有令人懷疑公正性的可確定事實，應加以判定。因而，即使是行為外觀，也具有某程度重要性。在民主社會的法院必須激發公眾（包括受刑事控告之人）的信心，是問題的關鍵所在，因此有擔心法官欠缺公正情事的合理理由時，法官即必須迴避[3]。

四、踐行正當法律程序，乃公正之前提

　　正當法律程序，是法治國家的基本原則，為憲法第8條所明定：「人民身體之自由應予保障。除現行犯之逮捕由法律另定外，非經司法或警察機關依法定程序，不得逮捕拘禁。非由法院依法定程序，不得審問處罰。非依法定程序之逮捕、拘禁、審問、處罰，得拒絕之。（第2項）人民因犯罪嫌疑被逮捕拘禁時，其逮捕拘禁機關應將逮捕拘禁原因，以書面告知本人及其本人指定之親友，並至遲於二十四小時內移送該管法院審問。本人或他人亦得聲請該管法院，於二十四小時內向逮捕之機關提審。（第3項）法院對於前項聲請，不得拒絕，並不得先令逮捕拘禁之機關查覆。逮捕拘禁之機關，對於法院之提審，不得拒絕或遲延。（第4項）人民遭受任何機關非法逮捕拘禁時，其本人或他人得向法院聲請追究，法院不得拒絕，並應於二十四小時內向逮捕拘禁之機關追究，依法處理。」惟此一原則，不僅於刑事訴訟程序有其適用，依103年1月8日所修正公布之提審法修法（公布後六個月實施）意旨，提審對象不限於「因犯罪嫌疑被逮捕、拘禁者」，只要被法院以外之任何機關逮捕、拘禁時，其本人或他人均得聲請提審，提審聲請之原因事實涉及行政、民事、少年、家

---

[3]　班加羅爾司法行為原則評註，第53項參照。

事及刑事等不同性質法律規定[4]。

　　法官審理案件，除應遵守法定程序之外，如對於應適用之法律，依「合理之確信」，認為有牴觸憲法之疑義者，得停止訴訟程序，並提出客觀上形成確信法律為違憲之具體理由，依釋字第371號解釋，聲請司法院大法官解釋，當更能提升人民對於司法公正之信心。例如攸關人身自由之檢肅流氓條例，部分條文先後三次經大法官宣告違憲，其中之第384號解釋及第636號解釋，即經法官提出聲請者[5]。

　　現行刑事訴訟法第98條規定，訊問被告應出以懇切之態度，不得用強暴、脅迫、利誘、詐欺、疲勞訊問或其他不正之方法。此乃訊問被告所應遵守的正當法律程序。同法第156條規定，被告之自白，非出於強暴、脅迫、利誘、詐欺、疲勞訊問、違法羈押或其他不正之方法，且與事實相符者，得為證據。即規定不依上開正當程序所取得被告之自白，不得作為被告之犯罪證據[6]。

---

[4] 參照提審法修正條文總說明（103.01.08修正）及立法理由。

[5] 第384號係由當事人及臺北地方法院陳明、劉介中法官、士林地方法院李正紀法官等提出聲請，而第636號係由臺中地方法院郭書豪法官及桃園地方法院錢建榮法官提出聲請。

[6] 值得一提的是，民初法律雖亦禁止刑訊，然民初之有關機關對於人權的保障意識較為薄弱，刑訊似乎仍普遍存在，當時的內政部還曾承大總統之意，函令禁止：「頃奉大總統令開。近世文化日進，刑法之目的亦因而遞嬗，昔之揭威嚇報復為幟志者，今也則刑罰之目的在維持國權、保護公安，人民之觸犯法紀，由個人之利益與社會之利益，不得其平，互相牴觸，而起國家之所以懲創罪人者，非快私人報復之私，亦非以示懲創，使後來相戒，蓋非此不足以保持國家之生存，而成人道之均平也，故其罰之之程度以足調劑個人之利益，與社會之利益之平為準，苛暴殘酷，義無取焉，前清起自草昧之族，政以賄成，視吾民族生命曾草菅之不若，教育不興，實業衰息，生民失業，及其罹刑網也，則又從而鍛鍊周納，以成其獄，三木之下，何求不得。彼虜不察，獎殺勗殘，殺人愈多者，立膺上考，超遷以去，轉相師法，日糜吾民之血肉，以快淫威，試一檢滿清史館之所紀載，其所謂名臣能吏者，何莫非吾民之血跡淚痕所染成也，本總統提倡人道，注重民生，奔走國難二十餘載，對於亡清虐政曾申其罪狀，布告中外人士，而於刑訊一端尤深惡痛絕，中夜以思，情亥逾剝膚，今者光復大業幸告成功，五族一家聲威遠暨，亟常肅清吏治，休養民生，蕩滌煩苛，咸與更始，為此令仰該部轉飭所屬，不論行政司法官署及何種案件，一概不准刑訊鞫獄，常視證據之充實與否，不當偏重口供，其從前不法刑具，悉令焚燬，仍不時派員巡視，如有不肖官司，日久故智復萌，重煽亡清遺毒者，除褫奪官職外，付所司治以應得之罪，吁！人權神聖，豈容弁髦，刑期無刑，古有明訓，布告所司，咸喻此意，此令。等因奉此。除令京內所屬官廳照辦外，應即咨請貴部速令各審判廳一律遵令辦理，又查司法機關雖係獨立，而現在各省府廳州縣所有裁判職權，尚多混入行政官廳以內，應由司法內務兩部會電咨行各省都督，嚴令所屬官廳，無論行政司法一律停止刑訊，以重人權，而免冤讞，茲由本部擬就電稿，咨請貴部查核有無增減之處，希即咨覆，以便施行，此咨。」（內務部咨司法部嚴令所屬各官廳一律停止刑訊文，見《臨時政府公報》28期，民國1年03月03日出版，頁1.3-1.5）在刑事訴訟實務上，早年警方以刑訊方式取得被告自白的傳聞不斷，雖亦有警察因而被判決有罪的案例，不過被告所為警方刑求的抗辯，法院大都查無實據。

　　司法院前大法官許玉秀近年來極力鼓吹正當法律程序，曾表示：「程序正義為什麼重要？因為正義始於程序終於程序，沒有程序正義，就沒有正義！」[7]民國102年8月底爆發檢察總長向總統報告因監聽所獲得立法院長等人涉嫌關說情事，引發政治風暴，更讓「正當法律程序」問題，受到關注。

五、正當法律程序之解釋與判例

　　我國司法院大法官闡釋有關正當法律程序的解釋例不少，爰舉數例如下：

釋字第663號

　　稅捐稽徵法第十九條第三項規定，為稽徵稅捐所發之各種文書，「對公同共有人中之一人為送達者，其效力及於全體。」此一規定，關於稅捐稽徵機關對公同共有人所為核定稅捐之處分，以對公同共有人中之一人為送達，即對全體公同共有人發生送達效力之部分，不符憲法正當法律程序之要求，致侵害未受送達之公同共有人之訴願、訴訟權，與憲法第十六條之意旨有違，應自本解釋公布日起，至遲於屆滿二年時，失其效力。

釋字第636號

　　檢肅流氓條例[8]（以下簡稱本條例）……第二條關於流氓之認定，依據正當法律程序原則，於審查程序中，被提報人應享有到場陳述意見之權利；經認定為流氓，於主管之警察機關合法通知而自行到案者，如無意願隨案移送於法

---

[7] 許玉秀《利用公權力為惡　罪加一等》，自由時報記者鄒景雯專訪，102年12月2日（參照自由時報電子報，102年12月3日造訪）。

[8] 引發治安與人權爭議的檢肅流氓條例，先後3次經大法官宣告部分條文違憲：1.釋字第384號解釋，認為第5條到第7條，及第12條和第21條，有關強制人民到案、限制證人詰問、警方告誡權，及刑罰和感訓處分累計處罰等條文違憲。2.釋字第523號解釋，要求留置處分（類似羈押制度）要件應明確化。3.釋字第636號解釋（內容見上述）。據媒體報導，在大法官做成釋字第636號解釋（相關條文在1年內失效）後，司法院、法務部和內政部於97年底開會形成共識，預計98年1月底前廢除整個條例，且依內政部調查結果，全國23個縣市警察局，有16個贊成廢除（自由時報電子報，97年7月24日，http://www.libertytimes.com.tw/2008/new/jul/24/ today-so1.htm，102/12/20造訪）。嗣經總統於98年1月21日以華總一義字第09800012321號令公布廢止。司法院前大法官許玉秀女士在《透明的法袍》乙書序中，語重心長地指出：「整部檢肅流氓條例，就像是破壞法制景觀的一個違章建築。雖然有些人認為，還可以用它來遮風蔽雨，但是它卻蓋在防火巷上面，擋住了公眾逃生的出口。」（參照氏著，上揭書，序，頁II）。

院，不得將其強制移送。本條例第十二條第一項規定，未依個案情形考量採取其他限制較輕微之手段，是否仍然不足以保護證人之安全或擔保證人出於自由意志陳述意見，即得限制被移送人對證人之對質、詰問權與閱卷權之規定，顯已對於被移送人訴訟上之防禦權，造成過度之限制，與憲法第二十三條比例原則之意旨不符，有違憲法第八條正當法律程序原則及憲法第十六條訴訟權之保障。

釋字第582號

憲法第十六條保障人民之訴訟權，就刑事被告而言，包含其在訴訟上應享有充分之防禦權。刑事被告詰問證人之權利，即屬該等權利之一，且屬憲法第八條第一項規定「非由法院依法定程序不得審問處罰」之正當法律程序所保障之權利。為確保被告對證人之詰問權，證人於審判中，應依法定程序，到場具結陳述，並接受被告之詰問，其陳述始得作為認定被告犯罪事實之判斷依據。刑事審判上之共同被告，係為訴訟經濟等原因，由檢察官或自訴人合併或追加起訴，或由法院合併審判所形成，其間各別被告及犯罪事實仍獨立存在。故共同被告對其他共同被告之案件而言，為被告以外之第三人，本質上屬於證人，自不能因案件合併關係而影響其他共同被告原享有之上開憲法上權利。最高法院三十一年上字第二四二三號及四十六年台上字第四一九號判例所稱共同被告不利於己之陳述得採為其他共同被告犯罪（事實認定）之證據一節，對其他共同被告案件之審判而言，未使該共同被告立於證人之地位而為陳述，逕以其依共同被告身分所為陳述採為不利於其他共同被告之證據，乃否定共同被告於其他共同被告案件之證人適格，排除人證之法定調查程序，與當時有效施行中之中華民國二十四年一月一日修正公布之刑事訴訟法第二百七十三條規定牴觸，並已不當剝奪其他共同被告對該實具證人適格之共同被告詰問之權利，核與首開憲法意旨不符。該二判例及其他相同意旨判例，與上開解釋意旨不符部分，應不再援用。

釋字第396號

憲法第十六條規定人民有訴訟之權，惟保障訴訟權之審級制度，得由立法機關視各種訴訟案件之性質定之。公務員因公法上職務關係而有違法失職之行為，應受懲戒處分者，憲法明定為司法權之範圍；公務員懲戒委員會對懲戒案件之議決，公務員懲戒法雖規定為終局之決定，然尚不得因其未設通常上訴救濟制度，即謂與憲法第十六條有所違背。懲戒處分影響憲法上人民服公職之

權利，懲戒機關之成員既屬憲法上之法官，依憲法第八十二條及本院釋字第一六二號解釋意旨，則其機關應採法院之體制，且懲戒案件之審議，亦應本正當法律程序之原則，對被付懲戒人予以充分之程序保障，例如採取直接審理、言詞辯論、對審及辯護制度，並予以被付懲戒人最後陳述之機會等，以貫徹憲法第十六條保障人民訴訟權之本旨。有關機關應就公務員懲戒機關之組織、名稱與懲戒程序，併予檢討修正。

在最高法院所通過的刑事判例中，亦有乙則涉及正當法律程序：

93年台上字第664號

刑事訴訟，係以確定國家具體之刑罰權為目的，為保全證據並確保刑罰之執行，於訴訟程序之進行，固有許實施強制處分之必要，惟強制處分之搜索、扣押，足以侵害個人之隱私權及財產權，若為達訴追之目的而漫無限制，許其不擇手段為之，於人權之保障，自有未周。故基於維持正當法律程序、司法純潔性及抑止違法偵查之原則，實施刑事訴訟程序之公務員不得任意違背法定程序實施搜索、扣押；至於違法搜索、扣押所取得之證據，若不分情節，一概以程序違法為由，否定其證據能力，從究明事實真相之角度而言，難謂適當，且若僅因程序上之瑕疵，致使許多與事實相符之證據，無例外地被排除而不用，例如案情重大，然違背法定程序之情節輕微，若遽捨棄該證據不用，被告可能逍遙法外，此與國民感情相悖，難為社會所接受，自有害於審判之公平正義。因此，對於違法搜索、扣押所取得之證據，除法律另有規定外，為兼顧程序正義及發現實體真實，應由法院於個案審理中，就個人基本人權之保障及公共利益之均衡維護，依比例原則及法益權衡原則，予以客觀之判斷，亦即宜就(一)違背法定程序之程度。(二)違背法定程序時之主觀意圖（即實施搜索、扣押之公務員是否明知違法並故意為之）。(三)違背法定程序時之狀況（即程序之違反是否有緊急或不得已之情形）。(四)侵害犯罪嫌疑人或被告權益之種類及輕重。(五)犯罪所生之危險或實害。(六)禁止使用證據對於預防將來違法取得證據之效果。(七)偵審人員如依法定程序，有無發現該證據之必然性。(八)證據取得之違法對被告訴訟上防禦不利益之程度等情狀予以審酌，以決定應否賦予證據能力。

六、案例參考

司法院職務法庭102年度懲字第1號

被付懲戒人（臺灣臺北地方法院法官呂○○）自100年11月4日起至101年3月28日擔任臺北地院刑事審查庭法官期間，對於承審之案件，為求結案之迅速，或預斷當事人心態及作法，或預設立場，而有下列言行：(一)被付懲戒人審理如附表一所示之案件，對於第一次準備程序之進行，有如附表一所示未依刑事訴訟法第272條、第273條第3項規定，酌留被告準備訴訟之法定猶豫期間，妨害被告行使防禦權；其中更有編號3、4、5所示案件之準備程序傳票，無正當理由未於開庭前向被告寄發，而係由被付懲戒人指示承辦書記官逕以電話通知被告於翌日至臺北地院開庭，嗣再由到庭之被告當庭簽收傳票，除未依刑事訴訟法第71條第1項規定以傳票傳喚被告外，更嚴重壓縮被告準備訴訟之期間利益。(二)被付懲戒人於審理如附表二所示案件，均涉及民事損害賠償問題，被害人即告訴人亦從未陳明不願到場，且客觀上亦無任何不必要或不適宜傳喚之情形，卻未依刑事訴訟法第271條第2項規定，傳喚被害人即告訴人或其家屬到庭給予陳述意見之機會，即逕行簡式審判程序並辯論終結。(三)被付懲戒人於審理如附表三所示案件，公然於開庭時片面向被告表達如附表三所示否定告訴人請求損害賠償之偏頗立場。…本件被付懲戒人上開三、(一)之行為，違反刑事訴訟法第71條第1項、第273條第3項準用同法第272條之規定；上開三、(二)之行為，則違反刑事訴訟法第271條第2項之規定；上開三、(三)如附表三編號1所示之行為，係違反公務員服務法第1條、第5條、法官守則第1點、第2點及第4點之規定，編號2、3所示之行為，則已違反公務員服務法第1條、第5條、法官倫理規範第3條、第5條及第12條第1項之規定，…酌處「減月俸百分之20，期間1年」之懲戒處分。

七、相關立法例

(一)班加羅爾司法行為原則

2.1 法官執行司法職責時，不得偏私，亦不可存有偏見或成見。

2.2 法官應確保其法庭內外的行為能維持及增進公眾、法律專業及訴訟當事人對法官及司法機關公正無私的信心。

(二)美國法曹協會司法行為模範法典

規則1.2 促進公眾對司法之信心

司法行為時應隨時以促進公眾對司法獨立、正直及公正之信心為念,且應避免不當及看似不當之行為。

(三)香港法官行為指引

18. 大公無私的精神是當法官的基本條件。無論在庭裡庭外,法官的行為都要保持外界對法官及司法機構大公無私的信心。

19. 法庭要秉行公義,而且必須是有目共睹的。法官除了需要事實上做到不偏不倚之外,還要讓外界相信法官是不偏不倚的。如果有理由令人覺得法官存有偏私,這樣很可能使人感到不公平和受屈,更會令外界對司法判決失去信心。

20. 法官是否公正,是以一個明理、不存偏見、熟知情況的人的觀點來衡量的。有關這一點,在下面「表面偏頗」[9]一節中有更詳細的論述。

21. 引起外界感到法官並不公正的情況有多種:例如令人感到法官可能存有利益衝突,又或者是法官在庭上的言談舉止,法官在庭外與何人交往及參與哪些活動等,都可能影響外界對法官的觀感。

貳、與當事人委任律師關係之陳報

第十四條

法官知悉於收受案件時,當事人之代理人或辯護人與自己之家庭成員於同一事務所執行律師業務者,應將其事由告知當事人並陳報院長知悉。

---

[9] 參照下段第14條相關立法例。

評釋

一、法官與律師間有家庭成員關係之揭露義務

　　法官知悉於收受案件時，當事人之代理人或辯護人與自己之家庭成員[10]於同一事務所執行律師業務者，究應如何處置，可能因立法體系之不同，而有差異。在英美法系，此等事由為法官應自行迴避事由，在大陸法系則未必有明文規範，適用上可能有所困擾。因而司法院於本條規範之說明中，特別說明了比較詳細的立法理由：「一、實務上有非屬法定自行迴避或聲請迴避事由，但客觀上足認法官執行職務之公正無私有受合理懷疑之虞，例如法官所承辦案件之代理人（含複代理人）或辯護人如與法官家庭成員於同一事務所執行律師業務，易使外界產生法官偏頗之疑慮，而刑事訴訟法並無類如民事訴訟法、行政訴訟法針對法官執行職務有偏頗之虞情形，經院長同意得自行迴避之明文或準用規定，爰明定法官知悉於收案時，其所承辦案件之代理人或辯護人與自己之家庭成員於同一事務所執行律師業務，應將其事由告知當事人並陳報院長（職務監督權人）知悉。至當事人經告知後是否據以聲請法官迴避，聲請有無理由，則依現行訴訟法規定辦理。二、又法官收案後，當事人始行委任與法官家庭成員於同一事務所執行律師業務之人擔任辯護人或代理人，為避免造成當事人刻意挑選承辦法官之流弊，不應責由法官迴避，宜由律師自行迴避」。

　　有認為本條規範要求法官告知當事人的規定，是徒然製造問題，其理由在於法官不告知當事人此一關係，當事人通常不知該關係，即不至於採取聲請法官迴避的行動，將此關係向當事人揭露，反而給自己找麻煩，形同告訴當事人聲請法官迴避，徒增法院的困擾。不過話說回來，依本條立法目的所載：「法官所承辦案件之代理人（含複代理人）或辯護人如與法官家庭成員於同一事務所執行律師業務，易使外界產生法官偏頗之疑慮」乙節而論，本規定的目的，即在於維護法官及法院的公正形象。當事人在法官揭露此一事實後，如認為法官不至於有偏頗情事，自然不會聲請法官迴避，但如其認為法官有偏頗的可能性，為維護當事人有接受法院公平審判的權利，應無剝奪其聲請法官迴避的權

---

[10] 此所稱家庭成員，指配偶、直系親屬或家長、家屬。（本規範第27條）依民法第1123條第2、3項規定，同家之人，除家長外，均為家屬；雖非親屬，而以永久共同生活為目的同居一家者，視為家屬。

利之理，至於由其他法官組成的合議庭是否會裁定准許聲請，則屬另一問題。

二、法官迴避問題

我國法官倫理規範之前所擬草案第14條原規定：「法官知有法定自行迴避之原因，或認當事人迴避之聲請有理由者，應即迴避，不得執行職務。（第2項）法官知有前項以外情形，足認其執行職務之公正無私有受合理懷疑之虞時，應即時告知當事人並陳報院長知悉。」但有些法官以迴避規定，已詳列於訴訟法中，依訴訟法有關規定予以處理即可，沒有必要在倫理規範中加以規定，因而最後才改為以上內容。

然而，任何人不得擔任與自己有關事務的裁判者，係建構迴避制度的基本理由。法官有無法定應行迴避事由，法官本人知之最稔。迴避制度關係到法官裁判的可信度及司法公信力，為訴訟法上相當重要的制度。如法官有應自行迴避之事由[11]而不迴避，其所為裁判係當然違背法令，構成向法律審上訴之理由，而即使案經確定，乃得以再審及非常上訴制度，請求救濟[12]。大陸法系國家在訴訟法中均有明文規範，在英美法上除了在法院程序有所規範[13]外，於法

---

[11] 我國民事訴訟法第32條規定：「法官有下列各款情形之一者，應自行迴避，不得執行職務：一、法官或其配偶、前配偶或未婚配偶，為該訴訟事件當事人者。二、法官為該訴訟事件當事人八親等內之血親或五親等內之姻親，或曾有此親屬關係者。三、法官或其配偶、前配偶或未婚配偶，就該訴訟事件與當事人有共同權利人、共同義務人或償還義務人之關係者。四、法官現為或曾為該訴訟事件當事人之法定代理人或家長、家屬者。五、法官於該訴訟事件，現為或曾為當事人之訴訟代理人或輔佐人者。六、法官於該訴訟事件，曾為證人或鑑定人者。七、法官曾參與該訴訟事件之前審裁判或仲裁者。」刑事訴訟法第17條規定：「推事於該管案件有左列情形之一者，應自行迴避，不得執行職務：一、推事為被害人者。二、推事現為或曾為被告或被害人之配偶、八親等內之血親、五親等內之姻親或家長、家屬者。三、推事與被告或被害人訂有婚約者。四、推事現為或曾為被告或被害人之法定代理人者。五、推事曾為被告之代理人、辯護人、輔佐人或曾為自訴人、附帶民事訴訟當事人之代理人、輔佐人者。六、推事曾為告訴人、告發人、證人或鑑定人者。七、推事曾執行檢察官或司法警察官之職務者。八、推事曾參與前審之裁判者。」行政訴訟法第19條規定：「法官有下列情形之一者，應自行迴避，不得執行職務：一、有民事訴訟法第三十二條第一款至第六款情形之一。二、曾在中央或地方機關參與該訴訟事件之行政處分或訴願決定。三、曾參與該訴訟事件相牽涉之民刑事裁判。四、曾參與該訴訟事件相牽涉之公務員懲戒事件議決。五、曾參與該訴訟事件之前審裁判。六、曾參與該訴訟事件再審前之裁判。但其迴避以一次為限。」

[12] 參照民事訴訟法第469條第2款、第496條第1項第4款、刑事訴訟法第379條第2款、第441條、行政訴訟法第243條第2項第2款、第273條第1項第4款。

[13] 例如美國聯邦法典第28章——司法及司法程序（JUDICIARY AND JUDICIAL PROCEDURE）第455條規定是。相關內容，參照黃麟倫著〈法官迴避〉，載台北律師公會主編《法官倫理》，第131頁。

官倫理規範中亦有詳細規定。法官有應行迴避事由，而不迴避，在英美法係違反倫理規範的懲戒事由。我國法官倫理規範就此雖未加以著墨，但吾人以為法官有應自行迴避事由，而不迴避，致其所為裁判當然違背法令，不僅損及法官個人公正性，更損及司法整體之公信力，影響法院的公正形象，自屬違背倫理規範第3條：「法官執行職務時，應保持公正、客觀、中立，不得有損及人民對於司法信賴之行為。」之規定，應得視情節，由院長本於職務監督予以處分或依懲戒程序規定予以懲戒[14]。

(一)與承辦案件律師間有家庭成員關係之迴避

法官所辦理案件，其當事人之代理人或辯護人與自己之家庭成員於同一事務所執行律師業務者，依英美法系法官倫理規範，屬於法官應自行迴避之事由，即使是由大陸法系法官與英美法系法官所共同擬定的班加羅爾司法行為原則，於4.4條亦規定：「若法官家人在任何案件中代表訴訟當事人，或以任何方式與案件有關連，則該法官便不應參加審理案件。」亦即與英美法系之觀念同，構成自行迴避事由，但我國訴訟法並未明文規定此行為屬於應自行迴避之事由，是以法官與律師間有此關係，僅構成當事人得否以「足認其執行職務有偏頗之虞」之情事，聲請法官迴避[15]，或法官以「足認其執行職務有偏頗之虞」之情事，經兼院長之法官同意，迴避之[16]。學者間有認「法官之配偶為當事人一造之訴訟代理人（非律師）」該當於此一情事，惟法官之配偶「如為律師，依律師法第38條規定，就其案件應行迴避。」[17]我國律師法第38條第2項已規定，律師與辦理案件之法官間有親屬關係者，應行迴避。如嚴格貫徹律師法之規定，不論在任何情形下，凡律師所受委任案件，與辦理案件法官間有親屬關係者，均應迴避，在我國即不生法官應否迴避的問題[18]。只是律師界一般認

---

[14] 黃麟倫前揭文亦認：「法官知有應自行迴避之原因而未迴避之紀律責任，亦不因其為表現公正性而刻意對該特定關係有利之一造當事人為不利判決而得當然豁免。」（見前揭書，頁132-133。）

[15] 民事訴訟法第33條第1項第2款。本規定為行政訴訟法第20條所準用。

[16] 民事訴訟法第38條第2項。本規定為行政訴訟法第20條所準用。

[17] 陳計男《民事訴訟法論上》，2009年7月5版，頁83。

[18] 行政法院49年判字第43號判例所採：「原告在臺灣高雄地方法院及臺灣臺南地方法院之律師登錄，既經再訴願決定予以准許，依律師法第7條之規定，原告於該兩地方法院登錄手續完成後，原即並得在最高法院執行職務。惟查律師法第39條第2項規定，律師與辦理案件之推事、檢察官有配偶、五親等內血親或三親等內姻親之關係者，就其案件應行迴避。此項規定，旨在杜絕弊端，遠嫌止謗，間接亦以提高司法威信。但在適用於最高法院時，因其通常不行言詞辯論而以書面審理，在裁判發表以前，外人實無從

爲律師法該規定係指法官受理案件後，律師始受委任之情形[19]，而此一情事，法官是否應迴避，在實務上亦未形成共識，因而部分有類此關係的法官，遇有承辦案件之代理律師爲其配偶時，並未要求律師迴避，而是類推適用民事訴訟法第33條第1項第2款規定，以「避免當事人對法院公正性產生懷疑，足認其執行職務有偏頗之虞者」，作爲簽請院長同意其迴避之理由[20]。

　　法官與律師間的家庭成員關係涉及案件之迴避問題，究應如何規範，在

知悉參與特定案件審判之推事爲何人。是欲使律師就最高法院特定推事辦理之案件依上開規定以行迴避，實施上顯有不能排除之困難。在律師有配偶、五親等內血親或三親等內姻親充任最高法院之推事時，既無從就其承辦之特定案件而行迴避，勢非盡繫屬於最高法院之案件概行迴避，不足以自遠於嫌疑之地，而符合上開律師法迴避規定之要求。再訴願決定以原告之配偶現充最高法院推事，因而限制原告不得辦理繫屬最高法院之案件，係就上開律師法關於迴避之規定適用於繫屬最高法院之案件時，指定其應採取之方法。按之律師法該項規定之立法本旨，實相符合，不得指爲違法。」之見解，可認係貫徹律師法有關迴避規定之意見，不過此見解係以最高法院（及最高行政法院）採保密分案制度爲立論基礎，茲保密分案制度已於101年4月間廢除，此一見解或有加以調整之必要。

[19] 中華民國律師公會全國聯合會100年5月30日律聯字第100111號函示：「本會之意見，如果案件委任之時，就有律師法第38條第2項之情事，或因當事人自行轉委任律師因而造成律師法第38條第2項之情事，則同一事務所之全體律師均應迴避，以維護司法秩序。但如果案件承辦之初始並無該情形，嗣後才發生律師法第38條第2項之情形，則爲保障當事人之權益，應由司法機關考慮列爲簽請自行迴避之事由，而由司法人員自行迴避較妥，同事務所之其他律師不須迴避。」

[20] 臺灣高等法院99年9月17日民事庭庭長審判長會議，針對此一問題曾做成決議：
法律問題：法官收案時以其配偶、五親等內血親或三親等內姻親之關係者，現擔任訴訟當事人一造之訴訟代理人（爲律師或同一律師事務所之受僱律師或合夥律師），爲免其執行職務，外觀上有偏頗之虞，可否依民事訴訟法第38條第2項規定簽經院長同意迴避該案？
討論意見：(一)否定說：依律師法第38條第2項明定：律師與辦理案件之法官、檢察官或司法警察有前揭之親屬關係者，就其案件應行迴避。旨在杜絕弊端，遠嫌止謗，提高司法威信，自應由律師逕行迴避。（行政法院49年判字第43號判例參照）(二)肯定說：(1)民事訴訟法第38條第2項明定：法官有同法第33條第1項第2款情形者，經兼院長之法官同意，得迴避之。此係爲維護公正審判空間所賦予行政裁量權。最高法院30年聲字第70號判例要旨亦認：民事訴訟法未就推事（法官）求爲迴避之裁定設有規定，推事（法官）自思有應自行迴避之原因者，得舉其原因促同法第38條之法院或院長爲同意之職權行動。（最高法院30年聲字第70號判例參照）(2)或以律師法第38條第2項規定，律師與辦理案件之法官有前揭親屬關係時，應由律師就該案件自行迴避。然律師法規範對象僅限於律師，並非因此可限制民事訴訟法第38條第2項所賦予院長之職權。律師於接案受委任之初，已知悉該案法官有前揭之親屬關係時，依律師法第38條第2項文義，固無疑問。惟若律師於接案受任之初，與該案法官並無前揭之親屬關係；且經久任歷審（更審多次）該當事人之訴訟代理人，恆有延續業務之信賴關係。若因該案原法官調任新職改分他股致有前揭之親屬關係，遽令其自行迴避，對律師工作權保障自有妨礙。本院法官人數並非一經法官迴避即無其他法官可資受理該案之虞時，若法官不得以此迴避，何以遠嫌止謗，提高司法威信？則爲保護法官遠離偏頗之嫌疑，並爲維護公正審判空間，兼顧憲法保障人民工作權之意旨，院長自有行使裁量權之必要。
研討結果：採否定說12票，採肯定說4票。

本規範完成制定程序前之民國100年5月間，在嘉義地方法院曾爆發爭議。事情的緣起，乃嘉義地方法院刑事合議庭，辦理陳姓立法委員涉嫌民雄汙水廠弊案時，發現葉姓受命法官配偶，是陳姓立委所委任蔡姓律師事務所之受僱律師，合議庭認為違反律師法，應行迴避，發函中華民國律師公會全國聯合會，詢問「事務所中有一位律師存在律師法第38條第2項之情事，同事務所之其他律師應否迴避一事」，聯合會理監事會討論後，回函略以：「如果案件委任之時就有律師法第38條第2項之情事，或因當事人自行轉委任律師因而造成律師法第38條第2項之情事，則同一事務所之全體律師均應迴避，以維護司法秩序。但如果案件承辦之初始並無該情形，嗣後才發生律師法第38條第2項之情形，則為保障當事人之權益，應由司法機關考慮列為簽請自行迴避之事由，而由司法人員自行迴避較妥」[21]，據當時媒體報導，陳姓立法委員的蔡姓辯護律師表

---

[21] 中華民國律師公會全國聯合會100年5月30日（100）律聯字第100111號函。該函說明內容為：一、依「律師法」第38條第2項之規定「律師與辦理案件之法官、檢察官或司法警察官、司法警察有配偶、五親等內血親或三親等內姻親之親屬關係者，就其案件應行迴避。」因此若是律師之配偶所承辦之案件，律師本身均應迴避。二、如果與司法人員有配偶或親屬關係之律師本身並未接案，而係由同事務所之其他律師承辦，依下列理由所示，審酌「律師法」及「律師倫理規範」之精神，事務之其他律師亦應迴避。(一)在律師倫理的適用上，同一事務所之所有律師均被視為同一體，因為對外而言，會讓人信賴事務所之律師均利害與共，相互連結；而對內而言，事務所內部律師必定有緊密之連結。「律師倫理規範」於98年修正時，特別將此精神明文化而有第32條之規定，將「一位律師受到限制，同一事務所所有律師同受限制」之精神明文化。(二)雖然「律師倫理規範」第32條只針對利益衝突做規定，但考量律師事務所律師間之緊密結合，在其他非屬利益衝突之倫理問題時，仍應本此精神。美、日之律師倫理相關規定及解釋，就「一律師受到約束，效力及於整個事務所」之規定，也並不限於利益衝突迴避之事項。就律師法第38條第2項之規定而言，以配偶之親密關係及親屬之親情羈絆，實在很難期待司法人員可以避免情感因素之干擾而能夠完全以平常心處理案件，則無論在心理上或實際運作上，對造當事人將難以期待可以受到公平之待遇，而有害司法之尊嚴與公平。若不將律師法第38條第2項之規定適用於整個事務所，更恐將有弊端產生。(三)於我國的具體案例上，亦顯現同一事務所之律師均被視為一體之精神。法務部99年4月27日法檢字第0999014772號函，函示「『律師法』第37條之1規定係為避免司法人員離職後轉任律師，利用人際關係之方便從事不法行為，因此律師曾任法官或檢察官，於離職後3年內，於原任職法院或檢察署管轄區域僱用其他律師『代行』律師職務，應受『律師法』第37條之1迴避規定之約束。」對比該解釋函之內容，如果某位律師因為所承辦之案件是其配偶或親屬所直接承辦而應行迴避，在接案後交由同一事務所的其他律師承辦，也有所謂「代行」之性質，應同受約束而不應由事務所之其他律師承接。三、另依現存國內及美國、日本通說之見解，認為合署事務所也視為同一事務所，因此在「律師倫理規範」之適用上，同一事務所之範圍包括獨資、合夥、合署事務所，無論是招牌之設置、名片之印發、行文之名義、對外之表示，只要外觀上讓人信賴是同一事務所，均為「律師倫理規範」上所稱之同一事務所。四、另須說明者，如果當事人前來委託時，即已知悉該事務所之律師與司法人員有配偶或親屬關係，則可能尚有律師倫理規範第14條「律師不得向司法人員或仲裁人關說案件，或向當事人明示或暗示其有不當影響司法或仲裁人之關係或能力，或從事其他損害司法或仲裁公正之行為」之問題。五、惟查，如果剛開始委任案件時並無律師法第38條第2項之情事，而係嗣後才發生該等情事，

示，他兩年前就受陳姓立委委任辯護，葉法官後來才抽籤抽到本案，站在當事人與辯護人的權益，當然是法官要迴避等語[22]。據悉，本事件葉法官配偶嗣後由其所任職蔡姓律師事務所離職，而化解上開僵局[23]。

法官倫理規範研擬期間，剛好發生本案，臺灣高等法院也為此發函各地方法院，表示：「法官所承辦訴訟事（案）件之代理人（辯護人）與該法官之配偶在同一事務所執行律師業務者，承辦法官就該訴訟事（案）件宜自行迴避」[24]。其後嘉義地方法院將本件爭議虛擬成類似的法律問題，提交臺灣高等法院暨所屬法院100年法律座談會討論，經列為刑事類提案第22號，於同年11月間討論：

法律問題：被告涉犯殺人罪案件，於偵查中選任甲律師為其辯護人，嗣經檢察官偵查終結提起公訴，法院分案後，由甲之配偶A法官擔任受命法官，審理期間被告委任甲為其辯護人，A法官應否迴避該殺人案件？

討論意見：

甲說：肯定說─A法官應自行迴避該案件。

(一)依律師法第38條規定：「律師與法院院長或檢察署檢察長有配偶、五親等內血親或三親等內姻親之關係者，不得在該法院辦理訴訟事件。律師與辦理案件之法官、檢察官或司法警察官、司法警察有前項之親屬關係者，就其案件應行迴避。」雖係規範律師應自行迴避之規定，於律師接案受委任之初，已知悉與該案法官有前揭之親屬關係時，應自行迴避，固無疑義；惟題示情形，律師於偵查中接任之初，並無上開情形，因案件起訴後，始發生上開情形，基

則因為案件進行到一半而須中途更換律師，新承辦之律師無論在信賴程度及案件熟悉度應不若原承辦律師，則可能影響當事人之權益。按律師法第38條第2項之規定意在維持訴訟制度之公平並確保當事人對司法之信賴。如果案件一開始就發生律師法第38條第2項之情形，或者是因當事人自行更換律師而造成第38條第2項之情形，則應貫徹律師法第38條第2項之規定，以免衍生司法風紀或司法不公甚而影響律師及當事人對司法之不信賴，則同一事務所之其他律師亦應自行迴避。但如果案件委任之時並無律師法第38條第2項之情事，而係嗣後才發生律師法第38條第2項之情形，則應由司法機關（法院或檢察署）將此情形列為可以簽請自行迴避之事由，以免損及當事人之權益。

22 見聯合報官網，100年5月29日。

23 參照嘉義地方法院周俞宏法官103年2月8日回覆筆者信函。

24 臺灣高等法院民國100年8月4日院鼎文速字第1000005047號函。函文說明理由為：「我國民事訴訟法、刑事訴訟法及行政訴訟法雖未將旨揭情形列為法官應行迴避之事由，惟於此情形，尚難期待當事人能信賴法官公正無私執行職務，承辦法官就該訴訟事（案）件仍宜自行迴避。」

於被告選任之律師對於被告涉案案情較為清楚，法院審理時如繼續受任為被告之辯護人，對被告辯護權之保護較為完足週全，且若因案件分由與原受任律師有上揭親屬關係之法官辦理，即遽令其自行迴避，使律師無法接受委任，對律師工作權保障顯有妨礙。

(二)為保障憲法上被告之辯護權（訴訟權）、律師之工作權，兼為保護法官遠離偏頗之嫌疑（外觀上有偏頗之虞），並為維護公正審判空間，提高司法威信，法官與被告委任之律師有上揭親屬關係，自應類推民事訴訟法第38條第2項規定意旨而自行迴避，本題A法官應自行迴避該殺人案件（中華民國律師公會全國聯合會100年5月30日律聯字第100111號函、臺灣高等法院民國100年8月4日院鼎文速字第1000005047號函參照）。

乙說：否定說－A法官毋庸迴避該案件。

(一)我國憲法雖無「法定法官原則」之明文，但無論從憲法第16條保障人民的訴訟權，抑或從第80條法官獨立審判的要求，應可推論得受獨立法院、公平法院審判的權利，為人民訴訟權的權利內涵之一，再由司法院解釋（院解字第3670號解釋）及大法官就訴訟權的解釋，可得知公平審判程序是訴訟權保障的內涵，而有法定法官原則作為公平審判程序的內容要素，方可具體實踐組織與程序保障的功能。又所謂「法定法官原則」，係指何案件應由何法官承辦，應事先由法律明定，此一法律須具有一般性、抽象性及存續性，其主要作用及目的，是為避免司法行政或任何人「以操縱由何人審判或不由何人審判的方式來操縱審判結果」（司法院大法官釋字第665號黃茂榮大法官協同意見書理由一參照），因此，案件分由法官辦理後，非有法定應迴避事由，不得移由其他法官辦理。

(二)法官對於承辦之案件應否迴避，應依刑事訴訟法第17條自行迴避與第18條聲請迴避規定辦理，其他法律並無法官應迴避案件之規定（檢察官、書記官、通譯之迴避均同）。法官就分案辦理之案件，有辦理該案件之權利或應迴避該案件不得辦理之義務，悉依刑事訴訟法第17條規定；而同法第18條則係當事人聲請法官迴避之事由，法官就承辦之案件，是否有偏頗之虞，應由訴訟當事人聲請迴避，非法官主觀上可自行認定有偏頗之虞，而簽請兼院長之法官核准迴避。

(三)刑事訴訟法第24條職權裁定之迴避規定，立法體系與民事訴訟法第38條之規定相類，惟該條並無如民事訴訟法第38條第2項：「法官有第33條第1項

第2款之情形者，經兼院長之法官同意，得迴避之。」之規定，刑事訴訟法第24條於民國24年修正前，原第1項規定：「推事於應否自行迴避有疑義者，得請該管聲請迴避之法院裁定之。」於24年修正時刪除第1項，原第2、3項移列為第1、2項，其修正理由謂：「按推事執行職務，如有偏頗之虞，法律本許當事人聲請迴避，若當事人等並無此種聲請，推事自毋庸先行引嫌迴避，故本條將偏頗一層刪去。」顯係有意省略，並非是法律漏洞，自不得類推適用民事訴訟法第38條第2項規定簽請兼院長之法官核准迴避。

(四)律師法第38條第2項係律師迴避之規定（律師未迴避該案件時，法院得裁定禁止律師代理或辯護規定），與法官迴避無涉，不得「反客為主」依該條規定，聲請法官迴避。題示情形，如法官應自行迴避，則有相同情形之檢察官、書記官、通譯是否亦應自行迴避，而非由律師迴避，如此，律師法第38條第2項規定，豈非形同具文。

(五)律師法第38條第2項規定之一定親屬關係者，包括：配偶、五親等內血親、三親等內姻親，範圍極廣，若謂應由法官自行迴避，除與法律規定不合外，當事人得以此為由，於訴訟進行中，委任與法官有上開關係之律師為辯護人，選擇法官，有違法官法定原則（如律師與法官係配偶，法官應自行迴避該案件，同理之下，律師與法官有五親等內血親或三親等內姻親關係，法官是否應自行迴避該案件？）於合議案件，法官有三人或五人，被告認合議庭中之一員恐對其為不利判決，而委任與該法官有一定關係之人為辯護人，使該法官迴避案件，如此，當事人得藉由委任律師來達到選擇法官辦理或不辦理其案件，弊端將更嚴重，當非立法本意。

(六)依刑事訴訟法第30條規定：「選任辯護人，應提出委任書狀。前項委任書狀，於起訴前應提出於檢察官或司法警察官；起訴後應於每審級提出於法院。」足見被告與其選任之辯護人之委任關係，於案件起訴後及每一審級終結後即消滅（除法律有明文規定者外，不得以辯護人身分參與訴訟程序為訴訟行為），是於起訴送審時，被告是否委任律師？將委任何律師？於分案由法官辦理時，均屬不明（偵查中委任甲律師，法院審理一審時改委任乙律師，上訴二審時改委任丙律師之情形，或不委任律師為其辯護，時有所見），自不得以被告偵查中選任甲律師或將來可能選任甲律師為其辯護人為由，使甲律師之配偶（法官）迴避該案件；同理，案件上訴後，亦不得以偵查中或下級審選任乙律師為由，要求上訴審乙律師之配偶（法官）迴避該案件。

(七)與法官具上開親屬關係之人，擔任律師者極多，如於分案時，須考量被告可能選任何人擔任其辯護人，除有事實上不能外，分案由法官辦理後，被告得以選任辯護人方式挑選承辦法官，其弊顯而易見；且如法院形同法官每一人均有上開親屬關係之人擔任律師，以現今律師得以在每一法院執行業務，將造成無法官可承辦案件情形。

(八)被告於法院審理時，得選任辯護人，依刑事訴訟法第28條規定最多可選任三位辯護人，於甲律師依律師法第38條第2項規定迴避後，被告仍可選任三人以內之辯護人為其辯護，其選任辯護人之權利並未受剝奪或減少，其訴訟權仍受保障；且甲律師係因與承辦該案件之法官有配偶關係，有律師法第38條第2項規定應迴避之情形而不得受任擔任上揭案件之辯護人，其工作權受限制，係為維護審判獨立，避免人為因素干涉審判，屬憲法第23條為增進公共利益所必要者，應合於比例原則。

(九)綜上所述，題示情形，應由甲律師迴避該殺人案件，A法官無自行迴避事由，不得比附援引，類推適用民事訴訟法第38條第2項之規定，以有偏頗之虞，自行簽請迴避該案件（行政法院49年判字第43號判例、臺灣高等法院99年9月17日民事庭庭長審判長會議第1則法律問題決議參照）。

審查意見：採乙說。

研討結果：(一)照審查意見通過（經付表決結果：實到81人，採甲說13票，採乙說62票）。(二)附帶建議：為期徹底解決爭議，建議報請司法院轉請法務部修正律師法第38條，對於不依律師法第38條第2項迴避者，訂定處理機制，例如規定：此時應由法院以裁定禁止代理或辯護，並設救濟機制（包括得否抗告、法院在迴避程序終結前，除有急迫情形，應為必要處分者外，應停止訴訟程序，及被告辯護依賴權應如何確保等），至於完整之內容，則宜由主管機關權衡規劃。

　　筆者認為嘉義地方法院就本法律問題之設題，與前揭個案所生之爭議，似不相同，本問題係以「被告涉犯殺人罪案件，於偵查中選任甲律師為其辯護人，嗣經檢察官偵查終結提起公訴，法院分案後，由甲之配偶A法官擔任受命法官，審理期間被告委任甲為其辯護人，A法官應否迴避該殺人案件」為設題，但以設題情形套入前揭個案，則係「被告涉犯殺人罪案件，於偵查中選任甲律師為其辯護人，甲之配偶A在系爭案件之管轄法院擔任法官，嗣案件經

檢察官偵查終結提起公訴，法院分案後，由B法官擔任受命法官，審理期間被告委任甲爲其辯護人，之後因法院年度事務分配，B法官調整職務，調離刑事庭，由A法官接辦B法官案件，A法官應否迴避該殺人案件」。前者爲法官收案後，被告始委任法官之配偶爲辯護人；後者則爲被告委任法官配偶爲辯護人，係於有該項關係之法官收案之前，即被告與其配偶間之委任關係早於法官收案之時，二者顯有不同。前者之例，依中華民國律師公會全國聯合會之意見，也認爲前者之辯護人應迴避，其見解與嘉義地方法院所提上開法律問題之研討結論，似無不同[25]；後者之情形，不在上開法律問題所涵蓋之範圍，未必可做同一結論。

如果單由律師法第38條第2項文意解釋，只要「律師與辦理案件之法官間有親屬關係」，律師即應行迴避，不論其委任時間係發生於法官收案之後或之前均然，固然單純，也避免了法官應（或宜）否迴避的問題。然而國家設置訴訟制度係爲人民而存在，訴訟程序不僅應確保法官（院）職權的公正行使，也要保障當事人程序上的正當權益，由「確保法官（院）職權的公正行使」言，貫徹律師法第38條第2項規定，要求委任關係存在於法官收案前之律師迴避，固無可厚非，然而當事人基於信賴關係的訴訟權益，恐受影響，應係不爭之事實，權衡利害，筆者認爲，委任時間係發生於法官收案之前者，似以由法官自請迴避爲當。

近年來我國律師錄取人數大增後，法官配偶、兄弟姊妹乃至父母子女間，擔任律師（或檢察官）者，大有人在，如其在同一法院服轄區服務，則雙方在訴訟上有所接觸的機會，即大爲增加。則遇有以上情事，因涉及法官審判案件之公平性，法官是否應迴避案件之處理，即成爲訴訟上不得不加以謹愼處理的問題。

(二)「執行職務有偏頗之虞」之聲請迴避與自請迴避

法官執行職務有偏頗之虞，係當事人得以聲請法官迴避，以及法官得經兼院長之法官同意而迴避之事由[26]，實務上認爲「執行職務有偏頗之虞」，乃

---

[25] 刑事訴訟法第30條規定，選任辯護人，應提出委任書狀；委任書狀，於起訴前應提出於檢察官或司法警察官；起訴後應於每審級提出於法院。是以被告於起訴前委任律師，於被起訴時其委任關係即行終了，該委任對於法院的程序不生影響，在法院的委任，解釋上也是分案給法官辦後始生委任之問題。

[26] 民事訴訟法第33條第1項第2款、第38條第2項，行政訴訟法第20條。刑事訴訟法無類似規定。

指法官「對於訴訟標的有特別利害關係，或與當事人之一造有密切之交誼或嫌怨，或基於其他情形客觀上足疑其為不公平之審判者」而言（最高法院69年台抗字第457號判例參照）。以下情形，實務上均不認為該當「執行職務有偏頗之虞」之狀況：

1. 僅於訴訟進行中有所指揮或裁判，致當事人一造不利，在主觀上疑其不公。（18年抗字第342號判例）
2. 言詞辯論或準備程序中，當事人本應自為聲明及陳述，惟當事人不為必要之聲明及陳述時，審判長或受命推事應發問或曉諭令其為之，不得以發問之少即謂其執行職務有偏頗之虞。（21年抗字第851號判例）
3. 與當事人之一造為同署辦公之僚友，而未釋明其有何密切之交誼者。（21年聲字第476號判例）
4. 審理訴訟事件有遲緩情形。（22年抗字第2346號判例）
5. 就當事人聲明之證據不為調查。（27年抗字第304號判例）
6. 當事人對於推事（法官）之執行職務曾加指摘，不得遽認該推事（法官）已因此與有嫌怨。（27年抗字第552號判例）
7. 與該訴訟事件當事人一造相同之別一事件曾為裁判。（30年抗字第103號判例）
8. 調查證據命行鑑定及庭訊多次。（31年抗字第229號判例）
9. 抗告人所稱某甲聲請假處分，某推事並不調查當事人是否適格，又不命其提供擔保云云，縱使屬實，亦不能遽指該推事之執行職務有偏頗之虞。（31年抗字第732號判例）
10. 僅憑當事人之主觀臆測，或不滿意推事進行訴訟遲緩，或認推事指揮訴訟欠當，則不得謂其有偏頗之虞。（最高法院69年台抗字第457號判例）

　　由以上判例可以推知，在實務上當事人以法官有「執行職務有偏頗之虞」之情事，聲請法官迴避的案件不少，但似均被法院駁回，可見法院在審查「執行職務有偏頗之虞」之要件，可說相當嚴格。最高法院97年度台抗字第69號裁定所採：「按當事人如認法官執行職務有偏頗之虞，固得依民事訴訟法第三十三條第一項第二款之規定聲請迴避。惟所謂法官執行職務有偏頗之虞，應

以法官對於訴訟標的有特別利害關係，或與當事人之一造有密切之交誼，或嫌怨或基於其他情形客觀上足疑其為不公平之審判者為其事由，若僅憑當事人之主觀臆測，或不滿法官指揮訴訟欠當，則不得認其有偏頗之虞。又本院二十九年抗字第五六號判例既揭示『其他情形客觀上足疑法官為不公平之審判』者，為民事訴訟法第三十三條第一項第二款所定法官執行職務有偏頗之虞之情形，則當事人主觀上對法官法庭活動之感受，尚難等同於客觀之情狀，進而為該條款所定法官執行職務有偏頗之虞之認定。是受命法官於法庭中進行訴訟程序之繁簡或曉諭闡明法律關係之盡責與否，乃其指揮訴訟是否得宜之問題，非可遽謂其執行職務有偏頗之虞。」之見解，堪稱代表，學者間姜世明教授因而認為，部分法官於法庭上辱罵當事人及不公正言行，經常遁逃於此類裁判意旨之中，而令當事人遭受不公正程序，卻投訴無門。此與在德國，寬認法官於審判中之敵意、不公正及偏頗行為足以該當法官迴避事由者，不可同日而語。對於欲建立法治國之我國而言，此乃形成之重大法治漏洞，亟待實務早日改進此一見解，令法庭上不當行為而足以令人對其公正及中立喪失信賴者迴避該案之審理，並加以倫理懲處，多次再犯，送往彈劾，以免其投機推卸重大案件之審理[27]。

　　學者蕭文生教授對於最高法院在100年度台聲字第22號裁定所採：「刑事訴訟法第十八條第二款規定，得聲請法官迴避原因之所謂『足認其執行職務有偏頗之虞者』，係指以一般通常之人所具有之合理觀點，對於該承辦法官能否為公平之裁判，均足產生懷疑；且此種懷疑之發生，存有其完全客觀之原因，而非僅出諸當事人自己主觀之判斷者，始足當之。又法官曾參與被告刑事案件相關之民事事件裁判，不能僅以有此情形，即認法官在刑事案件執行職務時即有偏頗之虞，仍應具體指出法官於訴訟之結果，有利害關係或與當事人有親交嫌怨，或基於其他情形，客觀上足以使人疑其為不公平之審判者，始得認合於刑事訴訟法第十八條第二款規定之聲請法官迴避事由。本件聲請人係以福建高等法院金門分院合議庭三位法官已審理其民事事件並為其不利之判決，即認法官執行職務有偏頗之虞，聲請法官迴避，依首開說明，與刑事訴訟法第十八條第二款規定不合。」之見解，亦頗不以為然，嚴屬批評：「迴避制度之絕對事

27　姜世明〈法官中立性、獨立性之確保與對於法官迴避制度運作之省思〉，載《臺灣法學雜誌》第122期，民國98年2月出版，頁81-82。

由中，除防止因利害關係而產生不公正之判決外，亦在避免法官已有預設立場而無法客觀從事審判。對法官或專業法律人而言，民刑訴訟對同一事件產生判決歧異，並非不可能，甚而常見，例如，不構成刑事上之誹謗，但卻成立民法上之侵權行為。但對一般人民而言，期待參與民事判決的法官，在同時又身為刑事判決的法官時，推翻或不採信自己所為民事判決所依據的事實，更何況本案是確定終局判決所採信的事實，恐怕強人所難。更何況判決歧異本屬例外情形，當事人實難期待在民事判決中對其為不利判決的法官，轉換身分成為刑事庭法官後，能完全不受先前認定事實之影響，而能獨立作出相反的認定，既已有預設立場，而此屬於迴避之絕對事由，雖非列舉於刑事訴訟法第17條，但仍應作相同處理。最高法院對於迴避事由如此嚴格之認定，恐怕不符合迴避制度之立法目的。」[28]學者之批評，從當事人訴訟權益的保障言，不無道理。我國最高法院在傳統上以嚴格標準，審查法定之「執行職務有偏頗之虞」之要件，而未能由理性客觀第三者角度綜合各情，作為判斷法官是否「執行職務有偏頗之虞」，致使幾無一件聲請迴避之案件獲得法院准許者，或有再重新檢討傳統見解妥當性之必要。

其次，關於法官以自己有「執行職務有偏頗之虞」情事，而簽請兼院長之法官同意迴避案件之處理，大多是以所承辦案件當事人所委任律師係其配偶為理由，僅有少數為陳稱當事人與其有密切關係。

又，法官雖有言論自由，但仍應謹慎為之，因相關之爭議可能跟法官之前所表達之意見有所關連，如法官嗣後承辦與其之前所公開發表言論有關，難免讓一般理性客觀第三人認為法官已有定見，而難期為公正客觀之裁判。似此情形，應該當於上開「執行職務有偏頗之虞」情事，當事人可以聲請法官迴避，或者法官應自請迴避，以維司法公正形象。

三、相關立法例

(一)班加羅爾司法行為原則

4.4. 若法官家人在任何案件中代表訴訟當事人，或以任何方式與案件有關連，則該法官便不應參加審理案件。

28　蕭文生〈我國迴避制度之探討〉，《臺灣法學雜誌》第190期，100年12月出版，頁25。

(二)美國法曹協會司法行為模範法典

規則2.11　迴避

(A) 法官就其公正性被合理質疑,包括但不限於以下情事,不問在任何訴訟程序,均必須自行迴避:(1)法官對於有關當事人、當事人之律師或個人認知之訴訟上爭議事實,具有個人成見或偏見。(2)法官知道法官、法官之配偶或同居人、或具有三等親關係之人,或該人之配偶或同居人爲:(a)訴訟之一造當事人,或當事人之高級職員、董事、普通合夥人、管理階層人員,或受託人;(b)在訴訟程序中擔任律師;(c)因訴訟結果可能造成之實質影響,而受有較細微利益爲大之人;或(d)可能於訴訟程序中成爲重要證人。(3)法官知道其本人個別或共同爲訴訟當事人之受託人,或法官之配偶、同居人、父母、孩子或居住於法官家中之家庭成員,對於當事人訴訟程序爭議之標的,具有經濟利益。(4)法官知道或因適時申請而知悉,當事人、當事人之律師、或當事人之律師事務所在(填入數字)年內,曾對於法官之競選活動之捐獻總額,個人部分超過(填入數額)元,事務所部分超過(填入數額)元〔個人及事務所捐獻合理數額〕。(5)法官於擔任法官或成爲法官候選人期間,在法院訴訟程序以外、法院裁判或意見書中,曾經公開表示之意見,對於訴訟中爭議之案件,已使得或似乎使得法官將以特定方式作出特定之決定或裁決。(6)法官:(a)就爭議之案件,曾擔任律師,或與實質參與該案件之律師,就該案件於有合作關係期間合作處理;(b)曾於政府機關服務,並以律師或官員之身分,個別或實質參與有關之訴訟程序,或基於該身分公開表示有關爭議案件是非曲直之意見;(c)關於該案件曾爲重要證人;或(d)曾於其他法院審理本案件。

(B) 法官就其個人及受託人之經濟利益,其資訊必須隨時可以取得,有關法官配偶或同居人及居住法官家中之未成年子女之個人經濟利益,並且必須盡力使其資訊隨時可以取得。

(C) 依本規則應迴避之法官,除係有關(A)(1)項規定之成見或偏見外,得公開法官迴避原因之紀錄,並得要求當事人及其律師,在無法官或法院人員參與之情形下,考量放棄迴避之爭議。於有關資訊公開之後,在無法官或法院人員參與之情形下,如當事人及律師同意法官不應迴避,法官即得進行訴訟程序。該同意必須載明訴訟程序中之紀錄。

(三)香港法官行為指引

D部：取消法官聆訊資格的事宜

38. 法官的職責是聆訊編排給他處理的案件，並作出裁決。法官必須不偏不倚，公正無私，而且必須是有目共睹的。為了遵守這基本原則，法官在某些情況下可能要取消其聆訊某一案件的資格。

39. 以往案例曾經探討過三類情況，需要取消法官聆訊的資格：

    (1) 法官實際上存有偏頗（「實際偏頗」）；

    (2) 在某些情況，法官會被推定為存有偏頗，因而必須自動取消聆訊的資格（「推定偏頗」）；及

    (3) 某些情況令人覺得法官表面上存有偏頗（「表面偏頗」）。

40. 這方面的法律仍在發展中。故此，本部只嘗試列出應用原則之要點，法官應經常留意可能出現的新發展。

實際偏頗

41. 法官如實際上存有偏頗，其聆訊資格必須取消。出現實際偏頗的情況十分罕見。

推定偏頗：自動取消法官聆訊資格

42. 就此而言，澳洲的情況有別於英格蘭和威爾斯。澳洲的高等法院，已裁定沒有自動取消聆訊資格的規則，而用表面偏頗的一般規則，去規管所有相關的案件。表面偏頗的一般規則將於下文詳細討論。相反，英國上議院不但確認自動取消聆訊資格的規則，並將此規則的適用範圍擴大，下文將詳細談論。香港終審法院還沒有機會，就香港應採用哪種做法作出裁定。終審法院沒有作出裁定前，比較審慎的做法，是假定本港的司法管轄區，會採用自動取消聆訊資格這個較嚴格的取向。因此，下文所載的是英國所應用的規則的摘要。

43. 倘若案件的訴訟結果，對法官有金錢上或產權上的利益，則可推定存有偏頗，而法官的聆訊資格將會自動取消。

    (1) 舉例說，若有關的法官持有訴訟一方的大量股份，而該案的訴訟結果，也許會確實地影響該法官的權益，上述情況就可能發生。

    (2) 若訴訟一方是一間上市公司，而法官持有的股份，只佔該公司總股份相對較小的部份，由於該案的訴訟結果，在一般情況下不會影響法官的權益，所以自動取消法官聆訊資格的規則並不適用。但是，

訴訟如涉及該公司繼續營運或存在的問題，情況也許不同，要視乎有關的情況，訴訟結果可能被視為對該法官的權益有確實的影響。

44. 上議院擴闊了自動取消聆訊資格這規則的適用範圍，使之涵蓋某一類的非經濟權益，這就是法官跟訴訟一方共同參與推廣某項活動，而法官在案中的決定，會促進該項活動的發展。故此，法官若然是一間公司的董事，公司雖然不是訴訟的一方，但卻由訴訟一方控制，並從事推廣與同樣活動相關的工作，該法官的聆訊資格，會被裁定為必須自動取消。

45. 自動取消聆訊資格這項規則，適用範圍有限。有關案例曾指出，除非有明顯的需要，否則不宜再擴闊這項規則的範圍。

表面偏頗

46. 實際上，取消法官聆訊資格的問題，大多出現於法官被指有表面偏頗的情況。

表面偏頗的測試

47. 表面偏頗的測試可闡述如下：

如果在有關的情況下，一個明理、不存偏見、熟知情況的旁觀者的結論是，法官有偏頗的實在可能，則該法官的聆訊資格便被取消。

48. 雖然闡述此項測試的字眼有時稍有出入，例如在一些權威的英國案例中經常被引用的段落，間中會略去「明理」一詞，但分析之下可清楚知道上文所述的就是現時所採用的測試。這項測試是蘇格蘭、澳洲、南非和歐洲人權法庭就表面偏頗所採用的測試，在新西蘭和加拿大也被採用。英國法院對過去的測試作出被稱為「適度的調整」後，有關測試就是現在英格蘭和威爾斯所實質上採用的測試。香港終審法院上訴委員會，實際上也採用了這項測試。

測試的引用

49. 若非有實在可能，會引用表面偏頗這規則，法官不需要考慮取消聆訊資格這個問題。法官不應接納一些空洞無物、無足輕重或瑣屑無聊的理由，也不應輕易認同表面偏頗的指稱。否則，便會對其他的法官造成負擔，並可能使訴訟各方相信，如果因為某種原因，他們不想案件由某位法官處理，便可藉此要求取消該法官聆訊的資格，讓他們的案件轉由另一位法官聆訊。

50. 倘若在某些情況，表面偏頗的問題確實出現了，法官可能想徵詢其他法官和法院領導的意見，如有疑問，法官便應該徵詢。然而，法官有最終的責任，決定自己的聆訊資格是否需要取消。透過表面偏頗的測試，得出決定。法官必須從一個明理、不存偏見、熟知情況的人的角度，去客觀考慮當時的情況，並設問如果繼續聆訊該案，這個人是否會下結論，認為有實在可能該法官存有偏頗。

聆訊展開前向訴訟各方作出披露

51. 可能出現的情況有三種：

　　(1) 法官經考慮所有已知的有關事實，及引用表面偏頗的測試後，認為無需取消自己的聆訊資格，這樣就不需向訴訟各方作出披露。法官應繼續聆訊該案。不過，倘若有人提出異議，法官當然應以準備再思考的態度，聽取和解決異議。

　　(2) 反之，如果法官在引用表面偏頗的測試後，認為有必要取消自己的聆訊資格，則應立即採取步驟，通知法院領導，以便將案件重新指派給另一位法官。在此情況下，法官同樣不需向訴訟各方作出披露，案件會直接由接替他的法官審理。

　　(3) 法官在決定是否需要取消自己的聆訊資格前，如希望聽取訴訟各方就事實或法律論點所作的陳詞以資參考，則法官應向訴訟各方披露相關的情況，並邀請他們就該等情況作出需要的陳詞。經聽取陳詞後，法官應引用表面偏頗的測試來決定是否進行聆訊該案件。

52. 為了免除押後聆訊的不便，法官應在聆訊前盡早處理此等問題。

聆訊展開後作出披露

53. 有時候，表面偏頗的問題可能在聆訊開始後，才首次出現。例如，突然傳召了一名證人，與法官有可能相關的關係；或者法官可能發現，訴訟中的一方是與他有相關的人擁有的公司等等。

54. 倘若聆訊展開後出現這樣的情形，則就上文討論過的第一和第三種情況而言，同樣應採用上述聆訊前出現表面偏頗問題的處理方法，即是：經測試後，如法官認為不需要取消自己的聆訊資格，便無需作出披露；以及法官如欲聽取訴訟各方的陳詞以資參考，就要因此作出披露。

55. 處理上述第二種情況的方法有所不同。鑑於牽連訴訟費用及可能擾亂

法律程序，法官不應輕易決定取消聆訊資格。倘若法官在引用該測試後，認為有必要取消自己的聆訊資格，則法官必須將決定告知訴訟各方，並披露其依據。在此情況下，法官可能需要考慮，與訟人有沒有放棄反對的權利，但如下文所述，法官必須小心，避免使人覺得法官向訴訟各方施壓，強逼他們同意由他聆訊有關事宜。

可能遇到的實際情況

56. 表面偏頗的情況可能在很不相同的環境出現。每次出現這個問題時，法官必須考慮所有相關事實，和運用表面偏頗的測試來解決。以下是一些可能遇到的實際情況。

各種關係

57. 訴訟人或證人：如果法官和訴訟人或重要證人之間的關係屬下列任何一種，運用表面偏頗的測試，法官無可避免應該取消自己的聆訊資格：(i)配偶（或家庭伴侶）或(ii)至親，這裡指父母、兄弟、姊妹、子女、女婿或媳婦。

58. 案中的大律師或以代訟人身份出庭的律師：同樣，如果法官和案中的大律師，或以代訟人身份出庭的律師之間的關係，屬上述其中一種，運用表面偏頗的測試，法官也是必須取消聆訊資格的。

59. 除了律師以代訟人身份出庭外，法官和律師之間的關係，如屬上述其中一種時，應該如何處理就沒有這麼清晰。律師在訴訟裡擔當的角色可以是舉足輕重，也可以是微不足道；可以是只在幕後短暫地稍作參與，也可以是擔當主要角色，比如轉聘大律師及向其發出指示的律師、以書信和對方聯絡的主要通信者、或當事人在訴訟中的主要法律顧問。如果律師和法官之間的關係屬上述其中一種，而該律師目前或一直都在訴訟擔當主要角色，那麼運用表面偏頗的測試，相信法官都必須取消聆訊資格；相反，如果律師在訴訟中的角色是微不足道、短暫或不重要的，測試後的決定可能是無需理會上述關係。

60. 朋友關係，包括和案中的大律師或律師是摯友，或者過去有專業上的聯繫，比如某方曾跟隨另一方做實習大律師，或雙方曾在同一個大律師辦事處共事，或是同間律師行的合夥人。通常無需因為這類朋友關係，取消聆訊資格。

61. 法官每次處理這個問題，都要因應特定情況，盡責地運用表面偏頗的

測試。舉例來説，法官與未婚妻的關係，大可被視爲與配偶相若；跟法官有較非正式的親密個人關係，也可視作如此。另一方面，例如是遠親，便很可能有不同的考慮。

經濟利益

62. 前面已討論過自動取消聆訊資格的規則。規定是如果法官在案件的結果，有金錢上或產權上的利益，或者法官和案中某方參與共同的活動，法官的聆訊資格就要取消。可是，也許有些情況，雖然自動取消聆訊資格的規則不適用，但旁人可能會覺得，判決對主審法官有財務上的影響。在此情況下，法官便必須運用表面偏頗的測試，以決定應否聆訊有關案件。

63. 現在舉出幾個例子以説明上述情況。

    (1) 法官擁有按揭房產，因利率下降，向承按銀行申請以較低利率借貸，以償還貸款。如果申請待批時，法官審理某宗案件，正是該銀行向某客户追討欠款，在這個情況下，自動取消聆訊資格的規則並不適用，因爲法官在銀行追討該客户的訴訟結果，沒有任何利益。雖然如此，因爲銀行是原告人，而法官向銀行提出的按揭利率的申請尚待批核，這個情況便需要運用表面偏頗的測試。

    (2) 上述的例子現改變一下，法官審理銀行控告某客户的訴訟，而法官的兒子或女兒剛申請了在這間銀行工作。在這情況法官也是無需自動取消聆訊資格，但需要運用表面偏頗的測試。

    (3) 法官給人偷去汽車，向保險公司索償，索償事件尚未解決。如果這間保險公司是法官審理宗案件的一方，法官同樣無需自動取消聆訊資格，但需要運用表面偏頗的測試。

64. 這些例子顯示，自動取消聆訊資格的規則雖然不適用，但案件對法官可能會有財務方面的影響，便要運用表面偏頗的測試。至於在上述的例子，運用這個測試的法官，是否裁定須要取消聆訊資格，便要視乎案中所有情況而定。

65. 如果法官只是以顧客身份，在銀行、保險公司、信用卡公司、互惠基金、單位信托基金、或類似機構的通常業務運作中，和這些機構進行交易，而機構剛巧是他審理的案件的一方，但沒有任何尚待解決的紛爭或特別交易牽涉這位法官，一般預期，運用表面偏頗的測試，不需

要取消這位法官的聆訊資格。

66. 如果案件涉及法官某些財務上的影響，但這些影響在法官作出判決時是很輕微和很難確定會否發生的，運用表面偏頗的測試，一般預期，不需要取消法官的聆訊資格。

其他情況

67. 如果法官在獲委任前，曾受聘為大律師或律師代表某人或控告某人，一般預期，單憑這點，通常不會令法官取消其聆訊資格。但一切須視乎特定情況而定。

68. 同樣，如果法官過去在某宗案件，曾作出對某人不利的裁定，無論這人是證人或訴訟人，通常可以預期，單憑這點，不會令這位法官取消聆訊資格。但在某些情況下，可能需要考慮取消聆訊資格的問題。例如，法官現時審理的案件，某人的可信性備受爭議，而這位法官在以往的案件中不接納這人的證供，並加以強烈批評，所用字眼使人懷疑法官現在能否公正地衡量這人的證供。

在出現推定偏頗或表面偏頗的情況下放棄反對的權利

69. 在推定偏頗的情況，因而需要自動取消聆訊資格，及在可能存有表面偏頗的情況，訴訟一方都可以放棄反對的權利。如果放棄權利，必須清楚和毫不含糊地提出，並且對所有有關事實完全知情。雖然訟方可以放棄反對的權利，法官卻不宜給人任何印象，使人覺得他對訴訟各方施壓，同意由他聆訊有關事宜，致使訴訟各方忿忿不平。再者，即使訟方放棄提出反對，法官最終還需決定應否由他聆訊。

必要性的原則

70. 在這範疇裡，法律上有一個必要性的原則。就是在某種情況下，雖然法官的結論是應該取消聆訊資格，無論是因為推定偏頗而要自動取消聆訊資格，或是因為表面偏頗的緣故，這位法官仍然應該繼續聆訊。不過，這種情況是罕見的，而運用這個原則的範圍也有爭議。

參、禁止單方溝通

第十五條
　　法官就承辦之案件，除有下列情形之一者外，不得僅與一方當事人或其關係人溝通、會面：
一、有急迫情形，無法通知他方當事人到場。
二、經他方當事人同意。
三、就期日之指定、程序之進行或其他無涉實體事項之正當情形。
四、法令另有規定或依其事件之性質確有必要。
　　有前項各款情形之一者，法官應儘速將單方溝通、會面內容告知他方當事人。但法令另有規定者，不在此限。

評釋

一、單方溝通之禁止

　　法庭開庭除法律別有規定外，於法院內為之。訴訟之辯論及裁判之宣示，除有妨害國家安全、公共秩序或善良風俗之虞之外，應於公開法庭行之。法庭不公開時，審判長應將不公開之理由宣示（法院組織法第84條第1項、第86條、第87條）。乃彰顯法院程序，應以公開透明方式行之，法官就承辦案件，與單方當事人進行溝通，形同對於他造所為程序不公開透明，自然容易引起他造對於法官辦理案件會否公正的信心，自有限制法官與一方當事人進行單方溝通的必要。即使法官係基於善意，但如其單方溝通，對當事人有造成不利之虞，仍不應許可。

二、單方溝通之例外許可

　　禁止法官與一方當事人進行單方溝通、會面，旨在維護程序的公開透明，保障另一方當事人不致因法官的單方溝通、會面而損及其權益，然而如一概不准，有時可能對於訴訟程序造成不必要的延宕，或在事實上確有必要，其

單方溝通、會面也不致影響另一方當事人權益時,自有例外予以准許的必要。本條規定有以下列情形之一,得為單方溝通、會面:

1. 有急迫情形,無法通知他方當事人到場

例如在開庭時,有一方當事人未到庭,而他當事人一方帶領一位重要證人到庭,該證人即將出國,如不予訊問,可能日後難以傳訊,法官為使案件得以順利終結,應得不待通知未到場的當事人到場,始訊問證人。

2. 經他方當事人同意

在他方當事人同意的情形下,已不至於對他方當事人造成其所難預期的損害,自無不可。

3. 就期日之指定、程序之進行或其他無涉實體事項之正當情形

法官為使程序進行順暢,個別與當事人敲定開庭期日,或單就程序之進行其他無涉實體事項之正當情形,例如通知當事人針對某些事實加以舉證,或就鑑定事項為繳費或表示意見等是。

4. 法令另有規定或依其事件之性質確有必要

檢察官代表國家追訴犯罪,雖係刑事訴訟一造當事人,但在我國其同時也具有公益代表人的角色,為有效行使其職權,有時確有與法官為單方溝通的必要,例如檢察官聲請法院對被告為羈押,或聲請對犯罪嫌疑人為監聽時,為求時效,以有效打擊犯罪,或有與法官為單方溝通的必要。然而法官於上開情形與檢察官為單方溝通時,仍應嚴守中立角色,避免在外觀上被認為與檢察官之間是夥伴關係。又如,法院在辦理民事分割共有物事件,當事人眾多,有些當事人不知去向,或者已死亡,而其繼承人或年幼或不知去向,則法院在準備程序期間,一時無法通知該等當事人到庭表示意見,法院仍得進行測量等相關程序,否則將造成訴訟程序的不必要延宕,反而不利於當事人。

法官依上開情形為單方溝通、會面,除法令另有規定外,法官應儘速將單方溝通、會面內容告知他方當事人。使當事人得以及時知悉法官片面所為程序,以確保法院程序之公開透明。

三、案例參考

法官私下與承辦案件當事人見面,極易引起一般人不當的聯想,認為其間

恐有不當利益交換行為，而嚴重影響司法公信力。過去法官因私下與當事人見面，涉及單方溝通或會面，而受到公務員懲戒委員會懲戒的案件，大都是為謀取不法利益，甚至涉及瀆職情事，茲將相關案件臚列如次：

1. 47年度鑑字第2264號

被付懲戒人王○○於臺灣嘉義地方法院推事任內，承辦葉○等詐欺賭博案件，於民國43年7月13日辯論終結，同月19日裁定再開辯論，同年8月1日與被告律師徐○○、同院推事伍○○及台南吳○○姊妹，共乘小包車往台中，先後在沁園春及醉月樓與被付懲戒人高○○集宴，席間王○○與高○○曾就葉○詐欺、賭博案有所談論，嗣該案於同月16日宣判，論葉○等以共同賭博各處罰金二百元，詐欺部分無罪各情，已為被付懲戒人王○○於刑事審判中所自承，核其所為，自屬放蕩失謹，有損司法官之清譽，於公務員服務法第5條顯有違背，被付懲戒人等以「刑事部分既經判決無罪，懲戒原因與事由應即清滅」云云，持為申辯理由，固均無足採取。且查懲戒處分係對公務員違法失職行為之制裁，其在行為時如已具有公務員懲戒法上公務員之身分，於行為後自不因卸卻職務而脫免其違失之責，故公務員有違法失職行為雖已離職，仍應依法交付懲戒，⋯⋯被付懲戒人王○○復以於司法行政部移送審議前即已奉准辭職，公務員身分業經喪失等辭，為程序上不應受懲戒之借口，亦有誤解。爰將王○○休職，期間10月；高○○降1級改敘之懲戒。

2. 51年度鑑字第2871號

推事代表國家，從事於司法權之行使，職務繁重，地位崇高，上維法律之尊嚴，下繫群眾之信賴，稍有失檢，威信攸關，若與當事人私相往還，則流弊難防，易招疑謗，侯○○承辦何某與吳某間之訴訟非僅一宗，且曾為有利於吳某之裁判，更應嚴以自律，避免嫌疑，乃竟以自己承辦之案件，代當事人吳某撰狀為撤銷執行之請求，縱如其申辯所稱因往謝某所設之東泰電氣行購買日光燈，而與吳某相遇，事出巧合，並非預期，而瓜李多嫌，難免滋人疑竇，其行為失於謹慎，有違公務員服務法第5條之要求，了無疑議。則被付懲戒人劉○○始而介識侯○○於謝某，因而談及案情，嗣於擬稿時明知侯○○代當事人撰擬書狀，有失司法官之尊嚴，而不及時勸阻，及至報刊披露後，復於本年1月24日以簽呈力陳侯○○係因情面難卻各情，亦經臺灣高等法院查報司法行政部在案，其於公務員服務法第5條應謹慎之義，亦難謂為無違，爰將侯○○休

職，期間10月；劉○○記過1次之懲戒。

3. 52年度鑑字第2937號

被付懲戒人爲臺灣新竹地方法院推事劉○○，民國48年間主辦黃某與吳某因套購水泥瀆職案有受賄嫌疑，經法院判決無罪確定在案，惟起訴書中曾謂被付懲戒人一再致函其女陳某，談及黃君之案將定期終結，希通知張先生云云。據辯謂該函係47年2月24日發出，其時黃案尚未發生，所述黃君係另一案件，即使屬實，被付懲戒人身爲推事，將承辦案件進行情形，任意向外洩露，仍有違公務員服務法第5條謹慎之旨，爰予以休職，期間6月之懲戒。

4. 59年度鑑字第4065號

被付懲戒人蔡○○係臺灣高等法院台南分院推事兼庭長，被控涉嫌瀆職，經法院判決無罪確定。但其不知遠嫌，一再接見當事人之親屬於寓所，談論案情，出示閱卷摘記，交其抄錄，俾供當事人採擇有利之點，作爲聲請再審之資料，致親筆文字被人外攜，持爲控訴之資料，有損法院聲譽，其不自謹慎，有違公務員服務法第5條之規定，至爲明顯，爰予減月俸百分之20，期間10月之懲戒。

5. 78年鑑字第6268號

被付懲戒人洪○○於民國78年在臺灣宜蘭地方法院候補推事任內，經辦鄭某侵占案件時，私自前往被告住宅，交付複印偵查筆錄節本，囑其就不利部分提出辯解。又該案於民國78年1月13日辯論終結，同月27日再開辯論，2月15日及27日各開庭1次，即予擱置。無故拖延3個月後，再行辯論終結。於判決前，又私以電話告知被告要爲其查明水落石出等語，有違公務員服務法第4條第1項及第7條所定「公務員不得洩漏職務上之秘密及執行職務不得無故稽延」之規定，爰予以休職，期間1年之懲戒。

6. 98年度鑑字第11428號

被付懲戒人徐○○沉湎麻將賭博，一年搓打麻將賭博多達100餘次，且於90年5、6月間，承審被告周○○瀆職刑事案件時，與周○○及其妻周○○○多次在友人住處以麻將賭博；被付懲戒人依96年3月21日修正前公職人員財產申報法規定，應每年定期向所屬機關之政風單位據實申報財產一次。被付懲戒人自87年至94年，每年12月間向臺南高分院政風室爲財產申報時，均有漏報應申報之財產，擇其要者，有如附表一所示之土地，附表二所示之向金融機關之借貸債務、及附表三所示之向私人借貸之債務，均漏未予申報。違反上開法律所

規定應據實申報財產之義務。核其所為，有違公務員服務法第5條所定公務員應誠實、謹慎，不得有賭博足以損失名譽之行為之旨，爰審酌其行為破壞司法風紀，玷辱司法機關聲譽，情節不輕等情狀，酌處撤職並停止任用1年之懲戒處分。

7. 99年度鑑字第11751號

緣吳○○前於臺東縣議長任內與林○○等41名議員，因涉嫌小型工程及社團補助款舞弊案，……被付懲戒人臺灣高等法院花蓮分院法官林○○為花蓮高分院相關案件之二審及更(二)審之受命法官。竟於該案更(二)審審理期間之98年6月22日夜間，駕駛車號2656-MK賓士休旅車，進入吳○○之山區別墅，21時35分吳○○之9939-UP黑色轎車亦駛入該別墅，迄22時55分被付懲戒人駕駛之賓士休旅車始搭載陳○○離開該別墅，隨後吳○○座車亦於23時駛出，被付懲戒人進入吳○○山區別墅計達1小時20分。按依法官守則第1條規定：「法官應保有高尚品格，謹言慎行、廉潔自持，避免不當或易被認為不當之行為。」被付懲戒人久任法曹，對於法官不得與當事人私下會晤，應瞭然於胸，竟仍與審理中之被告吳○○在其私宅晤面，縱僅在泡茶聊天而未涉及其他，亦已引起社會普遍質疑，行為嚴重損害司法公信，殊欠謹慎。此部分違法事證，亦極明確，被付懲戒人所辯及證人陳○○所證無非係卸責及迴護之詞，自無可採。核被付懲戒人之行為，亦有違公務員服務法第5條所定公務員應謹慎之旨。因將林○○為撤職並停止任用2年之懲戒。

8. 100年度鑑字第11936號

被付懲戒人許○○係臺灣臺北地方法院法官，掌理刑事審判業務，於82年底至83年2月間審理吳○○違反證券交易法案件（82年度訴緝字第467號，於83年2月23日宣判），其間結識原任職吳○○經營之長江投資公司職員陳○○，陳○○知悉被付懲戒人負責審理上開案件，因以轉告吳○○，吳某乃命陳○○續與被付懲戒人保持聯繫，自行設法交際，並乘機請求被付懲戒人對吳○○案予以輕判。被付懲戒人獲知陳○○意欲為吳○○關說後，竟仍不知謹慎避譁，仍多次接受陳○○邀請至醴園餐廳、豪門酒店餐敘飲宴，並對陳○○表示吳○○案會予考慮。有違法官應謹言慎行，避免不當行為之基本要求。爰審酌被付懲戒人身為法官，未能嚴守分際，謹言慎行，避免不當之行為。於獲知友人企圖影響其對個案審判之後，猶接受邀宴，並談及審理中之案情，嚴重損及法官形象及司法公信等一切情狀，對被付懲戒人許○○為撤職並停止任用1年之

懲戒。

四、相關立法例

(一)班加羅爾司法行為原則

　　2.2 法官應確保其法庭內外的行為能維持及增進公眾、法律專業及訴訟當事人對法官及司法機關公正的信心。

(二)美國法曹協會司法行為模範法典

　　規則2.9　單方溝通

(A) 法官不得就繫屬中或即將繫屬之案件，促使、准許或考慮單方溝通，或考量無當事人或其律師在場之其他溝通方式，但有下列情事者，不在此限：

(1) 當情況所需，以排定庭期、行政或緊急之目的，未論及實體事項者，並合於下列條件者，得為單方溝通：

(a) 法官合理相信任何一方當事人不會因單方溝通而獲得程序上、實體上或策略上之利益，且

(b) 法官迅速通知單方溝通所提實體事項之所有其他當事人，並予當事人回應之機會。

(2) 法官得接受無利害關係之專家依法於訴訟程序中所提書面報告，惟法官應事先通知當事人所欲諮詢之對象以及所請求提出報告之主題，並予當事人對於該通知及所接受報告提出反對及回應之合理機會。

(3) 法官得與協助法官處理司法事務之法院職員、法院官員，或其他法官，討論案件，但以法官盡力避免接受非紀錄所載事實資訊，且未免除其個人決定該案件之責任為限。

(4) 法官為促成繫屬案件之和解，經當事人之同意，得分別與當事人及其律師進行協商。

(5) 法律明定法官得促使、准許或考慮單方溝通者。

(B) 法官不經意接受載有實體事項之單方溝通內容者，該法官必須迅速通知與溝通內容之實體事項有關之當事人，並予當事人回應之機會。

(C) 法官不得私自調查案件之事實，且必須僅考量提出之證據，以及經司

法適當調查所得之事實。

(D) 法官必須經由適當監督之合理努力，來確保法院職員、法院官員及其他受法官指揮監督之人不違反本規則之規定。

(三)香港法官行為指引

涉及案件的各種溝通

30.在案件其他各方不在場的情況下，法官不應與案中任何一方，就案件作任何溝通，除非已得到不在場者的同意。一般而言，不偏不倚的原則禁止法官與案中的任何一方、他們的法律代表、證人及陪審員私下溝通。若法庭收到此等私下發出的信息，必須毫不保留及迅速地知會其他有關各方。

肆、法官不語

第十七條

　　法官對於繫屬中或即將繫屬之案件，不得公開發表可能影響裁判或程序公正之言論。但依合理之預期，不足以影響裁判或程序公正，或本於職務上所必要之公開解說者，不在此限。

　　法官應要求受其指揮或服從其監督之法院人員遵守前項規定。

評釋

一、法官之言論自由

　　言論自由為人民之基本權利，憲法第11條有明文保障，國家應給予最大限度之維護，俾其實現自我、溝通意見、追求真理及監督各種政治或社會活動之功能得以發揮[29]。法官同屬國民，自然也受憲法有關言論自由的保障。然而法官係國家賦予其針對有關爭議行使審判權的公務員，權責重大，其對於承審案件所發言論，如毫無限制，對於當事人自有造成損害之虞；其對於非自己承審而為他人所承辦案件，任意發表言論，也有對承審法官造成心理壓力的可能，

---

[29] 司法院大法官釋字第509號（89年7月7日）參照。

或使當事人或民眾因而受到誤導，自然會影響當事人或民眾對於司法的信心。此外，法官針對即將繫屬法院的案件，發表意見，可能也會對未來承審案件法官造成心理壓力或民眾的誤解，如即將繫屬之案件屬其服務法院轄區，也可能使自己陷於日後必須迴避的困境，影響法院分案的公平性。基於上述理由，各國依其國情，對於其法官的言論，有不同程度的限制。除此之外的言論，除涉及政治者外，其受保障或限制的範疇，當與一般國民無殊。

　　我國對於法官的言論，向採相當寬鬆的態度，過去少數法官所為言論，涉及政治層面者，固曾被批評言論有所不當，但似乎不曾有因言論不當而受到懲戒事例。鄰近的日本對於其法官的言論，則採取相當嚴苛的態度。西元1998年所發生的寺西候補法官身分裁判事件，在日本引起極大之爭論。本事件是寺西和史候補法官反對所謂組織犯罪對策法的立法化，向朝日新聞投稿，1997年10月2日經刊載，更於1998年4月間參加反對同法的集會中，表明其因受所屬仙台地方院院長懲戒警告而辭掉與談人的邀請，雖不以與談人地位發言，仍參加集會。事後其言行被認為該當於日本裁判所法第52條第1項所禁止的「積極參與政治活動」，仙台地方法院於是向仙台高等法院提出對寺西候補法官懲戒的要求，仙台高等法院特別部予以申戒之懲戒處分；最高法院大法庭也認為寺西的行為符合裁判所法第52條的規定，以10比5之多數決，維持了懲戒處分裁定。本案多數意見之10名法官，都是「官」（法官及檢察官）出身，而反對意見者則為「民」（律師及學者）出身。日本全國17,000人律師中的1,200人曾為此案結成超大辯護團，這個案子也引起日本修改法曹制度的討論[30]。我國法官在媒體投書，發表對法案或司法改革意見，甚至參與法案之推動者，不勝枚舉，從無法官因而被懲處之例，日本對於法官言論自由的限制，顯然相當嚴苛[31]。

二、法官不語

　　「法官不語」法諺雖於我國法界流傳甚久，但究竟何時開始使用，難以查

---

[30] 渡部保夫等《現代司法》，日本評論社2003年出版，頁83參照。林臻嫻《法官作為社會公民的角色》（載102年12月9日自由時報A14版），對於本案也有介紹。

[31] 日本北海道大學教授也批評日本司法於寺西案所顯現法官的市民自由問題，較之歐美國家固勿論，也較臺灣及韓國落後，見氏著，外国のはこのように市民的自由を行使している，載小田中聰樹等編《自由のない日本の裁判官》，日本評論社1998年出版，頁77、83-84。

考。早年資深法官對於新進法官經驗傳承時，總是告誡新進法官，開庭時除態度端莊外，應避免有意或無意洩漏案件的心證，以免被有心人士利用，或被當事人誤會法官有先入為主的觀念，懷疑法官不公[32]；在案件終結後，也不要接受記者採訪，說明判決的心證或理由，因為法官所有的判決理由，均已在判決中交待，無需再為說明等情。此或係早年一般法官對於「法官不語」的理解。基於同一心態，在早年法官也不致公開評論自己或他人承辦而仍在訴訟中的案件。

　　臺灣地區解嚴之後，社會開放許多，媒體事業蓬勃發展，對於司法案件的關注與日俱增，司法院為因應此一現象，乃於民國77年間訂頒「司法院暨所屬機關設置發言人、新聞聯繫人員加強新聞發布與聯繫作業要點」[33]，第1點規定，司法院設置發言人由秘書長兼任，公共關係室人員擔任新聞聯繫人員，負責辦理新聞發布與聯繫等有關業務。最高法院、行政法院、公務員懲戒委員會、臺灣高等法院及所屬法院分別設置新聞聯繫人員，並由各機關首長指定書記官長或其他適當人員擔任之。亦即僅司法院設置發言人，有秘書長兼任，其所屬法院則設置「新聞聯繫人員」；然而法官所為裁判內容，具有高度專業性，非具有相當程度的法學素養，恐難勝任，因而各法院目前大多由兼任行政職務的庭長擔任有關法官裁判內容的發言人。第2點規定「新聞發布聯繫之程

---

[32]　邱聯恭教授近年來積極推動民事訴訟上法官公開心證的制度（參照邱聯恭《司法之現代化與程序法》，2001年七刷，頁113以下。），然而除智慧財產案件審理法第8條規定，有就心證公開的內涵加以規定外，民事訴訟法尚無明確規定，究竟如何實施，始可防免當事人對法院的懷疑，仍有待時間克服，依照司法院的調查報告：「有法官認為在訴訟過程中，如果審判者公開心證或適度表明法律見解，如訴訟前階段證據方法逐漸提出後，經法院適度公開心證、表明法律見解，得使兩造就某特定爭點不再爭執，某程度係有助於整理並協議簡化爭點。惟公開心證之方式仍是法官甚感困擾之問題，如簡單之事件較有公開心證之空間，複雜之事件，常常公開心證之結果將致爭點無限擴大。又兩造當事人接受法官公開心證之程度，往往因訴訟繫屬之地區城鄉差距、是否選任律師為代理人、事件之性質、當事人法律知識程度等因素而有差異，公開心證有時反成當事人陳情法官之理由，均造成法院審理個別事件之困難。目前智慧財產案件審理法第8條規定法院就智慧財產民事事件已知之特殊專業知識，應予當事人有辯論之機會，始得採為裁判之基礎；審判長或受命法官就事件之法律關係，應向當事人曉諭爭點，並得適時表明其法律上見解及適度公開心證，故法官受理智慧財產民事事件，已有適度公開心證之法律上依據，然就智慧財產民事事件以外之其他民事事件，得否以民事訴訟法第296條之1作為其法律上之依據？民事事件究竟得否公開心證、公開心證之方式及程度，實務上似未能被充分認知。」（司法院民事廳《民事訴訟制度改革成效初步評估報告—推行民事事件審理集中化，強化第一審的事實審功能》（100.5.13），頁25-26參照）

[33]　司法院77年5月16日（77）院台公字第03709號函訂頒；於93年11月11日司法院院台公字第0930027652號函修正發布第3點條文。

序與範圍」為「(1)發言人或新聞聯繫人員應加強新聞發布與新聞聯繫工作，主動提供新聞傳播界積極性資料，以增進民眾及時瞭解司法之運作與為民服務之績效。(2)凡關係司法信譽和民眾權益之措施，均應把握時效，主動發布；對於失實之報導或扭曲司法形象之言論，發言人或新聞聯繫人員應即時解釋誤會，澄清視聽，並協助傳播媒體發揮積極而正確之宣導功能。(3)發言人或新聞聯繫人員就各該機關主管之業務，須社會大眾了解支持或輿論反應與民眾質疑之事項，儘先發布。(4)發言人或經指定之新聞聯繫人員得代表本機關對外發言，其他單位主管或人員，就本機關或其主管業務認有對外發表之必要者，應向發言人或新聞聯繫人員提供具有新聞性之資料統一處理，以免造成新聞發布之混亂，影響社會視聽。(5)凡有礙司法信譽與社會安寧秩序之報導，應研判其可能之發展及影響，擬具導正對策，陳報首長核定後，聯繫有關單位或報請司法院發言人共同處理之。」法院有了發言人制度以後，在法官與記者間搭起了一座橋樑，某程度減少了法院與民眾間的隔閡與距離。

　　法官倫理規範制定公布以前，「法官不語」在我國並無明確規範，法官縱有逾越，僅受學者或輿論批評[34]，或者來自同儕的責難，似無受到懲處之例，在倫理規範實施後，法官可能要多所留意，以免因自己不經意的行為而受到懲處。雖然目前各法院已有發言人制度，可以免去法官與媒體直接接觸的困擾。但發言人畢竟不是案件承辦法官，遇有高度爭議或內容比較複雜案件，發言人亦未必能完全掌握判決內容的理由，因而有些記者仍希望有機會可以直接與承

---

[34] 劉幸義教授曾表示：「今年在媒體大力炒作下轟動整個社會的白案，後續發展仍在進行中。由於本案最受爭議的部分是對張志輝的判決，一審時獲判無罪引起各界廣泛討論，審判長為此召開記者會說明判決無罪理由。我們也由本案可清楚看出，輿論壓力影響行政（警察、檢察官）與司法（法官）的情形。在司法公信力不彰情況下，連法官也『身不由己』地走向閃光燈與螢光幕。今年同樣的，二審合議庭也於宣判後召開記者會，審判長明白表示，法官判決後原應不語，但因各界關切，特別就張志輝部分說明改判無期徒刑的理由。……法官召開記者會，希望不被社會大眾誤解，這種心理是可以理解的。但在常態的社會中，法官不必如此的辛苦，辦案認定事實、引用法律作出判決後，還需要訴諸媒體、召開記者會。當然，司法公信力不彰的原因，除了以前政治勢力干涉因素外，法官本身也不能完全脫免責任。建立司法公信力所須做的事情相當多，也需要相當長的一段時間。如果在近程階段要達到『法官不語』的目標，其中一項可以即時付諸實施的是，使每位國民都有機會閱覽判決書內容，例如到法院付費取得影本。更理想的是，使用電腦科技，於網路上刊載判決書，使任何人均可方便地取得判決資料。」（氏著《法官不語與司法公信力》，載1998.9.21臺灣日報，取材自民間司法改革基金會官網http://www.jrf.org.tw/newjrf/RTE/myform_detail.asp?id=1962）然而現今除依法不公開案件外，人民已可輕易地經由司法院網站取得其所關心案件的裁判書，裁判書公開制度已行之有年，人民對司法的公信力卻也尚無明顯的提升。可見，建立司法公信力的問題，相當複雜，絕非短期間可以達到目標。

辦法官接觸。有的法官基於「法官不語」的精神，堅不接受記者採訪（複雜案件，先擬好新聞稿交發言人對外發言。）[35]。少數法官為免記者誤解判決內容，同意就記者不瞭解的部分，加以說明，其行為或可該當於「本於職務上所必要之公開解說」，應不在禁止之列[36]。不過在接受媒體採訪時，所談內容應僅限於判決書所載而為記者所不瞭解的地方，不宜談論判決書所未記載的理由或心證形成過程，尤應避免談論個人對當事人或判決的評論，以免記者予以報導或過渡引伸，而衍生不必要的困擾，或使民眾對司法造成誤解[37]。

由於我國金字塔訴訟制度[38]迄今猶未能建立，最高法院不論民事、刑事乃至行政訴訟，庭數甚多[39]，又尚未建立類如許多大陸法系國家所施行的大法庭制度，以致各庭意見常不一致，不僅下級審法院法官常感無所適從，訴訟當事人亦因最高法院的不同見解或經常發回更審，而窮於訴訟，不僅嚴重影響司法公信力，且損及人民有要求法院妥速審結案件的訴訟權益。數十年來，人民、學界乃至法官間不斷指謫此一缺失，但效果似乎有限，有些最高法院的發回，在下級審法官或外界看來，實為顯然無益的發回[40]若類此情形，仍禁止瞭解問題癥結所在的法官，發表言論，以導正缺失，致使全體法官的司法公信力長期

---

[35] 例如承辦馬英九總統特別費案2007年12月28日二審宣判，媒體報導，受命法官周盈文謹守「法官不語」原則，在辦公室門上貼紙條，表明他無意受訪，請參閱新聞稿，或發言人所講內容。（NOWnews官網，http://www.nownews.com/2007/12/28/91-2208615.htm，2012/04/05造訪）

[36] 在過去，針對社會矚目的重大案件，一至三審獨任或合議庭法官，均有就承審案件接受媒體採訪的事例。

[37] 例如陳前總統水扁的國務機要費更一審判決結果，逆轉認定陳前總統對國務機要費的使用「支出大於收入」，並未涉及貪瀆，因此改判無罪。判決引發輿論譁然，法官則罕見的在判決後共同面對媒體受訪，強調合議庭不是恐龍法官，「沒有藍綠，只有法律」，審判長甚至開玩笑對受命法官說：「如果宣判後《2100全民開講》和《大話新聞》都罵我們，就代表你成功了。」（張升星《問你黑白你卻藍綠》蘋果日報2011年08月29日）

[38] 即以第一審為事實審，第二審為事後審（準法律審），第三審為嚴格法律審的制度。此制度需搭配金字塔的人事結構，終審法院人數較少，對爭議性問題，比較容易獲得共識。

[39] 103年1月間最高法院民事有7庭、刑事有11庭。

[40] 無獨有偶，發生於103年1月25日清晨5時許貨車司機張○○因不滿其本身的司法判決以及時局，而駕駛砂石車沿著凱達格蘭大道穿越重慶南路直接衝進總統府，檢察官於1月27日以他涉犯多項罪名，對他聲請羈押，是否准許羈押在臺灣高等法院與臺北地院間來回多次，直到第5次，臺北地院具保30萬元、並且限制住居、出境、出海，檢察官不服，再提起抗告，臺灣高等法院始駁回檢察官抗告而確定。（參照臺灣高等法院103年1月30日、31日、2月1日、2日及3日有關本案之新聞稿；聯合新聞網103年2月5日報導：《張德正羈押來回賴浩敏指非常態》）輿論諷刺此為「五度五關」戲碼，各方批評高等法院未能適時自為裁定，使司法公信力受損。（參照2014年2月3日中時電子報《司法史頭一遭！張德正羈押庭「五度五關」》）。

陪葬，則禁止法官就此發表言論，未見其利，反受其害。本條所以酌予放寬法官不語的尺度，在「依合理之預期，不足以影響裁判或程序公正」者，不在禁止之列，與我國現階段訴訟制度缺失不無關連。然而於此所謂「依合理之預期」，乃法官本身站在理性第三人的角度來判斷，其所發言論是否「足以影響裁判或程序公正」，並非法官站在自己的角度來判斷，因為通常發表言論的法官，即使有影響裁判的意圖，也必然主張其言論「不足以影響裁判或程序公正」。換個角度說，此一規定，並不使法官取得免受「法官不語」規範的護身符，只是在其因所發表言論而被移付評鑑乃至懲戒時，其得以此作為免責的抗辯，至於發表言論的法官是否眞能免責，則由法官評鑑委員會乃至最終裁判權的司法院職務法庭法官，以理性第三人的角度，評價該法官的抗辯否得以免責之論據。假如法官所發表言論，並非以導正司法制度的不當運作，法官對於其他法官裁判的見解，不論是否認同其見解，站在維護司法公信力的角度言，自以克制發表言論的衝動為宜，以免因而受到評鑑，乃至懲戒。

三、「法官不語」之範圍不以自己承辦案件為限

從「法官對於繫屬中或即將繫屬之案件，不得公開發表可能影響裁判或程序公正之言論」文義而觀，法官不得評論的範圍，當然不以自己承辦案件為限，尚包括他人承辦案件，不過如果「依合理之預期，不足以影響裁判或程序公正」，即得加以評論。較之一般國際或美國的規範，寬鬆一些。

雖然司法院在95年間曾函示：「法官應不得從事與其身分或職務不相容的行為。為免損及人民對司法的信賴，凡有影響法官審判獨立之虞，有礙法官身分尊嚴、良好形象及不當或易被認為不當之行為，均應避免。審判中或即將繫屬之案件，法官都不應公開評論。」[41]然在此之後，仍有法官對於他人所承辦案件，公開發表個人意見，學者間有認為不妥者[42]，但迄今似無法官因此等行

---

[41] 司法院95年11月8日院臺廳司一字第0950024637號函。

[42] 學者魏千峯認為法官公開批評「（陳水）扁案判決自始無效」，其行為有違反司法倫理之嫌。（參照氏著《法律人的共同倫理》，載台北律師公會主編《法律倫理》，頁63。）學者陳淳文認為：「就公共利益的角度來看，公務員評論行政事務或司法官評論判決，只要是出現負面的批判，自然會減損行政機關或法院作為的權威。包括法官在內的所有公務員，並不是都要無條件的支持所有公權力之作為；但如果在行政機關體系內或司法體系內沒有任何發聲的管道或機會，而非要訴諸媒體以展現自己的良知時，至少還可以用匿名的方式為之。換言之，只要不要一方面借自己職位之名來增加自己論述之可信度與權

為而受到懲處的事例。

　　有關「法官不語」的倫理規範，在96年間的草案第13條原規定：「法官不得發表與司法獨立、公正、中立不相容之評述、討論或意見。對於即將繫屬或尚未確定之案件，不得公開評述、討論或發表意見；但職務上所為之公開解說，不在此限。」但司法院100年的法官倫理規範研修小組中律師代表，有認為基於法官言論自由，不應限制法官對個案發表意見：「禁止法官對繫屬中的案件發表評論，剛才提到主要的立法理由是避免外界對司法公正有所誤解，好像法官一人一把號，司法界內有很多不同的聲音，不過其實我覺得這個顧慮是多餘的，因為目前外界本來就不期待司法只有一個聲音，整個司法界全部只有一個聲音，只有一個法官可以講話，反而是不正常的，大家本來就知道判決是由多數法官評議，各個法官對案件本來就可能有不同的看法，因此不需要過度擔心這個問題。我們的社會已經成熟到可以理解這可能只是那個法官的見解，不會影響到人民整體對司法的信賴，現在的問題在於別的法官發表意見，會不會影響到承審法官，這個倒是有可能，如果很多法官都攻擊他，就有可能有壓力產生。據我研究的結果，在這部分規定比較嚴格的，通常是有陪審團的國家，特別是美國，美國在這方面的限制，剛才幾位委員已經有提到，是限於可能會影響訴訟結果或者程序之公正。換句話說，你如果是針對個案的法律見解，或事實、法律應該如何適用加以評論，何種程度才會被視為影響訴訟結果或程序公正，有很大的衡量空間。但美國在另外一個法官行為守則中規定，不能對司法人員的人格完整與其公平的信心加以攻擊，也就是說你在評論的時候不能去指名道姓，或者影射說他不這麼裁判是因為他有政治立場，他是打手，我覺得如果針對這方面批評可以明文加以禁止，亦即要絕對禁止對任何人員的公正與他的人格加以評述或攻擊，只能針對案件本身評論，我覺得這樣比較符合我們今天社會的需要，而不是完全加以禁止。」[43]惟多數與會法官代表

[43]　參照民國100年7月26日法官守則研究修正委員會第4次會議紀錄。

認為，限制範圍或可酌予放寬，但基於法官身分關係的特殊性，應為必要的限制，經過深入討論後，而研擬了現在的條文內容。

有位美國在臺灣工作的律師布萊恩・甘迺迪（ Brian Kennedy ）表示：「臺灣法官一個主要的十字架，就是民眾覺得他們是腐化的小丑。臺灣若是要有法治可言，民眾對法官的觀感就必須獲得改善。該怎麼改善，筆者不知道。但禁止法官對案件公開發表言論，絕對是在正確方向上的一個起步。」[44]也許值得我國法官進一步深思。

我國法規定「依合理之預期，不足以影響裁判或程序公正，或本於職務上所必要之公開解說者，不在此限。」適度放寬了「法官不語」的限制，與其他國家相較，算是採取比較寬鬆的態度，不過由於法官就承辦個案，扮演了「法律代言人」的角色，某程度是司法權的象徵，除非必要，以「不語」為妥，有必要發言時，自當謹慎，以免影響司法整體形象，然而是否影響司法整體形象，仍然涉及個人主觀價值判斷問題，未可一概而論。

法官學院在102年9月30日至10月1日舉辦了一場「司法倫理規範國際學術研討會」，其中一個主題為「法官之公正性－法官語不語」，主講者張升星法官認為：「司法的『被動性』使得法官必須受到『不告不理』的原則所拘束，一旦脫離個案訴訟，法官並無任何權限可言。換言之，如果並非承審法官，實無所謂『已繫屬或將繫屬』之概念。臺灣既然不採陪審團審判的制度，則所謂『法官不語』應侷限於承審個案之法官不得公開評論，即為已足。任意將『法官不語』擴張及於全體法官，不啻是集體主義的反射，實與法官『獨立審判』的本質並不相容。……（上開）條文所稱『依合理之預期』的概念，並非毫無意義的贅語，而應視為言論自由與公平審判的安全閥。故於具體個案解釋時，應該綜合考量案件類型（民事案件與刑事案件之差異）、繫屬久暫（發回更審及審理期間）、審理方式（法官審判或陪審團審判）、審級狀態（事實審及法律審）、行政兼職（司法行政兼職有無）等相關因素，判斷法官『司法外陳述』的合法性。」[45]不過在討論過程中，與會的韓國及泰國法官均表示該國法

---

44 布萊恩・甘迺迪《美國法律倫理》，商周出版社2005年7月出版，頁195。
45 參照張升星法官所提講義內容。並參照張升星《司法言論之專業倫理與民事責任》，東吳大學法律學系法律博士論文101年7月，頁82-85。

官均不會評論其他法官審理之案件[46]。

四、法官對媒體報導之回應

　　臺灣媒體自從解嚴之後，發展快速，言論自由的尺度，愈來愈寬，對於法院裁判，乃至裁判法官的報導與評論，即與日俱增，如謂已達到使法官感到困擾的程度，亦不爲過。法官究應如何應對，依上所述，法官「本於職務上所必要之公開解說者」，而爲適度說明或澄清外界誤解，應無不可，越此界限，仍以保留爲宜，香港法官行爲指引第16、36及37點，或可作爲參考：

16. 公眾會對某些案件議論紛紛，傳媒亦會廣泛報導。有時輿論會明顯傾向支持某個結果。不過，法官在履行其司法職能時，必須不受該等輿論影響。司法獨立包括獨立於所有外界的影響。法官行事須無畏無懼，對輿論的毀譽必須置之度外。

36. 傳媒和對案件有興趣的公眾人士，可能會對法官的判決作出批評。法官應避免對這些批評作出回應，比如不應寫信給新聞界，也不應在開庭處理其他事務時，加插對這些批評的意見。法官只可透過判詞，表達對於正在處理的案件的看法。一般來説，法官公開爲自己的判決辯護是不恰當的。

37. 如傳媒報導法庭的程序或判決時失實，而法官認爲該錯誤是應該糾正的，便應請示法院領導（院長）。司法機構可發出新聞公報，説明事實，亦可採取行動，使有關錯誤得以更正。

五、媒體與刑事司法程序之互動關係──國際上的觀查

　　現代法治社會，媒體已逐漸居於第四權之地位，監督政府，要屬不爭之事實，然而媒體在追逐新聞之際，由於爭取時效或其他原因，往往在未取得完整事實之前，即競相報導，以致報導失實或明顯錯誤，而對於有關單位或人員造成名譽上傷害的情事，屢見不鮮。對司法而言，這種情形不僅發生在司法個

---

[46]　參照法官學院在會後所整理發言紀錄。

案當事人身上,也發生在司法機關,甚至爲裁判的法官身上。在我國如此,在其他法治國家情況也類似,當事人經由訴訟要求媒體爲適當的回復名譽行爲或賠償損害,固不失爲救濟方式之一,然而已造成的傷害,往往不是事後的彌補行爲所可完全回復。筆者於民國85年(1996年)9月間與其他5位法官,代表中華民國法官協會前往荷蘭阿姆斯特丹,參加國際法官協會(International Association of Judges)[47]一年一度的年會,當時年會有關刑事組的討論議題即爲「媒體與刑事司法程序之互動關係」(The Interrelationship of the Media and the Criminal Justice Process),本組與會代表的國家有:澳大利亞、奧地利、比利時、巴西、加拿大、愛沙尼亞、芬蘭、法國、冰島、愛爾蘭、以色列、義大利、日本、列支敦士登、盧森堡、摩洛哥、荷蘭、葡萄牙、羅馬尼亞、塞內加爾、西班牙、瑞典、瑞士、臺灣、英國、美國,基於各國所提出的報告及討論,作成以下報告[48]:

媒體的重要功能

所有將個人人權原則奉爲圭臬的國家,都同樣承認言論自由與新聞自由原則,但此二原則在多數國家似乎均存在著衝突。在刑事司法體系中的個人,不論是被害人、證人、犯罪嫌疑人或被告,這種衝突更加明顯,其問題的本質,視個別國刑事程序的性質而定。由司法機關或公訴程序進行犯罪調查的國家,與由非司法機關進行調查者,媒體所造成的問題有所不同。媒體公開報導所生的問題,於有陪審制度進行的審判程序,通常會比由職業法官審判的程序來得大。如何在資訊自由(freedom of information)與個人權利(尤其是受公平審判的權利)之間,取得平衡,每個國家做法不同。例如美國將言論自由經由第一修訂條款奉爲至高的權利,而歐陸國家則用法律限制媒體以維護隱私權,來保障公平審判,二者

---

[47] 國際法官協會於1953年在奧地利薩爾茲堡成立,爲一專業、非政治性,由經協會中央會議所認可的各國法官協會,非法官個人,所組成的國際組織。協會的基本宗旨在於捍衛司法獨立,其乃確保人權及自由的司法功能的基本要素。目前協會會員有來自5大洲、80個國家協會或代表團體。(參照國際法官協會官網,http://www.iaj-uim.org/iuw/history/,2013/06/06造訪)臺灣是於民國84年(1995年)間加入,當年國際法官協會於北非突尼西亞的突尼斯舉行年會,筆者於當年隨同前最高法院院長王甲乙、前高等法院法官兼庭長蔡秀雄,代表我國法官協會參加,並於當年以「臺灣(中華民國)法官協會」名義入會。

[48] 參照國際法官協會官網,http://www.iaj-uim.org/iuw/wp-content/uploads/2013/01/ III-SC-1996-conclusions-E. pdf,2013/06/06造訪。另參照中華民國法官協會出版《司法之聲》,頁138-139,民國89年出版。

有明顯的對比。不過，共同的經驗是，用來防止媒體暴力的法律，通常成效不彰。

媒體幫忙刑事司法運作的最主要方式，就如一句格言所述：「正義不僅要被實現，而且要被看到已實現」（justice must not only be done but must be seen to be done）。在刑事司法運作中，警方、檢方、律師界與法院，均係扮演著為社會防止或打擊犯罪，同時以社會所認同的刑罰對於犯罪者施以懲罰。使社會大眾能了解刑事司法制度，並對之有信心，是重要的。

媒體能夠而且應該在教育大眾明瞭刑事司法制度，並且提供他們有關其運作的消息方面，扮演重要角色。

媒體最好能發揮有價值的功能，即向大眾展現刑事司法制度的公平運作，或者引起大眾之回應。然而大部分國家的代表，均未能感受到媒體有發揮這種功能。大部分人的經驗是媒體的不負責任、錯誤報導與煽情。這種行徑實際上是戕害而非幫助人們肯定刑事司法制度。這種對媒體的不信任感，尤其表現在法庭程序轉播的處理態度上。雖然大部分國家的法院院長有權決定是否准許攝影機進入法院（在德國法官能否禁止電視台攝影機進入法院，已遭受合憲性的挑戰），但約有三分之二的代表反對法庭程序的轉播。

媒體對刑事程序公平性與有效性的衝擊

雖然媒體報導有助於犯罪調查，例如，鼓勵證人出面，或加速調查的速度。但在較轟動的案件，媒體通常與警察、檢察官或治安法官的犯罪調查，做平行報導：訪談證人、民眾甚或被告本人，並說服涉入偵查的公務員放棄保密義務。對於犯罪嫌疑人的負面報導，甚至媒體對嫌疑人的過早譴責，明顯會造成這些在審判中決定有罪或無罪之人的偏見。雖然職業法官應有能力抗拒這種媒體壓力，但實際上並不那麼容易。在採陪審團制度的國家，由於陪審員顯有受審判前媒體報導不當影響之虞，採取的態度就大為不同。在美國，審判前通常會有冗長的陪審員選取程序，且在審判中陪審員須被隔離，以防止知悉媒體報導。在其他有陪審團的英美法國家，陪審團的裁決遭受媒體報導污染，得為上訴理由，而且法院有時會以媒體報導已使公平審判無望為由，判決不受理。

另一受關心的趨勢是：媒體往往在對重要案情誤解與不知之情形下，對判

決與刑度做批評，因而減損民眾對法官的信心。

對媒體規範的現狀

一般而言，某些大陸法系國家關於隱私權與名譽權的保障，至少在理論上，對犯罪嫌疑人與證人的負面報導，發生某些程度的阻嚇作用。大部分由司法權介入犯罪調查的國家，通常以法律課予公務員保密義務，並伴隨刑事責任。但此等規定，尤其在法律明文規定媒體得不提供消息來源的國家，往往不能有效防止洩密。

某些英美法國家法院得依據藐視法庭（Contempt of Court）的規定，禁止媒體為足以危及公平審判的報導，縱使報導屬實亦然，違反此命令者負有刑事責任，對於防止媒體在裁判前預斷刑事被告犯罪，頗具效果。

結論

雖然有些人主張對媒體不當行為之法律制裁應該加強，但大部分人認為此舉在政治上不可行。

看法一致的是，加強司法與媒體間之溝通才是可期望與可行之道，如此，媒體才能更了解刑事司法程序及法官的行為，而可以更正確地發揮其「讓民眾看到正義已被實現」的功能。

荷蘭代表指出其國家設有「檢察官發言人」與「法官發言人」，負責讓媒體充分且正確地知悉刑事審判過程。

　　國際法官協會上述討論結論，應不僅對於刑事司法程序中法官或法院與媒體間互動，有參考價值，對於其他程序大部分也可適用。媒體的影響力，不容法官或法院輕忽，已是舉世不爭的事實。在媒體有不正確或不公正報導或評論情事發生時，司法機關如何採取積極的態度，與有關媒體進行溝通，要求更正[49]，以及採取其他有助於正確報導乃至評論的措施，或許是一向保守的司法

---

[49] 廣播電視法第23條規定：「對於電台之報導，利害關係人認為錯誤，於播送之日起，十五日內要求更正時，電台應於接到要求後七日內，在原節目或原節目同一時間之節目中，加以更正；或將其認為報導並無錯誤之理由，以書面答覆請求人。（第2項）前項錯誤報導，致利害關係人之權益受有實際損害時，電台及其負責人與有關人員應依法負民事或刑事責任。」此乃可以要求電子媒體更正的法律依據，至於平面媒體，當可依相關民事法規或其自律公約要求之。

機關所應正視的問題[50]。

六、法官參與涉及個案討論學術活動之態度

　　有關單位或團體舉辦學術研討會，其主題涉及現仍繫屬法院之案件者，本屬言論自由的範疇，無可厚非，法官適度參與學術活動，以增進自己學養、提升辦案能力，自值得鼓勵。然而法官如參與涉及現仍繫屬法院案件的學術研討會，理應謹慎，因法官對於繫屬中或即將繫屬之案件，既「不得公開發表可能影響裁判或程序公正之言論」，則其即不宜在討論時對於個案問題加以評論，即使有人要求法官針對個案表示意見，法官亦應拒絕。

　　此外，臺灣高等法院已舉辦法律座談會數十年，對於高等法院以下各級法院承辦案件所生相關爭議性法律問題見解的統一，具有相當貢獻。然而偶有地方法院將現正繫屬法院審理中案件，將事實抽象化，提出座談會討論，此等行為，不僅與法官獨立審判精神有違，且有違反「法官不語」規範之嫌，應避免之。

---

[50] 中華民國法官協會對於媒體的失實報導或評論，或有關民眾的脫序行為，以往在必要時，也會適時發聲，例如在民國99年11月間，有的民眾對於當時第一審針對前總統陳水扁的無罪判決，有了失序的舉動，中華民國法官協會於11月9日發表如下聲明：「一、眾所矚目之陳前總統水扁先生等人二次金改等刑事案件，業經臺灣臺北地方法院於日前審結宣判，雖係判決被告等人無罪，惟檢察官若對判決有所不服，無論是實體上或程序上，均可依法定程序尋求救濟。社會大眾本於人民監督國家公權力（包括司法權）行使立場，自可對判決之當否為適當評論，此不僅受言論自由之保障，亦是促使司法進步之重要動力。二、惟據報載，部分民間團體人士因不滿判決結果，聚集臺北地方法院前砸蛋抗議，並要求承審法官道歉、下台等情事，此種舉動顯非出於人民監督司法立場，已逾越言論自由範圍，侵害司法獨立，應予譴責。三、憲法保障法官不受任何干涉，獨立審判，而獨立審判是司法權最重要的核心價值。法官依據法律獨立審判，適用法律所得之結果，可供各方之公論，不服該判決結果者，亦可經由審級救濟獲得解決。為國家民主法治長遠計，呼籲各界應理性看待臺北地方法院前開判決，等待審級判決之結果，並給予審理個案法官純淨審判空間，才能避免司法權之行使遭受扭曲，損及尋求司法救濟之當事人權益。」並經媒體大幅報導，多少平息了民眾的不滿情緒。

七、相關立法例

(一)班加羅爾司法行為原則

2.4 在法官負責審理或將會負責審理之法律程序中，如他明知評論在他合理預期中將會影響判決結果或損害法律程序的公正性，法官不得作出有關評論。在公開或其他場合，法官亦不得作出對任何人的公平審判或論據造成影響之評論。

(二)美國法曹協會司法行為模範法典

規則2.10　對於繫屬或即將繫屬法院之案件，表示法律意見

(A) 法官不得對於繫屬或即將繫屬任何法院之案件，公開表示任何被合理認為將影響案件之判決結果或損及其公平性之意見，或為可能實質影響公平裁判或審理之非公開意見。

(B) 法官不得就法院可能受理之案件、爭議或爭點，作出與法官司法職務公平性不相容之擔保、允諾或承諾。

(C) 法官必須要求法院職員、法院官員及其他受法官指揮監督之人，避免作出(A)及(B)項所禁止之行為。

(三)香港法官行為指引

傳媒批評

36.（參照本文引述）

37.（參照本文引述）

第四章　廉正

壹、廉潔自持

> ### 第五條[1]
> 　　法官應保有高尚品格，廉潔自持。

評釋

一、廉潔是法官的基本價值

　　臺灣民間有句諺語：「做官清廉，吃飯拌鹽。」意在譏諷為官者，以貪墨者居多。此或係中國古代民間對於為官的清廉度，普遍感受不佳，傳統思想仍深植民心，而古代地方官又兼理司法，因此傳統上對於法官的清廉度，並沒有太大信心。無論人民觀感如何，現在的司法風氣，較之一、二十年前，甚至威權時代之前，應已不可同日而語，當屬對司法有長期接觸之人（如律師），共同的體認。從司法院所編輯《臺灣法界耆宿口述歷史》[2]中，不難發現，早年臺灣法官待遇不高，與一般公務人員相去無幾，而且工作相當繁重，固然在這樣的情況下，仍能堅守崗位、清廉自持，默默為司法奉獻的法官，大有人在；但另一方面，由公務員懲戒委員會過去數十年所承辦涉及法官操守的懲戒案件而觀，過去法官待遇較低時期，其受懲戒之人數比例遠較待遇提高之後為高，即可看出法官的待遇，與司法風氣的良窳的關連性。

---

[1]　本條規定「法官應保有高尚品格，謹言慎行，廉潔自持，避免有不當或易被認為損及司法形象之行為。」的內容，涵蓋法官倫理規範二種核心價值，即廉正及妥適，由於本章係討論「廉正」的核心價值，下一章才討論「妥適」問題，因而本條於此二章均有關聯，本章僅討論「廉正」問題，先予說明。

[2]　至目前為止，已出版7輯，從中可以探知臺灣司法成長的部分歷史。

　　公務人員服務守則[3]第1條規定：「公務人員應廉潔自持，主動利益迴避，妥適處理公務及有效運用公務資源與公共財產，以建立廉能政府。」就一般公務人員言，「廉潔」是首要的核心價值，對法官而言，亦不在話下，法官職司所有公務員「不廉潔」究責（懲處及刑事責任）的終局把關者，此一核心價值，尤不待言，因而法官的廉潔，應係法官的基本價值，法官的廉潔，應不足掛齒。

　　林洋港先生於76年迄83年間擔任司法院院長時，所說「法官的操守應該和皇后的貞操一樣，連被懷疑都不容許。」的名言，這樣的說法到現在一方面常被媒體及一般人所樂道，另方面則在評論法官貪瀆事件時，被提出來諷刺[4]。雖說廉潔應係法官的基本素養，但由過去諸多法官因貪瀆或關說行為被判有罪或懲戒的例子不少而論，有的人民因而相信經由關說或行賄，可能獲得有利判決或改變法官心證，即不足為怪，是以只有法官對自己及其他法官要求，絕不容許此一情事發生，始能逐漸扭轉人民對司法的成見。

二、中國傳統社會對清官的嚮往

　　清廉不僅是法官的核心價值，也是一般公務人員的核心價值。中國古代固然不乏清廉官吏，然而中國有些歷史學家對於中國古代歷朝官吏的清廉度，頗

---

[3]　考試院民國99年3月17日考臺組貳一字第09900019811號函訂定全文10點；並自即日起實施。

[4]　林洋港先生在93年3月間接受訪談時，提到他之所以提出這個說法的緣由，並澄清外界的誤解，他說：「記得有一次我以省主席身份（分）列席行政院院會，周書楷先生時任政務委員，他在會上發言引用英國十六世紀學者John Lyly的一句話："All women shall be as Caesar would have his wife, not only free from sin, but from suspicion."意為『所有的女人都應該像皇帝所期望的妻子，不僅是不能犯罪，並且不能使別人對她有何懷疑。』（牛津英文大辭典第2版第2卷763頁）我因此便把「法官的操守」和「皇后的貞操」聯想在一起，說出了：「法官的操守應該和皇后的貞操一樣，連被懷疑都不容許。」這當然是一種期許，一個比喻，也是引經據典，勉勵法官取法乎上，嚴以律己，潔身自愛的說法。我怎麼會自賣自誇說自己法官的操守都像皇后一樣玉潔冰清哩？」（參照司法院司法行政廳編《臺灣法界耆宿口述歷史第二輯》，頁246）有趣的是，西方也有「凱撒妻子的貞操不容質疑」的諺語（Caesar's wife must be above suspicion.）。英國著名法官Bowen, L.J.在Leeson v. General Council of Medical Education and Registration（1889）乙案（L. R. 43 C. D. 385.）將上開諺語套用在法官身上，他說：「法官如凱撒妻子，其操守不容質疑。」（Judges, like Caesar's wife, should be above suspicion.）（參照https://en.wikiquote.org/wiki/Judges，102年4月21日造訪。）此一說法，常為英美法系學者或法院所引用，例如印度最高法院於R.C. Chandel vs High Court Of M.P. & Anr.乙案（8 August, 2012）中即表示：「社會對於法官行為標準的期待，遠較一般人為高，……法官如凱撒妻子，其操守不容質疑。人民對司法體制的信賴，依存於構成司法體制的法官。」（參照http://indiankanoon.org/doc/95607318/，102年4月21日造訪。）

有微詞，有認為：「中國一部二十四史，實是一部貪污史。」也有表示，在中國歷史上，固然有揚震、包拯、海瑞、況鐘、于成龍、張伯行等屈指可數的清官廉吏，但考諸史籍，貪官污吏卻數不勝數，每個朝代的末世幾乎到了無官不貪、無吏不污的程度。但也有認為，從清官的個案研究中，公正廉潔的現象、清官的出現不僅在各朝代都有，而且在每個朝代的各個時期都存在，它們是伴隨著封建國家機器的運轉，政治機制的演變一起發展起來的[5]。茲列舉數則古代為官清廉事例：

《韓非子》中載有一則故事，公儀休當魯國宰相時，因喜歡吃魚，大家競相買魚送他，但他不接受。他的弟子問他原因，他說正因為喜歡吃魚，所以不能接受；若接受他人送魚，即有可能屈從他人而枉法，終致被免除國相的境地，到時候縱然喜歡吃魚，也無法自己買魚了；倘若不接受他人送魚，則不會因此被罷黜國相，即使喜歡吃魚，自己也有能力常買魚。他是從「為官當愛惜羽毛，以免觸法而身敗名裂」的角度，來詮釋清廉的重要性：

公儀休相魯而嗜魚，一國盡爭買魚而獻之，公儀子不受，其弟諫曰：『夫子嗜魚而不受者何也？』對曰：『夫唯嗜魚，故不受也。夫即受魚，必有下人之色，有下人之色，將枉於法，枉於法則免於相，雖嗜魚，此不必能自給致我魚，我又不能自給魚。即無受魚而不免於相，雖嗜魚，我能長自給魚。』此明夫恃人不如自恃也，明於人之為己者不如己之自為也[6]。

東漢楊震（西元54年－124年）擔任荊州刺史時，曾舉薦一位名叫王密的人當官。後來王密擔任昌邑縣縣令，楊震於改任東萊太守，赴任途經昌邑時，王密親赴郊外迎接，且到他下榻的驛館去拜見，時至夜深人靜時，王密突然取出十斤黃金要送楊震。楊震見狀表示：「以前我瞭解你的才能，才推薦你任官，而你如今這行為，實在太不瞭解我，何故？」王密頓感尷尬，但仍小聲地說：「反正是黑天，又無外人知道。」楊震聽罷，訓斥道：「天知，神知，我知，你知，何謂不知！」王密乃羞愧而去。此即傳訟歷史的「四知」美談，史

5　參照魏瓊《中國傳統清官文代研究》，法律出版社，2009年11月，頁58-59。
6　《韓非子‧外儲說右下第三十五》。

籍所載原文爲：

> 楊震四遷荊州刺史、東萊太守。當之郡，道經昌邑，故所舉荊州茂才王密
> 爲昌邑令，謁見，至夜懷金十斤以遺震。震曰：「故人知君，君不知故
> 人，何也？」密曰：「暮夜無知者。」震曰：「天知，神知，我知，子
> 知。何謂無知！」密愧而出[7]。

宋朝名臣眞秀德曾以「律己以廉，撫民以仁，存心以公，涖事以勤」四事
與同事共勉，有關「律己以廉」的部分，他進一步爲如下闡釋：

> 士而不廉，猶女之不潔，不潔之女，雖功容絕人，不足自贖，不廉之
> 士，縱有他美，何足道哉！昔人有懷四知之畏而卻暮夜之金者，蓋隱微之
> 際，最爲顯著，聖賢之教，謹獨是先。故願同僚力修冰蘗之規，各勵玉雪
> 之操，使士民起敬，稱爲廉吏，可珍可貴，孰有踰此[8]。

清朝黃六鴻在所著《福惠全書》中，提到爲官當「謹操守」，剖析清廉與
貪墨之得失。辦理訴訟案件，應秉公處理，否則可能落得身敗名裂的下場。勸
勉爲官者生活儉樸，追求萬世之福：

> 夫爲官之道，必以操守爲先，……至於詞訟，乃民間曲直所關，自應從公
> 剖斷以示神明。若夫賄囑之事，直者惟憑理勝，豈肯行求？曲者昏夜夤
> 緣，必期絀彼，官稍利其財，而違心聽斷，使直者抑鬱無伸，彼豈甘心而
> 不上司告理耶？夫有司之貪廉，上司自有耳目，或密加訪聞，或被害鳴
> 控。仁恕者，尤先之以切責，冀其改過；嚴介者，遽登之以白簡，頓喪身
> 名。若夫黷貨居心，視爲奇貨，如狼虎之噬人，不盡其皮骨不止。是己之
> 嚴刑酷法而聚之彼，則傾囊倒篋而吞之矣。其民之深仇積恨，不歸之己而
> 歸之誰耶？又每見貪夫，百計吸民，彼地脂膏，盡肥私槖，動輒四五十

---

[7]　（後漢書·卷五十四楊震列傳）。

[8]　中國社會科學院歷史研究所宋遼金元史研究室點校《名公書判清明集上》，（北京）中華書局1987年出
　　版，頁5-6。

萬，鴻竊私計之，即每歲浪費萬金，猶可足五十年之揮灑，何意未及數載
而盜劫火焚、消磨殆盡，且繼以身死。閭閻之中有不忍言者，是豈非冥冥
之中有鬼神播弄於其間哉。嗚呼！金已付之無何有之鄉，而怨聲穢跡傳之
千百年而弗替，其孰得孰失，不大彰明較著矣乎。故縱免王誅，難逃鬼
罰。與其負虛名，而身嬰實禍，曷若甘淡泊，而福遺子孫。至於懸魚塵甑
之風，小民有口，茹蘗飲水之操，大吏有心。其尸祝於鄉，而薦剡於朝
者，且旦暮幾之矣。寧獨享榮華于奕世，膺富厚于無窮也哉[9]。

三、案例參考

　　法官絕不許因承辦案件，而有收受當事人財物或利益之情形，不論當事人
之給付財物或利益的動機係基於餽贈或賄賂，法官如收受餽贈，係屬違反倫理
規範第8條之規定：「法官不得收受與其職務上有利害關係者之任何餽贈或其
他利益。」如收受賄賂，即構成刑法上的瀆職行為。本條對於法官應廉潔自持
規範要求，有些瀆職行為往往也涉及與當事人的單方溝通，相關案例在第四章
「禁止單方溝通」（第15條）單元中已有所臚列，於次僅列舉涉及瀆職刑事責
任的相關案例：

1.77年度鑑字第6108號
　　被付懲戒人宗○○係臺灣高等法院前推事，因辦理新東化學股份有限公
司總經理鄭某違反藥物藥商管理法聲請再審一案，違背職務收受賄賂新臺幣20
萬元，經判決其為依據法令從事審判職務之人員，對於違背職務之行為收受賄
賂，處有期徒刑10年6月，褫奪公權6年，減為有期徒刑7年，褫奪公權四年確
定。本會認為已無處分之必要，依公務員懲戒法第25條第2款之規定，應為免
議之議決。

2.96年度鑑字第10900號
　　緣有王○○因其妻林○○在臺東縣成功鎮三仙台地區有土地數筆，圖利用
該土地詐取不法利潤。於79年12月間，與郭○○串通，由郭○○出面向蔡○○

9　清朝黃六鴻《福惠全書三十二卷》，卷之四、蒞任部三、謹操守，北京出版社，清光緒十九年交昌會館刻本，四庫未收書輯刊參輯‧拾玖冊，頁50。

佯稱：欲高價購買臺東三仙台地區之土地，使蔡○○陷於錯誤，以為轉手買賣土地，有厚利可圖，乃以高出土地現值約一倍之價錢即新臺幣（下同）6千3百萬元，向王○○購買其妻林○○名義之土地。嗣王○○依計避不見面，蔡○○無法依約交付土地所有權狀予郭○○，致遭解約，蔡○○因自認為購買該數筆土地而損失數千萬元，心甚不甘，乃於89年9月5日向臺灣花蓮地方法院檢察署提出告訴，指控王○○與郭○○共同詐欺。郭○○欲脫卸詐欺刑責，於80年11月15日具狀向臺灣花蓮地方法院自訴蔡○○詐欺，指蔡○○於79年12月8日，冒林○○之名，將林○○所有之土地，出售予郭○○，收取定金460萬元，其後發現林○○並未授權蔡○○出賣該土地，屢請蔡○○返還定金未果，始知受騙，蔡○○涉有詐欺罪嫌云云。該案經臺灣花蓮地方法院判決蔡○○無罪後，郭○○向臺灣高等法院花蓮分院提起上訴，由被付懲戒人張○○擔任受命法官。郭○○應訊知悉被付懲戒人為承辦法官，為求改判使蔡○○入罪，以利日後其民刑事訴訟，遂透過花蓮中區扶輪社創社社長王○○設想辦法。王○○以其擔任扶輪社社長時經社友介紹認識被付懲戒人。被付懲戒人明知郭○○欲求改判使蔡○○入罪，以圖脫卸其本身之詐欺刑責，俾利其日後之相關民刑事訴訟，然依案情資料顯示，蔡○○在法律上實無改判之可能，卻不知公正廉明，仍對王○○表示該案在法律上可改判蔡○○有罪。郭○○將30萬元交付王○○，王○○將該筆賄款交付被付懲戒人，嗣被付懲戒人於81年10月8日，調任臺灣新竹地方法院法官兼庭長，既未及時將該案審結作出判決，又未將賄款退還，郭○○嗣另因投資事宜致手頭拮据，乃於85年8月21日委任陳○○律師發函，寄送予當時任職臺灣高等法院法官之被付懲戒人，催促返還30萬元及自82年10月20日起至85年8月20日止，以銀行利率百分之9計算之利息，共計37萬6千元。被付懲戒人接信後，恐事機敗露將不利於己，為求息事寧人，委任邱○○律師依郭○○催告函所載之37萬6千元如數返還予郭○○。被付懲戒人所犯對於違背職務之行為，期約、收受賄賂，經判處有期徒刑11年，褫奪公權6年（94年度重上更(五)字第203號）。被付懲戒人不服提起上訴，經最高法院於96年度台上字第921號判決駁回上訴確定。被付懲戒人既因貪污行為經判刑確定，參酌公務人員任用法第28條第4款規定，被付懲戒人已不能再任公務員，本會認為已無再為懲戒處分之必要，揆之首揭規定，本件應予免議。

3.99年度鑑字第11794號

被付懲戒人羅○○原任職臺灣高等法院法官（已於91年8月1日辭職），

受理被告葉○○施用毒品上訴一案，於84年2月9日上午言詞辯論終結後，即以電話向葉○○所選任之辯護人蔡○○律師示意可以幫忙，要求賄賂，蔡○○將100萬元交被付懲戒人收受，被付懲戒人即將葉○○原被判處施用毒品罪有期徒刑3年2月之判決撤銷，改判無罪，案經臺灣高等法院97年度重上更(七)字第134號刑事判決，對被付懲戒人論以依據法令從事審判職務之人員，對於違背職務之行為，收受賄賂罪，處有期徒刑11年，褫奪公權7年。嗣經最高法院99年度台上字第5312號判決駁回上訴確定在案。被付懲戒人既因服公務有貪污行為，受法院判刑並宣告褫奪公權確定，依公務人員任用法第28條第1項第4款、第2項規定，已不得任用為公務人員，任用後則應予免職，應認本件被付懲戒人已無再為本案處分之必要。依首揭規定，應予免議。

4. 101年度鑑字第12368號

被付懲戒人房○○原係臺灣高等法院法官（94年8月1日退休），其與蔡○○接受張○○所委託之蔡○○女友黃○○○之關說，達成違背職務對張○○為有利判決之賄賂期約，將第一審法院原諭知張○○犯貪污罪所處有期徒刑11年，褫奪公權6年之判決撤銷，改諭知張○○無罪之判決，並同收受張○○交付之賄款新臺幣（下同）300萬元（被付懲戒人由蔡○○轉交分得200萬元、蔡○○分得100萬元）。上開無罪判決於94年5月31日上午宣判後，輿論撻伐，檢察官亦不服提起上訴，被付懲戒人並因之遭免兼庭長職務之處遇，旋於94年8月1日辦理退休，94年底、95年初某日，因感愧疚而約見蔡○○及其女友黃○○○退還其前所收受之200萬元賄款。案經判決被付懲戒人依據法令從事審判職務之人員，犯貪污治罪條例之違背職務收受賄賂罪，處有期徒刑10年6月，併科罰金新臺幣100萬元，褫奪公權肆年確定[10]。茲以被付懲戒人所涉刑事部分既經法院判處有期徒刑並宣告褫奪公權確定，……應予免議。

5. 101年鑑字第12413號

被付懲戒人林○○擔任臺灣臺南地方法院法官期間向刑事被告謝○○收取賄款250萬元，業經判決對被付懲戒人論以依據法令從事審判職務之人員，

---

10 據媒體報導，房○○因瀆職案經二審判處10年6月後，對媒體表示：「我做錯了，對不起司法」，因而放棄上訴，全案定讞，於101年10月3日入監執行。司法院秘書長林錦芳肯定他的自省能力，希望法官同仁引以為戒，杜絕貪污。（見101年10月4日聯合電子報，http://udn.com/NEWS/SOCIETY/SOC6/7407543.shtml）本案係法官涉貪案中，放棄上訴的第一人。

對於違背職務之行為，收受賄賂罪，判處有期徒刑11年，褫奪公權7年確定。被付懲戒人既因服公務有貪污行為，經法院判處有期徒刑並宣告褫奪公權確定，……予以免議之議決。

6. 102年鑑字第12659號

被付懲戒人陳○○、蔡○○、李○○分別擔任臺灣高等法院法官。緣臺灣臺北地方法院99年度金訴字第52號刑事判決，認臺灣高等法院98年度矚上重更(一)字第10號案件被告何○○，涉犯苗栗銅鑼科學園區開發弊案，為圖脫免、減輕自己所涉罪責，於99年間經由被付懲戒人邱○○（臺灣板橋地方法院檢察署（現更名為臺灣新北地方法院檢察署）檢察官，交付被付懲戒人李○○賄款新臺幣200萬元。被付懲戒人李○○收受200萬元賄款，嗣該案被告何智輝果然獲判無罪；又該案被告何○○另透過被付懲戒人蔡○○，與該案審判長被付懲戒人陳○○，就違背職務行為達成期約賄賂之合意，嗣經賴○○將150萬元交給被付懲戒人蔡○○，再由蔡○○轉交予被付懲戒人陳○○。蔡○○、賴○○則共同獲取何○○所交付之50萬元佣金，作為報酬；又被付懲戒人李○○為掩飾所收受賄款，教唆他人偽證，觸犯教唆偽證罪；被付懲戒人李○○有審判職務之公務員，犯貪污治罪條例之違背職務收受賄賂罪，經判處有期徒刑11年，併科罰金100萬元，罰金如易服勞役，以3,000元折算1日，褫奪公權5年；又教唆於檢察官偵查時，證人於案情有重要關係之事項，供前具結，而為虛偽陳述，處有期徒刑1年6月。應執行有期徒刑11年6月，併科罰金新臺幣100萬元，罰金如易服勞役，以新臺幣3,000元折算1日，褫奪公權5年；被付懲戒人蔡○○共同犯貪污治罪條例第11條第1項之交付賄賂罪，處有期徒刑4年，併科罰金150萬元，罰金如易服勞役，以罰金總額與1年之日數比例折算，褫奪公權2年；又依據法令從事審判職務之人員，犯貪污治罪條例之違背職務收受賄賂罪，處有期徒刑17年，併科罰金200萬元，罰金如易服勞役，以罰金總額與6月之日數比例折算，褫奪公權9年。應執行有期徒刑20年，併科罰金新臺幣350萬元，罰金如易服勞役，以罰金總額與6月之日數比例折算，褫奪公權9年。被付懲戒人陳○○、李○○、蔡○○既因服公務有貪污行為，受法院判刑並宣告褫奪公權確定，……應予免議。

7. 102年鑑字第12670號

被付懲戒人蔡○○原係臺灣高等法院法官（已免職）。92年間其所屬該院刑事第15庭受分該院92年度重上更(四)字第106號被告法官張○○貪污案件，

由法官雷○○擔任受命法官，與擔任審判長之庭長房○○（本會另行議決）及擔任陪席法官之被付懲戒人組成合議庭審理。詎被付懲戒人竟與房○○接受張○○所委託之被付懲戒人女友黃賴瑞珍之關說，達成違背職務對張○○為有利判決之賄賂期約，該案於94年間辯論終結，被付懲戒人乃與審判長房○○於評議時合意作出與受命法官雷○○意見不同之評議結果，即將第一審法院原諭知張炳龍犯貪污罪所處有期徒刑11年，褫奪公權6年之判決撤銷，改諭知張○○無罪之判決，並於94年5月底6月初同收受張○○交付之賄款新臺幣300萬元（被付懲戒人收取100萬元、並由其轉交房○○200萬元）。經判決論以被付懲戒人依據法令從事審判職務之人員，犯貪污治罪條例之違背職務收受賄賂罪、交付賄賂罪（本會另案議決），合計判處有期徒刑貳拾年，併科罰金新臺幣佰伍拾萬元，罰金如易服勞役，以罰金總額與陸個月日數比例折算，褫奪公權玖年確定。茲以被付懲戒人所涉刑事部分既經法院判處有期徒刑並宣告褫奪公權確定，……應予免議。

四、相關立法例

(一)班加羅爾司法行為原則

準則3　廉正

在正當執行司法職務時，廉正極為重要。

4.1.法官的一切活動，應避免作出不妥當或看來不妥當的行為。

(二)美國法曹協會司法行為模範法典

規則1.3　避免濫用法官職位之聲望

法官不得濫用法官職位之聲望，以增進法官或其他人個人或經濟利益，或允許其他人如是為之。

貳、謹慎社交活動

> **第二十二條**
> 　　法官應避免為與司法或法官獨立、公正、中立、廉潔、正直形象不相容之飲宴應酬、社交活動或財物往來。

評釋

一、法官社交活動的界限

　　法官為社會一員，不可能與社會隔絕，生活在象牙塔中。法官對於社會百態，自然應有某程度的認識與瞭解，否則法官對於社會事實沒有正確認識，而作出偏離常識的判斷時，難免會受到「不食人間煙火」之譏。然而法官權責重大，在從事社會活動時，如不謹慎，很可能成為有心人士利用的對象，損及司法形象的公正性。有的法官，為免引起不必要的麻煩，不與外界人士接觸，無形中生活即逐漸封閉，此或「過猶不及」，未必有利於法官有效執行職務。其次，法官有薪資收入或其他資產，一如常人，也有妥適運用其收入或資產從事借貸或為適當投資以求獲利的權利。然而法官職司解決爭議的權限，希望借由各種管道來影響法官裁判的人，大有人在，法官從事社交及理財活動時，即為企圖影響法官的有心人士的絕佳機會，是以法官在從事社交及理財活動時，應時時檢討其行為是否會影響司法與法官獨立、公正、中立、廉潔、正直的形象。

　　在法官倫理規範第22條規定之前，司法院曾於民國89年1月間訂頒「法官社交及理財自律事項」[11]，以為法官社交及理財行為的規範，司法院之所以訂頒該自律事項，是由於在此之前發生了疑有10餘位法官、檢察官配合上市公司有關人員炒作股票的「台鳳案」情事[12]，輿論譁然，對司法造成相當負面的印象，而當時法官守則內容又太抽象，難以作為規範依據，因而決定訂定該自律

---

[11] 司法院民國89年1月25日（89）院台廳司一字第02426號函訂定發布全文6點。
[12] 蔡烱燉〈由「台鳳案」談法官的人格特質〉，載司改會雜誌，2000/2/15出版。

事項，以作爲法官行爲的準據。其內容基本上已可爲法官倫理規範所涵蓋，但由於其規定內容較倫理規範具體，仍有參考價值，其與法官社交活動有關者如下：

1. 法官不得與案件繫屬中之當事人、關係人及其代理人、辯護人酬酢往來。但合於一般禮俗、學術、司法、公益等活動者，不在此限。
2. 法官應避免經常與特定律師在社交場所出現。但有前條但書之情形者，不在此限。
5. 法官應避免讓律師經常進出其辦公室。但因公務或有其他正當理由者，不在此限。
6. 法官應避免其他有損法官形象之應酬或交往。

二、法官與律師社交之問題

　　現階段我國人民對法官的信賴程度雖然不高，一般人對於律師的印象也不太好，認爲律師是爲有錢人服務，或挑唆包攬訴訟者，大有人在。對於法官與特定律師交往太密切的情形，多不抱好感。是以法官與律師的交往，尤應注意其分際，以免影響人民對於司法或法官的信賴。

　　早年法官爲了避免律師接觸，比較少參加可能會與律師接觸的公開活動，也有聽說有的法官在法院遇到認識的律師，視若無賭，以免被當事人誤以爲律師與法官熟識。然而現代社會資訊發達，社會變化瞬息萬變，法官不應避免與外界接觸，始能對社會百態有較深入瞭解，如時間允許，應多參加學術活動，以汲取新知。但在參加相關活動時，難免會與律師，甚至是法官現承辦案件當事人或代理律師有接觸的機會。在以上場合，法官與無案件繫屬中之律師有所碰面，無庸爲任何價值判斷，因此乃一般社交活動常態；至於法官如於上開場合遇到案件繫屬中之當事人，宜避免接觸，以免予人不當聯想；然而如係當事人之代理律師，固無庸刻意迴避，但應避免談論案件，否則即有違第15條禁止單方溝通之倫理規範。

三、案例參考

　　法官因不當社交行為而受到懲戒的案例雖不多見，但由於此等行為，很容易讓人產生不當聯想，因而長期腐蝕了司法公信力，是以法官為社交行為時，尤應小心謹慎。茲臚列二則案例如下：

1. 63年度鑑字第4501號

　　被付懲戒人劉○○係臺灣高等法院台南分院前推事，在屏東地方法院推事兼庭長任期內，對審理恆春鎮農會總幹事陳某、供銷部主任周某等涉嫌貪污一案，擔任審判長，翟某為陪席推事。周某為脫免罪責，乃託由余某、趙某等為其活動，面請同學翟某幫忙，翟允所請，乃藉研究案情之機會，得悉本案亦可援例判決無罪，遂將案情轉告余某等，周某即由恆春農會提取肥料利益金，以作招待，由翟某轉邀不知情之被付懲戒人共同飲宴，57年3月，周某又賄送18萬元，為余某、趙某留下9萬元，另9萬元，送交翟某收受，致被付懲戒人涉有貪污共犯之嫌，業經法院審理終結，除翟某判處罪刑外，對被付懲戒人諭知無罪確定。該被付懲戒人應同學之邀，而與鄉友梁某宴敘，原屬人情之常，當時翟某並未將受人請託情形，及飲宴費用來源，告知被付懲戒人，而周某賄款，又全為翟某據為己有，酌核情節，亦與不知情之被付懲戒人無關。惟被付懲戒人身為司法官，職位清高，行止宜謹，今以私誼，參加不必要之宴會，以致涉訟經年，損及信譽，實屬於法有違，應予申誡。

2. 101年度鑑字第12274號

　　被付懲戒人陳○○為臺灣花蓮地方法院法官，不知避嫌與刑案繫屬之警官被告在夜店公共場所同桌飲酒，酒後情緒管理不佳與同桌酒客衝突吵架，復與民眾發生糾紛，並於派出所處理時表明法官身分大小聲、辱罵處理官警、再與到場店家、民眾吵架互罵，又朝他人潑水等情，而有酒後諸多失態之舉，其言行不檢，有損司法人員端正形象。核其所為，與法官倫理規範前揭規定有違，且違反公務員服務法第5條所定，公務員應謹慎，不得有驕恣，足以損失名譽之行為之旨，予以「休職，期間1年」之懲戒。

四、相關立法例

(一)班加羅爾司法行為原則

準則3　廉正－原則

在正當執行司法職務時，廉正極為重要。

4.1.法官的一切活動，應避免作出不妥當或看來不妥當的行為。

4.8.法官不應讓法官家人、社交或其他關係不當影響其以法官身分所作出的司法行為和判決。

(二)美國法曹協會司法行為模範法典

規則3.1　司法職務外活動通則

除法律或本法別有禁止之外，法官得從事司法職務外活動。但從事司法職務外活動時，法官不得：

(A) 從事妨礙法官適當執行司法職務之行為；

(B) 從事導致造成經常性迴避事由之行為；

(C) 從事在外觀上被理性之人認為無形中損害法官獨立、正直或公正性之行為；

(D) 從事在外觀上被理性之人認為強迫性之行為。

(三)香港法官行為指引

管理個人投資

90. 法官有權管理自己和直系家屬的投資項目，包括擔任家族信託的受託人及類似情況，但上述關於擔任家族公司董事須注意的事項，在此同樣適用。

與法律專業人士的社交接觸

94. 司法機構成員跟法律專業界成員有社交接觸，是存在已久的傳統，也是正常的。不過，依照常理，法官也應謹慎行事。

(1) 法官須小心避免，與正在處理或即將處理的案件中的法津專業人士，有直接社交接觸。假扣有一個12人同桌的晚宴，席上包括法官正在審理的案件中的代表大律師，該法官便不宜出席。然而，倘若法官出席一個大型雞尾酒會，例如是慶祝新委任資深大律師的場合，則不會遭受反對。在這種社交場台，即使正在審理案件中的代

表大律師可能也會出席，但要避免直接社交接觸絕不困難。

(2) 如有這種接觸，應避免談及有關案件，亦應盡早通知聆訊的其他訟方。

(3) 法官須小心衡量，以社交形式探訪從前工作的大律師辦事處或律師行是否適宜。例如，法官到過去工作的大律師辦事處或律師行，出席某些聚會，如聖誕聯歡會、周年慶祝會、祝賀辦事處的成員被委任為資深大律師或榮陞法官的宴會，均屬正常。然而，法官不宜為了與舊同事聯誼，過於頻繁地到訪其前大律師辦事處。

使用某些政府部門的俱樂部和社交設施

95. 法官如果使用某些政府部門，例如警務處、廉政公署和海關等部門所管理或為其職員而設的俱樂部和其他社交設施，須小心處理，因為這些部門或其成員，可能經常出庭。法官偶然應邀到警務處餐廳用膳，不會招人異議，但如果經常進出這些俱樂部，或成為會員，或慣性使用其設施，則並不恰當。

光顧酒吧、卡拉OK酒廊等場所

96. 法官並非不可以光顧酒吧、卡拉OK酒廊或類似場所，但須酌情處理。法官需要顧及社會上一個明理、不存偏見、熟知情況的人，會因店鋪的聲譽、常客的種類等因素，和該店鋪是否根據法例經營而可能引起的關注，如何去審視他光顧這等場所。

擁有組織會籍

97. 法官是否適宜加入提供消遣活動的組織，例如共同擁有出賽馬匹或遊艇，須視乎情況而定。考慮的因素包括該組織的宗旨，會員參與的性質，會員間有何牽轇（特別指金錢上的牽轇），其他會員的身份，以及他們會否因經常出席該法官處理的聆訊而可能引起表面偏頗的問題。

賭博

98. 法官偶然以賭博為消遣活動，不會遭受禁止；但應酌情處理這類活動，顧及社會上一個明理、不存偏見、熟知情況的人士的審視角度。法官以小額投注賽馬或足球博彩，或在休假期間偶然到香港以外的賭場消閒耍樂，或跟明友和家人玩撲克、打麻將，都是無傷大雅。然而，法官若過分地投入賭博活動，或以大額下注，或到一些聲譽有問

題的賭博場所，則值得商榷。

參、禁止經營商業及有損形象之經濟活動

> **第二十三條**
> 　法官不得經營商業或其他營利事業，亦不得為有減損法官廉潔、正直形象之其他經濟活動。

評釋

一、禁止經營商業

　　法官職司審判工作，不僅要獨立，而且要保持中立，不受外界影響。法官的薪資或許較一般公務人員優渥一些，卻不可能因而致富。法官雖可從事適當的理財行為，但不可經營商業，因法官本職為審判工作，理應專注於本職工作，應不許法官在本職之外，另投注相當心力於商業行為。法官既屬廣義的公務員，公務員服務法上限制公務員「經營商業及投機事業」之有關規定，對於法官，同樣有其適用。

　　公務員服務法第13條第1項係規定：「公務員不得經營商業及投機事業。但投資於非屬其服務機關監督之農、工、礦、交通或新聞出版事業，為股份有限公司股東，兩合公司之責任股東，或非執行業務之有限公司股東，而其所有股份總額未超過其所投資公司股本總額百分之十者，不在此限。」如公務員所為投資已超過其所投資公司股本總額百分之十，即有違上開規定，不以因未實際參與經營而免責[13]。

　　次查公務員服務法第13條第1項但書規定對於公務員之投資事業，雖僅載農、工、礦、交通或新聞出版事業，未將其他主要事業等逐一列舉，惟依該條

---

[13] 公務員懲戒委員會101年度鑑字第12201號議決書。在本案，公懲會以被付懲戒人盧○○法官有經營商業投資，擔任有限公司股東且持股超過10%情事，涉有違反公務員服務法相關規定，而酌情予以申誡。

文之立法目的，係在適度規範公務員之投資行為，故對其投資型態、投資額度及所投資之事業非屬其服務機關所監督等事項均有所限制，以促使公務員專心職務、努力從公，是該規定並非在於限制公務員所投資之事業類別。因而公務員所投資之上開事業雖非上揭條文所列舉之事業，亦不能據此解免咎責[14]。

二、禁止為有損形象之經濟活動

　　法官固不得經商，但法官每月有固定薪資收入，且可能在擔任法官之前即有恒產，而法官既為社會的一份子，在不妨害法官職務及公正形象，自得與一般人一樣，從事正當的理財行為。然而何謂正當理財行為，除顯然影響法官公正、廉潔形象者之外，有時很難加以準確界定，可能要依具體個案來判定。在法官倫理規範第23條規定之前，司法院於民國89年1月間所訂頒「法官社交及理財自律事項」，其中第3項「法官應避免與律師、案件之當事人有財務往來。但該當事人為金融機構且其交易係正當者，不在此限。」及第4項「法官不得以投機、違反公平方式……，獲取不當利益或財物。」內容，當可作為本處所謂「有損形象之經濟活動」之判定標準。

三、案例參考

1. 86年度鑑字第8358號

　　被付懲戒人胡○○為臺灣高等法院台南分院法官，於任職台中地區法院法官兼庭長期間，利用其弟名義在台中市二信東南方社開設活期儲蓄戶頭，先後投資寶翊公司之中清大第及中港綠邸各600萬元、180萬元，名為投資，實為獲取暴利之放高利貸投機行為，又利用其弟在信用合作社之戶頭名義，投資400萬元與地下錢莊，牟取高利貸之暴利投機行為，均係違反公務員服務法第13條第1項前段公務員不得經營投機事業之規定。被付懲戒人接受商人招待至酒家飲酒作樂，違反公務員服務法第5條公務員不得有放蕩，足以損失名譽之行為之規定，酌情議處休職期間3年[15]。

---

[14] 同上註。

[15] 胡○○於102年間任職臺中高分院法官期間，復於同年8月間因涉嫌違背職務收受賄賂：琉璃及新臺幣300萬元，復因涉嫌貪污案件，經臺中地方法院羈押後，臺中高分院旋召開自律委員會，認為依該裁定

2. 86年度鑑字第8524號

被付懲戒人黃○○自民國79年3月8日起至84年5月12日止任臺灣臺中地方法院院長，其於任期內：一、關於變相投資房地產，謀取暴利部分：被付懲戒人以法院院長身分，竟由同院庭長介紹商人投資寶翃公司之「中清大第」「中港綠邸」二筆，前者600萬元，後者100萬元，均係第一年還本，第二年返還與本金同額之利潤，投資林○○之土地案300萬元，一年後獲利150萬元，名為投資，實為獲取暴利之放高利貸投機行為，自違反公務員服務法第13條第1項前段：公務員不得經營投機事業之規定，所辯亦無可採。二、關於利用院長身分向訴訟當事人申辦鉅額無擔保貸款，並由其部屬為連帶保證人部分：於2年餘期間內，向金融機構無擔保貸款30餘次申貸，金額達1億2,880萬元，即依被付懲戒人所辯借新還舊，實借金額為6,080萬元，亦嫌過鉅。且借款目的有「投資商業」「投資企業」「投資周轉」，亦有其貸款申請書可據，與其身分，即非適合，而均以其前開庭長、法官、科長、執達員或其家屬為連帶保證人，與其行政監督之行使，即有影響，其行為違反公務員服務法第五條：公務員應謹慎，不得有足以損失名譽之規定。三、鉅額財產，故意隱瞞為不實之申報部分：其83年度財產申報時，短報3,400萬元信用貸款，申報不實，違反公務員服務法第五條：公務員應誠實、謹慎，不得有足以損失名譽之行為之規定，因而酌情議處黃○○休職期間5年。

3. 87年度鑑字第8590號

被付懲戒人王○○以台中地院法官身分，利用其以前任職律師曾為之辯護之當事人且曾多次犯案後在台中地區從事政府列管八大行業之通緝犯許○○之資金，由該法院庭長介紹其與院長等投資台中建商寶翃公司之「中清大第」，該公司負責人陳○○因其任職臺中地院法官，更予以特殊利益，先後收取其500萬元既不列入公司帳目，且收款時即開出第一年還本，第二年返還與本金同額利潤之支票，屆期兌領，被付懲戒人名為投資實為以通緝犯之資金借法官身分獲取暴利之放高利貸投機行為；又向多家銀行申貸與其專業職分並不相稱

之意旨，胡○○法官涉有「各級法院法官自律實施辦法」第6條第1項第1款、第10款違反職務上義務及法官倫理規範之情形，乃依同辦法第12條第1項第4款規定決議：建議司法院先予停職，及依法官法第51條第2項規定逕行移送監察院審查。嗣經司法院停職，並經人審會議決移送監察院彈劾（參照司法院官網，臺中高分院102年8月29日、司法院102年9月12日新聞稿）。

之鉅資並負擔鉅額利息，其中84年向臺中市第五信用合作社借款1,392萬8,950元，更故意不申報；顯然違反前開公務員服務法第5條、第13條第1項前段之規定，因而酌情議處王○○休職期間3年。

4. 87年鑑字第8717號

被付懲戒人林○○為前臺中高分院法官，竟自78年2月至81年12月間，向金融機構申貸金額達8,800百萬元（依其所辯借新還舊，亦有6,500百萬元之鉅），而迄85年8月19日止，借款月息高達38萬元，且借款目的主要為周轉，與其身分顯非適合。況被付懲戒人亦自承其所為易啟人疑竇，不夠謹慎，核有違公務員服務法第5條公務員應謹慎之規定。被付懲戒人於82及83二年共隱匿不申報債務6,500萬元，且82及83年有不動產乙筆及存款逾申報額均未申報，配偶所投資股票漏報或未申報，又其投資臺中丸津日本料理300萬元未申報，核有違公務員服務法第5條公務員應誠實之規定。被付懲戒人投資丸津日本料理店及與黃○○共同投資土地部分，有違公務員服務法第13條第1項前段公務員不得經營商業或投機事業之規定。又被付懲戒人與楊○○間有金錢借貸關係，惟楊○○經營凱撒三溫暖，而三溫暖屬行政院列管八大行業之一，被付懲戒人身為法官，竟與經營政府列管行業者有鉅額之金錢往來，即有違公務員服務法第5條公務員應謹慎之旨。77年6、7月間，被付懲戒人及其妻林○○曾向臺中五信貸款200萬元、90萬元均轉入律師黃○○之帳號，78年間被付懲戒人曾向臺中五信貸款600萬元，其中300萬元償還貸款及轉入律師黃○○帳戶，被付懲戒人身為法官，竟與執業律師黃○○有高額之金錢往來，核有違反公務員服務法第5條公務員應謹慎之旨，因而酌情議處林○○休職期間3年。

5. 89年度鑑字第9116號

被付懲戒人林○○為高雄高分院法官，於80年9月間，以其配偶曾○○名義，與純一公司負責人李○○簽訂讓渡契約書，受讓該公司，價款新臺幣1,230萬元，而與其配偶共同投資之股份占公司股本總額50%。按銓敘部函釋公務員服務法第13條第1項前段所稱「經營商業」之定義，既謂「以營利為目的而規度謀作，包括實際發生營業行為及申請商業執照之行為等」，則洽購營運多年之營業主體純一公司，並訂立買賣契約，支付價款，進而邀約新股東及其退股時加計利息退還股本等，以營利為目的之謀作，要難謂非「經營商業」。被付懲戒人違法事證，堪以認定，核係違反公務員服務法第13條第1項前段公務員不得經營商業之規定，因而酌情議處林○○記過1次。

6. 100年度鑑字第11874號

被付懲戒人楊○○自95年起，除生病住院之前後時期外，平均約2個月召妓1次，最近1次在99年5至7月間，地點在臺北市金山南路星辰飯店等地。其中曾於96年8月27日週一下午3時餘之上班時間，打電話召妓。透過應召業者要求提供花名「甜甜」之女子於下午4時前往星辰飯店。又於96年11月14日週三下午1時25分之上班時間，打電話聯繫花名「娃娃」之應召女子，約定於同日下午2時30分前往星辰飯店609室。而96年8月27日及96年11月14日之上班時間，均查無被付懲戒人之請假紀錄。又被付懲戒人於任職臺灣高等法院法官期間，承租臺北市仁愛路寶船日本料理（寶船餐廳）旁某一樓店面，開設「讀書樓」，並以每月新臺幣1萬元僱用工讀生，而於上址交易古董。交易古董之付款方式為交易金額小者，以現金付款；金額大者，以甲存支票付款；亦有累積現金，再存入銀行者。被付懲戒人於上址長期經營古董交易，以累積財富。其間於歷史博物館舉辦第2次展覽後，於99年7月21日，將部分收藏之古物，以2億5,000萬元價格出售予徐姓臺商並已收受8,000餘萬元匯款。又，被付懲戒人自96年起至99年6月止，有時1週2次，有時1、2個月1次，在臺北市建國南路1段319號12樓之1梁○住處與友人打麻將，每次以500元至3,000元為底，輸贏在1萬元左右等情，為被付懲戒人之申辯意旨所承認，並經證人梁○於本會調查中結證屬實。被付懲戒人此部分違法事證，亦已明確。核被付懲戒人上開行為，有違公務員服務法第5條所定公務員應謹慎，不得有冶遊、賭博，足以損失名譽之行為，及同法第13條第1項前段所定公務員不得經營商業之旨，因而酌情議處楊○○撤職並停止任用1年。

7. 司法院職務法庭102年度懲字第2號

公務員服務法第13條第1項既有關於公務員不得經營商業之規範，故法官有違反本條項規定之行為時，自應認即合致公務員懲戒法第2條第1款應受懲戒之規定。另依法官法第49條第1項、第30條第2項第7款及法官倫理規範第23條規定，法官有經營商業或其他營利事業，或為有減損法官廉潔、正直形象之其他經濟活動，且情節重大者，亦構成法官懲戒事由，而此等法官不得經營商業之規範意旨復類同公務員服務法第13條第1項規定。是就公務員服務法第13條第1項所明定之行為規範，於法官有違反之行為時，依101年7月6日施行之上述法官法關於法官懲戒事由之規定，亦應認係構成懲戒之事由。即法官有違反公務員服務法第13條第1項規定之行為，不論依本件行為時之公務員懲戒法或裁

判時之法官法規定，均構成應付懲戒之事由。另關於懲戒處分種類之新舊法比較適用部分，綜觀上述公務員懲戒法第9條第1項及法官法第50條第1項所規定懲戒處分類型及各類處分之法律效果，予以整體比較結果，法官法第50條第1項規定並未較公務員懲戒法第9條第1項規定爲輕。是依上述之從舊從輕原則，本件被付懲戒人（臺中高等行政法院法官劉○○）之違反公務員服務法第13條第1項規定之行爲，即應依公務員懲戒法第2條第1款規定，認被付懲戒人合於該條款規定之要件而應受懲戒，並依同法第9條第1項規定作爲被付懲戒人應受如何懲戒之規範依據。而本庭審酌被付懲戒人違反公務員服務法第13條第1項規定行爲之時間雖長達20年，然究係因作爲家族成員而先後擔任全○公司及新○公司之股東，且屬因不知法律規定之疏失行爲，並於公職人員財產定期申報資料中就其持有上述公司股份之情形予以誠實申報，未加隱匿，更於移送機關發動調查前即因自行知悉其持股情形有違反公務員服務法情事，即自動於101年3月間轉讓全數持股之處理態度，暨於本庭審理中亦對其不知法律致違反公務員服務法之行爲深感自責之行爲後態度等一切情狀，予以申誡之懲戒處分。

四、相關立法例

(一)美國法曹協會司法行為模範法典

規則3.11　理財、企業或有報酬之活動

(A) 法官得持有並管理法官及法官家庭成員之投資。

(B) 法官不得擔任任何企業單位之重要職員、董事、經理、一般合夥人、顧問或受僱人，但法官得管理或參與：

(1) 爲法官或法官家庭成員所密切擁有之企業；或

(2) 企業單位主要從事法官或法官家庭成員資金之投資。

(C) 法官依(A)及(B)項規定所許可理財行爲，如有以下情事，即不得爲之：

(1) 與適當執行司法職務有所衝突；

(2) 導致法官經常性之迴避事由；

(3) 使法官會與律師或可能至法官任職法院之其他人，有經常性業務往來或持續性之交易關係；或

(4) 導致違反本法之其他規定。

(二)香港法官行為指引

商業活動

87. 法官不應擔任商業公司的董事職位，即以賺取利潤為本的公司。這適用於公營與私營公司，無論是執行或非執行董事，受薪與否。因此，獲委任為法官後便應該辭去所有董事職位。

88. 不過，假如有關公司屬「家族公司」，即該公司由法官本人及其家人擁有及控制，則法官可擔任董事。最常見的是由家族公司擁有及控制婚姻居所或其他家庭資產，例如投資物業。然而，這種公司董事的職位，不應令法官花太多時間在公司業務上，而公司的活動不得涉及商業貿易，亦不得令法官成為公眾爭議的對象。

壹、謹言慎行

> **第五條**[1]
>
> 　　法官應保有高尚品格，謹言慎行，避免有不當或易被認為損及司法形象之行為。

<h2 style="text-align:center">評釋</h2>

一、謹言慎行

　　法官工作雖係審判職務，但其平常言行，也會影響人民對其裁判是否公正的信心。是以法官不論是職務上或職務外行為的言行，自然要具備較一般人為高的道德標準，如其所為表現的水平，與常人無異，甚至低於常人，自難以得到一般人民尊敬，甚至失去對司法的信心。法官要如何表現，才算符合謹言慎行的標準，可能因國情及社會形態的不同而不同，難以一概而論，也很難在倫理規範中予以一一列舉。

二、避免不當行為

　　法官應謹言慎行，從反面來說，即法官必須「避免有不當或易被認為損及司法形象之行為」。有謂：「法官不僅應公正，而且應看起來公正。」法官謹

---

[1] 本條全文內容為：「法官應保有高尚品格，謹言慎行，廉潔自持，避免有不當或易被認為損及司法形象之行為。」關於「廉潔自持」的評釋於第四章「廉正」中，予以處理。

言慎行的目的，在維護法官公正的形象；法官應避免有不當或易被認爲損及司法形象之行爲，則在於使法官「看起來公正」。在美國，有認爲法官於開完庭後，與其中一造當事人用午餐，即屬外觀上不當的行爲，雖然在午餐時所談論的事情並無何不妥，但在庭訊後緊接著社交餐敘，對於理性第三人而言，會認爲該律師基於其社會關係，對於法官有較大的影響力[2]。

三、案例參考

我國法官在以往因言行不檢，而受懲戒的案例，相當的多。此一方面或許是以前的法官自我要求不高，而另一方面，或許過往欠缺一套規範行爲的客觀標準，以爲行爲的準據所然。

1. 48年度鑑字第2378號

被付懲戒人福建金門地方法院推事胡○○承辦林○與洪○○離婚一案，於民國46年10月17日之第一次言詞辯論未將訴狀及傳票一併送達於被告洪○○，同年12月11日之第3次言詞辯論，郵務送達後將應送達文件原封退回，被付懲戒人以退回之公文袋上註明「人已離開」，即認爲被告變更應爲送達處所，遂依民事訴訟法第149條第3項以職權命爲公示送達，指定47年1月29日爲言詞辯論，當日以原告一造辯論終結，同月31日宣判准原告林○與被告洪○○離婚。與民事訴訟法第386條第1項第1款之規定亦有不合。又該被付懲戒人與其判決離婚之原告林○結婚，致滋物議，申辯亦自承錯誤，自與公務員服務法第5條謹慎之旨有違，因而酌處胡○○降1級改敘[3]。

2. 51年度鑑字第2837號

被付懲戒人福建金門地方法院院長韓○○，一、擅派劉○○爲人事管理部份：原控以各級地院委任人事管理員，應由上級法院人事室委派任用核示級俸，韓院長○○委派其私人劉○○爲人事管理員，擅自核定支委任一階五級薪俸。二、擅自核支並虛報王○○薪俸部份：原控金門地院會計書記官王○○未經送審，韓院長竟核支委任一階三級俸。45年3月24日成立法院，該王○○實

---

[2] 參照State of Alaska, Commission of Judicial Conduct官網，http://www.ajc.state.ak.us/conduct/ conduct.html，2013/01/06造訪。

[3] 司法院公報第1卷第5期，頁21-22。

際係3月24日到職，爲韓院長所深知，乃竟虛報同月一日起支薪。三、擅准余○○超支薪俸部份：原控該院書記官余○○45年3月24日起，至49年1月止均准超支委任二階九級俸，（雖經繳回），該被付懲戒人身爲院長，亦難辭失察之咎。六、擅減宋○○檢薪俸部份：原控該院書記官宋○○，經銓敍部核定委任一階一級俸，韓院長竟擅減爲委任三級支薪，宋員不服經簽奉部人事室臺46人室字176號通知，以簽奉部長核示，應按照核定一階一級支薪，韓院長仍置不理，竟剋扣宋員薪津達一年八個月，至47年7月，始照核定支薪。……九、縱容推事胡○○與訴訟當事人林○結婚，並爲其證婚部份：原控以金門地院推事胡○○受理僑春林○與夫洪○○離婚一案，在案件進行中竟與原告戀奸懷孕，繼而不按法律程序，於47年1月25日判決離婚，即於同年6月11日與原告林○結婚，並由本院韓院長爲之證婚，一時滿城風雨，聞言嘖嘖。被付懲戒人身爲胡員之主員，竟貿然爲其證婚，與公務員應謹慎之旨，顯屬有違。……該被付懲戒人應付重大違失之咎，因而酌處韓○○降二級改敍[4]。

3. 57年度鑑字第3760號

被付懲戒人陳○○係臺灣宜蘭地方法院推事，於57年3月9日晚間，親往司法行政部次長寓所，懇請設法改調西部法院任事，同時餽贈禮物1包，除土產外，尚有1個信封，乃簽呈部長拆視，內係新臺幣1萬元。身爲司法官竟對長官餽贈財物，揆諸公務員服務法第16條第1項之規定，殊有未合，應休職期間6月。

4. 60年度鑑字第4217號

被付懲戒人李○○係臺灣高雄地方法院推事，於辦理蔡某之夫妨害家庭一案，蔡某以夫被羈押，請求交保，被付懲戒人竟與約定至旅社相見，迨至被告之妻所住之旅社房內被付懲戒人不自檢點，脫去長褲，致使被告之妻持褲出門喊叫，醜態畢露，官箴喪盡，罔顧廉恥，應撤職並停止任用3年。

5. 61年度鑑字第4330號

被付懲戒人曾○○係臺灣台東地方法院推事，於民國51年10月間，配受辦理該院51年度易字第408號遷讓房屋涉訟案件，收受賄賂。並召喚酒女陪酒，行爲惡劣，其刑事責任，經法院三審判處罪刑確定，違法瀆職，至屬顯明。應撤職並停止任用5年。

---

[4] 司法院公報5卷1期，頁27至29。

6. 68年度鑑字第5014號

被付懲戒人謝○○係臺灣高雄地方法院推事，其岳父張某與鄰人郭某兄弟土地涉訟，因吳氏兄弟疑其利用身分介入訟事，被付懲戒人竟兩度前往吳宅盛氣責問，發生爭執，爲警勸開，繼竟控訴郭某等5人妨害自由，郭某等亦控被付懲戒人之妻張某等傷害，終至郭某1人忿而自殺，遺書指述被付懲戒人欺侮郭家，使其全家走投無路等語。被付懲戒人身爲司法官，不知遠嫌，逞其意氣，導致糾紛，物議喧騰，損及司法信譽，顯違公務員服務法第5條所定謹慎之旨，應休職期間2年。

7. 78年度鑑字第6282號

被付懲戒人林○係臺灣臺中地方法院推事，某乙係配置林○之書記官。緣林○承辦陳某等竊盜等一案，曾於某日勘畢現場後接受縣議員鄭某邀宴，鄭乃得悉林○與劉女熟識。被告因所犯加重竊盜罪，爲求疏解罪責，遂央其兄鄭某幫忙，鄭某告知可找劉女試試，劉女乃引介陳兄與林○見面，說明來意後，林○允加考慮。越數日，陳兄再邀劉女約林○見面，林○謂：陳某竊盜案較複雜，需20萬元（新臺幣）才能解決；並謂：不敢保證無罪，但保證不判徒刑祇判罰金。數日後，陳兄即攜20萬元開車載劉女與林○餐飲後，同車至臺中市林森路與新生街口處，由劉女將陳兄放置其皮包內之20萬元取出，當面交付某甲，託其幫忙，林○收受後，答稱沒有問題，並交代轉知被告下次出庭時要改口，堅稱竊取檳榔時未帶刀子，係用手偷摘云云。5月21日，陳某於審理中，果翻前供，林○爲使陳某前後供詞一致，以符合罰金承諾，乃唆使書記官某乙將5月5日製作之訊問筆錄第一張反面第5行「有的」二字下僞填「沒有帶檳榔刀」，第2張反面第10行（問潘警員）僞填「有無查扣檳榔刀」，同面第13行（潘警員答）僞填「沒有查扣檳榔刀」等各字句，暨同月23日製作之審判筆錄第2張正面第8行僞填「綽號阿文者姓名、住何處」、第9行僞填「沒有阿文者其人」。林○遂據此不實筆錄，變更起訴法條。改爲普通竊盜罪，且無視其爲累犯，而枉法輕判罰金銀元4,500元。被付懲戒人林○職司審判，竟收受賄賂，變造審判筆錄，枉法裁判，損害司法信譽至鉅，違失之咎，非比尋常。某乙對於林○虛僞不實之指示，竟變造筆錄，顯屬有虧職守。因而將林○爲撤職並停止任用2年、某乙記過1次之懲戒。

8. 83年度鑑字第7229號

被付懲戒人曾○○係臺灣屏東地方法院法官，與鄰居李謝四言因土地界

址，紛爭多時。上（八十二）年一月九日上午十一時許，在高雄市前金區鼎盛街十六號其住所門前道旁，又因地界問題，與李婦發生爭吵，公然辱罵其為「乞食婆」。李婦不甘示弱，與之拉扯，曾員撿取地上磚塊擊打李婦左肩，並用力將其推倒於地，致李婦左右手腕、左腿、左頰及左肩等部受傷等情，經臺灣高等法院高雄分院駁回上訴確定，有各該法院刑事判決附卷可稽，違法事證，已甚明確。申辯意旨雖謂一時情急，甩開李婦，致其失去重心，倒坐地面磚堆，並無傷害及辱罵李婦情事等語，或係避就之詞，或為空言否認，自無足採。查被付懲戒人身為法官，不循法律途徑，解決與鄰居之地界爭執，竟口出惡言，並出手傷人，言行顯失謹慎，有違公務員服務法第五條之規定，因而酌情議處曾○○記過1次。

9. 88年度鑑字第8796號

被付懲戒人劉○○於前臺灣高等法院高雄分院法官蔡○○因受賄、教唆傷害案件，於85年12月12日為屏東地方法院檢察署檢察官收押，藍女亦遭收押時，乃於電話中指示藍女司機蔡○○如何湮滅不利之證據之通話紀錄。被付懲戒人身為法官，竟教唆湮滅訴訟當事人證據，雖其行為尚未至犯罪，仍有違公務員服務法第5條所定公務員應謹慎之旨。藍女係舞廳負責人，舞廳復係行政院列管之八大行業，被付懲戒人身為法官，竟不避諱，與之來往頻繁，並於宣判後與其談論自己承辦李○○殺警案判決案情，仍有違公務員服務法第5條公務員應謹慎及司法院函頒之法官守則第4條所定：法官言行舉止應端正謹慎，令人敬重，日常生活應嚴守分際，知所檢點，避免不當或外觀易被認為不當之行為，務須不損司法之形象之規定。因而酌情議處劉○○休職期間3年。

10. 88年度鑑字第9021號

被付懲戒人曾○○為臺中高分院法官，為維護司法人員受人尊敬、信賴之良好形象，應避免不當飲宴。然竟受邀出入餐廳，甚至談論人犯交保情事，致楊○○、吳○○等誤以為可透過法官，以遂活動交保之企圖，已對司法造成傷害。核其所為，仍有違公務員服務法第5條公務員應謹慎之規定。因而酌處曾○○記過1次。

11. 89年度鑑字第9205號

（見本章貳、禁止不當利用職銜之案例參考）

12. 89年度鑑字第9238號

被付懲戒人李○○為臺南地院候補法官。一、審理潘○○○妨害風化案

爲違法之裁判部分：審理臺灣臺南地方法院87年度易字第2863號潘○○○妨害風化案，於87年10月19日判決，判決書認定潘女係犯刑法第231條第2項之罪，於判決主文諭知「潘○○○共同連續意圖營利，使人爲猥褻行爲，累犯，處罰金三千元，如易服勞役以三百元折算一日」。惟刑法該條之法定刑爲「三年以下有期徒刑，得併科五百元以下罰金」，依法不得判處專科罰金，詎被付懲戒人卻僅判處罰金三千元，違失事實，已臻明確。二、承辦蔡○○等妨害風化案時，透過關係人指導被告爲訴訟行爲部分：緣有商人冉○○於88年10月間，申請登記經營「法柏專業護膚店」，實際對外則以「午夜城美容美體名店」之店名，從事色情行業，僱用蔡○○擔任晚班會計，並以每月2萬元僱用蔡○○爲人頭負責人。被付懲戒人因其女友江○○亦爲股東，經常出入午夜城美容美體名店，與冉○○頗爲熟識，知悉該店之實際負責人爲冉○○。88年11月間，該店經永康分局查獲容留女子黃○○與客人從事猥褻行爲，移送偵辦，於檢察官偵查中，被付懲戒人明知蔡○○並非實際負責人，竟指導訴訟行爲，要蔡○○要坦承犯罪，並供稱蔡○○爲實際負責人，將來始能得到緩刑之判決，蔡○○果依指導供述。該案起訴後，初由其他法官承辦，嗣因職務調動，改由被付懲戒人承辦，蔡○○於審判中辯稱渠僅係受僱之人頭，並非實際負責人，蔡○○則仍如前之供述。被付懲戒人嗣於89年5月26日判決論蔡○○、蔡○○共同以意圖使婦女與他人爲性交之行爲，而容留以營利爲常業，蔡○○處有期徒刑1年6月，緩刑5年，蔡○○處有期徒刑1年，緩刑2年。三、與江○○發生不正常男女關係部分：被付懲戒人係有配偶之人，並育有子女，於88年9月間，因到江○○工作之護膚休閒中心消費，認識江女，此後即時相往來，變成婚外情之男女關係。四、於上班時間赴午夜城美容美體名店、萬麗美容護膚名店等色情場所部分：被付懲戒人明知該兩家美容名店，係從事色情行業，惟因其有婚外情之女友江○○係該兩家美容名店之股東，且在該等美容名店工作，因此，經常出入該店，與江淑貞約會，且有時利用下午上班時間前往。其於上班時間赴色情場所，與女友約會之違法事實，洵堪認定。五、爲色情業者妨害風化案向警方關說部分：被付懲戒人於88年12月間，經冉○○駕車載被付懲戒人至永康警察分局復興派出所，由被付懲戒人向派出所主管呂○○遞名片，並向呂某表示，午夜城美容美體名店之實際負責人係渠線民，若無不法情事，請多關照。嗣於89年1月25日午夜城美容美體名店，經永康分局查獲客人在該店作色情按摩，被付懲戒人即於次日打電話給永康分局督察及二組組長郭○○等人，表示

該店之負責人係渠線民等語，意圖關說。六、被付懲戒人與其女友江○○有共同出資15萬元於午夜城美容美體名店之事實，堪以認定。因而將李○○爲撤職並停止任用2年之懲戒。

13. 90年度鑑字第9318號

被付懲戒人金○○係臺灣臺北地方法院法官，於89年10月16日19時許，應友人唐○○之邀，赴鴻福商務聯誼社（ＫＴＶ酒店）唱歌、飲酒，經該酒店大班黃○○安排花名「彩虹」之湯○○等多名女子坐檯陪侍。同日23時30分許，由唐○○結帳，並買湯○○50節共新臺幣（下同）1萬2,500元，將其帶出場。金○○至臺北市長春路246號密都大飯店，二人進入1005號房間內姦淫，事畢由金○○支付1萬元予湯女。按法官應保有高尚品格，謹言慎行，避免不當或易被認爲不當的行爲，並應避免其他有損法官形象之應酬或交往。被付懲戒人首揭不當行爲，顯失法官應有品位，難辭咎責。核係違反公務員服務法第5條公務員應謹慎，不得有放蕩等足以損失名譽行爲之規定，應審酌被付懲戒人已知悔悟，惟其放蕩之行爲已嚴重損害司法形象等一切情狀，爲適當之議處。因而酌處金○○休職期間3年。

14. 90年度鑑字第9391號

被付懲戒人於89年9月28日在法官論壇－聊天室未指明具體事實竟發表「李○○法官還適合作院長嗎？」乙文，並以浮誇聳動之詞批評其「在彰化地院任內即已弊端叢生，法院已陷入無政府狀態」等語，已非適度評論，且司法院網站法官論壇，持有通行密碼之司法同仁均可進入該系統閱覽，影響司法形象，核被付懲戒人所爲，有違公務員服務法第5條公務員應謹慎之規定。被付懲戒人所指彰化地院院長梁○○一人同時占用兩間宿舍，並將員林簡易庭前開首長宿舍交給外人居住等一節，姑不論是否事實，被付懲戒人既以求體制內改革爲崇，殊宜循司法體系反應，以臻改革之目的，乃不此之圖，竟在非職務有關，應由法警記載其值日交接事項之法警值日交接簿上書寫帶有污衊語氣之「腐敗」、「特權」等字眼，復未敘述具體事實，登載「請問梁○○先生？你的宿舍在搞什麼？」、「要不要向司法院長反應你的腐敗？」、「可見你濫用特權」等詞句，使該院全體值日法警均可閱見，其顯非單純關心法官居住安全所爲之意見反應，足以影響機關首長聲譽，有欠謹慎。按法官應保有高尚品格，謹言慎行，避免不當或易被認爲不當的行爲。被付懲戒人上述違失不當行爲，有失法官應有品位，難辭咎責，核係違反公務員服務法第五條公務員應謹

慎之規定，因而酌情議處李○○申誡。

15. 94年度鑑字第10511號

公務員於辦公時間內，應負責盡職，維持良好辦公紀律，不得利用上班時間買賣股票，前經行政院人事行政局於86年2月18日以86局考字第04427號函令提示有案。又各級司法人員應嚴守分際，不得於上班時間內買賣股票，並不得經營商業或投機事業，各機關首長尤應以身作則加強宣導，規範所屬，以維優良司法形象，亦經司法院於88年4月12日以八八院台人三字第08582號函令在案。本件被付懲戒人任○○身為臺北地院法官兼庭長，未能謹慎自持，除委任股市商人陳○○操作股票之買賣外，並利用上班時間下單買賣股票，未能專心盡其法官職務，對工作忙碌之審判業務，自有影響。核被付懲戒人所為，顯有違公務員服務法第5條所定公務員應謹慎勤勉之旨，又被付懲戒人任○○漏報關於鴻海股票1萬股，總價236萬8,000元及華碩5,000股總價379萬5,000元未予申報，未予申報金額總計達616萬3,000元等情，核其行為除違反公職人員財產申報法第2條第1項第10款、第5條第1項第2款之規定外，並有違公務員服務法第5條所定公務員應謹慎、誠實之旨，因而酌情議處任○○記過2次。

被付懲戒人林○○原係臺北地院法官，自86年3月起至89年12月止，於匯豐公司開立股票帳戶，經常利用上班時間委託匯豐證券公司營業員下單進出股市買賣股票，按各機關公務人員於辦公時間內，應負責盡職，維持良好辦公紀律，不得利用上班時間買賣股票。被付懲戒人林○○身為法官，未能謹慎自持，竟利用上班時間買賣股票，核其行為自有違公務員服務法第5條所定公務員應謹慎勤勉之旨，因而酌情議處林○○申誡。

16. 101年度鑑字第12386號

被付懲戒人莊○○於任職臺灣高等法院臺中分院法官期間，發生匯得利公司倒閉，該公司之債權人間，為參與分配執行案款涉訟事件。被付懲戒人竟教唆附表二所示債權人之共同訴訟代理人葉○○律師及石○○，「叫證人不要再咬林○○」，並於將來民事第二審法院改判葉律師所代理之一方敗訴時，對於該第二審敗訴之判決不上訴。致葉○○律師嗣於民事第二審判決改判附表二之債權人敗訴後，未提起上訴，而告確定在案。被付懲戒人為違法行為當時身為臺灣高等法院臺中分院法官，不知檢點謹言慎行，明知葉○○為林○○之對造當事人所委任之律師，為圖不法所得，竟不惜找葉○○協商，教唆背信，戕害司法之公正，影響司法之形象至鉅。且其所得不法利益多達415萬元，事後又

無悔意。爰酌情將莊○○撤職並停止任用3年。

四、相關立法例

(一)班加羅爾司法行為原則

準則3 廉正

在正當執行司法職務時,廉正極爲重要。

4.1.法官的一切活動,應避免作出不妥當或看來不妥當的行爲。

(二)美國法曹協會司法行為模範法典

規則1.2 促進公眾對司法之信心

司法行爲時應隨時以促進公眾對司法獨立、正直及公正之信心爲念,且應避免不當及看似不當之行爲。

(三)香港法官行為指引

正直及言行得當

22.法官的行爲是受到公眾監察的。無論在庭裡庭外,法官行事都必須維持司法人員的尊嚴及地位。

23.法官跟市民一樣享有權利和自由。不過,必須要認同和接受的是,法官的行爲會因其司法職位而受到適當的限制。

24.法官必須嘗試在兩者中取得平衡,原則是法官需要考慮他想做的事,會否令社會上明理、不存偏見、熟知情況的人,質疑其品德,或因此減少對他身爲法官的尊重。若然會的話,便應避免做本來想做的事情。

25.不消說,法官對法律必須至爲尊重,並且嚴格遵守。其他人眼中視爲無傷大雅的小過犯,如果發生在法官身上,就大有可能惹來公眾議論紛紛,敗壞其聲譽,以至引起外界質疑法官本人及司法機構是否正直誠實。

貳、禁止不當利用職銜

> **第六條**
>
> 　法官不得利用其職務或名銜，爲自己或他人謀取不當財物、利益或要求特殊待遇。

評釋

一、法官職銜

　　法官是行使司法權之人，法官對於爭議的判定，具有決定性的影響力。此一地位，難免成爲有心人士的討好對象，而未能謹守行爲分際的法官，即可能濫用其職銜，爲自己或他人謀取不當財物、利益或要求特殊待遇。因此法官在使用其職銜時，自應小心謹愼。

二、有無濫用職銜的判定標準

　　法官固不得濫用職銜，然而判定是否濫用，應以其使用名銜的目的，是否在於「爲自己或他人謀取不當財物、利益或要求特殊待遇」，作爲標準。而何謂「謀取不當財物、利益或要求特殊待遇」，應依具體個案事實判斷，難以一概而論。一般而言，凡屬一般公務人員或一般人均得享有之利益或待遇，法官同樣要求享有，亦即非因職銜關係而受有不當財物、利益或受有特殊待遇。反之，即屬之。另一方面，法官雖無主動要求不當財物、利益或要求特殊待遇，但對方知道其法官身分，而給予其一般公務人員或一般人所無的財物、利益或特殊待遇者，如法官明知其事，亦不應接受。此於美國法曹協會司法行爲模範法典規則1.3中，有明文規範，我國條文雖未明定，但應係解釋上所當然，否則法官及交易相對人即可能利用反面說詞，規避本規範之適用。

三、參考案例

89年度鑑字第9205號

監察院移送意旨：楊○○係臺灣高等法院（以下簡稱高院）法官，於87年7月3日，應經商朋友陳○○、李○○夫婦之邀，參加紅龍蝦餐廳（臺北市吉林路45號）飲宴接受招待，在飲宴中聽聞陳○○（臺灣鳳梨股份有限公司集團總裁黃○○之配偶）、李○○、柴○○、鍾○○（律師）等人談論臺灣鳳梨股份有限公司股票（以下簡稱臺鳳股票）之利多消息。楊○○於宴後次日（按即4日）起數日內即大幅擴張信用，並借用楊○○、陳○○股票帳戶，以融資交易買進臺鳳股票149張（其中10張現款買進），金額總計新臺幣（以下同）3,729萬6,036元（含融資金額及支付券商之手續費），意圖藉機謀利，並利用上班時間買賣股票，復有財產申報不實之情事。……公懲會懲戒意旨：被付懲戒人身爲高院法官，未能嚴守分際，自我約束，接受商人朋友陳○○、陳○○招待，於飲宴中獲知利多消息，意圖藉機謀利，借貸巨額款項及大幅擴張信用購買臺鳳股票，集買10張，融資交易方式買進149張，於87年7月23日出清臺鳳股票139張後，因虧損達1,697萬9,828元，竟接受陳○○簽發面額共計1,700萬元支票3張之補償，嗣經媒體報導，司法官參與鳳梨宴，投機炒作臺鳳股票，嚴重影響司法形象，有損公務人員之名譽。且利用上班時間買賣股票，及就花蓮地段土地之信託登記，有財產申報不實情事，其違法事證已經明確。核其所爲，顯有違公務員服務法第五條「公務員應誠實清廉，謹慎勤勉，不得有足以損失名譽之行爲」之規定，及違反公職人員財產申報法第五條第一項公職人員應申報不動產之規定。因而將楊○○撤職並停止任用1年。

四、相關立法例

(一)班加羅爾司法行為原則

準則3　廉正

在正當執行司法職務時，廉正極爲重要。

4.1. 法官的一切活動，應避免作出不妥當或看來不妥當的行爲。

(二)美國法曹協會司法行為模範法典

規則1.3　避免濫用法官職位之聲望

法官不得濫用法官職位之聲望，以增進法官或其他人個人或經濟利益，或允許其他人如是為之。

(三)香港法官行為指引

運用司法職位

78. 法官不應以其司法職位，尋求個人利益，或為家人和明友謀取利益；也不應做一些可能會令人有理由相信是為了達到這些目的的行為。

79. 法官不應企圖，或可能令人相信他企圖利用司法職位，去解決與法律或政府部門有關的問題。例如，當法官涉嫌違反交通的條例而被截停時，便不應向執法人員主動透露自己的司法身份。

80. 然而，法官在處理私人事務時，無需隱瞞自己擁有司法職位，不過要小心處理，避免令別人以為法官可用其身份得到某些優待。

使用司法機構的信箋信封

81. 一般而言，司法機構的信箋信封是供法官以其官職身份（分）發出信件之用；使用司法機構的信箋信封，以個人身份發信，便需格外小心。例如，在社交場合完結後以這些信箋信封發出感謝信，不會引起非議。另一方面，如果法官使用司法機構的信箋信封，會令人合理地以為是為了引起收信人注意其官職，從而影響收信人，這是不恰當的，譬如是一般的投訴信，或關於有爭議的保險申索等。

推薦書

82. 雖然法官為人寫推薦書不會招來異議，但應該小心處理。有人請法官寫推薦書，不一定是因為與法官稔熟，可能只是因為法官地位的緣故。一般來說，如果法官為某人寫推薦書，而法官對那人的個人認識是基於司法工作，例如對方是一位司法書記，或是跟隨法官實習的見習大律師，才可使用司法機構的信箋信封。至於其他情況，例如對方是家庭傭工，則應該用私人信紙。

提供品格證據

83. 法官不應主動提出到法庭為他人提供品格證據；如有人作出要求，法官先要諮詢法院領導。除非拒絕作證會對尋求品格證據的人造成明顯不公平，否則不應同意提供品格證據。

參、收受餽贈之禁止與界限

> **第八條**
>
> 　　法官不得收受與其職務上有利害關係者之任何餽贈或其他利益。
>
> 　　法官收受與其職務上無利害關係者合乎正常社交禮俗標準之餽贈或其他利益，不得有損司法或法官之獨立、公正、中立、廉潔、正直形象。
>
> 　　法官應要求其家庭成員或受其指揮、服從其監督之法院人員遵守前二項規定。

評　釋

一、廉潔自持與收禮

　　第5條規定，法官應保有高尚品格，謹言慎行，廉潔自持，避免有不當或易被認爲損及司法形象之行爲。旨在要求法官保有公正的形象，以維護人民對司法的信心。然而法官既係社會的一份子，自不能完全自外於社會一般禮俗。中國傳統社會向極重視「禮尚往來」，古人有謂：「禮尚往來，往而不來，非禮也，來而不往，亦非禮也。」[5]臺灣文化亦復如是，法官不僅可能因社會禮俗而收禮，也可能因社會禮俗而送禮。只是法官身分特殊，容易成爲有心人討好的對象，因而法官在處理他人送禮問題事宜，自應秉持高度謹慎的態度，以免損及法官或司法的公正形象。

二、禁止收受與職務上有利害關係者之餽贈

　　本條第1項規定，法官不得收受與其職務上有利害關係者之任何餽贈或其他利益。此所謂「與其職務上有利害關係者」，應係指與法官審判職務上有任何利害關係之人，不論其爲當事人本人或訴訟代理人，或受其囑託之人，均屬之。又不論其所爲之餽贈是否出於社會禮俗，亦然。例如，法官的兒女結婚，

---

[5] 禮記・曲禮上。

其擔任律師的大學同學知情，而主動前來參加喜宴，如法官現正承辦該律師所代理案件，即不應收受該律師的「禮金或禮物」。有關婚宴收受承審案件律師致贈禮金乙事，司法院法官倫理規範諮詢委員會，曾表示如下意見[6]：

> 按法官不得收受與其職務上有利害關係者之任何餽贈或其他利益，法官倫理規範第8條第1項定有明文。固較公務員廉政倫理規範第4點，允許一般公務員在該點但書所示例外情形下（例如：因訂婚、結婚而受贈財物），得收受與其職務有利害關係者餽贈財物之規範，更為嚴格。……本案應考慮者係該受邀參加婚宴之律師，既為該法官目前承審案件之訴訟代理人，核屬法官職務上之利害關係人。依前揭法官倫理規範相關規定，法官不得收受該律師之任何餽贈或其他利益。

三、收受與職務上無利害關係者餽贈之界限

本條第2項規定，法官收受與其職務上無利害關係者合乎正常社交禮俗標準之餽贈或其他利益，不得有損司法或法官之獨立、公正、中立、廉潔、正直形象。本規定係認同法官對於與其職務上無利害關係者，收受「合乎正常社交禮俗標準」之「餽贈或其他利益」，然而何謂「合乎正常社交禮俗標準」？因每一個人的經濟能力不同，價值觀不同，某甲認為合乎正常社交禮俗標準，某乙未必認同，如無客觀標準，等於沒有標準，或許可以後段所謂「不得有損司法或法官之獨立、公正、中立、廉潔、正直形象」，作為判定基準，而是否「有損司法或法官之獨立、公正、中立、廉潔、正直形象」，應係由理性第三人的角度來觀察，並非法官本人的角度，乃解釋上所當然[7]。

6　司法院法官倫理規範諮詢委員會意見（2013-001）。

7　有認為法官收受財物、勞務報酬、貸款等財物利益均與廉潔、正直之品操有關，收受禮物、報酬、貸款、利益若與一般國民相較，有顯然不相當之價值及利益，自屬不當而有害廉潔、正直。……若統合規範收受餽贈、酬勞、利得等，以合理、相當、一般客觀性之人，認為無損法官獨立、廉潔、正直之標準似較妥適；在判斷上，衹要與一般非法官之人相較，法官未取得特別待遇、未收受不相當的酬勞或財物，無損於司法公信，而得為一般社會通念所接受即可。（莊秋桃《法官倫理之研究》，司法研究年報第29輯，民國101年12月出版，頁104-105。）

四、要求屬員遵守規範

送禮者交付餽贈或利益的對象，未必向法官本人為之。極可能是交付其家庭成員或受法官指揮監督之人員，是以本條第3項乃明定，法官應要求其家庭成員或受其指揮、服從其監督之法院人員遵守前開規定。

五、案例參考

94年度鑑字第10673號

按法官身分特殊，自應保持高尚品格，謹言慎行、廉潔自持，並避免有不當之行為，以維公正超然形象，否則無以昭人民之信賴。查被付懲戒人劉○○身為法官，竟對與其職務相關之法拍屋業者需索，進而收受價逾30萬元之金錶，並衍生貪瀆案件涉訟，經報章騰載，法官清廉形象盡失，雖其貪瀆犯罪部分，受無罪判決確定，但收受金錶厚禮，事證俱全，且授受雙方，一方為法拍屋業者，另一方則為在職之當地法院民事執行處法官，其間流弊所及，殊難預料。是其所為，顯已嚴重違反公務員服務法第5條所定公務員應清廉之旨，並損及司法形象至鉅。爰總合其違失情節重大，將劉○○為撤職並停止任用1年之懲戒。

六、相關立法例

(一)班加羅爾司法行為原則

4.14. 法官及法官家人不得因執行司法職責所作出或不作出事項而索取或收受餽贈、遺贈、貸款或好處。

4.15. 法官不得在知情的情況下准許法庭人員或受法官支配、指示或權力指使的人因執行各自職務或職能所作出或不作出事項而索取或收受餽贈、遺贈、貸款或好處。

4.16. 在遵守法律及關於公開披露事項的法例規定的前提下，法官可酌情接受適當象徵性禮物、獎賞或利益，惟不得用作影響法官執行司法職責，亦不得讓人有偏私的看法。

(二)美國法曹協會司法行為模範法典

規則3.13　禮物、貸款、遺贈、利益或其他有價值物品之接受與報告

(A) 法官接受禮物、貸款、遺贈、利益或其他有價值物品，如為法律所禁止，或其接受無形中損害一般人對法官獨立、正直或公正之感覺者，即不得接受。

(B) 除法律或(A)項規定禁止之外，法官得接受以下物品，無庸為公開報告：

(1) 本質上價值很低的物品，例如匾、證書、獎品及問候卡；

(2) 由朋友、親戚或其他人，包括律師，所給與之禮物、貸款、遺贈、利益或其他有價值物品，而該等人士出現於法官受理之繫屬中案件或即將繫屬之案件，或對該等案件有利益，即構成法官依規則2.11規定之迴避事由者；

(3) 一般社交款待；

(4) 商業或融資機會及利益，包括特價及折扣，以及由貸款機構依其一般商業程序之貸款。而同樣之機會及貸款之利益，對於非法官而有類似情形之人，得以同一條件取得者；

(5) 對於競爭者或參與者給與獎金及獎品，而係依隨機抽籤、競賽或其他非以法官為對象之公開活動者；

(6) 獎學金、研究生獎學金，及其他類似利益或獎金，而對於非法官而有類似情形之人，亦得以同樣之條件及標準取得者；

(7) 出版品免費提供公務使用之書籍、雜誌、期刊、視聽資料及其他消遣物品；或

(8) 與法官配偶、同居人或其他居住法官家庭之成員之企業、職業或其他個別活動而取得之禮物、獎金或利益，對法官而言係偶發性者。

(C) 除法律或(A)項規定別有禁止之外，法官得接受以下物品或邀請，並且必須依規則第3.15之規定報告該接受情事：

(1) 因撰寫公開之推薦書而獲贈之禮物；

(2) 邀請法官及法官配偶、同居人或賓客無償出席：

　　(a) 與律師公會宴會相關之活動，或其他有關法律、司法制度或司法行政之活動；或

　　(b) 與法官教育、宗教、慈善、敦睦或民間團體相關，為本法許可

之活動，而對於以類似法官般方式參與之非法官人員，也提供
相同邀約者；及

(3) 禮物、貸款、遺贈、利益或其他有價值物品，其來源係一造當
事人或其他人，包括律師，其案件已爲或將爲該法官受理，或
其利益已爲或可能爲該法官所處理者。

肆、保密義務

> **第十六條**
> 　法官不得揭露或利用因職務所知悉之非公開訊息。

評釋

一、與當事人有關非公開資訊之保密

　　法官因承辦案件，很容易接觸到當事人個人隱私、商業機密等非公開資
訊，有關當事人隱私或關係到當事人的身分、財產、私德或其他不欲人知的個
人資訊，法官在裁判所取得的相關資訊，除非裁判上有揭露的必要，不應任意
將之透露給第三人；其次，法官爲裁判上需求，而獲知當事人商業上機密，如
爲非職務上所必要，任意揭露或利用之，極可能造成當事人在商業上的損失。
法官承辦案件得知上開非公開資訊，乃基於國家賦予法官職權，即信賴法官的
道德水平，不致於濫用此等資訊，如法官濫用之，任意揭露或利用因職務所知
悉之非公開訊息，即屬有損其職位尊嚴或職務信任之行爲，其行爲不僅係違反
本條規範，亦屬違反法官法第18條規定：「法官不得爲有損其職位尊嚴或職務
信任之行爲，並應嚴守職務上之秘密。」的行爲。

二、評議結果之保密問題

　　本條規定著重在法官因職務關係取得當事人非公開資訊的保護問題，無
涉合議庭法官在辯論終結，依法評議後，有關評議結論之保密問題。法官依法

為合議審判案件，只能透過評議方式，形成裁判的結論。合議審判，於地方法院、高等法院，高等行政法院、智慧財產法院，以3人行之；於最高法院、最高行政法院，以5人行之。（法院組織法第3條、行政法院組織法第3條、智慧財產法院組織法第44條）評議時法官應各陳述意見，其次序以資淺者為先，資同以年少者為先，遞至審判長為終。評議以過半數之意見決定之。關於數額，如法官之意見分三說以上，各不達過半數時，以最多額之意見順次算入次多額之意見，至達過半數為止。關於刑事，如法官之意見分三說以上，各不達過半數時，以最不利於被告之意見順次算入次不利於被告之意見，至達過半數為止。（法院組織法第104、105條）

有關評議之保密，規定於法院組織法第103條：「裁判之評議，於裁判確定前均不公開。」及第106條：「評議時各法官之意見應記載於評議簿，並應於該案裁判確定前嚴守秘密。（第2項）案件之當事人、訴訟代理人、辯護人或曾為輔佐人，得於裁判確定後聲請閱覽評議意見。但不得抄錄、攝影或影印。」第103條的範圍，不僅指評議的結論，尚包括評議的內容。而第106條則規定評議的意見，應載明評議簿，其內容僅於裁判確定後始得聲請閱覽。有關評議結論之保密問題，固不在法官倫理規範第16條之規定內涵。但仍屬法官法第18條所規定：「法官不得為有損其職位尊嚴或職務信任之行為，並應嚴守職務上之秘密。（第2項）前項守密之義務，於離職後仍應遵守。」的涵攝範圍。

法官對於評議內容的保密方式，有不同意見，有認為法官公布自己的評議不同意見，不在法律的限制範圍。過去實務上有幾件法官將不同意見書作為判決書附件一併寄發當事人情事。但此一見解，不為司法院所接受[8]。然而曾公開自己不同意見的法官，在過去並不曾經有職務監督權人予以職務監督處分，或遭受懲戒，司法院以往對於類此行為，似僅採取消極不認同的態度。法官本於自己的確信，將自己獨立審判的意見，對外宣示，應屬負責任的態度，監督權人如就此予以職務監督，亦有危及法官獨立行使審判職權之虞[9]。值得注意

---

[8] 司法院100年5月10日院台廳司一字第1000011349號函：為落實法院組織法第103條、第106條第1項規定，請轉知貴院法官於審理合議案件時，所持少數不同意見，應僅記載於評議簿，不應具名附載為判決書之一部分，以符法律規定。

[9] 桃園地院錢建榮法官即認為，合議案件可否公開附不同意見書，不是視「法律有無明文許可」，而應該是視「法律有無明文禁止」，換言之，不適用法律保留原則，而符合法律優越原則即可。以同屬合議制

的是，對於職務監督妥當性有最終審查權的職務法庭，在司法院職務法庭101年度懲字第2號乙案判決中，即附上參與審判法官的「少數意見書」，不過司法院隨後即發文各法院表示：「請轉知所屬法官於審理合議案件時，裁判書不應記載少數（不同）意見」，其理由為：「一、審判制度係透過審級救濟程序，使法院認定之個案事實趨於事實真相，俾使當事人間之紛爭，獲致最終且唯一的事實認定及法律適用結果，以定分止爭。至於作成裁決的過程中，因需處理事實認定或法律適用爭議，致評議時容有不同意見提出，惟一旦完成評決，並以多數意見做成裁判後，倘若確定裁判仍得附記少數（不同）意見，恐使當事人產生法官對該個案紛爭之裁判意見分歧之印象，對於確立法院裁判之公信力，恐有不利影響。二、合議審判案件之評議，屬於裁判之一環，由於評議之意見係影響裁判結果之重要事項，舉凡認定事實、適用法律及法官得心證之理由，均應於評議時充分討論。再按法院組織法第106條第1項規定，合議審判案件評議時各法官之意見應記載於評議簿；而評議簿之記載，乃行合議審判時，有無踐行法定評議程序之重要佐證，用以擔保法官評議時所持意見如實呈現，是將合議審判案件之少數（不同）意見書附於裁判書，與現行法院組織法之規定意旨不符。三、請轉知所屬法官於審理合議案件時，所持少數（不同）意見，應僅記載於評議簿，不應記載於裁判書中或具名附載為裁判書之一部分，以符法意旨。」[10]對於不同意見得否公開的爭議，或許應透過修法或裁判

的「公務員保障暨培訓委員會」的決定為例，公務員保障法對於保訓會的決定也無得附不同意見書的明文，但是保訓會就依據自訂的審議規則（第13條第3項），以子法方式規定得附協同與不同意見書，實務上此類附有意見書的案例亦屢見不鮮。同樣的，「大法官審理案件法施行細則」第30條第1項雖規定：「大法官審理案件之分配、審理、討論及其他經過情形，均應嚴守秘密」。然而這都屬於評議進行中的保密義務，根本無礙於事後是否公開意見書的制度。並建請司法院研擬修改法院組織法，以解爭議。（見錢建榮《解放法官良心－公開不同意見書芻議》，法官論壇102年12月31日貼文。）學者王金壽、魏宏儒認為：「將評議秘密原則採用『進行式』守密與『過去式』守密分開的解釋；也就說前者係評議進行時的絕對不公開，後者係判決結束後可視情況公開其評議過程。在此前提下，評議秘密原則意在保護少數意見，若法官為表明其法律確信與責任，認為可受公評，放棄評議秘密原則的保護（『過去式』守密之放棄），提出不同意見書，並無超越法官職務之虞」。（參照王金壽、魏宏儒《法官的異議與民主可問責性》，政大法學評論第119期，2011年2月，頁53）

[10] 參照司法院102年12月30日院台廳司一字第1020034903號函。不過最高行政法院法官吳東都，於103年1月3日在法官論壇上表示：「法官依據法律獨立審判，不受任何干涉（當然包括司法行政的干涉）。裁判書之製作，係屬法官獨立審判之範圍。因此，裁判書可否及如何記載少數意見，並非看法律有無規定可以記載少數意見，而是視法律有無限制。德國聯邦憲法法院法官一開始也是在法無明文下，出具不同意見書，而後法令始作規定。訴訟法係規定裁判書應記載事項，並非規定裁判書『僅應』記載事項，自

予以化解，以利司法公信力的確立。

三、相關立法例

(一)班加羅爾司法行為原則

4.10. 法官以法官身分取得的機密資料，不得用作與法官的司法職責無關
的用途，亦不得為與法官的司法職責無關之目的披露機密資料。

(二)美國法曹協會司法行為模範法典

規則3.5　非公開資訊之使用

法官不得為與法官司法職務無關之任何目的，故意公開或使用其執行司法
職務所取得之非公開資訊。

伍、參與職務外活動之界限

第十八條

　　法官參與職務外之團體、組織或活動，不得與司法職責產生衝突，或
有損於司法或法官之獨立、公正、中立、廉潔、正直形象。

不能限制法官在裁判書記載少數意見。法律上有可能被引為限制法官在裁判書記載少數意見者，乃關於
評議秘密之規定。然而90年1月17日修正公布之法院組織法第106條第1項係規定法官之評議意見於該案
裁判『確定前』嚴守秘密（修正前係規定『於確定判決後，3年內應嚴守秘密』），及第103條規定裁判
之評議於裁判『確定前』均不公開（修正前係規定：『裁判之評議，均不公開』）。據此，終審法院之
判決，經評決公告確定者，一經公告已屬『裁判確定後』，裁判書記載少數意見，並不違反上開法律規
定。至於要將法院組織法第106條第1項關於法官應將評議意見記載於評議簿之規定，作為限制裁判書記
載少數意見之依據，那是『竹竿倒茭刀』（台語）。法官在裁判書記載少數意見，會不會影響裁判之公
信力？這不是純理論問題，而要看實證。……說裁判書記載少數意見，恐會影響裁判公信力，其實是
『自己嚇自己』！」

評釋

一、法官參與職務外團體或活動之自由

　　吾人在之前討論法官社交活動的界限時曾說：法官為社會一員，不可能與社會隔絕，生活在象牙塔中。這句話，對於法官參與職務外之團體、組織或活動問題，同樣有其適用。基於憲法對人民結社及言論自由的保障，法官參與職務外之團體、組織或活動，不論是學術的、慈善的、宗教的、公益的、藝術的或娛樂的等等，只要與司法職責，不會產生衝突，而且無損於司法或法官之獨立、公正、中立、廉潔、正直形象者，均無不可。例如以家事商談服務、兒童最佳利益之維護及相關福利服務為宗旨的團體，為增加涉入家暴傷害案及家事事件之父母與一般大眾對於家事事件及被迫出庭兒少相關議題之了解，擬製作宣導短片，並訪談辦理家事案件之法官，如提問內容屬於法庭程序介紹與審判經驗分享，則法官接受該宣導短片製作之訪談，尚與司法職責不生衝突，亦無損於司法或法官之獨立、公正、中立形象，自無不可[11]。

二、兼職的問題

　　法官參與職務外之團體、組織或活動，常涉及法官的兼職問題，由於法官的本職為審判工作，法官兼任本職以外的工作，如未妥適規範，恐會危及法官公正的形象。法官法第16條因而特別規定，法官不得兼任下列職務或業務：

1. 中央或地方各級民意代表。
2. 公務員服務法規所規定公務員不得兼任之職務[12]。
3. 司法機關以外其他機關之法規、訴願審議委員會委員或公務人員保障暨培訓委員會委員。
4. 各級私立學校董事、監察人或其他負責人。
5. 其他足以影響法官獨立審判或與其職業倫理、職位尊嚴不相容之職務

---

[11] 司法院法官倫理規範諮詢委員會意見（2013-004）參照。

[12] 公務員服務法第14條規定：「公務員除法令所規定外，不得兼任他項公職或業務。其依法令兼職者，不得兼薪及兼領公費。（第2項）依法令或經指派兼職者，於離去本職時，其兼職亦應同時免兼。」

或業務[13]。

　　此外，由司法院司法行政廳於102年3月29日發布了「法官法施行後有關法官兼職規定」，其內容如下：

　　壹、兼職原則

　　一、法官為機關內部之成員，其參與機關內應處理之事務，係屬機關組織運作及業務推展之一環，乃出於職務機關之公務需求，非屬兼任職務或業務。又司法官考試錄取人員，應接受學習、訓練；法官每年度應從事在職進修，其他司法人員則得視業務需要，施予在職訓練（司法人員人事條例第27條、第29條，法官法第81條第1項）。是以法官應聘前往司法院所屬之司法人員研習所及法務部所屬之司法官訓練所擔任講座，係為傳承審判經驗，提升司法職能，亦屬司法職務之一部，非屬兼任職務或業務。

　　二、法官法第16條第1款至第4款明列各種禁止兼職之類型，第5款則為概括禁止兼任之職務或業務，以上各款均不因法官服務「地域」或「審級」不同而有適用上之差別。

　　三、法官擬兼任之職務或業務，若該兼任之職務內容，涉及具體事實之認定，或法官於職務內容所為表示，對個案之決定或結果具有相當影響力或決定性者，即該當法官法第16條第5款「與其職業倫理不相容」。

---

[13] 法官可否加入國際扶輪社或國內地區扶輪社或其他社團之社員？在法官法及法官倫理規範實施前，司法院秘書長於91年間曾以（91）秘台廳民三字第25689號，為如下函釋：「一、查銓敘部75年10月3日（75）台銓華參字第50449號函釋：『公務人員加入社會團體為會員，被選任為理事、監事或理事長法非禁止。但如為具有監督機關之公務人員，則對上項選任職務宜行迴避。至於各該社團之總幹事及其他職員，凡實際執行社團業務及行政之人員，公務員兼任即屬違反公務員服務法第14條第1項規定，至如情形特殊，事實確有需要公務人員兼任上述社團幹部而法令未備，為解決問題起見，方得依本部72臺楷銓參字第45579號函四要項認定其適法性，並非公務人員只要符合四要項均可兼任社團幹部』；銓敘部72年10月27日（72）台楷銓參字第45579號函釋：『‥‥至如法令未備而事實確有需要公務人員兼任者，宜就下列要項認定其適法性：一、與本機關業務有關；二、對本職並無影響；三、經機關長官核准；四、無兼領薪給情事』。二、法官職司審判，應保有高尚品德，謹言慎行、廉潔自持，不得從事與身分或職務不相容之行為，凡有影響法官審判獨立之虞、有礙法官身分尊嚴、良好形象及不當或易被認為不當之行為，均應避免，以免損及人民對司法的信賴，法官守則第1條定有明文。法官守則及各級法院法官自律委員會實施要點，雖無明文禁止法官加入社團之規定，惟法官身分特殊，審判業務繁重，如欲加入為國際扶輪社或國內地區扶輪社或其他社團之社員，應考量對其職務之執行、審判獨立、司法形象是否適宜以決之。並請參酌上開銓敘部函釋規定。」

四、法律明文准許法官兼職者（例如：法律扶助法、戒嚴時期不當叛亂暨匪諜審判案件補償條例、律師法、公證法），法官可兼任該職務；惟法規命令如未明定法官為必要組成員者，法官得否兼任該職務，仍依法官法第16條第5款之精神處理。

五、法官參與司法職務外之兼職，因而收受非政府機關支給之報酬或補助，每日（次）逾新臺幣6千元者，應依「法官參與職務外活動收受非政府機關支給報酬補助申報須知」向服務機關政風單位辦理申報。

六、實任法官轉任司法行政人員者，於轉任報到時，非屬法官法所稱之「法官」，不適用法官倫理規範及「法官參與職務外活動收受非政府機關支給報酬補助申報須知」之規定。

貳、補充定義
一、法官法第16條第3款所稱「司法機關」，採狹義解釋，係指司法院暨所屬機關。

二、法官法第16條所稱「職務」，係指「法令或章程定有一定之職稱及職掌者」；所稱「業務」，係指「以反覆同種類之行為為目的之社會活動」。

此外，司法院法官倫理規範諮詢委員會，關於法官得否兼任某財團法人基督教宗教團體監事職務乙節，表達如下意見[14]：

參照銓敘部73年2月24日臺楷銓參字第01457號函釋意旨，公務員義務兼任佛教密宗財團法人董、監事尚無悖公務員服務法第14條第1項之規定；銓敘部75年4月26日臺銓華參字第22538號函釋意旨，公務人員依公益社團法人組織規章申請加入社團為會員，並依該組織規章選任為理事、監事或理事長，且係無給職者，法非禁止。爰公務員兼任宗教財團法人監事職務，尚與公務員服務法有關禁止公務員兼職之規定，不生牴觸。

據貴法官傳真提供之財團法人基督教○○○○○捐助章程（草案）第3條規定，該法人宗旨係本仁愛之精神，傳揚基督教義及辦理社會公益慈善事業。又章程草案所載監事之職權，係負責監察該法人財務及董事會之運作（章程草

----
[14] 司法院法官倫理規範諮詢委員會意見（2013-002）。

案第11條）。如該法人日後依上開章程成立，其監事職務一職，依章程草案內容，尚與其司法職責不生衝突，無損於司法或法官之獨立、正直形象，亦不違反法官法有關禁止法官兼職、法官倫理規範第18條之規定。惟法官擔任宗教財團法人監事職務，不得違反法官倫理規範第19條有關「法官不得爲任何團體、組織募款或召募成員」之規定。

　　關於法官得否兼任依政府採購法第86條所設置之採購申訴審議委員會委員，表達如下意見[15]：

　　查依政府採購法第86條所設置之採購申訴審議委員會，其職掌包括廠商申訴之處理、履約爭議調解等。又，採購申訴審議委員會所爲審議判斷，視同訴願決定（政府採購法第83條）。是該委員會之性質與功能，實際上相當於法官法第16條第3款規定之訴願審議委員會，則依該款之立法目的（分權原則），法官即不得兼任採購申訴審議委員會之委員。

　　又採購申訴審議委員會，其委員由主管機關或直轄市、縣（市）政府就本機關高級人員或具有法律或採購相關專門知識之公正人士派（聘）兼之，而政府採購法第86條並未明定法官爲必要組成員，僅係於採購申訴審議委員會組織準則中列舉「曾任實任法官、檢察官或行政法院評事」爲上開公正人士所應具備資格之其中一種。故依前揭兼職原則，兼職容許性仍應依法官法第16條第5款之精神處理。茲法官兼任採購申訴審議委員會委員，其職權行使明顯對於個案決定或結果具有影響力，應該當法官法第16條第5款「與其職業倫理不相容」之職務。爰法官不得兼任政府機關採購申訴審議委員會委員。

三、相關立法例

(一)班加羅爾司法行爲原則

4.6　　法官與普通公民無異，均可享有言論、信仰、結社及集會自由，惟於行使權利時，法官的行爲應始終與司法職務的尊嚴相符，亦須維持司法機關公正無私及獨立性。

---

[15] 司法院法官倫理規範諮詢委員會意見（2013-003）。

4.11.　在正當執行司法職責時，法官可以：

4.11.1 編寫與法律、法律制度、執行司法工作或相關事務的著作，講學及教授上述有關事務，以及參加上述有關活動；

4.11.2 由於法律、法律制度、執行司法工作或相關事務出席官方機構的公開聽審；

4.11.3 出任官方機構、其他政府局署、委員會或諮詢機構的成員，惟不得與法官須公正和保持政治中立性有所牴觸；

4.11.4 參加不會降低司法職責尊嚴或以其他方式干擾執行司法職責的活動。

(二)美國法曹協會司法行為模範法典

規則3.1　司法職務外活動通則

除法律或本法別有禁止之外，法官得從事司法職務外活動。但從事司法職務外活動時，法官不得：

(A) 從事妨礙法官適當執行司法職務之行為；

(B) 從事導致造成經常性迴避事由之行為；

(C) 從事在外觀上被理性之人認為無形中損害法官獨立、正直或公正性之行為；

(D) 從事在外觀上被理性之人認為強迫性之行為；或

(E) 使用法院場所、職員、文具、設備或其他資源。但其偶發性使用，係有關法律、司法制度或司法行政，或該附帶使用係經法律許可者，不在此限。

(三)香港法官行為指引

E部：法庭以外的專業活動

71.本部分的內容不影響法官服務條件所規定，或根據香港法例第201章《防止賄賂條例》第3條頒布的《2004年接受利益（行政長官許可）公告》所規定：即法官有責任申請許可，經批准後才可從事法庭以外的工作。

72.對於法官演講、授課、參加會議和研討會、在模擬審訊擔任裁判、當名譽主考，或以其他方式，在法律和專業教育方面作出貢獻，應無異議；同樣，法官在法律書籍方面，參與寫作、撰寫序言、當編輯等這

類活動，作出貢獻，也不會招來異議。法官從事這類專業活動，對社會有所裨益，應得到鼓勵。

73. 法官當然應該確保這類專業活動，不影響他們履行司法職責。

74. 對於一些很可能會由法庭處理具爭議性的法律問題，法官如發表意見，其表達方式及內容要避免可能影響日後的聆訊資格。

參與組織

85. 法官可自由加入社會上各類型的非牟利團體，成為會員或參與其管理委員會，例如是參加慈善團體、大學及學校委員會、教會幹事會、醫院委員會、康樂會、體育機構和推廣文化藝術的團體等。

86. 然而，在參與這些組織時，須緊記以下事項：

(2) 法官須確保參加該些組織時，不會花去太多時間。

(3) 法官不應擔任法律顧問。法官可純粹以會員身份（分），就一個可能牽涉法律的問題發表意見；但應清楚表明不能視為法律意見，及有關組織如需要法律意見，應通過正式途徑向專業人士徵詢。

業主立案法團

89. 法官擁有或居住的房產，如果樓宇的業主組成業主立案法團，法官可以當管理委員會的委員，但不應提供法律意見。法官可純粹以團體成員的身份（分），就一個可能牽涉法律的問題，發表意見，可是要清楚表明這些意見絕不能被視為法律意見，也要清楚表明，團體如需要法律意見，便應該通過正式途徑向專業人士徵詢。

陸、募款或召募成員之禁止

第十九條

法官不得為任何團體、組織募款或召募成員。但為機關內部成員所組成或無損於司法或法官之獨立、公正、中立、廉潔、正直形象之團體、組織募款或召募成員，不在此限。

評釋

一、募款或召募成員之禁止

法官為團體、組織募款或召募成員，容易損及其獨立、公正、中立、廉潔、正直形象，是以本條原則上禁止之。然而法官本於結社自由，當可為特定目的、由法官為成員所組織之團體，為募款或召募成員，例如法官協會、女法官協會或其他為促進司法進步或興革的團體，或為法院內部成員所組成的各類社團，如羽球社、登山社、桌球社、書畫社等等。此外，凡無損於司法或法官之獨立、公正、中立、廉潔、正直形象之團體、組織，亦可為其募款或召募成員。不過本條並未列舉或例示何種團體、組織，合乎此等條件，依司法院就本條之「立法說明」中列舉了校友會、家長會、公益慈善團體，謂其為「無損於司法或法官之獨立、公正、中立、廉潔、正直形象」之團體，然而校友會、家長會或公益慈善團體，其成員未必單純，部分人士或有訴訟或其社會形象未必良好，法官為該等團體募款，是否一定無損於司法或法官之獨立、公正、中立、廉潔、正直形象，並非無疑，我國此一立法模式，顯較國外相關立法例寬鬆許多，在我國司法公信力尚達未良好前，且未如外國設定相當限制，率爾認同法官為諸如校友會、家長會或公益慈善等團體為召募成員或募款行為，恐有未當。

二、相關立法例

(一)班加羅爾司法行為原則

4.13.法官可籌組或參加法官組織，亦可參加代表法官權益的其他團體。

4.11.在正當執行司法職責時，法官可以：

4.11.4 參加不會降低司法職責尊嚴或以其他方式干擾執行司法職責的活動。

班加羅爾司法行為原則評註

167. 法官得參與社會上各種非營利組織，成為組織之會員或管理單位之成員。例如慈善組織、大學、學校委員會、世俗宗教團體、醫院董事會、社交俱樂部、運動組織及促進文化或藝術之組織。然而在參與該活動時，應注意以下事項：

(a) 法官所參與的組織，如其目的是政治性或其活動可能使法官暴露於公共爭議之中，或該組織可能規則性或經常性有訴訟案件，法官即不適合參與；

(b) 法官應確保其參與不致占用太多時間；

(c) 法官不應擔任法律顧問，但此並不阻止法官針對可能有法律爭訟問題，基於該團體成員之身分，表達觀點，惟法官應表明該等觀點並非法律諮詢意見，任何法律諮詢意見應尋求法律專業人士；

(d) 法官應小心避免涉及，或借用其名字，進行募款活動；及

(e) 如召募會員可能被合理視為是強迫的或本旨上有募款功能，法官個人即不應參與召募會員活動。

(二)美國法曹協會司法行為模範法典

規則3.7　參與教育、宗教、慈善、敦睦或民間組織及活動

(A) 在規則3.1之規範之前提下，法官得參與組織或政府單位所主辦有關法律、司法制度或司法行政之活動，以及由教育、宗教、慈善、敦睦或民間團體所主辦或以其名義所舉辦之非營利活動，其活動包括但不限於以下活動：

(1)協助該組織或單位從事有關募集資金之計劃，並參與該組織或單位資金之管理及投資；

(2)為該組織或單位募集捐款，但以募款對象係法官家庭成員，或法官對其無監督權或上訴管轄權之人為限；

(3)為該組織或單位招募會員，即使會費或所生費用可能被用以支持該組織或單位之成立宗旨，但只要該組織或單位係有關法律、司法制度或司法行政者即可；

(4)在有關該組織或單位之活動，出席或演講，接受獎狀或其他表彰活動，在計劃上以其名銜並同意其使用者，但如該活動係以募集資金為目的，法官僅得參與有關法律、司法制度或司法行政之活動為限；

(5)向公立或私立之授與資金之組織或單位，推薦該組織或單位之計劃及活動，但以該組織或單位係有關法律、司法制度或司法行政者為限；及

(6) 擔任該組織或單位之重要職員、董事、受託人或非關法律之顧問，但該組織或單位可能有以下情事者，不在此限：

  (a) 將從事通常由該法官受理之訴訟程序；或

  (b) 將經常於該法官任職之法院進行對立之訴訟程序，或該法官任職之法院對之有上訴管轄權者。

(B) 法官得鼓勵律師提供公益性法律服務。

(三)香港法官行為指引

參與組織

85. 法官可自由加入社會上各類型的非牟利團體，成為會員或參與其管理委員會，例如是參加慈善團體、大學及學校委員會、教會幹事會、醫院委員會、康樂會、體育機構和推廣文化藝術的團體等。

86. 然而，在參與這些組織時，須緊記以下事項：

  (4) 一些如慈善團體的組織，可能會向公眾籌款，法官不應以個人身份（分）參與，亦不可以借自己的名義來協助任何籌款活動。

柒、報酬之申報

第二十條

  法官參與司法職務外之活動，而收受非政府機關支給之報酬或補助逾一定金額者，應申報之。

  前項所稱一定金額及申報程序，由司法院定之。

評 釋

一、收受政府機關支給之報酬

  法官參與司法職務外之活動，而收受政府機關支給之報酬，所在多有，政府機關支給之報酬，常為象徵性的車馬費，並不豐厚，如要求法官均應申報，對法官而言，實不勝其煩，是以本條只要求法官收受非政府機關支給之報酬或

補助逾一定金額之情形，法官始有申報之義務。

二、收受非政府機關支給之報酬

　　法官本職為裁判事務，法官參與司法職務外活動，在不影響其本職範圍內，固無禁止必要，有時為促進公益，甚至應採取鼓勵的態度，然而如係非政府機關所舉辦活動，如該機關之活動並非由政府委辦，其支給的報酬或補助，往往高於政府機關，如不為適當監督，恐會造成法官疏於本職，而過度參與司法職務外之活動，甚至可能影響法官乃至司法的公正形象。本條第2項規定，前開所稱一定金額及申報程序，由司法院定之。司法院乃於民國102年03月20日，訂頒「法官參與職務外活動收受非政府機關支給報酬補助申報須知」，內容如下：

一、本須知依法官倫理規範第二十條第二項規定訂定之。

二、法官參與司法職務外之活動，而收受非政府機關支給之報酬或補助逾一定金額者，應依本須知向服務機關政風單位辦理申報。
前項服務機關無政風單位者，由兼辦政風業務或首長指定之人員受理。

三、本須知所稱逾一定金額，指每日（次）支給報酬或補助之金（價）額逾新臺幣陸仟元。
前項每日（次）支給如兼有報酬或補助者，金（價）額應合併計算。

四、本須知所稱報酬或補助，指包括金錢給與或非金錢之其他利益而言；非金錢之其他利益以相當於市價或同業價格之方式計算價額。

五、法官收受報酬或補助之金額符合本須知之規定者，應將支給單位、事由、時間及金額等填具申報表（格式如附件），並檢附相關文件，於收受完畢十日內申報。

六、各機關政風單位，於每年年終時統計申報資料，並陳報機關首長。

附件：

（機關全銜）法官參與職務外活動收受非政府機關支給報酬（補助）申報表	
一、申報人姓名	
二、支給報酬（補助）機構、法人或團體名稱	
三、收受報酬（補助）事由	
四、收受時（期）間	
五、收受報酬（補助）金（價）額	
六、其他附註情形	

此致

○○地方法院政風室　　　　　　（受理申報單位收件章戳）
（受理申報單位全稱）

申報人：＿＿＿＿＿＿（簽章）

申報日期：中華民國　　　　年　　　　月　　　　日

◎填寫說明：
(一)第五欄報酬（補助），應就金錢給與或非金錢之其他利益詳實填明，例如：演講費1萬元、貴賓卡1張等。
(二)法官填畢本申報表後，政風單位應於申報表空白處蓋收件章戳，並影印乙份由法官本人留存，正本由政風單位存查，以資證明。
(三)有關申報須知所稱一定金額，係指每日（次）支給報酬或補助之金（價）額逾新臺幣6,000元。

三、相關立法例

美國法曹協會司法行為模範法典

　　規則3.15　申報之要求

　　(A) 法官必須公開申報以下項目之數額或價值：

　　(1) 從事規則3.12之規定司法職務外活動所接受之報酬；

捌、禁止參與政治活動

第二十一條

　　法官於任職期間不得從事下列政治活動：

一、爲政黨、政治團體、組織或其內部候選人、公職候選人公開發言或發表演說。

二、公開支持、反對或評論任一政黨、政治團體、組織或其內部候選人、公職候選人。

三、爲政黨、政治團體、組織或其內部候選人、公職候選人募款或爲其他協助。

四、參與政黨、政治團體、組織之內部候選人、公職候選人之政治性集會或活動。

　　法官不得指示受其指揮或服從其監督之法院人員或利用他人代爲從事前項活動；並應採取合理措施，避免親友利用法官名義從事前項活動。

評釋

一、限制法官參與政治活動之立法例

　　法官爲掌握司法權之人，基於權力分立與制衡的原理，法官所處理之爭端包括具有高度政治色彩的行政與立法部門，法官本不應兼任該等部門職務。而現代政府部門的運作，常經由政黨或政治團體的選舉操作，以取得行政權與立法權，法官如涉入政黨或政治團體的政治活動，難免會影響法官中立的公正形

象。

　　晚近一般法治國家雖然大都禁止法官參與政治活動，有的國家也禁止法官加入政黨，例如奧地利[16]、義大利[17]、西班牙[18]，但基於人民的結社及言論自由，有的國家並不禁止法官加入政黨，及參與政治活動，例如德國[19]，有的國家雖不禁止法官加入政黨，但禁止參與政治活動，例如美國。

二、我國限制法官參與政治活動之立法沿革

　　我國法院組織法的前身即清末民初所實施的法院編制法，第121條第1、2款規定，推事（及檢察官）在職中不得於職務外干與政事，且不得為政黨員、政社員及中央議會或地方議會之議員[20]，雖本法仿自日本早年的裁判所構成法，然由此已可概見，我國清末民初引進西方司法獨立的思潮後，即思建構一個獨立於政治影響力之外的司法制度。法院編制法上開限制法官加入政黨的規定，到了民國14年間有了變化，當時國家局勢仍紛擾不堪，國民政府或為貫徹「以黨治國」[21]的基本主張，於14年11月28日修正本法第121條規定，將本條第

---

[16] 奧地利法官職務法（Österreichisches Richterdienstgesetz）第57條第3項規定，法官在職務上及職務外應不被指摘地為舉止行為，且不為任何有可能損及對法官職務行為之信任或法官職位尊嚴之行為。法官不得隸屬於外國或追求政治目的之社團。

[17] 義大利憲法第98條第3項規定：法律得限制法官、現役軍人、警官及警察人員及駐外國之外交官、領事，加入政黨之權利。

[18] 西班牙憲法第127條第1項前段規定：法官、治安法官（Magistrates）及檢察官於執行職務中不得擔任其他公職，亦不得隸屬於政黨或工商團體。

[19] 德國法官法第39條規定：「法官無論在其職務內或職務外之行為，暨在政治活動中之行為，應不得損及對其獨立性之信賴。」亦即法官在其獨立性之信賴不被危害之範圍得從事政治活動，當然也可以從事政黨政治活動。（參照劉鑫楨《法官與政黨－「研究西方民主社會之法官與政黨活動之關係」》，頁22，頁30以下。）

[20] 參照第一章導論，貳、法院組織法實施前之法官行為規範。

[21] 孫中山以黨治國的理論立論於他自同盟會時期一直倡導的革命方略——「革命三程序論」。1923年1月孫中山發表《中國革命史》一文，總結中國民主革命的經驗教訓。1924年1月，孫中山起草「國民政府建國大綱」，詳細規定軍政、訓政、憲政三時期中央政府、地方政府及國民的權利、義務與互動關係。大綱提交國民黨第一次代表大會審議及大會議決原案通過的做法本身，充分表明孫中山與國民黨一致認同按照革命三程序論實施以黨治國的原則，這一原則概括說來，就是軍政時期，要「以黨建國」；訓政時期，要「以黨治國」；憲政時期，要「還政於民」。（黨國政制的肇基——民初革命運動的歷史抉擇，引自中國評論學術出版社官網，http://www.chinareviewnews.com/crn-webapp/cbspub/secDetail.jsp?bookid=10523&secid=10672，102/06/15造訪。）在「以黨治國」時期，立法與司法幾乎全操在執政的中國國民黨手中，每一部法律都需經過國民黨中央政治會議議決後才進入正常的立法程序。（參照黃源盛《中國法史導論》，2012年元照公司出版，頁443。）

2款之「為政黨員、政社員及」等字刪除，自此，解除了法官（及檢察官）加入政黨之限制，而使得政黨有影響審判的空間。到了法院組織法制定後，仍未恢復原來的限制規定。

民國36年12月25日所施行的中華民國憲法第80條規定：「法官須超出黨派以外，依據法律獨立審判，不受任何干涉。」與國民政府在民國24年5月5日所宣布的五五憲草第80條規定：「法官依法律獨立審判。」相較，其內容多出了下列粗體劃底線部分文字：「法官須<u>超出黨派以外</u>，依據法律獨立審判，<u>不受任何干涉</u>。」其變更原委，係依民國35年4月19日政治協商會議對五五憲草修正案草案[22]第85條之內容：「法官須超出於黨派以外，依據法律獨立審判。」而來，政協憲草何以在「法官依據法律獨立審判」，還要加上「法官須超出於黨派以外」一個大帽子？曾任政治協商會議秘書長、制憲國民大會副秘書長的雷震先生曾說明這變更的原委[23]：

　　……這頂大帽子，在世界上一般民主國家的憲法中是沒有的。但法律之制定，一般都含有「除弊」和「興利」的作用。政協憲草這頂帽子，是為了「除弊」。由於國民黨執政期間，為了保護黨的利益而設立「中央法官訓練所」來「黨化司法」使司法審判和判決，必須合乎黨的利益。且將兩大特務機關的「中統」和「軍統」的特工人員，調到法官訓練所加以訓練，俾結業後擔任法官時，可以增進黨的利益，可以壓制黨外人士，摧殘所謂異黨份子的政治活動。據中央法官訓練所所長洪蘭友說，這一切都是仿照蘇俄的辦法。蘇俄的法官，不能依據法律獨立審判，凡是遇到政治性案件，如批評政府的政策，如批評蘇俄集中營殘害人民……等等案件，完全要照政府的指使去判決，不得違背。如果該法官不聽政府指使，憑著良心獨立審判，那位法官不僅位置不保，而且還要遭受處分，送到集中營去做苦工。在蘇俄，抗命是犯了大罪。國民黨

---

[22]　政協憲草係經由中國國民黨和中國共產黨參加之憲草審議委員會審議成稿，為中華民國憲法之藍本。（參照維基百科官網《政治協商會議對五五憲草修正案草案》）。本憲草係由張君勱所草擬，惟其原草擬有關本條之第82條內容為：「司法院及其他法院之法官，須超出於黨派之外，服從法律，獨立審判。」（參照雷震《中華民國制憲史——政治協商會議憲法草案》，自由思想學術基金會99年4月出版，頁396。）

[23]　參照雷震《中華民國制憲史——政治協商會議憲法草案》，自由思想學術基金會99年4月出版，頁271-276。

自從聯俄容共之後，沾染了共產黨的一切惡習，……因為要實行一黨專政，自不能不取法俄國在一黨專政實施上所採用的方法。……

　　青年黨和國社黨——民社黨黨員，在國民黨訓政時期，吃盡了國民黨黨化司法的苦頭，故極力主張在憲法裡加上「法官須超出黨派以外」這頂中國憲法上「獨有」的奇特帽子。政治協商會議決定的修憲原則十二點中，第四點的末尾就說：「各級法官，須超出黨派以外」，當時各方面的參加人，除國民黨代表外，是沒有人不拍掌喝彩的。

　　……

　　今日世界上所有民主國家，全是實行政黨政治，即由政黨來操縱政治。甚至組織政黨內閣，但司法權則絕對獨立。司法院不是中央政府的一部門，而行政部門則絕對不去干涉司法審判。例如，日本各國都是實行政黨政治，由議會內的多數黨組織政府，但在憲法上只規定，司法官依據法律，憑著良心，獨立審判，」未另加「法官須超出於黨派以外」的字句。因為他們從未黨化司法，也沒有把特工人員加以訓練而使去擔任法官。日本的法官，是不准參加政治活動的，甚至不能加入任何政黨。今天只有一些實行一黨專政的國家，才用黨化司法的手法，來打擊反對政府和批評政府的人，尤其迫害在野黨，用以維持自己的政權。是故青年黨和國社黨——民社黨均極力主張加上這頂帽子。其他黨派，包括共產黨在內，當然是十分贊成的，因為他們都是吃了國民黨黨化司法的大虧，而對黨化司法痛恨之至。

　　由於憲法第80條僅規定法官「須超出黨派以外」，並未如法院編制法初期般限制法官加入政黨，早期憲法學者管歐先生認為：「所謂超出黨派以外，並非謂法官不得加入政黨之黨籍，乃謂法官之審判案件，不受政黨之左右，不得以其所屬之政黨關係，而有所偏袒，以枉法裁判；至若根本禁止法官參加政黨，不獨於法無據，且與憲法規定人民無分黨派在法律上一律平等，及人民有結社之自由等基本精神，亦不相侔。」[24]劉慶瑞先生認為：「關於『法官須超出黨派以外』之意義，一般均以為，此非謂法官不能加入政黨，已加入者亦應脫離。而只謂法官雖可加入政黨，但不能參加黨團活動。」[25]由於並無法律限

---

[24] 參照管歐《中華民國憲法論》，三民書局民國83年10月出版，頁203。

[25] 劉慶瑞《中華民國憲法要義》，自刊民國83年3月出版，頁205。

制法官加入政黨，因而國民政府播遷來台後，仍延續黨化司法的路線，一直到民國84年間司法院要求法官不得參加政治活動之前，國民黨對於法院可能具有某程度影響力的陰影，仍深植部分黨政高層人士心中，民國84年7月間時任國民黨中央黨部秘書長許水德先生一句安撫黨內人士的話：「法院也是執政黨的」[26]，被引伸為：「法院是國民黨開的」，流傳至今，仍不時被反對黨提出來譏諷法院的話，造成司法公信力不易受到民眾信賴，不能不說是重大原因。在此之前，有部分法官熱心參與政治活動，或出而競選民意代表，或轉向政府其他部門工作，部分法官與政治團體間的密切關係，也影響到人民對於該等法官就涉及政治敏感性案件能否公正裁判，產生疑慮[27]。

　　筆者於民國72年間分發到地方法院服務之後，並未發現法院內有明顯的黨部組織或活動，也甚少聽聞有人試圖以「黨派」關係，影響裁判。依本人經驗，所謂「法院也是執政黨的」，應是誇大其詞，破壞司法中立形象，也是對謹守本分的法官的一大侮辱。無怪乎，該話一出，即遭部分法官群體反彈[28]。然而在施啓揚先生出任司法院院長之前，司法院院長乙職幾由（國民黨）黨國元老出掌，要屬不爭之事實，是以在此等司法院院長掌理期間，關於司法院的重要職務或法院院長，自然會遴選具有黨員身分之人擔任，應屬合理推論，而在當時，主事者又以「類行政機關」的心態，來管理法院人員（包括法官），也難怪當時許水德先生會說：「法院也是執政黨的」！

　　司法院前院長施啓揚深知法院應超然中立的重要性，於就職之初即公開宣示辭去國民黨中常委職務[29]，雖然他並不具有法官身分，但以最高司法機關首長的地位，明白宣示與黨派作出切割，對法官而言，的確具有指標性意義。而且他在就任第2年即於84年8月22日訂頒法官守則，要求：「法官不得參加任

---

[26]　據媒體報導民國84年7月13日，國民黨中央黨部秘書長許水德，參加高屏澎14全黨代表分區座談會時，省議員余慎、鍾紹和、許素葉等黨代表，針對查察賄選的行動大感不滿，措詞激動直批中央黨部，許水德好言相勸，並以「法院也是執政黨的」安撫黨代表不滿情緒。（《新新聞》，1995年7月23日至7月29日（第437期））。

[27]　是以輿論及學界時有呼籲法官退出政黨的聲音。

[28]　在許水德先生上開發言後，參加「司法改革運動研討會」的臺灣高等法院臺中分院吳火川等廿五名法官，於84年7月22日聯名通過譴責執政黨秘書長許水德案，指有媒體報導許水德日前在高雄參加黨代表會議時說「法院也是執政黨的」，嚴重混淆視聽，破壞司法形象。（1995-07-23/聯合報/06版/綜合）

[29]　據施啓揚自述，他在83年9月1日就職，就職後隨即寫了兩份辭職書，一、辭去國民大會代表，二、辭去國民黨中央常務委員。主動辭去兩項辭務，是要配合「法官法草案」審判獨立的精神。（參照施啓揚《源：三十年公職回憶》，幼獅文化事業股份有限公司，93年3版，頁190-191。）

何政黨或其他政治團體之活動。」（第5條）希望導正人民對法官涉足政治的不良印象，然此一抽象規範，並未能完全過止少數法官參與政治活動的行為，司法院為維護法官超然的地位與貫徹法官獨立審判的精神，乃於民國88年間，函令「法官於任職期間不得參加任何政黨或其他政治團體的活動」，其理由：「一、據部分中央民意代表反應，有少數在職法官登記參加政黨公職候選人黨內初選活動，有違法官超然之地位及審判獨立之精神。二、依憲法第八十條規定，法官須超出黨派以外，依據法律獨立審判；法官守則第五條亦規定，法官不得參加任何政黨或其他政治團體之活動。故法官應本於良知，超然獨立、公正篤實的執行審判職務，如廣泛參加政黨活動，例如法官為政治組織或候選人助選、積極參與選舉造勢活動、自行參選（包括參加政黨初選或政黨提名活動）等，均易招致外界質疑而影響司法威信，不得為之。」[30]並對於違反法官守則的法官施以行政懲處，自此，法官參與政治活動的情況，始降低許多。

　　法官法第15條規定：「（第1項）法官於任職期間不得參加政黨、政治團體及其活動，任職前已參加政黨、政治團體者，應退出之。（第2項）法官參與各項公職人員選舉，應於各該公職人員任期屆滿一年以前，或參與重行選舉、補選及總統解散立法院後辦理之立法委員選舉，應於辦理登記前，辭去其職務或依法退休、資遣。（第3項）法官違反前項規定者，不得登記為公職人員選舉之候選人。」其第1項之立法理由在於：「為使法官獨立審判，不受政黨因素影響，增進人民對司法之信賴」，第2、3項之立法理由在於：「法官若有意參加公職人員選舉，不免因經營選舉相關事務或活動，而無心於工作，致積壓、延宕承辦案件，影響訴訟當事人權益及司法信譽。」不過關於第1項之立法，原始構想並非如此，其立法經緯，值得一提：

1.司法院司法制度研究修正委員會80年2月審定之「法官法草案初稿」第4條[31]：

　　法官依據法律獨立審判，不受任何干涉。其加入政黨者，不得於任職期間參加黨務活動。

---

[30]　司法院民國88年8月27日（88）院台廳司一字第22971號函。

[31]　司法院第四廳《法官法草案研究彙編(二)》，81年5月出版，頁297。

2. 司法院司法行政廳85年6月1日之「試擬法官法草案初稿」第6條[32]：

法官於任職期間不得參加任何政黨活動。

法官參與各項公職人員競選活動時，應於選舉前六個月辭去其職務或辦理退休、資遣。

法官違反前項規定者，不得登記為公職人員候選人。

3. 司法院86年1月「法官法草案稿」第5條：

法官於任職期間不得參加任何政黨，任職前已參加者，應退出政黨。

法官參與各項公職人員選舉，應於各該公職人員任期或規定之日屆滿前一年，辭去其職務或依法退休、資遣。

法官違反前項規定者，不得登記為公職人員選舉候選人。

　　依上所述，雖然司法院在84年8月22日所訂頒的法官守則第5條，已限制「法官參加任何政黨或其他政治團體之活動」，不過「禁止法官加入政黨，任職前已參加者應退出政黨」的想法，是到了民國86年1月間的法官法草案才確立了基本方向，法官法在完成立法後，法官於任職期間不得參加政黨、政治團體及其活動，任職前已參加政黨、政治團體者，應退出之，逐成定局。雖然之前有學者認為法官參加政黨，應受憲法上結社自由的保障，也有國家並未限制法官參加政黨，然而由我國過去數十年的經驗，法官參加政黨，顯然對於人民司法公信力有非常不利影響，是以限制法官參加政黨，係為增進「人民對司法信心」的公共利益所必要。依憲法第23條規定，如為防止妨礙他人自由、避免緊急危難、維持社會秩序，或增進公共利益所必要者外，即得以法律限制憲法所「列舉之自由權利」，由是觀之，限制法官參加政黨，應無違憲之虞。

　　司法院為落實法官法第15條第1項規定，即於本規定生效之前，函請各法院轉知「法官（含公務員懲戒委員會委員、各法院法官）及優遇委員、法

---

[32] 司法院司法行政廳《法官法草案研究彙編(七)》，86年5月出版，頁133。由於本條第1項在司法院司法制度研究修正委員會85年6月1日第77次會議討論時，與會委員曾肇昌、翁岳生、王甲乙、林華山及邱聰智等均明白反對法官加入政黨。嗣作成三案表決：甲案－即原條文－法官依據法律獨立審判，不受任何干涉。其加入政黨者，不得於任職期間參加黨務活動。；乙案－法官於任職期間不得參加任何政黨，任職前已參加者，應退出政黨。丙案－法官於任職期間不得參加任何政黨，任職前已參加者，於任職期間不得參加任何政黨活動。經與會者於同年6月15日第78次會議時表決，大多數贊成乙案。（出處同上書，頁168-180、222。）

官，如於法官法第15條施行前已加入政黨、政治團體者，應於101年7月6日前退出之，或依附表格式填妥相關資料於101年2月底前送本院，俾憑辦理退出事宜」，其理由為：「一、依100年7月6日制定公布之法官法第15條第1項規定：『法官於任職期間不得參加政黨、政治團體及其活動，任職前已參加政黨、政治團體者，應退出之。』第103條規定：『本法除第5章法官評鑑自公布後半年施行、第78條自公布後3年6個月施行外，自公布後1年施行。』準此，自101年7月6日法官法上開規定施行後，法官即不得參加政黨、政治團體及其活動。二、再依法官法施行細則草案第16條規定，本法施行前加入政黨、政治團體之法官，應自行退出之，或提出書面聲明，由司法院密送各該政黨、政治團體退出之。旨揭委員、法官及優遇委員、法官應於法官法第15條施行前，自行向其所屬政黨、政治團體完成相關退出程序，或填妥檢附之『法官退出政黨（政治團體）聲明書』，同意由任職機關轉送本院以密件函送各該政黨、政治團體退出之，以落實法官法之規定。」[33]嗣一、二、三審法官經提交司法院之退黨聲明共有458份，其中最高法院47份，最高行政法院11份，公務員懲戒委員會9份。臺灣高等院及所屬分院合計131份，高等行政法院（含智慧財產法院）合計20份，地方法院合計240份[34]。而上開調查之101年2月間（即100年間司法院統計處所統計之）前揭法院法官人數分別為：最高法院85人，最高行政法院22人，公務員懲戒委員會14人，臺灣高等院及所屬分院合計405人，高等行政法院（含智慧財產法院）合計70人，地方法院合計1318人[35]，是以聲明退出政黨人數與法官比例如下：

---

[33] 司法院民國101年1月19日院台廳司一字第1010002354號函。其聲明書內容為：「按法官於任職期間不得參加政黨、政治團體及其活動，任職前已參加政黨、政治團體者，應退出之，法官法第十五條第一項定有明文。茲本人依法聲明退出上開表列之政黨（政治團體），並同意由任職機關轉送司法院以密件函送各該政黨（政治團體）退出之。」

[34] 見民國102年7月19日司法院司法行政廳同仁回復筆者信函。

[35] 司法院統計處編印，司法統計年報100年，頁1-4、1-5。

法院別	最高法院	最高行政法院	公務員懲戒委員會	高等院及所屬分院	高等行政法院（含智慧財產法院）	地方法院
人數	85	22	14	405	70	1318
退出聲明份數	47	11	9	131	20	240
比率	55%	50%	64%	32%	29%	18%

　　依以上數據顯示，由三審以至一審，提出退出聲明的人數比例，由三審的百分之50幾，降到二審的百分的30左右，再降至一審的不到百分的20數據而觀，法官之前加入政黨的人數，是隨著法官年資愈淺而愈少。如以84年間司法院已禁止法官加入政黨的時點來看，法官加入政黨的時間，絕大部分應該是求學時被學校教官鼓吹或勸誘加入者，而一、二十年前輿論即常呼籲法官退出政黨[36]，以此推論，法官有加入政黨者，應以84年間之前即加入政黨者居多，以101年間聲明退出政黨的時間計算，聲明退出者顯然是服務15年以上的法官居多，此數據固不能斷言政黨在早年或在法官聲明退出政黨之前，對於司法有無任何影響力，但對於司法公信力一向不高的我國而言，法官加入政黨，容易予人以法官的裁判可能會受政黨影響的印象，是不爭的事實，所以法官法此一要求法官不得參加政黨的立法，應有助於提升人民對司法的信心。

三、限制法官參與政治活動的內涵

　　法官既為國民一份子，當然也享有憲法第17條所規定的參政權，即選舉、罷免、創制及複決權。只是法官如欲參與選舉，應受到法官法第15條第2、3項之限制，亦即法官參與各項公職人員選舉，應於各該公職人員任期屆滿一年以前，或參與重行選舉、補選及總統解散立法院後辦理之立法委員選舉，應於辦理登記前，辭去其職務或依法退休、資遣。如法官違反上開規定者，不得登記為公職人員選舉之候選人。其次法官固同樣與一般人民享有言論自由，

---

[36] 民眾日報民國82年5月7日社論《司法人員不應參加政黨活動－從大法官李志鵬與立院的爭議談起》；蔡明憲《法官，不得參加政黨》，自由時報，民國83年5月20日第6版；自立早報民國85年6月16日社論《法官不得參加政黨是司法改革第一步》；臺灣時報民國85年6月23日社論《法官退出政黨才能建立司法公信》。

然為保持法官的中立性，其有關政治活動的言論自由，自然不免有所限制，倫理規範第21條乃就以下活動加以限制，並要求法官法官不得指示受其指揮或服從其監督之法院人員或利用他人代為從事以下活動；並應採取合理措施，避免親友利用法官名義從事以下活動：

一、為政黨、政治團體、組織或其內部候選人、公職候選人公開發言或發表演說。

二、公開支持、反對或評論任一政黨、政治團體、組織或其內部候選人、公職候選人。

三、為政黨、政治團體、組織或其內部候選人、公職候選人募款或為其他協助。

四、參與政黨、政治團體、組織之內部候選人、公職候選人之政治性集會或活動。

四、相關立法例

(一)美國法曹協會司法行為模範法典

規則4.1　法官及司法職位候選人之政治及競選活動通則

(A) 除法律或規則4.2、4.3及4.4所許可之活動外，法官或司法職位候選人不得：

(1) 擔任政治組織之領導人或具有某項職位；

(2) 代表政治組織發表演說；

(3) 公開支持或反對任何公職候選人；

(4) 為政治組織或公職候選人募款、予以評價或給與捐款；

(5) 出席由政治組織或公職候選人所主辦之晚宴，或購買餐券，或出席其主辦之其他活動；

(6) 公開確認其本身為政治組織之候選人；

(7) 尋求、接受或利用來自政治組織之支持；

(8) 除透過規則4.4所認可之競選委員會為募款外，並為個別募集或接受競選捐獻；

(9) 為法官、候選人或其他人私人利益，而使用或允許使用競選捐獻；

(10) 於法官職位競選活動使用法院職員、設施或其他法院資源；

(11) 故意地或不經意地輕忽事實，發表不實或誤導之言論；

(12) 發表足以被認為會影響任何法院繫屬中或即將繫屬案件結果或傷及其公平性之言論；或

(13) 就可能為法院所處理之案件、爭議或爭點，予以擔保、允諾或承諾，而有悖於公正履行司法職務之司法職責。

(B) 法官或司法職位候選人必須採取合理措施，以確保其他人不致以法官或司法職位候選人名義，從事(A)項規定所禁止之任何活動。

(二)香港法官行為指引

政治組織或活動

76. 法官應避免加入任何政治組織，或與之有聯繫，或參與政治活動，例如，法官應避免出席與政治有關的集會或示威活動。法官當然可自由行使選舉權利。

77. 假如法官的近親是政界的活躍份子，法官應緊記在審理某些案件時，可能會令外間認為有欠公允，那麼法官便應考慮，是否需要取消自己聆訊那些案件的資格。

參與組織

85. 法官可自由加入社會上各類型的非牟利團體，成為會員或參與其管理委員會，例如是參加慈善團體、大學及學校委員會、教會幹事會、醫院委員會、康樂會、體育機構和推廣文化藝術的團體等。

86. 然而，在參與這些組織時，須緊記以下事項：

(1)假如有關組織是以政治為宗旨，或其活動可能令該法官成為公眾爭議的對象，或該組織可能定期或經常牽涉訴訟問題，法官便不宜參與。

玖、禁止執行律師職務

第二十四條
　　法官不得執行律師職務，並避免爲輔佐人。但無償爲其家庭成員、親屬提供法律諮詢或草擬法律文書者，不在此限。
　　前項但書情形，除家庭成員外，法官應告知該親屬宜尋求其他正式專業諮詢或法律服務。

評釋

一、禁止執行律師職務

　　法官執行裁判職務，應保持公正無私、不偏不倚的形象，法官執行律師職務，不問是否有償，均有害於上開形象，損及人民對法官（司法）公正性的信心。是以各國立法例均嚴格禁止法官執行律師業務。訴訟上的輔佐人，乃在當事人或訴訟代理人經法院之許可於期日偕同到場輔佐其訴訟行爲之人（民事訴訟法第76條）。其輔佐當事人爲訴訟行爲，雖非代理當事人爲訴訟行爲，但既爲輔佐，其角色類似於律師，自亦不得爲之。法官固不得執行律師業務或爲輔佐人，但提供法律諮詢或草擬法律文書，亦屬協助他人爲訴訟行爲，本質上亦與執行律師業務或擔任輔佐人相當，亦不許爲之。

二、無償爲家庭成員、親屬服務之界限

　　法官爲社會一員，其本身涉有訟案，於訴訟上本於主張自己權利或防禦他人之攻擊，固不能謂係執行律師業務，其家庭成員、親屬涉訟時，求助於法官，世所恒有，如一概禁止法官予以協助，或恐陷法官於無情無義、自命清高等之批評，是以如何在保護司法公正形象與人情世故間，求取平衡點，各國倫理規範多有例外許可之情，只是例外的寬嚴，有所不同。本條規定，法官無償爲其家庭成員、親屬提供法律諮詢或草擬法律文書者，不受前開禁止執行律師業務之範圍。對於請求協助的親屬，法官並應告知該親屬宜尋求其他正式專業

諮詢或法律服務。

香港法官行為指引第84條對於法官得提供法律協助，所放寬的範圍，除至親外，並及「摯友」。本例外的範疇在研修會時，對於是否要放寬至「摯友」範圍，雖有討論，但多數人認為摯友的內涵，很難界定，有此一規定，也許反而給法官帶來無謂困擾，因而不予列入。由於法官執行律師業務，對於司法公正性的傷害甚大，權衡輕重，筆者亦認不宜放寬至「摯友」的範圍[37]。

三、案例參考

過去也有發生過法官因為非屬家庭成員、親屬之他人提供法律諮詢或草擬法律文書，而受懲戒的案例。

1.51年度鑑字第2871號

推事代表國家，從事於司法權之行使，職務繁重，地位崇高，上維法律之尊嚴，下繫群眾之信賴，稍有失檢，威信攸關，若與當事人私相往還，則流弊難防，易招疑謗，侯○○（高雄地方法院推事）承辦何某與吳某間之訴訟非僅一宗，且曾為有利於吳某之裁判，更應嚴以自律，避免嫌疑，乃竟以自己承辦之案件，代當事人吳某撰狀為撤銷執行之請求，縱如其申辯所稱因往謝某所設之東泰電氣行購買日光燈，而與吳某相遇，事出巧合，並非預期，而瓜李多嫌，難免滋人疑竇，其為失於謹慎，有違公務員服務法第5條之要求，了無疑議。因而將侯○○予以休職期間10月懲戒。

2.90年度鑑字第9513號案

按法官本應保持高尚品格，謹言慎行，廉潔自持，避免不當或易被認為不當的行為，……。查被付懲戒人黃○○（臺高院法官兼庭長）未能保有法官本應具備之超然公正立場，竟替涉案友人撰寫刑事答辯狀及聲請再審訴狀，核其所為，有違公務員服務法第5條所定「公務員應清廉、謹慎，不得有足以損失名譽之行為」及第6條所定「公務員不得假借權力，以圖本身或他人之利益」

---

[37] 但有認為：「雖說摯友概念空泛，但摯友與一般親屬（包括血親、姻親）在情誼上有時難分情感程度，祇要法官謹守分際，低度非正式地提供法律諮詢，實無排除必要，至於摯友與否，法官自有判斷。」（莊秋桃《法官倫理之研究》，頁103。）

之旨，因而酌情議處黃○○撤職並停止任用2年[38]。

四、相關立法例

(一)班加羅爾司法行為原則

4.12.在司法職務任期內，法官不得執行法律業務。

(二)美國法曹協會司法行為模範法典

規則3.10 執行法律業務

法官不得執行法律業務。法官得親自出庭，並得無償為法官之家庭成員提供法律意見，並草擬或審查文件，但不得以任何形式擔任家庭成員之律師。

(三)香港法官行為指引

提供法律意見

84.法官不應提供法律意見。但假如對方是至親或摯友，在基於友誼、非正式和沒有報酬的情況下，即使諮詢的事宜牽涉法律問題，法官仍可給予個人意見。不過要讓對方清楚知道不能視為法律意見，而且如需要法律意見，便應通過正式途徑向專業人士徵詢。

個人訴訟

92.法官有權保障個人的權利和利益，包括在法庭進行訴訟，但對於個人涉及訴訟，應仔細考慮，謹慎處理。若預期會有法律行動，法官應諮詢法院領導。法官作為訴訟人，可能要冒上風險，被人以為利用自己的官職佔優勢；反過來說，其可信程度也可能會被其他法官負面評斷。

---

[38] 被付懲戒人另涉關說，因而遭受撤職之懲戒。參見本書第二章貳、禁止關說（二、案例參考）。

禁止差別待遇

> **第四條**
> 　　法官執行職務時，不得因性別、種族、地域、宗教、國籍、年齡、身體、性傾向、婚姻狀態、社會經濟地位、政治關係、文化背景或其他因素，而有偏見、歧視、差別待遇或其他不當行為。

評釋

一、法官執行職務時應避免被認為有偏見、歧視等不當行為

　　法官執行職務時，不得因性別、種族等等因素，而有偏見、歧視、差別待遇或其他不當行為。法官一有此等行為，必然會使自認受到差別待遇或不當行為的一方當事人，對於法官的公正性產生懷疑，認為法官可能偏坦另一方當事人，無法為公正裁判。

　　法官個人因生活圈、宗教信仰或政治傾向等，固不免因價值觀的不同，而有不同之價值判斷，然法官職司審判職務時，應摒除其個人主觀價值因素，對於當事人或關係人（例如訴訟代理人、辯護人或證人等），不得因性別（例如對於男性或女性）、種族（例如白人、黑人或其他有色人種）、地域（例如是否同鄉或特定地區人民）、宗教（例如是否信仰同一宗教者）、國籍（例如特定國籍人民）、年齡（例如老年人或年輕人）、身體（例如是否智能或肢體殘障）、性傾向（例如是否有同性戀傾向者）、婚姻狀態（有無結婚）、社會經濟地位（富有或貧窮）、政治關係（政黨或政治傾向）、文化背景（例如原住

民國客家人）或其他因素（其他個人主觀好惡事項，例如嗜好）等等，而在開庭或處理案件的態度上，具有偏好或嫌惡的情事，即可能被認為其行為構成偏見、歧視、差別待遇或其他不當行為。

二、法官在法庭上的表現足為檢驗偏見或不當行為之有無

法官對於承辦案件，有無偏見、歧視、差別待遇或其他不當行為，未必可以由其所撰判決書檢視，然而法官如在法庭上明顯表現出對於個人的偏好等，即足以被一般理性的人認為具有偏見，法官對於在法庭上的任何人，皆應以平等、有禮且耐心的態度待之，如表現出粗魯、重女輕男或重男輕女、不耐煩，均足以令人產人法官可能不會公正裁判的感受，法官自應避免之。

三、案例參考

100年度鑑字第12143號[1]

四、相關立法例

(一)班加羅爾司法行為原則

準則5　平等

在妥善執行司法職務時，確保法庭面前人人獲得公平待遇極為重要。

5.1. 法官應知道和理解社會上的多元性及存在各方面的差異，包括但不限於種族、膚色、性別、宗教、祖籍、社會等級、殘障、年齡、婚姻狀況、性傾向、社會和經濟地位及其他類似原因（「不相關理由」）。

5.2. 在執行司法職責期間，法官不得因不相關理由，用文字或行為對任何人或團體表示偏見或成見。

5.3. 法官在執行司法職責時應適當考慮各方人士（如訴訟各方、證人、律師、法庭人員及其他法官）的情況，不得以對妥善執行司法職責不重要的不相關理由加以區別待遇。

5.4. 在審理任何案件時，法官不得在知情的情況下准許法庭人員或受法官

---

[1] 請參照第七章肆、法庭態度公正〈四、案例參考〉。

支配、指示或管控的人，以任何不相關理由對有關人士加以區別待遇。

5.5. 在法庭進行的法律程序中，法官應要求律師不得以不相關理由，用文字或行為表示偏見或成見，在法律上與有關程序提出的論點有關並可成為合法辯護的事由除外。

(二)美國法曹協會司法行為模範法典

規則2.3　成見、偏見及騷擾

(A) 法官必須無成見或偏見地執行包括行政職務在內之司法職務。

(B) 法官執行司法職務，不得以言語或行為，明示成見或偏見或有騷擾行為，其內涵包括但不限於基於種族、性別、宗教、祖籍、種族淵源、殘障、年齡、性傾向、婚姻狀態、社經地位、政治關聯性因素之成見、偏見或騷擾行為；亦不得准許法院職員、法院官員或其他受法官指揮監督之人，為該等行為。

壹、充實職能

第九條

　　法官應隨時注意保持並充實執行職務所需之智識及能力。

評釋

一、法官充實職能的必要性

　　清朝黃六鴻在所著《福惠全書》中，提到：「夫人情之詭詐伏匿而難於窮詰者，莫過於獄訟。夫獄訟之中其要者，又莫過於人命、盜賊、逃、奸諸事，至於戶、婚、田、土之屬，猶其小者也。考昔帝王之世，五刑雖設，而犯者或鮮。其人心風俗，尚不至如後世之奸險、媮薄。故虞芮之質成于文王，不過爭田；崔角之見詠於風人，僅爲婚媾。至於孔子直欲使民于無訟，子路遂可片言以折獄。雖聖賢之盛德明智，足以感服群情。然當之今日，剽掠攻擊、毆奪憤爭，所在皆是。與夫豪強之欺壓愚懦，叛逃之誣害善良，譎詐多端，狀態百出，微獨鈞金束矢之入，未能閴其無人，即五刑五聲之聽，詎可盡斯民之情乎，故民日險僞，而獄訟日繁。若無所以防禁而折發之，則頹波逝流將無有底極也。」[1]等情，感嘆世風日下、人心不古，說明法官在這種社會環境下斷案的困難。然而當今社會形態複雜的程度，以及世風之澆薄，人心之機巧的情

---

[1] 清朝黃六鴻《福惠全書三十二卷》，卷之十一、刑名部、總論，北京出版社，清光緒十九年交昌會館刻本，四庫未收書輯刊參輯‧拾玖冊，頁19-117。

境，均非古時，乃至黃六鴻所處清朝時期所可想像或比擬的。現階段法官辦理案件，一如醫生般，也漸漸走上專業的路子，各式各樣的專業法庭，應運而生，因而法官要處理瞬息萬變的社會事件，或具有專業性的案件，如未能時時「充實執行職務所需之智識及能力」，以及受有專業訴訟案件的訓練，一時之間恐難勝任。

二、充實職能為法官的義務

本條規定，法官應隨時注意保持並充實執行職務所需之智識及能力。法官既負有以其專業職能公正裁判的義務，如其對於所處理案件的相關法律沒有與時俱進的學習，對於相關案件事實未能自行或藉由其他專業人員協助，有深入瞭解，自難以正確認事用法，因而隨時注意保持並充實執行職務所需之智識及能力，乃法官履行職務所應努力為之者。法官明顯適用錯誤法律（例如法律業已廢止，仍適用之），即難以審判獨立據為免責之抗辯。法官認定事實正確，才能公正裁判，不過法官究非神明，如何還原過往所發生之事實，並非易事。在《漢書》上記載了一段漢朝名臣于定國（－前40年）曾為阻止郡太守誤判一件刑案未果的故事：

> 東海有孝婦，少寡，亡子，養姑甚謹，姑欲嫁之，終不肯。姑謂鄰人曰：「孝婦事我勤苦，哀其亡子守寡。我老，久繫（累）丁壯，奈何？」其後姑自經（殺）死，姑女告吏：「婦殺我母。」吏捕孝婦，孝婦辭不殺姑。吏驗治，孝婦自誣服。具獄上（郡之曹）府，于公以為此婦養姑十餘年，以孝聞，必不殺也。太守不聽，于公爭之，弗能得，乃抱其具獄（獄案已成，其文備具），哭於府上，因辭疾去。太守竟論殺孝婦。郡中枯旱三年。後太守至，卜筮其故，于公曰：「孝婦不當死，前太守彊斷之，咎黨在是乎？」於是太守殺牛自祭孝婦塚，因表其墓，天立大雨，歲孰。郡中以此大敬重于公[2]。

法官枉法裁判，本質上為違法的行為，應負刑事責任；法官因疏失而為錯

2　《漢書卷七十一‧于定國傳第四十一》，中華書局《漢書》第10冊，頁3035-3036。

誤裁判，如其疏失情節重大，也可能擔負懲戒責任；如疏失情節輕微，縱未造成任何實質損害，終究會影響人民對司法的信心，為避免發生錯誤，充實法官職能，為不二法門。

三、相關立法例

班加羅爾司法行為原則

6.3.法官應採取一切合理措施，維持及增廣其執行司法職責所需的知識、技能及個人素質，並為此利用司法機構為法官提供的培訓及其他設施。

6.4.法官應隨時瞭解國際法的有關發展趨勢，包括確立人權標準的國際公約及其他文書。

貳、在職進修

第十條
　法官應善用在職進修、國內外考察或進修之機會，增進其智識及能力。

評釋

一、在職進修的必要性

法官倫理規範第9條規定，法官應隨時注意保持並充實執行職務所需之智識及能力。不過如國家未能提供法官適當的進修或考察機會，對於工作忙碌的法官言，或許是不切實際的要求。是以本條進一步規定，法官應善用在職進修、國內外考察或進修之機會，增進其智識及能力。

二、進修方式

法官法第81條規定，法官每年度應從事在職進修。司法院應逐年編列預算，遴選各級法院法官，分派國內外從事司法考察或進修。第82條規定，實任法官每連續服務滿7年者，得提出具體研究計畫，向司法院申請自行進修1年，進修期間支領全額薪給，期滿6個月內應提出研究報告送請司法院審核。自行進修之人數，以不超過當年度各該機關法官人數百分之7為限。但人數不足1人時，以1人計。第83條規定，實任法官於任職期間，得向司法院提出入學許可證明文件，經同意後，聲請留職停薪。留職停薪之期間，除經司法院准許外，以3年為限。法官法第84條規定，前3條之考察及進修，其期間、資格條件、遴選程序、進修人員比例及研究報告之著作財產權歸屬等有關事項之辦法，由司法院定之。司法院因而依本規定於民國101年07月05日訂頒「法官進修考察辦法」，依本辦法第2條至第4條規定，法官在職進修之方式如下：

一、經司法院依法官法第81條第2項遴選法官分派國內外帶職帶薪全時進修。

二、實任法官依法官法第82條第1項自行申請帶職帶薪全時進修。

三、實任法官依法官法第83條第1項自行申請留職停薪全時進修。

四、前3款以外其他依公務人員訓練進修法或相關規定選送或自行申請之進修。

五、參加司法院暨所屬機關、其他政府機關（構）學校及團體所舉辦與司法業務有關之研習、訓練或會議。

各級法院從事上開第1款至第4款在職進修之人數，以不超過當年度該院法官人數百分之10為限；其中從事第2款在職進修之人數，以不超過百分之7為限。計算後不足一人時，以一人計。

經司法院依法官法第81條第2項遴派至國內外從事帶職帶薪考察者，視同從事在職進修。法官每年度應至少從事前條所定在職進修40小時。但司法院得視業務需要調整之。法官在職進修情形，作為法官職務評定及遷調參考。

其中值得關注的是，依法官法第82條第1項自行申請帶職帶薪全時進修的制度，該項規定：「實任法官每連續服務滿七年者，得提出具體研究計畫，向

司法院申請自行進修一年，進修期間支領全額薪給，期滿六個月內應提出研究報告送請司法院審核。」此制度係仿大學教授「七修一」的制度而來。不過，司法院或為防止本制度的流弊，避免其成為變相的休假，因而所訂此一辦法，要求於國內進修的法官應提出取得24個學分以上，或實際參與相當於24個學分以上進修活動之證明文件；於國外進修的法官，應提出取得12個學分以上，或實際參與相當於12個學分以上進修活動之證明文件。入學進休者，得以論文代替研究報告（法官進修考察辦法第25條）。是以如法官要進行國內的全時帶職進修，一年中至少要旁聽相當於大學24個學分的時數，等於法官每學期要旁聽12個學分的課，如換算成上課時間，相當於法官每星期要去學校3天，每天上4個小時的課，如再加上上課前的準備，及下課後的研究，也是相當沉重的負擔，如法官不作事前的準備及事後的研究，如此進修能發揮多少成效，著實令人存疑。

　　筆者以為，實任7年以上的法官大多具有相當法學素養，宜將法官的進修，定位為研究，而非學習，是以要求法官在進修期間的旁聽時數不宜太多，或許相當於12個學分時旁聽時數即為已足，但應要求進修者在完成進修後一定期間內，應提出一篇至少3萬個字以上的研究報告，並嚴格審查。

　　另外，筆者以為對於無意以旁聽方式從事進修者，或可為其另闢進修的管道，其一為要求進修者提出與相關研究機關或教授的專題進修計劃，其計劃經獲准後，進修者在進修期滿後一定期間內應提出經研究機關或教授認可證明之研究報告；其二為藉此為法官及學術界營造理論與實務結合的環境——由司法院與各大學法律系所為建教合作，即由該等系所提出需要法官支援授課的人數與需求，而由司法院就提出進修申請之法官中，遴派適當人選至有需求的系所支援相當之授課時數，並於法官進修期滿時，由該等系所提出法官服務表現證明。如此，一方面可為學術界注入實務經驗，以免流於「空談理論」之譏，另一方面則使實務運作厚植了理論基礎。

參、慎勤妥速執行職務

> 第十一條
>   法官應謹慎、勤勉、妥速執行職務，不得無故延滯或增加當事人、關係人不合理之負擔。

評釋

一、妥速執行職務

　　法官應謹慎、勤勉、妥速執行職務。對於法官謹慎、勤勉的要求，與公務員服務法第5條所規定之公務員應「謹慎勤勉」內涵相同，不過公務員應服從長官的命令，長官對於公務員所執行職務是否合乎謹慎勤勉的要求，可依公務員處理的平均表現，予以評估監督。然而法官執行職務，獨立審判，有關審判的核心事項，法院院長不得任加干預，自不得單以法官在結案方面的數字表現，來判斷法官是否謹慎、勤勉。如果法官為了快速結案，對於當事人要求調查的事實，恣意地不予調查，或對於當事人所為主張或陳述有不明瞭、不完足之處，亦不依法行使闡明權，釐清爭點，則即使案件迅速了結，其裁判自難期公正。是以法官執行職務，除了要注重「迅速」外，更要注要「妥當」，與一般公務員相較，本條對於法官的要求，增加了「妥速」的內容。過去法官因違反公務員服務法第5條「謹慎勤勉」的要求，而受到懲戒的案例相當多，其原因或係此一範疇為行政監督比較容易介入的部分，不過無論如何，法官的疏失，即容易造成訴訟當事人無可彌補的損害，是以「謹慎勤勉」應是法官對自己的基本要求。

二、注意當事人權益

　　法官執行職務，不得無故延滯或增加當事人、關係人不合理之負擔。法諺有云：「遲來的正義，不是正義。」法官無故延滯案件之進行，即容易造成案件的延遲，延遲正義實現的時間，法官審理案件，除進行調查程序，由他機關

協助，例如鑑定、測量等等，難以掌握時限外，如因研究法律問題，或等待當事人提出相關事證等情事而候核辦，應積極進行相關研究，或注意當事人有無依照時限提出相關事證，以免因一時不留意，而讓案件一直延宕下去，尤其在當事人以案件停滯、久未進行，而具狀請求進行時，應積極進行或予以必要的說明，以避免當事人對法院產生不信賴或有所誤會。其次，法官審理案件，應以當事人的利益為首要考量，避免不必要的證據調查，訊問證人，儘量一次終結，並應予以必要的尊重，遇有當事人對於他方當事人或證人有無禮行為時，也應適時維持法庭秩序，制止不當的行為，以維法庭尊嚴及有關當事人及證人的權益。

三、案例參考

　　法官因違反謹慎、勤勉而受懲戒之案例不少，但法官工作繁忙，難免忙中有錯，或因工作難以負荷，致某些案件的處理，有所稽延[3]。上開因素固難作為法官免責的藉口，然而國家如未能有效充實司法資源、提供法官合理工作量，致生上開結果，而損及人民權益，國家亦難辭其咎，是以如法官違失情節，確與資源匱乏有所關聯，自應考量所為懲戒的妥適性以及是否合乎比例原則。

1.40年鑑字第1793號

　　被付懲戒人陳○○為臺灣臺東地方法院推事，辦理案件，多有違失，經監察院提案彈劾，該被付懲戒人對於呂某與高某假執行案，當庭暗示債權人：你聲請假執行，祇能查封，不能拍賣，已屬不合。其對於羅某等菸毒案，該羅某因檢查戶口被拘，經警詰問供出前曾施打嗎啡，係經查究而發覺，並非自首，被付懲戒人原判決竟依自首減輕，且既認定連續數行為犯同一罪名，而不依連續犯處斷，亦有疏忽。對於林某過失致人於死案，9月8日庭訊後，延至20日始再定期，25日訊問，同日辯論終結，定10月2日宣判，屆期既不宣判又不裁定重開辯論，10月8日又定期11日審理，僅詢問數語，並未辯論，即於同日

3　德國聯邦職務法庭認為，對於受監督之法官，如其收案量相當高，以妥適方法結案已不再可能，則職務監督將程序落後之責任歸咎法官，職務監督即超越其界限。（參照本書第二篇第二章貳、審判獨立與職務監督之界限）

宣判。辦理違反稅務罰鍰案件，規定須於5日內結案，對於臺東糖廠違反貨物稅案，臺東稅捐處係於39年8月26日函請裁定，被付懲戒人不依規定期限於5日內裁結，遲至9月28日，該稅處函請撤回，始於9月30日批准撤回。對於賴某等偽造文書案，判決主文爲共同行使變造證書，而漏未引用刑法第28條。對於許某貪污案，9月23日收案，延至10月23日尚未傳案。邱某自訴陳某詐欺案，自10月9日庭訊後，至11月10日始再傳訊。楊某妨害公務案及程某偽造印文案，前者係8月3日收案，同月19日始傳，後者7月29日收案，8月19日始傳。其對於林某貪污案，9月11日收案，10月9日始傳，均顯違刑事訴訟審限規則之規定，難辭積壓不辦之咎。其對於蘇某竊盜案，10月7日辯論終結，並定同月14日宣判，屆期既未宣判亦未裁定重開辯論，復於同月19日傳24日審理，亦難辭違法之責。其對於胡某等妨害家庭案，判決主文不分通姦相姦各以通姦罪處徒刑2月，被告等已在押2月9日，判決後不爲適當處置，任其羈押。又對於陳甲與黃某履行契約案，李某自訴徐某誣告案，均延壓20餘日，始行傳審或通知補正。對於陳乙聲請支付命令案，延擱幾達1月，均難謂無疏失。其調任澎湖地方法院推事，於40年7月25日請假10日，臨行日上午終結甯某等請求給付工資案，同日午後請某推事代爲宣判，行時由書記官處將原卷調出帶走，直至8月20日始返，判決並未作成，以裁定爲再開辯論送閱，該被付懲戒人既指定7月25日下午4時宣判，是日下午尚未離院，竟不親爲宣判，已屬不合，附卷之宣判筆錄，既經被付懲戒人署名，自難否認，乃於宣判之後又意圖再開已閉之言詞辯論，洵屬不明法律，其於7月25日請事假10日，至8月20日始返，已逾假期10餘日，亦難辭曠職誤公之咎，應休職期間10月。

2. 43年度鑑字第1886號

被付懲戒人浦○○係臺灣花蓮地方法院推事，對於竊盜案被告范某，於檢察官諭知取具新臺幣5,000元書面保證金停止羈押後，迄至被付懲戒人接辦該案，閱時7月，歷經傳喚偵審，從未違誤，並無逃亡之虞，自無增加保證金之必要，被付懲戒人竟突令增加10萬元鉅額之書面保證金，致被告陷入迷惘而自殺，應減月俸百分之10期間6月。

3. 45年度鑑字第1971號

被付懲戒人鄭○爲臺南地方法院執行推事，就法院原定之猶豫履行期限內，提前數日，通知執行日期，究與法院威信有關，縱其提前執行，不必定有圖利他人之目的，而因未查閱原卷，致生牴觸，疏失之咎，殊無可辭。且在執

行處直接收狀，既與執行庭之當庭收狀有別，而所收書狀，又不依通例交收發室編號登記，致滋誤會，謂其與當事人私相交往，雖屬臆測，究非無因，按諸公務員服務法謹慎之義，亦難辭咎。記過1次。

4. 48年度鑑字第2367號

查審判非一次期日所能終結者，除有特別情形外，應於次日連續開庭；如下次開庭因事故間隔15日以上者，應更新審判程定序，刑事訴訟法第286條定有明文。又連續數行爲而犯同一之罪名者以一罪論，但得加重其刑至二分之一，刑法第56條亦有現定。被付懲戒人王○○係臺北地方法院推事，承辦李某瀆職、吳某詐財案，每次開庭，間隔均在15日以上，未依法踐行更新審判程序。李某多次出售美鈔，係基於一個概括之犯意，連續數行爲而犯同一之罪名，又未按連續犯論處，顯違上開法條規定。吳某以情報人員身分，利用情報資料向人恐嚇詐財，犯罪情節非不重大，且該吳某曾因案在軍法局羈押年餘，足見其素行亦有瑕庇。被付懲戒人不知審愼裁量，既將吳某判處有期徒刑1年10月，又予宣告緩刑，自非適當，亦有疏失，應降1級改敍。

5. 45年度鑑字第2017號

被付懲戒人尹○○係臺灣高等法院推事兼庭長，承辦李某詐欺案作，以關係人唐某在司法警察機關所爲顯有出入之供述，辯謂始終如一，殊非足信。且其所爲判決，既引唐某之刑警隊原供爲證，而未將其互異之處，於調查時詳予詰詢，已嫌草率；其審判時又未將該項原供提示被告，雖與該案非必具有決定性之影響，按諸刑事訴訟法第356條準用第272條第1項之規定，及公務員服務法第5條之旨，究屬有違。違失之咎，殊無可辭，應記過1次。

6. 53年度鑑字第3140號

被付懲戒人陳○○，承辦臺南地方法院受理51年度執字第5324號債權人張○○○與債務人陳○○拍賣抵押物強制執行一案，其准許拍賣抵押物之裁定主文「債務人爲債權人設定抵押權，坐落……，准予拍賣」。51年11月21日下午3時標賣，由陳○○出價新臺幣25萬10元爲最高價得標，並已繳入價金，發給不動產權利移轉證書，52年2月5日，被付懲戒人率同書記官何○○到場，依法執行點交已拍定之不動產與拍定人陳○○接管，惟債務人陳○○在該地上另建有鋁片棚廠一棟，領有臺南市建設局所發之建築執照，證明該硼廠係42年間所建之建築物，顯在執行名義成立之前，該棚廠自不包括在執行名義之內，被付懲戒人於陳○○52年2月聲請就該棚廠部份再予執行點交時，應諭知須另案提

起拆屋還地之訴，俟取得執行名義後，始能對該執行標的外之棚廠予以執行拆除，將其聲請駁回，乃憑一時記憶院解字第3583號釋文，以為可令債務人拆屋還地，未加仔細考慮，竟率爾於同年4月10日前往對執行名義範圍以外，未經查封之棚廠，由陳○○雇工拆除，自屬不合，衡以公務員服務法第5條公務員應謹慎之規定，應難解免懲戒法上之責任。因而酌情處陳○○記過1次[4]。

7. 57年度鑑字第3782號

被付懲戒人王○○係臺灣台中地方法院推事，承辦許某自訴周某傷害及妨害自由案於57年6月15日首次開庭，略予訊問，至同月29日第2次開庭，即以恐有串證之虞為由，將被告周某羈押，至同年7月24日第4次開庭時，始予質對，羈押達26日，輕微傷害案件，事起偶發，且已歷時多日，無何具體足證有串供之虞。被付懲戒人對於羈押處分，縱有衡酌之權，但就本案情形論，究屬有欠謹慎，應記過1次。

8. 57年度鑑字第3825號

被付懲戒人楊○○係臺中高分院推事，配受曾姓傷害上訴案，第1次準備期日係2月4日開具審理單，定期至7月4日始行調查，距離長達5月之久，核與公務員執行職務不得無故稽延之義，難謂無違，應申誡。

9. 58年度鑑字第3893號

被付懲戒人李○○為臺灣台中地方法院推事，因承辦彰化縣稅捐稽徵處移送邱甲、邱乙、邱丙、邱丁、邱戊等公同共有土地之欠稅執行案件，明知其所欠稅款中有地價稅及土地增值稅等項目，而不依土地法第202、203及206各條規定之通知程式，遽予拍賣開標，由邱甲之女邱己拍定。違失之責，已無可辭。又按拍賣之不動產，其一部分之賣得價金已足清償強制執行之債權額及債務人應負擔之費用時，其他部分應停止拍賣，亦為強制執行法第96條第1項所明定。本案積欠之稅捐總額僅須拍賣兩筆土地，即足繳清欠稅而有餘，乃竟以該3筆土地拍賣程序於法有違。再已故邱丁生前負有債務，其債權人李吳某等先後聲請於上開拍賣之土地價金參加分配，非僅於法不合，且除李吳某外，其餘申請均在該項土地拍賣之後，自亦不得假借債權人參加分配為由，作拍賣全部土地之藉口。應降2級改敘。

---

[4]　司法院公報第6卷第11期，頁27。

10. 81年度鑑字第6656號

被付懲戒人許○○係臺灣高雄地方法院法官，承辦該院75年度民執字第8941號債權人彰化商銀與債務人某公司間民事強制執行事件，將債務人之廠房土地及機器設備予以查封拍賣。先後三次拍賣均無人承買，依法發交債權人強制管理。一年後執行書記官簽擬「定期核價第四次拍賣」，經被付懲戒人批示：「本件管理已久，不動產市價容有變動，拍賣前先函債權人債務人陳述意見，再行定期（拍賣）」。但始終未定期拍賣，其後有劉某以新臺幣300萬元本票主張債權，聲明參與分配，請求按第3次拍賣底價承受，被付懲戒人批示准予承受，債權人及債務人接到通知後分別異議，以該拍賣物強制管理年餘，價值已上漲，請求撤銷劉某承受之處分，並重新鑑價拍賣，承辦法官竟裁定駁回，由劉某辦妥所有權登記。查該拍賣動產停止拍賣已達年餘，不動產價值確已上漲，自有另行估價之必要，且被付懲戒人既經批示由債權人債務人雙方陳述底價後，定期拍賣，乃未重新定價辦理第4次拍賣，遽准劉某依第3次拍賣底價承受，前後措置不一，況債權人債務人已聲明異議，執行法院原可依法停止原裁定之執行，竟予以駁回，而發給劉某權利移轉證書，致債權人無從救濟，案經監察院提案彈劾，應酌情降2級改敘。

11. 82年度鑑字第7060號

按辦理民事訴訟案件應行注意事項第73項規定「當事人對於聲請調解之標的顯無爭執，或有其他情形足認其為虛偽，例如有製造假債權之嫌者，推事得以調解之聲請欠缺權利保護要件，拒予調解，逕以裁定駁回之」。……參照調解成立之內容，與卷附聲請人與相對人間於聲請調解前已簽訂之協議書主要內容亦復相同。益可見聲請人與相對人係就業無任何爭議之調解事項，純在利用法院作成調解筆錄，以達成聲請人辦理前述土地地上權登記之目的而已。被付懲戒人鄭○○失察，未依上述辦理民事訴訟案件應行注意事項，拒予調解，竟輕率就聲請人與相對人間並無爭執之法律關係等事項，予以成立調解，並由書記官製成調解筆錄，違失情節，甚為明確。鄭員有違公務員服務法第5條「公務員應……謹慎……」及第7條「公務員執行職務，應力求切實……」等規定，堪以認定，爰酌情將鄭○○記過2次。

12. 84年度鑑字第7575號

法院受理之刑事交通案件，為數固屬不少，但被付懲戒人年富力強，如能謹慎、勤勉、力求切實，絕不致發生違法宣告緩刑之重大疏失。所辯因工作繁

忙云云，仍不影響其應負之疏失責任，違法失職事證已臻明確。核其行為，係違反公務員服務法第1條：「公務員應遵守誓言、忠心努力，依法律所定執行其職務」、第5條：「公務員應謹慎、勤勉……」、第7條：「公務員執行職務應力求切實……」之規定，違失之咎，委無可辭。查被付懲戒人吳○○為實任法官，具有多年審判案件之實務經驗，於審理陳○○第二次業務過失致死時，竟未能謹慎、勤勉、力求切實，對於高檢署查覆有關陳○○之前科資料，不加細閱，草率判決，違法宣告緩刑，有損法律正義與司法形象，尤以被告陳○○第一次駕駛大貨車肇事致人於死後，不知痛悔前非，特別注意交通安全，事隔僅一月餘，又駕駛大貨車肇事致人於死，在其第二次業務過失致死案件審理時，倘被付懲戒人能稍加注意，則依刑法第74條規定，該陳○○不僅未符合緩刑要件，更當因其不知悔改，漠視人命，而從重量刑，藉懲其惡，卒因被付懲戒人漫不經心，違法判決緩刑，使陳○○得以再度暫免徒刑之執行，形同逍遙法外，實已嚴重斲傷法院判決之公信力，對於被付懲戒人之違失行為，自應依法酌情，從嚴議處，爰酌情將吳○○休職6月。

13. 83年度鑑字第7313號

臺北地方法院士林分院法官任○○於任職該院時，承辦周○○、周○○祭祀公業土地移轉登記之民事事件10件，不依民事訴訟費用法第4條、第7條之標準核定裁判費，亦不依民事訴訟法第249條、第213條之裁定程序通知原告補繳裁判費。按我國現行民事訴訟制度係採有償主義，原告因財產權而起訴者，須依訴訟標的之金額，預納百分之一之裁判費，為必須具備之程式或要件；故受訴法院於本職權核定訴訟標的之價額時，應切實以起訴時之交易價額為準，並據以計徵裁判費，以落實國家此項法定應徵之規費，不得任令當事人隨意少繳；否則原告起訴如有漏繳或少繳裁判費情事，法院應裁定限期命其補繳，逾期不為繳納，應即以裁定將其訴駁回，以貫徹法定有償主義之原則；民事訴訟費用法第2條第1項、第4條、民事訴訟法第249條第1項第6款，分別規定甚明。被付懲戒人所承辦之上開10件民事訴訟案件，原告等均係以買賣為原因，請求被告為系爭土地所有權之移轉登記，自均為給付之訴，而皆以財產法上之請求權為訴訟標的，故均屬財產權之訴訟；則依上開說明，被付懲戒人自應依民事訴訟費用法第4條第1項及第2項前段規定，以起訴時系爭土地之交易價額為準，核定各該案件訴訟標的之價額，始為合法。而所謂起訴時之交易價額，即指起訴時系爭土地之交易市價而言；至政府當前所公告當期之土地現

值，僅係接近市價而已，尚屬低於市價，此乃公知之事實，且爲被付懲戒人在申辯中所是認。而兩造於系爭土地買賣契約書中所載之價金總額，既非爾後起訴時之交易市價，且更遠低於當期之各該土地公告現值，業經證明有如前述。故法院核定前述各訴訟案件之訴訟標的價額，應以系爭土地之當期公告現值爲計算標準，方屬接近法定之起訴時交易價額；而不應受當事人任意降低之買賣價金所拘束，此觀諸被告於言詞辯論時，即抗辯買賣價金過低之情節自明，有言詞辯論筆錄影本附卷可稽。乃被付懲戒人所核定之前開訴訟標的價額，既不依前述法律之規定辦理，復不以系爭土地之公告現值，或顯屬偏低之土地買賣契約書所載之價金爲依據，而悉依原告起訴時所任意少報之訴訟標的價額，以核定之；且對於前述追加起訴部分之鉅額訴訟標的價額，更未曾核定，亦未裁定命爲繳納，而自承其曾與原告訴訟代理人談論扣繳數額（但無筆錄可稽），嗣由原告自行繳納其中之部分裁判費了事。致原告短繳依土地公告現值計算應納之裁判費總額，多達739萬1,822元；且縱按兩造土地買賣契約書所載顯屬偏低之價金計算，原告亦短繳裁判費總額400萬3,681元。足證被付懲戒人執行此項公務，殊欠謹慎勤勉，顯未力求切實，以致程序草率違法，擅開私相議費之惡例；短徵鉅額規費，損害法院之公平信譽，核與公務員服務法第5條及第7條所定：公務員應謹慎勤勉，執行職務，應力求切實之旨，顯相違背，其違法失職，已臻明確，爰將任○○降2級改敍。

14. 84年度鑑字第7519號

查起訴之效力，不及於檢察官所指被告以外之人，刑事訴訟法第266條定有明文。本件檢察官起訴之被告爲鄭○○，男，民國34年6月5日生，原法院……通緝書所載通緝之被告爲鄭○○，男，民國3年6月5日生。該兩人之名字、國民身分證統一號碼及身分證上相片均不相同，出生日期又相距30年之久，在客觀上已難認係同一人。原法院未查究事實，竟於76年10月23日對非檢察官起訴之鄭○○發布通緝，其程序並不合法。鄭○○在莊員審理中，堅詞否認有被訴之詐欺犯行。被付懲戒人莊○○不切實注意人別訊問，臆測起訴書所列被告鄭○○名字有一字之誤，顯見檢察官所指爲被告之人即係鄭○○，認檢察官到庭辯論，針對鄭○○論告，不無誤會。莊員對於鄭○○如何認係檢察官起訴書所指之被告鄭○○，未在判決理由內詳予說明，率行判決，論處鄭○○詐欺罪，有期徒刑7月，難免疏失。該案有關鄭○○之通緝及最初羈押固非莊員所爲，但查莊員承辦此案後，對被羈押之鄭○○多次具狀聲請具保停止

羈押,不予許可並裁定延長羈押一次,至審判終結後之82年4月7日將人犯解送高院接押時,鄭○○已被羈押173日,核其既非檢察官起訴書所指被告之人,應為起訴效力所不及,即非羈押之對象,莊員對之繼續羈押,有悖謹慎切實之旨,顯與公務員服務法第5條公務員應謹慎、第7條公務員執行職務應力求切實之規定有違,爰酌情將莊○○申誡。

15. 85年度鑑字第8022號

被付懲戒人李○○係臺灣台中地方法院法官,於民國83年5月17日審理83年度易緝字第4號顏○○詐欺案,被告通緝歸案交保後雖有遷新址傳拘不到情形,然經追保已於83年3月25日、4月6日、4月19日、5月11日到庭應訊,當時無逃亡之事實,有訊問及審判筆錄影本可稽。被告於同年5月17日未到庭,亦有具狀陳明原因,聲請改期,被付懲戒人未依司法院發布之辦理通緝、協尋案件應行注意事項第2項:「被告住所遷移,應向其原戶籍機關查明其遷移處所再行傳喚,不得傳喚一次不到,即認其業已逃匿,並應儘量運用各種方法先行拘提,確實無法拘提時,始得予以通緝。」及第3項:「具保、責付、或限制住居之被告逃匿,應先切實查尋、追保,命受責付或具保人將被告交案或沒入保證金,而被告仍未到案者,始得發布通緝。」之規定,審慎辦理,又未斟酌當時被告無逃亡或藏匿之事實,未具有通緝之原因,竟予通緝,有違刑事訴訟法第84條之規定。又被告於83年6月1日經傳到庭,被付懲戒人既認無羈押必要,顯未具刑事訴訟法第101條規定羈押之必要,竟以無保予以羈押,亦與上揭法條規定有違。次查案件判決後,檢卷送上訴雖為書記官職掌,然被付懲戒人為書記官之長官,對其執行職務,有監督之責,書記官遲延送卷,被付懲戒人雖有督促,但不切實,中經三次裁定延長羈押,仍任其延宕送卷達8個月之久,有違刑事訴訟法第363條第1項關於案件上訴從速送卷之規定,自難辭行政上監督不周責任。核其所為,違反公務員服務法第5條:公務員應謹慎、第7條:公務員執行職務,應力求切實之規定,應依法酌情議處減月俸百分之10期間6月。

16. 86年度鑑字第8277號

自訴人必須經合法之傳喚,而無正當理由不到庭者,法院始得拘提,故如自訴人並未經合法傳喚,或雖經合法傳喚,但有正當理由不到庭,法院即不得遽予拘提。本件自訴案已委任律師代理到場,訴訟代理人足以勝任自訴之職責,且訴訟代理人於其代理範圍內所為之行為,與當事人自為者,有同一之效

力，縱使法院認為自訴人有到場之必要，仍應依刑事訴訟法定程序辦理。根據被付懲戒人鍾○……指示以郵務送達方式通知自訴人於81年10月1日上午11時到庭，經郵務機關在信封上註記「遷移不明」而退件，被付懲戒人不為再行傳喚或依刑事訴訟法第59條規定公示送達使其合法，卻於81年10月2日簽發拘票拘提自訴人，後經法警執行拘提使自訴人自行到案，核其處分顯然違反刑事訴訟法所規定之拘提程序，實有不當。按刑事訴訟法第116條規定「羈押之被告得不命具保而限制其住居停止羈押」第120條前段規定「被告經訊問後，雖有第七十六條各款所定情形之一，而無羈押之必要者，得逕命具保責付或限制住居。」第111條第5項規定「許可停止羈押之聲請，得限制被告之住居。」由上開條文之規定可知限制住居僅係對於被告而言，現時對於被告在國內犯罪，為防其離境返回原住居地，而無法傳喚進行刑事訴訟程序，或為防範被告犯罪逃亡國外，常函請內政部警政署入出境管理局限制其出境，自亦屬限制住居之一種。然依刑事訴訟法第327條規定，對於自訴人僅得拘提，強制其到庭，拘提到庭訊問後，不得命具保或限制其住居。本案自訴人王○○並非被告，被付懲戒人竟於81年10月2日率爾函內政部警政署入出境管理局限制自訴人出境，迄至82年3月23日本案辯論終結始予解除出境限制，時間長達近半年，其間自訴人曾聲請法院開庭審理本案，並3度具狀聲請解除限制出境，被付懲戒人仍置若罔聞不予處理，其違失事證至為明顯。核被付懲戒人行為與公務員服務法第1條、第5條、第7條等規定，公務員應依法令執行公務，應謹慎、執行職務應力求切實之旨有違，自應依法酌情議處。

羈押之目的，在防止被告逃亡及湮滅證據；而羈押期間之作用，則在促使程序迅速進行與了結。故前者，重在事實，即應視其有無羈押之原因與必要。因之，被告雖經羈押，仍應隨時調查其羈押原因是否繼續存在，及有無繼續羈押之必要，而審視其有無撤銷羈押之情形，應否停止羈押。而羈押期間，則重在程序，應視其訴訟進行之程度及案情之審查，定其有無延長羈押期間之必要。本件自訴案羈押被告魏○○之理由目的及其羈押後判決無罪原因，被付懲戒人係依據訊問審理之客觀情況作個別而具體獨立判斷，屬法院事實審理範疇，然刑事裁判之進行如無正當理由而延滯不決將影響國家利益及被告權益至為深鉅，就國家利益觀點而言，迅速裁判可將犯人立即繩之以法，有助犯罪之防制；再就被告權益而言，無辜被告因迅速裁判而使其犯罪嫌疑，未久即可獲得澄清，還其清白；若被告已被羈押可因迅速之無罪裁判而獲得釋放，恢復自

由之身，因此被告在押之案件，允宜接續進行審理，不得無故任意延宕，以維護其人權。被付懲戒人明知被告魏○○在押而自81年12月31日起至82年3月22日止，2個月又22日均未進行調查或審判程序，無視被告身陷囹圄之痛苦，猶且有違其裁定延長羈押之目的。被告魏○○雖終因犯罪證據不足而獲判無罪，但已被羈押長達125日，經臺北地方法院依冤獄賠償法判決賠償被告魏○○新臺幣37萬5,000元確定。被付懲戒人長期將被告羈押而不予審理，核有失當。豈能以羈押未逾期，未超過司法院所規定6個月辦案期限，且以工作忙碌為卸責之理由，其違失事證極為明確。核被付懲戒人行為與公務員服務法第1條、第5條、第7條等規定，公務員應依法令執行公務，應謹慎、執行職務應力求切實之旨有違，依法酌情議處鍾○降1級改敘。

17. 87年度鑑字第8601號

楊○○前案所犯恐嚇取財未遂罪，經被付懲戒人劉○○審理，於85年12月10日宣判，諭知有期徒刑4月，緩刑3年確定，距後案竊盜罪86年3月18日宣判僅3個月餘，竟以5年內未曾受有期徒刑以上刑之宣告，再宣告緩刑3年，顯屬違背法令。本件南投地院86年2月4日之「刑案被告院內索引卡紀錄表」內，固未有被告前科資料之記載，但警局之刑事案件報告書、刑案資料作業個別查詢報表及檢察官之訊問筆錄、刑案查註紀錄表內均有被告恐嚇案之紀錄，即被付懲戒人先後兩次訊問前科，被告均答傷害，已如前述，則被付懲戒人自應調卷或循電腦查詢系統，查明各該判決之結果，據為判決參考，楊○○前後二案均由被付懲戒人承辦，且兩案判決時間相隔僅3個月零8日，審理中曾與被告楊○○面對問答，前案犯罪情節固非複雜而僅開庭一次，惟楊○○手持鐮刀恐嚇乃父楊○，命交付新臺幣200萬元，經其母奪下鐮刀，如此不孝，惡劣之犯行，給人印象應較深刻，被付懲戒人尚在候補期間，如能謹慎勤勉、力求切實，當不致發生如此違法宣告緩刑之疏失，所辯因案件太多，工作繁忙，終日埋首於卷宗云云，尚難解免行政責任，其違法失職事證，已臻明確。核係違反公務員服務法第5條：「公務員應謹慎勤勉」、第7條：「公務員執行職務，應力求切實」之規定，自應依法酌情議處劉○○記過1次。

18. 88年度鑑字第8803號

民事訴訟法第228條第1項規定：判決原本，應自宣示判決之日起，於5日內交付法院書記官。被付懲戒人自86年至87年承辦案件中有8件判決原本未依上開規定交付，且有遲延天數長達230者，致訴訟當事人向監察院陳訴，因而

影響司法威信。被付懲戒人所爲係違反公務員服務法第7條公務員執行職務，應力求切實，不得無故稽延之規定，應依法酌情議處黃○○記過2次。

19. 88年度鑑字第8896號

依88年2月3日修正前民事訴訟法第228條第1項規定：「判決原本，應自宣示判決之日起，於五日內交付法院書記官。」被付懲戒人林○○承辦前開8案，委有遲延交付判決原本情事，其中延誤100天以上者有3件，最久一件爲148日，事證至爲明確。被付懲戒人自82年6月起，至88年4月止，前後將近6年以內，因遲延交付裁判原本而屢受申誡1次、記過1次、記過2次等懲處，合計達8次之多，實已稽延成習，所辯各點均非正當理由，彈劾案文指係懈怠職務情節重大，嚴重影響當事人權益，斲傷司法威信，洵屬有據。核被付懲戒人所爲，係違反公務員服務法第7條：公務員執行職務，應力求切實，不得無故稽延之規定，應予審酌一切情狀依法議處林○○降1級改敍。

20. 88年度鑑字第9022號

按辦理民事強制執行事件，核定拍賣底價，應儘量與市價相當，爲「辦理強制執行事件應行注意事項」第42點之(5)所明示，且係執行拍賣程序求其公平、公正之所繫。又鑑價之目的，無非在供法院核定底價之參考，倘鑑定有不完備之情形，即應命原鑑定人或機關、團體或命他人繼續或另行鑑定；如鑑定結果顯有疑義，即應命鑑定人或機關、團體所指定之人到場陳述或說明，此爲當然之事理。查本件系爭鋼構停車塔之塔高35.99公尺，總計有20層，相當於12層樓之高度。而高樓層建物之基礎工程，其施工難度與耗費，顯較一般建物爲高，此爲公知事實。上開鋼構停車塔，業已完成主體構造及外牆，此有原執行案之卷存照片及臺北市建築師、土木技師公會鑑定報告書可按，且被付懲戒人曾親臨現場勘查，知其並非單純一層之建物，自應能對於中國不動產鑑定公司僅就第一層爲估算之錯誤及時察覺。至於國聯不動產鑑定公司之鑑定，雖未明示僅就第一層爲估算，但其估算之單價每平方公尺7,000元（每坪2萬3,140元），遠不及一般三層樓建物一平方公尺之造價，若謂此7,000元係包含每平方公尺地面上方20層之總價，則屬顯然違常。要之，上述二次鑑價，或屬不完備或屬顯有可疑，是被付懲戒人林○○於債務人先鋒公司等提出質疑時，即應命原鑑定公司或他人繼續或另行鑑定，或命該公司派員說明，以究明眞相，乃竟固執己見，置債務人等諸多舉證於不顧，反發函非難大華不動產鑑定公司之正當業務行爲，並執意快速結案，肇致所核定之底價顯然偏低，損及債務人先

鋒公司及法定抵押權人富泰營造公司之權益至鉅。核其所爲，殊違公務員服務法第5條及第7條規定公務員應謹愼、執行職務應力求切實之旨，應依法酌情議處林○○記過1次。

21. 89年度鑑字第9105號

被付懲戒人王○○係臺灣臺南地方法院法官，於87、88年間，辦理該院○○號等5件違反社會秩序維護法案之裁定罰鍰易處拘留時，違反法院辦理社會秩序維護法案件應行注意事項第20點所定應於2日內裁定之規定，分別無故拖延115、82、59、45、35日，始爲裁定，致均罹於社會秩序維護法第32條第1項執行時效之規定而免予執行，其違失事證足堪認定，核有違反公務員服務法第5條公務員應謹愼勤勉及第7條公務員執行職務應力求切實之規定，應依法酌情議處王○○記過2次。

22. 91年度鑑字第9773號

被付懲戒人周○○無正當理由稽延案件不進行，又長期遲延交付裁判原本，且製作裁判草率，違背法令情節重大，核其所爲，有違公務員服務法第5條及第7條所定公務員應謹愼勤勉及執行職務應力求切實，不得畏難規避或無故稽延之旨。司法院提出前述六大項證據資料（均影本在卷），認爲被付懲戒人長期遲延交付裁判原本，經其所屬法院法官自律委員會多次評議勸誡及司法院多次申誡、記過處分，均仍不知自我警惕，一犯再犯，毫無止境；又無正當理由稽延案件不進行；且裁判書類製作草率，嚴重欠缺敬業精神，損害司法威信至深且鉅，因依高雄地院法官自律委員會評議決議已達不適任法官職務之程度而移送本會，經本會審議結果，被付懲戒人怠忽職守，情節確屬重大，再參酌被付懲戒人申辯意旨所述「待伊私務處理告一段落後，當遵循法官守則指示清理上開積案」云云，已足確認被付懲戒人欠缺敬業精神，積習已深，仍以私務爲重，公務爲輕，深植其心，毫無悔意，顯已不適任任勞任怨之法官職務，爰爲從重懲戒處分之議決，以維護司法威信，保障人民訴訟權益，因而將周○○撤職並停止任用1年。

23. 92年度鑑字第10034號

少年法院（庭）法官必須依據少年調查官之專案處遇意見，且經全體到場關係人之同意爲前提要件，復限於下列三種裁定之一：(一)情節輕微，認以不付審理爲適當者，而依少年事件處理法第29條第1項爲不付審理之裁定者；(二)依少年事件處理法第42條第1項爲保護處分之裁定者；(三)依第84條第1項

爲親職教育輔導處分之裁定者。方得僅由書記官將主文記載於筆錄，以代替書面裁定之製作。除此之外，現行少年保護事件審理細則並未授權少年法院（庭）法官就少年保護事件之其他裁定得「僅由書記官將主文記載於筆錄」以代替裁定書之製作。司法院發布之少年保護事件審理細則，係依少年事件處理法第86條第2項規定授權訂定，少年法院（庭）法官自僅得於法律特別規定之前開三者情形範圍內，始「得僅由書記官將主文記載於筆錄」，以代一般裁定書之製作。本件附表A所示各案件，除……外，既不符法律所定得以宣示筆錄代替之規定，依法自應以書面裁定爲之。循此辦理，少年事件處理法第62條所定得爲抗告人如有不服，方能知悉不付審理之理由，據以提起抗告。各地方法院少年法庭就上開法律規定，何者應以書面裁定，何者得以宣示筆錄代之，迄無適用上之疑義，且何者得以宣示筆錄代裁定，既法有明文，難謂被付懲戒人所爲僅係法律見解歧異。

　　被付懲戒人施○○係臺灣彰化地方法院法官，因所審理之案件，有嚴重違反辦案程序情事，經該院依法官評鑑辦法第3條第1項第1款規定移請臺灣高等法院臺中分院法官評鑑委員會評鑑（簡稱初審評鑑）結果，決議：「移送司法院人事審議委員會參處，並建議記大過一次」，嗣被付懲戒人不服該決議，聲請覆審，亦經司法院法官評鑑委員會覆審（簡稱覆審評鑑）決議：「覆審之聲請駁回」，司法院乃據確定評鑑結果，移送本會審議。……移送書所據之覆審評鑑，關於此部分載稱：「按少年事件處理法第二十七條第一項規定：『少年法院依調查之結果，認少年觸犯刑罰法律，且有左列情形之一者，應以裁定移送於有管轄權之法院檢察署檢察官：一、犯最輕本刑爲五年以上有期徒刑之罪者。二、事件繫屬後已滿二十歲者。』本件經調取全卷核閱結果，發現該案少年自八十三年迄九十年間連續多次妨害性自主既遂，受評鑑人未依上開規定裁定移送檢察官，竟於九十年十月二十九日逕自裁定少年交付感化教育。惟本件少年性侵害之對象，爲自己未滿十四歲之胞妹二人，且有強暴之行爲，應屬絕對刑事案件（係犯刑法第二百二十二條第一項第二款之加重強制性交罪，法定本刑爲無期徒刑或七年以上有期徒刑），依法應移送檢察官偵查。受評鑑人逕以宣示筆錄諭知感化教育，顯然違背法令。」等語。……其此部分之違失事實亦明，因而將施○○降1級改敘。

24. 92年度鑑字第10179號

　　被付懲戒人潘○○因辦案稽延、停滯不進行逾期4個月以上者，迄91年12

月底計21件，其中包括重大刑案收案後數月始進行及普通刑案收案年餘未進行者；及交聲、秩抗等裁定案件包括收案10個月未進行者。其確有違反公務員服務法第5、7條公務員應謹慎勤勉、執行職務應力求切實，不得稽延等規定至為明顯，應依法酌情議處潘○○記過1次。

25. 92年度鑑字第10188號

　　被付懲戒人劉○○，自84年1月起迄今辦理該院刑事審判事務，稽延停滯案件，承辦該院85年度易字第7854號梁○○等4人背信等案，無正當理由，竟稽延案件不進行，合計停滯該案未進行達3年餘，損害人民權益及司法形象甚鉅，經該院法官自律委員會決議認定「嚴重違反辦案程序，有損司法形象事項」，建議移送法官評鑑委員會評鑑。於85年至88年期間於臺灣臺北地方法院受理該院刑事案件，亦迭有稽延未結逾時過久未陳明停滯原因之情形……。被付懲戒人迭有個人遲延未結件數之情事，曾由該院院長口頭勸導，並經該院91年9月26日函請改善，復經該院91年12月2日法官自律委員會決議由該會書面勸誡；於91年12月2日法官自律委員會決議限期改善；申辯意旨謂前開案件繁雜難辦，有併案者，錯綜複雜，查證困難，有共犯結構者，則互相掩飾，部分起訴過於簡略，事證不明，公訴人將調查工作推給法院，個人獨立奮戰辦案，既未停分或減分案件，亦未取巧請調，更無人協助辦案。其中各案後有由庭長接辦者，亦費時數月始定出庭期進行傳喚；且辯護人又依司法院研擬之新制，要求交互詰問到案證人，致各證人不願再到案，進行遲緩；因此逐年累積疑難雜症之案件，終致陷於周轉困難；故該等積案非純粹個人原因，亦係制度使然。而個人工作量日益加重，要夜間值班，終致體檢結果心臟及肝功能失常。個人辦案近20年，習慣於學習前輩本諸法律良心，切實查明事實真相勿枉勿縱，彰顯正義作正確判斷。未想為升官取巧辦案，縱被指為年長資深，但絕非怠惰之法官，而民間司改會更曾評鑑自己為好法官。現積案已大幅減少，正努力趕辦清結中。提出民間司改會函、剪報、起訴書、訊問筆錄等件資料影本為證，請予參考云云。縱屬實情，要難解免其對於前開所列經辦案件進行遲延、執行職務有欠切實咎責。顯屬有違公務員服務法第7條公務員執行職務應力求切實之旨，應依法酌情議處劉○○記過2次。

26. 93年度鑑字第10451號

　　被付懲戒人施○○從事刑事案件審判事務，無正當理由稽延案件不進行達4個月以上計4件；未如期宣判，且其再開辯論之裁定自應宣示裁判之日起算，

未交付達20日以上者計10件；遲延交付裁判原本共計55件；任意審結案件，嗣再開辯論，91年1月起至7月止再開辯論頻繁，再開辯論比率偏高，達百分之40；及安排庭期失當，致訴訟當事人未克充分陳述、舉證、及辯論，影響當事人之權益等項違失事證已臻明確。被付懲戒人所為其餘各節申辯，及所提出之其餘各項證據，均難資為免責之論據。所提出其身體健康不佳之醫院診斷證明書，及證明其於91年12月份加班結案達101件之月報表等件影本，要之僅能供懲戒處分輕重之參考而已，均不足以卸免其違失咎責。核其所為，有違公務員服務法第5條及第7條所定，公務員應謹慎、勤勉，執行職務應力求切實，不得無故稽延之規定，應依法酌情議處。被付懲戒人前案因承辦少年事件、刑事案件，有違反辦案程序情事，經送法官評鑑委員會評鑑期間，及移送本會審議後，於91年8月19日接辦西股刑事案件之審判事務後，復有本議決前開所載之違法失職情事，固屬嚴重損及當事人權益及司法形象。……又92年8月29日定期審理45件，庭期安排不當，動機在於交互詰問新制實施前盡量結案，並無其他不當企圖。於本次移送本會審議後，調辦簡易案件，尚知加班努力結案，亦有其提出之新收及結案件數明細表、及辦案資料等件影本附卷可參。俱見其並非不知悔悟，尚未達不適任法官之程度。爰審酌其行為之動機、目的、生活狀況、行為所生之損害或影響及行為後之態度等一切情狀，從輕予以降2級改敘之懲戒處分。

27. 98年度鑑字第11334號

被付懲戒人周○○辦案態度草率，敬業精神明顯欠缺；又恣意更改延後庭期，置當事人訴訟權益於不顧；復以請假規避案件開庭陪席，未能切實、積極參與合議審判，事證至為明確。核被付懲戒人所為，係違反公務員服務法第5條及第7條所定公務員應勤勉，執行職務應力求切實，不得有畏難規避，無故稽延之規定。審酌被付懲戒人身為資深法官，未能黽勉任事，臨退之際，尚任性恣意，怠忽職守，致滋外議，已對司法信譽、形象造成傷害，及其妻曾因車禍受傷住院，當時尚在復健中，難免因而分心，情尚可原等一切情狀，酌處周○○記過2次。

28. 100年度鑑字第12132號

被付懲戒人鍾○審理96年度家護抗字第101號通常保護令抗告事件，於原審核發通常保護令之1年有效期間屆滿始行結案，無正當理由，近6個月未為案件之進行，……與家庭暴力防治法揭示防治家庭暴力行為，保護被害人權益之

意旨，顯有未符，並違司法院函頒法官守則第4點「法官應勤慎篤實地執行職務，尊重人民司法上權利」之規定，而斲傷司法公信力，被付懲戒人自應就此負違失之責。……被付懲戒人於97年2月1日訊問馮姓少年，社工人員基於保護少年之目的請求在場，卻為被付懲戒人請法警將社工人員請出法庭。同年9月18日在馮姓少年就讀學校訪視、訊問少年時，明知社工人員經學校通知到場，並由馮姓少年明確轉達，仍未准社工人員在場，其所為顯有違兒童及少年福利法第40條第2項規定，而損害新北市政府及安置中少年之訴訟權益，而有違失責任。按警察人員在執行職務時知有疑似家庭暴力情事者，應立即通報當地主管機關，至遲不得逾24小時。家庭暴力防治法第50條第1項定有明文。又同條第2項規定，前項通報之方式及內容，由中央主管機關定之，通報人之身分資料應予保密。被付懲戒人於庭訊時對於社工人員依此要求就所提出之上開通報表保密，被付懲戒人未指示承辦書記官依法律規定辦理保密措施而由書記官附卷，致使抗告人得以於閱卷時獲知上開應行保密之身分資料，則被付懲戒人於社工人員請求下未依上開法律規定為通報人等身分資料之保密措施，顯有損主管機關執行職務之公信力，而應負違失責任。

臺北地院97年度家聲字第58號不予安置事件，被付懲戒人違法於法院製作必須公開之裁定書上，揭露足以識別少年身分之資訊。被付懲戒人於上列個案審理程序就移送彈劾意旨所指之事項所採之處理方式，並未有合理之解釋，以支持其法律之適用，自不得泛指上開事項皆為審判核心事項，屬法官獨立審判之範圍為由，規避其並未依法審理案件之違失。又被付懲戒人上開違失行為，損及司法形象，已屬公務員懲戒法第2條規定之懲戒範圍，被付懲戒人以上開違失行為屬法院內部自律規範或司法行政上是否懲戒之範圍，尚未達懲戒處分所要求之可罰違法性云云，均非可採。又查同一事件經主管長官已為處分後，復移送公務員懲戒委員會審議者，其原處分失其效力，稽核公務員懲戒處分執行辦法第6條定有明文，……因而將鍾○降1級改敘。

29. 101年鑑字第12293號

法官守則第1點（即101年1月5日發布之法官倫理規範第5條）規定：「法官應保有高尚品格，謹言慎行、廉潔自持、避免不當或易被認為不當的行為。」第4點規定：「法官應勤慎篤實地執行職務，尊重人民司法上的權利。」上開法官倫理規範第11條亦規定：「法官應謹慎、勤勉、妥速執行職務，不得無故延滯或增加當事人、關係人不合理的負擔。」被付懲戒人林○○

爲規避遲交裁判原本之管考，以上開製作尚未完成之錯誤民事判決原本，以電子檔上傳書記官指示先掛主文，並親自持交統計室同仁報結，核其所爲，與法官守則及法官倫理規範等前揭規定不符，有違公務員服務法第5條、第7條所定，公務員應誠實，謹慎勤勉，執行職務，應力求切實、不得無故稽延之旨。爰審酌被付懲戒人曾因案件無正當理由逾時無接續實質進行及遲交裁判原本而受申誡2次之懲處，仍不知警惕，又爲規避遲交裁判原本之管考而爲上開行爲，嗣其判決修正製作完成，以電腦列印正確之判決原本交付書記官，又疏未確實將正確之判決以電腦上傳書記官，致書記官仍依前錯誤民事判決電子檔製作民事判決正本送達當事人，嚴重斲損司法信譽及形象，及其於陳述意見書已表示對此不當行爲及疏忽，深感歉悔等一切情狀，將林○○降2級改敘之懲戒。

　　30. 司法院職務法庭103年度懲字第1號

　　本件被付懲戒人（臺灣臺北地方法院法官陳○○）審理系爭事件時，以複製他案判決書之方式，製作明顯錯誤之判決書而送達予案件當事人，有事實足認因重大過失，致審判案件有明顯重大違誤，嚴重侵害人民權益，損及司法威信，顯已違反前揭公務員服務法、法官守則及民事訴訟法之程序規定，已達嚴重損及人民對司法之信賴之程度，且於100年1月6日下午5時44分前製作正確判決時已知版本一判決係錯誤之判決，卻未立即製作更正裁定；嗣於101年2月7日高本院審理時，發現二份內容不同之判決正本而通知被付懲戒人，被付懲戒人遲至101年2月10日始另行製作更正裁定，顯有違失，自應依前揭規定予以懲戒。茲審酌被付懲戒人以不當行爲規避行政管考，致書記官送達內容嚴重錯誤之判決書予當事人，且被付懲戒人知悉後，亦未及時裁定更正，損及司法威信…等情狀，判決「降1級改敘」之懲戒處分。

四、相關立法例

(一)班加羅爾司法行爲原則

　　6.5. 法官應以高效、公平及適當迅捷的方式執行一切司法職責，包括作出延期判決等。

　　6.7. 法官不得作出違背盡力執行司法職責的行爲。

(二)美國法曹協會司法行為模範法典

規則2.5 適任、勤勉及合作

(A)法官必須適任而勤勉地執行司法及行政職務。

(三)香港法官行為指引

勤於司法事務

26. 法官必須勤於司法事務，力求做到守時，及在執行司法職責時，有合理程度的效率。

肆、法庭態度公正

> **第十二條**
>
> 法官開庭前應充分準備；開庭時應客觀、公正、中立、耐心、有禮聽審，維護當事人、關係人訴訟上權利或辯護權。
>
> 法官應維持法庭莊嚴及秩序，不得對在庭之人辱罵、無理之責備或有其他損其尊嚴之行為。
>
> 法官得鼓勵、促成當事人進行調解、和解或以其他適當方式解決爭議，但不得以不當之方式為之。

評釋

一、法庭態度

法庭不僅是法官聽訟的場所，也是法官代表國家行使司法權的聖地。法官在法庭的態度，直接影響到當事人對法官（法院）的信心，是以法官在法庭的一舉一動，自然應小心謹慎。本條第1項規定：「法官開庭前應充分準備；開庭時應客觀、公正、中立、耐心、有禮聽審，維護當事人、關係人訴訟上權利或辯護權。」要求法官在開庭前應充分準備，因法官在開庭前如未能仔細閱卷，充分瞭解當事人的爭點，開庭時將難以妥適指揮訴訟，而使得程序的進行欠缺效率，造成案件不必要的延宕。其次，法官開庭時應客觀、公正、中立、

耐心、有禮聽審，維護當事人、關係人訴訟上權利或辯護權。法官開庭時，應保持客觀中立的態度，表現高度耐心，給與當事人或關係人充分的時間陳述，對於一再重複陳述的當事人或關係人，善意地提醒其不必重複或陳述重點，以維護其訴訟上之權益，並使訴訟程序得以有效率地進行。

二、法庭秩序之維護

　　本條第2項要求法官應維持法庭莊嚴及秩序，不得對在庭之人辱罵、無理之責備或有其他損其尊嚴之行為。本項前段係重申法官依法院組織法上所規定維持法庭秩序之權，後段則係要求法官對於在法庭之人，維持其尊嚴。由本條第1項所規定法官應有禮聽審之反面解釋，當可推得法官「不得對在庭之人辱罵、無理之責備或有其他損其尊嚴之行為」之結論，本條第2項後段之所以特別規定，乃由於在過去有的法官在指揮訴訟時，未能展現中立、客觀及耐心的態度，而對當事人或其訴訟代理人有辱罵、無理之責備或有其他損其尊嚴之行為，導致有的研修委員認為有特別加以規定的必要，此為本項後段規定的背景[5]。

　　關於訴訟程序的指揮及法庭秩序的維護，法院組織法中有詳細規定。審判長於法庭之開閉及審理訴訟，有指揮之權（第88條）。法庭開庭時，審判長有維持秩序之權。法庭開庭時，應保持肅靜，不得有大聲交談、鼓掌、攝影、吸煙、飲食物品及其他類似之行為。非經審判長核准，並不得錄音。錄音辦法，由司法院定之（第89、90條）。又，部分當事人、律師或有關人員於開庭或審判長在法庭外執行職務時時，情緒失控，偶有發生，如審判長不適時制止或採取必要行動，不僅會損及法庭莊嚴，而且會影響訴訟進行及另一造當事人訴訟上權益，因而法院組織法也規定，有妨害法庭秩序或其他不當行為者，審判長得禁止其進入法庭或命其退出法庭，必要時得命看管至閉庭時。律師在法庭代理訴訟或辯護案件，其言語行動如有不當，審判長得加以警告或禁止其開庭當日之代理或辯護。非律師而為訴訟代理人或辯護人者，亦同（第91條第1項、第92條）。審判長為上開處分時，應記明其事由於筆錄（第93條）。

---

[5]　香港法官行為指引第27條也有類似規定。（見下述相關立法例）

三、善用訴訟外紛爭解決機制

　　國家建構訴訟制度，為人民解決訴訟上爭端，固然係國家的責任，然而為保障當事人訴訟程序上的程序正義，訴訟程序往往冗長，有些訴訟案件，較為複雜，歷經10年以上仍未能解決者，不在少數，基於遲來的正義並非正義的理念，現代國家多鼓勵經由訴訟外紛爭解決（Alternative Dispute Resolution）的模式，來解決爭議，訟外紛爭解決的模式，大抵為調解、和解與仲裁，調解及仲裁有由國家法律賦予特定機關實施，再由法院對其調解成立內容或仲裁判斷，賦予其執行力者。例如鄉鎮市調解條例賦予鄉、鎮、市公所應設調解委員會，辦理民事事件及告訴乃論之刑事事件之調解，鄉、鎮、市公所應於調解成立之日起十日內，將調解書及卷證送請移付或管轄之法院審核。調解經法院核定後，當事人就該事件不得再行起訴、告訴或自訴。經法院核定之民事調解，與民事確定判決有同一之效力；經法院核定之刑事調解，以給付金錢或其他代替物或有價證券之一定數量為標的者，其調解書得為執行名義（鄉鎮市調解條例第1、26、27條）。又如有關現在或將來之爭議，當事人得訂立仲裁協議，約定由仲裁人一人或單數之數人成立仲裁庭仲裁之。仲裁人之判斷，於當事人間，與法院之確定判決，有同一效力。仲裁判斷，須聲請法院為執行裁定後，方得為強制執行。但以給付金錢或其他代替物或有價證券之一定數量為標的，或以給付特定之動產為標的，並經當事人雙方以書面約定仲裁判斷無須法院裁定即得為強制執行者，得逕為強制執行（仲裁法第1、37條）。此外，在勞資爭議處理法中，除設有調解及仲裁制度外，另有所謂不當勞動行為的裁決制度[6]。

　　法院處理案件，遇有上開調解、仲裁或裁決事宜時，自應依法處理。此外，民事訴訟法也規定有調解及和解制度，法律為鼓勵當事人依此等制度解決爭議，規定經調解或和解成立者，當事人得於調解或和解成立之日起三個月內聲請退還其於該審級所繳裁判費三分之二（民事訴訟法第420-1、第84條）。法官為早日消弭當事人間之紛爭，自得鼓勵、促成當事人進行調解、和解或以其他適當方式解決爭議，但法官在促成當事人達成調解或和解時，宜以說理、平和的態度，向當事人分析利弊得失，使當事人自願達成調解或和解，切忌讓

---

[6]　勞資爭議處理法第39條以下參照。

當事人感到係受到壓迫，或在心不甘情不願的情形下而爲，否則即有失終局解決當事人紛爭之本旨，而衍生另外的爭議或訴訟。

四、案例參考

1. 89年度鑑字第9243號

　　被付懲戒人陳○○於87年12月……審理該院87年度上訴字第3990號被告方○○僞造文書一案時，被告之辯護人亦到場，被付懲戒人於人別訊問後，對被告方○○稱：「那你就是牽涉到僞造文書，照刑事訴訟法規定，你可以保持緘默，就是不講話，也可以不必違背自己之意思講話，也可以選任辯護人，法律所規定之辯護人，就是律師，非律師不可，但是選律師要小心，現有些自稱在外面招搖撞騙之大牌律師，好的律師很多，壞的律師少數，要小心，他們以大牌律師自稱並到處在電視報紙出風頭，這些人眞的沒什麼學問，一天到晚搞這些，那有時間研究案情，告的辯的一塌糊塗，高等法院判無期徒刑，被押禁，告的也不對頭，然後被駁回，你們選任律師要睜大眼睛，不要選到亂七八糟了，他們律師公會也有一個司法改革雜誌，宣揚要改革司法，裡面有烏賊律師現形記，他們自己寫了文章，都看看，看看那些大牌是不是烏賊」，同日庭期中於訊問證人張○○完畢後，被告方○○之辯護律師王○○，請求訊問證人張○○，惟被付懲戒人堅決不准，致王○○律師拒絕辯護。……又被付懲戒人於88年1月……審理臺灣高等法院87年度上訴字第4551號被告林○等搶奪案時，雖林○之辯護律師盧○○在場，仍對林○稱：「律師有的招搖撞騙，黑白亂講，搞得法院烏煙瘴氣」等語之事實……。查刑事訴訟法第166條第1項規定：「證人、鑑定人由審判長訊問後，當事人及辯護人得直接或聲請審判長詰問之」。同法第167條第1項規定：「當事人或辯護人，詰問證人、鑑定人時，審判長認有不當者，得禁止之」。依此規定，辯護人直接或聲請詰問證人，乃辯護人之權利，審判長則得於辯護人詰問後，認其詰問不當者，予以禁止。本件被付懲戒人自始即不許辯護律師聲請訊問證人，依錄音帶譯文之記載，又未說明不許訊問之理由，終至辯護人拒絕辯護，所爲訴訟程序，顯與前述刑事訴訟法之規定不合，核其行爲，有違反公務員服務法第5條公務員應謹愼、第7條公務員執行職務，應力求切實之規定。又法官職司審判，除應具有事實認定及法律判斷之高度素養外，其言行亦應受國民之尊敬與信賴，如此方能獲得國民對

裁判之信服，故法官法庭上之言詞，應尊重當事人及其辯護人。被付懲戒人在公開法庭，有前述致被告辯護律師感到受辱之言詞，核其行為，亦違反公務員服務法第5條公務員應謹慎之規定，酌情議處陳○○申誡。

2. 88年度鑑字第8996號

被付懲戒人李○○涉及開庭不當言行部分：被付懲戒人於87年9月、10月間，辦理收養事件開庭時，訊及當事人開店，乃向當事人索取名片，自留一張外，餘分送同仁，並與當事人洽談打折成數；又另獲知當事人為水電工，告以日後家中水電請其前來修理……查法官職司審判，地位崇高，開庭時言行應格外審慎，以維持受人尊重、信賴之良好形象，其上開言行易使人產生法官貪圖打折扣佔便宜之不良印象，殊有欠謹慎，酌情將李○○降2級改敘。

3. 90年度鑑字第9391號

被付懲戒人李○○於89年5月間，在彰化地院彰化簡易庭開庭審理民事案件時，因訴訟代理人邱○○律師未親自出庭而委任實習律師劉○○為複代理人到庭。被付懲戒人質問劉○○：「律師為何不來開庭，隨便找個人來代理，你又不是律師」，劉○○答稱：「因律師去開別庭，我已考上律師，是以實習律師身分到庭」等語，被付懲戒人即以「考上律師有什麼了不起」等以無關案情之事項大聲斥責，言行失當。……核被付懲戒人所為，有違公務員服務法第5條公務員應謹慎之規定，酌情議定李○○申誡。

4. 100年度鑑字第12143號

被付懲戒人柯○○，於任職期間，有問案態度不良等情事，析述如下：

(一)被付懲戒人於98年3月12日審理98年度岡簡調字第16號事件，於開庭時，訓斥、辱罵當事人，未讓當事人及律師有答辯之機會，當事人因而當庭撤回訴訟。

(二)被付懲戒人於99年7月27日審理99年度岡訴字第3號事件時，審案態度不良，因而遭當事人陳訴偏袒不公。

(三)被付懲戒人於100年4月12日審理99年度家全字第42號、100年度監字第157號事件時，審案態度不良，因而遭當事人陳訴。

(四)被付懲戒人屢因審案態度遭人陳情，經高雄地院院長於100年8月11日指示研考科聆聽被付懲戒人下列之開庭錄音，將內容較有爭議者，整理為譯文如下：

(1) 97年5月29日96年度訴字第1878號事件：「你不要再給我講喔，……你

在那邊黑白哭天……」、「……我不會像你這個垃圾人（台語），跟我黑白那個……」、「……你還跟我囉嗦，嘰嘰歪歪，……肖人，我現在再罵你一句，……我就是要當場讓你難看，……你要怎麼辦？我都應付你，最多我就是6萬塊（按係指考績獎金）不要囉，那你怎麼樣，我敢罵人，就是敢接受這個結果啦……」。被付懲戒人因於訴訟審理過程中，與律師對話溝通時產生齟齬，使律師感覺不被尊重，因而自訴被付懲戒人妨害名譽。該案分由該院以97年度審自字第44號審理，經雙方當庭達成和解，撤回自訴。

(2) 100年5月5日100年度家護字第729號事件：「你再以這種態度開庭的話，我要讓你的工作丟掉，你給我小心……」、「……我做法官很兇，誰來時搞鬼我都會先罵他，將他的氣燄壓下來再審理，……你想一想你是委任職，我一進市政府就是薦任，你來嗆我，嗆對人沒有，哭么，……里幹事我會看在眼裡嗎？以前我最少還是薦任高考及格，你還是普考我會看在眼裡嗎……」。

（中間相關譯文略）

(16) 100年7月26日100年度親字第65號事件：「……你們律師這樣搞，你們律師這樣搞法，難怪我這個法官要生氣，……拜託耶！（台語）律師做這樣（台語）」、「你們當事人就是沒有念過法律，就是說這種，總是要給法院一個推定的時間啊！……那法官乾脆寫說一佰年前（音量加大、聲調加高），清朝的時候（音量加大、聲調加高），光緒皇帝（音量加大、聲調加高），你就沒看過她（音量加大、聲調加高）……」。

被付懲戒人違失事證，已臻明確。核其所為，有違公務員服務法第5條及第7條所定，公務員應謹慎，不得有驕恣，足以損失名譽之行為，及執行職務應力求切實之旨，應依法議處。按法官代表國家行使審判職權，其言行應受人民之尊敬與信賴，方能獲得人民對裁判之信服。被付懲戒人開庭時迭有態度不良、辱罵當事人之情事，嚴重戕害司法信譽，並侵犯受詢問人之人權，爰併審酌被付懲戒人於監察院詢問時已有悔意，並表示願進修情緒管理課程等一切情狀，將柯○○休職，期間1年。

5. 司法院職務法庭101年度懲字第2號

法官代表國家行使審判職權，其言行應受人民之尊敬與信賴，方能獲得人民對裁判之信服，法官無論職務上或職務外之行為，均應求務實合宜，謹言慎行，避免不當或易被認為不當之行為。且法官應依據憲法、法律及良知獨立審判，進行公正程序，此乃法治國之基石，並為人民信賴法院公信力之基礎。而

所謂審判獨立，不僅係保障法官之外在身分獨立，且法官於審理案件時，應確實堅守內在獨立公正。不僅實質上可令人信其公正，外觀上亦不得令人質疑其公正性。此觀諸法官守則第1點：「法官應保有高尚品格，謹言慎行、廉潔自持，避免不當或易被認為不當的行為」、第2點：「法官應超然公正，依據憲法及法律，獨立審判，不受及不為任何關說或干涉」、第4點：「法官應勤慎篤實地執行職務，尊重人民司法上的權利」等規定即明。被付懲戒人（臺灣新北地方法院法官李○○）當庭撥打電話與相關聯案件承辦法官討論案件勝負，探詢他案法官心證，致使當事人以為不同案件法官針對個案可以電話方式當庭互通心證以協商裁判內容，足以使當事人產生對於審判獨立及司法公正性之疑慮，其開庭及勸諭和解，或嚴厲辭色，或以輕率譏諷態度為之，不當評價當事人不懂法律、模仿當事人委屈陳述口吻，態度不佳，其違反法官守則第1點、第2點、第4點而有違失行為，該當於公務員懲戒法第2條第1款、第2款規定，應受懲戒。再法官守則係以公務員中之法官為規範對象，在其規定之範圍內，為公務員服務法之特別法。因此被付懲戒人上開行為雖同時違反公務員服務法第5條「公務員應誠實清廉，謹慎勤勉，不得有…足以損失名譽之行為」，仍應論以違反上開法官守則。…審酌被付懲戒人之違失行為，予以休職期間6月之懲戒處分。

五、相關立法例

(一)班加羅爾司法行為原則

　　6.6. 法官應維持法庭所審理法律程序的秩序及禮儀，並須耐心、莊重及禮貌對待訴訟當事人、陪審員、證人、律師及法官以公務身分交往的其他人。法官亦應要求法定代表、法庭人員及受法官支配、指示或管控的其他人有相同行為。

(二)美國法曹協會司法行為模範法典

　　規則2.6　確保當事人聽審權

(A) 法官必須給予在訴訟程序中有法律利益之人，或其律師，依據法律之聽審權。

(B) 法官得鼓勵訴訟程序當事人及其律師就爭議之案件為和解，但不得強迫任何當事人達成和解。

規則2.8　法庭禮儀、舉止及與陪審員之溝通

(A) 法官必須要求法庭之程序合乎秩序及法庭禮儀。

(B) 法官必須以耐心、嚴肅及禮貌之態度，對待當事人、陪審員、證人、律師、法院職員、法院官員，及其他與法官處理事務有關之人員，並應要求律師、法院職員、法院官員及其他受法官指揮監督之人，以類似態度行為對待述人員。

(三)香港法官行為指引

在庭內的言行舉止

27. 法官應以禮待人，亦應堅持出席法庭的人以禮相待。法官無理責備律師，以令人反感的言語評論訴訟人或證人，及表現毫無分寸，均可能削弱外界對法官處事公正的觀感。

28. 所有出席法庭的人（無論是法律執業者、訴訟人或證人），都應受尊重，這是他們的權利。法官必須確保庭上各人，都不會因種族、性別、宗教或其他歧視性原因而被不平等地看待。

29. 與此同時，法官應有堅定的立場，保持法律程序進行得當，避免不必要地浪費法庭的時間。如有必要，法官可能需要作出干預，但亦應確保其干預手法，不會影響法庭的公正，及影響外界認為法庭是公正的觀感。

伍、監督屬員依法行事

第十三條

　　法官就審判職務上受其指揮或服從其監督之法院人員，應要求其切實依法執行職務。

評釋

一、監督屬員

　　在我國直接配屬法官工作的成員，有書記官及錄事（在民事執行處為執達員），在執行相關審判職務，法警及法庭上的庭務員，屬於輔助法官的人員，此等人員，就法官審判職務上，應服從其指揮或其監督，由於此等人員常常在第一線直接接觸訴訟當事人，其行為之適當與否，可能直接影響到當事人乃至人民對法官（院）的信賴，因而法官自有本於職務監督之權責，要求其切實依法執行職務之責任。在其有不當行為發生時，應及時導正、勸誡，如其行為違反規定情節重大者，並應依法報請法院院長依法辦理。

二、案例參考

　　法官固然有監督屬員責任，然而法官本職為審判工作，非行政工作，對於監員，僅係業務上長官，並非行政上直屬長官，書記官的行政直屬長官為科長、書記官長及院長，如書記官之工作缺失，純屬個人偶然疏失，而非經常性的，如謂法官對書記官的行政違失，也要負擔行政責任，實屬過苛。過去公務員懲戒委員會曾有對於書記遺失保管證物，而對法官予以懲戒之事例，或值斟酌[7]：

1. 65年度鑑字第4738號
　　被付懲戒人歐○○係臺灣高等等法院臺中分院書記官，配置同院推事即被付懲戒人臺中高分院推事王○○辦理紀錄，該院61年上訴字第564號被告陳○○違反商業會計法一案，第97號帳簿一本，係在被付懲戒人（歐○○）保管中遺失，被付懲戒人王○○為歐○○直屬長官，對歐員平日執行執務，能否謹慎勤勉，勝任愉快，負有監督考核之責，關於借調證物第97號帳簿，在訴訟進行中遺失，迄未尋獲，亦難辭疏忽之咎。（記過1次）

---

[7]　近年來已少有因書記官個人業務上疏失，而連帶懲戒法官之情形。

2. 85年度鑑字第8022號

案件判決後，檢卷送上訴雖為書記官職掌，然被付懲戒人（臺中地院法官李○○）為書記官之長官，對其執行職務，有監督之責，書記官遲延送卷，被付懲戒人雖有督促，但不切實，中經3次裁定延長羈押，仍任其延宕送卷達8個月之久，有違刑事訴訟法第363條第1項關於案件上訴從速送卷之規定，自難辭行政上監督不周責任。（減月俸百分之十，期間6月）

三、相關立法例

(一)班加羅爾司法行為原則

6.6. 法官應維持法庭所審理法律程序的秩序及禮儀，並須耐心、莊重及禮貌對待訴訟當事人、陪審員、證人、律師及法官以公務身分交往的其他人。法官亦應要求法定代表、法庭人員及受法官支配、指示或管控的其他人有相同行為。

(二)美國法曹協會司法行為模範法典

規則2.12　監督責任

(A) 法官必須要求法院職員、法院官員及其他受法官指揮監督之人，所為行為應與本法對法官行為義務之規定一致。

陸、舉發義務

第二十六條

法官執行職務時，知悉其他法官、檢察官或律師確有違反其倫理規範之行為時，應通知該法官、檢察官所屬職務監督權人或律師公會。

評釋

一、舉發義務

本條規定容為96年間研議法官倫理規範草案所無，後來由於99年間發生

最高法院法官涉及關說案，乃引起社會上普遍關心此一問題，在100年間研議法官倫理規範時，認有加以規範之必要，惟最初係規定：「法官知悉其他法官、檢察官或律師確有違反其倫理規範之行為時，宜通知該法官、檢察官所屬職務監督權人或律師公會。」即法官知悉有上開情事時，「宜」通知該法官、檢察官所屬職務監督權人或律師公會。原規定「宜」通知，不規定「應」通知，乃考量我國民族性，比較傾向不揭人惡。過去少有法官對於其他法官、檢察官或律師確有違反其倫理規範行為，進行舉發之情事，此或許是基於傳統上「不喜打小報告」、「與人為善」或「鄉愿習性」的考量，而為「鼓勵」其進行舉發，因而規定「宜」通知法官、檢察官所屬職務監督權人或律師公會。法官如不為舉發，充其量也只能說他道德勇氣不足，尚難認其違反倫理規範。是以有認為，此係「以宣示性意義讓法官自行衡量決定，提醒法官可以通知該法官、檢察官所屬職務監督權人，或律師公會促其改善，盡到維護司法公信的責任」[8]。

著實言之，上開規範比較消極保守，恐無助於司法風氣改善，以及司法公信力的提升，而且100年間司法院法官人事改革成效評估委員會[9]總結報告中，將「法官知悉其他法官、檢察官或律師有違反其倫理規範行為後，應即通知該法官、檢察官所屬職務監督權人或律師公會。」列為屬於具有高度共識之議題[10]。法官倫理規範研修小組乃將「宜」字，修正為「應」。本條雖然經修正為「應」舉發，但衡以我國國情，本規定恐係不易貫徹實施的條文，因為違反倫理規範，並不僅只於「關說案件」的明顯違反倫理規範的行為，還有其他行為，是否知悉有關人員一定違反其倫理規範，可能有一些模糊空間，一概規定為「應」舉發，在執行面上會有一些困難。

---

[8] 莊秋桃《法官倫理之研究》，司法院101年度研究發展報告，頁107。

[9] 本委員會係司法院於民國100年5月間所成立，由司法院蘇副院長永欽擔任召集人，邀集法界及法官代表所組成，其成立之原因如下：全國司法改革會議召開迄今已逾11年，在全球化競爭、政府組織再造與人民需求提高等環境變遷下，上開司法改革會議有關法官人事改革議題之提案或結論，以及外界對現行法官人事制度之意見等，自有檢討調整之必要，以符合司法為民之意旨，爰提出「法官人事改革評估委員會計畫書」，從法官之進場、退場及遷調制度等面向，探究改革起源、現狀檢討後，提出未來調整方向之題綱，提請「法官人事改革成效評估委員會」討論，並將結論作為本院決策之參考。（參照司法院官網，2013/05/25造訪。）

[10] 參照司法院官網，http://www.judicial.gov.tw/revolution/法官人事改革成效評估委員會總結報告.pdf，2013/05/25造訪。

二、舉發義務之内涵

誠然本規範，係仿美國法曹協會司法行為模範法典規則2.15[11]而來，該規則課予法官報告義務的主要理由在於：「忽略或否認所知司法同儕或法律職業成員之不當行為，無形中損害法官努力參與確保公眾對司法制度信賴之責任。」[12]在我國，舉發義務或可求諸本規範第2條所揭示：「捍衛自由民主之基本秩序，維護法治」之基本行為價值觀而來。

本文規定法官因應舉發之標的，固為「法官、檢察官或律師確有違反其倫理規範之行為」，然而以其執行職務時知悉者為限，如法官並不確定其行為是否有違倫理規範，自不應以此相繩，以免課予法官過當之責任。惟如此等人員如有不當關說法官自己所承辦案件的行為，乃極為明顯的違反其倫理規範之行為，法官自有舉發義務，不得諉為不知。依司法院及所屬機關請託關說事件處理要點[13]第4條規定：「請託關說不論是否以書面為之，受請託關說者應於三日內向機關政風單位登錄。」是以法官如受有關說情事，自應依此規定，向政風單位辦理登錄。在實務上也發生過幾件法官主動舉發同仁關說的事件。

三、案例參考

1. 47年鑑字第2210號

查邱○○盜伐森林案，張甲受邱○○之托，張乙受張甲之托，被付懲戒人汪○○時任台中地方法院推事，又受張乙之托，向其同室辦公之承辦邱案推事張○○關說酬謝，經張○○兩次口頭報告並簽呈朱院長。臺灣高等法院再審判決據以認定被付懲戒人共同對於違背職務之行為行求賄賂，科處徒刑6月，准易科罰金。其行為與公務員服務法第5條之規定有違。（汪○○法官休職期間6月）

2. 100年度鑑字第11895號

最高法院法官蕭○○因其子蕭○○肇事逃逸案，於一審審理期間，向該案審判長鄭○○行關說行為。復於二審審理期間，向該案審判長高○○行關說行

---

[11] 內容參照下述相關立法例。

[12] 見美國法曹協會司法行為模範法典規則2.15，註釋1。

[13] 中華民國101年11月20日司法院院台政2字第1010032697號函訂定。

爲，並請託崔○○法官向該案受命法官高○○關說；臺灣高等法院法官高○○爲前開蕭○○肇事逃逸案二審審判長，於該案審理期間除受蕭○○關說，並向受命法官高○○關說。被付懲戒人蕭○○爲最高法院法官、高○○爲臺灣高等法院審判長，二人未能嚴守分際，遵守法官守則，保有高尚品格，謹言愼行，不受及不爲任何關說或干涉之規定。被付懲戒人蕭○○爲子肇逃事件向高○○關說之違失事證，均已明確。核被付懲戒人二人所爲，均有違公務員服務法第5條所定，公務員應謹愼，不得有足以損失名譽之行爲之旨，應依法酌情議處。爰審酌被付懲戒人二人身爲資深法官，被付懲戒人蕭○○於其子涉案時，囿於父子之情，多次向承審法官關說；被付懲戒人高○○審理案件時，受好友之請託，並向受命法官爲具體要求，嚴重損及法官形象及司法公信，並參以檢察官偵查結果，認定臺灣高等法院判決並無枉法裁判之故意等情酌處之。（蕭○○法官休職，期間6月；高○○法官降2級改敍）

四、相關立法例

（一）班加羅爾司法行爲原則
6.7.　法官不得作出違背盡力執行司法職責的行爲。

評註218

法官知悉另一法官或律師有不專業行爲可能性的證據時，應採取適當行動。適當行動可能包括直接與違反規定的另一位法官或律師溝通，如尚有其他直接行動可資採取，並向有關機關報告違反情事。

（二）美國法曹協會司法行爲模範法典
規則2.15　對司法及律師不當行爲之回應

(A) 法官知悉其他法官有違反本法規定，而涉及有關該法官之誠實、可信或其他有關法官適任性之實質問題者，必須通知權責機關。

(B) 法官知悉某律師有違反職業行爲規範規定，而涉及有關該律師之誠實、可信或其他有關律師適任性之實質問題者，必須通知權責機關。

(C) 法官收到指稱其他法官已違反本法規定之資訊，而其內容有實質可能性者，必須採取適當行動。

(D) 法官收到指稱某律師已違反職業行爲規範規定之資訊，而其內容有實質可能性者，必須採取適當行動。

　　法官倫理規範第27條規定：「司法院得設諮詢委員會，負責本規範適用疑義之諮詢及研議。」[1]司法院司法行政廳乃於101年1月17日依本規定，簽請設立法官倫理規範諮詢委員會，置委員7人，由司法行政廳廳長兼任本會之召集人，其他成員包括司法行政廳、民事廳、刑事廳、行政訴訟及懲戒廳、少年及家事廳等五廳之副廳長以及政風處處長，均隨職位進退。嗣為擴大法官代表之參與，使意見更為周延，於102年5月14日簽請核定增聘委員3人，首次聘任者包括最高行政法院法官1人、臺灣高等法院法官1人及臺灣臺北地方法院法官1人。目前法官倫理規範諮詢委員會之委員共計10人[2]。增聘委員的任期自102年6月1日起，至103年5月31日，一年一聘，得續聘[3]。

　　據瞭解，司法院並未針對法官倫理規範諮詢委員會，訂定相關組織或審議要點[4]。不過據司法行政廳在法官論壇上答覆法官所提有關「法官投書報紙評論最高法院之判決，有無違反法官倫理規範第17條第1項前段之規定？」的問題時，表示：「有鑑於專業倫理規範之用語較諸一般法律更為抽象，我國實務上亦乏案例可循，故法官倫理規範參考美國各州設有倫理規範之『事前諮詢』機制（inquiry from judges about their own prospective conduct），明定司法院得設諮詢委員會，負責本規範適用疑義之諮詢及研議（第27條）。本院目前已依

---

[1]　但有認為：「我國在各國法制足供參考下已可定出相當完整具體之規範，再設諮詢委員會似無必要。若法官對倫理規範有疑義，經由所屬法院行文司法院解釋即可解決，而函詢之前，各法院內部之法官自律委員會可就法官提出之疑問先行開會討論，若有結論，法官依據該結論行之即可，若仍有疑，再函詢司法院釋疑。如此方式較符合法官自律之精神，相信法官自律委員會在提供法官諮詢的功能應已足夠。」（參照莊秋桃《法官倫理規範之研究》，頁66。）不過司法院本身為司法行政單位，司法院院長對全國法官有行政監督權責，由司法院對法官個人之疑問，經由所屬法院行文司法院解釋，似有未當，至於各法院自律委員會乃針對個案決定是否自律之單位，並不具有諮詢權限，縱其提供諮詢意見，恐不具任何效力，如日後法官之行為被認定構成懲戒事由，法官亦不得據以主張免責。

[2]　見民國102年6月20日司法院司法行政廳同仁回復筆者信函。

[3]　見民國102年7月10日司法院司法行政廳同仁回復筆者信函。

[4]　見民國102年6月20日司法院司法行政廳同仁回復筆者信函。

前揭規定組成法官倫理規範諮詢委員會，提供各級法院或法官有關法官倫理規範適用疑義之事前諮詢。法官如於行為前，針對『本人』之具體事件於法官倫理規範之適用上產生疑義，得以書面具名之方式商請委員會提供諮詢意見。惟若屬抽象或假設性問題、非關本人疑義之提問、行為後之諮詢或個案已進入法官評鑑程序、監察院審查、公務員懲戒委員會審議、職務法庭審理者，則不在提供諮詢之範圍。又依比較法例，諮詢委員會提供之諮詢意見雖無拘束法官評鑑或懲戒機關之效力，然法官如係依諮詢意見而行為，日後得執此主張善意免責。」[5]迄103年1月間的4件諮詢個案，都是由法官個人提出。關於委員會的運作方式，目前是採不定期開會方式（視有無議案），針對諮詢意見部分，如果有急迫性，則以電郵方式徵詢各委員意見[6]。

從諮詢制度設置的目的，僅在提供法官欲為特定行為之前，對於該特定行為是否有違倫理規範有疑義時，作為是否為該特定行為的參考，而非作為他人判定已為該行為的法官有無違反倫理規範的參考，是以諮詢委員會僅對於欲為某特定行為的法官，有提供諮詢的義務。非法官或其他法官以特定法官的特定行為向諮詢委員會提問，該委員會並無答覆之義務。是以司法院司法行政廳上開函覆意見，應值贊同。

司法院法官倫理規範諮詢委員會自成立以來，共針對4次的諮詢，表示意見，業於本書相關單元中，予以披露，不復贅引[7]。

---

[5] 參照司法院司法行政廳102年1月25日司法院法官論壇之貼文。
[6] 見民國102年7月10日司法院司法行政廳同仁回復筆者信函。
[7] 參照本書第五章註6、11、14、15內容及本文。

第二篇

法官倫理規範之實踐

第 一 章　概論

　　我國在清末民初雖導入西方司法獨立的思想，但清末民初以至於民國36年12月25日行憲之前，國家長期處於動蕩不安的狀態，司法獨立的思想乃至於制度並未能真正落實，即使憲法建構了司法獨立的司法結構，但在國民政府自大陸播遷來台乃至民國76年間解嚴之前，國家仍處於行政權獨大的威權時代，司法獨立難有實踐的空間，臺灣在解嚴之後，國家始逐漸步入法治時代，而自施啓揚先生接掌司法院之後，司法獨立在我國始露出曙光。

　　本文在第一篇以國際組織司法廉政工作組（Judicial Integrity Group）所頒布「班加羅爾司法行為原則」（the Bangalore Principles of Judicial Conduct）中所揭示法官行為六大核心價值——獨立、公正、廉正、妥當、平等與稱職，作為闡述我國法官倫理規範的架構，然而司法廉政工作組認為要真正實踐「班加羅爾司法行為原則」，非僅法官個人的責任，國家及相關權責機構也要有許多對應的措施，始得以有效執行該原則，經過許多努力並參考許多國際文件，司法廉政工作組於2010年1月21至22日，在非洲尚比亞首都路沙卡所舉行之會議中通過了「有效執行班加羅爾司法行為原則措施」[1]（Measures for the Effective Implementation of the Bangalore Principles of Judicial Conduct），以作為欲導入班加羅爾司法行為原則及落實相關規定國家的參考準據。本措施包括二部分，第一部分是有關司法機關應採取之措施，第二部分則是有關為了確保司法獨立，在國家權限範圍內，制度上應有之建構。近一、二十年來，我國相關司法制度的建構，基本上與上開措施所揭櫫的理想，差距不大，重點在於如何落實，本篇第一章以上開措施為基礎，說明我國現行制度的建構。第二章以下則依次就司法行政之監督、法官自律委員會、法官評鑑、法官懲戒等面向，深入地闡述我國法官倫理規範在現行法制上如何落實。

---

[1]　本措施全文中譯，參照蔡烱燉譯《有效執行班加羅爾司法行為原則措施》上、下，載司法周刊101年10月11日出版，第1615期，頁2；10月19日出版，第1616期，頁2-3。

壹、司法機關之責任

1. 擬定司法行為原則文件
1.1 司法機關應參考班加羅爾司法行為原則，通過司法行為原則文件。

　　我國現行法官倫理規範，即以班加羅爾司法行為原則為重要參考資料。

1.2 司法機關應確保該司法行為原則文件散播於法官間以及社會中。

　　我國法官倫理規範制定時，除有邀請法官代表外，另有檢察官、學者及律師代表參與，並行文各法院請法官表示意見，且曾舉辦公聽會，廣邀各界代表提供意見，在正式公布之後，民眾也可輕易由官方網站取得相關內容。

1.3 司法機關應確保以該司法行為原則文件為基礎之司法倫理，為法官最初及在職訓練不可缺少的內容。

　　我國目前法官的最初訓練分為二種，一種為經過司法官考試及格的訓練，另一種為經律師轉任法官考試及格的訓練，前者於最後階段即學員自各地方法院、檢察署實習完畢，回到司法官學院上課，並依規定確定分發為法官及檢察官之後，後者則在其職前訓練期間安排。二者均有安排約三個小時的法官倫理規範課程；至於法官倫理的在職訓練，法官學院於法官法通過亦有安排，如單純談規範內容，因與法官實際處理案件較無關聯，是以報名參加者並不踴躍。但依法官學院103年度法官學院研習業務計畫書所載，在103年擬辦一場為期3天的法官倫理研習會，安排了3堂共9小時的課，堪認法官學院逐漸重視這門課程[2]。

2. 司法行為原則之適用與執行
2.1 司法機關應考慮建立一個由現任（及／或退休法官）所組成之司法倫理諮

2　3門課程內容為「民事訴訟法有關法官中立性之規範」、「法官之中立性與刑事證據調查」、及「法官之兼職」（參照法官學院《103年度法官學院研習業務計畫書》，頁62）。

詢委員會，提供其成員有關其目前或未來所擬行為之妥當性之意見。

我國司法院司法行政廳於101年1月17日依法官倫理規範第27規定，簽請設立法官倫理規範諮詢委員會，不過其成員主要是由轉任司法行政工作的法官所組成，與本措施所要求「由現任（及／或退休法官）所組成」有所不同。

2.2 法院未提供對於司法機關成員申訴不符倫理行為者，司法機關應考慮建立一個可受信賴、獨立之司法倫理審查委員會，受理、調查、解決並決定該等申訴。該委員會成員，得由法官占多數，但最好包括足額之外界代表，以強化社會信心。該委員會應依法確保申訴人及證人之保護，而對於被申訴之法官，也要確保其受正當程序之保護，在最初調查階段，於法官要求保密時，應予保密。為使委員會賦予證人權利等，法律有必要給與委員會在程序上絕對或有條件之權力。委員會可將相當嚴重之申訴案移轉給負責對法官行使懲戒權之單位。

我國法官法實施前，法官如同一般公務員，適用一般公務員人考績法管考的規定，然而由於考績法的立法精神是基於一般公務員的上命下從關係，與法官執行職務應本於良心、依據法律、獨立審判者不同，以考績法來管考法官，易導致行政干預司法的流弊，有鑑於此，法官法乃仿美國法上評鑑法官的制度，建構了法官評鑑委員會，受理法官被移送評鑑的案件。法官評鑑委員會由法官3人、檢察官1人、律師3人、學者及社會公正人士4人組成（同法第33條規定，）。法官評鑑委員會得為必要之調查，或通知關係人到會說明；調查所得資料，除法令另有規定外，不得提供其他機關、團體、個人或供人閱覽、抄錄。委員會職權之行使，非經受評鑑法官之同意或法官評鑑委員會之決議，不得公開（同法第41條第5、9項規定）。委員會於評鑑決議作成前，應予受評鑑法官陳述意見之機會（同法第39條第2項）。

我國所建構的評鑑機制，如以本措施所要求的標準來加以比較，或有過之而無不及。

3. 分案

3.1 提名在法庭上執行職務之法官，為行使司法權不可缺少之一部分。

　　我國法官受理案件，目前均由各法院自行訂定的抽象的分案規則為之，掌握司法行政權的法院院長僅於法規容許範圍內，始有適時介入之餘地。

3.2 在法院法官中，區分工作部門，包括分配案件，通常應在法律或全體法官所合意之既定分配模式來處理。該分配模式可能在明確之狀況下，例如考慮到法官特別知識經驗，而有所改變。案件之分配可能藉由固定模式，例如依字母排序或時間順序或其他隨機選擇程序之方式為之。

　　我國法官目前普通法院工作部門，地方法院區分為民事庭、刑事庭、行政訴訟庭、少年及家事庭、民事執行處，高等法院及最高法院區分為民事庭及刑事庭。另因應專業考量，地方法院及高等法院依專業案件的數量，另設有各類專業法庭。有關分配案件，係在法律或全體法官所合意之既定分配模式來處理。案件分配除為社會重大矚目案件，採公開抽籤方式分案外，通常係經由既定程序，由電腦或人工隨機選擇。

3.3 案件不應在無正當理由情形下，由特定法官處撤回，該等撤回之理由及程序，應以法律或法院規則定之。

　　我國法官在受理案件後，除有法定事由或正當的迴避事由外，不得再以其他理由改分其他法官辦理。值得一提的是，民國97年間臺北地方法院審理有關前總統陳水扁的刑事案件，臺北地方法院以其另涉他案，依「臺灣臺北地方法院刑事庭分案要點第十點及第四十三點規定」，改分其他法官辦理，陳水扁以該院改分之規定違憲，聲請司法院大法官解釋，司法院大法官釋字第665號解釋其規定與憲法第十六條保障人民訴訟權之意旨，尚無違背。其解釋意旨略以：「世界主要法治國家中，德意志聯邦共和國基本法第一百零一條第一項雖明文規定，非常法院不得設置；任何人受法律所定法官審理之權利，不得剝奪——此即為學理所稱之法定法官原則，其內容包括應以事先一般抽象之規範明定案件分配，不得恣意操控由特定法官承辦，以干預審判；惟該原則並不排除

以命令或依法組成（含院長及法官代表）之法官會議（Präsidium）訂定規範
爲案件分配之規定（德國法院組織法第二十一條之五第一項參照）。其他如英
國、美國、法國、荷蘭、丹麥等國，不論爲成文或不成文憲法，均無法定法官
原則之規定。惟法院案件之分配不容恣意操控，應爲法治國家所依循之憲法原
則。我國憲法基於訴訟權保障及法官依法獨立審判，亦有相同之意旨。……
訴訟案件分配特定法官後，因承辦法官調職、升遷、辭職、退休或其他因案
件性質等情形，而改分或合併由其他法官承辦，乃法院審判實務上所不可避
免。……法院組織法第七十九條第一項規定：『各級法院及分院於每年度終結
前，由院長、庭長、法官舉行會議，按照本法、處務規程及其他法令規定，預
定次年度司法事務之分配及代理次序。』各級法院及分院之處務規程係由法院
組織法第七十八條授權司法院定之。臺灣臺北地方法院刑事庭分案要點（下稱
系爭分案要點）乃本於上開法院組織法規定之意旨，並經臺灣臺北地方法院法
官會議授權，由該法院刑事庭庭務會議決議，事先就該法院受理刑事案件之分
案、併案、折抵、改分、停分等相關分配事務，所爲一般抽象之補充規範。系
爭分案要點第十點規定：『刑事訴訟法第七條所定相牽連案件，業已分由數法
官辦理而有合併審理之必要者，由各受理法官協商併辦並簽請院長核准；不能
協商時，由後案承辦法官簽請審核小組議決之。』其中『有合併審理之必要』
一詞，雖屬不確定法律概念，惟其意義非難以理解，且是否有由同一法官合併
審理之必要，係以有無節省重複調查事證之勞費及避免裁判上相互歧異爲判斷
基準。而併案與否，係由前後案件之承辦法官視有無合併審理之必要而主動協
商決定，由法官兼任之院長（法院組織法第十三條參照）就各承辦法官之共同
決定，審查是否爲相牽連案件，以及有無合併審理之必要，決定是否核准。倘
院長准予併案，即依照各受理法官協商結果併辦；倘否准併案，則係維持由各
受理法官繼續各自承辦案件，故此併案程序之設計尚不影響審判公平與法官對
於個案之判斷，並無恣意變更承辦法官或以其他不當方式干涉案件分配作業之
可能。復查該分案要點第四十三點規定：『本要點所稱審核小組，由刑事庭各
庭長（含代庭長）組成，並以刑一庭庭長爲召集人。（第一項）庭長（含代庭
長）不能出席者，應指派該庭法官代理之，惟有利害關係之法官應迴避。（第
二項）審核小組會議之決議，應以過半數成員之出席及出席成員過半數意見定
之；可否同數時，取決於召集人。（第三項）』審核小組係經刑事庭全體法官
之授權，由兼庭長之法官（法院組織法第十五條第一項參照）組成，代表全體

刑事庭法官行使此等權限。前述各受理法官協商併辦不成時，僅後案承辦法官有權自行簽請審核小組議決併案爭議，審核小組並不能主動決定併案及其承辦法官，且以合議制方式作成決定，此一程序要求，得以避免恣意變更承辦法官。是綜觀該分案要點第十點後段及第四十三點之規定，難謂有違反明確性之要求，亦不致違反公平審判與審判獨立之憲法意旨。」由是觀之，我國現行制度，基本上符合上開措施之標準。

4. 法院行政

4.1 法院行政之責任，包括法院人員之任命、監督及懲戒權應歸屬於司法機關或受其指揮及控制之單位。

　　我國目前法院人員之任命、監督及懲戒權，歸屬於司法院或受其指揮及監督之各法院院長，行政單位無從控制或影響。

4.2 司法機關應將司法廉政工作組在2005年所擬定之法院人員行為原則，列為擬定法院人員行為原則之參考，並通過且執行之。

　　司法廉政工作組在2005年擬定之法院人員行為原則（Principles of Conduct for Court Personnel），以為法官以外的法院人員的行為規範。我國並未特別針對法官以外人員訂定行為規範，但其仍應適用一般公務人員的倫理規範。

4.3 司法機關應努力利用資訊與溝通技巧，以加強司法之透明、廉潔及效率。

　　我國目前法院所有裁判書，除依法不得公開者外，均已於隱藏當事人名字後上網公開，任何人可輕易地取得裁判資訊。此外，司法院及各級法院也都在網路上提供民眾有關使用法院的相關資訊，更於近年內開放當事人可以上網查詢其案件的進度，在資訊的透明度方面，有長足的進步，亦可進而促進法院的廉正與效率。

4.4 司法機關在履行其促進司法品質之責任時，應經由案件統計、法院使用人及其他利害關係人之調查、與法院使用人委員會之討論，及其他方法，努

力審查公眾對司法之滿意度，並確定司法程序之缺點，以謀改進。

　　我國司法院統計處每年有出版統計年報，統計處每年亦有針對法院使用人進行其對法院所提供的行政服務，及其對法官審判的滿意度，進行調查，並對外公布，地方法院每年亦有與轄區律師公會進行座談，檢討業務上的互相配合問題。

4.5 司法機關應定期回覆法院使用人之申訴，並出版活動年報，說明所遭遇問題以及謀求改進司法系統功能之措施。

　　我國法院使用人不論對法院的行政或法官的審判，常會向法院或司法院或監察院申訴，法院受理後即直接回覆使用人，如向司法院或監察院申訴，該等機關也會將申訴函轉請該管法院表示意見，如係有關審判中案件，法院通常回覆使用人應循訴訟的審級程序，謀求救濟，對於案件審判不服，非司法行政所得介入。

5. 接近司法
5.1 提供公眾接近司法之途徑，是法治中基礎工作。司法機關在其權力範圍內，應採取促進公眾接近司法之程序。

　　我國各地方法院均設有訴訟輔導處，提供公眾使用法院的各項資訊，民眾也可輕易地由各法院網站獲得相關的資訊，此外，當事人也可上網查詢其案件的進行進度。

5.2 於政府未充分提供法律扶助之地點，司法機關有必要考慮提供高成本之私人法律代理服務，而在適當狀況，例如經由法律職業團體所選擇之訴訟當事人之平民法律代理、任命法院之友、法律外紛爭解決方法，及社區司法服務程序，以保護在法院程序中未委任代理人者之利益，並規定允許適當無資格之人（包括律師助理）在法院代理當事人。

　　我國立法機關於民國93年間通過法律扶助法，設置法律扶助基金會，之後

於各地方法院轄區設立基金會分會，基金會已運作多年，對於經濟弱勢者提供法律上的扶助，實現訴訟當事人訴訟上武器平等的理想。除此之外，各地區律師公會也有提供平民法律服務的機制。又，依鄉鎮市調解條例，民事爭議或刑事告訴乃論之罪所生爭議，當事人得以請求鄉鎮市調解委員會為其調解，調解成立，並經法院核定者，其調解具有與法院確定判決之同一效力，無償提供當事人訴訟外紛爭的解決方法。

5.3 司法機關應著手使用現代案件管理技巧，以確保法院程序之行為及結論公平、有序而迅速。

我國訴訟案件很多，民國95年左右，司法院為使法官處理案件更有效率，參考外國案件管理制度，在部分負擔較重的法院實施案件管理制度，即對於案件的審理採取二階段分案制度，在第一階段分案階段，由一組較資深法官處理，如案件在第一階段分案即可結案，該組法官即予結案，如案件較複雜而難以在短期內結案，則於整理爭點後，交由第二階段分案法官辦理，大部分實施該制度的法院大抵認同該制度有助於減輕法官工作量，雖然有部分人認為分二階段分案，有重複辦理而浪費人力之虞，但整體而論，對於人力的有效運用，應屬正面。

6. 行使司法職務之透明化
6.1 司法程序原則上應公開進行，以公開審理確保程序之透明，司法機關應將有關審理時間與地點之資訊，向公眾公開，並於合理範圍內，考慮案件潛在利益、審理期間及其他問題，提供適當設施以供有意出席之公眾使用。

我國法院除了法定不公開審理案件外，均公開進行，公眾可以輕易地由法庭外的電子螢光幕上清楚瞭解何案件正在進行，也可以從網路上查得，公眾可以自由進入法庭旁聽案件之進行。遇有重大案件審理，如欲旁聽民眾太多，法院通常會增加第二旁聽場所，以轉播的方式，提供民眾旁聽的機會。

6.2 司法機關應主動促進司法之透明，並於司法監督之下，確保公眾、媒體及法院使用者就有關司法程序，包括繫屬中及已結案件，享有取得可信賴資

訊之權利，不論是經由法院網站或經由適當及可取得之紀錄。該資訊應包括附理由之判決、訴狀、申請及證據，但宣誓書或尚未被法院所接受為證據之證據文書得予以除外。

　　我國目前司法程序之進行，基本上相當透明，公眾及媒體對於公開審理的案件，可以自由進出法庭旁聽，法庭外也公開法院庭期，對於受到公眾矚目的案件，則以公開抽籤決定承辦案件法官，以示透明，法官在重大案件判決後，也大多會草擬判決摘要，提供法院發言人對外說明，公眾及媒體也可經由網路，輕易取得法院判決書，不過當事人所提訴狀、申請及證據等，有些涉及當事人個人資訊或隱私，我國法院通常不會提供。

6.3 協助公眾接近司法體系，司法機關應確保潛在法院使用者可以容易獲得標準格式、對使用者友善之表格及說明，及有關起訴費用、法院程序及審理計劃等清楚而正確之資訊。

　　我國司法院及各級法院網站通常會提供潛在法院使用人所需的相關資訊，例如法院所在、法院相關設施、法院所使用的各項表格、起訴及上訴費用的計算以及其他程序資訊。

6.4 司法機關應確保證人、其他法院使用者及有興趣之公眾可以輕易瞭解法院標誌及公開顯示之情況指引，於法院門口提供足額法院人員，經由公共資訊服務回答問題。民眾服務及資源中心也應設置於容易接近之地點。法院使用者有權享有安全、乾淨、方便及對使用者友善之法院場所，有舒適之等候區、適當之公共空間及為特別需求使用者（例如兒童、被害人及殘障人士）所提供之便利設施。

　　我國法院入口處通常都有各單位的位置圖，在公眾洽公的場所也都有指示牌，目前許多法院也有志工人員協助到法院洽公民眾所需協助。值得一提者，法院在十餘年前即仿一般行政機關設置單一窗口服務中心，提供洽公民眾舒適便利的服務場所，在法庭等候區也盡量提供民眾舒適的環境，不過尚未改建的傳統法院，礙於空間所限，難以提供例如兒童的便利設施。

6.5 司法機關應考慮開始實施延伸計畫，用以教育公眾有關司法體系在社會中之角色，並就公眾對司法體系不明瞭或誤解之處，加以說明。

　　我國民眾對於法院的常識，大多來自媒體報導，媒體基於市場需求，在報導或評論方面，往往未必能正確反應真實；有些報導由於未能正確掌握資訊，而發生錯誤，公眾因而受到誤導的情形不少。我國司法院及各級法院在媒體錯誤報導時，雖會發表新聞稿更正之，但公眾未必知悉，或之前的錯誤報導已對法院造成錯誤的印象，事後的更正，未必能達到回復的效果。如何教育公眾有關司法體系在社會中之角色，以及公眾對司法體系不明瞭或誤解之處，也許是司法院或法院日後值得努力的目標。

6.6 司法機關應提供媒體適當協助，以便其執行使公眾瞭解司法程序（包括特殊案件之判決）之合法功能。

　　我國許多媒體記者並非法律本科畢業，對於司法制度、法官職權乃至相關判決內容，難以有效認知，為使記者能正確報導司法新聞，司法院及各級法院除與媒體記者定期溝過外，或有必要適時提供其相關基本法律知識。

7. 司法訓練

7.1 司法機關本身應盡其最大權限，組織、領導及監督法官之訓練工作。

　　我國法官的在職訓練由法官學院為之，初任法官的訓練，目前分為二種，一種為經由司法官考試及格者，另一種為經由律師轉任法官考識及格者。前者由隸屬於法務部的司法官學院負責訓練，為期2年[3]，目前的訓練方式，一

---

[3] 　以法務部司法官訓練所司法官第52期訓練計畫（民國100年4月20日公（發）布）為例，第1階段共9週：1.自100年9月5日起至100年10月9日止，共5週，學員在本所接受基礎講習課程（含行政訴訟課程及輔助行政機關見習課程）。2.自100年10月10日起至100年11月6日止，共4週，學員赴行政機關及相關機構學習行政業務等事項。(二)第2階段共35（34）週：自100年11月7日起至101年7月8日止（扣除新年年假實際授課為34週），學員在本所接受各類檢察、民事、刑事、行政訴訟實務課程之講授、研究、擬判及演習。(三)第3階段共52週：自101年7月9日起至102年7月7日止，學員分配至法院、檢察署等機關學習審判、檢察等業務。(四)第4階段共8週：自102年7月8日起至102年9月4日止，學員回本所接受擬判測驗、實務綜合檢討及分科教育等。

直到結訓前2星期左右始確定分派法官或檢察官的地位，在分發前2星期左右，始進行法官及檢察官的分科訓練；後者由隸屬於司法院的法官學院負責訓練，訓練期間視其轉任前的律師年資而定[4]。

　　經由司法官（包括法官及檢察官）考試及格者的訓練，自民初以來，均由職司司法行政的司法行政機關（司法部、司法行政部、法務部）負責，有關法官的在職訓練，在民國69間審檢分隸後以迄81年間司法院成立司法人員研習所之前，亦由法務部的司法官訓練所為之。近年來，雖然司法院一再以審檢早已分隸，即使維持檢察官及法官合考制度，主張考試之後，欲擔任法官者，由法官學院訓練，但不為法務部所同意，其表面理由，係以現制並無不妥，無變更必要，實質上的理由，或係欲藉以保有檢察官的「司法官」屬性的假象。然而法官法既已完成立法，檢察官的身分保障準用法官規定，檢察官實無再為了身分保障的心理上危機意識，反對與法官角色作徹底切割的必要。為了我國法治的健全發展，初任法官的訓練理應由法官學院辦理，做為最高司法機關的司法院有再加努力的必要，如果行政院因法務部反對而堅不同意，則屬院際爭議，司法院院長或有請總統依憲法第44條規定，召集二院院長會商解決的必要。

7.2 無適當訓練設施之司法管轄區，司法機關應經由適當管道尋求適當國家及國際單位與教育機構之協助，提供使用該設施之途徑或發展區域知識之能力。

　　我國目前法官的訓練設施尚屬完備。

7.3 所有被任命為法官之人在擔任職務之前，應具備或獲得相關國內及國際實體與程序法領域之適當知識。經適當任命之法官，也應接受其他與司法行

---

[4]　依司法院遴選律師轉任法院法官職前訓練要點（民國100年6月23日公（發）布）第4點規定，執行律師職務3年以上未滿6年而自行申請轉任或經甄試合格者，其訓練期間為75週。第1階段17週、第2階段56週（民事28週、刑事28週）、第3階段2週。執行律師職務6年以上且承辦訴訟案件未達200件，而自行申請轉任者，其訓練期間為52週。第1階段17週、第2階段33週（民事17週、刑事16週）、第3階段2週。執行律師職務6年以上經甄試合格者，或承辦訴訟案件200件以上而自行申請轉任者，其訓練期間為35週。第1階段17週、第2階段16週（民事8週、刑事8週）、第3階段2週。司法院主動遴選者，其訓練期間為17週，第1階段16週、第2階段1週。

爲相關領域（例如，案件管理與法院行政、資訊處理、社會科學、法律歷史與哲學及訴訟外紛爭解決方法）之介紹。

我國目前通過初任法官或律師轉任法官考試者，大都爲經過激烈考試競爭、脫穎而出、法學知識優良之人，在經過2年或相當時間的訓練，基本上應已具備處理相關案件的法律知識，不過有一些法官並無社會工作歷練，有些法官是在辦理案件後，才瞭解某些社會現象，因而常被媒體或某些人士質疑其妥適處理案件的能力[5]，不過社會上各種事務，即使窮畢生之力，仍未必能完全瞭解，由已有多年實務經驗的檢察官或律師轉任法官，或許是改善這種現象的方法之一，而如何於法官初任或在職訓練期間，強化法官對於各種社會事務的瞭，也是主管單位應多加思考的面向。

7.4 法官之訓練應以多元主義爲出發點，以擔保及加強法官開闊心胸及司法機關之公正。

我國法官法已使法官脫離一般公務人員的官等及管考制度，以一般公務人員的心態管考法官，難使法官心胸開闊，法官辦案如過度遷就於僵化的行政管考，自難展現公正無私的豁然大度，這部分的訓練或養成，有待訓練單位的細心思考與規劃。

7.5 雖然在一般基礎上建構法官訓練計劃有其必要，但在職訓練應建立在司法

---

[5] 例如民國102年6月間即將退伍的洪仲丘下士，因攜帶具有拍照功能之行動電話和MP3隨身碟，違反軍隊資訊安全保密規定，卻被召開士官獎懲評議委員會（士評會）懲處，而被函送桃園縣楊梅市機步269旅高山頂營區禁閉室實施「悔過」處分。在當日室外溫度達紅旗警戒，洪員體重98公斤、BMI值過高下，禁閉單位仍執行不當操練，造成洪員中暑、熱衰竭，最後引發DIC（彌散性血管內凝血）而身亡，此案因涉及軍中人權、以及軍事檢察署是否具專屬管轄權，引起臺灣社會高度關注，並促成「公民1985行動聯盟」行動，8月3日約有25萬人於總統府前廣場聚集，提出於非戰爭時期將軍人審判從軍法體系全面改由民間司法負責等訴求，立法院旋於同月6日三讀通過軍事審判法，軍人於非戰時觸犯軍刑法，適用刑事訴訟法審判，不適用軍事審判法。（參照維基百科官網及各大媒體報導）不過法律通過後，案件嗣由桃園地方法院刑事合議庭審判，即有媒體質疑三位合議庭法官，除審判長爲男性且審判經驗較久外，受命法官及陪席法官均爲只有2、3年審判經驗、欠缺社會歷練的年輕女法官，並以「奶嘴」法官稱之。然而初審法官比較年輕且部分法官欠缺社會歷練，是以考試取才爲主的大陸法系國家的普遍現象，並非我國獨有現象。以「奶嘴」法官來稱呼承審法官，縱然沒有不敬之意，顯然是「戲謔」，並不適當。

機關成員之自願參與基礎上。

　　我國法官法第81條規定，法官每年度應從事在職進修。司法院應逐年編列預算，遴選各級法院法官，分派國內外從事司法考察或進修。是以法官從事在職進修，爲法官的義務。同法第84條規定法官之考察及進修，其期間、資格條件、遴選程序、進修人員比例及研究報告之著作財產權歸屬等有關事項之辦法，由司法院定之。司法院乃據以制定「法官進修考察辦法」，第3條規定，法官每年度應至少從事前條所定在職進修40小時。但司法院得視業務需要調整之。法官在職進修情形，作爲法官職務評定及遷調參考。本辦法硬性規定在職進修40小時，在我國法官普遍忙碌、負擔繁重的情形下，是否有難以達到目標的可能，不能不加以考慮，如法官爲達到法定標準，而影響到正常辦案，當非立法初衷[6]，此一規定或有再加檢討或保留一點彈性的必要。

7.6 法律文書之語法（例如判決彙編、上訴法院判決等等），不同於法律教育之語法，就前者之教導應向律師及法官爲之。

　　我國對於初任法官的訓練課程，裁判書類的擬作與實習，佔了相當大的比率，是以法律文書的語法，對於法官而言，並不成問題。至於律師，在我國現制，並不歸屬政府機關提供訓練的範疇。

7.7 訓練計劃應在司法機關不同部門或審級人員可以會面，並由談話中交換經驗與獲得共同觀點之環境下舉行，且鼓勵以此方式舉行。

　　我國法官學院提供的法官在職訓練，以一、二審法官共同參與者多，課程的安排模式，以由應邀的講座主講爲主，講授者與參與人互動者較少，或許也是課程安排者可以再思考的問題。

6　以往法官因忙於辦案，參加在職訓練情形並不踴躍，但在本辦法實施後，某些課程出現了法院報名人數超過分配數而需抽籤決定參加人選的現象。

8. 諮詢意見

8.1 除有憲法或法律明示情形之外，法官或法院不應對行政或立法機關提供諮詢意見。

　　我國憲法第78條規定，司法院解釋憲法，並有統一解釋法律及命令之權。司法院大法官審理案件法第5條第1項第1款規定，中央或地方機關，於其行使職權，適用憲法發生疑義，或因行使職權與其他機關之職權，發生適用憲法之爭議，或適用法律與命令發生有牴觸憲法之疑義者，得聲請解釋憲法。同法第7條第1項第1款規定，中央或地方機關，就其職權上適用法律或命令所持見解，與本機關或他機關適用同一法律或命令時所已表示之見解有異者，得聲請統一解釋。但該機關依法應受本機關或他機關見解之拘束，或得變更其見解者，不在此限。除此之外，法院並無義務對行政或立法機關提供諮詢意見。

9. 法官之免責

9.1 法官在違反一般刑事法律規定時，應負刑事責任，且不能主張豁免一般刑事程序。

　　我國法官執行審判職務如有瀆職或其他刑事犯罪情事，同樣應負刑事責任，且無從主張豁免刑事程序。

9.2 法官就行使司法職權之行為應享有民事訴訟之個人豁免權。

　　我國國家賠償法第13條規定，有審判或追訴職務之公務員，因執行職務侵害人民自由或權利，就其參與審判或追訴案件犯職務上之罪，經判決有罪確定者，適用本法規定。即指明法官除就審判案件犯職務上之罪外，不適用國家賠償法規定。司法院大法官釋字第228號解釋文認為國家賠償法第13條規定係針對審判與追訴職務之特性所為之特別規定，尚未逾越立法裁量範圍，與憲法並無牴觸。其解釋理由乃以：「憲法第二十四條規定：『凡公務員違法侵害人民之自由或權利者，除依法律受懲戒外，應負刑事及民事責任。被害人民就其所受損害，並得依法律向國家請求賠償。』據此而有國家賠償之立法，此項立法，自得就人民請求國家賠償之要件為合理之立法裁量。國家賠償法第二條第

二項前段：『公務員於執行職務行使公權力時，因故意或過失不法侵害人民自由或權利者，國家應負損害賠償責任。』係國家就公務員之侵權行爲應負損害賠償責任之一般規定。而同法第十三條……則係國家就有審判或追訴職務之公務員之侵權行爲應負損害賠償責任之特別規定。依現行訴訟制度，有審判或追訴職務之公務員，其執行職務，基於審理或偵查所得之證據及其他資料，爲事實及法律上之判斷，係依其心證及自己確信之見解爲之。各級有審判或追訴職務之公務員，就同一案件所形成之心證或見解，難免彼此有所不同，倘有心證或見解上之差誤，訴訟制度本身已有糾正機能。關於刑事案件，復有冤獄賠償制度，予以賠償。爲維護審判獨立及追訴不受外界干擾，以實現公平正義，上述難於避免之差誤，在合理範圍內，應予容忍。不宜任由當事人逕行指爲不法侵害人民之自由或權利，而請求國家賠償。唯其如此，執行審判或追訴職務之公務員方能無須瞻顧，保持超然立場，使審判及追訴之結果，臻於客觀公正，人民之合法權益，亦賴以確保。至若執行此等職務之公務員，因參與審判或追訴案件犯職務上之罪，經判決有罪確定時，則其不法侵害人民自由或權利之事實，已甚明確，非僅心證或見解上之差誤而已，於此情形，國家自當予以賠償，方符首開憲法規定之本旨。按憲法所定平等之原則，並不禁止法律因國家機關功能之差別，而對國家賠償責任爲合理之不同規定。國家賠償法針對審判及追訴職務之上述特性，而爲前開第十三條之特別規定，爲維護審判獨立及追訴不受外界干擾所必要，尚未逾越立法裁量範圍，與憲法第七條、第十六條、第二十三條及第二十四條並無牴觸。」劉鐵錚大法官在該號解釋提出不同意見書，認爲：「憲法第二十四條對國家賠償制度，雖具有原則規範之性質，人民不得逕據本條而爲賠償之請求，猶須依據法律爲之。然此『法律』絕不可限縮國家之責任，嚴格國家賠償之要件，而犧牲人民基本權利之保障，故此所謂『依法律』，並非法律保留之意義，乃爲國家無責任原則之拋棄的表示。因而國家賠償法第十三條宥於舊日國王不能爲非、官尊民卑之觀念，而爲排除國家應負賠償責任之規定，自屬違背憲法。綜合以上所述理由，國家賠償法第十三條不僅牴觸憲法第二十四條之文義，實也牴觸憲法第二十四條制定之精神，其違背若干法理，並造成推檢人員負民事責任之不平等待遇，已甚明顯，逾越立法上合理裁量之範疇，依憲法第一七一條第一項：『法律與憲法牴觸者無效。』之規定，自應爲無效之解釋」。

9.3 因司法違誤之救濟（不問是關係管轄權、實體或程序），應循適當之上訴或司法審查程序解決。

我國上開司法院大法官釋字第228號之解釋意旨，與此相同。

9.4 法官因行使職權之過失或錯誤所造成損害之賠償，由國家負擔，且不得向法官追索。

參照司法院大法官釋字第228號之解釋意旨。

9.5 由於司法獨立並未賦予法官豁免公共責任，對於司法之合法公開批評是確保依法究責之方法，因此法官原則上應避免使用刑法及藐視法庭程序來限制對法院所為之批評。

我國法院組織法或訴訟法並未賦予法官對於公開批評法院程序者究責之權力。

貳、國家之責任

10. 司法獨立之憲法保證

10.1 司法獨立原則需要國家以憲法或其他方法提供保證：

(a) 司法機關應獨立於行政及立法機關，且任何權力均不得干涉司法程序：

我國憲法第80條規定，法官須超出黨派以外，依據法律獨立審判，不受任何干涉。憲法增修條文第5條第5項規定，司法院所提出之年度司法概算，行政院不得刪減，但得加註意見，編入中央政府總預算案，送立法院審議。然而以往有發生立法院因不滿大法官的解釋內容而修改司法院大法官案件審理法，提高大法官通過解釋憲法的門檻；立法院因不滿法院特定判決結果等情而暫時凍結法院一部分預算的情事，凡此實難脫免干涉司法程序之嫌。

(b) 任何人均有權被依法設立之法院或法庭以適當速度及無不當遲延情事來審

判、上訴至法院或由法院審查；

　　我國法院一般平均結案件時間，相較於其他法治國家，尚屬合理範圍。比較受到詬病的是部分疑難案件久懸未決，嚴重影響當事人訴訟權益及法院威信。司法院為謀解決，乃於99年間擬定刑事妥速審判法草案，送請立法院完成立法。不過該法過於強調迅速，比較忽略妥當問題，迄今仍飽受批評，或許司法院應早日完成建立金字塔的訴訟及人事制度結構，始能徹底解決此一問題。

(c) 不得成立特別法庭來取代一般法院管轄權，除非其隸屬法院；

　　我國在102年8月6日軍事審判法修正以前，軍事審判法第1條規定：「現役軍人犯陸海空軍刑法或其特別法之罪，依本法之規定追訴審判之，其在戰時犯陸海空軍刑法或其特別法以外之罪者，亦同。（第2項）非現役軍人不受軍事審判。但戒嚴法有特別規定者，從其規定。」修正之後規定：「現役軍人戰時犯陸海空軍刑法或其特別法之罪，依本法追訴、處罰。（第2項）現役軍人非戰時犯下列之罪者，依刑事訴訟法追訴、處罰：一、陸海空軍刑法第四十四條至第四十六條及第七十六條第一項。二、前款以外陸海空軍刑法或其特別法之罪。（第3項）非現役軍人不受軍事審判。」使得現役軍人在平時（非戰時）犯陸海空軍刑法之罪，亦受普通法院管轄。此乃102年6年間軍中發生即將退伍的洪仲丘下士，因攜帶不合規定的手機進入部隊，遭受不當的關禁閉處分，並被凌虐致死案件，導致各界對軍事審判制度信心崩落，25萬人上街的公民運動，其中訴求之一即修改軍事審判法，現役軍人於非戰爭時期犯陸海空軍刑法或其特別法之罪，由普通法院審判。目前我國並無成立特別法庭來取代一般法院管轄權之情事。

(d) 法官在決定過程，得以不受任何來源，基於任何理由所為之任何限制、不當影響、利誘、壓力、威脅或干涉，自由自在地依據良心適用法律及認定事實，公平審理案件；

　　我國法官法制定前，法官同樣適用公務員考績法，受到考績法上所規定的行政管考，如謂所有法官均得以不受考績法影響來辦理案件，恐陳義過高，且與事實不符，法官法通過後，法官不再受到考績法的束縛，自此比較可能影響

法官權益的行政作為，或係司法院所掌握的人事權。不過既然法官法通過後，法官不再適用一般公務員的官等（即簡、薦、委）制度，只要法官本於良知、依法判決，法官無論在任何審級，均可按年依規定進敘至最高俸級為止[7]。法官的人事遷調，即法官之遷調改任，司法院應依法官法第10條規定，本於法官自治之精神辦理，此乃司法院的義務，斷不可以「行政」思維，恣意行使其權力，作為影響法官裁判的手段，否則即難脫以「不當影響、利誘、壓力、威脅或干涉」法官審判之嫌。

(e) 司法機關對於司法性質之所有事件，有直接或經由審查方式取得管轄權，除法院以外之其他機關，不得本於法律所規定其本身管轄及權限終局地作出決定：

　　我國目前司法機關對於司法性質之所有事件，基本上已直接或經由審查方式取得管轄權。在民國88年軍事審判法修正之前，現役軍人犯陸海空軍刑法或其特別法之罪，依本法之規定追訴審判之，其最高軍事審判機關為國防部，普通法院並無對之加以審查的權限，88年修正之後，其最高軍事審判機關為隸屬於國防部的最高軍事法院（軍事審判法第17條），被告不服最高軍事法院宣告有期徒刑以上，或高等軍事法院宣告死刑、無期徒刑之上訴判決者，得以判決違背法令為理由，向最高法院提起上訴。被告不服高等軍事法院宣告有期徒刑之上訴判決者，得以判決違背法令為理由，向高等法院提起上訴（同法第181條第3項）。自此，普通法院可經由審查方式對於軍事審判取得管轄權。

(f) 行政機關應避免因行為疏忽而取得司法解決紛爭之權力，或使法院裁判之適當執行受挫：

　　我國目前行政機關對於司法紛爭並無終局解決的權力，對於法院裁判的執行，也大都能配合及執行，不過對於涉及政治問題的大法官解釋，尚有未能完全配合的情形。

---

[7]　法官法第74條。

(g) 有行政或立法權之人不得以任何方式對法官公開或秘密施加壓力或企圖施
　　加壓力；

　　我國少數有行政或立法權之人，偶會對於法官的裁判表達不滿，無形中對
法官多少會形成壓力。

(h) 可能影響法官職務、待遇、工作條件或其資源之立法或行政權，不應用來
　　威脅特定法官或法官們，或對其施以壓力；

　　我國目前可能影響法官職務、待遇、工作條件或其資源之行政權，並無用
來威脅特定法官或法官們，或對其施以壓力；但立法權偶有不滿法院個案裁判
情事，而藉由審查預算權力對於法院施以壓力情事，或有值得檢討之處。

(i) 國家應確保司法機關成員及其家人之安全與身體之保護，尤其於其已受威
　　脅之時；及

　　我國法官於其本身或家人之安全與身體，受到威脅之時，可以尋求警方提
供保護。

(j) 指控法官涉有不當行為，不得在立法機關討論，但法官在此之前已受通知
　　被提出免職或譴責申請者除外。

　　我國立法機關以往偶有對於特定法官指摘其行為不當之情事。

11. 司法職務之資格
11.1 被遴選擔任司法職務之人，應具有才能、品格端正，以及在法律上受適當
　　訓練或具備相當資格，而能有效率地解決爭議之能力。

　　我國目前遴選法官方式，仍以經由考試及二年期間的訓練者為主，此等人
選雖然具備法律上智識，且大抵有解決爭議的能力，然其是否品格端正，則一
時難以檢驗，有待日後的培養及法官淘汰制度的形塑，近年來司法院所大力推

行的律師轉任法官制度，在遴選前可經由各方瞭解其品操及能力，但由於法官工作條件難以吸引資深且聲望不錯的律師，該制度的成效仍有待評估。

11.2 司法職務候選人之評估，所應考量者不僅是法律專業及一般職業能力而已，而且應考量其對社會之認知及敏感度，及其他人格特質（包括倫理之敏感度、耐心、禮儀、誠實、普通常識、機智、謙虛及準時），以及溝通技巧。候選人之政治、宗教或其他信仰或忠誠度，除能證明其為強化法官執行司法職責者外，應非相關因素。

我國律師轉任制度，固可彌補以考試進用法官的部分缺點，然而律師轉任制度，目前門檻不高，要審酌其對社會之認知及敏感度，及其他人格特質（包括倫理之敏感度、耐心、禮儀、誠實、普通常識、機智、謙虛及準時）以及溝通技巧等，尚有困難。至於轉任者的政治、宗教或其他信仰或忠誠度等，於我國並非考慮的因素。

11.3 於法官遴選過程，不應有基於非相關因素而有差別待遇情事。要求司法職務候選人必須是有關國家之國民，則不應被認為是基於非相關因素之差別待遇。其人選是否確保在各方面反映司法機關之公正，應予以適當考量。

我國法官遴選過程，並無基於非相關因素而有差別待遇情事。國籍法第20條第1項本文規定，中華民國國民取得外國國籍者，不得擔任中華民國公職；其已擔任者，除立法委員由立法院；直轄市、縣（市）、鄉（鎮、市）民選公職人員，分別由行政院、內政部、縣政府；村（里）長由鄉（鎮、市、區）公所解除其公職外，由各該機關免除其公職。法官既屬公職，同樣適用本條項規定。此外，法官法第6條規定，具有下列情事之一者，不得任法官：一、依公務人員任用法之規定，不得任用為公務人員。二、因故意犯罪，受有期徒刑以上刑之宣告確定，有損法官職位之尊嚴。三、曾任公務員，依公務員懲戒法或相關法規之規定，受撤職以上處分確定。四、曾任公務員，依公務人員考績法或相關法規之規定，受免職處分確定。但因監護宣告受免職處分，經撤銷監護宣告者，不在此限。五、受破產宣告，尚未復權。六、曾任民選公職人員離職後未滿三年。但法令另有規定者，不在此限。

12.法官之任命

12.1法官之任命應以法律定之。

　　我國目前法官的任命依法官法之規定。

12.2司法機關成員及社會人士，在遴選適合司法職務之候選人時，應扮演適當而清晰之角色。

　　我國法官法第7條規定，初任法官者除因法官、檢察官考試及格直接分發任用外，應經遴選合格。曾任法官因故離職後申請再任者，亦同。司法院設法官遴選委員會，掌理法官之遴選。遴選委員會，以司法院院長為當然委員並任主席，其他委員任期二年，得連任一次，名額及產生之方式如下：一、考試院代表2人：由考試院推派。二、法官代表6人：由司法院院長提名應選名額3倍人選，送請司法院人事審議委員會從中審定應選名額2倍人選，交法官票選。三、檢察官代表1人：由法務部推舉應選名額3倍人選，送請司法院院長從中提名應選名額2倍人選，辦理檢察官票選。四、律師代表3人：由律師公會全國聯合會、各地律師公會各別推舉應選名額3倍人選，送請司法院院長從中提名應選名額2倍人選，辦理全國性律師票選。五、學者及社會公正人士共6人：學者應包括法律、社會及心理學專長者，由司法院院長遴聘。委員會之決議，應以委員總人數3分之2以上出席，出席委員過半數之同意行之。出席總人數，應扣除任期中解職、死亡致出缺之人數，但不得低於12人。

12.3為了確保任命及遴選程序之透明與有責性，其標準應讓一般公眾知悉，包括高等司法職務候選人所需之特質。所有司法職缺應對外公告以吸引適合被任命之候選人之聲請或提名。

　　我國目前律師轉任法官的職缺，並未對外公告，而是視考試或遴選結果再行決定。依法官法第5條第1項及相關作業規定，曾實際執行律師業務3年以上且具擬任職務任用資格者，即具有地方法院法官的任用資格，但須經司法院所辦理甄試（選）通過，復經司法院設法官遴選委員會遴選通過始可；曾實際執行律師業務6年以上且具擬任職務任用資格者，即具有高等法院以下各法院法

官之任用資格，不過司法院自辦理律師轉任法官甄試（選）以來，尚未辦理高等法院法官之甄試（選）。至於司法院大法官則屬政治性任命，依司法院組織法規定辦理。

12.4發展新憲法之國家，採取了一項特別機制，即創立一個較高層級之司法機關會議，由司法機關成員及外部代表組成，其代表之產生不應有政治上考量。

　　我國目前尚無創立一個由司法機關成員及外部代表，所組成較高層級司法機關會議的設計。

12.5設有任命法官之獨立議會或委員會者，其成員之遴選，應考量其學經歷、對司法生涯的瞭解、溝通技巧，以及對於審判獨立重要性評估之能力。其非法官代表成員，可能由聲譽卓著之法律學者或素孚眾望之社會人士，經由適當任命機制產生。

　　我國司法院設法官遴選委員會，其產生方式如上所述。

12.6法官之升遷，如非以年資為基礎，應由負責任命法官之獨立單位，以法官所表現之客觀評價為基礎，考慮其專業、能力、個人特質及初始任命所需之技巧。

　　我國法官的升遷向由司法院獨立作業，並不完全以年資為基礎。法官法通過後的遷調作業係以101年9月21日公（發）布「法官遷調改任辦法」為依據，不過司法院102年度遷調作業，在法官填完遷調志願表後，始於人審會開會前的同年6月14日緊急公布「法官整體遷調原則」，因其內容並未徵詢法官意見，影響已填遷調志願法官的權益，許多規定又帶有濃厚「升官圖」、「重行政、輕審判」的味道，因而飽受法官批評。由是觀之，我國法官的遷調作業，要達到公正、公開、透明的境界，仍有賴主事者的努力。

12.7某些國家之首席法官或最高法院院長，依輪替方式產生，由該法院法官自

行遴選，並無不符司法獨立原則，其他國家可以考慮採用。

　　我國最高司法機關首長為司法院院長，兼任司法院大法官，依憲法增修條文第5條第1、2項規定，司法院設大法官15人，並以其中1人為院長、1人為副院長，由總統提名，經立法院同意任命之，自中華民國92年起實施，不適用憲法第79條之規定。司法院大法官除法官轉任者外，不適用憲法第81條及有關法官終身職待遇之規定。司法院大法官任期8年，不分屆次，個別計算，並不得連任。但並為院長、副院長之大法官，不受任期之保障。

13. 法官之任期
13.1 提供足額法官來執行司法機關工作，為國家之責任。

　　我國一般法官的工作忙碌，為眾所皆知的事實，目前尚無客觀評估法院合理法官人數的機制，如何建構客觀合理的評價制度，以為合理人力的規劃，或為今後努力的方向之一。

13.2 法官之任期應受憲法保障，直到強制退休年齡或任期屆滿時止。任期屆滿時，其任期並不更新。但經依客觀標準及表現良好而為再任命決定之程序者，不在此限。

　　由於我國法官受到憲法終生職的保障，公務人員退休法第28條規定，本法所定之屆齡及命令退休[8]不適用於法官。但法官合於本法所定之退休條件者，亦得自願退休。惟法官法第77條規定，實任法官任職15年以上年滿70歲者，應停止辦理審判案件，得從事研究、調解或其他司法行政工作；滿65歲者，得申

---

[8]　本法第4條第1項規定，公務人員有下列情形之一者，應准其自願退休：一、任職滿5年以上，年滿60歲者。二、任職滿25年者。第5條第1項規定，公務人員任職滿5年以上，年滿65歲者，應予屆齡退休。第6條第1、2項規定，公務人員任職滿5年以上，因身心障礙，致不堪勝任職務，繳有中央衛生主管機關評鑑合格醫院出具已達公教人員保險殘廢給付標準表所定半殘廢以上之證明，並經服務機關認定不能從事本職工作，亦無法擔任其他相當工作且出具證明者，應予命令退休。公務人員任職滿5年以上，因身心障礙，致不堪勝任職務，且有具體事證而不願提出中央衛生主管機關評鑑合格醫院醫療證明者，經主管人員及人事主管人員送請考績委員會初核，機關首長核定後，應令其以病假治療；逾公務人員請假規則規定期限仍不堪勝任職務或仍未痊癒，應由機關主動辦理其命令退休。

請調任地方法院辦理簡易案件。實任法官任職15年以上年滿65歲，經中央衛生主管機關評鑑合格之醫院證明身體衰弱，難以勝任職務者，得申請停止辦理審判案件。停止辦理審判案件法官，仍為現職法官，但不計入該機關所定員額之內，支領俸給總額之三分之二，並得依公務人員退休法及公務人員撫卹法辦理自願退休及撫卹。

13.3 僱用暫時性或兼職法官，不應取代全額之全職法官。地區法律允許暫時性或兼職法官之雇用者，其僱用期間，應以盡可能排除危及其獨立性危險，作為任命條件，並保證其任期或客觀性。

我國目前尚無僱用暫時性或兼職法官之制度。

13.4 由於試用職法官之任命，如遭濫用，可能損及司法機關之獨立性，因此決定是否不予認可任命，僅應由負責任命法官之獨立單位為之。

受到我國憲法上所保障的法官，為實任法官，於法官經由考試或依轉任遴選程序成為法官者，尚應經候補及（或）試署審查程序，經審查及格，始取得實授法官資格（法官法第9條參照）。

13.5 除依據法律所定，或經司法機關適當考慮所訂定之一般排序制度，且僅由司法機關或一個獨立單位所操作者外，非經法官同意，不得調動法官之司法管轄區、職務或地點。

我國法官法關於法官調動的保障規定頗為詳盡。第44條規定，實任法官除法律規定或經本人同意外，不得將其轉任法官以外職務。第45條規定，實任法官除經本人同意外，非有下列原因之一，不得為地區調動：一、因法院設立、裁併或員額增減者。二、因審判事務量之需要，急需人員補充者。三、依法停止職務之原因消滅而復職者。四、有相當原因足資釋明不適合繼續在原地區任職者。五、因法院業務需要，無適當人員志願前往，調派同級法院法官至該法院任職或辦理審判事務者，其期間不得逾2年，期滿回任原法院。前項第5款之法官調派辦法，由司法院定之；其調派期間之津貼補助辦法，由司法院會同行

政院定之。第46條規定,實任法官除經本人同意外,非有下列原因之一,不得為審級調動:一、因法院設立、裁併或編制員額增減而調派至直接下級審法院。二、於高等法院繼續服務2年以上,為堅實事實審功能,調派至直接下級審法院。三、依法停止職務之原因消滅而復職,顯然不適合在原審級法院任職者。四、有相當原因足資釋明不適合繼續在原審級法院任職者。

14. 法官之待遇

14.1 法官之薪資、工作條件及退休金應與其職務之地位、尊嚴及責任相當,並應定期以該等目的再檢討。

　　我國法官依法官法相關規定,已無如一般公務人員的考績制度,法官無論在任何審級,均有機會按年資晉升俸級級數至最高等級。法官法第71條規定,法官不列官等、職等。其俸給,分本俸、專業加給、職務加給及地域加給,均以月計之。前項本俸之級數及點數,依法官俸表之規定。本俸按法官俸表俸點依公務人員俸表相同俸點折算俸額標準折算俸額。法官之俸級區分如下:一、實任法官本俸分20級,從第1級至第20級,並自第20級起敘。二、試署法官本俸分9級,從第14級至第22級,並自第22級起敘。三、候補法官本俸分6級,從第19級至第24級,並自第24級起敘。第72條規定,司法院院長、副院長、大法官、最高法院院長、最高行政法院院長及公務員懲戒委員會委員長之俸給,按下列標準支給之:一、司法院院長準用政務人員院長級標準支給。二、司法院副院長準用政務人員副院長級標準支給。三、司法院大法官、最高法院院長、最高行政法院院長及公務員懲戒委員會委員長準用政務人員部長級標準支給。前項人員並給與前條第1項規定之專業加給。司法院秘書長由法官、檢察官轉任者,其俸給依第1項第3款及第2項標準支給。

14.2 法官之薪資、工作條件及退休金,應以法律擔保之,且於任命後不得有不利益之變更。

　　我國法官之薪資、工作條件及退休金,於法官法通過後,已有法律之擔保。其不利益變更之禁止,亦為憲法第81條所明定。

15 法官之懲戒

15.1對於法官之懲戒程序，得僅限於嚴重之不當行為。適用於法官之法律，於
定義可能進行懲戒措施及其程序之行為時，其用語應盡可能明確。

我國法官法第49條第1項規定，法官有第30條第2項各款所列情事（即法
官有應付個案評鑑事由）之一，有懲戒之必要者，應受懲戒。第30條第2項規
定，法官有下列各款情事之一者，應付個案評鑑：一、裁判確定後或自第一審
繫屬日起已逾6年未能裁判確定之案件，有事實足認因故意或重大過失，致審
判案件有明顯重大違誤，而嚴重侵害人民權益者。二、有第21條第1項第2款情
事，情節重大。三、違反第15條第3項、第3項規定。四、違反第15條第1項、
第16條或第18條規定，情節重大。五、嚴重違反辦案程序規定或職務規定，情
節重大。六、無正當理由遲延案件之進行，致影響當事人權益，情節重大。
七、違反法官倫理規範，情節重大。即在我國現行法對於法官之懲戒，亦以其
違失行為情節重大為原則，與本措施所揭示之「得僅限於嚴重之不當行為」標
準相符。

15.2 主張因法官嚴重不當行為而受害之人，有權向有發動懲戒行動責任之人
或單位，提出申訴。

我國法官法為貫徹憲法有關法官為終身職，非依法律不得停職、轉任或減
俸之規定，並為維護良好司法風氣、提高司法公信力，對於行為不當，且情節
重大之法官，應依法交付評鑑[9]。本法第35條第1項規定，法官有第30條第2項
各款情事之一，下列人員或機關、團體認為有個案評鑑之必要時，得請求法官
評鑑委員會進行個案評鑑：一、受評鑑法官所屬機關法官3人以上。二、受評
鑑法官所屬機關、上級機關或所屬法院對應設置之檢察署。三、受評鑑法官所
屬法院管轄區域之律師公會或全國性律師公會。四、財團法人或以公益為目的
之社團法人，經許可設立3年以上，財團法人登記財產總額新臺幣1千萬元以上
或社團法人之社員人數200人以上，且對健全司法具有成效，經目的事業主管
機關許可得請求個案評鑑者。同條第3項規定，當事人、犯罪被害人得以書面

---

[9] 法官法第30條立法理由參照。

陳請第1項機關、團體請求法官評鑑委員會進行個案評鑑。

　　在我國現行法下，主張因法官嚴重不當行為而受害之人，僅得經由有發動懲戒行動責任之單位即有權提出評鑑之機關或團體，陳請提出評鑑。

15.3 應依法設置特別單位或人，負責受理申訴、收受法官之回應，以及依該回應審查是否有對法官發動懲戒之充分事由。如其結論為肯定，則該單位或人應將案件移送懲戒機關處理。

　　我國法官法第35條第5項規定，個案評鑑事件之請求，應先依第37條規定審查有無應不付評鑑之情事，不得逕予調查或通知受評鑑法官陳述意見。與本措施之標準相當。

15.4 懲戒法官之權力應屬於獨立於立法及行政機關之機關或法庭，由現任或退休法官組成，其成員也可以包括法官以外之人，惟其應非立法或行政機關成員。

　　我國法官法關於法官懲戒，專屬於由資深法官依規定所組成之職務法庭辦理，目前的制度並未包括法官以外之人。

15.5 所有懲戒程序應參考所建立之司法行為標準，並依充分保障防禦權之程序來決定。

　　我國法官倫理規範業已依法官法所規定程序制定，有關法官有無違反倫理規範，應否予以懲戒，基本上已有完整機制，可資遵循辦理。

15.6 應有由懲戒機關上訴至法院之制度。

　　我國法官法第19條規定，法官於其獨立審判不受影響之限度內，受職務監督。職務監督包括制止法官違法行使職權、糾正法官不當言行及督促法官依法迅速執行職務。法官認職務監督危及其審判獨立時，得請求職務法庭撤銷之。至於有權對法官發動懲戒處分的機關，僅監察院，而有權對法官為懲戒處分的

機關，在我國現制，僅職務法庭，且採一級一審制，對於監察院的移送懲戒，法官只得至職務法庭進行答辯，而對於職務法庭的判決，除有再審事由，得為再審外，即屬終局的決定。

15.7對於涉及法官懲戒所進行程序之最終決定，不問程序為秘密或公開，均應
　　對外公布。

　　我國法官法制定前，對於法官的懲戒由公務員懲戒委員會議決；在法官法制定後，由職務法庭裁判，均有於司法院網站公布其議決或裁判內容。

15.8每一司法管轄區依其本身懲戒制度而確認可容許之懲戒處分，並確信該等
　　懲戒處分合乎比例原則。

　　我國法官法制定前對法官的懲戒種類與一般公務人員相同，法官法制定後，法官法懲戒處分，依法官職務的特性，與一般公務人員已有明顯區隔，而且顯然較一般公務人員為重。

16. 法官之免職
16.1法官僅於被證明失能、觸犯重罪、有重大不適任情事或具有顯然與司法之
　　獨立、公正及廉正有違之行為，始得予以免職。

　　我國法官法第42條規定，實任法官非有下列情事之一，不得免職：一、因犯內亂、外患、故意瀆職罪，受判刑確定者。二、故意犯前款以外之罪，受有期徒刑以上刑之宣告確定，有損法官尊嚴者。但宣告緩刑者，不在此限。三、受監護之宣告者。實任法官受監護或輔助之宣告者，自宣告之日起，得依相關規定辦理退休或資遣。司法院大法官於任職中，有第1項各款情事之一時，經司法院大法官現有總額三分之二以上之出席，出席人數三分之二以上之同意，由司法院呈請總統免職。候補、試署法官除本法另有規定外，準用第1項、第2項規定。此外，第50條第1項第1至3款規定，有關法官免職之懲戒如下：一、免除法官職務，並喪失公務人員任用資格。二、撤職：除撤其現職外，並於一定期間停止任用，其期間為1年以上5年以下。三、免除法官職務，轉任法官以

外之其他職務。

16.2 立法機關被授以免除法官職務權力者，其權力應僅限於有權懲戒法官之獨立機關提出建議時，始得為之。

　　我國現行法並未賦以立法機關以免除法官職務權力。

16.3 法院裁撤，不得作為免除該院法官職務之事由。法院有裁併情事時，所有法院成員，應再被任命為取而代之之法院或任命為相同地位或任期之另一司法職務。在無該種相同地位或任期之司法職務時，應補償有關法官因失去職務之損失。

　　我國法官法第45條第1項第1款及第46條第1項第1款規定，實任法官因法院設立、裁併或員額增減者，得為地區調動或調派至直接下級審法院。

17. 司法機關之預算
17.1 司法機關預算之擬定，行政或立法機關不可對於司法機關施加壓力或影響，而應與司法機關合作共同擬定。

　　我國憲法增修條文第5條第5項雖規定，司法院所提出之年度司法概算，行政院不得刪減，但得加註意見，編入中央政府總預算案，送立法院審議。然在實際運作上，司法院大抵先與行政院協調編列的預算額度，立法機關黨團也會對司法院所提預算案提出刪減意見，目前司法預算約占全國中央總預算額度百分之一左右。

17.2 國家應提供司法機關充足資金與資源，以使每一法院均得以有效執行其職務，且不致於有過度之工作量。

　　我國以往（尤其在民國76年以前的威權時代）對於司法的投資偏低，以致司法權難以發揮實質功能，到了86年間司法預算獨立入憲後，司法預算的編列始較穩定，然而以法官目前工作量言，恐尚未達理想程度。

17.3 國家應提供司法機關為組織及執行法官訓練所必要之財務上或其他資源。

　　我國目前法官的在職訓練由法官學院為之，可以依照所須編列相關預算。

17.4 司法機關之預算應由司法機關本身管理，或由獨立之行政及立法單位在與司法機關協商下管理。司法機關所獲得之資金應避免被轉讓及濫用。

　　我國目前司法院所屬各級法院預算，由各法院依其所需編列，經司法院審查，並受監察院審計部之監督。

在法官法制定之前，各級法院院長對於法官的行政監督，法院組織法第112條原規定，有監督權者，對於被監督之人員得爲左列處分：一、關於職務上之事項，得發命令使之注意。二、有廢弛職務，侵越權限或行爲不檢者，加以警告。法官法制定後，第19條明定，法官於其獨立審判不受影響之限度內，受職務監督。職務監督包括制止法官違法行使職權、糾正法官不當言行及督促法官依法迅速執行職務。法官認職務監督危及其審判獨立時，得請求職務法庭撤銷之。同法第21條第1項進一步規定，職務監督權人，對於被監督之法官得爲下列處分：一、關於職務上之事項，得發命令促其注意。二、違反職務上之義務、怠於執行職務或言行不檢者，加以警告。法院組織法第112條及法官法第21條第1項之第1款規定內容相同，二者第2款部分，法官法規定範圍較廣。

壹、職務監督之界限

依法官法第19條規定，法官於其獨立審判不受影響之限度內，受職務監督。法官認職務監督危及其審判獨立時，得請求職務法庭撤銷之。是以法官僅於其獨立審判不受影響之限度內，有受職務監督之義務。於此即涉及法官職務監督與審判獨立之界限，應如何劃分的問題。二者的界限何在，有時並不十分容易區隔，尤其在民國76年解嚴前之威權時代，行政掛帥，對於獨立審判的意涵，沒有正確的認識，並不足奇。在早年實施裁判書事前送閱制度的年代，法官在對外宣示裁判書以前，應先送請法院院長審閱的時期，其雖名爲提升裁判品質，卻反成爲有些首長借機干涉審判的口實，或濫用行政監督權以影響裁判，不論其動機如何，總對司法形象造成某種程度之傷害。早在民國44年間，即有二位首長因不當介入法官承辦案件之改分，而受到懲戒，一位是臺灣高等法院院長史○○，另一位是臺灣高等法院臺南分院院長程○○，其事件始末要旨爲：

　　臺灣高等法院臺南分院受理臺西客運汽車公司違反所得稅法抗告案，經評議裁定，並於42年11月4日，送經被付懲戒人該臺南分院院長程○○察閱蓋章。詎高院院長史○○接到「有人串通舞弊」之密告，於同月5日，密令該分院查報，因密告者查無其人，未再切查有無舞弊，即於同月27日，程○○就個人法律觀點呈復，謂第一審依匿報處罰，似無不合，本院改以不依限申報論罰，似嫌失出，並請示是否仍照原裁定繕發，抑另行評議，是否適當？高院於同月28日指復：「該院長既認爲有問題，應再詳細研究，期臻妥適」，程○○遂於同月30日，以子推事請迴避爲詞，另指定丑推事辦理，於12月1日，重爲抗告駁回之裁定，並由庭長在評議簿批註「該案已指定丑推事辦理，本件註銷」，其註銷原評議，係在指定丑推事辦理之後，且未經原承辦之子推事同意，子亦未請迴避，該原裁定早已合法完成，更非配受推事因事故不能擔任，程○○竟另指定丑推事辦理，顯已超越法院組織法第78條暨高院及分院處務規程第11條、第17條之規定，縱其居心或欲藉以消弭外議，要難謂其非逾越權限而有干涉審判之嫌。應降2級改敘。被付懲戒人史○○，任職高院院長，對於程○○請示另行評議是否適當，未爲明確之指復，雖非有意促成干涉審判，而大致恰似贊同失出之見解，卒導致干涉審判，其處理亦非適當，應記過1次[1]。

　　另一件係發生在民國56年間，臺灣高等法院院長孫○○，以行政命令影響下級法院對確定案件之強制執行之案例，其事件始末要旨爲：

　　被付懲戒人孫○○係臺灣高等法院院長，該院臺中分院54年度財抗字第475號刑事裁定所處大同實業股份有限公司貨物總稅本稅罰鍰1,510萬2,932元，國防臨時特別損77萬1,130元，追繳貨價755萬1,466元，及報告不實之罰鍰3,000元等項，該項裁判既已確定即具有絕對效力，如有違法或不當，須依合法途逕尋求救濟，在未經法定訴訟程序撤銷變更以前，其確定力與執行力均屬無可阻卻。自非該管上級機關所爲之行政命令所能影響其效果。而臺灣高等法院竟…令飭臺中地院商請彰化稅捐處撤銷大同公司罰鍰之強制執行。按強制執行，爲實行確定裁判之結果，非有法定原因，不得停止，由執行法院向移送機關爲撤銷執行之商洽，於法殊無依據，縱有先例，亦不可援。況查所謂處理申

---

[1]　公務員懲戒委員會44年鑑字第1933號。

一紡織公司案例，係因該公司發覺計算錯誤，而予更正，其與彰化大同實業公司之被罰事實，並不相同，更難援引。原彈劾案指摘被付懲戒人孫○○不應以行政命令影響執行案件之進行，義正詞嚴，違失之責，未可輕言解免，應記過1次[2]。

　　以上二件係法院首長明顯干涉審判之案例，此等首長之所以介入審判事宜，很可能是此等首長認為其係法官之行政長官，對於法官所為之裁判，有權予以過問使然，也可能是早年有些法院首長對於其本身之定位以及對法官屬性之認識，未盡深入使然，因早年法官考績以及法院法官之年度事務分配之決定權，幾由其一手掌握，則其在角色未明之情形下，將法官與其他院內行政人員同視，而予以指示或指導[3]，即不足為奇。

貳、審判獨立與職務監督之界限

　　法官法第19條規定：「（第1項）法官於其獨立審判不受影響之限度內，受職務監督。職務監督包括制止法官違法行使職權、糾正法官不當言行及督促法官依法迅速執行職務。（第2項）法官認職務監督危及其審判獨立時，得請求職務法庭撤銷之。」其內容與德國法官法第26條規定：「（第1項）法官僅於其獨立性不受影響之範圍內，受職務之監督。（第2項）於第一項之前提下，職務監督亦包括制止執行職務上之違法行為與督促合法及時完成職務之權限。（第3項）法官主張職務監督上之處置影響其獨立性時，依法官之聲請由法院依本法之規定裁判之。」內容，如出一轍。本條內容可謂完全移植自德國法官法之規定[4]。惟在實際運作上，職務監督與審判獨立間之界限如何？並不

---

[2]　公務員懲戒委員會58年鑑字第3966號。

[3]　我國在民國76年解嚴前之威權時代，以迄司法院施前院長啓揚先生於民國83年間掌理司法院以前，對於法官的管考與一般公務人員，並無大太不同，在這段時期，在許多司法首長的眼中，法官形同辦理案件的科員，基本上係以首長對法官個人主觀印象，以及法官在辦案數據上所表現的「績效」來評定法官考績的等第。儘管憲法第81條保障法官的審判獨立，但是這段期間所謂「法官的審判獨立性」是受到外界高度質疑的，不僅首長或外界對法官關說案件的傳聞不斷，法官的操守問題，也常受輿論或外界的批評。由此已可概見一般公務人員的管考制度，適用在法官，不見得合適。

[4]　法官法原草案在採取職務法庭制度以前，法官法僅採取德國法官法第26條第1、2項規定之內容，關於第3項規定之精神部分，則試圖依我國現行之司法院人事審議委員會解決。原草案第27條之內容為：「（第1項）法官於其獨立審判不受影響之限度內，受職務監督。職務監督包括制止法官違法行使職

易劃定，法官認職務監督命令侵越審判獨立範圍時，應如何自處[5]？均屬難以克服之問題[6]。

德國法官法雖有上開界定，但在實際案例，審判獨立與職務監督的界線如何，很難區隔，是以有無必要對法官為職務監督的問題，亦運應而生。不過在德國迄無主張不要對法官為職務監督者，一般認為，基於法院對於權利保護（Rechtsschutz）之保障責任，國家的最高層級的法官們（如憲法法庭）除對其同僚立於第三者之地位行使職務監督外，對其餘法官也不能不有職務監督權，因此對法官不能免除職務監督，法官法雖然清楚規定：法官受職務監督，問題在於：由誰行使？行使的範圍如何？又，法律對於法官對抗職務監督之處置（dienstaufsichtliche Maßnahmen）[7]，有何保護措施？二者之界線如何？德國學說不一[8]，爰就向來德國聯邦最高法院之意見，介述如次[9]：

(一)德國法官法第26條規定，職務監督涉及之「法官活動」，包括裁判。於德國法上，就審判獨立與職務監督所顯現之緊張關係（Spannungsverhältnis），長久以來均產生難以劃定界限之問題。然而德國學者認為，法官之獨立與對法官之職務監督二者，在憲法所擔保的國家司法保障中有其共同基礎。一般司法擔保義務，乃憲法對權利全面而有效保護之保障，原屬基本法上法治國原則之範疇。而審判獨立乃對權利

權、糾正法官不當言行及督促法官依法迅速執行職務。（第2項）法官認為職務監督影響其獨立審判之權限時，得以書面敘明具體事實，向司法院人事審議委員會聲明異議。（第3項）前二項職務監督及聲明異議實施辦法由司法院定之。」

[5] 前司法院大法官黃越欽在司法院大法官釋字第530號解釋不同意見書中指出：「法官對影響審判之命令有『不遵守』義務，並應予以排除，以維護審判獨立。就效力而言，任何行政命令，如其對象為法院，而內容又係針對法院之審判行為，已然牴觸兩項重要原則，一為違反憲法上權力分立之原則，其二則復侵害法官獨立審判之原則，應屬當然無效。」

[6] 在日本也同樣有類似難題，日本裁判所法第81條規定「前條（司法行政）之監督權，不得影響或限制法官之裁判權」（「前条の監督権は、裁判官の裁判権に影響を及ぼし、又はこれを制限することはない。」）根據這規定，顯然是不允許司法行政上的監督權人做出影響裁判內容的事。不過日本學者也認為在實際上，當監督權與裁判權的協調發生問題時，尤其是針對正在進行中的具體案件之處理的相關事項應如何思考，的確是極為困難的問題。（參照森際康友編、李純如等譯《法曹倫理》，民間司改會2011出版，頁298。）

[7] Günther Schmidt-Räntsch u. Jürgen Schmidt-Räntsch, Deutsches Richtergesetz, 1995, S. 435.

[8] 參照程春益，論法官之職務監督及其限制，憲政時代，78年4月，頁28以下。

[9] 參照蔡烱燉《審判獨立與職務監督》，頁103以下，第四章「審判獨立與職務監督之界限」。

有效保護的重要前提，而且也是法治國司法擔保責任之要素。法官負有履行國家司法擔保之責任。而「法官活動」之職務監督，係擔保法官遵守職務義務。國家的司法擔保責任不僅藉以決定法官職務義務之內容，也決定職務監督之可能性及界限。擔保責任包括要求法官適法及適時裁判。

(二)職務長官（Dienstvorgesetzten）以及處理法官對職務監督處置（Maßnahmen）事件的職務法庭，均應於個案中化解法官獨立與職務監督間之緊張關係。聯邦職務法庭係聯邦最高法院之特別審判庭，在過去已由個案之裁判中發展出某些一般性原則。職務法庭裁判，將法官活動區分為「核心領域」（Kernbereich）及「外部秩序領域」（äußeren Ordnungsbereich）。「外部秩序領域」不屬於實質裁判核心領域之活動。就外部秩序領域部分之監督，不生干涉法官獨立之問題。而準備程序及嗣後之實體及程序裁判，均屬核心領域。在審判核心領域，尊重法官獨立，乃基本原則，此一領域，沒有職務監督的空間。關於司法擔保內容之適法性，法官原則上必須依其職務，自行獨立形成見解。職務監督得以例外介入之場合，乃法官犯了顯而易見之錯誤（offensichtliche und jedem Zweifel entrückte Fehlgriffe），可認其並未忠實依法裁判之情形。

(三)法官認為職務監督之處置影響其獨立時，得依法官法第20條第3項經由法官職務法庭之裁判來解決。影響法官之處置，並不以行政行為（Verwaltungsakt）為必要，縱使為事實上之處置，亦得撤銷。聯邦職務法庭基於有效保護法官獨立之利益考量，擴張解釋職務監督措施之概念，即使對法官活動僅有間接影響之處置，亦屬對法官職務監督之處置。對於法官未來行為施以影響之處置，亦屬之。因而職務監督主管單位所表示之意見，不僅於證明書或考評中，即使例如於司法部投書媒體或司法部長接受媒體採訪時亦然，如以任何方式對於法官之職務上或職務外行為有所批評，均屬對職務監督之處置。

(四)何種係合法之職務監督處置，何種係侵犯審判獨立，為不合法之職務監督處置，於個案甚難區隔。茲舉數例以為說明：

1.依聯邦職務法庭向來裁判之見解，職務監督主管單位在基於所具有對法官監視功能（Beobachtungsfunktion）之範圍內，得藉由例行性

或基於特別事由所爲業務檢查（Geschäftsprüfungen），查明是否有必要實施機關減輕負擔措施或特定職務監督措施。要求法官報告逾一年未結民事訴訟事件及附具未終結之簡要理由，並未影響審判獨立。

2. 於職務考評（dienstlichen Beurteilung）討論法官的結案量，且與其他法官結案數來比較，係被許可。在此種結案量比較之情形，亦得區別不同結案之方式，並就其成果而於某類結案方式考評爲中等，於另類結案方式則考評爲遠低於中等。

3. 職務考評批評法官就舊案指定期日過久，以及評價所變更之期日太長，亦被許可。於此情形，法院認爲其內容與個案情事或案件類型之裁判無關，亦不涉及法官之裁判自由。

4. 職務上督促增加結案量，尚與法官獨立之原則相容。職務法庭認爲拖延等同於訴訟進行期間之不利益，就此予以監督，係司法行政之任務。同樣地，於職務考評之意見，對法官的工作量不滿意，不能被認爲侵害法官獨立。

5. 試圖以侵害裁判自由（Entscheidungsfreiheit）之方式，促使法官採行特定結案方式，即與法官獨立不符。依聯邦職務法庭的判例，對於受監督之法官，如其收案量相當高，以妥適方法結案已不再可能，則職務監督將程序落後之責任歸咎法官，職務監督即超越其界限。職務監督造成之結案壓力，導致不正確結案之要求，與法官之裁判任務（Rechtsprechungsauftrag）不符。然而，工作負荷量如可比較，在其他法官可以負荷的情形，對於未具有相同工作績效之法官而言，就必須接受其職務考評對此之考量，且評分不如其他具該類績效法官之結果。

6. 職務監督不得要求法官就同時需要處理之某個案，優先予以處理，但聯邦職務法庭認爲可以督促法官依照個別案件之急切性，以及注意即將到來之時效等情形，來安排案件審理順序。因於此情形並不觸及法官作出何等內容裁判之自由。又，要求加強監督各部門之積案情形，注意時效問題，係確保事務處理過程合法，亦爲職務監督所許。

7. 職務長官無論如何均不得督促法官每週安排一個期日以上庭期。聯

邦職務法庭認為，如此一來將涉及法官審判案件方式，限制法官自主審判的自由。法官是否每週安排一法庭日以上或在一法庭日審理較多案件，以便有較多時間及休息來撰寫裁判理由以及終結更多案件，由法官決定。

8.職務監督處置如使法官認為其無法於合理範圍內使用公務電話，以完成任務，即侵犯法官獨立。然而同意及許可經由自動化方式收集電話資料，並未超越電話設備使用之單純監視範圍，應被許可。法官的自由裁判，並不因在哪一訴訟案件是否及何時使用電話，以及使用電話時間之長短，而被侵犯。

9.法官職務獨立之結果，乃法官不受一般規定工作時間之限制。亦即法官雖然也如一般公務員，將全部精力奉獻給公務，然而由於其獨立性，只要不是如開庭、評議及需要其即刻處理之緊急事件之固定活動，其工作無須在上班時間及法院場所完成。法官的審判工作，應儘可能在不受外界壓力的氣氛下為之。法官並無親自留在法院的絕對必要情形下，應使其得於工作場所外，以自由分配時間方式，集中精力處理事務。禁止法官有上述工作方式之可能性，即意味著妨礙法官採取其所認為較有效果及對案件較妥適之工作方式。聯邦職務法庭將固定法官工作時間之處置，視為係侵犯法官工作之不許可行為。

(五)職務監督不能成為司法政策上之無理要求，亦即不能將法官活動之量與質之關係，變更為有利「量」方面。職務監督如直接或間接降低了法官對於調查事實、釐清真相，以及法律上之洞察力（rechtliche Durchdringung），即與法官獨立相衝突。國民之司法給付請求權，不僅係有關進入法院之權利，也包含受到司法有效保護之保障，無庸置疑；國民受到法官裁判之司法保障，也包括時間之成分，換言之，係包含適時裁判（der Richterspruch in angemessener Zeit）之保障。

在法治水平較我國為高之德國，仍感職務監督與審判獨立界限區隔之困難，在我國自更不在話下。此由法官法立法前，我國公務員懲戒委員會先後對於有些在德國視為審判核心領域之事項，而對法官為職務監督及懲戒，以及後來採取「法官依據法律獨立審判，法官應依其確信之法律見解而為審判，縱與

最高法院之判決意旨相異，乃法官依職權為獨立審判之結果，不能遽認為係違法失職應受懲戒。」[10]之見解，其前後之變遷，可見一斑。法官依據法律，獨立自主地形成其法律見解，乃法官審判獨立之本質或精髓，如法官無法獨立自主形成其法律見解，則所謂「審判獨立」不過是空洞無物之口號而已。本此基礎，法官法第19條第2項規定：「法官認職務監督危及其審判獨立時，得請求職務法庭撤銷之。」第30條第3項規定：「適用法律之見解，不得據為法官個案評鑑之事由。」第37條第1項第4款規定，個案評鑑事件之請求，係就法律見解請求評鑑者，法官評鑑委員會應為不付評鑑之決議。第49條第2項規定：「適用法律之見解，不得據為法官懲戒之事由。」均屬一脈相承之法思維──職務監督不得侵入審判獨立之領域。

　　法官的法律見解，涉及法官獨立審判之核心領域，對於法官所表示之法律見解不服，應循審級救濟程序謀求解決，如許當事人等以法官所表示之法律見解有上開情事，即得啟動評鑑及懲戒程序，不僅將破壞審級救濟制度，使評鑑委員會成為司法程序外之第四審，也將開啟「假評鑑或懲戒之名，行干涉審判之實」大門，吾人期期以為不可。法官法立法期間曾有以之為評鑑及懲戒事由之議[11]；所幸此一修正意見在司法院及法官協會及部分學者的強烈反對下，未獲採納。然而爾後審判獨立與職務監督之界限，如何劃定，仍有賴職務法庭在未來的具體個例中，一一予以釐清。

---

[10]　公務員懲戒委員會99年度鑑字第11684號。
[11]　本書第一篇第二章註10及內文參照。

壹、法官自律委員會之沿革

　　司法院自施啓揚院長上任後，爲強化法官自治功能，於86年11月24日訂頒「法官自律委員會試辦要點」，試圖透過法官同儕的相互勉勵，達到「維護法官優良之品德操守、敬業精神及問案態度」的目的，至翁岳生院長接任後，持續上開政策，並於90年11月22日正式訂頒「各法院法官自律委員會實施要點」，將目的性修改爲「維護法官優良之品德操守及敬業精神，提升司法形象」，自律的範圍也包含職務上及非職務上之行爲。司法院訂頒上開命令，或係基於對法官的行政監督權而來，並無法律授權。法官法爲使其制度化，於第23條規定，司法院大法官爲強化自律功能，應就自律事項、審議程序、決議之作成及處分種類等有關事項，訂定司法院大法官自律實施辦法。前項辦法經司法院大法官現有總額三分之二以上之出席及出席人數三分之二以上之決議訂定之；修正時亦同。司法院應就公務員懲戒委員會委員及各法院法官之自律事項、審議程序、決議之作成及處分種類等有關事項，訂定各級法院法官自律實施辦法。司法院乃於101年06月11日發布「各級法院法官自律實施辦法」，並規定於101年7月6日施行（第19條）。

　　「各級法院法官自律實施辦法」實以97年1月16日所修正「各法院法官自律委員會實施要點」的內容爲基礎，並參照法官法相關規定而訂定，二者比較重要的不同有二，一爲自律的事由，另一爲自律委員會的權限。

　　關於自律的事由，97年1月16日所修正「各法院法官自律委員會實施要點」第5條列舉了13項：(1)品德操守不佳，有損司法信譽者；(2)不當社交、理財或言行不檢，有損司法信譽者；(3)無正當理由，洩漏職務上應守秘密之事項，有損司法信譽者；(4)接受他人關說訴訟案件者；(5)爲人關說訴訟案件者；(6)參加政黨或其他政治團體之活動者；(7)爲政黨、政治團體或個人作政

治上之助選者；(8)辦理合議案件，未依法評議者；(9)確定裁判經非常上訴判決撤銷，其疏失情節嚴重者；(10)上級審發現原審法官之辦案顯有草率情形者；(11)辦理案件、宣示裁判或交付裁判原本顯有不當之稽延，經通知於相當期限內改善，而不改善者；(12)以無關案情之事項，辱罵當事人者；(13)生活奢靡、敬業精神不足或審案態度不良，有損司法信譽者。現行「各級法院法官自律實施辦法」第6條則列舉了10項：(1)違反職務上義務、怠於執行職務或言行不檢；(2)違反法官法第15條規定；(3)兼任法官法第16條各款所列職務或業務；(4)洩漏職務上之秘密；(5)嚴重違反辦案程序規定或職務規定；(6)無正當理由遲延案件之進行、宣示裁判或交付裁判原本顯有不當之稽延，經通知於相當期限內改善，而不改善；(7)接受他人關說案件；(8)辦理合議案件，未依法評議；(9)確定裁判經非常上訴判決撤銷，其疏失情節嚴重；(10)其他違反法官倫理規範而有自律之必要。「各級法院法官自律實施辦法」的列舉的自律項目雖然較「各法院法官自律委員會實施要點」為少，實際上其內涵則廣泛得多，因其中之「其他違反法官倫理規範而有自律之必要」幾可包含實施辦法所未具體列舉，而屬違反規範的行為。

　　關於自律委員會的權限，「各法院法官自律委員會實施要點」第9條列舉了5種「處置」權限，即：(1)由院長口頭勸誡；(2)由法官自律委員會書面勸誡；(3)建議行政監督長官依法院組織法第112條、第113條處理；(4)建議移送法官評鑑委員會評鑑；(5)建議司法院懲處。而現行「各級法院法官自律實施辦法」第12條則列舉了以下5種「決議」：(1)建議職務監督權人依法官法第21條第1項第1款發命令促其注意；(2)建議職務監督權人依本法第21條第1項第2款加以警告；(3)建議院長以所屬法院名義請求法官評鑑委員會評鑑；(4)建議司法院依本法第51條第2項規定逕行移送監察院審查；(5)建議限期改善或其他適當之處置。二者主要不同，即前者之自律委員會關於「由院長口頭勸誡」及「由法官自律委員會書面勸誡」之處置權，於後者已無。

　　自律委員會性質上屬於依法官自治之思維而成立之單位，其目的在經由法官同儕針對被提送自律的法官，檢討其是否構成自律事由，並對於該當自律事由者，建議院長施以適當之監督處置，以提升法院形象與裁判品質。然而自律委員會究係獨立之職務監督單位，抑係輔助法院院長進行職務監督之單位？由法官法第20條觀之，僅法院院長始為法官之職務監督權人，依第21條規定而論，亦僅法院院長有權對法官為職務監督處分，因此，自律委員會應屬輔助法

院院長進行職務監督之單位。原自律要點固然規定自律委員會可為「(1)由院長口頭勸誡及(2)由法官自律委員會書面勸誡」之處置，然而自律委員會並非法定監督機關，何以其得為上開監督之行政處分？且上開(1)(2)之處置，非屬法定行政懲處之種類，該要點創設此二種處分模式，是否妥當，亦非無疑。況法官之職務監督長官，本有權依現行法院組織法（在法官法實施後依法官法），為職務監督之處分，自律委員會所為上開(1)(2)之處置，與職務監督長官所為之監督處分之關係又如何，也難以說明；再，自律委員並不具有法定監督權，其所為之決議，受處置之法官如認其處置危及其審判獨立時，似無從請求職務法庭撤銷之。是以現行規定刪除上開(1)(2)之處置規定，應屬正辦。

貳、自律委員會之組成與運作

一、自律委員會之組成

(一)院長

院長為當然委員。

(二)法官代表

法院法官人數在10人以下者，以法官代表3人（包括院長）為法官自律委員會委員；法院法官人數逾10人者，每逾10人，增加委員1人，人數未滿10人者，以10人計。委員至多不得逾9人。上開委員，三分之二由法官全體以無記名祕密投票方式推選產生，三分之一由法院院長指定，非整數時，以四捨五入方式計算。最近5年曾受懲戒處分者，不得為前項票選或指定之委員。院長以外之委員任期1年，自每年7月1日至次年6月30日止，期滿得連任。但本法施行後當年之自律會委員任期，自就職日起至次年6月30日止。委員辭職，應經院長核可後始生效力。自律會委員名單，應層報司法院，司法院並得將全部委員名單公開於司法院院內網站（第3條）。自律會委員出缺時，依該委員產生之方式，由院長指定或以原選次多數之被選人依序遞補之。委員因故長期不能行使職務或有事實足認其不適宜繼續擔任自律會委員時，依該委員產生之方式，由院長重新指定或經院長提交自律會決議解職並以原選次多數之被選人依序遞補之。依前2項遞補及重新指定之委員，其任期接續原委員任期計算（第5條）。

二、自律之對象

　　自律之對象，包括調入辦理審判事務之法官及調至司法院、法官學院或司法官學院之法官。法官於自律事實之行為終了後轉任司法行政人員、遷調、退休或其他原因離職者，其自律事件應由行為終了時任職之法院自律會審議。自律辦法對轉任司法行政人員、退休或其他原因離職之法官，於轉任、退休或離職前之行為適用之（第2條）。

三、自律之事由

　　各級法院院長或法官3人以上，於本院法官有下列情形之一者，得檢具相關資料，送交自律會審議（第6條）：

(一)違反職務上義務、怠於執行職務或言行不檢

　　法官法第19條第1項規定，法官於其獨立審判不受影響之限度內，受職務監督。職務監督包括制止法官違法行使職權、糾正法官不當言行及督促法官依法迅速執行職務。司法院院長對於各級法院（包括公務員懲戒委員會）法官，有職務監督權，各級法院院長（包括公務員懲戒委員會）對於其所屬法官（委員），高等法院對於其法院、所屬分院及地方法院法官有職務監督權（第20條）。有職務監督權人，對於被監督之法官得為下列處分：1.關於職務上之事項，得發命令促其注意。2.違反職務上之義務、怠於執行職務或言行不檢者，加以警告（第21條）。

　　關於法官辦理案件之時間逾越一定時限時，例如民刑事簡易程序第一審審判案件逾10個月；民刑事通常程序第一審審判案件及民事執行事件逾1年4個月；民刑事第二審審判案件逾2年；民刑事第三審審判案件逾1年等情事時，該等案件即成為列管的遲延案件（各級法院辦案期限實施要點【民國99年2月1日修正】第2條），有職務監督權人均得發命令促其注意。「第一、二審法院清理民刑事遲延案件注意要點」（民國95年2月24日修正）第8條即規定，院長對於遲延案件有進行情形異常者，應通知法官改善。另第9條規定，法官辦理遲延案件，經查明無針對爭點、重點為審理、僅形式進行而實質未進行或稽延不結，已逾「各級法院辦案期限實施要點」所定期限兩個月以上者，經通知改善，而無正當理由不改善時，院長應即檢具相關資料，送該院法官自律委員會

審議。

　　至於違反職務上之義務、怠於執行職務或言行不檢者，有職務監督權人固得逕依法官法第20條規定，加以警告，惟其亦得依自律辦法，交由自律委員會審議。

(二)違反法官法第15條規定

　　法官法第15條規定，法官於任職期間不得參加政黨、政治團體及其活動，任職前已參加政黨、政治團體者，應退出之。法官參與各項公職人員選舉，應於各該公職人員任期屆滿1年以前，或參與重行選舉、補選及總統解散立法院後辦理之立法委員選舉，應於辦理登記前，辭去其職務或依法退休、資遣。法官違反前項規定者，不得登記為公職人員選舉之候選人。

　　司法院在法官法實施之後，已行文要求各級法院法官曾經參加政黨者公開宣示退出政黨，並有數百位依規定辦理，是以理論上目前應無法官於任職期間參加政黨情事，法官法實施之後，法官也不得再參加政黨，凡於任職期間參加政黨、政治團體及其活動；任職前已參加政黨、政治團體而未退出；參與各項公職人員選舉，未於各該公職人員任期屆滿1年以前，或參與重行選舉、補選及總統解散立法院後辦理之立法委員選舉，未於辦理登記前，辭去其職務或依法退休、資遣，而登記為公職人員選舉之候選人等情，職務監督權人即得依規定交由自律委員會審議。

(三)兼任法官法第16條各款所列職務或業務

　　法官法第16條規定，法官不得兼任下列職務或業務：1.中央或地方各級民意代表。2.公務員服務法規所規定公務員不得兼任之職務。3.司法機關以外其他機關之法規、訴願審議委員會委員或公務人員保障暨培訓委員會委員。4.各級私立學校董事、監察人或其他負責人。5.其他足以影響法官獨立審判或與其職業倫理、職位尊嚴不相容之職務或業務。

(四)洩漏職務上之秘密

　　法官法第18條規定，法官不得為有損其職位尊嚴或職務信任之行為，並應嚴守職務上之秘密。前項守密之義務，於離職後仍應遵守。法院組織法第103條規定，裁判之評議，於裁判確定前均不公開。第106條規定，評議時各法官之意見應記載於評議簿，並應於該案裁判確定前嚴守秘密。案件之當事人、訴

訟代理人、辯護人或曾爲輔佐人，得於裁判確定後聲請閱覽評議意見。但不得抄錄、攝影或影印。法官倫理規範第16條規定：「法官不得揭露或利用因職務所知悉之非公開訊息。」可涵蓋本款規定中。

(五)嚴重違反辦案程序規定或職務規定

法官法第30條第2項第5款規定，法官嚴重違反辦案程序規定或職務規定，情節重大者，應付個案評鑑。

法官嚴重違反辦案程序規定或職務規定，爲得交付自律委員會審議的事由，如其情節重大，自律委員會應建請院長移送個案評鑑。

(六)接受他人關說案件

法官倫理規範第7條規定，法官對於他人承辦之案件，不得關說或請託。對於法官接受他人關說案件，未明白規定。法官倫理規範的前身法官守則第2條規定：「法官應超然公正，依據憲法及法律，獨立審判，不受及不爲任何關說或干涉。」有明白要求法官不接受關說，法官倫理規範第7條雖然未明白規定，不過法官對於他人承辦之案件，既不得關說或請託，對於自己所承辦案件，當然也不能接受他人關說案件。不過法官獨立審判案件，其是否接受關說，而未依法裁判，有時不易檢驗，法官倫理規範第26條規定，法官執行職務時，知悉其他法官確有違反其倫理規範之行爲時，應通知該法官所屬職務監督權人。是以法官知有其他法官向其關說，如未依規定舉發，不僅可能構成違反法官倫理規範第26條的事由，也可能構成本款的自律事由。

(七)辦理合議案件，未依法評議

法官辦理合議案件應依法評議，爲法官職務上義務，法官違反規定，未依法評議，本得依第1款予以處理，自律辦法予以特別列舉，應係特別注意其重要性。

(八)確定裁判經非常上訴判決撤銷，其疏失情節嚴重

刑事訴訟法第441條規定，判決確定後，發現該案件之審判係違背法令者，最高法院檢察署檢察總長得向最高法院提起非常上訴。最高院認爲非常上訴有理由者，應分別爲以下判決：1.原判決違背法令者，將其違背之部分撤銷。但原判決不利於被告者，應就該案件另行判決。2.訴訟程序違背法令者，撤銷其程序（第447條第1項）。

　　儘管非常上訴係以糾正原確定判決之法律上錯誤爲宗旨，然而每年經非常上訴撤銷的確定判決很多，經非常上訴撤銷的判決，固然是法律上適用有所疏失，但大部分的疏失情節並不嚴重，或者是法律制度設度未臻周全所致，例如爲非常上訴大宗的「累犯」問題，法官在認定被告是否構成累犯，常因刑事犯罪資料庫的內容不太科學、內容有誤或不清楚，而導致錯誤，國家每年投注許多資源於此，不僅浪費，而且如類此錯誤均以之爲自律對象，恐會導致沒有法官願意辦理刑事案件的後果，對辦理刑事案件法官也不公平，因而本款規定以其疏失情節「嚴重」，始爲自律的標的。

(九)其他違反法官倫理規範而有自律之必要

　　以上各款規定，除法官法有規範，不在法官倫理規範的適用範圍外，大部分均可在法官倫理規範中找到對應的規範內容。然而法官倫理規範尚有許多規範內容，不在上述列舉範圍，或未必爲其所涵蓋者，茲條列如次：

1. 促進人民對司法之信賴

　　第3條：「法官執行職務時，應保持公正、客觀、中立，不得有損及人民對於司法信賴之行爲。」

2. 不得差別待遇

　　第4條：「法官執行職務時，不得因性別、種族、地域、宗教、國籍、年齡、身體、性傾向、婚姻狀態、社會經濟地位、政治關係、文化背景或其他因素，而有偏見、歧視、差別待遇或其他不當行爲。」

3. 避免有損司法形象行為

　　第5條：「法官應保有高尚品格，謹言愼行，廉潔自持，避免有不當或易被認爲損及司法形象之行爲。」

4. 不得利用職銜謀取不當利益

　　第6條：「法官不得利用其職務或名銜，爲自己或他人謀取不當財物、利益或要求特殊待遇。」

5. 不得關說案件

　　第7條：「法官對於他人承辦之案件，不得關說或請託。」

6. 不得收受不當餽贈

　　第8條：「法官不得收受與其職務上有利害關係者之任何餽贈或其他利

益。法官收受與其職務上無利害關係者合乎正常社交禮俗標準之餽贈或其他利益，不得有損司法或法官之獨立、公正、中立、廉潔、正直形象。法官應要求其家庭成員或受其指揮、服從其監督之法院人員遵守前二項規定。」

7. 忠勤執行職務

第11條：「法官應謹慎、勤勉、妥速執行職務，不得無故延滯或增加當事人、關係人不合理之負擔。」

8. 維護當事人訴訟上權利

第12條：「法官開庭前應充分準備；開庭時應客觀、公正、中立、耐心、有禮聽審，維護當事人、關係人訴訟上權利或辯護權。法官應維持法庭莊嚴及秩序，不得對在庭之人辱罵、無理之責備或有其他損其尊嚴之行為。法官得鼓勵、促成當事人進行調解、和解或以其他適當方式解決爭議，但不得以不當之方式為之。」

9. 要求屬員依法執行職務

第13條：「法官就審判職務上受其指揮或服從其監督之法院人員，應要求其切實依法執行職務。」

10. 陳報與案件受任律師家庭成員關係

第14條：「法官知悉於收受案件時，當事人之代理人或辯護人與自己之家庭成員於同一事務所執行律師業務者，應將其事由告知當事人並陳報院長知悉。」

11. 禁止單方構通

第15條：「法官就承辦之案件，除有下列情形之一者外，不得僅與一方當事人或其關係人溝通、會面：一、有急迫情形，無法通知他方當事人到場。二、經他方當事人同意。三、就期日之指定、程序之進行或其他無涉實體事項之正當情形。四、法令另有規定或依其事件之性質確有必要。有前項各款情形之一者，法官應儘速將單方溝通、會面內容告知他方當事人。但法令另有規定者，不在此限。」

12. 避免評論案件

第17條：「法官對於繫屬中或即將繫屬之案件，不得公開發表可能影響裁判或程序公正之言論。但依合理之預期，不足以影響裁判或程序公正，或本於職務上所必要之公開解說者，不在此限。法官應要求受其指揮或服從其監督之

法院人員遵守前項規定。」

13. 謹慎參與非職務上活動

第18條：「法官參與職務外之團體、組織或活動，不得與司法職責產生衝突，或有損於司法或法官之獨立、公正、中立、廉潔、正直形象。」

14. 避免為法官以外團體募款或召募成員

第19條：「法官不得為任何團體、組織募款或召募成員。但為機關內部成員所組成或無損於司法或法官之獨立、公正、中立、廉潔、正直形象之團體、組織募款或召募成員，不在此限。」

15. 申報職務外行為報酬

第20條：「法官參與司法職務外之活動，而收受非政府機關支給之報酬或補助逾一定金額者，應申報之。前項所稱一定金額及申報程序，由司法院定之。」

16. 禁止從事政治活動

第21條：「法官於任職期間不得從事下列政治活動：一、為政黨、政治團體、組織或其內部候選人、公職候選人公開發言或發表演說。二、公開支持、反對或評論任一政黨、政治團體、組織或其內部候選人、公職候選人。三、為政黨、政治團體、組織或其內部候選人、公職候選人募款或為其他協助。四、參與政黨、政治團體、組織之內部候選人、公職候選人之政治性集會或活動。法官不得指示受其指揮或服從其監督之法院人員或利用他人代為從事前項活動；並應採取合理措施，避免親友利用法官名義從事前項活動。」

17. 謹慎進行社交活動

第22條：「法官應避免為與司法或法官獨立、公正、中立、廉潔、正直形象不相容之飲宴應酬、社交活動或財物往來。」

18. 禁止經營商業

第23條：「法官不得經營商業或其他營利事業，亦不得為有減損法官廉潔、正直形象之其他經濟活動。」

19. 禁止執行律師業務

第24條：「法官不得執行律師職務，並避免為輔佐人。但無償為其家庭成員、親屬提供法律諮詢或草擬法律文書者，不在此限。前項但書情形，除家庭

成員外，法官應告知該親屬宜尋求其他正式專業諮詢或法律服務。」

20. 舉發違反規範義務

第26條：「法官執行職務時，知悉其他法官、檢察官或律師確有違反其倫理規範之行為時，應通知該法官、檢察官所屬職務監督權人或律師公會。」

以上第(九)款情形，其自律事實之送交，應自確定裁判生效之日起2年內為之；其餘各款情形，應自行為終了之日起2年內為之。但自律事實所涉及之案件尚未終結者，自律會得中止程序，並應於中止原因消滅後續行自律程序。

四、自律委員會會議之程序

(一)迴避

委員之迴避，準用行政訴訟法有關法官迴避之規定（第4條）。

(二)召集

自律會會議由院長召集並任主席；依第2條第3項規定合設自律會，致有2位以上院長為委員者，由資深之院長召集並任主席。院長因故不能召集或出席會議時，由院長指定之委員1人為之。自律會每3個月開會1次，無議案時得不召開，必要時得加開臨時會；委員2人以上亦得以書面請求院長召集（第8條）。

(三)決議方法

自律會會議之決議，應有委員總額過半數之出席，出席委員過半數之同意行之；可否同數時，取決於主席。審議時，各委員陳述之意見，應列入紀錄。

(四)任務編組

自律會得成立任務編組，定期或不定期抽查該法院法官有無自律事由，並提出自律會審議之（第9條）。

(五)調閱卷證

法官自律委員會為了解有無自律事由，必要時得調閱有關卷證（第10條）。

(六)列席或書面說明

自律會開會時，應通知被付審議之法官列席或提出書面說明，並得通知被

付審議之法官所屬庭長或其他相關人員列席或提出書面說明（第11條）。

五、自律委員會決議之種類

(一)構成自律事由之決議

　　自律會經審議認為法官構成自律事由情形者，得為下列決議（第12條第1項）：

　　1. 建議職務監督權人依法官法第21條第1項第1款發命命促其注意。

　　2. 建議職務監督權人依法官法第21條第1項第2款加以警告。

　　3. 建議院長以所屬法院名義請求法官評鑑委員會評鑑。

　　4. 建議司法院依本法第51條第2項規定逕行移送監察院審查。

　　5. 建議限期改善或其他適當之處置。

　　法官對於前項決議，不得聲明不服（第12條第2項）。自律會之決議，應以書面通知被付審議之法官（第15條）。

　　自律委員會之議決，如法院院長有不同意見，法院院長得否本於本身之職務監督權責，逕行決定對於受移送自律之法官，為一定之職務監督處分？基於「自律委員會應屬輔助法院院長進行職務監督之單位」之論理，當無不可。

　　法官對於自律委員會的決議固不得聲明不服，但於其受到院長之職務監督處分後，認職務監督危及其審判獨立時，得依法官法第19條第2項規定，請求職務法庭撤銷之。

(二)不構成自律事由之處置

　　法官自律委員會經評議認為不構成自律事由之情形或其自律事實逾送交自律期間者，應決議不付處置（第13條）。

六、司法院之監督

　　自律會會議，應作成會議紀錄，並即層報司法院核備。司法院認為自律會之決議不當時，得發交該法院重行審議或為其他適當之處置（第14條）。

七、保密義務

　　自律會出、列席人員，就會議中有關個人能力、操守及其他依法應保守秘

密之事項，應嚴守秘密（第16條）。

八、自律決議情形概況

　　法官自律委員會自民國86年建制以來，經過數度修正，運作初期，不盡如人意[1]，但運作十餘年來，儘管內部或外界對此一機制仍有一些疑慮，基本上應已日漸成熟。依司法院於100年間提供筆者之統計資料，自91年至100年7月19日止，全國法院共有247件自律事件[2]，274人次受自律委員會評議。茲將各年度之自律案件量及人次[3]，列表如次：

自91年至100年7月19日止各級法院法官自律委員會自律件數及人次

年度	件數	人次
91	39	42
92	39	43
93	26	27
94	29	31
95	39	40
96	23	26
97	22	29
98	12	13
99	15	18
100（迄0719）	5	5
合計	249	274

---

[1] 司法院曾於92年1月6日首次召開「各級法院法官自律委員會委員會議」，有來自全國各級法官法官自律委員會委員計130餘名代表參加，翁前院長岳生先生於會中之講詞表示：「自民國86年11月各級法院成立『法官自律委員會』以來，迄至91年12月止，送討論而不付處置之件數，有48件、68人次；送討論而經評議之件數，則有106、116人次，評議結果，有具體建請本院懲處者，然以口頭勸誡、書面告誡占絕大多數（共計84件，占總件數百分之80）。在風紀方面，『法官自律委員會』多已發揮了自律的功能。然而，當前社會大眾最關切的是『案件遲延』的問題，這一部分，平心而論，除了少數法院以外，並沒有真正發揮功能。」（參照司法周刊1117期，92年1月15日，1、2及4版。）

[2] 另有二件，未經明確載明處理情形，爰不列入。

[3] 其中受到自律委員會評議2次以上者有40人。

　　由上表可知近年來之自律案件數及受自律之人數，有減少趨勢，在受自律委員會議決之274人次法官，其受處置（分）之情形，表列如下[4]：

處分事由 ＼ 處置／人次	不付處置	口頭勸誡	書面勸誡	令飭注意	警告	申誡	記過	降級	休職	撤職	停職中	合計
遲交裁判原本		22	30	1	3	4	10	1				71
不當稽延案件	2	10	20			4	9			1		46
非常上訴判決撤銷	3	58	7									68
敬業精神不足	2	10	6	3		10	4					35
監督不周					1	2	1					4
審案態度不良		2	4	1	1	1						9
辦案顯有草率		1										1
合議案件未依法評議		1										1
言行不檢		3	5		1	9	5		1	1		25
品德不佳	1						5					6
為人關說案件									1		1	2
接受他人關說案件								1			2	3
不當社交							1			1		2
參加政黨團體活動		1										1
總計	8	108	72	5	6	30	35	2	2	3	3	274

[4] 本表係依司法院所提供之資訊所製。自律委員會所為之決議為不付處置、由院長口頭勸誡及由自律委員會書面勸誡等三項，其餘均為建議事項，其中「令飭注意」及「警告」二項，如法院院長認為適當，可逕予執行。其餘需求法院送經司法院核可，司法院核可，即予執行，不予核可時，得為較重（輕）之懲處，或移送監察院調查、彈劾，經公懲會為申誡以上等懲戒處分。

　　在表列自律事由當中，以遲交裁判原本之71人次、不當稽延案件之46人次及非常上訴判決撤銷之68人次，占自律總數之一大部分，其次為敬業精神不足，有35人次，此部分之具體事實，例如羈押中被告未裁定延押致羈押逾期、以學位論文充作法院研究報告等，言行不檢者亦有25人次。

　　我國法官自律委員會的運作成效，縱未盡如人意，至少已奠定了往下紮根之基礎。為使此一制度法制化，法官法爰規定，司法院應就公務員懲戒委員會委員及各法院法官之自律事項、審議程序、決議之作成及處分種類等有關事項，訂定各級法院法官自律實施辦法[5]，法官法實施後，此一制度，即有法律上之授權，自律委員會也取得其法律上之地位。現行「各級法院法官自律委員會實施要點」，其內容堪稱完備，在法官法實施之後，其能否發揮較法官法實施前為優之功能，值得持續觀察。

5　法官法第23條第3項。

第四章　法官評鑑

壹、法官法實施前之評鑑制度

　　司法院前院長施啓揚先生在強化法官自治自律功能方面，訂頒了法官守則外、試辦自律委員會制度，而爲彌補自律之不足，並建立了他律的法官評鑑制度，現行法官法的法官評鑑制度，可回溯至民國85年1月30日司法院所訂頒的「法官評鑑辦法」[1]，翁岳生院長接任後，持續實施此一制度，法官法內容，已將上開法官評鑑制度作局部修正，並予以法制化，其中法官個案評鑑制度，已儼然成爲法官懲戒之先行程序[2]。

　　法官評鑑辦法，並非依法律授權而訂定，依司法院大法官釋字第530號解釋意旨，此一辦法係司法院基於司法行政監督權所發布之命令[3]。依本辦法所成立之法官評鑑委員會，分別於高等法院層級及司法院層級設置，然其並非常態性組織，比較像是臨時的任務編組，僅於有個案評鑑之申請案時，始臨時自司法院每年所彙整之評鑑委員候選名單中，公開抽籤決定該案之評鑑委員會成員。由評鑑委員之產生方式，已難認期待其得以發揮應有功能，且其評鑑結果及建議，僅止於送請司法院人事審議委員會參處，無怪乎自從法官評鑑辦法自民國85年間實施以來，聲請評鑑之個案，截至100年8月19日止，聲請移送評鑑之案件，雖達119件，但經法官評鑑委員會審議之個案評鑑案件僅有14件，其餘105件均因非屬評鑑辦法第4條所規定之評鑑事項或第5條所列得移請評鑑之機關或團體，而改依人民陳訴案件方式處理【案情類別爲：法官開庭言詞不

---

[1]　司法院85年1月30日司法院（85）院台人一字第02567號函。

[2]　依法官法第51條第1項規定，法官之懲戒，應由監察院彈劾後移送職務法庭審理。同條第2項規定，司法院認法官有應受懲戒之情事時，除依法官評鑑之規定辦理外，得逕行移送監察院審查。

[3]　個人並不完全認同司法院大法官釋字第530號解釋之推理，詳蔡烱燉〈司法院釋字第530號解釋對我國法治建設的啓發〉，載《社會公義》，黃越欽教授紀念論文集，頁605以下，元照出版有限公司，2011年5月。

當、態度（品德操守）不佳、違反辦案程序、違法判決（判決不公）、瀆職濫權（違法包庇）等】，以上14件個案評鑑之處理情形，表列如下[4]：

經法官評鑑委員會審議案件類別統計表

決議 ＼ 理由 ＼ 人數	枉法裁判	違反辦案程序	敬業精神不足	態度不良	違反辦案程序、態度不佳、違法判決	品德瑕疵、枉法裁判
免議	1	1				
不受理		3				
不成立				2		
部分不成立、部分不付評鑑					1	1
部分免議、部分不受理		1				
移送懲戒		2				
記過			2			

　　依司法院所提供資料，上開案件，首由高等法院層級之評鑑委員會決議者有13件，首由司法院法官評鑑委員會決議者有1件，而由司法院法官評鑑委員會針對高等法院層級之評鑑委員會決議者予以覆議者有7件，且95年以後即無請求個案評鑑之案件。

貳、法官法實施後之評鑑制度

　　由於法官評鑑辦法之實施成果難令外界滿意，司法院在邀請民間團體討論法官法草案時，民間團體強烈要求強化評鑑機制，司法院乃廣納民間團體意見，於法官法中保留原辦法之基本精神，惟大幅變動其容。法官法於第五章針對法官評鑑制度，做了詳細規定，於司法院創設法官評鑑委員會，法官評鑑委員會評鑑流程如下：

---

[4]　見司法院人事處函復同院行政訴訟及懲戒廳100年8月23日處人一字第1000000977號函。

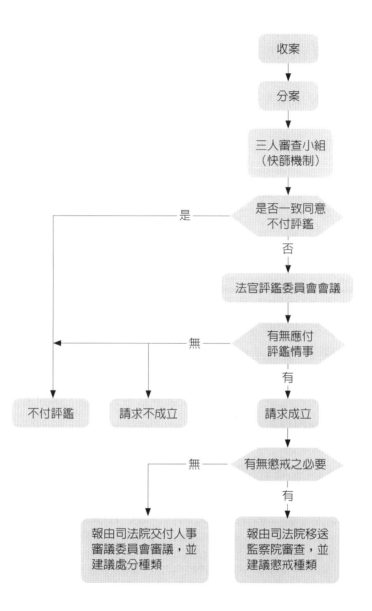

（引自司法院官網）

以下爰就法官法規範評鑑制度闡述之。

一、評鑑事由

法官法第30條第2項規定，法官之個案評鑑事由爲：

1. 裁判確定後或自第一審繫屬日起已逾6年未能裁判確定之案件，有事實足認因故意或重大過失，致審判案件有明顯重大違誤，而嚴重侵害人民權益者[5]。

2. 違反職務上之義務、怠於執行職務或言行不檢者（即有第21條第1項第2款情事），情節重大[6]。

3. 法官參與各項公職人員選舉，未於規定期間內，辭去其職務或依法退休、資遣；或違反前項規定者，登記爲公職人員選舉之候選人（即違反第15條第2項、第3項規定）。

4. 於任職期間參加政黨、政治團體及其活動，或任職前已參加政黨、政治團體，而未退出者（即違反第15條第1項規定），情節重大。

5. 違反不得兼任職務或業務之規定[7]（即違反第16條規定），情節重大。

6. 爲有損其職位尊嚴或職務信任之行爲，在職期間或離職後未嚴守職務上之秘密（即違反第18條規定），情節重大。

7. 嚴重違反辦案程序規定或職務規定，情節重大。

8. 無正當理由遲延案件之進行，致影響當事人權益，情節重大。

9. 違反法官倫理規範，情節重大。

以上第2至9款事由，均屬自律之事項，於其違反之情節重大時，得依評鑑

---

[5] 司法院爲維護刑事審判之公正、合法、迅速，保障人權及公共利益，特制定刑事妥速審判法（本法第1條規定）。同法第8條並規定，案件自第一審繫屬日起已逾6年且經最高法院第3次以上發回後，第二審法院更審維持第一審所爲無罪判決，或其所爲無罪之更審判決，如於更審前曾經同審級法院爲2次以上無罪判決者，不得上訴於最高法院。本款規定即係配合該法規定之精神，而列爲評鑑事項。法官評鑑委員會評字第1號決議認爲本款規定「因涉及審判空間與司法獨立之維護，應就具體個案之個別情狀判定承審法官主觀上是否有『故意或重大過失』，其判決是否客觀上『有明顯重大錯誤』，且其結果是否『嚴重侵害人民權益』」。

[6] 法官有違反職務上之義務、怠於執行職務或言行不檢者，屬職務監督權人得爲職務監督之事項，亦爲自律之事項，惟如其違反之情節重大，即得依評鑑程序予以處理。

[7] 法官法第16條規定：「法官不得兼任下列職務或業務：一、中央或地方各級民意代表。二、公務員服務法規所規定公務員不得兼任之職務。三、司法機關以外其他機關之法規、訴願審議委員會委員或公務人員保障暨培訓委員會委員。四、各級私立學校董事、監察人或其他負責人。五、其他足以影響法官獨立審判或與其職業倫理、職位尊嚴不相容之職務或業務。」同法第17條規定：「法官兼任前條以外其他職務者，應經其任職機關同意；司法院大法官、各級法院院長及機關首長應經司法院同意。」

程序予以處理。

　　關於全面評鑑，法官法實施前之評鑑辦法，係規定司法院認有必要時，得定期命各級法院評鑑委員會為地區性之全面評鑑（法官評鑑辦法第4條第1項但書），然而自評鑑辦法實施以來，司法院從未辦理全面評鑑[8]。法官法則規定，司法院應每3年至少1次完成法官全面評核，其結果不予公開，評核結果作為法官職務評定之參考。司法院因評核結果發現法官有應付個案評鑑之事由者，應移付法官評鑑委員會進行個案評鑑。上開評核之標準、項目及方式，由司法院依法官評鑑委員會意見定之（法官法第31條）。

　　法官法第32條規定原法官評鑑辦法所無之團體績效評比[9]，依其規定，司法院應每3年1次進行各級法院之團體績效評比，其結果應公開，並作為各級法院首長職務評定之參考。其評比之標準、項目及方式，由司法院定之。

8　此或許與部分學者採取反對意見，不無關聯。反對意見認為，法官評鑑應針對特定對象之特定事實，重在職務執行之合義務性，以確保依法審判及有效權利保護原則之貫徹。因其非民意調查，非在於人民對法官主觀印象之瞭解，故不應針對所有法官為全面評鑑。（參照張文郁〈法官評鑑與法官獨立〉，載《憲政時代》第26卷第1期（89年7月），第4頁，第10頁。）民間團體推動法官全面評鑑之史料，有一插曲，值得一提。民國85年間，民間司法改革基金會有鑑於司法院始終未能提出有效淘汰不適任法官之制度，又不贊成全面性之法官評鑑，乃自85年起，以向律師問卷之方式，推動法官評鑑制度，以期全面性法官評鑑得以制度化，以公開、公平、有效的方式建立法官評鑑制度，進而達到建立淘汰不適任制度之目的。其自民國87年首度公布（大台北地區）法官評鑑結果，然因本次公布了評鑑結果不及格的法官名單，而被評鑑不及格的臺灣高等法院楊法官（兼庭長）自訴該會高董事長及執行長林律師誹謗（臺北地方法院88年度自字第208號）。惟該院以「被告二人既如實公開該法官評鑑之來源、程序及採樣範圍，該評鑑之可信性和客觀性即可受到公評，自訴人復未能具體證明被告二人有何惡意虛捏事實以毀損其名譽之故意存在，應認被告犯罪嫌疑不足至明」為由，裁定駁回楊法官之自訴，且因楊法官未提起抗告，而告終結。

9　司法院版法官法草案所原無此一規定，據前司法院司法行政廳黃麟倫副廳長表示，此乃立法院審查法官法草案時，某立法委員要求加入者。此一規定或係源自考試院於99年間所提公務人員考績法草案第9條之3規定：「主管機關應視所屬各機關業務特性及需要，辦理所屬機關間之團體績效評比，並於每年辦理考績前，依團體績效評比結果，彈性分配所屬各機關受考人考列甲等以上及丙等人數比率，必要時，各官等與主管人員考列甲等以上人數比率及主管機關受考人考績等次人數比率，亦得併入上開調整機制辦理。但甲等以上人數比率以增減百分之十；丙等人數比率以增減百分之三為限，且主管機關及所屬各機關考列甲等以上及丙等人數比率總計，仍以第九條之一第一項所定之人數比率為限。」之精神而來，考績法修正草案尚未完成立法，此部分立法精神卻先於法官法中實現。另台北大學法律系林超駿副教授於臺灣法學雜誌，在99年11月13日所舉辦「法官法立法之展望座談會」中，所提出法官法是否規定，比照大學評鑑之方式，以各法院為單位辦評鑑？以明瞭法院是否有資源不足，有無「增強人力或經費等」必要。（參照臺灣法學雜誌166期，2110.12.15出版，頁58。）二者之思維模式顯有不同，前者著重在法院院長能力之評價，後者則著眼於資源之公平分配。

二、評鑑委員會之組成、任期及產生方式

法官法第30條第1項規定，司法院設法官評鑑委員會，掌理法官之評鑑。法官評鑑委員會由法官3人、檢察官1人、律師3人、學者及社會公正人士4人組成（第33條第1項）。法官評鑑委員任期為2年，得連任1次，其產生方式如下（第34條第1項）：

1. 法官代表由全體法官票選之。
2. 檢察官代表由全體檢察官票選之。
3. 律師代表，由各地律師公會各別推舉1至3人，由律師公會全國聯合會辦理全國性律師票選。
4. 學者及社會公正人士，由法務部、律師公會全國聯合會各推舉檢察官、律師以外之人4人，送司法院院長遴聘[10]。

依法官法，法官評鑑委員會為常態性組織，其產生方式單純，且有2年任期，較易經由個案累積經驗，且11位委員中，具法官身分者僅占3位，由其產生機制及法官身分者所占比率，應可避免外界「官官相護」的批評。

三、個案評鑑請求權人

法官有受評鑑事由之一，以下人員或機關、團體認為有個案評鑑之必要時，得請求法官評鑑委員會進行個案評鑑（法官法第35條第1項規定）：

1. 受評鑑法官所屬機關法官3人以上。
2. 受評鑑法官所屬機關、上級機關或所屬法院對應設置之檢察署。
3. 受評鑑法官所屬法院管轄區域之律師公會或全國性律師公會。
4. 財團法人或以公益為目的之社團法人，經許可設立3年以上，財團法人登記財產總額新臺幣1千萬元以上或社團法人之社員人數2百人以上，且對健全司法具有成效，經目的事業主管機關許可得請求個案評鑑者[11]。

---

[10] 本項第4款規定，於立法院一讀會時，原採呂學樟法官法草案版規定：「學者及社會公正人士二名由立法院院長提名立法委員以外人士，經院會通過後推派；二名由監察院院長提名監察委員以外人士，經院會通過後推派；二名由司法院院長提名，經司法院人事審議委員會通過後推派。」之內容，其後民進黨表示如此規定，易導致政治力介入，極力反對，嗣經協商後修正為如上內容。

[11] 目前取得目的事業主管機關許可評鑑之團體為財團法人民間司法改革基金會、中華人權協會及中華民國臺灣法曹協會。

　　此外，當事人、犯罪被害人得以書面，陳請受評鑑法官所屬機關及前開團體，請求法官評鑑委員會進行個案評鑑[12]。

　　本條項在司法院、行政院及考試院三院會銜送立法院之法官法草案第33條，原規定「檢察官以外之案件當事人」亦有屬權請求評鑑法官之主體，但由於有一些法官向司法院表達反對此一規定之意思，司法院因而改變立場，加以學者姜世明教授在立法院公聽會中亦大力反對[13]，並撰文力主刪除上開規定，而具體建議：「另立一項規定案件當事人應先向檢察機關、律師公會及公益團體進行請求審查是否可提出法官評鑑，並由該機關或團體提出之。」[14]上開立法院之修正內容，與姜教授意見近似，此一立法轉折，值得注意。

　　另同條第4項規定，第30條第2項所規定各款評鑑事由，法官認有澄清之必要時，得陳請所屬機關請求法官評鑑委員會個案評鑑之。此乃所謂「自請評鑑」制度，其立法理由爲：「法官處理案件，遇輿論或外界不實之批評或指摘，爲消除誤解，以免名譽受損，維護人民對於司法之信賴，於必要時得主動陳請所屬機關請求評鑑。」本規定係仿廢止前之法官評鑑辦法第5條第2項規定：「法官本人認爲其品德操守、辦案程序或開庭態度遭受誤解，有澄清之必要時，得聲請該管法官評鑑委員會作個案評鑑，亦得聲請所屬法院移送該管法官評鑑委員會爲個案評鑑。」而來，惟廢止前之法官評鑑辦法實施期間，並無法官「自請評鑑」事例。值得注意的是102年間臺北地方法院審理前行政院秘書長林○○涉嫌貪瀆案件，經合議庭認定其僅構成○○之罪，於宣判後，輿論譁然，一片撻伐，合議庭法官乃向評鑑委員會提出「自請評鑑」聲請，經該會以程序不合「不付評鑑」後，合議庭中之林法官雖再依程序提出聲請，但委員會仍以「（媒體）評論內容，既未有任何具體指摘受評鑑法官之相應關聯事實，而請求人亦未指出有何具體事實或得進行調查之方法以供認定受評鑑法官

---

[12] 法官法第35條第3項。

[13] 姜教授表示：「我不認爲案件的當事人及被害人適合作爲獨立請求評鑑的主體，你知道現在有多少職業的當事人嗎？就是一直告法官的當事人，形成一種訴訟騷擾，所以當事人應該透過第五款、第六款，以公益團體、全國律師公會初步審查後才能進入評鑑委員會。爲什麼？因爲評鑑委員會的委員都是兼職的，他有多少的審查能量？如果他沒有審查能量，而你讓案件直接進來，可能會造成誤殺優秀的法官，將來後患無窮。」（見立法院司法及法制委員會舉行「法官法草案」公聽會會議紀錄，立法院公報第99卷第62期委員會紀錄，頁248。）

[14] 姜世明〈法官法草案評釋——談與魔鬼交易的失落靈魂〉，載《月旦法學雜誌》第189期，頁110，100年01月15日出版。

是否有違反法官法第30條第2項第5款、第7款之事由」等情，對其請求為「不付評鑑」之決議[15]。

四、請求評鑑之期間

法官法第36條規定，請求評鑑法官之期間為2年，該期間，無涉法官承辦個案者，自受評鑑事實終了之日起算，牽涉法官承辦個案者，自該案件辦理終結之日[16]起算，但裁判確定後或自第一審繫屬日起已逾6年未能裁判確定之案件，有事實足認因故意或重大過失，致審判案件有明顯重大違誤，而嚴重侵害人民權益者（即有第30條第2項第1款情形）自裁判確定或滿6年時起算。

五、評鑑委員會之決議方法

法官評鑑委員會會議之決議，以委員總人數二分之一以上出席，出席委員過半數之同意行之（法官法第41條第1項）。

六、評鑑委員會之決議種類

(一)不付評鑑

法官個案評鑑事件之請求，有下列情形之一者，法官評鑑委員會應為不付

---

[15] 本件之詳細討論，參照第一篇第二章註22至24及內文。

[16] 所謂「案件辦理終結之日」，法官評鑑委員會101年度評字第6號決議認為：法官法第36條第2項及第41條第6項規定之立法意旨，除考量及時取得事證俾利調查之實際需要，以促使盡早提出評鑑之請求外，亦在維護法官承辦個案，於辦理終結前不受當事人請求評鑑之干擾，同時顧及當事人於案件終結前請求法官個案評鑑有受不利判決之虞。故法官法第36條第2項所規定「案件辦理終結之日」，就刑事簡易案件之判決而言，有別於一般通常刑事案件之宣判，因無宣判程序，既非專以判決日為準，亦非判決書需送達當事人後始得起算，應就個案認定。如案件已經脫離法官之審理而無法變更判決結果，應認該案件已辦理終結，即得對該法官請求評鑑，此觀法官法第41條第6項規定：「個案評鑑事件牽涉法官承辦個案尚未終結者，於該法官辦理終結其案件前，停止進行評鑑程序。」至為明確。經查，本件受評鑑法官審理○年度○字第○號刑事簡易案件，未行宣判程序，判決日期為99年11月17日，書記官報結日為99年11月19日，判決送達被告日期為99年11月29日，臺灣新北地方法院並函復本件承辦書記官已於99年11月23日將裁判書上傳至司法院網站。是本件○年度○字第○號案件既已於99年11月17日判決，並於同年11月23日將裁判書電子檔上傳司法院網站，應認受評鑑法官至遲已於99年11月23日案件辦理終結。則法官法第36條所定2年請求期間，應至遲於101年11月23日屆滿，本件請求人於101年11月27日始遞狀請求，已逾法官法第36條規定之2年請求期間。

評鑑之決議（第38條）：

1. 個案評鑑事件之請求，非由法定請求權人為之（即不合第35條之規定）。
2. 個案評鑑事件之請求，逾得請求評鑑之法定期間。
3. 對不屬法官個案評鑑之事項，請求評鑑。
4. 就法律見解請求評鑑。
5. 已為職務法庭判決、監察院彈劾、或經法官評鑑委員會決議之事件，重行請求評鑑。
6. 受評鑑法官死亡。
7. 請求顯無理由。

以上事由之決議，得以3名委員之審查及該3名委員一致之同意行之（第41條第2項）[17]。

(二)請求不成立

法官評鑑委員會認法官無請求評鑑者所主張之評鑑事由者，應為請求不成立之決議。必要時，得移請職務監督權人依第21條規定為適當之處分[18]（第38條），即關於職務上之事項，得發命令促其注意；違反職務上之義務、怠於執行職務或言行不檢者，加以警告之處分。

---

[17] 按本條如此規定之主要原因在於，司法院、行政院及考試院三院所會銜送立法院之法官法草案第33條原規定「檢察官以外之案件當事人」，亦有屬權請求評鑑法官之主體，參照此制發源地美國之實際運作經驗，當事人所聲請者絕大部分，均不合規定（參照蔡烱燉《審判獨立與職務監督》，頁45），為減輕評鑑委員會之負擔，因而為減化程序之規定。茲該規定已被刪除，代之以「當事人、犯罪被害人得以書面陳請有權移請評鑑之機關、團體，請求法官評鑑委員會進行個案評鑑。」之內容，將可以預見進入評鑑程序之案件，應不至太多，上開簡化之理由已不存在，是以日後在實務運作上，除確有被濫用之情形外，似應盡量少用。

[18] 法官評鑑委員會100年評字第1號決議認為：司法倫理所關心者，不限於「實質」，尚及於「觀瞻」。本件（臺灣臺北地方法院99年度親字第54號生父死亡後認領事件）DNA鑑定既係承審法官主動請求當事人自行至醫院進行並經當庭調查其鑑定結果，且其報告表面上顯示原被告間半手足關係之概然率不到百分之一，極易由當事人及一般人做出與判決結果相反之判斷，故縱使承審法官認定該DNA鑑定報告證據價值不高，亦宜在判決書上說明不採之理由，以免司法遭受不必要之質疑。…關於認諾及訴訟上自認或不爭執事實之效力規定，於具有公益色彩之認領子女之訴並不適用，基於家事庭法官發現真實之義務，本件判決對於該DNA鑑定報告不採之理由，尤宜在判決書內加以交待。因此本會雖認本件請求評鑑不成立，惟承審法官在判決書內對此鑑定報告隻字不提，雖非重大違誤，仍不無缺失。故認有必要依法官法第38條後段之規定，移請其職務監督權人臺灣臺北地方法院院長依同法第21條第1項第1款規定發命令促其注意。

(三)報由司法院移送監察院審查

法官評鑑委員會認法官有請求評鑑者所主張之評鑑事由之一,而有懲戒之必要者,得決議報由司法院移送監察院審查,並得建議懲戒之種類。

(四)報由司法院交付司法院人事審議委員會審議

法官評鑑委員會認無懲戒之必要者,得決議報由司法院交付司法院人事審議委員會審議,並得建議處分之種類[19]。

法官評鑑委員會作成第3、4種評鑑決議前,應予受評鑑法官陳述意見之機會。

七、評鑑實施概況

法官評鑑委員會成立後,於101年審議6件,其中一件請求人為未經許可設立之團體,且為無法送達補正通知之個案,予以存參,餘均作成決議;於102年度審議11件,其中4件未結,餘均已審結,做出決議書[20],相關決議書可自司法院官網查得。評鑑委員會自成立以迄102年10月31日受理案件處理情形如下:

處理情形	不付評鑑	請求不成立	請求不成立,移請職務監督權人依法官法第21條為適當處分	報由司法院移送監察院審查	報由司法院交付司法院人事審議委員會審議	撤回[21]	其他[22]
件數	3	1	1	4	2	1	1

註:依法官評鑑委員會103年1月6日會務手冊(頁26-27)內容製作

---

[19] 法官法第39條。此等處分應亦屬法官法第21條關於職務監督之處分,因法官在法官法實施後已不適用公務人員考績法規定,自無再適用相關之記過或申誡處分之理。法官評鑑委員會101年度評字第000001號決議:受評鑑法官詹○○報由司法院交付司法院人事審議委員會審議,建議處分記過2次。不過人審會認為:法官法施行後,法官已不列官職等,也不再適用公務人員考績法辦理考績,故以考績為基礎所建構的懲處制度,當然失所附麗。因而決議依法官法第21條第1項第2款規定為書面告誡之警告處分。

[20] 參照法官評鑑委員會103年1月6日會務手冊,頁26-27。迄103年1月為止,所做成決議書案號為101年度評字第1、3、4、5、6號、102年度評字第1、2、3、5、6、7號。

[21] 法官評鑑委員會102年度評字第4號個案評鑑事件,即以本案業經請求人於102年9月23日具狀撤回結案。請求人撤回評鑑請求之原因,不一而足,例如法官評鑑委員會經調查後並無請求人所指法官違反倫理規範情事(如問案態度不佳),經徵詢請求人(如依當事人、犯罪被害人陳請而提出評鑑之機關)之意見,其也認為原請求事由與事實有所出入,因而撤回之情事是。為免法官受到不必要的干擾,法官評鑑委員會可能在調查過程及結案,均不會通知被請求評鑑法官。

[22] 法官評鑑委員會101年度評字第2號個案評鑑事件,因請求人經查為未經許可設立之團體,且為無法送達補正通知之個案,經該會予以存參處理(參照司法院官網)。

第（五）章 職務法庭

壹、職務法庭之創設

　　司法院研議法官法之初，雖有參考德國法官法相關規定，但並無意引進由德國法官法首創之職務法庭制度[1]。我國法官協會第4屆（任期為90年1月至92年1月）理監事會，檢討司法院版法官法內容，認為本法攸關全體法官之權利義務，有必要徵詢全國法官意見，協會經1年左右之討論，提出20點意見，其中包括希望在法官法中引進德國之職務法庭制度，於91年1月間向全國法官實施問卷，總共發出1,613份問卷，在回收的1,123份問卷中，有921餘位就「是否贊成引進引進職務法庭制度」之問題，表達意見，其中816位表示贊成，即約有全體填寫問卷之7.3成法官贊成[2]。法官協會為推動此包括職務法庭制度的建立，曾於91年間舉辦「法官職務監督與審判獨立學術研討會——以職務法庭為主題」的學術研討會[3]，已故黃越欽大法官主持「綜合座談——我國建構職務法庭的可行性」時提到：法官設一個職務法庭的結果，它可以減少外來的影響，完全充分由行遵與行規來規範，它可以達到真正的獨立。

　　其後法官協會與檢察官改革協會、民間司改會、臺北律師公會，及中華律師公會全國聯合會，共同研議民間版法官法，經過將近1年的溝通、協調及整合，終於在91年11月間完成了民間版的法官法。5個民間團體並於92年間商請第5屆立法委員（任期91年2月1日至94年1月31日）黃昭順代表連署提案，這是

---

[1] 參照法官協會雜誌第4卷第1期，第127頁以下。按司法院翁前院長岳生早年任職司法院大法官期間，自民國77年司法院研議制定法官法時，即受聘為研修委員，其對於德國法官人事制度，早有專研，於62年間即曾介紹當時西德之法官人事制度，且於文中介述職務法庭制度。（見氏著，〈西德法官之任用資格、任用方式及其身分保障〉，收錄《行政法與現代法治國家》，頁521，原載法律評論39卷10期（62年10月）。

[2] 參照中華民國法官協會雜誌第四卷第1期，第413頁以下有關〈法官協會法官法問卷調查與統計資料〉。

[3] 相關論文及會議紀錄，收錄法官協會雜誌第4卷第1期，頁127以下。

職務法庭的理念首見於立法院提案。後來司法院邀請上開團體共同研修法官法草案,司法院終於接受了在司法院設置職務法庭之意見,正式納入司法院版的法官法草案中[4]。不過之後的立法程序中,監察院始終表達不贊成的態度[5],儘

---

[4] 參照蔡烱燉〈法官法立法雜感〉,載《法官協會通訊》第2期,2011年7月出刊,第1-4頁。

[5] 於司法院法官法草案加入職務法庭之版本之初,監察院即以職務法庭設置,其中有關「法官懲戒之事項」部分,因涉及該院彈劾權之行使,有違憲之虞,從而持反對立場。其後於立法院,亦以下列理由,表示反對:

一、法官懲戒仍宜由公務員懲戒法規定之審理機關為之

(一)職務法庭之增設,徒使懲戒制度更為複雜、紊亂。法官亦為公務員,現由公務員懲戒委員會對其行使懲戒權尚無窒礙,本草案以職務(法官與一般公務員)區分公務員懲戒權之決定機關,增設公務員懲戒法所無之制度,徒使公務員懲戒程序更加複雜、紊亂,況職務法庭之組織成員,仍由法官組成,與公懲會之組成相似,並無特殊性及必要性。

(二)公務員懲戒制度應一體適用

職務法庭之設置,雖可解釋為特別法,但該特別法如有違反憲法平等原則之虞者,本不宜立法。法官何以獨厚於其他公務員而由特別懲戒程序行之,恐涉及整體懲戒制度之存廢,自宜通盤考量。否則,軍人、警察、獨立委員會公務員,均主張應設置個別職務法庭,將破壞懲戒制度。

(三)現行「司法院人事審議委員會」已規範周延且目前法官之人事及行政監督均由司法院人事審議委員會審議,似無疊床架屋、另設置職務法庭審議之必要。

二、單獨設置法官懲戒制度必須透過修憲程序,否則恐有違憲之虞。查「司法院為國家最高司法機關,掌理…及公務員之懲戒」、「監察院對於中央及地方公務人員,認為有失職或違法情事,得提出糾舉案或彈劾案…」、「監察院對於司法院或考試院人員失職或違法之彈劾,適用本憲法第95條、第97條及第98條之規定」分別為憲法第77條、憲法第97條第2項及第99條所明定。憲法既就公務人員之懲戒訂有統一性規範,且公務員懲戒法第18條亦規定「監察院認為公務員有第2條所定情事,應付懲戒者,應將彈劾案連同證據,移送公務員懲戒委員會審議。」則全國公務員之懲戒均應適用之。如為「法官」單獨設立一套懲戒制度,則首應修改前揭憲法條文,否則恐有違憲之虞。(立法院公報第100卷第39期院會紀錄,頁49-50。)

然由法官就其所執行之審判職務,與一般公務人員執行行政事務,有其本質上之不同,不具上命下從之關係,也是法官法第1條第2項規定:「法官與國家之關係為法官特別任用關係。」所要表彰之意旨。就不同性質之人員,制定不同之懲戒制度,乃為順應事物之本質,有何不宜?至於監察院所提「軍人、警察、獨立委員會公務員,均主張應設置個別職務法庭,將破壞懲戒制度。」云云,仍應視其事物之本質有無必要,其所為類比,難認適當。又,職務法庭之功能除法官懲戒部分外,另肩負保障法官之審判獨立,監察院謂「法官之人事及行政監督均由司法院人事審議委員會審議,似無疊床架屋、另設置職務法庭審議之必要。」云云,顯對司法院人事審議委員會之功能,有所誤會。按人事審議委員會之職權,基本上屬行政權,司法院本身既實施職務監督權人,對於法官主張其身分保障或審判獨立受到侵害,如由屬於司法院內部單位之人事審議委員會來仲裁此一爭議,難免球員兼裁判,自非所宜,因此監察院此一反對理由,亦難認有據。其次,由憲法第97條第2項規定:「監察院對於中央及地方公務人員,認為有失職或違法情事,得提出糾舉案或彈劾案,如涉及刑事,應移送法院辦理。」內容觀之,憲法僅規定監察院得對於有違法失職情事之公務人員(包括法官),提出彈劾,並未規定彈劾案應由何機關處理,如立法機關以法官與一般公務人員有別,另創設有別於一般公務人員之法官懲戒制度,應屬國家之立法政策,難謂有違憲之虞。且法官之懲戒制度異於一般公務人員,乃法治國家普遍現象,以美國聯邦法官

管如此，職務法庭制度終究得到立法院認同，而完成立法程序。

貳、職務法庭之功能

依司法院所擬法官法總說明[6]，職務法庭建構的理由在於：法官依據法律獨立審判，為憲法所明定，與一般公務員上命下從之性質迥然有別。法官職司審判，攸關人民生命、自由及財產權益，權責重大。因此，對於法官之懲戒程序及身分保障救濟程序，自應與適用於一般公務員者有別。又職務監督權之行使，固不得影響審判獨立，惟二者間之分際若發生爭議，宜由中立之第三者予以裁判，以期公允。爰基於司法機關懲戒自主之憲法原理，參考德、奧立法例，建構職務法庭之組織，以處理有關法官懲戒、身分保障及職務監督之救濟等事項。

法官法第47條規定，司法院設職務法庭，審理下列事項：(一)法官懲戒之事項。(二)法官不服撤銷任用資格、免職、停止職務、解職、轉任法官以外職務或調動之事項。(三)職務監督影響法官審判獨立之事項。(四)其他依法律應由職務法庭管轄之事項。（第1項）對職務法庭之裁判，不得提起行政訴訟（第2項）。

由是足認職務法庭的主要功能有二，一為經由職務監督，對於違法失職法官予以懲戒，以淘汰不適任法官；另一為保障審判審立，防免職務監督權人假監督之名，行干涉審判之實，因而賦予法官在認為職務監督危及其審判獨立時，得請求職務法庭撤銷的權利（法官法第19條第2項）。

之懲戒制度為例，美國國會於1980年制定了司法委員會改革與司法行為及失能法（the Judicial Councils Reform and Judicial Conduct and Disability Act of 1980），以處理聯邦法官不當行為之懲戒問題，即於美國憲法所規定之法官彈劾制度外，另以立法創立之法官懲戒制度。依憲法第77條規定：「司法院為國家最高司法機關，掌理民事、刑事、行政訴訟之審判及公務員之懲戒。」司法院掌理審判事務，只要屬於此一範圍，即難謂違憲，冤獄賠償法第14條規定：「司法院冤獄賠償法庭法官，由司法院院長指派最高法院院長及法官若干人兼任之，並以最高法院院長為審判長。」即以該法創設了司法院冤獄賠償法庭，以覆審「受理賠償事件之機關（法院）」之案件，是以在我國現況，難謂憲法未規定者，即不得創設，是以監察院認職務法庭關於懲戒事項之規定，與憲法第97條第2項等規定牴觸，當無可採。（參照蔡烱燉〈由法官法談法官懲戒及其相關制度之變〉，載司法院印行《公務員懲戒制度相關論文彙編》，頁147-150，100年12月出版。

[6] 100年7月6日擬定。

參、職務法庭之組成與法官之遴選

職務法庭之審理及裁判，以公務員懲戒委員會委員長為審判長[7]，與法官4人為陪席法官組成合議庭行之。其陪席法官至少1人但不得全部與當事人法官為同一審級；於審理司法院大法官懲戒案件時，應全部以最高法院、最高行政法院法官或公務員懲戒委員會委員充之[8]。

職務法庭之陪席法官，須具備實任法官10年以上之資歷，由司法院法官遴選委員會遴定12人，每審級各4人，提請司法院院長任命，任期3年。其人數並得視業務需要增加之。惟各法院院長不得為職務法庭之成員。職務法庭法官遴選規則由司法院定之[9]。

肆、懲戒案件程序

法官懲戒程序流程如下：

---

[7]　按97年1月22日三院（司法院、行政院、考試院）會銜版之法官法草案第46條規定：「職務法庭之審理及裁判，由司法院大法官一人、司法院及各法院法官四人組成合議庭行之，並以司法院大法官為審判長。」即由司法院大法官擔任審判長，到了99年的版本才改為由公務員懲戒委員會委員長擔任審判長，學者詹鎮榮認為，如此規定，與同法第48條第4項所揭示「司法行政首長不擔任職務法庭成員」之規範意旨有違，尤其當當事人法官為公務員懲戒委員會委員，且正因不服職務長官對於所為之職務監督措施，而向職務法庭提起權利救濟時，則此際公務員懲戒委員會委員長將立於「系爭措施之作成者」及「法官權利捍衛者」兩者衝突身分兼備之尷尬處境，應可透過法官法之修正而予排除。惟在維持現行法規範之前提下，此等立法缺失或可暫時透過「迴避及代理人制度」，予以治標性地技巧解決。（參照詹鎮榮〈我國法官職務法庭之建置規劃〉，載司法院編《公務員懲戒制度相關論文彙編第4輯》，頁278-279。）

[8]　法官法第48條第1、2項。法官法生效後，首任職務法庭審判長為公務員懲戒委員會委員長謝文定。

[9]　法官法第48條第3、4、6項。司法院於民國101年10月17日公布被遴選出兼任職務法庭法官的成員，一二三審各四名法官，來自辦理民刑事及行政訴訟事務者，組成結構多元。包括最高法院刑庭法官陳東誥（其後外派地方法院院長，由吳三龍法官接任）、民庭魏大喨；最高行政法院法官楊惠欽、吳東都；臺灣高等法院庭長王聖惠、蘇素娥；臺南高分院庭長董武全；臺北高等行政法院法官張國勳；臺北地院庭長劉慧芬；板橋地院庭長高玉舜；臺中地院法官黃文進；臺南地院法官鄭文祺（參照101年10月18日中時電子報，2013年9月1日造訪）。

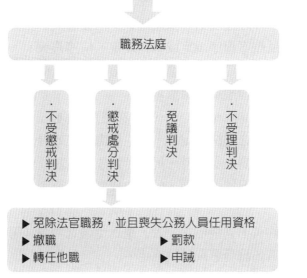

（引自司法院官網）

一、法官之懲戒事由

法官具有下列評鑑事由之一，且有懲戒必要者，應受懲戒（第49條第1項）：

(一) 裁判確定後或自第一審繫屬日起已逾6年未能裁判確定之案件，有事實足認因故意或重大過失，致審判案件有明顯重大違誤，而嚴重侵害人民權益者。

(二) 違反職務上之義務、怠於執行職務或言行不檢者（即有第21條第1項
　　第2款情事），情節重大。

(三) 法官參與各項公職人員選舉，未於規定期間內，辭去其職務或依法退
　　休、資遣；或違反前項規定者，登記為公職人員選舉之候選人（即違
　　反第15條第2項、第3項規定）。

(四) 於任職期間參加政黨、政治團體及其活動，或任職前已參加政黨、政
　　治團體，而未退出者（違反第15條第1項規定），情節重大。

(五) 違反不得兼任職務或業務之規定（即違反第16條規定），情節重
　　大[10]。

(六) 為有損其職位尊嚴或職務信任之行為，在職期間或離職後未嚴守職務
　　上之秘密（即違反第18條規定），情節重大。

(七) 嚴重違反辦案程序規定或職務規定，情節重大。

(八) 無正當理由遲延案件之進行，致影響當事人權益，情節重大。

(九) 違反法官倫理規範，情節重大。

　　法官應受懲戒之同一行為，不受二次懲戒。同一行為已經職務法庭為懲
戒、不受懲戒或免議之判決確定者，其原懲處失其效力。法官應受懲戒之同一
行為已受刑罰或行政罰之處罰者，仍得予以懲戒。其同一行為不受刑罰或行政
罰之處罰者，亦同。但情節輕微，如予懲戒顯失公平者，無須再予懲戒（第49
條第3、4項）。

　　法官懲戒案件有下列情形之一者，應為免議之判決（第49條第5項）：

(一) 同一行為，已受懲戒判決確定。

(二) 受褫奪公權之宣告確定，認已無受懲戒之必要。

(三) 已逾第52條規定之懲戒權行使期間[11]。

---

[10] 我國以往尚無法官因兼職行為而受懲戒的事例。德國聯邦憲法法院2001年間審理萊茵邦（Rheinland-Pflaz）司法廳對於法官兼任職予以免職案，可資參考。德國聯邦憲法法院於該案判決中表示：「免除公務員或法官職務，應以確保公務運作所必須。尤其應考量失職行為最終損害公務機關之信任關係（Vertrauensverhältnis），或失職行為使公務機關有重大之聲譽損失（großen Ansehensverlust），難以期待該法官繼續任職具有公正之地位（Integrität des Richtertums）。」因而以萊茵邦處理該法官未經許可兼職等失職行為案，係輕率過度之懲戒（leichtfertige Überschuldung），違反基本法第2條第1項、第20條第3項規定，撤銷最高法院職務法庭原判，發回審理。（李維心〈德國法官法關於法官懲戒規定之介紹〉，收錄《公務員懲戒制度相關論文彙編第4輯》，頁401。）

[11] 參照下述四、法官懲戒權行使期間之說明。

(四)法官應受懲戒之同一行為已受刑罰或行政罰之處罰，或其同一行為不受刑罰或行政罰之處罰，而其情節輕微，如予懲戒顯失公平者。

二、法官懲戒之種類

法官之懲戒種類如下（法官法第50條第1項）：

(一) 免除法官職務，並喪失公務人員任用資格。

(二) 撤職：除撤其現職外，並於一定期間停止任用，其期間為1年以上5年以下。

(三) 免除法官職務，轉任法官以外之其他職務。

(四) 罰款：其數額為現職月俸給總額或任職時最後月俸給總額1個月以上1年以下。

(五) 申誡。

同條第2項規定，依應受懲戒之具體情事足認已不適任法官者，應予撤職以上之處分。第3項規定，受「免除法官職務，並喪失公務人員任用資格」及「撤職」之懲戒處分者，不得充任律師，其已充任律師者，停止其執行職務；其中受「撤職」及「免除法官職務，轉任法官以外之其他職務」之懲戒處分者，並不得回任法官職務。

本條立法意旨在於：明定法官懲戒之種類，為免除法官職務，並喪失公務人員任用資格、撤職、免除法官職務，轉任法官以外之其他職務、罰款、申誡5種，以與一般公務員區別；另現行公務員懲戒法第11條規定，撤職應停止任用，期間至少為1年，然司法院釋字第433號解釋要求檢討撤職停止任用期間應設有上限規定，爰參酌上開解釋意旨明定撤職停止任用之期間。法官懲戒制度之目的，在於改變法官不當的行為，但如依其應受懲戒之具體情事，足認已達不適任之程度，應予撤職以上之懲戒，將其淘汰，以維人民之訴訟權益及司法之公信。法官受撤職及免除法官職務轉任法官以外職務之懲戒後，不宜回任法官，爰於第3項明定其法律效果，以資明確。

三、法官懲戒之發動

法官之懲戒，應由監察院彈劾後移送職務法庭審理。司法院認法官有應受懲戒之情事時，除依法官評鑑之規定辦理外，得逕行移送監察院審查。司法院

逕行移送監察院審查前，應予被付懲戒法官陳述意見之機會，並經司法院人事審議委員會決議（第51條）[12]。

四、法官懲戒權行使期間

法官應受懲戒行為，自行為終了之日起，至案件繫屬職務法庭之日止，已逾10年者，不得為免除法官職務，轉任法官以外之其他職務之懲戒；已逾5年者，不得為罰款或申誡之懲戒。但第30條第2項第1款情形（即：裁判確定後或自第一審繫屬日起已逾6年未能裁判確定之案件，有事實足認因故意或重大過失，致審判案件有明顯重大違誤，而嚴重侵害人民權益者），自依本法得付個案評鑑之日起算（法官法第52條第1項）。其立法理由在於：「法官如涉有應受懲戒之事由，自當及時依據法定程序處理，毋枉毋縱，以端正司法風紀，維護人民對於司法之信賴。懲戒事由如發生過久而遲遲未獲職務法庭審理，非但證據蒐集之難度日增，不利真實之發現，使涉訟法官長期處於不安之狀態，亦非公允，爰參酌司法院釋字第583號意旨，將懲戒權行使期間依懲戒種類而作比例性之規定。惟法官如有受撤職（以上）處分之原因，其已不適任法官，自不宜有懲戒權行使期間之限制，爰不訂定撤職之懲戒權行使期間。」而上開行為終了之日，指法官應受懲戒行為終結之日。但應受懲戒行為係不作為者，自法官所屬機關知悉之日起算（法官法第52條第2項）。

五、法官經移送懲戒之效果

(一)不得資遣或申請退休

法官經監察院移送懲戒者，除經職務法庭同意外，在判決前，不得資遣或申請退休。但於判決時已逾70歲，且未受撤職以上之處分，並於收受判決之送

---

[12] 依現行法制，監察院為唯一有權向職務法庭提出彈劾案的機關，司法院認法官有應受懲戒之情事時，得逕行移送監察院審查，不以先經評鑑委員會審議為必要。102年8月間發生臺灣高等法院臺中分院法官胡○○涉嫌違反貪污治罪條例等案件，於同月29日經臺灣臺中地方法院以102年聲羈字第669號裁定羈押並禁止接見、通信。司法院即以其所涉刑事、懲戒情節重大，依法官法第43條第1項第4款及第6款規定，先為停職處分，並公開宣示待完成法官法第51條第2項所規定予胡法官陳述意見機會及提交本院人事審議委員會決議之程序後，逕行移送監察院審查（見司法院102年8月29日新聞稿，司法院官網，102年8月30日造訪）。

達後6個月內申請退休者，計算其任職年資至滿70歲之前1日，準用第78條第1項第1款至第3款規定給與退養金。職務法庭於受理監察院所為移送後，應將移送書繕本送交被移送法官所屬法院及銓敘機關（法官法第55條）。

(二)情節重大，得先行停職

　　職務法庭審理法官懲戒案件，認為情節重大，有先行停止職務之必要者，得依聲請或依職權裁定先行停止被付懲戒法官之職務[13]，並通知所屬法院院長。職務法庭為裁定前，應予被付懲戒法官陳述意見之機會。惟懲戒案件之訴如經駁回，被停職法官得向司法院請求復職，其停止職務期間及復職後之給俸，準用公務人員俸給法之規定（法官法第59條）。

六、懲戒案件當事人

　　懲戒案件之當事人，為移送機關之監察院，以及被付懲戒法官（法官法第56條第1項）。

　　職務法庭有關法官懲戒案件之來源，雖然均係由監察院提出彈劾，但其來源之可能有三種途徑：一種係評鑑委員會認法官有應受懲戒之必要者，報由司法院移送監察院審查者（第39條第1項第1款）；一種係司法院認法官有應受懲戒之情事時，逕行移送監察院審查者（第51條第2項）；另一種係監察院依監察法規定，自行調查而提出彈劾者[14]。由於法官評鑑委員會係一專責調查法官有無構成懲戒事由，是否對其進行個案評鑑程序之單位，是以未來監察院對於法官提出彈劾之案件，很可能主要來自評鑑程序，經法官評鑑委員會報由司法院移送監察院彈劾之案件。此等案件，關於法官如何構成評鑑事由，法官評鑑委員會應最為瞭解，是以法官法第56條第2項規定，職務法庭審理法官評鑑委員會報由司法院移送監察院彈劾之案件，應通知法官評鑑委員會派員到庭陳述

---

[13] 法官法第43條第1項第4至6款規定，實任法官有「依刑事訴訟程序被通緝或羈押」、「依刑事確定判決，受徒刑或拘役之宣告，未依規定易科罰金，或受罰金之宣告，依規定易服勞役，在執行中」及「所涉刑事、懲戒情節重大」等情事者，得停止其職務。又法官法第51條第2項已規定，司法院認法官有應受懲戒之情事時，除依法官評鑑之規定辦理外，得逕行移送監察院審查。是以在實任法官具有上開情事時，司法院即得逕行停止其職務，無庸聲請職務法庭裁定停止其職務。

[14] 監察法第6條規定：「監察委員對於公務人員認為有違法或失職之行為者，應經二人以上之提議向監察院提彈劾案。」第8條規定：「彈劾案經提案委員外之監察委員九人以上之審查及決定成立後，監察院應即向懲戒機關提出之。」

意見。

七、懲戒案件審理程序

(一)程序不公開

職務法庭審理案件均不公開。但職務法庭認有公開之必要，或經被移送之法官請求公開時，不在此限（法官法第57條）。

(二)言詞辯論

職務法庭之審理，除法律另有規定外，應行言詞辯論。職務法庭審判長於必要時，得命受命法官先行準備程序，闡明起訴之事由。受命法官經審判長指定調查證據，以下列情形為限：(1)有在證據所在地調查之必要者。(2)依法應在法院以外之場所調查者。(3)於言詞辯論期日調查，有致證據毀損、滅失或礙難使用之虞，或顯有其他困難者（法官法第58條）。

(三)依懲戒案件審理規則進行

職務法庭審理法官懲戒案件審理規則，由司法院定之（法官法第60條）。

八、法律適用問題

法官法第103條規定，本法除第五章法官評鑑自公布後半年施行、第78條（有關退休）自公布後3年6個月施行外，自公布後1年施行。本法係101年7月6日公布實施，是以有關法官懲戒處分之規定，係自101年7月6日施行，如法官應受懲戒之行為，是發生在法官法實施之前，因法官之行為應否受懲戒及受如何之懲戒，是屬於實體問題，本「實體從舊」之法律適用原則，應依行為時之法律狀態定其應適用之懲戒實體法規定，即職務法庭仍應依公務員懲戒法定其違失行為，及應受之懲戒，不適用法官法之規定[15]。

九、司法院大法官之懲戒

司法院大法官之懲戒，得經司法院大法官現有總額三分之二以上之出席及

---

[15] 司法院職務法庭101年度懲字第2號判決意旨參照。

出席人數三分之二以上之決議，由司法院移送監察院審查。監察院審查後認應彈劾者，移送職務法庭審理（法官法第70條）。

伍、職務法庭與公懲會有關法官懲戒機能之比較

一、概說

　　我國公務員懲戒制度，係沿襲國民政府在民國20年間所制定之公務員懲戒法，以迄國民政府於39年初輾轉遷台之今日，本法僅於74年5月間曾為重大修正，其後我國政治、社會及經濟結構均有重大變化，過去公務員因身分所受處分不得爭訟之理論，以及懲戒案件之程序保障、懲戒權行使期間、再審議期間及撤職停止任用期間等，均經大法官作出相關解釋。而實務上適用本法亦經常發生疑義，因之司法院認為有遵循解釋意旨及相關意見，予以修正之必要，爰於89年10月、91年3月、94年11月分別將修正草案函送立法院審議，惟均因故未能順利完成立法程序。經再重新檢討，並以維持現有體制為原則，於99年2月9日再將修正草案函送立法院審議[16]。

　　在法官法制定之前，法官之懲戒既同樣適用本法，是以在法官法實施前之法官懲戒制度之沿革，實質上即等同於公務員懲戒制度之沿革。然而在本法實施期間，輿論對於曾遭休職之法官，仍可與一般公務人員一樣復職，再執行審判職務，時有批評。因而過去司法院在公務員懲戒法修正案中，對於法官，即比照政務官之懲戒，排除休職等懲戒處分之適用[17]。法官法已通過，有關法官懲戒部分之相關規定，並已自101年7月6日，開始實施，不再適用公務員懲戒法之懲戒規定。

---

[16] 郭多瑞，公務員懲戒法修正草案(二)（立法院法案評估），立法院官網http://www.ly.gov.tw/05_orglaw/search/lawView.action?no=11878，造訪日期2011/7/22。

[17] 司法院94年11月間函送立法院之公務員懲戒法修正草案第29條規定：「（第1項）公務員懲戒之種類如下：一、撤職。二、休職。三、降級。四、減俸（薪）。五、罰鍰。六、記過。七、申誡。（第2項）前項第二款至第四款及第六款之規定於政務人員、法官及檢察官不適用之。（第3項）法官、檢察官如有不適任情事，應為撤職之懲戒。」本條立法說明：「法官折訟斷獄，檢察官摘奸發伏，其司法人員身分及職務與一般公務人員之職掌有別，理應謹言慎行、廉潔自持，對其之懲戒有另予規定之必要，爰比照政務人員之規定，懲戒種類限於撤職、罰款及申誡；除違法失職情事輕微，懲戒法院得斟酌為申誡罰款之懲戒外，並於第三項規定法官、檢察官如有不適任之情事，懲戒法院應即為撤職之懲戒，以示重懲。」

筆者之前所做研究，依司法院提供之資料，自民國40年間迄100年4月間，臺灣法官被移送懲戒者達176人次[18]，其中經公務員懲戒委員會懲戒者，合計有130人次；因證據不足或無違法、廢弛職務或其他失職行為情事，而不受懲戒[19]者，有39人次；因有受褫奪公權之宣告，認為本案處分已無必要等事由，而經議決免議[20]者，有5人次[21]；因案件移送審議之程序違背規定或被付懲戒人死亡，而經議決不受理[22]者，有2人次。茲將此一期間公務員懲戒委員會議決之結果列表如下：

民國40年至100年4月間經公務員懲戒委員會議決之法官人次簡表[23]

公懲會議議決結果	撤職	休職	降級	減俸	記過	申誡	不受理	不受懲戒	免議	總計
人次	16	19	25	6	45	19	2	39	5	176

註：1. 本表所列被移送懲戒之法官人次係指自民國40年起在臺灣服務之法官，不包括國民政府遷台前之被移送法官。
2. 由於被移送懲戒之法官有少數係被移送1次以上，因此本表不以人數表示，而以人次表示。

二、公務員懲戒制度適用於法官之難處

由於法官依法獨立審判，任何人均不得加以干涉。法官如品德操守不佳，而有具體事證，如其情節嚴重，恐怕根本不適任法官職務，因其是否得以公正裁判，已受質疑，即難以令其繼續擔任法官職務。至於法官辦案程序是否

---

[18] 有關公務員懲戒委員會就此176人之議決結果名冊，參見蔡烱燉〈由法官法談法官懲戒及其相關制度之變革〉附件一、（40年至100年4月）法官被移付懲戒名冊，載司法院印行《公務員懲戒制度相關論文彙編》，100年12月出版，頁171-182。

[19] 公務員懲戒法第24條。

[20] 公務員懲戒法第25條。

[21] 其中最受矚目者莫如一再被媒體披露之羅○○法官受懲戒案（公務員懲戒委員會99年度鑑字第11794號，其內容參照第四章廉正、壹、廉潔自持中之案例參考）羅法官之刑事案件前後歷經15年始定讞。值得一提者，臺中地方法院張升星法官於99年間陳○○等三位法官涉貪被收押後，曾投書媒體，為文痛批最高院就羅法官涉貪案遲遲不肯定讞。（見張升星，這樣的司法還有救嗎，中國時報99年7月20日民意論壇。轉引自民間司法改革基金會官網，http://www.jrf.org.tw/newjrf/RTE/ myform_detail2.asp?id=2665，2011/08/22造訪。）

[22] 公務員懲戒法第26條。

[23] 本表係由司法院司法行政訴訟及懲戒廳提供之資訊製作。

違反相關規定，以及法官開庭態度如何，往往涉及審判核心領域，作爲監督長官之院長，在行使監督權時，即應極爲小心，否則易被質疑干涉審判，不僅未能達到監督目的，自己反而可能成爲被懲戒之對象。法官某些言行，在一般公務員並無明確規範，對於法官身分，則顯得未必適當，而應予懲戒。以規範一般公務人員行爲之態度，來規範法官，本不洽當，以懲戒一般公務人員行爲之思維，來處理法官之懲戒案，難免受到削足適履之譏，依吾人所見，公務員懲戒制度適用於法官之難處，約有以下數端：

(一)對法官之監督不同於行政人員

法官受憲法上審判獨立的保障，任何人不得任意干涉，院長的監督，也不能影響審判，但在實務上有些法院院長對於行使監督權之界限，認識不清，偶有侵及審判獨立的範疇。

(二)法律見解不得作為懲戒的依據

法官辦案如有明顯違失情事，固不得以審判獨立爲護身符，但如並非明顯違失，有些係涉及法律見解之妥當性問題，如予以介入，即有干預審判之嫌，監察院在對法官行使其監察權時，有時其分際並未能妥適掌握；由以往的案件觀察，也可發現公務員懲戒委員會過去對法官某些職務上行爲之懲戒，以今日角度檢討起來，也未必適當。

(三)法官不宜適用公務員懲戒法休職規定

一般公務人員，依其違法失職情節之輕重，分別予以撤職、休職、降級、減俸、記過、申誡等之處分，固非不宜，然而法官獨立職司審判職務，權責重大，其就審判事務，與法院院長間，並無長官部屬之上命下從關係，法官所應具備之道德情操，理應較一般公務人員爲高，當法官所爲職務上或職務外行爲，依客觀情事判斷，已難認該法官可以本諸良知，依據法律，爲公平審判時，該法官應已不適合再擔任法官職務。在將法官視同一般公務人員之前提下，該法官之違法失職行爲，依一般公務人員之標準，或尚未達撤職之程度，依公務員懲戒法規定，即同樣可能受到休職之懲戒處分，而依公務員懲戒法第12條規定：「休職，休其現職，停發薪給，並不得在其他機關任職，其期間爲六個月以上。休職期滿，許其復職。」即法官如受休職處分，於休職期滿，即可申請復職。對於就客觀情事，已難期待受處分法官，爲公平審判，則其復職再任法官，自難期待人民信賴其裁判之公正性，是以休職處分之制度，對於法

官職務而言，並不恰當[24]。

(四)法官的要求顯高於一般公務人員

　　法官職務上之行為如有明顯而重大違誤，固無可解免職務長官之行政監督，或受公務員懲戒委員會之懲戒。然而由於法官職司審判職務，一般人民對於法官行為規範之要求，往往高於一般公務人員。例如一般公務人員加入政黨、在非上班時間參加政治活動、對於社會事件之評論或與外界交往或理財行為等，只要其行為不違反法律規範，很難予以限制。不過由於過去某些法官的參與政治活動行為、對於訴訟中案件任加評論，以及與商人或律師交往逾乎常軌，或其理財行為易令人有不當聯想等，使得司法院不得不仿外國（如美國）訂立法官守則（法官倫理規範），以為法官行為規範之準繩，而在實際上也有不少法官因未遵守法官守則（法官倫理規範），而受到懲戒之事例。如將法官視同一般公務員，適用公務員懲戒法，卻以較高的行為規範標準來懲戒法官，在法理上也不周延。

三、法官法與公務員懲戒法有關淘汰機制之比較

　　公務員懲戒法第9條規定，公務員之懲戒處分有撤職、休職、降級、減俸、記過、申誡6種。實務上，公務員懲戒委員會在處理法官的懲戒案，也如同一般公務人員，依其情節，為以上6種處分。法官法僅保留以上撤職及申誡2種處分種類，另增3種，合計5種，即(1)免除法官職務，並喪失公務人員任用資格；(2)撤職：除撤其現職外，並於一定期間停止任用，其期間為1年以上5年以下；(3)免除法官職務，轉任法官以外之其他職務；(4)罰款：其數額為現職月俸給總額或任職時最後月俸給總額1個月以上1年以下；(5)申誡。其中(1)(3)(4)即為公務員懲戒法所無之種類。

　　二相比較，法官法所規定法官懲戒之方式，明顯較公務員懲戒法所規定者為重，因法官在法官法實施後，法官可能受的懲戒處分，除了撤職及申誡外，即不再有休職、降級、減俸、記過等處分，但可能受到(1)免除法官職務，並

---

[24] 最顯著之例為任職臺中高分院之胡○○法官，於86年間即因假投資之名，行車取高利貸之暴利投機行為，而經公懲會為休職期間3年之懲戒處分（86年度鑑字第8358號），但在復職後仍不知謹慎言行，於102年間8月復因涉嫌違背職務收受賄賂：琉璃及新臺幣300萬元，而被起訴，由此例即可明顯看出法官並不適宜適用休職制度。

喪失公務人員任用資格；(3)免除法官職務，轉任法官以外之其他職務及(4)罰款：其數額爲現職月俸給總額或任職時最後月俸給總額1個月以上1年以下等三種處分。對受處分法官而言，受休職處分者，在休職期滿後，法官仍可申請回任原職；受降級處分者，對於法官職務也不影響；至受於記過者，其處分固然較申誡爲重，其實質差異，對法官而言，並不很大。法官法所增加之「免除法官職務，並喪失公務人員任用資格」及「免除法官職務，轉任法官以外之其他職務」，均直接影響法官之身分關係，就前者而言，其較撤職爲重，因在法官法實施前，被撤職者，除係因貪污行爲，經判刑確定等情形外，在停止任用期滿後，仍有再擔任公職之可能，但在法官法實施後，受到此等處分之法官，其已完全喪失公務人員任用資格；就後者言，其一旦被判決轉任法官以外之其他職務，依法官法第50條第3項後段規定，與受撤職者同，均不得回任法官職務。抑有進者，在法官法實施以前受撤職處分之法官，並未被剝奪充任律師之權利，惟在法官法第50條第3項前段已明定，受「免除法官職務，並喪失公務人員任用資格」及「撤職」之懲戒處分者，不得充任律師，其已充任律師者，停止其執行職務。即進一步阻斷不適任法官，轉任律師之途徑。又，公務員懲戒法的減俸與法官法的罰款，在意義上固然相當，但因依公務員懲戒法第14條規定：「減俸，依其現職之月俸減百分之十或百分之二十支給，其期間爲六個月以上、一年以下。」而依法官法之罰款，係「月俸給總額一個月以上一年以下。」是以法官法顯然較公務員懲戒法之處分重得多。

不僅如此，第50條第2項明定：「依應受懲戒之具體情事足認已不適任法官者，應予撤職以上之處分。」形同經由立法宣示本法淘汰不適任法官之宗旨，要求職務法庭對於不適任法官，應予重懲，以維繫法官之公正形象。

以往實務上某些法官受休職處分個案之情節，就一般人觀點，已難對其所爲裁判產生信任，類此情形，應已不適任法官，因此有關休職處分，不宜適用在法官職務，早爲外界所呼籲。民國94年間司法院提出之公務員懲戒法修正草案，即規定休職處分，對法官不適用，已如上述。未來職務法庭在處理過往法官被懲戒降級以上處分之情節，很可能爲「免除法官職務，轉任法官以外之其他職務」以上處分之判決，甚至以往僅被議決記過處分之情節，因法官已無記過之處分，也有可能被判決罰款以上之處分，由法官在未來可能受到之懲戒處分種類及其實質效果而觀，法官法顯較公務員懲戒法重得多，就淘汰不適任法官之機制言，法官法也應較公務員懲戒法有效。

陸、職務案件程序

法官職務案件程序流程如下：

```
┌─────────────────────────┐
│ 法官不服「職務處分」或      │
│ 「職務監督行為」時          │
└─────────────────────────┘
             ↓
┌─────────────────────────┐
│ 收到「人事令」或「職務監督  │
│ 行為完成」，翌日起30日內    │
└─────────────────────────┘

           異議
             ↓
┌─────────────────────────┐
│ 「司法院」或「各法院」       │
│ （30日內作成決定）          │
└─────────────────────────┘

不服決定，於決定書送達翌日
起30日內，提起職務案件訴訟
             ↓
┌─────────────────────────┐
│ 職　務　法　庭             │
└─────────────────────────┘
```

（引自司法院官網）

一、職務案件之種類

職務法庭審理，審理下列職務案件（法官法第47條第1項第2至4款）：

(一) 法官不服撤銷任用資格、免職、停止職務[25]、解職、轉任法官以外職

---

[25] 司法院前以臺灣高等法院法官宋○○涉嫌與承辦案件之刑事被告房○○有不當接觸行為及辦事怠忽，敬業精神不足之違失，損及司法信譽，情節重大，於100年11月18日函送監察院審查，並先為停職處分。宋○○不服，提出復審，經保訓會撤銷停職處分，責由司法院另為適當處分，司法院再於101年8月20日

務或調動[26]之事項。

(二) 職務監督影響法官審判獨立之事項[27]。

(三) 其他依法律應由職務法庭管轄之事項[28]。

二、法官不服職務處分之異議

法官不服司法院所爲撤銷任用資格、免職、停止職務、解職、轉任法官以外職務或調動等職務處分，應於收受人事令翌日起30日內，以書面附具理由向司法院提出異議。法官認職務監督影響審判獨立時，應於監督行爲完成翌日起30日內，以書面附具理由向職務監督權人所屬之機關提出異議（法官法第53條）。

三、法官不服司法院對異議處置之起訴

司法院或職務監督機關應於受理法官異議之日起30日內，作成決定。上開決定，應依原決定程序爲決議。法官不服前條所列機關對異議所作之決定，應

依法官法第43條第1項第6款規定發令，停止宋之法官職務，宋○○向職務法庭起訴，請求撤銷上開停職處分。司法院職務法庭審理結果以原告（宋○○）於無急迫情形下未以法庭組織型態，復未先行告知合議庭成員，即自行前往高院訴訟輔導科，並與房○○同桌而坐，相互交談，誠屬不當，對司法信譽亦有造成損害之虞。惟衡酌：（一）原告係因書記官之報告始前往訴訟輔導科，該處又爲公眾得出入場所，雙方交談位置並無隱密性，其間書記官、李科長，曾或遠或近在場，現場並有錄影設備開啓使用中，已難認原告主觀上有藉此與房○○私自交易情事。而原告前往處理者，係涉及刑事被告否減刑之人民司法上權利事項，且原告與房○○接觸行爲，均爲現場錄影設備所攝得，並有前開證人在場見聞，足爲懲戒證據之保存，而事後約三日高院自律委員會，即已召集審議，原告並到場接受調查，查無妨害或有何影響力，足以阻礙調查程序之進行，原告之繼續執行法官職務，並不妨礙相關之調查。（二）原告接觸房○○之場所，係在法院訴訟輔導科之公開場所，非以隱匿方式爲之，縱使爲一般民眾目睹，亦不致於確信法官藉此方式進行不法交易，對司法公信力，尚不致於造成立即重大危害。（三）依據…等資料參酌以觀，本庭認原告尚無被指敬業精神不足情事。再參酌其他一切情事，堪認原告所涉懲戒情節，尚未達重大程度。應認被告（司法院）作成之停職處分，已逾越必要性原則，原告請求撤銷，爲有理由（司法院職務法庭於102年10月8日針對101年度訴字第1號宋○○請求撤銷停止職務處分案判決發布之新聞稿，司法院官網參照）。

[26] 司法院職務法庭102年度訴字第1號撤銷調動處分之訴，本案事件始末參照本書第一篇第二章註33。

[27] 司法院職務法庭102年度訴字第2號確認警告處分影響審判獨立之訴，本案事件始末參照本書第一篇第二章註33。

[28] 法院院長認爲法官會議關於年度或年中事務分配所爲決議有違背法令之情事，應於議決後5日內以書面附具理由，交法官會議復議。復議如經3分之2以上法官之出席及出席人數4分之3以上之同意維持原決議時，院長得於復議決議後5日內聲請職務法庭宣告其決議違背法令（法官法第24條第4項）。

於決定書送達翌日起30日內，向職務法庭起訴。司法院或職務監督機關未於30日內作成決定時，法官得逕向職務法庭起訴（法官法第54條）。

四、程序準用行政訴訟法之規定

職務法庭審理第47條第1項第2款、第3款及第4款法官職務案件之程序及裁判，除本法另有規定外，準用行政訴訟法之規定（法官法第60條第2項）。

柒、再審

職務法庭之判決，有下列各款情形之一者，當事人得提起再審之訴（法官法第61條第1項）：
(一) 適用法規顯有錯誤。
(二) 依法律或裁定應迴避之法官參與審判。
(三) 原判決所憑之證言、鑑定、通譯或證物，已證明係虛偽或偽造、變造。
(四) 參與裁判之法官關於該訴訟違背職務，犯刑事上之罪已經證明，或關於該訴訟違背職務受懲戒處分，足以影響原判決。
(五) 原判決就足以影響於判決之重要證物漏未斟酌。
(六) 發現確實之新證據，足認應變更原判決。
(七) 為判決基礎之民事或刑事判決及其他裁判或行政處分，依其後之確定裁判或行政處分已變更。
(八) 確定終局判決所適用之法律或命令，經司法院大法官依當事人之聲請，解釋為牴觸憲法。

第(三)(四)款情形之證明，以經判決確定，或其刑事訴訟不能開始或續行非因證據不足者為限，得提起再審之訴。再審之訴，於原判決執行完畢後，亦得提起之。

再審之訴專屬職務法庭管轄（第62條）。提起再審之訴，應依再審事由，遵守法定期間[29]。惟提起再審之訴，無停止裁判執行之效力（第64條）。

---

[29] 法官法第63條規定：「（第1項）提起再審之訴，應於下列期間為之：一、以第六十一條第一項第一款、第二款、第五款為原因者，自判決書送達之翌日起三十日內。二、以第六十一條第一項第三款、第

職務法庭認爲再審之訴不合法者，應以裁定駁回之（第65條）；認爲再審之訴顯無再審理由者，得不經言詞辯論，以判決駁回之。再審之訴雖有理由，職務法庭如認原判決爲正當者，應以判決駁回之（第66條）。

　　再審之訴之辯論及裁判，以聲明不服之部分爲限（第67條）。再審之訴，於職務法庭裁判前得撤回之。再審之訴，經撤回或裁判者，不得更以同一原因提起再審之訴（第68條）。

捌、執行

　　職務法庭於裁判後，應將裁判書送達法官所屬法院院長，院長於收受裁判書後應即執行之。但無須執行者不在此限（法官法第69條規）。

　　四款、第七款爲原因者，自相關之裁判或處分確定之翌日起三十日內。三、以第六十一條第一項第六款爲原因者，自發現新證據之翌日起三十日內。四、以第六十一條第一項第八款爲原因者，自解釋公布之翌日起三十日內。（第2項）爲受懲戒法官之不利益提起再審之訴，於判決後，經過一年者不得爲之。」

第六章　法官職務評定

壹、從考績到職務評定

以上命下從為思惟基礎的「公務人員考績法」，不應適用於受審判獨立保障的法官，在法官法立法期間已成為各界之共識。在法官法通過立法之前，法官適用一般公務人員之考績制度，長久以來即受到學界及法官質疑其合憲性。以考績來監督法官，並無助於提升法官在人民心中的公正性，亦即考績制度在監督法官方面並無法發揮如同一般公務員的效果，甚至有害，是以對於司法公信力之提升，並無明顯幫助。

考試院為落實考績制度，以獎優汰劣，於民國99年間強力主張修正「公務人員考績法」，強調考績作業應綜覈名實、公正公平，作準確客觀之考核，充分發揮考績獎勵、培育、拔擢、輔導及懲處之功能，以落實績效管理，提高行政效能及服務品質，最具爭議者乃擬設定機關人員考績丙等之比例，其目的在於提升機關整體績效，並落實考績獎懲功能[1]。然而此等思惟如適用於法官，恐會危及法官的審判獨立。

考績制度是國家管理公務人員的重要機制，我國對於法官的管考，從民初乃至國民政府遷臺，一直到施前院長啓揚先生掌理司法院以前，和一般公務員並沒有太大不同，這段期間的法院首長依考績法評定法官考績時，基本上係依法官辦案的績效來考核。然而檢視這段期間的司法效能，乃至司法關說傳聞，或法官操守問題，常常受到輿論界的批評。由此即可想見一般公務人員的管考制度不一定就適合法官。尤其在評定考績，是取決於辦案成績的前提下，法官為了爭取比較好的辦案成績，常會扭曲正常辦案程序，而犧牲了當事人權益，亦即法官可能會因僵化的考績制度而影響其正當的辦案程序，考績制度不適合

---

[1] 參照民國99年間「公務人員考績法修正草案」第9條之1立法說明。

於法官，應該是很清楚的[2]。

由於考績法草案受到各界（尤其是公務人員團體）的強烈反對，迄未能完成立法程序，然法官法已先於考績法修正案，完成立法程序，自民國101年7月6日起，法官即不再適用一般公務人員的考績制度。法官固然不再適用一般公務人員的考績制度，但由於法官法是立基於法官是否適任的精神，來設計法官的淘汰制度，是以法官法就法官的懲戒種類雖有五種：「免除法官職務，並喪失公務人員任用資格」、「撤職」、「免除法官職務，轉任法官以外之其他職務」、「罰款」及「申誡」，然而由是否已達不適任程序來區分，可分為二大類，受懲戒處分法官已達不適任程度者，可能受到「免除法官職務，並喪失公務人員任用資格」、「撤職」及「免除法官職務，轉任法官以外之其他職務」之懲戒[3]，未達不適任程度者，則受「罰款」及「申誡」之懲戒。

取得法官資格之人，大多是經過激烈競爭的考試，且受到長時間的培訓，是以絕大部分的法官都具有一定的法學素質，其學識能力的水平，比一般公務人員為優，而由於法官職務的重要性，人民對於法官的期待或要求，自然也較一般公務人員為高，要屬一般法治國家的普遍現象，我國自然也不例外。雖然以往有一些法官犯了嚴重或不名譽的罪，或有嚴重違反法官品位的行為，不過整體來說，人數畢竟不多，大多數法官為潔身自愛、兢兢業業、戮力從公之人，亦即絕大部分法官均屬於適任的法官。然而法官法第19條前段規定，法官於其獨立審判不受影響之限度內，受職務監督。即使適任法官，仍無排除職務監督之理。加以我國法官薪俸，乃依服務年資逐級而升，法官薪資俸表分24級，法官薪俸是否得以進級，仍無法排除設定「評定標準」的制度，以作為法官人事作業之參考，及核發職務獎金與俸給晉級之依據為作業的準據，因而法官法乃以「職務評定」制度取代考績制度。法官法第73條規定：「法官現辦事務所在之法院院長或機關首長應於每年年終，辦理法官之職務評定，報送司法

---

[2] 參照筆者於民國99年5月10日代表法官協會，於立法院司法及法制委員會「公務人員考績法修正草案」公聽會中，針對法官應否適用考績制度發言紀錄。（立法院第7屆第5會期司法及法制委員會「公務人員考績法修正草案」公聽會會議紀錄，載立法院公報第99卷第37期，頁455-456。）

[3] 法官法第50條第2項規定：「依應受懲戒之具體情事足認已不適任法官者，應予撤職以上之處分。」然而同條第3項並規定，受「撤職」及「免除法官職務，轉任法官以外之其他職務」之懲戒（即第1項第2款、第3款之懲戒）處分者，並不得回任法官職務，形同認為「經免除法官職務，轉任法官以外之其他職務之人」，亦不適任法官職務。

院核定。法院院長評定時，應先徵詢該法院相關庭長、法官之意見。法官職務評定項目包括學識能力、品德操守、敬業精神及裁判品質；其評定及救濟程序等有關事項之辦法，由司法院定之。」司法院因而於民國101年06月26日發布了「法官職務評定辦法」，旋於102年11月05日為部分修正，此乃法官考績制度變革為職務評定制度的梗概。

　　在法官法實施後，因已不適用公務人員考績法，則有關考績法上對於公務人員的懲處應不再適用，如法官在法官法實施前，有被懲處事由，在法官法實施後即不應依考績法予以懲處，而應依法官法有關職務監督及懲戒規定，予以處理。在法官法實施後，法官評鑑委員會成立後的第一件評鑑決議案即101年度評字第1號決議：受評鑑法官詹○○報由司法院交付司法院人事審議委員會審議，建議處分記過2次。不過人審會認為：

> 法官法施行後，法官已不列官職等，也不再適用公務人員考績法辦理考績，故以考績為基礎所建構的懲處制度，當然失所附麗。況且法官法乃考績法之特別法，法官法既有明定，亦應優先適用。縱認本案因詹法官之違失行為發生於法官法施行前，而有新舊法比較適用的問題，經比較考績法及法官法有關懲處之規定後，依據從舊從優原則，應適用法官法予以處分。經充分討論案情後，決議依法官法第21條第1項第2款規定為書面告誡之警告處分[4]。

貳、職務評定制度述要

　　法官法第74條規定，法官任職至年終滿1年，經職務評定為良好，且未受有刑事處罰、懲戒處分者，晉1級，並給與1個月俸給總額之獎金；已達所敘職務最高俸級者，給與2個月俸給總額之獎金。但任職不滿1年已達6個月，未受有刑事處罰、懲戒處分者，獎金折半發給（第1項）。法官連續4年職務評定為

---

[4]　參照司法院101年9月19日新聞稿（司法院官網，101年9月19日造訪）。司法院於新聞稿中並指出：「『警告』看似輕微，但是依照法官法規定，對法官為警告處分後，於年終辦理法官之職務評定時，得依法官職務評定辦法，評列其職務評定為『未達良好』，在法律效果上相當於依考績法記大過列丙等者，不得晉級且無獎金。此外，法官於受處分後5年內，不得擔任人審會等法定委員會之法官代表，亦不得擔任職務法庭法官，另其遷調、進修等權益亦將受到限制，對於法官影響甚鉅」。

良好，且未受有刑事處罰、懲戒處分者，除給與前項之獎金外，晉2級（第2項）。法官及司法行政人員於年度中相互轉（回）任時，其轉（回）任當年之年資，得合併計算參加年終考績或職務評定（第3項）。第1項及第2項有關晉級之規定於候補、試署服務成績審查不及格者不適用之（第4項）。以下爰就司法院所訂定之「法官職務評定辦法」要述其重要內容。

一、職務評定種類

依法官職務評定辦法（下稱本辦法）第4條規定，職務評定種類如下：(一)年終評定：指對同一評定年度連續任職滿1年者，評定其當年1至12月任職期間之表現。(二)另予評定：指對同一評定年度連續任職不滿1年已達6個月者，評定其任職期間之表現。但同一評定年度已辦理另予評定者，不再辦理另予評定（第1項）。前項任職期間之計算，以月計之（同條第2項）。

法官及司法行政人員於年度中相互轉（回）任時，其轉（回）任當年之年資，得合併計算參加年終考績或職務評定（第3項）。有下列情形之一者，其回任或轉任當年之年資，得合併計算參加職務評定：(一)司法院院長、副院長、大法官、最高法院院長、最高行政法院院長、公務員懲戒委員會委員長、由法官轉任之司法院秘書長（法官法第72條第1項、第3項）或（法官法第89條第10項）由法官轉任之法務部部長、最高法院檢察署檢察總長、由法官轉任之法務部政務次長，於年度中回任法官職務。(二)現職檢察官於年度中經遴選轉任法官（第4項）。依前2項規定合併計算之年資，以連續任職者爲限。不滿1年已連續任職達6個月者，得依第1項第2款規定辦理另予評定（第5項）。

有下列情形之一，致其實際任職期間不符第一項規定者，不得辦理職務評定：(一)因公傷病請公假。(二)因病請延長病假。(三)經依法停止職務（第6項）。

依法受免職、撤銷任用資格、停止職務、撤職等處分，致未實際執行職務者，經依法提起救濟，撤銷原處分，該未實際執行職務期間，不得併計爲第一項任職年資（第7項）。

二、職務評定辦理時間

職務評定應於每年年終辦理。但有下列情形之一者,其另予評定應隨時辦理(本辦法第5條):(一)免職、免除法官職務並喪失公務人員任用資格、撤職、解職、辭職、退休、資遣或死亡。(二)因停止職務或留職停薪致職務評定年資無法併計。

依法官法規定(第81條第2項或第82條第1項規定)帶職帶薪全時進修者,其進修期滿當年度之職務評定,應俟其研究報告經司法院審核後,再予補辦。

三、職務評定結果

職務評定結果分為良好及未達良好。受評人在評定年度內有下列情形之一者,其職務評定應評列未達良好(本辦法第6條):

(一)受懲戒處分或因故意犯罪受刑事判決有罪確定。
(二)遲延交付裁判原本達四個月或累計達360日。
(三)曠職繼續達二日以上或一年內累計達五日以上。
(四)請事假、病假或延長病假,累計達六個月以上。
(五)全年依法停止辦理審判案件。

受評人在評定年度內有下列情形之一者,職務評定得評列未達良好:

(一)遲延交付裁判原本2個月以上未達4個月或累計180日以上未達360日。
(二)候補、試署服務成績審查不及格。
(三)經司法院人事審議委員會送請司法院院長依法官法第21條第1項作成(職務監督)處分。
(四)因可歸責於己之事由而經司法院依法官法第45條第1項第4款(以有相當原因足資釋明不適合繼續在原地區任職之事由)為地區調動,或依第46條第4款(以有相當原因足資釋明不適合繼續在原審級法院任職之事由)為審級調動。
(五)經職務監督權人依法官法第21條第1項第2款(違反職務上之義務、怠於執行職務或言行不檢者)予以書面警告2次以上。
(六)依本法第81條第2項或第82條第1項規定帶職帶薪全時進修者,未於法定期間內提出研究報告,或其研究報告經司法院審核不及格。

(七)違反職務上之義務、怠於執行職務或言行不檢，足認評列良好顯不適當。

(八)綜合考評受評人之學識能力、品德操守、敬業精神、裁判品質、辦理事務期間及數量，足認評列良好顯不適當。

四、職務評定之獎懲

職務評定之獎懲如下（本辦法第7條）：(一)年終評定為良好，且未受有刑事處罰、懲戒處分者，晉一級，並給與一個月俸給總額之獎金；已達所敘職務最高俸級者，給與二個月俸給總額之獎金。(二)另予評定為良好，且未受有刑事處罰、懲戒處分者，不晉級，給與半個月俸給總額之獎金。(三)年終評定或另予評定為未達良好，不晉級，不給與獎金。

連續4年年終評定為良好，且未受有刑事處罰、懲戒處分者，除依前項第1款規定給與獎金外，晉二級（第2項）。

有下列情形之一者，不適用第1項第1款及前項有關晉級之規定（第3項）：(一)候補、試署服務成績審查不及格。(二)受休職、降級、減俸或記過之懲戒處分後，仍在不得晉敘期間。

第2項所稱連續4年年終評定為良好，指依本辦法及檢察官職務評定辦法規定，連續4個年度均參加年終評定且評定為良好。但有下列情形之一者，視為不中斷，扣除各該年資，前後併計（第4項）：(一)前項不適用晉級規定之年資。(二)依法應徵服兵役、育嬰或因其他不可歸責於受評人之事由致未參加職務評定或僅辦理另予評定之年資。

12月2日以後退休生效或死亡，致當年度年終評定應予晉級部分，無法於次年1月1日執行者，給與2個月俸給總額之獎金。但符合第2項晉2級資格者，給與3個月俸給總額之獎金（第5項）。

參、法官全面評核與職務評定

法官法實施前的法官評鑑辦法第4條但書規定司法院認有必要時，得定期命（高等法院及其分院、高等行政法院）評鑑委員會為地區性之「全面評鑑」。雖然民間團體曾要求司法院辦理，但司法院從未要求上開評鑑委員會為該等評鑑。唯一曾辦理法院法官「全面評鑑」的法院是新竹地方法院99年11月

間自行「試辦法官評鑑」活動。本活動的緣起，乃99年間民間自發性組織「正義聯盟」對於法院長期對幼童性侵案輕判之情形，感到不滿，而於同年9月在總統府前的凱達格蘭大道上，發起「白玫瑰親子集會活動」，批評法官為「恐龍法官」，不食人間煙火等，當時筆者正於該院服務，刑事庭陳健順庭長及多位法官向筆者表達職業尊嚴受辱、心情低落等情，建請針對轄區執業律師辦理法官評鑑，筆者乃於10間召開法官自律委員會，通過「試辦法官全面評鑑」的決議，且經全院法官一致同意辦理，因而邀請新竹律師公會協助辦理，針對新竹律師公會會員事務所設於桃園、新竹及苗栗之律師，發出問卷，請其就本院全體法官各項表現予以評價，並將評鑑結果平均值對外公布，雖自動寄回問卷比例僅23.8%，但評鑑結果，堪稱滿意[5]。

　　司法院所提法官法草案原無「全面評核」制度，但由於民間團體及部分學者公開呼籲，立法院乃增訂之。法官法第31條規定，司法院應每3年至少1次完成法官全面評核，其結果不予公開，評核結果作為法官職務評定之參考。司法院因評核結果發現法官有應付個案評鑑之事由者，應依第35條規定移付法官評鑑委員會進行個案評鑑。評核之標準、項目及方式，由司法院依法官評鑑委員會意見定之。

一、評核項目

　　司法院於101年7月5日發布「各級法院法官評核辦法」，依第3條規定，法官評核之項目如下：

---

[5]　該院試辦法官評鑑整體結果如下：
　1. 本次評鑑方式：項目分為品德操守、開庭態度、訴訟程序之進行是否合法或不當延滯及裁判理由詳實程度4項，除品德操守評鑑方式區分為「沒有疑慮」及「有疑慮」兩部分外，其餘每項評鑑區分為5級至1級，級數愈高代表愈好，惟若品德操守評定為有疑慮或其餘項目評定為3級以下者，請評鑑者略述具體事實，俾供本院自律委員會做更深入的查證瞭解及處理。
　2. 回收比例：寄發新竹律師公會事務所設於桃園、新竹及苗栗之律師共269人，回收64份法官評鑑表（含1份未填具任何意見），回收比例為23.8%。
　3. 本院全體法官各項評鑑平均級數如下：Ⅰ、開庭態度：平均級數4.4級。Ⅱ、訴訟程序之進行是否合法或不當延滯：平均級數4.4級。Ⅲ、裁判理由詳實程度：平均級數4.3級。Ⅳ、品德操守：被評沒有疑慮之總筆數為1,115筆，比例為百分之99.9（1/1116），評有疑慮者僅有1筆意見，惟未述明任何具體事實，無法查證。（參照新竹地院99年11月24日新聞稿，新竹地院官網，http://scd.judicial.gov.tw/detail.asp?ID=290，102年12月10日參訪。）

(一)問案態度。

(二)訴訟程序進行情形。

(三)裁判品質。

(四)敬業精神。

(五)品德操守。

二、評核人員

依第4條規定，法官評核由受評核案件當事人、告訴人、訴訟代理人、告訴代理人及辯護人（以下簡稱評核人）針對個案填寫法官評核意見調查表，就受評核人在各項評核項目之表現，評定分數。除未填寫或填寫無意見之項目不予列計外，前條第1項第1款至第4款所列評核項目之評分標準如下：

(一)極佳：9分至10分。

(二)佳：6分至8分。

(三)普通：3分至5分。

(四)待改進：2分。

(五)亟待改進：1分。

三、評核方式

依第5條規定，法官評核之方式如下：

(一)當庭評核：依法須經言詞辯論之訴訟案（事）件，由評核人於言詞辯論終結後，當庭就受評核人之問案態度及訴訟程序進行情形，填寫法官評核意見調查表後彌封繳回。

(二)隨案評核：

1.已辦當庭評核之案（事）件，於該案（事）件終結後，隨案寄送法官評核意見調查表予評核人，由評核人就受評核人之裁判品質、敬業精神及品德操守，填寫法官評核意見調查表後彌封寄回。

2.未辦當庭評核之案（事）件，於該案（事）件終結後，隨案寄送法官評核意見調查表予評核人，由評核人就第3條第1項、第2項所定評核項目，對受評核人進行評核。

肆、團體績效評比與院長職務評定

　　法官法第32條規定，司法院應每3年1次進行各級法院之團體績效評比，其結果應公開，並作為各級法院首長職務評定之參考。前項評比之標準、項目及方式，由司法院定之。司法院於100年12月30日發布「各級法院團體績效評比辦法」，依該辦法第3條規定，各級法院團體績效評比項目如下：

一、審判績效評比

　　(一)折服率及上訴、抗告維持率。
　　(二)非常上訴撤銷件數。
　　(三)調解或和解之成立件數及比率。
　　(四)遲延案件處理成效。
　　(五)法官平均未結件數。
　　(六)其他有關審判事務之成效。

二、行政績效評比

　　(一)執行重要行政政策成效。
　　(二)行政革新與開創措施推行成效。
　　(三)其他有關行政事項之成效。

三、綜合評比

　　團體績效評比分數，審判績效評比占百分之五十，行政績效評比占百分之四十，綜合評比占百分之十。

中國傳統社會對於職司審判工作之人，普遍觀感不佳，近代著名史學家呂思勉對於中國古代司法的評價也非常不好，他表示[1]：

審判機關，自古即與行政不分。……行政司法機關既不分，則行政官吏等級的增加，即爲司法上審級的增加。……

……歷代既非司法之官，又非治民之官，而參與審判之事者，亦在所不免。如禦史，本系監察之官，不當干涉審判。所以彈劾之事，雖有涉及刑獄的，仍略去告訴人的姓名，謂之風聞。唐代此制始變，且命其參與推訊，至明，遂竟稱爲三法司之一。而如通政司、翰林院、詹事府、五軍都督等，無不可臨時受命，與於會審之列，更屬莫名其妙。又司法事務，最忌令軍政機關參與。而歷代每將維持治安及偵緝罪犯之責，付之軍政機關。使其獲得人犯之後，仍須交給治民之官，尚不易非理肆虐，而又往往令其自行治理，如漢代的司隸校尉，明代的錦衣衛、東廠等，尤爲流毒無窮。

審判之制，貴於速斷速決，又必熟悉本地方的民情。所以以州縣官專司審判，於事實嫌其不給。而後世的地方官，多非本地人，亦嫌其不悉民情。廉遠堂高，官民隔膜，吏役等遂得乘機舞弊。司法事務的黑暗，至於書不勝書。人民遂以入公門爲戒。官吏無如吏役何，亦只得勸民息訟。國家對於人民的義務，第一事，便在保障其安全及權利，設官本意，惟此爲急。而官吏竟至勸人民不必訴訟，豈非奇談？……

中國於清末始導入西方司法獨立的思想，然而在民初以迄民國36年制憲之前，中國長期處於戰亂及動蕩狀態，難以建立健全的法治社會；國民政府播遷來台之後，以迄76年解嚴之前，由於力圖經濟建設與社會安定，在法治建設方

---

[1]　呂思勉《中國通史上冊》，臺灣開明書局43年3月在臺出版，頁194-195。

面，雖非毫無成果，但由於投資不多，無法吸引優秀人才投入司法工作，司法改革自難有傲人成績。部分人民對於司法功能仍停留在古代行政與司法不分，法官易受行政影響的刻板印象，則人民對司法信心不高，自不足為奇。

我國數十年來的司法改革，已大抵為法官營造了審判獨立的環境，這些年來，法官的獨立自主性強化了，但法官的自治及自律功能，似乎沒有齊頭並進，他律功能亦有不足，司法內部仍存在許多問題，有待檢討改進，而外界對於司法的瞭解不深、甚至誤解，也有賴法治教育的深層落實。儘管如此，由過去我國法官受到懲戒的諸多案例而觀，人民對司法的信心不足，並不是完全沒有理由。尤其在99年間一連串地發生了三位高等法院法官涉嫌貪瀆被收押[2]、高等法院法官合議案件未落實疑雲、最高法院法官涉及關說案件[3]、幼童性侵案法律見解的妥當性受到外界強烈質疑[4]等事件，再再重創司法公信力，使司法公信力跌入谷底，而且101年初最高法院抗拒「廢除保密分案」[5]的改革，也予外界對最高法院抗拒改革之觀感不佳[6]。抑有進者，在法官法甫實施不久，

---

[2] 民國99年7月中旬，爆發臺灣高等法院陳○○、蔡○○及李○○三位法官涉嫌貪污被裁定收押之司法醜聞。本案係臺灣高等法院法官陳○○、李○○等審理苗栗銅鑼科學園區開發弊案，經該院法官蔡○○及板橋地方檢察署檢察官邱○○牽線，收受被告何○○交付之賄款，嗣並改判何○○無罪，蔡○○、邱○○亦收受佣金，均涉嫌觸犯貪污治罪條例賄賂罪，三位法官及邱檢察官均經法官裁定收押，其後經檢察官提起公訴。臺北地方法院99年度金訴字第52號判決（100年6月30日宣判）判處陳○○有期徒刑18年，併科罰金100萬元；判處李○○11年，併科罰金100萬元；判處蔡○○4年，併科罰金150萬元；判處邱○○4年，併科罰金270萬元。案經三審判決定讞。

[3] 民國99年8月間最高法院法官自律委員會，就該院法官蕭○○為其兒子之駕車肇逃案，涉嫌向臺灣高等法院法官關說乙案，雖決議將其移送監察院議處，卻全盤聽信蕭說法，認定他沒關說、只有道德瑕疵」，經媒體痛批（參照民國99年8月14日蘋果日報「認定蕭○○沒關說最高院自律會被批包庇」，見蘋果日報官網，102年9月5日造訪）

[4] 就三歲、六歲等幼童受到性侵，許多法官以「現行（刑法）第227條第1項『對於未滿十四歲以下男女性交罪』，刑度和一般的強制性交罪一樣重，都是三年以上十年以下徒刑，已屬對沒有同意性交能力的稚齡男女的特別保護；因而，除非加害人使用強暴、脅迫或其他違反意願的強制方法，才會觸犯七年以上的加重強制性交罪。」之理由，不依加重強制性交罪予以處罰，受到社會強烈非難。（參照聯合報99年9月10日社論）

[5] 按保密分案制度，乃最高法院前院長謝瀛洲先生於民國40年間，希望法官能有良好的審判獨立環境，以「防止關說」及「保障人身安全」，而設計之制度，使分案人員及承辦案件法官以外之人（包括案件當事人在內之其他人），在案件終結前，無從知悉案件由何位法官辦理。

[6] 本事件始末大略為，101年初由一、二審法官所組成之「推動最高法院改革聯盟」成員，有感於最高法院之改革攸關司法改革之成敗，提出十大訴求，獲得馬英九總統接見，馬總統對於多位成員所特別主張之最高法院保密分案應予廢除乙點，表示肯定，且認為立即可行，因而公開表示支持，司法院也表態支持，但不為大多數最高法院法官所接受，認為為維護審判獨立，該制度不宜輕言廢除，最高法院楊仁壽院長於卸任日即101年2月16日之新舊任院長交接典禮上，批評馬總統此舉乃干與審判，經媒體報導後，

102年8月間仍再度發生臺中高分院胡姓法官涉貪被收押並起訴的案件，原已不佳的司法公信力，再度受到重創，實在令人感到相當遺憾。歷經23年始完成立法程序之法官法，能否強化他律，發揮淘汰不適任法官的功能，不僅有賴法官真心認清自己角色的重要性，更需法官發揮道德勇氣，勇於舉發，以及掌握行政監督權人的努力發掘不適任法官，並設法淘汰之。縱觀數十年來的司法弊端或問題，無不關係到法官倫理規範[7]，如果法官倫理規範能早日深植法官群體思維，相信以上弊端或問題的發生可能性，可以降到最低。

　　雖然目前有關法官、檢察官及律師考試，業已加考「法律倫理」科目，而法官倫理規範也自101年1月間開始實施，但此規範之實質內涵，以及如何實際適用在未來個案當中，仍有待實際運作，來賦予其生命。未來要如何使法官倫理規範深植法官心中，使其成為法官行為依循準則，恐怕還要一段時間的琢磨與淬鍊。又，雖然近年來法官因操守被具體質疑或因貪瀆被起訴的情事，已屬偶發個案；有關法官被干預審判的傳聞也與日遞減，但人民對司法的信心，多年來似乎增進不多。希望人民對於法官公正裁判，具有信心，形同希望人民對於法官會「依據憲法及法律，本於良心，超然、獨立、公正審判，不受任何干

興論及各界群情譁然，大多抨擊最高法院抗拒此一改革之不當，咸認法官本應有抗拒關說之能力，至於人身安全問題，係一、二、三審法官共同之問題，應由制度面保障法官人身安全，而且此一制度，違反司法公開、透明原則，且有逃避監督之嫌等等。司法院嗣即修改最高法院及最高行政法院處務規程，刪除相關保密分案規定，使保密分案失去法源。新任楊鼎章院長支持該改革，最高法院旋於4月9日召開民、刑事庭庭長、法官會議，修正「最高法院民、刑事案件編號、計數、分案報結要點」中與保密分案制度有關條文。本次修正主要將原有的「保密分案」措施，改為「一般分案」措施，除配合修改相關的分案程序外，並且增訂依訴訟法規定的當事人、被害人、告訴人、告發人、辯護人、輔佐人、訴訟代理人等訴訟關係人，得以書面聲請查詢主辦法官姓名，務求分案透明化並保障人民司法受益權。會中並決定自4月16日起，將案件主辦法官姓名列於判決書中合議庭成員最後一位，讓外界知悉主辦法官姓名，以回應社會各界的期待。（司法周刊第1589期，2012/4/13出刊）自此，施行60年的保密分案制度，終於走入歷史。

[7] 就高等法院法官涉嫌貪瀆被收押以及最高法院及高等法院法官涉及關說案件之事件言，如法官能謹守當時之法官守則第2條「法官應超然公正，依據憲法及法律，獨立審判，不受及不為任何關說或干涉」之規範（法官倫理規範相關條文：第2條、第3條、第5條、第7條、第8條、第25條）；就高等法院法官合議案件未落實疑雲之事件言，如法官能謹守當時之法官守則第4條「法官應勤慎篤實地執行職務，尊重人民司法上的權利」、各級法院法官自律委員會實施要點第5條第8款要求法官「辦理合議案件，應依法評議」之規範（法官倫理規範相關條文：第3條）；就幼童性侵案法律見解的妥當性受到外界強烈質疑事件言，依循當時之法官守則第5條「法官應隨時汲取新知，掌握時代脈動，精進裁判品質」規範之精神（法官倫理規範相關條文：第9條），並對不合理之立法，指出其不合理之處，以供修法之參考等，或均可避免該等事件之發生。

涉」，具有信心，然而期待人民對法官信賴的程度達到該境界，決非法官「品操良好」，即爲已足，「品操良好」只是擔任法官的基本條件，而非充分條件，過去乃至現在部分人士仍以此作爲品評司法的指標，實屬狹隘。不過如果國人對於法官「品操」這最基本的信心都沒有，司法公信力是不可能提升的。

如果有一天我國政府有關機關均能體會司法獨立（審判獨立）的精義，並在各方面予以支持，而法官行止均能合於法官倫理規範要求，或許司法公信力可以漸漸建立起來。因爲如果政府未能表現出支持司法的樣態，法官的外部獨立即不容易建構起來，而法官是否真正獨立，其所爲裁判是否公正，一時之間，或許難以斷定，但法官有無不合倫理規範的行爲，則比較容易很快地經由制度面的運作來加以確定。法官一有不合倫理規範的行爲發生，如其情節重大，馬上會動搖人民對司法的信心，是以如謂法官行止是否合乎倫理規範要求，是人民對司法信心的基本指標，亦不爲過。從而每位法官無論從事職務上或職務外的行動，均應時時思量自己的行爲是否合乎法官倫理規範，恐怕是法官對自己的起碼要求。

民國99年發生上開司法醜聞事件，可以說是司法公信力最低迷的時期，絕大多數的法官都深感顏面無光，整個司法圈籠罩著空前的低氣壓，希望司法公信力能有起死回生的一天。102年6月間軍方發生即將退伍下士洪仲丘被違法處罰且凌虐致死案，促成「公民1985行動聯盟」行動，8月3日約有25萬人於總統府前廣場聚集，提出於非戰爭時期將軍人審判從軍法體系全面改由民間司法負責等訴求，立法院火速於同月6日三讀通過軍事審判法，軍人於非戰時觸犯軍刑法，適用刑事訴訟法審判，不適用軍事審判法，燃起人民對普通法院審判的基本信心。

抑有進者，同年9月間因最高法院特偵組舉發立法院院長王金平涉嫌爲民進黨立法委員兼黨團總召集人柯建銘之刑事無罪判決，向法務部部長曾勇夫及臺灣高等法院檢察署檢察長陳守煌關說等情事，中國國民黨認爲王院長請陳檢察長轉請承辦檢察官不要就柯立委的案件提出上訴，嗣承辦檢察官確未上訴，而認定王院長確有爲柯建銘委員爲關說情事[8]，且具有效果，其關說行爲嚴重

8　立法委員行爲法第17條規定，立法委員不得受託對進行中之司法案件進行遊說。是以立法委員如對進行中司法案件關說，即構成立法委員的懲戒事由，得經由院會主席裁示、院會議決及委員會主席裁決移送院會議決等方式作成懲戒案（第27條），移由立法院紀律委員會審議（第25條）。立法院紀律委員會審

違反國民黨黨紀而施以撤銷黨籍之嚴厲處分。因王金平院長是國民黨的不分區立法委員代表，喪失黨員身分，其立法委員身分的適格性即發生影響，在國民黨為上開處分後，旋即向臺北地方法院提出聲請保留黨籍之「定暫時狀態處分」，經臺北地院民事庭三位法官合議，迅速裁定准許[9]，此裁定一出，即獲得多數媒體及各界認同，咸認此一裁定合乎人民情感，有媒體即表示：「三位法官昨天做出了歷史性裁判，讓跌落谷底的司法信賴有了生機。」[10]一反過去媒體常批判法院裁判不符人民情感的態勢。第二審維持了第一審的裁定，之後中國國民黨乃宣布不再向第三審提出抗告，王院長聲請定暫時狀態處分案，因而確定。雖然陳檢察長嗣經檢察官評鑑委員會102年度檢評字第16號、102年度

議懲戒案，得按情節輕重提報院會決定為下列之處分：1.口頭道歉；2.書面道歉；3.停止出席院會4次至8次；4.經出席院會委員三分之二以上同意，得予停權3個月至半年（第28條）。馬英九總統於民國102年9月8日於總統府召開記者會，以「臺灣民主法治發展的關鍵時刻」發表聲明，表示：「…立法院長為了最大在野黨黨鞭的司法案件，關說法務部長及臺高檢檢察長，這是侵犯司法獨立最嚴重的一件事，也是臺灣民主法治發展最恥辱的一天。如果我們不能嚴正面對這樣的弊案，臺灣將走上無限沉淪的處境。…人在國外的王院長打電話給我，除了說明他無法立刻回國的原因外，也解釋他並沒有關說司法個案，他說他只是在安慰柯建銘總召，並請曾勇夫部長幫忙處理，這個做法談不上關說。我們每個人都可以問自己：如果這不是關說，那什麼才是關說？如果有權勢的人都可以關說影響司法，那麼一般平民要如何期待司法保障公平正義？…這件事情沒有和稀泥的空間。如果立法院長涉及司法關說、妨礙司法公正，將是民主政治非常嚴重的恥辱，足以擊毀國人對司法的信心。在這個關鍵時刻，全體臺灣人民必須選擇，我們要沉默以對、繼續容忍這樣的行為？還是要站出來勇敢地說：我們站在拒絕關說司法文化的一方？」王院長承認有打電話給曾勇夫部長及陳守煌檢察長，但否認有關說情事。曾部長及陳檢察長二人均否認有接受關說情事。

9　本件案號為臺北地方法院102年全字第413、414號，於102年9月13日做成裁定。裁定主文為：聲請人王金平以新臺幣938萬1,210元為相對人供擔保後，於本院102年度訴字第3782號確認黨員資格存在訴訟判決確定前，得繼續行使相對人中國國民黨黨員權利。其餘聲請駁回。裁定理由為：（一）定暫時狀態處分，係在本案判決確定前，由法院就爭執之民事法律關係先定一暫時狀態，防止發生重大損害或急迫危險，並避免日後本案訴訟確定判決失去實益而設之救濟制度，故聲請人僅須釋明「兩造間有爭執之法律關係」與「保全必要性」為已足。此並非最後的判決結果，而是讓有爭執的法律關係，斟酌雙方可能遭受的損失後，暫時維持或保有一定的情況下，讓當事人從容地進行實體訴訟，以定分止爭。（二）本件王金平與中國國民黨間就王金平黨籍存否確有爭執，又因公職人員選舉罷免法第73條之規定，全國不分區立法委員是否喪失其黨籍，與其是否喪失立法委員資格相關，王金平雖經國民黨撤銷處分而喪失黨籍，然如不准王金平定暫時狀態，繼續行使中國國民黨黨員權利，則聲請人即有發生「日後無法執行且回復其立法委員職務」此一重大且無法彌補之急迫危險。（三）復因兩造當事人以王金平剩餘之立法委員任期薪資總額計算擔保金乙節並無意見，爰酌定該金額為擔保金。（四）兩造就已經發生之中央選舉委員會公文送達、立法院之註銷名籍、人民選舉罷免法之解釋及效力等問題，係屬行政法領域所生之後續問題，不在本件審查範圍（參見臺北地方法院102年9月14日新聞稿，引自司法院官網，http://jirs.judicial.gov.tw/GNNWS/NNWSS002.asp?id=134278，102年9月15日造訪）。

10　見自由時報102年9月14日「王金平必須回到人民這一邊」特稿內容（引自同日自由時報電子報）。

檢評字第18號評鑑決議，認定確有關說情事[11]，然而王院長所提「確認黨員資格存在」的本案訴訟，於103年3月間仍經臺北地院以：「社員之除名」程序及實體要件，在我國人團法規定下（第14、27條），專屬於社員大會或社員代表大會之權限。剝奪一個人的社員權，應由社團內部最高意思機關，依循法律與自治原則、民主化原則妥為討論決議。政黨不能毫無界限地認為可以自外於國家法律規定，而僅依循內部的黨章、章程來運作。尤其是涉及到個人社員權的存否，因為這是公民藉由參加政黨實現其參政權的資格，若要剝奪這種社員權，仍嚴守法治國家基本原則：即民主原則、法律保留原則，而不能依憑非社團民意基礎組成的內部機關、更不能以少數不具代表性之意志代替最高意思機關之決議等情事。認為國民黨中央考紀會作成撤銷王金平的黨籍處分，違反人團法及民法規定，應屬無效。因而判決王院長勝訴（「確認原告之中國國民黨黨籍存在。」）[12]。中國國民黨不服地方法院判決，提起上訴。因本事件後續發展，關係到人民對司法的評價，值得持續關注。

據我國政治學者的觀察，我國近年來的改革努力與改革意識的引導下，我國司法的確是走在獨立的道路上，早已不在是政治部門可以完全掌控的工具。而在民主化必然的政治鬥爭過程中，司法已成為政治行動者不得不依賴的最終仲裁者。再者，政權輪替的可能性也會使政治行動者比較願意放棄對司法的控制。這些都是我國司法得以更加獨立茁壯的契機[13]。儘管如此，迄今仍有相當部分的人民以及媒體，認為政治力仍有介入司法的空間，以往所謂「法院是○○黨開的」說法，仍深植某些人腦海中，難以抹除。然而在「司法獨立」的前提下，本無「法院是○○黨開的」問題，依我國現況，法官能否澈底抹除國人對法院的上開長期負面印象，可能有賴法官在相關個案中，能讓一般理性的人感受到法院的中立無偏[14]。

---

[11] 陳檢察長經決議報由法務部交付檢察官人事審議委員會審議，建議處分警告。

[12] 臺北地院102年度訴字第3782號王金平確認黨員資格存在事件新聞稿（司法院官網參照）。

[13] 參照陳淳文〈多元意見與司法權威：臺灣當前的司法危機〉，載張憲初、顧維遐主編《兩岸四地法律發展與互動》，中國評論學術出版社2009年11月初版，頁145。中國時報103年5月13日社論〈政治動盪 司法應成為穩定力量〉指出：「做為民主法治最後防線的司法，應獨立於政治部門角力之外，…在立法部門與行政部門表現皆不符理想的時候，我們在此寄語司法部門，做為憲政的良心，要能謹守不為政治權勢張目、不受輿情左右或脅持的司法職務分際，成為權力分立憲政制度中，台灣社會能夠安度衝擊的真正穩定力量。」（載當日報紙A15版）或許可以某程度反映目前一般人民對司法的期待。

[14] 蔡烱燉〈法院不是國民黨開的〉，載102年11月25日自由時報，A14版。

　　司法是社會正義的最後一道防線，法官係法律之代言人，每一法官均係直接行使司法權之人，法官審判案件，非僅機器式地適用法律而已，而是應本諸良心，以及對於法律之確信，依法獨立審判，不受任何干涉。從而法官職務上或職務外的行為，對於公平正義是否實現，以及人民對其實現的信賴度，即司法公信力，有密不可分的關係。有人說：「法官不僅要公正，而且要看起來公正。」法官應公正執行職務，係法官對自己最起碼的期許，然人民是否認為法官公正執行職務，亦即法官之行止在人民心目中是否「看起來公正」，係人民對於法官職務上及職務外行止的期許。由於我國司法並沒有優良的傳統，要摒除或改變人民長久以來對司法的不信賴觀感，並不容易。在法官群體間建立共同的行為價值或標準——法官倫理規範，或許是建立司法公信力的起步。前司法院大法官許玉秀於100年8月間在新竹地方法院演講時提到：「只有將正當法律程序原則當成一個信仰，讓它變成一個行為的慣性，才能建立信賴。」[15]或許我們也可以說：「只有將法官倫理規範變成法官行為的慣性，才能建立信賴」。司法如不能獲得人民的信賴，即無法展現其存在的價值，恐怕是國家的主事者及每位法官所應具有的基本信念。

---

15 見許玉秀大法官100年8月19日於新竹地院就「法院的定位—兼論如何使國民更信賴法院」所為專題演講之紀錄。參照司法院法官論壇100年9月30日貼文，2011/10/24造訪。

附一錄　班加羅爾司法行為原則評註
Commentary on the Bangalore Principles of Judicial Conduct (2007)

目　次

序

司法公正性不受質疑，始得以確保民主法治之實現。即使所有其他保護措施均告失敗，其仍係保障公眾對抗他人侵害其法律上權利及自由之保壘。

如把全球司法視為全世界法治之基礎，則以上論述適用於每一國家，也適用於全球。從而確保全球司法公正，必然要付出許多精力、技術及經驗。

此即司法廉政工作組自從2000年開始以來所要努力的工作，本工作組一開始是由來自世界上一群首席法官及上級審法官成立了非正式團體，懷抱著奉獻此一神聖工作的精神，結合了相互間之經驗與技巧來工作。從那時以來，其工作與成就已達到對於全球司法具有重要影響的程度。

一開始嘗試性擬定之原則，在過去幾年，已逐漸受到全球不同區域司法機關以及對於司法程序廉正有興趣之國際單位所接受，到最後，班加羅爾原則漸漸被視為是所有司法機關及司法體系可以毫無保留接受的文件。簡言之，此等原則表達了有關司法職務被視為世界上文化及法律體系最高的傳統。

使核心原則達成合意的工作並不容易，但司法廉政工作組基於贏得全世界認同的堅定信念，克服了有關全世界性草案所呈現的障礙。

某些國家不僅採用了班加羅爾原則，有的國家甚至以之作為草擬其本身司法行為原則之範本。國際組織也認同之，並予以背書。聯合國社會及經濟理事會依2006/23號決議，請會員國與其國內司法體系一致，鼓勵其司法機關在審查或制定關於司法機關成員職業和道德行為規則時，將班加羅爾司法行為原則列入考慮。聯合國毒品和犯罪問題辦公室已主動積極支持它，而它也獲得諸如美國法曹協會及國際法律學家委員會的認可。歐洲委員會會員國法官也對它的內容表示認同。

班加羅爾原則的每一原則都被詳加評註，該原則及評註草案，經提交於2007年3月1日及2日在維也納所舉行之開放式政府與政府間專家團體會議，由超過35個國家出席者參與討論。該草案及修正案也於第5屆司法廉政工作組會議中受到詳細討論。於此等會議中，通過了班加羅爾原則及評註修正案，因而增加了它的重要性及權威性。該評註深化及強化了該等原則。從而我們現在已有了受到廣泛接受及經過小心研究之整套原則與評註，而使得該原則往受到全球接受為司法倫理世界宣言之路邁進。

應注意的是，誠如所有傳統法律體系對於司法廉正最高標準的堅持，所有世界上宗教體系也肯定廉正的原則。承認這一點，本評註也在附錄中包括了宗教教義對於司法廉正的概略描述。

我們在班加羅爾原則中所具有的極大潛在價值，不僅是為了司法機關，而且是為了所有國家的一般公眾，以及那些關心為全球司法之廉正無瑕，奠定堅強基礎的人。

C G WEERAMANTRY
司法廉政工作組主席

感謝詞

草擬本評註，參考許多資料，並從中獲得啓發。其中包括了國際文件、各國司法行為守則及其評註、國際、區域及各國法院的判決、司法倫理諮詢委員會的意見及著名文獻。在文章中有引用的，已在注釋中表明。在某些意見或評註是由國家或地區文獻中所借用之情形，為適合於所有司法體系而作某程度之修改，原始資料即未在文中表明。然而所有參考資料均列於起草沿革章及參考文獻中，對於其無法評價的貢獻表示感謝。尤其要特別提到3項資料：加拿大司法會議，法官倫理原則（1998）；歐洲委員會，歐洲法官諮詢會議之意見（2001-2006）；及中國特別行政區香港，司法行為指引（2004）。

司法廉政工作組對於德國技術合作有限公司（GTZ），協助研究與撰寫本評註，以及對於聯合國毒品和犯罪問題維也納辦公室，召開政府與政府間專家工作組，來審查評註草案，及其對本文件內容之充實所為貢獻，表示感謝。

起草沿革

背景

　　2000年4月間，在聯合國國際犯罪預防中心基於全球反貪腐計劃的邀請下，一群首席法官及資深法官結合了第10屆聯合國有關犯罪預防及罪犯處遇大會，在維也納召開了預備會議。該會議之目的在於陳明，依證據顯示，世界上各大洲許多國家的人民對於他們的司法體系失去信心，是因為這些司法體系被認為腐敗或不公平。該證據是經由服務品質及民意調查，以及經由政府所成立的調查委員會調查所顯示出來的。雖然有許多解決方法被提出來，也試行了某些改革措施，但問題依舊，因此嘗試新方法來解決。在聯合國的贊助下，這是法官首度受邀將自己家裏（指司法體系）整理得井然有序、發展司法問責的觀念，以補充司法獨立原則的不足，進而提升公眾對於法治的信心水平。在初始階段，承認世界上存在不同的司法體系，而決定將範圍限於普通法的司法體系。因此最初參與者是由來自9個亞洲、非洲及太洋國家，這些國家雖然適用許許多多不同的法律，但享有共同司法傳統。

司法廉政工作組

　　加強司法廉政之司法工作組（或本組織為大家所熟知的司法廉政工作組），在2000年4月15及16日於聯合國維也納辦公室舉行第一次會議。出席的有孟加拉首席法官Latifur Rahman、印度卡爾那塔卡州首席法官Y. Bhaskar Rao、代表尼泊爾首席法官之Govind Bahadur Shrestha法官、奈及利亞首席法官M.L. Uwais、南非憲法法院副院長Pius Langa、坦尚尼亞首席法官（最近退休）F.L. Nyalali、烏干達司法服務委員會主席B.J. Odoki，及擔任主席之國際法院副院長Christopher Gregory Weeramantry。澳大利亞最高法院法官Michael Kirby擔任報告人的職務，聯合國有關法官及律師獨立之特別報告人Dato' Param Cumaraswamy、國際法官協會副理事長Ernst Markel法官（博士）及Giuseppe di Gennaro博士則以觀察員身分參與。

　　在本次會議，司法廉政工作組做出二項決定，第一，他們同意司法問責原則，要求國家司法機關就其權限及能力範圍內，在有效進行加強司法廉政的制度性改革方面，應擔任積極性角色；第二，他們承認亟需擬定一普世均可接受、與司法獨立原則一致、會被遵守，且無政府行政與立法部門介入下，而由

國家司法機關終局實施司法行爲的標準文件。參與的法官強調，司法機關經由通過適當的司法行爲標準，並於其會員間實施，係於其權限範圍內採取重要措施，以贏得社會的尊敬。因此他們要求對於已採行司法行爲守則的司法管轄區的守則內容，加以分析，並由司法廉政工作組協調人Nihal Jayawickrama博士就有關(a)該等守則應考量的基本問題，及(b)該等守則某些（非全部）可能適合或不適合特殊國家情事之選擇性或附帶性考量問題，提出報告。

參考資料

在依照上開指示草擬司法行爲守則草案，參考了許多現存守則及國際文件，尤其是以下文件：

國家之守則

(a) 司法行爲守則，由美國法曹協會於1982年代表之議會所通過。

(b) 司法獨立原則，由澳大利亞州與區域首席法官於1997年4月所發布。

(c) 孟加拉最高法院法官行爲守則，由最高司法會議行使孟加拉人民共和國憲法第96(4)(a)條，於2000年5月所規定。

(d) 加拿大法官倫理原則，在加拿大法官會議合作下所草擬，經加拿大司法委員會於1998年認可。

(e) 美國愛達荷州司法行爲守則，1976年。

(f) 印度司法行爲準則整編，由印度首席法官會議於1999年通過。

(g) 美國愛阿華州司法行爲守則。

(h) 肯亞司法人員行爲守則，1999年7月。

(i) 馬來西亞法官倫理守則，由馬來西亞元首依首席法官、上訴法院院長及各高等法院院長，建議所制定，其係行使基於馬來西亞聯邦憲法第125(3A)條所授予之權力，1994年。

(j) 那米比亞司法官行爲守則。

(k) 美國紐約州規範司法行爲之規則。

(l) 奈及利亞聯邦共和國司法人員行爲守則。

(m) 巴基斯坦最高法院及高等法院法官應遵守之行爲守則。

(n) 菲律賓司法行爲守則，1989年9月。

(o) 菲律賓司法倫理守則，由菲律賓法曹協會提出，經馬尼拉第一審法官贊成，並在最高法院行政監督下採納爲法官之行爲指引並遵行之，適

用對象包括都市及市法官。

(p)楊第那宣言：所羅門群島司法機關獨立原則，2000年9月。

(q)南非法官指引，由首席法官、憲法法院院長及高等法院、勞工上訴法院院長及主張土地權利法院院長所發布，2000年3月。

(r)坦尚尼亞司法人員行為守則，由法官及治安法官會議於1984年通過。

(s)美國德克薩斯州司法行為守則。

(t)烏干達法官、治安法官及其他司法人員行為守則，由最高法院及高等法院法官於1989年7月通過。

(u)美國司法會議之行為守則。

(v)美國維吉尼亞聯邦司法行為守則，由維吉尼亞最高法院通過及公布，1998年。

(w)美國華盛頓州司法行為守則，經該州最高法院於1995年10月通過。

(x)尚比亞司法（行為守則）法，由國會於1999年12月制定。

地區及國際文件

(y)司法機關獨立原則（「錫拉庫扎原則」）草案，由國際刑法協會、國際法律學家委員會及法官與律師獨立中心之委員會之專家委員會於1981年所擬定。

(z)司法獨立之最低標準，由國際法曹協會於1982年通過。

(aa)聯合國之司法機關獨立之基本原則，經聯合國大會於1985年認可。

(bb)司法獨立一般宣言（「Singhvi宣言」）草案，1988年由聯合國關於司法機關獨立之研究之特別報告人Singhvi先生草擬，1989年。

(cc)亞太法律協會地區北京司法機關獨立原則宣言，經第6屆首席法官會議通過，1997年8月。

(dd)Latimer House關於大英國協規範行政、國會與司法機關間關係以促進良好管理、法治及人權（以確保有效執行Harare原則）良好慣例之指導原則，1998年。

(ee)歐洲法官條例憲章，歐洲委員會，1998年7月。

(ff)預防與消除貪腐及確保司法體系之公正，由法官與律師獨立中心之專家團體會議通過，2000年2月。

班加羅爾司法行為守則草案

司法廉政工作組第2次會議於2001年2月24、25日，在印度班加羅爾舉行。本次會議是由英國國際發展部（Department for International Development, DfID）所協助，由印度高等法院及卡爾那塔卡邦所主辦，並獲聯合國人權高級專員的支持。本工作組在本次會議審查了所提出來之草案、確認核心準則、擬定相關原則，並合意名稱為班加羅爾司法行為守則草案（班加羅爾草案）。然而本工作組承認，由於班加羅爾草案主要是由普通法國家法官所擬定者，因此由其他法律傳統國家的法官詳細審查，以使其獲得適當驗證具備國際司法行為守則的地位，是必要的。

出席本次會議的有孟加拉首席法官Mainur Reza Chowdhury、印度卡爾那塔卡州首席法官P.V. Reddi、尼泊爾首席法官Keshav Prasad Upadhyay、奈及利亞首席法官M.L. Uwais、南非憲法法院副院長Pius Langa、斯里蘭卡首席法官S.N. Silva、坦尚尼亞首席法官B.A. Samatta、烏干達首席法官B.J. Odoki。國際法律學家委員會會長、加拿大最高法院法官Claire L'Heureux Dube，為特別受邀者。Weeramantry法官擔任主席，Kirby法官擔任報告人。此外，聯合國有關法官及律師獨立之特別報告人Dato Param Cumaraswamy，此外，聯合國人權委員會主席P.N. Bhagwati代表聯合國人權高級專員，以觀察員身分參與。

協商過程

在其後20個月中，班加羅爾草案廣泛散播於普通法及大陸法體系法官中。它被提出於許多司法會議或集會中加以討論，參與的人有來自全世界75個國家以上，來自普通法及大陸法國家的首席法官及資深法官。在美國法曹協會中歐及東歐辦公室的倡議下，班加羅爾草案被譯成波士尼亞—赫賽哥維納、保加利亞、克羅埃西亞、科索沃、羅馬尼亞、塞爾維亞及斯洛伐克等國文字，並由該地區法官、法官協會及憲法與最高法院予以審查，其評論提供了有益的面向。

2002年6月，歐洲法官諮詢會議工作小組，於斯特拉斯堡開會，由大陸法體系的觀點，以充分而坦率的態度來審查班加羅爾草案。與會者包括奧地利法官協會副理事長Gerhard Reissner、捷克高等法院法官Robert Fremr、法國巴黎上訴法院院長Alain Lacabarats、德國聯邦行政法院法官Otto Mallmann、義大利Raffaele Sabato 法官、立陶宛上訴法院法官Virgilijus、盧森堡上訴法院首席顧

問Jean-Claude Wiwinius、葡萄牙上訴法院法官Orlando Afonso、斯洛維尼亞最高法院法官Dusan Ogrizek、瑞典斯維亞上訴法院院長Johan Hirschfeldt及英國上訴法院法官Mance。歐洲法官諮詢會議所出版關於班加羅爾草案之評論，以及其他歐洲法官諮詢會議相關意見—尤其是第1號關於司法機關獨立及法官不可免職性之標準—對於班加羅爾草案的後來發展具有重要貢獻。

　　班加羅爾草案進一步依照歐洲法官諮詢會議關於規範法官職務行為的原則及規則的意見，加以修正，尤其是有關倫理、不相容的行為及公平部分，並參考了澳大利亞首席法官會議於2002年6月所出版之司法行為指引、波羅的海國家的法官行為模範規則、中華人民共和國的法職務業道德基本準則，及馬其頓法官協會的司法倫理守則等新擬定的司法行為守則。

班加羅爾司法行為原則

　　班加羅爾草案修正版之後被提交來自大陸法國家之首席法官（或其代表），於2002年11月25及26日，在荷蘭海牙—國際法庭所在地—和平宮內日本廳，所召開之圓桌會議討論。本會議之召開是由英國國際發展部所協助，經聯合國維也納之國際犯罪預防中心及日內瓦人權高級專員辦公室之支持，以及在海牙之卡內基金會總監之安排。Weeramantry法官（前國際法院副院長及特別法官）主持會議，參與者包括巴西聯邦上訴法院法官Vladimir de Freitas、捷克最高法首席法官Iva Brozova、埃及最高憲法法院首席法官Mohammad Fathy Naguib（由法官Adel Omar Sherif博士協助）、法國最高法院顧問Christine Chanet、墨西哥最高法院院長Genaro David Gongora Pimentel、莫三比克最高法院院長Mario Mangaze、荷蘭最高法院院長Pim Haak、挪威最高法院法官Trond Dolva，及菲律賓最高法院首席法官Hilario Davide（由Reynato S. Puno法官協助）。下列國際法院法官也參與了一場會議：Raymond Ranjeva法官（馬達加斯加）、Geza Herczegh法官（匈牙利）、Carl-August Fleischhauer法官（德國）、Abdul G. Koroma法官（獅子山）Rosalyn Higgins法官（英國）、Francisco Rezek法官（巴西）、Nabil Elaraby法官（埃及）及Thomas Frank特別法官（美國）。聯合國法官與律師獨立報告人Dato Param Cumaraswamy也有出席。

　　參與會議的普通法與大陸法系法官對於內容，有高度共識，儘管在某些主題或排列的順序上有不同看法，例如：

(a) 在會中有提到是否獨立、公正及廉正（那樣的次序）不應優先於妥當（班加羅爾草案將之擺在第一順位）及平等。

(b) 大陸法系的法官對於使用「法典」（code）乙字，表示關心（該字在歐洲大陸司法專業人士，通常是指具有完全而排他效果之法律文件），尤其是職業行為標準與法規及懲戒規則有所不同。

(c) 班加羅爾草案的前言提到「司法權之實際來源，係公眾所接受司法機關之道德威信與廉正」，受到質疑。有人指稱「實際來源」是憲法，過分強調司法權終極依存於一般公眾之接受，在某些情況可能更危險。

有關核心準則與原則部分，大陸法系法官：

(a) 對於何以法官就無關其實際或外在公正形象之危險，而要求其瞭解家人之財務利益乙節，應有一般性義務（一如班加羅爾草案所要求），表示質疑。

(b) 對於在法官有迴避事由時，如當事人同意其可以繼續執行職務，則可不用迴避的情形（在普通法系法官認為可以），認為並不妥當。

(c) 質疑班加羅爾草案中極為平常指引（例如與律師間有婚姻或個人親密關係）之廣度及其妥當性，並建議在類此案件，與其把焦點放在禁止該關係，不如把焦點放在法官在與另一方有關係時要否迴避之問題上。

(d) 質疑列舉「被容許」之非司法行為是否明智，且不相信禁止為慈善團體募款，禁止擔任遺囑執行人、遺產管理人、受託人、監護人或其他不動產受託人，禁止接受諮詢委員會之派任，或禁止以品格證人身分作證，應被作為國際標準而被普遍接受。

然而，有關政治活動是主要歧見所在，在某歐洲國家，法官是以其政黨黨員身分基礎而被選任。某些歐洲國家，法官有權參與政治，且被選為地方議會議員（同時具有法官身分）或國會議員身分（此一情形，其司法身分停止）。因而大陸法系法官主張在目前，對於法官應自由參與或避免參與政治，並無普遍國際共識。他們主張應由每一國家自己就法官對於社會重要事項之言論自由，與其中立性要求之間，求取平衡點。然而他們承認即使參加政黨或參與社會上重要問題的公開辯論，不被禁止，法官至少應避免任何政治活動損及其獨立性或危及公正形象。

班加羅爾司法行為原則由本會議展現出來，該文件所承認之核心準則為獨立、公正、廉正、妥適、平等、稱職與盡責。此等準則有附隨一些相關原則及

較細的適用內容。

人權委員會

　　班加羅爾司法行為原則，被聯合國法官與律師獨立特別報告人Dato Param Cumaraswamy，作為聯合國2003年4月人權委員會第59屆會議報告之附件。2003年4月29日該委員會無異議通過決議，注意班加羅爾司法行為原則，並要求「會員國、聯合國相關機構及政府與政府間及非政府間組織考慮」該等原則[1]。

　　2004年4月間，新任聯合國法官與律師獨立特別報告人Leandro Despouy於人權委員會第60次會議之報告中，表示：

> 本委員會經常對於世界上司法機關內部貪腐現象的頻率及程度，表示關心，其情形甚至包括了侵占國會分配給司法機關之資金或賄賂（可能是由於法官待遇太低所造成之結果）的經濟性貪腐。本委員會也關心司法機關內部之行政（缺乏透明，行賄系統），或由於司法機關政治化、法官對黨的忠誠度或所有形式之司法贊助行為之結果，而於參與審判或判決時具有偏見。法官及司法人員應該是具有道德感信及可信賴及公正之機構，當社會上有人權利被侵害時，可以向它求助，是相當嚴肅的事。
>
> 拋開行為本身的問題，某些國家公眾傾向於把司法機關視為貪腐的機關，是非常嚴重的事：對於司法喪失信心是民主發展的致命傷，而且會鼓舞貪腐的永續存在，因而司法倫理規則即相當重要。一如歐洲人權法院案例所強調的，法官不僅要符合公正之客觀標準，而且必須看起來公正；緊要的是，在民主社會法院要對於到法院訴訟之人啟發的事，正是信任。從而人們可以瞭解到散播及執行班加羅爾司法行為原則的重要性，其作者已注意到要有二種主要法律傳統（習慣法及大陸法）為其基礎，以及本委員會於第59屆會議對其所陳意見。

　　特別報告人建議班加羅爾原則最好有各國語言版本，於所有法學院及法官與律師職業團體均可取得。

---

[1]　Commission on Human Rights resolution 2003/43.

班加羅爾司法行為原則評註

司法廉政工作組於2005年10月在維也納所舉行的第4次會議中，指出在許多法官與律師及司法改革者的會議中，強調有必要就班加羅爾原則的適用，以權威性指引形式，予以評註或提供解釋備忘錄。本工作組同意該評註或指引將使法官及司法倫理教師，不僅對於班加羅爾原則之起草及多元文化諮詢過程，以及準則及其附隨原則的論理，有所瞭解，而且也可以促進對於該等準則及原則在適用上可能產出或顯現之爭議、情況及問題，有更深層之瞭解。因之，本工作組決定，首先由協調人先行草擬評註草案，之後提交本工作組加以考量及認可。

犯罪預防與刑事司法委員會

2006年4月，犯罪預防與刑事司法委員會第15屆會議於維也納召開，在埃及、法國、德國、奈及利亞及菲律賓政府共同支持下，無異議通過「加強司法行為基本原則」議案，建議聯合國經濟及社會委員會，尤其要

(a) 邀請會員國，在不違反其國內司法體系的情形下，鼓勵其司法機關在審查或擬定有關司法機關成員的職業及倫理行為規則時，將班加羅爾司法行為原則（附於決議之後）列入考慮；

(b) 強調班加羅爾司法行為原則象徵著對於司法機關獨立原則的進一步發展，並補充其內容；

(c) 對於司法廉政工作組在聯合國毒品和犯罪問題辦公室的贊助下，以及其他國際及地區司法論壇在加強司法獨立、公正與廉正方面之付出，所進行的重要工作，表示感謝；

(d) 要求聯合國毒品和犯罪問題辦公室持續支持司法廉政工作組的工作；

(e) 對於已自願捐助聯合國毒品和犯罪問題辦公室，以支持司法廉政工作組的會員國，表示感謝；

(f) 邀請會員國對於聯合國犯罪預防及刑事司法基金為適當的自願性捐助，以支持司法廉政工作組的工作，且經由全球反貪腐計劃，持續對於開發中國家及經濟轉型國家，依其請求，提供加強其司法機關廉正與能力的技術性協助；

(g) 邀請會員會向秘書長提出其對於班加羅爾司法行為原則的觀點，以及適當的修正意見；

(h) 要求聯合國毒品和犯罪問題辦公室，在與司法廉政工作組及其他國際及地區司法論壇合作下，召開一個開放式政府與政府間專家團體會議，考量會員國所出的觀點及修正意見，擬定班加羅爾司法行為原則評註；並

(i) 要求秘書長針對本決議之執行，於犯罪預防與刑事司法委員會第16屆會議中提出報告。

經濟及社會理事會

2006年7月，聯合國經濟及社會理事會未經表決，通過以上決議[2]。

政府與政府間專家團體會議

2006年3月，由司法廉政工作組協調人Nihal Jayawickrama提出班加羅爾司法行為原則評註草案，交付由聯合國毒品與犯罪問題辦公室所召開的司法廉政工作組及開放式政府與政府間專家團體聯席會議討論。該會議由Weeramantry法官及南非首席法官Pius Langa主持。司法廉政工作組其他與會成員有烏干達首席法官B J Odoki、坦尚尼亞首席法官B A Samatta、埃及副首席法官Adel Omar Sherif博士，及奈及利亞前首席法官M L Uwais。澳大利亞最高法院法官M D Kirby無法與會，提出書面意見。

政府與政府間專家團體成員，包括由阿爾及利亞、亞塞拜然、多明尼加、芬蘭、德國、匈牙利、印尼、伊朗、拉脫維牙、利比亞、摩爾多瓦、摩洛哥、那米比亞、荷蘭、奈及利亞、巴基斯坦、巴那馬、羅馬尼亞、韓國、塞爾維亞、斯里蘭卡、敘利亞，及美國等國政府所指派之法官及資深官員。另有聯合國毒品和犯罪問題辦公室、聯合國開發計劃、歐洲委員會、德國技術合作協會、（義大利）刑事科學高級研究國際機構、（義大利國家研究委員會）司法制度研究機構及美國法曹協會。

除了司法廉政工作組成員之外，其他參與會議的法官有英國上議院及前歐洲法官諮詢會議前主席Mance、法國最高法院顧問及歐洲人權委員會主席Christine Chanet法官、阿根廷最高法院副院長Elena Highton de Nolasco、印尼最高法院代理首席法官Paulus Effendie Lotulung博士、埃及最高憲法法院法官Mohammed Aly Seef及Elham Naguib Nawar、尼泊爾最高法院法官Ram Kumar Prasad Shah、西班牙巴塞隆納上訴法院商事法庭庭長Ignacio Sancho Gargallo、

2　ECOSOC 2006/23.

匈牙利最高法院法官Ursula Vezekenyi、納米比亞高等法院法官Collins Parker、德國地方法院法官Hansjorg Scherer、芬蘭赫爾辛基地方法院法官Riitta Kiiski、阿爾吉利亞法官Nora Hachani及奈及利亞國家司法機構主任Timothy Adepoju Oyeyipo法官。

　　本草案每一章節經分別檢討後，予以詳細討論，修正及刪除部分均經合意。本評註業經認可，並授權司法廉政工作組出版及散播，以期對於班加羅爾司法行爲原則之更深入瞭解有所助益。

前言

　　鑒於《世界人權宣言》指出，在人們的權利義務及刑事控告的審判上，任何人均享有完全平等的權利。而獲得獨立及公正的審判庭舉行公平和公開審理進行審判，乃一項基本原則。

評註

世界人權宣言

　　1. 世界人權宣言（UDHR）是聯合國大會於1948年12月10日所宣布的，第10條規定：人人完全平等地有權由一個獨立而無偏倚的法庭進行公正的和公開的審訊，以確定他的權利和義務並判定對他提出的任何刑事指控。

　　2. 世界人權宣言經聯合國大會無異議通過，意味著已被聯合國會員在聯合國憲章中所承諾擔保的該等權利，有了「共同的瞭解」。此乃第一次有關人權的世界性全面宣示。在本質上，世界人權宣言並非具有法律上拘束力的文書，其乃宣言，而非條約。然而一般認爲其有助於憲章上有關「人權及基本自由」內容之解釋。事實上，早在1971年，在司法上就認爲「雖然對於宣言的確認並沒有國際公約的拘束力……其對於國家仍有習慣上拘束力……不問原因係其構成習慣法典……或由於經由接受其爲法律的一般慣習而取得習慣的效力」[3]。

---

[3]　*Legal Consequences for States of the Continued Presence of South Africa in Namibia (South-West Africa) Notwithstanding Security Council Resolution 276 (1970)*, ICJ Reports 1971, separate opinion of Vice-President Ammoun, at 76.

　　鑒於公民與政治權利國際公約保證，在法庭面前，人人平等；同時在根據法例提出的任何刑事控告或權利義務的審判上，任何人均有權在依法成立、具司法管轄權、公正的獨立審判庭舉行公平及公開審理進行審判，不得無理拖延。

評　註

公民與政治權利國際公約

　　3. 公民與政治權利國際公約（ICCPR）第14(1)條，其中規定：

　　人人在法院或法庭之前，悉屬平等。任何人受刑事控告或因其權利義務涉訟須予判定時，應有權受獨立無私之法定管轄法庭公正公開審問。

　　4. 公民與政治權利國際公約於1966年12月16日經聯合國大會一致通過，並於1976年3月23日生效，即在第35份批准文件提出後的三個月。到了2006年5月8日，有156個國家批准或同意遵守它，該等規定因而具有國際法上拘束之效力。

國家的義務

　　5. 當一個國家批准或同意遵守公民與政治權利國際公約，即承擔了三項國內義務。第一、「尊重並確保所有境內受其管轄之人」一律享受本公約所確認的權利，「不問種族、膚色、性別、語言、宗教、政治或其他主張、民族本源或社會階級、財產、出生或其他身分」。第二、各依本國憲法程序，並遵照本公約規定，採取必要步驟，制定必要的立法或其他措施，以實現本公約所確認的權利。第三、確保任何人享有本公約所確認的權利或自由遭受侵害時，均獲有效的救濟，公務員執行職務所犯的侵權行為，亦不例外；確保上項救濟聲請人的救濟權利，由主管司法、行政或立法機關裁定，或由該國法律制度規定的其他主管機關裁定，並推廣司法審查的機會；確保上項救濟一經核准，由主管機關予以執行。

國際法的地位

　　6. 國際法在國內司法體系的地位，一般取決於國內法。因此不同的法則適用於不同的管轄區域，主張一元論者，認為國際法與國內法就同一問題，同時

適用，有衝突時，前者優先適用；偏好二元論者，則認爲國際法與國內法爲二個不同體系的法律，規範不同事物。二者互不隸屬，在前者經由國內立法程序取代後者前，前者對於後者並無效力。採取此一觀點的理由在於，締結條約係行政行爲，然而履行該義務，如附帶有變更現有國內法之情形時，即應有立法行爲。儘管如此，在許多偏好二元論之國家，對於基本人權及自由的承認與遵守，目前均予以普遍接受或對於國內法的內容產生影響。

鑒於上述基本原則和權利，亦獲得地區性人權文書、各國國家憲制、成文法和普通法及司法慣例及傳統承認及反映。

評註

歐洲人權公約

7. 1950年歐洲人權及基本自由保護公約第6(1)條，特別規定：

於決定任何人之公民權及義務，或對其所爲刑事控告時，任何人均有權在合理時間範圍內，由依法所設立之獨立而公正之法庭進行公平而公開之審判。

美洲人權公約

8. 1969年美洲人權公約第8(1)條，特別規定：

任何人在證明其刑事指控的程序，或在決定其民事、勞工、財務或任何其他性質的權利及義務的程序中，有權在正當擔保及在合理時間內，由一具司法權、獨立而於先前所設立之公正法院予以審判。

非洲人權憲章

9. 1981年非洲人權憲章第7(1)條規定：

任何人有權使其訴訟受到審理。包括：
(e) 由公正法院或法庭於合理時間內審判的權利，

而在第26條確認：

> 本憲章簽署國有責任保證法院之獨立……

鑒於人權以外的其他權利的施行，最終實有賴妥善執行司法工作，因而在保障人權方面，具司法管轄權、獨立及公正的司法機關尤其重要。

鑒於在法院履行擁護憲法及法治的責任方面，具司法管轄權、獨立及公正的司法機關亦同樣重要。

評 註

立憲主義

10. 立憲主義的概念，有學者解釋如下：

> 立憲主義係主張政府行使權力應受法規之拘束，規定程序的法規，為立法與行政行為行使之依據，以及界定其行使之可能界限。立憲主義唯有在此等法規箝制裁量權之恣意行使，且被行使政權者真正地遵守，以及權力不致侵犯個人所享有自由重要空間禁區的情況下，才會真實存在[4]。

法治

11. 獨立及公正司法機關與推動法治間的關聯性，有學者為如下闡釋：

> 司法獨立對於公眾具有重要性的理由，在於自由社會僅存在於法治……法規對於管理者及被管理者均有拘束力，對於所有尋求救濟或被尋求救濟的人，公正適用法規並平等對待。不論人們認為它的概念多麼含糊不清，在所有人們心中總是渴望法治。實現該渴望，繫乎法官對於法律的有效及公正適用。為了履行該責任，法官應該獨立，而且看起來是獨立的。我們已習慣於司法獨立包括獨立於行政體制指示的觀念，……然而現代的裁判多樣而重要，獨立應該被認為是（或可能被合理認為是）對於公正裁判的需求。

---

[4] S.A. de Smith, *The New Commonwealth and its Constitutions*, London, Stevens, 1964, p.106.

獨立於行政體制雖是中心思想，但其不再是與獨立有唯一關連性的思想[5]。

獨立而公正之司法機關

12. 獨立而公正的司法機關的觀念，於今日範圍更廣：

任何提到司法獨立問題，必然馬上歸結到：獨立於什麼？最明顯的答案當然是獨立於行政體制，我想法官在作為裁判角色時，很難想像他們不獨立於行政體制。但除了在造法功能外，他們也應獨立於立法機關。法官不應順從國會的意見表示，或者採取獲得國會稱讚的觀點或避免國會批評的見解來裁判案件。他們也必須清楚地確保其公正性不會受到任何其他團體（不問職業、商業、個人或其他）的傷害[6]。

鑒於現代的民主社會，公眾對司法制度和司法機關的道德權威及廉正的信心，極為重要。

評註

公眾對司法機關的信心

13. 維繫一個國家司法制度，在於公眾對於法院的獨立、法官的廉正以及程序的公正及其效率的信心。有位法官曾表示：

法院的威信……不在於金錢或武力……而終究是依賴公眾對其道德約束力的信心，該感覺必須由法院在實際上及外觀上，完全遠離政治糾葛，而且避免於政治解決的紛爭裡投入政治力的衝突中[7]。

---

[5]　Sir Gerard Brennan, Chief Justice of Australia, 'Judicial Independence', The Australian Judicial Conference, 2 November 1996, Canberra, www.hcourt.gov.au.

[6]　6 Lord Bingham of Cornhill, Lord Chief Justice of England, 'Judicial Independence', *Judicial Studies Board Annual Lecture 1996*, www.jsboard.co.uk.

[7]　*Baker v. Carr*, Supreme Court of the United States, (1962) 369 US 186, per Frankfurter J.

鑑於法官（個人及集體）必須尊重和承認司法職責須獲得公眾信任，並努力增進及維持人們對司法制度的信心。

評 註

集體責任

14. 法官必須考慮到他（或她）的職責，不僅要遵守高行為標準，而且也要參與集體建制、維持及支持該等標準。即使一個不當的司法行為也會無可彌補地損及法院的道德威信。

司法職務

15. 以下這段話，是一位首席法官對於其管轄區域內的新任法官曾經述說的：

法官的角色是以依法實現正義的關鍵地位來服務社會，你們的職位讓你們有這個機會，那是一項特權。你們的職務要求你們服務，那是一種責任。法官接受任命，無疑有許多其他個人及職業上的理由，但法官除了由服務社會而持續地感受它的實質重要性，無法從其職務中獲得成就或感到滿足。自由、和平、秩序及良好的管理，是我們所珍惜的社會要素，但由根本來分析，這些要素都是建立在忠實履行司法職務的基礎上。只有在社會對於司法機關的廉正及能力有信心，才能說這社會是以法治來管理。明瞭這一點，你們必須對於你們的職務的重要性感到高度自滿。當這工作失去它的新穎性，當案件量有如薛西弗斯（Sisyphus）的負擔，當對於延期判決的專斷感到乏味，唯一鞭策你們持續不斷努力的動機，在於認清你們所被要求的，對於你們所生活的社會是重要的。

履行職務責任是你們的特權，而你們直到卸職之日，有義務保持清白。你們所說的及所做的，不論在公開場合，或某些情況的私人場合，都會影響公眾對你們職務的評價，以及尊重的程度。當由晚宴結束開車回家途中因有被逮捕的危險而奔跑，或者在納稅申報單上有些微記載不清，都可能具有公共的涵義。由於你們對於司法職務的高度自滿，凱撒妻子的標準（standards of Caesar's wife）正是別人用來衡量你們所說及所做的標準，這些標準適用於你們自己。這些標準適用的，不只是大事，也適用於小事。在某些場合，小錢的

管理以及開銷的支給，可能是一件大事。伴隨對於職務高度自滿的，是就前人所立下及對現任者所期待的標準，對於自己有無能力達到該標準的謙卑。有少數法官對於他們自己有能力達到被期待表現水平，毫無疑慮此事，充滿自信，然而就我到目前所知，之前自信有能力做到的人，沒有一位做到。當然，隨著經驗的累積，關於履行其職務能力的焦慮會降低，但大部分的原因並不是自信，一如現實地承認自己能力的限度。假如一個人已盡力，對於能力不足的焦慮可能會有反效果。學識上的謙卑（即使未顯現出來）、責任及自尊的感受、在受到公眾所檢視司法程序每一步驟的表現，及同儕的團體壓力，都是啟發法官呈現最好能力的因子。

　　……你們已經成為或正加入菁英分子的行列——服務的菁英，非社會地位顯赫——此一身分，可能是個人極大滿足的來源，而非引以自豪。你們領取的薪資不會使你們富有；你們會比你們大多數非從事司法工作的朋友，工作更為辛苦，並且工作時間更長；你們在司法上的言行，以及其他言行，都會被公開批評，而公眾對於司法機關的信賴，可能因那些不正當的或未經回覆的攻擊而受到腐蝕。然而如果在一天結束時，你跟（你非常尊敬的）我的同事們，分享你以依法實踐正義的精神來服務社會，你將會有非常滿足的人生。願保有良善而受尊敬的心，一切將會美好[8]。

　　鑒於提高和維持高水準之司法行為，乃各國司法機關之基本職責。

評註

草擬司法行為守則

16. 司法機關本身最好能自行擬定司法人員的行為守則或類似名稱的原則，其內容要與司法獨立原則及權力分立一致。例如，在許多國家，立法及行政機關訂定有其成員受期待的行為，及其倫理上的責任如何，司法機關採取相同做法是妥當的。如果司法機關在確保其成員維持別人對他們具有所期待高標準的司法行為方面，無法或疏於承擔責任，則在輿論及政治考量下，可能導致政府其他二個部門的介入。而當那樣的情況發生時，司法所植基及其賴以維繫

8　　Sir Gerard Brennan, Chief Justice of Australia, addressing the National Judicial Orientation Programme, Wollongong, Australia, 13 October 1996. The full text of the speech is available at www.hcourt.gov.au.

亦鑒於《聯合國司法機關獨立的基本原則》旨在確保及提高司法機關的獨立性，基本上適用於各國。

評 註

聯合國司法機關獨立的基本原則

17. 聯合國司法機關獨立的基本原則，是第7屆聯合國預防犯罪和罪犯待遇大會，於1985年9月間在米蘭所通過，而經聯合國大會於1985年11月間決議核可[9]。接下來的一個月間，大會「歡迎」本原則，並邀請各國政府「尊重它們，並於其國內立法及實務上的架構內予以考量」[10]。基本原則「擬定的目的在於協助會員國進行確保及促進司法獨立工作」，其內容如下：

司法機關的獨立

1. 各國應保證司法機關的獨立，並將此項原則正式載入其本國的憲法或法律之中。尊重並遵守司法機關的獨立，是各國政府機構及其他機構的職責。

2. 司法機關應不偏不倚、以事實為根據並依法律規定來裁決其所受理的案件，而不應有任何約束，也不應為任何直接或間接不當影響、慫恿、壓力、威脅、或干涉所左右，不論其來自何方或出於何種理由。

3. 司法機關應對所有司法性質問題享有管轄權，就某一提交其裁決的問題是否在其權限範圍，並有專屬決定權。

4. 不應對司法程序進行任何不適當或無根據的干涉；法院作出的司法裁決也不應加以修改。此項原則不影響由有關當局根據法律對司法機關的判決所進行的司法審查或採取的減罪或減刑措施。

5. 人人有權接受普通法院或法庭按照業已確立的法律程序的審訊。不應創設不採用業已建立的正當法律程序的法庭，來取代普通法院或法庭的管轄權。

---

[9]　S/RES/40/32 of 29 November 1985.

[10]　A/RES/40/146 of 13 December 1985.

6. 司法機關獨立的原則要求司法機關確保司法程序公平進行以及各當事方的權利得到尊重。
7. 向司法機關提供充足的資源，以使之得以適當地履行其職責，是每一會員國的義務。

言論自由與結社自由

8. 根據《世界人權宣言》，司法人員與其他公民一樣，享有言論、信仰、結社和集會的自由；但其條件是，在行使這些權利時，法官應自始至終本著維護其職務尊嚴和司法機關的不偏不倚性和獨立性的原則行事。
9. 法官可以自由組織和參加法官社團和其他組織，以維護其利益，促進其專業培訓和保護其司法的獨立性。

資格、甄選與培訓

10. 獲甄選擔任司法職位的人應是受過適當法律訓練或在法律方面具有一定資歷的正直、有能力的人。任何甄選司法人員的方法，都不應有基於不適當的動機任命司法人員的情形。在甄選法官時，不得有基於種族、膚色、性別、宗教、政治或其他主張、民族本源或社會出身、財產、血統或身分的任何歧視，但要求司法職位的候選人必須是有關國家的國民，不得視為一種歧視。

服務條件與任期

11. 法官的任期、獨立、保障、適當報酬、服務條件、退休金和退休年齡，應受法律保障。
12. 無論是任命或選舉產生的法官，其任期都應當得到保證，直到屆齡退休，或任期屆滿。
13. 如有法官晉升制度，法官的晉升應以客觀因素，特別是能力、操守和經驗為基礎。
14. 法院內部的法官分配案件，是司法機關的內部事務。

職業秘密與免責

15. 法官對其評議和他們在除公開訴訟過程外履行職責時所獲得的機密資料，應有義務保守職業秘密，並不得強迫他們就此類事項作證。

16. 在不損及懲戒程序，或者根據國家法律向國家提出請求或要求國家補償之情形下，法官個人應享有豁免於因履行司法職責時的不當行為或疏失所造成金錢損失民事追訴的權利。

紀律處分、停職與撤職

17. 對法官的司法和專業能力所提出的指控或控告，應按照適當的程序，予以迅速公平處理。法官有權利獲得公正的申訴機會。在最初階段所進行的調查應當保密，除非法官要求不予保密。

18. 除非法官因不稱職或行為不端使其不適於繼續任職，否則不得予以停職或撤職。

19. 一切紀律處分、停職或撤職程序，均應依照業已建立的司法人員行為標準予以決定。

20. 有關紀律處分、停職或撤職的程序的決定，須接受獨立審查。此項原則得不適用於最高法院，以及那些立法機關有關彈劾或類似程序的決定。

　　以下原則擬用於建立法官之倫理行為標準，為法官提供指引，亦向司法機關提供規範司法行為之框架。以下原則亦擬協助行政機關和立法機關官員、律師及大眾更進一步理解和支持司法機關。有關原則預先假定法官須為其行為而向專責維持司法水準的獨立及公正機構負責，旨在補充而非削弱對法官具約束力的現有法律及行為規則。

評　註

基本及一般準則

　　18. 本原則的內容是以六個基本及一般準則為基礎，每一原則的適用範圍旨在提供法官指引，並予司法機關以全國性的行為守則或其他機制，來規範司法行為的架構。在設計每一原則的適用範圍，性質上既不能太廣泛，以免難以成為指引，也不能太特定，以免無法適用於法官每日生活所面臨的無數且不同的問題。然而他們可能要依每一司法管轄權領域的環境而有所調整。

並非每種違反司法行為原則的行為都要予以懲處

　　19. 雖然司法行為原則旨在拘束法官，但並不意味法官任何涉嫌違反的行

爲，都會造成懲處的結果。並非法官每一不符原則的行爲都構成不當行爲，其行爲是否適合予以懲處，可能取決於其他因素，例如不管不適當行爲的類型如何，其違反情節的嚴重性；以及取決於不適當行爲對於其他人及司法系統整體的影響。

瞭解司法機關的角色

20. 瞭解司法機關在民主國家中的角色，尤其瞭解法官的職責在於公平適用法律，不考慮可能來自社會及政治的壓力，其情形在不同的國家，有很大的差異性，從而公衆對於法院行爲的信心水平也不會一致。有關司法機關運作及其角色的充分資訊，可能有助於提升公衆瞭解法院在民主憲政體系所扮演的基礎角色，以及其行爲的界限。此等原則旨在協助立法及行政機關成員，以及律師、訴訟當事人與一般大衆，對於司法職務的性質、法官被要求維持在法庭內與法庭外的高行爲標準，以及他們必須在受限制的範圍內執行職務，有更深一層的瞭解。

行爲標準的必要性

21. 確認適當的司法職務行爲標準的必要性，有位法官自己解釋如下：

沒有人懷疑法官被期待在法庭內與法庭外，依照某些標準來行爲。這些標準，僅僅是對於個人水平的自願性行止的期待？或者是對某特定職業團體，基於本身與社會的利益，而期待某種行爲標準須被遵守？由於這是根本問題，因而有必要做基本的論述。

我們在社會上形成一特殊團體，是經由遴選而從事受人尊敬的職業。我們每日受託行使重要的權力，該權力的行使對於我們所處理案件當事人之生命及財產，有相當重要的影響，公民無法確定是否有一天他們或他們的財產不會由我們來裁判，他們不會希望該權力被寄託給任何一個在誠實、能力或個人標準方面受到質疑的人。爲了法律體系的延續性，維繫公衆對該等期待的信心，而擬定有關在法庭內與法庭外的行爲標準，是有必要的[11]。

---

[11]　J.B. Thomas, *Judicial Ethics in Australia*, Sydney, Law Book Company, 1988, p.7.

準則1：獨立

原則

　　司法獨立乃法治之先決條件，亦為公平審訊之基本保證。因此，就法官個人及司法機關而言，法官應維護司法獨立，並應以身作則。

評 註

不是司法職務的特權，而是附隨的責任

　　22. 司法獨立並非個別法官的特權，而是課予每一法官的責任，以使他（或她）得以基於法律與證據，誠實而公平地裁判爭議，不受外在的壓力或影響，且無懼於來自任何人的干涉。司法獨立原則的核心在於法官得以就其受理的案件，完全自由地審判；沒有任何外人——即使是政府、壓力團體、個人或甚至另一法官，都不得干涉，或試圖干涉法官對於案件的處理與裁判[12]。

個人與機關獨立

　　23. 司法獨立指個人及機關在做決策時的獨立，因此司法獨立兼指心理狀態與機關及其運作，前者與法官的獨立有關，後者則與界定司法機關與其他機關，尤其指政府其他部門間的關係，以確定實際及外觀上的獨立。這兩種司法獨立間的關係，在於個別法官固然得以掌握本身的心理狀態，但如他（或她）所服務的法院無法獨立（此為其功能之本質）於其他政府部門，則法官也不能說是獨立的[13]。

獨立不同於公平

　　24. 「獨立」與「公平」的概念極具關連性，但二者乃不同概念，且有區別。「公平」指心理的狀態，或法庭在處理特定案件時對於爭議與當事人的態度。「公平」這個字意味在實際上及客觀上沒有偏見。「獨立」這個字則反應或具體表現傳統憲法上的獨立價值。從而，它不僅意味在實際行使司法職務時

---

[12]　See *Rv Beauregard*, Supreme Court of Canada, [1987] LRC (Const) 180 at 188, per Dickson CJ.

[13]　See *Valente v The Queen*, Supreme Court of Canada, [1985] 2 SCR 673. functions, but a status or relationship to others, particularly to the executive branch of government that rests on objective conditions or guarantees.

的心理狀態或態度，而且意含著其與他人（尤其是政府的行政部門）間所依存客觀條件或擔保的地位或關係。

法官並不虧欠當代政府

25. 宣言立憲而承認司法獨立，並不當然創造或維持一個獨立的司法機關。司法獨立必須受到所有政府的三個部門的承認與尊重。尤其必須認清法官並不虧欠當代政府。

他們視政府如流水而來、隨風而去。他們無須忠於部長，即便如公職人員短暫的忠心也無必要，……法官也是皇冠下的獅子，他們在那位置上，並非從首相的角度來作裁判，而是基法律及他們對於公眾利益的觀念，他們效忠的對象是法律以及那個觀念，不論那是優點或缺點、價值或威脅[14]。

誠如一位法官在二次大戰期間所說[15]：

在這個國家，於武力衝突期間，法律並不沉默，法律雖然可能被改變，但他們說一樣的話，不論戰時或平時。法官平等對待任何人，站在人民與行政機關對其自由的意圖犯侵之間，警覺一切迫害行為受到法律的糾正，正是自由的支柱之一，也是我們目前所爭取權限的自由原則之一。

司法獨立的條件

26. 為了確立司法機關是否可以被認為「獨立」於政府的其他機關，通常考慮的重點在於，其成員任命的方式、任期、工作條件、對抗外來壓力的擔保制度，以及法官是否呈現外在獨立的問題[16]。司法獨立的三項最低條件是：

(a) 任期的保障：即不論終身職或定期職，直到法官退休前，其任期受到保障，不受行政機關或其他任命機關裁量或恣意的影響。

(b) 待遇的保障：即法官的薪資及年金由法律規定，並不得由行政機關恣意干涉，以影響司法獨立。然而，在此要件範圍內，政府有權對於不同形態的

---

[14] J.A.G. Griffith, *The Politics of the Judiciary*, 3rd ed., 1985, p.199.

[15] *Liversidge v. Anderson* [1942] AC 206 at 244, per Lord Atkin.

[16] *Langborge v Sweden*, European Court of Human Rights, (1989) 12 EHRR 416.

法院，設計適當薪資結構的特別計劃。因此只要工作條件本身受到保護，縱有一些不同計劃的設計，也同樣合乎待遇保障的要件。

(c) 機關的獨立：即直接影響司法權能運作的行政事項的獨立。外來的力量不得影響與裁判有直接而立即關係的事務，例如法官的事務分配[17]、案件承審法官及法院庭期等。雖然在司法與行政機關間不免有機關間的關係，但該關係不得影響司法機關在裁判個人爭議，以及捍衛法律與憲法價值方面的自由[18]。

適用範圍

1.1. 法官應依照事實判斷和對法律的眞心實意理解，行使司法職能，不受來自外部的任何直接或間接的誘導、壓力、恐嚇或干預的影響，亦不應因任何理由影響判決。

評 註

外在影響力不得影響裁判

27. 如裁判的決策被認爲會受制於不當的外在影響力，即會腐蝕公衆對司法機關的信心，司法獨立及維持公衆對於司法制度的信心很重要，因此不論行政機關或立法機關及法官，都不應讓外界感到法官的裁判可能受到該等影響力的影響。法官可能受到影響的情事，不勝枚舉。法官的責任是以他（或她）對於事實的評價，公正地依其理解的法律來適用，不問其終局決定是否受到歡迎。例如，南非社會不認爲死刑對於極端的謀殺案，是殘酷、不人道或不名譽的懲罰種類，南非憲法法院院長就此意見，於回應時表示[19]：

　　然而我們目前的問題，並非南非大多數人相信什麼才是適當的刑期，而是憲法是否允許該種刑期，雖然輿論可能有所質疑，但在本質上，公正地解釋憲

---

[17] In *The Queen v Liyanage* (1962) 64 NLR 313, the Supreme Court of Ceylon held that a law which empowered the Minister of Justice to nominate judges to try a particular case was ultra vires the Constitution in that it interfered with the exercise of judicial power which was vested in the judiciary.

[18] See *Valente v The Queen*, Supreme Court of Canada, [1985] 2 SCR 673.

[19] *S v. Makwanyane*, Constitutional Court of South Africa, 1995 (3) S.A. 391, per Chaskalson P.

法並維護其規定，法院責無旁貸。如輿論可以主導一切，即無需憲法裁判……法院不可容許自己推諉作爲憲法獨立仲裁者的角色，而藉由討好公眾的基礎上做出選擇。

法官裁判不應考慮公眾的好惡

28. 經由媒體的廣泛報導，某案件可能引起公眾的爭論，而法官可能也會發現他（或她）自己處於所謂的暴風眼中，有時輿論的意見可能極度傾向某一受渴望的結果，然而在行使司法職權時，法官必須不受該種輿論的影響，法官不得考慮所適用的法律、於法院訴訟的當事人，是否受到公眾、媒體、政府官員或法官自己朋友或家人的喜好。法官不得於黨派利益、公眾喧譁或害怕受到批評之間擺盪。司法獨立包括來自外在各種形式的影響。

任何影響裁判的企圖均應予以拒絕

29. 企圖影響法院，僅應由當事人或其代理人於法庭中公開爲之。法官可能偶而會遭到法庭以外的其他人，想影響仍在訴訟中的案件，不論其來源是部長、政治人物、官員、媒體、家人或其他人，所有該等企圖，均應堅定的加以拒絕。此等對於司法獨立的威脅，其手法有時可能是細緻的，以法官在某種案件應如何處理，或者以某種方法討好法官。任何此種影響法官的外來企圖，不論直接或間接，均應加以拒絕。在某些情形，尤其是對於一再嘗試的企圖，已予當面拒絕的情形，法官應將該等企圖報告有關當局。法官應不容許家人、社會或政治關係影響任何司法裁判。

判定什麼行為構成不當影響

30. 判定什麼行爲構成不當影響，可能不太容易。在求取適當平衡點，例如在保護司法程序免於受到不論來自政治、媒體或其他來源的扭曲及壓力，以及在日常生活對於公共利益事物公開討論的利益之間，法官必須接受他（或她）是一個公眾人物的事實，在性格上不可以太容易受影響或太脆弱。公職人員在民主社會受到批評，是平常的事；只要在法律的界限內，法官不應期待其對一個案件的裁判、理由及行爲，不受批評。

1.2. 法官在其裁決的爭議上所作判決，應獨立於社會大眾及任何爭議一方。

評　註

完全隔絕既不可能也無實益

31. 法官被期待獨立於社會到何種程度？以前有人形容法官的職業「有點像教士」[20]。也有法官描寫「首席法官走入修道院，將他自己侷限於司法工作」[21]。儘管加諸法官的嚴格要求可能「在許多層面具有修道士般的性質」[22]，但此等拘束在今天看來，可能是對法官要求太多了。雖然法官被要求維持比其他人更嚴格而拘謹的行為，但期待他（或她）限縮自己的生活，完全以家庭、家人及朋友為中心的私人生活，是不合理的。法官與社會完全隔絕，既不可能，也無實益。

與社會接觸是必要的

32. 如果法官在他（或她）工作之餘，並不與社會隔絕，則法官即會使自己暴露於意見形成的影響力之中，甚至因接觸朋友、同儕及媒體的結果而形成意見。事實上，瞭解公共事物，對於妥當行使司法職務是重要的。法官不僅要充實真實世界的知識，現代法律的性質需要法官「生活、呼吸、思考及參與那個世界的意見。」[23]於今日，法官的職能已擴展到爭議解決的範圍以外，在越來越多元的社會，法官被要求對於廣泛的社會價值及人權問題表示意見，並對於有爭議性的道德問題做出判決，脫離現實的法官不太可能有效處理此等問題。如果法官不當地與他（或她）所服務的社會隔絕，均不利於法官個人發展及公共利益。法律的標準經常要求適用理性的人的判斷標準。法官工作的重要的一部分，司法上發現事實，要求法官依普通常識及經驗來評價證據。因此法官在與法官特別角色的範圍內，應維持與社會密切的關係。

---

[20] Lord Hailsham, Lord Chancellor of England, cited in A.R.B. Amerasinghe, *Judicial Conduct Ethics and Responsibilities*, Sri Lanka, Vishvalekha Publishers, 200, p.1.

[21] William H. Taft, Chief Justice of the United States Supreme Court, cited in David Wood, *Judicial Ethics: A Discussion Paper*, Australian Institute of Judicial Administration Incorporated, Victoria, 1996, p.3.

[22] Justice Michael D. Kirby, Judge of the High Court of Australia, cited in David Wood, *Judicial Ethics*, 3.

[23] See Supreme Court of Wisconsin, Judicial Conduct Advisory Committee, *Opinion* 1998-10R.

倫理上的困境

33. 有人將倫理上的困境簡要說明如次[24]：

法官可以被期待一方面充滿具有高度諸如精明、謙虛、果斷、敏感、富有常識及求知慾的特質，而另一方面又不會顯現冷漠、羞怯、呆板、頑固、不幽默或沾沾自喜嗎？誠然，要同時具有典範及一般人的角色，有如不可能的雙人演出。某些人認為文明而有禮貌的行為，其他人則低貶為拘謹而刻板。反之，有人斥責為不莊重的行為，對於司法職務顯得缺乏尊重，其他人則稱讚該法官有幽默感，以及不要把他們自己搞得太嚴肅的能力。

Oliver Wendell Holmes 勸勉法官「冒著被評斷為不曾生存的風險，來與（他們）時代的人分享熱情與行動」，或許是站時代的前端。

良好實務的例子

34. 法官應回應社會要求的方法，一般是以下列指引為例，該指引是某司法行為諮詢委員會對其轄區法官常被特殊利益團體邀請參加閉門會議（in-chambers meetings），提供的建議[25]：

1. 法官並無滿足一項私人會議要求的義務。
2. 法官在決定是否同意要求時，最好詢問會議的目的。
3. 法官或許考慮該會議是否應包括檢察官或辯護人方面的成員，該等要求的會議常涉及刑事法庭的案件（例如「反酗酒駕車媽媽團體」的代表所為的要求）。
4. 由特殊利益團體所提出的要求，應以書面為之，以避免誤會，且法官應確認會議所要討論的書面內容及其基本規則。
5. 對於特定案件的絕對禁止單方溝通原則，必須遵守，而且在會議開始前必須向提出請求者表明。
6. 法官或許考慮法院速記員是否也應於會議進行中在場，那樣可以避免未來會議過程所透露出來的訊息有所誤會，也可以保護法官，避免後來因被錯誤引用所造成的困擾。

---

[24]　David Wood, *Judicial Ethics*, p.2.
[25]　See Supreme Court of Wisconsin, Judicial Conduct Advisory Committee, *Opinion 1998-13*.

社會的信賴是必要的

35. 司法獨立是以法官這一方完全公正為前提，法官在裁決當事人間之爭議時，應避免會影響——或可能被認為會影響——其獨立裁判能力之聯繫、傾向或偏見。就此而言，司法獨立即闡述「沒有人可以是自己案件的法官」的基本原則的精緻說法。本原則的重要性，遠遠超越對於特定爭議當事人的影響，因社會整體必須能信賴司法機關。

1.3. 法官不僅與政府之行政及立法機關不應有不恰當聯繫及不應受行政及立法機關影響，並且根據合理的旁觀者的看法，亦必須斷定沒有不恰當關係和影響。

評 註

權力或職能分立

36. 司法獨立的核心概念是權力分立的理論：司法機關是現代民主國家三個基本且平等的支柱之一，應該獨立於其他二個機關——立法及行政機關，而行使職權。政府三個部分之間的關係應互相尊重，每一機關承認並尊重其他機關的適當角色。其必要性在於，司法機關相對於其他二個部門，具有重要的角色及職能。其確保政府及行政機關應對其行為負責，至於立法機關，則涉及確保經適當程序制定的法律被執行，而且或多或少確保其符合國家的憲法的規定，而且在適當場合，確保其符合（形成國內法一部分的）區域性或國際條約。為了實踐此等面向的角色，且為了確保完全自由而不受約束地行使獨立的法律裁判，司法機關必須避免與其他政府部門的不當聯繫或受其影響，從而獨立的作用乃裁判公正的保證。

公眾對司法獨立的認知

37. 司法機關應被認為獨立，是重要的，而獨立的判斷標準應包括該認知。某特定法庭是否享有司法獨立的基本客觀條件或保證，是一種認知，而其在事實上將如何行為（不問其是否享有該條件或保證），則非一種認知。要質疑法院獨立的人，無須證明實際缺乏獨立，雖然如果證明了，其質疑即具有決定性。反之，此目的之判斷標準如同認定一個決策者是否具有偏見。本問題在於是否一個合理旁觀者將（在某些司法權範圍為「可能」）認定法院是獨立

的。雖然司法獨立是取決於客觀條件或保證的一種狀態或關係，而且也是在實際行使司法職權時的心理狀態或態度，但獨立的判斷標準在於是否法院得以被合理地認為是獨立的。

「不當聯繫或受影響」的某些例子

38. 以下是一些經法院或司法倫理諮詢委員會所判定為與政府的行政或立法部門「不當聯繫或受影響」的例子。此等例子被作為指引，在每一例子，其結論依案子的情形，被合理旁觀者所採取的觀點：

(a) 當某立法委員寫信給法官，告訴法官，立法委員基於代表選民的利益，希望法官在處理其選民的離婚及監護案件時，迅速而公平處理，法官除了通知立法委員或請別人代表法官通知立法委員，司法行為原則禁止法官接受、考慮或回應此種溝通行為之外，不應回應該詢問。該禁止的範圍包括對於立法委員有關案件的狀態或何時會作出判決的詢問。因為如予回應，即會造成立法委員有能力影響法官加速案件裁判，因而使一造當事人獲得較有利考量的外觀[26]。

(b) 法官在全職的長假期間接受行政或立法機關高等職位、政策決定層級的職務（例如有關司法行政事務的改革），與司法機關的獨立性質不合。法官在高等行政及立法職務與司法機關之間，來回任職，造成了權力分立觀念所欲避免的職務混合的結果，該混合可能會影響法官以及與法官一同服務單位的官員，對於法官獨立角色的認知，即使不會，該職務也會對於公眾有關法院獨立於政府行政及立法部門的認知，有不良影響。該種僱傭關係不同於法官在成為法官之前於行政或立法部門之任職，也不同於其在離開司法職務後於該等單位任職。在此等案例，法官任命及辭職程序，就服務於一部門及轉任他部門間，提供了一個清楚的界限[27]。

(c) 法官配偶是一活躍政治人物時，法官對於他（或她）家人的行為，應保持隔離的狀態，以確保公眾不致認定法官為某政治候選人背書。雖然法官配偶得參加政治上的聚會，但法官不應陪伴他（她）。該等聚會不應在法官家中舉行，如法官配偶堅持在法官家中舉行，法官必須採取所有合理的措施來區隔其與該事件無關，包括避免被那些參與聚會的人在聚會時看到，如果有必要，

---

[26]　See Commonwealth of Virginia Judicial Ethics Advisory Committee, *Opinion 2000-7.*

[27]　See The Massachusetts Committee on Judicial Ethics, *Opinion No.2000-15.*

也包括在聚會期間離開該處所。法官配偶所爲的政治捐款，必須以配偶的名字，從配偶自己個人所有的基金，而不是從（例如）與法官共同的帳戶中提領。應注意的是，該等行爲並不會提高公眾對於法院或司法工作的印象[28]；反之，在法官與他（或她）的配偶一起出席純禮儀性質的聚會，例如國會開議或拜會國家元首的歡迎會，視其情形，也許就不會不適當。

(d) 司法部長對於一個法官爲其所爲司法行爲予以頒獎，或推薦頒獎，違反司法獨立原則。沒有司法機關的實質參與，由行政機關在法官仍任職期間，任意的認可法官的司法工作，危及司法機關的獨立[29]。反之，如由獨立於當代政府的團體對於法官所頒授的民間榮譽的獎勵，或推薦之，依其情形，或許不會不適當。

(e) 由行政機關因司法行政工作而給付法官的「額外補貼」（即基於特殊動機），與司法獨立原則不相符[30]。

(f) 某國際條約的解釋於法院涉訟，而法官宣稱條約的解釋不在司法職權的範圍，因而要求外交部長提供意見，進而做出判斷，法院在實際上是將一個法律問題的解決，轉嫁給行政機關的代表。部長的介入，對於法律程序的結果，具有決定性效果，且未予當事人公開質疑的機會，意即該案件並非由具有充分管轄權的獨立法院來裁判[31]。

1.4. 在執行司法職責方面，如任何事項必須由法官獨立判決，法官應獨立於其他法官作出有關判決。

評註

法官必須獨立於其他法官
39. 審判工作意含法官僅依良心的自治措施[32]，因此司法獨立不僅要求司法

---

[28] See The Massachusetts Committee on Judicial Ethics, *Opinion No.1998-4*.

[29] Decision of the Constitutional Court of Hungary, 18 October, 1994, Case No.45/1994, (1994) 3 *Bulletin on Constitutional Case-Law*, 240.

[30] Decision of the Constitutional Court of Lithuania, 6 December 1995, Case No.3/1995, (1995) 3 *Bulletin on Constitutional Case-Law*, 323.

[31] *Beaumartin v France, European Court of Human Rights*, (1984) 19 EHRR 485.

[32] Roger Perrot, "The role of the Supreme Court in guaranteeing the uniform interpretation of the law", Sixth Meeting of the Presidents of European Supreme Courts, Warsaw, October 2000.

機關要獨立於其他政府部門，而且要求法官要獨立於其他法官。換言之，司法獨立不僅繫乎免於不當的外來影響，也依存於免於來自其他法官不當的行為或態度。法官有時會發現，就一個假設性問題，尋求「一位聰明」同事的協助，是有用的，然而司法判決是個別法官的責任，包括在上訴法院合議審判的每一法官。

司法機關的階層組織無關緊要

40. 法官在執行他（或她）的職務時，並非任何人的受僱人。他（或她）是法律的僕人，而且僅對法律及他（或她）應不斷檢討的良心負責。除了上訴制度之外，法官不依司法機關內部或外部第三人的命令或指示來裁判案件，乃自明之理。任何司法機關的階層組織及職等之不同，絕對不得干涉法官不受外來因素或影響而自由裁判的權利。

法官沒有報告案件品質的義務

41. 要求法官要回答任何人（尤其是因法官的行為致使權利受侵害的人）關於案件品質的責任，與司法機關的獨立原則不符。除非經由法律明文規定的司法理由或其他程序，法官即使對於司法機關內部的其他成員，都沒有報告案件品質的義務。但是如果法官的裁判顯示其適任性有問題，而構成懲戒事由時，則另當別論，但在那種非常極端的例子，法官不是「報告」，而是回答依法所進行的指控或調查程序。

妥適處理案件優於「產量」

42. 存在於許多國家的法院檢查制度，也不應關係到特定裁判的審理品質或正確性；而且在效率的考量基礎，也不應使法官對於產量的重視，優於他（或她）對於妥當履行其角色的重視，即依照法律及事實爭點，詳加審究後而為判決。

1.5 法官應提倡及擁護保證執行司法職責的措施，藉以維持及增進司法機關之機構和運作獨立性。

評 註

法官應抵抗對損害司法獨立的企圖

43. 法官對於損害他（或她）的機構或運作獨立的任意企圖，應保持警

覺，雖然法官應注意不能爲了枝節的司法獨立問題，即任意地藉以反對影響司法機關的一些變革意見，但法官應該是他（或她）本身獨立的堅定捍衛者。

公眾對於司法獨立的認識應予提倡

44. 法官應瞭解並非每一個人都熟悉這些觀念，以及它對司法責任的影響。由於誤解可能會損及司法的公信力，是以對於公眾就有關司法機關及司法獨立的觀念予以教育，即成爲政府及其機構與司法機關本身重要的職務。公眾可能無法由媒體，獲得有關司法獨立原則的完全平衡的觀點，媒體可能不正確地將它描寫成是在保護法官就其行爲免於受到評論及公眾的討論。因此，基於公眾本身的利益，法官應利用適當機會協助公眾瞭解司法獨立的根本重要性。

1.6 法官應以身作則，提高司法行爲水準，藉以鞏固司法機關之公信力，即鞏固維持司法獨立之基石。

評 註

高水準的司法行為係維持司法公信力所必要

45. 公眾接受或支持法院判決，取決於公眾對法官廉正及獨立的信心，而該信心又取決於認同法院高水準行爲的法官。從而法官應以身作則，提高司法行爲水準，以確保其作爲司法機關獨立的要素。

公平審判的最低要求

46.高水準司法行爲需要遵行對於公平審判的最低要求，例如法官必須承認當事人有下列權利[33]：

(a)依訴訟程序性質與目的的適當通知；

(b)給予適當準備案件的機會；

(c)以書面或言詞或二者提出言詞辯論及證據，及爲答辯與提出反證；

(d)在訴訟程序的任何階段，向律師或其他由他（或她）所選任適格的人諮詢或由其代理訴訟；

(e)在訴訟程序的任何階段，如他（或她）不瞭解或使用法庭所用言語來

---

[33] See Draft UN Body of Principles on the Right to a Fair Trial and a Remedy, UN document E/CN.4/Sub.2/1994/24 of 3 June 1994.

表達意思時，詢問通譯；

(f) 影響他（或她）的權利或義務的判決，只得以當事人在公開程序所已知之證據為其判斷基礎；

(g)所收受法官之判決，未有不當遲延情形，以及當事人就其判決應獲適當之通知，並附有理由；

(h)除判決是由最終上訴法院所為，有權對於判決向更高的法院上訴，或尋求上訴。

自由的剝奪，必須依據法律

47. 法官非依法律所定程序，不得剝奪人的自由。因此法官所為剝奪自由的命令，不應未經客觀評估其必要性及合理性而為之。同樣地，法官基於惡意或因適用正確法律有所疏忽，所為拘禁的命令，係率性而為，即如同在相關證據未經客觀評價，即將案件交付審判一般。

被告之權利

48. 公民與政治權利國際公約第14(1)條界定公平審判的權利，它承認「人人」在法院或法庭之前，悉屬「平等」，而且在其「受刑事控告」或「因其權利義務涉訟」須予判定時，有權「受獨立無私之法定管轄法庭公正公開審問」[34]。

49. 公民與政治權利國際公約第14(2)至(7)條及第15條，包含了在同條14(1)條所述公平審判之刑事程序之特別適用情事。該等規定適用於刑事訴訟的所有程序，包括準備程序（如果有的話）、交付審判程序，及審判本身所有階段的程序。然而此等規定僅係最低的擔保，遵行其規定並未必確保審判程序的公正。

(a) 未經依法確定有罪以前，被推定無罪的權利。

(b)犯罪行為經終局判決判定有罪或無罪開釋者，就同一罪名不再受審判或科刑的權利。

(c) 迅即受以其通曉之語言，詳細告知被控告罪名及案由的權利。

---

[34] For an authoritative interpretation of ICCPR 14, see Human Rights Committee, General Comment 13 (1984). A more extensive general comment is expected shortly. For a comparative analysis of the jurisprudence on the right to a fair trial, see Nihal Jayawickrama, *The Judicial Application of Human Rights Law: National, Regional and International Jurisprudence*, Cambridge University Press, 2002, pp.478-594.

(d) 有充分時間及便利，準備答辯的權利。

(e) 與其選任之辯護人聯絡的權利。

(f) 不受不當遲延審判的權利。

(g) 親自到庭受審的權利。

(h) 親自答辯或由其選任辯護人答辯的權利；未經選任辯護人者，告以有此權利。

(i) 於法院考量司法利益，認為有為其指定律師協助的必要時，有權接受律師協助，如被告並無資力酬償，得免支付之。

(j) 親自或間接詰問他造證人的權利。

(k) 聲請法院傳喚其證人在與他造證人同等條件下出庭作證的權利。

(l) 如不通曉或不能使用法院所用之語言，請求通譯協助的權利。

(m) 不受強迫為不利於己的證述或認罪的權利。

(n) 少年享有考量因其年齡及促進其重建生活所必要，而酌定程序的權利。

(o) 任何行為或不行為，於發生當時依內國法及國際法均不構成犯罪者，不受主張有刑事犯罪的權利。

(p) 受公開宣判的權利。

(q) 經判定犯罪者，有聲請上級法院依法審查其有罪判決及所科刑罰的權利。

關於科刑之權利

50. 公民與政治權利國際公約第6(5)、7、14(7)及15條規定，承認經判定犯罪者以下權利：

(a) 不受重於犯罪時法律所規定的刑罰。

(b) 經終局判決判定有罪或無罪開釋者，有權請求不得就同一罪名再予懲罰的權利。

(c) 不受殘忍、不人道或侮辱之懲罰的權利。

(d) 凡未廢除死刑之國家，未滿18歲之人犯罪或其非犯情節最重大之罪，且依照犯罪時有效的法律，不受科處死刑的權利。

準則2：公正

原則

在正當執行司法職務時，公正極爲重要。該項準則不僅適用於判決本身，亦適用於達成判決結論之司法程序。

評註

獨立是公正的必要先決條件

51. 獨立與公正是分別而不同的準則，然而他們在強化司法職務方面，有著密不可分之關係。獨立是公正的必要先決條件，它是爲了達到公正目的的必要條件。法官可能獨立，而不一定公正（依個案而定），但法官如不獨立，在意義上即不可能公正（以機構爲基礎）[35]。

公正的感覺

52. 公正是法官及司法機關核心屬性所要求的基本特質，公正必須存在於事實及感覺上。如果被合理感到偏心，則該感覺即可能讓人有心中不平或處理不公的感受，從而破壞公衆對於司法制度的信心。公正的感覺是由合理旁觀者的觀點來加以衡量。法官並非公正的感覺，可以由許多方面來觀察，例如被認爲有利益衝突、法官在職務上的表現或法官在職務外的交往與活動。

公正的要件

53. 歐洲法院曾說明公正要件的兩個面向，第一，法院必須是在主觀上公正，即法院的任何成員均不應存有個人偏見或成見，除有相反證據外，應推定個人的公正。第二，法院必須在客觀上也是公正，亦即它必須提供充分擔保，以排除在這方面的任何合理懷疑[36]。基此標準，不問法官個人行爲如何，是否有可能讓人對於他是否公正引起懷疑的可確定事實，應加以判定。就此而言，即使是外觀，也具有某程度重要性。在民主社會的法院必須激發公衆（包括刑

---

[35] *See Reference re: Territorial Court Act (NWT)*, Northwest Territories Supreme Court, Canada, (1997) DLR (4th) 132 at 146, per Vertes J.

[36] *Gregory v United Kingdom*, European Court of Human Rights, (1997) 25 EHRR 577.

事被告）的信心，是問題的關鍵所在，因此有擔心法官欠缺公正情事之合理理由時，法官即必須迴避[37]。

刑事被告的感受

54. 在判定某刑事案件的特定法官，是否有正當理由讓人擔心並不公正時，刑事被告觀點固然重要，但非決定性，決定性的因素在於該擔心，是否得以被代表社會的合理旁觀者客觀地認為具有合理性。

適用範圍

2.1. 法官執行司法職責時，不得偏私，亦不可存有偏見或成見。

評 註

偏心的感覺腐蝕公衆的信心

55. 如果法官讓人感覺偏心，即會腐蝕公衆對於司法機關的信心。因此法官必須避免其行為暗示法官的判決可能受到外在因素，例如個人與黨派間的關係或者就判決結果具有利害關係。

對偏見的感受

56. 公正不僅與感覺有關，而且更重要的是，與事實上沒有偏見及預斷有關。這雙重面向，被常拿來描寫的話是：正義不僅必須被實踐，而且必須讓人清楚地看到被實踐[38]。而通常所採取的標準，是一個合理旁觀者，在實際觀察該事件之後，將（或可能）感到法官並非公正。法官是否讓人認為有成見的感受，是從合理旁觀者的角度來加以評估。

「成見或偏見」的意義

57. 成見或偏見已被界定為傾向、傾斜或偏向一邊或另一邊，或一種特定的結果。運用在司法程序時，意指就爭訟予以判決時，具有未將司法判決形成的心路歷程完全公開的傾向。成見是一種動搖或影響法官判決，使法官在特定

---

[37] *Castillo Algar v Spain*, European Court of Human Rights, (1998) 30 EHRR 827.

[38] *R v Sussex Justices, ex parte McCarthy* (1924) 1 KB 256 at 259, per Lord Hewart CJ; *Johnson v Johnson* (2000) 201 CLR 488 at 502.

案件無法公正行使職權的心理狀態、態度或觀點[39]。然而在談成見時，不能不考慮到一種情形，亦即，例如法官有支持人權的傾向，除法律明顯而有效地要求不同的思惟外，該傾向並不致於構成被法律所禁止的偏心的合理感受。

成見或偏見的表現

58. 成見可能以言語或肢體動作來表現，其例子如：帶有侮蔑性的稱呼、含糊發音、貶損人格的綽號、負面的定見、基於定見所為之幽默，或許與性別、文化或種族、威脅、脅迫或惡行、暗示種族或國籍與犯罪間的關係，以及無關於個人品德的參考資料。成見或偏見也可能以肢體語言，或在法庭內外的外觀或行為來表現。肢體行為可能是對某證人不信任的表徵，從而不當地影響陪審團。臉部表情，可以將法官具有成見的外觀，傳達給訴訟程序中的當事人或律師、陪審員、媒體及他人。成見或偏見可能被指向一方當事人、證人或律師。

濫用藐視法庭制度是成見或偏見的表現

59. 在有藐視法庭制度的司法轄區，法官被賦予控制法庭及維持法庭禮儀的權力。由於它在性質及效果上是刑事處罰，因此藐視法庭權力的行使，應該是最後的手段，僅於有合法有效理由，以及嚴格遵守程序要件時，才使用它，法官應該以高度謹慎及小心的態度，來行使這項權力。濫用藐視法庭的權力，即是一種成見的表現，這常發生於法官情緒失控，以及企圖籍以解決個人宿怨，尤其是法官對於與其個人有衝突的當事人、律師或證人加以報復時發生。

什麼情形不致於構成成見或偏見

60. 法官個人對於法律的價值、哲學或信念，不會構成成見。法官對於與案件有關的法律或社會事件的一般意見，不致於使法官喪失審理案件的資格[40]。可接受的意見應與不可接受的成見加以區格，有人曾說：「法官心理是白板的證明，是欠缺資格的證據，不是欠缺成見的證據。」[41]法官在訴訟過程中對於證據的裁判或評述，也不在禁止的範圍，除非他顯得頑固不化且不再考

---

[39] *R v Bertram* [1989] OJ No.2133 (QL), quoted by Cory J in R v S, Supreme Court of Canada, [1997] 3 SCR 484, paragraph 106.

[40] Shaman et al, *Judicial Conduct and Ethics*, s.5.01 at 105. See also *Laird v Tatum*, (1972) 409 US 824.

[41] *Laird v Tatum*, (1972) 409 US 824.

慮任何證據[42]。

2.2 法官應確保其法庭內外的行爲能維持及增進公眾、法律專業及訴訟當事人對法官及司法機關公正的信心。

評 註

法官必須維持訴訟程序良好的平衡

61. 法官有義務確保司法訴訟程序以有秩序及效率的方式進行，而且法院的程序不應被濫用。要達到此目的，採取適當的堅定措施是必要的。法官被期待於有效率地掌握訴訟程序，以及避免造成合理旁觀者心中不公正的印象之間，取得良好的平衡。凡是會（或可能）引起合理旁觀者心中對於執行司法職務並非公正的合理懷疑的行爲，均應避免。該等印象一旦產生，所影響的，不僅是法院訴訟當事人而已，而且影響公眾對於司法機關普遍的信心。

在法庭應避免的行爲

62. 訴訟當事人的期待很高，有的人在判決對他們不利時，就馬上相當無理地認爲法官有成見。因此法官應盡一切努力來確保避免或減少形成該種感受的合理因素。法官必須注意避免可能被視爲成見或偏見表現的行爲，對於代理人不正當的責備、對於訴訟當事人及證人的侮辱性或不當言詞、帶有預斷性的陳述，以及恣意而沒有耐心的行爲，都可能摧毀公正的外觀，必須加以避免。

避免經常介入審判程序

63. 法官有權藉由詢問問題來釐清爭點，但法官經常性地介入，乃至實際上取得在民事案件主導地位，或在刑事案件的檢察機關角色，並以其自己提問的成果來作成該案件的判決結論，法官即同時扮演律師、證人及法官的角色，從而訴訟當事人並未獲得公平裁判。

必須避免單方溝通

64. 公正的原則，原則上禁止法官與當事人之一方、其法律上代理人、證人或陪審員間進行私下溝通。如法院接受該私下溝通，則法院應確保有關當事人充分而且迅速得到通知，而且法院紀錄應加以記載，是重要的。

---

[42] *United Nuclear* 96 NM at 248, P. 2nd at 324.

在法院以外應避免的行爲

65. 在法庭以外，法官也應避免蓄意使用可能合理引起別人感覺不公正的言語或行爲。法官基於參與團體或事務利益的立場，所說的話，法官或許認爲是「無害的戲謔」，也會降低別人對法官公正的觀感。法官在就任司法職務時，即應中止參與所有黨派的政治活動及團體，法官參與黨派政治活動或在法庭外針對黨派公共爭論問題表示意見，都會傷害法官公正的形象。這些行爲可能導致公眾對於司法機關這一方，與行政與立法部門另一方間的屬性關係，有所混淆。黨派活動及言論，在定義上就涉及法官選擇論辯的一方優於另一方，如果法官的行爲遭致批評或反駁（此係幾乎難以避免），則對於法官有失公正的感受就增強了。簡言之，法官利用司法職務的特權平台進入黨派政治場域，乃使司法機關的公信力陷入危機。但有些例外，包括法官在適當場合針對捍衛司法制度問題，或向社會解釋特殊法律或判決的問題，或就捍衛人權及法治問題，表示意見。然而即使在該等場合，法官必須盡可能避免與可能被合理視爲目前政治上黨派爭議問題，糾結在一起。法官服務的對象是全民，不問政治或社會觀點，此即何以法官在合理範圍內，必須努力維持全民的信賴與信心。

2.3 在合理範圍內，法官之行爲應儘量避免讓法官得退出案件審理或審判案件之情況發生。

評 註

應避免經常性迴避

66. 法官就繫屬於法院的案件，必須處於可處理的狀態，然而爲保護訴訟當事人的權利，並維護公眾對於司法機關廉正的信心，在某些狀況，即有迴避的必要。另一方面，經常性的迴避，可能導致公眾對於全體法官或法官個人感到不悅，而且會對其他法官同事造成不合理的負擔。它也對外顯示了訴訟當事人可以挑選及選擇由誰來裁判案件，這是大家所不樂見的事。因此法官應調整其個人及平常事務，以減少與司法職責潛在衝突的情事發生。

利益衝突

67. 當法官個人（或與其親近的人）與法官公正裁判的職責相衝突時，即有潛在利益衝突的情事。司法的公正不僅在事實上要公正，而且在合理旁觀者

的感受也要公正。在司法事務，判定利益衝突的標準，必須包括法官自己的利益與公正裁判職責間的實際衝突，以及合理旁觀者將（或可能）合理感受衝突的情事。例如，雖然法官的家人有權積極參與政治活動，但法官應瞭解其所親近的家人所參與的活動，可能有時會使公衆對法官公正的感受有負面的影響，即使有所誤會，亦然。

減少因財務活動而引起的利益衝突的責任

68. 同樣地，法官不得允許其財務活動影響其審理繫屬法院中的案件，雖然有些迴避情事難以避免，但法官對於經常性有案件繫屬法院的團體或單位有財務上利益時，必須藉由自己去除該利益，以減少不必要的利益衝突情事發生。例如，法官爲僅持有股票上市公司所發行股票少於1%的股東時，一般認爲係微不足道的利益，不致於要求法官要迴避涉及該公司的案件。但迴避問題常隱含許多應加考慮情事，在某些情事仍可能需要迴避。當法官持有的股票對其有重要意義，不論由公司的規模來看它的價值是否微不足道，迴避仍是必要的。同樣地，法官應意識到公衆可能認爲持有股票的身分即構成應迴避的利益，無論如何，法官都不可以其係明顯微不足道的股票持有事由，作爲避免審判案件的手段。如果因持有股票的情事而導致法官的經常性迴避，則法官應自己去除該股票的持有[43]。

限制家人行為之責任

69. 法官應勸阻法官的家人從事他人可以合理認爲利用法職務位獲利的行爲，避免造成利用職位來獲利的外觀，減少潛在之迴避事由，是必要的。

2.4 在法官負責審理或將會負責審理之法律程序中，如他明知評論在他合理預期中將會影響判決結果或損害法律程序的公正性，法官不得作出有關評論。在公開或其他場合，法官亦不得作出對任何人的公平審判或論據造成影響之評論。

---

[43] Commonwealth of Virginia Judicial Ethics Advisory Committee, *Opinion 2000-5*. See *Ebner v Official Trustee in Bankruptcy*, High Court of Australia, [2001] 2 LRC 369, (2000) 205 CLR 337.

評 註

什麼是「案件繫屬法院」程序

70. 訴訟程序是案件繫屬法院直到上訴程序完成為止。一旦有理由相信案件會被提起,例如刑事犯罪業經調查,但尚未起訴;或某人業經逮捕,但尚未被起訴;或某人信譽被質疑,聲稱要行毀謗名譽訴訟,但尚未提出告訴等,該等程序均可被認為案件繫屬法院。

不當言論的例子

71. 法官們宣告他們已合意對於觸犯特定犯罪之人予以判決入獄的刑罰,但刑期將由個別法官依其犯罪事實,依所適用的法律來裁判,未區別是初犯或再犯,此等宣告依其情事,將使被告有權以法官已宣布要對被告就被起訴犯行所表示之意見,來聲請法官迴避。該宣告將造成不當行為的外觀,意含法官是受到公眾大聲要求或害怕公眾批評,而有所動搖。法官就已繫屬案件為公開評論,也是不容許的行為[44]。

可容許的評論

72. 該禁止並不會延伸到法官在執行職務時的公開評論,或法官對於法院訴訟程序的解釋,或為法學教育所為之學術上評論。它也不禁止法官在其本身是訴訟當事人的案件所為的評論,但在司法審查程序中法官基於職務為訴訟當事人時,法官所為評論不應超越法院紀錄之範圍。

與訴訟當事人聯繫

73. 如果在案件終結後,法官收到來自失望的訴訟當事人或其他人的信函或其他形式的訊息,批評該判決或其他同事的判決時,法官不應與提出該訊息之作者進行爭議性的回應。

媒體批評

74. 媒體收集、傳達案件於繫屬法院之前、之後及終結後之資訊予公眾,並評論司法,是媒體的功能與權利,並不違反無罪推定原則。僅於符合公民權利和政治權利國際公約中所構想情事,才會違反該原則。如果媒體批評某判決或由公眾當中的利害關係人發動批評,法官應克制自己,不要寫信給媒體回應

---

[44] See Advisory Committee on the Code of Judicial Conduct, New Mexico, *Judicial Advisory Opinion 1991-2.*

該批評，或者於在職期間不經意地針對批評，加以評論。法官應僅在其所判決的案件中闡述其理由，法官公開自己捍衛裁判理由，一般而言並不妥當。

媒體錯誤報導

75. 如果媒體對於法院的程序或裁判做了錯誤報導，而法官認為該錯誤應加以更正，可以由登記處發布新聞稿來說明事實狀況，或採取適當的更正措施。

與媒體之關係

76. 雖然2.4段未特別提及法官與媒體之關係，但這是相關的。三個重要面向應該予以確定。

(a) 第一是利用媒體（在法庭內或外）來促進法官的公共形象及生涯，或相反地，引起媒體對於法官所為特定案件判決的注意。法官受媒體如此影響，至少即違反1.1段的規定，姑不論有無違反4.1、3.1、3.2、2.1及2.2的規定。

(b) 第二是在法庭外接觸媒體的問題，在大多數國家，媒體經由對其公開的法院記錄與文書，以及公開的訴訟程序，來取得資訊，在一些國家（尤其是那些法院檔案是機密的國家）每個法院設有特別法官，賦予其通知媒體有關特定案件的實際狀況，除了經由此一途徑提供資訊外，法官針對其自己或其他法官所承辦案件加以評論，一般而論，均不妥當。

(c) 第三是在學術論文中評論法官自己或其他法官的判決，如果評論僅在針對特定案件所判決或考量之一般利益之法律觀點，通常並無不可，但以純學術會議來討論過去的判決，在過程中似乎有某程度的修正。不同法官對於同一問題會有不同觀點，難以設定絕對的規則，一般而言，法官仍宜遵循謹慎法則，即法官不應陷入過去判決的不必要爭議，尤其是該爭議似乎可能被視為企圖要對法官已作成之判決，補充理由。

2.5 倘若法官不能作出公正的判決，或根據合理的旁觀者的看法，法官將不能作出公正的判決時，該法官須自行退出審理有關法律程序。

評 註

合理旁觀者

77. 班加羅爾草案提到「合理、公正而有教養之人」即「可能相信」法官

無法公正作出判決之人。現在的用語——「可能對於合理旁觀者所見」——是在海牙會議當中，大家合意「合理旁觀者」是兼具公正以及教養特質之人。

「一個人不可以為自己訴訟案件的法官」

78. 一個人不可以為自己訴訟案件的法官，是基本原則。此原則是由法院實務發展出來的，有二種相似而不相同的意涵。第一，依文義來適用：如果法官事實上是訴訟之一造當事人或就其結果有經濟上利益，則其實際上即是就自己的案件擔任法官。在該案，單純就法官係訴訟之一造當事人或就其結果有經濟上利益的事實，即足以構成法官迴避的事由。本原則之第二種適用，乃法官並非訴訟上之一造當事人，而且對於結果並無經濟上利益，但依其他方面觀察法官的行為，可能引起別人對其能否公正感到懷疑，例如，法官與一造當事人有朋友關係。第二種類型，嚴格說，並非「一個人不可以為自己訴訟案件的法官」的適用，因法官自己在通常情形並無利益，而是由於未能公正，因而提供利益予他人[45]。

當事人同意即無關緊要

79. 當事人同意，並不會使法官自己覺得迴避才是正辦乙情，具有正當理由。在該等決定，有另一種公眾利益，即顯示公正之司法。然而在大多數國家，當事人有權正式放棄對於公平無私問題表示爭議，且該棄權一經適當通知，即不得就已揭露之潛在迴避事由之成見，表示異議。

法官應揭露的時間

80. 法官應於紀錄中揭露可能的迴避事實，而於二種情形下，請當事人表示意見。第一種係於法官對於是否有可辯論的迴避事由的情形，第二種係一項突發的爭議，於訴訟程序進行之初或進行中發生。法官要求當事人表示意見時，應強調其並非徵求當事人或其代理人同意，而是協助解決是否具有迴避的可辯論事由存在，而且例如在該等情況，是否適用必要性法則。如果確有懷疑之事由，則該懷疑通常都傾向以迴避來解決。

合理的偏見感受

81. 一般所接受的迴避標準，係合理的偏見感受，而在不同模式，偏見或

---

[45] *Ex p. Pinochet Ugarte (No.2)*, House of Lords, United Kingdom, [1999] 1 LRC 1.

預斷的感受程度，也不相同，其程度從「高度可能」到「真實可能」、「實質可能」及「合理懷疑」。偏見的感受，必須係由合理、公平及有教養的人，在得知相關問題及資訊後，所具有的感受。該標準為「該種人在真正實際檢視過該事件——且仔細思考過該事件——會達成何種結論，該人對於法官（不問有意或無意中）是否不會公平裁判的感受，可能是的程度，較不是的程度為大。」[46]法官行為的假設性合理旁觀者，當然是為了強調該標準是客觀的，是建立在公眾對於司法機關信心的基礎上，而不是純粹以其他法官的能力或同儕的履行職務情事為其基礎。

82. 加拿大最高法院認為[47]認定法官在審理案件時，是否會有成見，在實際個案中極少會成為爭議問題。當然，如果在個案可以認定具有成見的事實，就無可避免的發生迴避問題，然而絕大部分有關迴避問題的論辯，所有當事人都承認並無發現實際偏見情事，而是進而考慮合理的偏見感受。有時當事人會明白表示，雖然懷疑法官有事實上偏見情事，但提不出證據，因而退而主張比較容易成立的合理的偏見感受。由於二種主張是互相伴隨，而為了瞭解合理的偏見感受的真正意涵，考慮迴避並非以事實上偏見的基礎來辯論的含意，是有益的。沒有「事實上偏見」這句話，可能有三種含意：事實上偏見無須證明成立，因合理的偏見感受可以視為替代品；下意識之偏見可能存在，即使法官是善意；或實際偏見的存否，並非關係重大問題。

83. 第一，當事人說法官並沒有事實上偏見時，可能是指現行迴避的標準並沒有要求他們提出證明。在該意義下，「合理的偏見感受」可能被視為事實上偏見的替代品，是基於要求提出該種證據，可能是不智或不切實際的假設。認定法官的實際心理狀態，尤其是在法律並未針對法官心理狀態的外在影響予以探究之情形下，顯然不可能；而法律政策為保護訴訟當事人，減輕了他們證明偏見真實危險存在的責任，未要求他們證明該偏見事實上存在。

84. 第二，當事人說法官並沒有事實上偏見時，他們可能承認法官的行為

---

[46] *See Locabail (UK) Ltd v Bayfield Properties* [2000] QB 451, [2000] 3 LRC 482; *Re Medicaments and Related Classes of Goods (No.2)* [2001] 1 WLR 700; *Porter v Magill* [2002] 2 AC 357; *Webb v The Queen* (1994) 181 CLR 41; *Newfoundland Telephone Co v Newfoundland (Board of Commissioners of Public Utilities)* [1992] 89 DLR (4th) 289; *R v Gough* [1993] AC 646; *R v Bow Street Magistrates, Ex parte Pinochet (No.2)* [2001] 1 AC 119.

[47] *Wewaykum Indian Band v. Canada*, Supreme Court of Canada, [2004] 2 LRC 692, per McLachlin CJ.

出於善意，並非有意偏祖，但偏見是（或可能是）下意識的想法，法官可能誠實表示其在事實上沒有偏見，且不容許其利益影響其想法，儘管其可能在下意識容許之。

85. 最後，當事人承認法官沒有事實上偏見情事時，可能意味尋找事實上偏見本即非關係重大的問題。他們所信賴的箴言：「正義不僅應被實踐，而且應被明顯而毫無疑義地被看見實踐，是相當值得重視的。」由另一角度來看，當發生迴避爭議時，相關之問題，並非法官在事實上有無故意或下意識偏祖之情事，而是一位合理而有適當教養人士是否會有該感受。在該意義下，合理的偏見感受，並不僅僅是無法取得證據之替代品，或證明構成下意識偏見可能性之證據資料，而是對於司法形象，即公衆對於司法廉正之信心，顯示較廣大之優位利益。

86. 三個合理的偏見感受的客觀標準理由中，以最後一個對司法體系而言最令人信服，因爲依照這個觀點，即使正義毫無疑義地被實踐了，正義仍有可能未被看見實踐，亦即，它設想在法官可能完全公正的情形下，仍然有被以具合理的偏見感受，要求法官迴避的可能性。但即使該原則係以此來理解，儘管法官迴避的標準係由合理人士的客觀面向來觀察，仍然要回到法官的心理狀態問題。合理人士被要求在某些情形下想像法官的心理狀態。在該意義下，常被人提及之觀念「正義必須被看到實踐」，即無法與合理的偏見感受切割。

法官對於迴避的聲請不應過度敏感

87. 法官對於迴避的聲請，不應過度敏感，而且不應將迴避的聲請視爲係對個人的冒犯。如法官是如此想法，則其所爲裁判即可能充滿情緒色彩，而且如法官公開對當事人表達不滿，其結果將加深聲請人的懷疑。在有人提出合理的偏見疑慮時，法官首應關注者係聲請其迴避者之想法，而法官應確保正義被看到實踐乙節，也同樣重要，乃法律及公共政策之基本原則。因而法官以如是心理來從事審判時，所有與審判過程及其結果有關之人（尤其是聲請人），將感受到法官的虛心、公平無私及公正。被聲請迴避的法官在處理聲請迴避問題時尤其應記住，對於法官的要求在於明顯的公正[48]。

---

[48] *See Cole v Cullinan et al*, Court of Appeal of Lesotho, [2004] 1 LRC 550.

過往之政治上聯繫不可以作為迴避之理由

88. 在評估法官的公正，也可能考量到法官在接受任命為法官之前，已從事之職業生涯所可能具有的責任與利益。在有些國家，法官來源係自私人職業的律師，法官可能在之前所任職務或任命為法官之前，已曾公開表達特殊觀點，或有為特定當事人或利益而行為之情事，其所從事者亦極有可能與政治生涯有關。法律以外的經驗，不論係政治或其他活動，可能被合理地認為係增加其司法受任條件，而非不適任。但一般認為法官在為司法受命宣誓或堅稱將獨立而公正執行司法職務之後，被期待遠離政治聯繫或黨派利益關係。而一個合理、公正及有教養人士在決定有無合理的偏見感受時，應列為考量因素之一[49]。

不相關之理由

89. 法官的宗教、種族或祖籍、性別、年齡、社會群體、財富或性別傾向，通常不可以作為反對其審判的正當理由。法官參與社會、運動或慈善團體的會員資格，以前所為判決之見解或在課堂以外的言論，通常也不能作為反對的正當理由。然而此等意見取決於個案的情形，及法官所為裁判的個案而定。

友誼、敵意或其他迴避之相關理由

90. 在某些情形，法官可能被認為會引起合理的偏見感受：(a)如法官與案件所涉任何人士具有個人友誼或敵意關係，(b)如法官與案件所涉任何人熟識，尤其該人的可信度可能與案件的判決結果有重要關係，(c)如在個案中法官必須對於個人的可信度予以認定，而其在先前之案件中，直言不諱地拒絕該人所提證據，則該等當事人對於法官以開闊心胸來處理以後的個案的能力即會產生懷疑，(d)如法官對於爭議之問題，（尤其在審訊期間）以強烈而不均衡的用語，表達其觀點，足以令人對法官以客觀中立心態審理爭議的能力感到懷疑，或者(e)不論任何理由，如對於法官不理會外在因素、成見及偏好，以及以客觀態度判決爭議事項的能力，可能有明確之懷疑事由。在其他相同情形下，從主張有偏見危險情事發生時，到提出反對法官審理案件之間，隨著時間之經過，該反對將逐漸減弱[50]。

---

[49] *See Panton v Minister of Finance*, Privy Council on appeal from the Court of Appeal of Jamaica, [2001] 5 LRC 132; *Kartinyeri v Commonwealth of Australia*, High Court of Australia, (1998) 156 ALR 300.

[50] *Locabail (UK) Ltd v Bayfield Properties Ltd*, Court of Appeal of England, [2000] 3 LRC 482.

事前所為離開司法職務後的僱傭要約，可能構成法官迴避事由

91. 對於仍然在職的法官，提出在其離職後的僱傭要約，也是應予相類處理的相關問題。該種提議可能來自律師事務所或未來僱主，來自私人部門或政府機關。法官的自利及職責，在合理、公正及有教養人士考慮該事件時，可能會認為有利益衝突情事。法官應基此觀點來審查該等提議，因為已離職法官的行為常會影響公眾對於其所服務的司法機關的觀點。

2.5.1 有關法律程序包括但不限於以下情況：

法官對程序的任何一方有具體偏見或成見，或法官本人知悉與程序有關之受爭議證據事實；

評 註

具體偏見或成見

92. 具體偏見必定是個人，而指向其中一方當事人，不問係個人或是群體的代表。法官因偏見而迴避，應該有法官不能公正裁判的客觀證明：是否一位知悉所有狀況的理性旁觀者，對於法官的公正會感到懷疑？

法官本人知悉受爭議事實

93. 本規則適用法官在受分配案件之前即已獲悉相關資訊，以及由司法以外管道或法官個人在案件進行中所為調查而得知的事實。甚至適用於經由與訴訟無關的目的（例如寫書）[51]所為獨立研究而得知的事實，且未被要求在適當時候提請受影響的當事人注意。如所得知訊息係來自同一案件之前案判決，或來自因裁判相同交易的相關當事人的案件，或因當事人之前案為該法官承辦，法官無庸迴避。然而，一般言，除該資訊係很明顯、為眾人所知、已被討論或成為一般訊息，該訊息應記載筆錄，請當事人表示意見。但何者可能在這方面被合理要求，有明顯的限制，例如，法官在審理過程中，不可能被期待揭露其所知與案件有關的每一項法律，或者可能與判決有關的一般訊息的每一事實。其適用的尺度在於依照合理旁觀者的想法，什麼可能是合理的。

---

[51] See *Prosecutor v Sesay*, Special Court for Sierra Leone (Appeals Chamber), [2004] 3 LRC 678.

2.5.2 法官曾任爭論事項的律師或關鍵證人；

律師對事務所其他成員不負責任

94. 法官之前曾執行法律業務律師，其在事務所係以自僱者身分執行法律業務，法官對於同一事務所其他成員的事務知道細節，仍免其責任。

律師對於合夥律師的職業行為要負責

95. 在律師事務所或律師公司以初級律師或類似律師身分執行法律業務，在法律上可能要爲其他合夥律師之職業行爲負責，其可能因而對於事務所的當事人負有責任，即使其個人從未代理他們爲訴訟行爲且不知事務內容，亦然。因此法官如之前曾爲該事務所或公司的成員，於可合理推定其任職所得知訊息已消逝後之一段期間內，不應審理與法官或法官任職前事務所有直接關係的任何案件。

之前在政府或法律扶助單位的僱傭關係

96. 於評估法官之前在政府或法律扶助單位的僱傭關係，所引發的潛在偏見情事時，應考慮法官之前在相關部門及單位所處理法律事務的性質，及其所扮演的行政、諮詢或主管角色。

爭論事項的關鍵證人

97. 本規則的理由在於法官不可以就其自己之證言爲證據力的裁判，而且不應使其處於因而所引起的尷尬場面，或可能被看到此場面。

2.5.3 法官或法官家人對爭論事項的結果具有經濟利益；

「經濟利益」使法官迴避的時間

98. 法官在法官（或法官家人）處於因裁判所造成利得或損害的狀況時，即必須自請迴避，例如法官就案件其中一造當事人有大量股權，而案件判決結果可能對於法官的利益有實質影響或依合理判斷會有影響的情形。如股票公開上市公司爲一造當事人，而法官持有者僅係總股權相對的一小部分，由於案件

判決結果對於法官的利益通常沒有影響，因此法官得以不必迴避，然而如訴訟係涉及公司本身的存續，依其情事訴訟結果可能被認為實質影響法官利益時，可能結論即有所不同。

何者不屬「經濟利益」

99. 經濟利益不會擴張到法官可能擁有（例如共同投資基金）的持股或利益、法官在金融機構、共同儲蓄團體或信用聯盟的存款，或法官擁有政府發行的證券，但訴訟程序可能實質影響該持股或利益之價值者，不在此限。於法官僅係以消費者之身分與銀行、信用卡公司等等，進行一般交易行為，該等單位係案件的一造當事人，於交易行為時並無案件或特別交易涉及法官，法官即無迴避的必要。在法官的配偶、父母或子女可能擔任持有證券的教育、慈善或民間團體的董事、重要職員、顧問或其他關係人時，依其情事，也不致於使法官對該等機構具有經濟利益。同樣地，在案件所牽涉之財務關聯性，於判決時係高度偶發性而且遙遠時，通常也不致期待法官應就此迴避。但其就此等狀況，仍有謹慎法則的適用，法官應將其情事通知當事人，並將其要旨紀錄於公開的法院，以便當事人，而不是只有律師，得以知悉。有時非法律本行的當事人，比起法律的專業同僚，較易有疑心，對法院信任度較低。

2.5.4 惟若沒有其他審判庭可接辦案件，或由於情況緊急，如不接辦案件將會發生嚴重司法不公情況，法官將毋須退出審理案件。

評註

必要性原則

100. 在異常的情況下，可能會要求避免適用以上所討論的原則。必要性原則使法官無庸迴避案件的審理及判決，否則反而會導致正義無法實踐的結果。在沒有其他無庸迴避法官可擔任裁判工作，或延期或不予裁判，將使工作變得極端困難；或有迴避問題之法官不參與審判，即無法組成法庭來審理及判決爭議事件時，即有上開問題[52]。當然，該等案件是罕見而特別。然而，在人數少

---

[52] See *The Judges v Attorney-General of Saskatchewan*, Privy Council on appeal from the Supreme Court of Canada, (1937) 53 TLR 464; *Ebner v Official Trustee in Bankruptcy*, High Court of Australia, [2001] 2 LRC 369; *Panton v Minister of Finance*, Privy Council on appeal from the Court of Appeal of Jamaica, [2002] 5 LRC 132.

且被賦予重要之憲法及上訴法官功能，無法由其他法官代行職務之終審法院，有時即會產生此等問題。

準則3：廉正

原則

在正當執行司法職務時，廉正極為重要。

評 註

「廉正」的觀念

101. 廉正是具有公正與正義感的屬性。廉正的內涵為誠實及司法道德。法官不僅在執行司法職務時之行為應受人尊敬，且要對司法職務有益，而且不得有詐欺、欺騙及說謊行為，品行端正。廉正並無程度之分，是絕對的。在司法機關，廉正並不只是美德而已，它是一種要求。

合宜之社會標準

102. 雖然廉正的理想容易以一般用語來說明，但要特定其內容則有相當困難度，而且或許是不智的。法官行為對於社會所造成的影響，相當程度取決於不同時空環境的社會標準。於此有必要考量何種特殊行為，由合理、公平及有教養之社會成員來理解，而是否其理解可能減損其對法官或司法整體之敬意，如行為有可能降低該種人心中之敬意，則該行為即應加以避免。

適用範圍

3.1 依照合理的旁觀者的看法作為標準，法官應確保其行為無可指摘。

評 註

在私生活及公職生涯所要求的高標準

103. 法官必須維持私生活及公職生涯的高標準。對其為此要求的理由，在

於法官可能被要求針對廣泛的人類經驗及行為做出判決。如果某法官在私下所為行為被公開譴責，該法官將被認為是偽君子，此將無可避免地導致公眾對於有關法官失去信心，而可能因而普遍地對司法機關喪失信心。

社會標準應於私生活中被遵守

104. 法官不應違反被普遍接受的社會標準，或有明顯對法院或司法體系帶來爭議的行為。法官在行為的取捨上，必須考慮其所欲為之行為，在社會上合理、公平而有教養的人士的眼中，是否可能會被質疑其廉正，或降低別人對其身為法官的敬意，如果會的話，那麼原所欲為之行為即應避免之。

沒有放諸四海皆準的社會標準

105. 鑑於文化差異及道德標準的不斷進化，適用於法官私生活的標準，不可能準確地界定[53]。然而本原則不應被解釋為廣泛到如法官所為行為，不符社會一部分人的生活方式，即予以指責或處罰的程度。對於該等事件的判斷，與該行為所處社會及時期有密切關係。就該等主題而言，少有放諸四海皆準的標準可以適用。

選擇性之標準

106. 有人主張法官行為應受探討者，並不在於依某些宗教或倫理信念，某行為是否合於道德，或其是否被（可能導致粗率或易變的狹義道德觀的）社會標準所接受，而在於該行為如何反應出法官有能力從事其所被賦予工作的核心元素：公平、獨立及對於公眾的尊重，以及公眾對於其適合從事該工作的感

---

[53] 在有關性行為之領域，尤其明顯。例如，在菲律賓，有位法官向人炫耀婚姻外的關係，其行為被認為不符司法廉正之要求，而成為被解職的理由（*Complaint against Judge Ferdinand Marcos*, Supreme Court of the Philippines, A.M. 97-2-53-RJC, 6 July 2001）。在美國佛羅里達州，有位法官因在已泊車之車內與非其配偶之女人進行性行為，而受到譴責（*In re Inquiry Concerning a Judge*, 336 So. 2d 1175 (Fla. 1976), cited in Amerasinghe, *Judicial Conduct*, 53）。在康乃迪克州，有位法官因與一位已婚之法院速記員有婚外情，而被懲戒（*In re Flanagan*, 240 Conn. 157, 690 A. 2d 865 (1997), cited in Amerasinghe, *Judicial Conduct*, 53）。在美國俄亥俄州之辛辛那提市，有位已與配偶分居之已婚法官，因與女友（前配偶）一同到國外旅遊3次但並未同宿一房，而受到懲戒（*Cincinnati Bar Association v Heitzler*, 32 Ohio St. 2d 214, 291 N.E. 2d 477 (1972); 411 US 967 (1973), cited in Amerasinghe, *Judicial Conduct*, 53）。但在美國的賓夕凡尼亞州，其最高法院即拒絕對於有多次婚外性行為之某法官（包括多次之過夜旅行以及1星期之國外假期中所發生者）予以懲戒（*In re Dalessandro*, 483 Pa. 431, 397 A. 2d 743 (1979), cited in Amerasinghe, *Judicial Conduct*, 53）。以上所舉部分例子，在某些國家不會被視為侵犯了作為法官之法官公共職務，而僅關係到雙方同意（非犯罪之成人行為）之私領域問題。

覺。因此主張在判斷該問題時，應考慮6項因素：

  i. 該行為屬公或私領域性質，尤其是該行為是否與現行法律有所衝突；

  ii. 該行為如個人權利般受保護的程度；

  iii. 法官小心謹慎的程度；

  iv. 該行為是否涉及對於別人所造成的傷害有非常密切關係或可合理認為構成侵犯；

  v. 該行為所顯示情形，對於公眾或公眾個人所造成尊敬或失去尊敬的程度；

  vi. 該行為所暗示的偏見、成見或不當影響的程度。

有人主張使用這些及類似判斷因素，可以協助在公眾期待及法官權利之間取得平衡點[54]。

在法院之行為

107. 依照任何現行司法公約，法官通常不應改變以言詞宣示判決之實質理由。然而，法官更正判決內容、表達方式、文法或語法，以及在交付判決時或言詞宣示判決理由而增加出處之引用，均可以被接受。同樣地，交給陪審團的法庭總結紀錄，除紀錄內容並未真實紀錄法官所說的話之外，不應予以更改。法官不應私下與上級審或上級審法官溝通任何該法官所為判決的上訴中案件。法官應考量僱用其親戚為書記的安當性，而在正式僱傭的事件中，給予其親戚優先考量前，並應確保合乎安當僱傭原則。

應謹慎遵守法律

108. 當法官違反法律，法官可能會給司法職務帶來不名譽，鼓勵人們不要遵守法律，並損害司法機關本身在公眾廉正的信心。本規則也不能一成不變，在納粹時期的德國，法官減緩紐倫保法律在種族歧視案件的適用，可能不構成違反司法機關的原則；同樣地，在實施種族隔離政策的南非，一位法官基於司法職務的本質，有時會面臨執行違反基本人權及人類尊嚴之法律問題。在面臨該問題時，法官可能有責任辭去司法職務，而非選擇損及執行該法律的司法職務。法官有義務支持法律，因此法官不應處於遵守法律之衝突場域中。在別人眼中看來相對微小的違法行為，於法官也可能引起公眾的注意，給法官帶來不

---

[54] See Shaman, Lubet and Alfini, *Judicial Conduct and Ethics*, pp.335-353.

名譽，並引發有關法官及司法機關廉正的問題。

3.2 法官的行爲，必須讓人民確信司法機關的廉正。正義不僅應被實踐，亦應被看到實踐。

評 註

法官個人行為影響整個司法體系

109. 對於司法機關的信心，不僅建立於其成員之能力及勤勉之上，而且也建立於其廉正及道德上正直。其不僅應係「良好法官」，而且也應係「良好之人」，儘管其意含可能因所處社會不同而有不同看法。由公眾角度來看，法官不僅要擔保其行爲，符合法治及民主基礎所賴以建立的司法理想與眞理，而且要承諾實現它們。因此法官所投射的個人性格、行爲及形象，影響整個司法體系，乃至於公眾對於整個司法體系的信心。公眾對於法官行爲的要求，遠高於其對一般公民的要求，對其行爲標準的要求也遠高於對社會整體標準的要求，在事實上，是達到行爲無可指責的地步。猶如法官裁判他人的司法職能，已要求法官在任何有可能損及司法角色及職務的事務，應保持免受他人的合理裁判。

正義須被人看到實踐

110. 在執行司法職務，由於外觀與實際同等重要，法官應不受質疑。法官不僅須誠實，而且也要看起來誠實。法官不僅有責任做出公正之判決，而且做出該判決時，應令人對其公正以及法官的廉正，毫無懷疑。因此雖然法官應精於法律，以便有能力解釋及適用法律，而法官所爲行爲應讓案件當事人對於其公正有信心，也同樣重要。

準則4：妥當

原則

法官的一切活動中，行爲妥當及看來妥當，極爲重要。

評 註

公眾會如何看待這件事？

111. 不論在職業上或私生活，行為妥當及看來妥當，對於法官生涯極為重要。重要的是，不是法官做或沒做什麼事，而是當事人認為法官已做或可能做什麼事。例如，一位法官就一件審理中案件，私下與一造當事人詳談，即使事實上所談內容與案件無關，仍將使人看來對該造當事人有利。由於公眾對於法官之行為，有高標準之期待，因此法官在參與某事件或接受一項禮物（無論多麼微小）有疑慮時，問一下自己：「公眾會如何看待這件事？」

適用範圍

4.1 法官的一切活動，應避免作出不妥當或看來不妥當的行為。

評 註

不妥當行為的判定標準

112. 不妥當行為的判定標準，乃該行為是否損及法官以廉正、公正、獨立及稱職之準則來履行司法職責，或該行為是否可能在合理旁觀者心中，造成法官以上開方式履行其司法職責的能力受到傷害的感覺。例如，法官對待一個國家官員不同於任何公眾個人，給予優先之席位，此一行為在一般旁觀者看來，該官員有特別接近法院或其決策過程的管道。另一方面，學校學生經常到法院參觀，而且在法庭程序進行中，坐在特別位置，因小孩子並不具有權力地位，不致於造成不當影響之外觀，尤其是其出席業經解釋係為了教育目的。

不當接觸

113. 法官對於某些接觸，應感覺敏銳，避免可能引起別人懷疑法官與某人有特別關係，以致法官可能有意給予利益。例如，法官通常須避免乘坐由警官或律師所提供交通工具，而當使用大眾交通工具時，須避免坐在一造當事人或證人旁邊。

4.2 作為接受公眾經常監察的對象，法官必須欣然和自願接受普通公民視為煩人的個人限制，尤其是法官的行為應與司法職務的尊嚴相符。

評　註

法官必須接受對其行為所為之限制

114. 法官須預期其會成為公眾經常監察及評論的對象，並接受對其行為因而所加諸之限制——即使該等行為如由社會上其他成員甚至其他職業成員所為，並不致於招致負面注意——普通公民可能將之視為煩人的個人限制，而且必須欣然和自願接受。本原則不僅適用於法官職務上行為，也適用其私生活行為。法官行為的合法性，雖然有關，並非妥當之完全衡量標準。

模範生活方式的要求

115. 法官在法庭外也要過著模範式生活。法官基於司法職務的關係，在公開場合的行為，要表現出高度敏感及自制，因為缺乏慎重態度的性情，會低貶司法程序的品質，與司法職務的尊嚴不符。

進出公共酒吧等

116. 在當代情形，至少在大多數國家，並無禁止法官進出酒館、酒吧或類似場所，但仍應謹慎為之。法官應考量到社會合理旁觀者斟酌各種可能情形的感受，例如該場所的聲譽、可能經常進出的人以及有任何令人所關心的情事（如非法營業）。

賭博

117. 並無禁止法官為了消遣而偶有賭博行為，但仍應謹慎為之，要將社會上合理旁觀者的感受放在心上。偶然進出賽馬場或於休假期間到國外旅行而進出賭場，或與朋友及家人玩牌，是一回事，然而法官太頻繁地出現在賽馬場的下賭窗口、成為一個難以自拔的賭徒或危險地重度下注者，又是另外一回事。

經常進出俱樂部

118. 法官進出俱樂部或其他場所，應該謹慎。例如法官進入由警界或其成員、反貪污單位及關稅及消費稅部門所經營的場所，而該等部門或其成員可能會經常出現在法院時，即應謹慎。雖然並無人反對法官偶然接受警察邀請到其食堂用餐，但法官經常前往或成為該俱樂部會員，或規律性地使用該等設施，即不適當。在大多數社會，法官進出由執行法律業務之法律專業人士及在社會基礎上混合有律師而設立之場所，是正常的。

4.3. 法官與法庭上執行法律業務的法律專業人員之間的私人關係，應避免讓人有理由懷疑或看來有所偏袒或偏私的情況發生。

評註

與法律專業人士之社會接觸

119. 在司法機關及法律專業人士之間的社會接觸，是長期以來的傳統，而且是正當的。然而，就普通常識而言，法官應視情形謹慎為之。由於法官並非生活在象牙塔，而是在真實世界，其於擔任司法職務時，不可能期待其切斷與法律專業人士的所有關係。法官將自己隔絕於社會其他人（包括有些可能是在學時的朋友、前合夥人、或法律專業的同儕）之外，對於司法程序也不完全有利。事實上，法官與律師一同出席社會集會，有一些優點，在該等集會所進行的非正式意見交換，可能有助於降低司法機關與律師間的緊張關係，而緩和了法官與其晉升司法職務前的同事間的隔離關係。然而，依普通常識言，法官應謹慎處理。

與個別律師間的社會關係

120. 法官與經常出現在法官面前的律師間的社會關係，充滿危險而且有平衡的問題需要解決。一方面，法官不應受勸阻有社會或司法程序以外的關係。另一方面，當法官朋友或同事出現在法官面前，即有明顯的偏見或偏袒問題的外觀產生。法官乃其本人是否與律師有非常親密或個人關係，或已造成該外觀的最後仲裁人。那條線要劃在哪裏，是法官要做的決定。判定標準在於是否社會關係影響到司法職責的履行，以及是否一位無利害關係的旁觀者，在完全暸解該社會關係的本質後，仍可能對於公平會被實踐，合理地感到相當懷疑。法官也應注意不經意在司法程序以外透露某案件係由其受理或其可能受理的資訊，會帶來更大的危險。因此法官要有智慧，在會造成法官與律師間有親密的個人關係的感受時（當某特殊案件在進行中該律師會在法官面前出現），要避免與該律師經常性地接觸。

與律師為鄰居之社會關係

121. 緊鄰法官住所的鄰居是經常出現在法院的律師時，法官並不需要排除所有與律師間的社交接觸，除非該律師有案件正由法官承辦中。如依情形並不會造成法官經常性迴避或其公正性可能受到質疑的外觀，某程度的社交活動是

可以接受的。

偶發性地參與律師的聚會

122. 法官參加大型的雞尾酒會（例如由新任資深律師為慶祝其職業上成就而舉行者），可能沒有反對他參加的合理理由。在該種集會，法官承辦案件的受任律師也可能出席，如案件仍在繫屬中，直接的社交接觸還是要避免。如真的接觸了，應避免談論案件，而視情形，可能要在第一時間將該接觸情事，通知他方當事人。其考量之重點，在於是否該社交活動將造成律師與法官之間有特別關係的感受，而該特別關係意味著法官特別願意接受或信賴律師的代理。

一般社交款待

123. 一般而言，法官可以接受來自律師的一般社交款待。在某些情形下，與律師間之社交活動是受鼓勵的，因在社交場合所為非正式的討論，對法官有益。但法官不可以接受其承辦案件的委任律師禮物，而且由律師事務所所舉辦超過一般社會標準之款待之聚會，則不可以出席，該標準在於合理旁觀者如何看待該事件，旁觀者可能無法如法律專業人士傳統般，忍受該事件。

律師事務所的客人

124. 法官是否可以參加由律師事務所所舉行的宴會，取決於何人舉辦及何人可能出席，以及宴會的本質。在決定是否參加時，法官必須依賴其對地方習俗之認識及過去之事件。於情況必要時，可能要問一下主辦人，確認何人受邀以及款待之規格。在特定事務所可能被認為係自我行銷，或對其顧客或潛在顧客提供服務時，尤應小心。在專業協會所舉辦（法官可能事實上被邀請就一般利益事項為演講）與特定律師事務所所舉辦者，也有明顯不同，法官必須確保其所參加律師事務所的宴會，不會影響法官公正的外觀。

拜訪前所服務之事務所

125. 法官在評估拜訪其前所服務之事務所時，應謹慎為之。例如，法官藉參加其前所服務事務所，諸如年度宴會或周年紀念宴會或事務所成員成為資深成員或成為司法職務一員時之慶祝會，而參加聚會，一般言是適當的，但依其情形，法官過度地拜訪其同事，可能不太合適。同樣地，法官之前是檢察官身分時，應避免過於親近其前檢察官同事，以及之前屬於其當事人之警官。如讓人感到有親近關係，尤其不智。

與當事人的社會關係

126. 法官與經常在其所服務法院有訴訟案件的當事人——例如政府之部長或其他官員、市政府官員、警察檢察官、地區檢察官及公設辯護人——之間，應避免發展過度的親密關係，以免造成偏見的合理外觀，或未來迴避的可能性。在做該決定時，法官宜考量與該官員或律師在法庭見面的頻率、法官社交互動的本質及程度、法官所服務法律界的文化，及目前或未來可能發生訴訟的敏感度及爭議性。

秘密社團的成員

127. 法官不宜參加會在其法庭出現的律師也是成員之秘密社團，因基於兄弟會內規，其行為可能隱含其對該等特定律師會作有利判斷。

4.4. 若法官家人在任何案件中代表訴訟當事人，或以任何方式與案件有關連，則該法官便不應參加審理案件。

評　註

應該迴避的時點

128. 若法官家人（包括未婚夫、未婚妻）已代理或在外觀上代理法官所審理的訴訟案件，則該法官通常應迴避。

家人與律師事務所關連之處

129. 律師事務所成員通常在某程度共享利潤有或分擔支出，而且經由其所承辦案件之勝訴，來吸引部分當事人的委任。然而受任律師與法官家人在同一律師事務所服務的事實，可能並不必然導致法官的迴避。依適當事情，法官的公正性可能被合理質疑，或法官所認識的親戚在律師事務所有利益，而該利益可能因訴訟結果而受到實質影響時，法官即應迴避。此外，法官可能考量的因素，依個案而定，包括但不限於：

(a) 一般公眾對於法官未迴避的觀感；

(b) 其他律師、法官及一般公眾個人對於法官未迴避的觀感；

(c) 迴避對於法院在行政上的負擔；及

(d) 在該事件對於該親戚在財務、職業或其他利益影響的程度。

家人是在政府部門服務的情形

130. 雖然政府律師是領薪水的，而其對於刑事或民事案件的結果通常沒有經濟或利益的動機，但獲得職業上成就的企圖仍是應加以考慮的因素。因此，即使家人是受僱為檢察官或公設辯護人職務，而沒有擔任監督或行政職務，仍應小心行事，基於下列二個理由，迴避辦理所有該單位的案件。第一，因為該單位成員可能分享進行中案件之資訊，從而法官家人會有不經意接觸或影響來自該單位的其他案件（即使沒有直接監督責任）的危險。與此相關之第二個迴避的理由，為法官之公正性可能被合理質疑。其判斷標準為：一個合理旁觀者對於法官，在通常情形是否可能對於法官家人在職業上的成就，具有成見或下意識具有成見？

與律師約會

131. 法官的社交關係涉及與律師約會時，法官對於該律師所代理之案件通常不應審理，除非該律師只是形式上代理，或已留下紀錄。然而如係涉及該律師事務所其他成員之案件，法官通常無庸迴避。

在僅有一位法官及一位律師的巡迴法院情形

132. 在巡迴法院或地區，僅有一位法官在法院，以及一位律師在檢察官或公設辯護人辦公室，如該律師正好是法官的兒子或女兒或其他近親，強制迴避制度將導致法官要迴避所有刑事案件。這不僅對造成該地區之其他法官，將被要求去承辦該迴避法官案件的困境，而且也對被告造成困境。如果一定要找替代的法官來處理該等刑事案件，將使被告主張迅速裁判的權利，難以實現。雖然在此等情形，可能無法絕對要求迴避，但在合理的實務運作，應儘量避免此等情形的發生。

4.5. 法官不應讓法律專業人員使用法官寓所接待客戶或其他法律專業人員。

評 註

法官住居所電話的使用

133. 法官允許律師使用寓所，來與當事人或與該律師業務有關的律師會面，是不當的。法官配偶或其他家人是律師時，法官不應與其法律業務共用一

支電話，因如此將令人有法官也在執行法律業務的感受，並有潛在性不經意的單方溝通或爲該等溝通外觀的嫌疑。

4.6 法官與普通公民無異，均可享有言論、信仰、結社及集會自由，惟於行使權利時，法官的行爲應始終與司法職務的尊嚴相符，亦須維持司法機關公正及獨立性。

評 註

法官享有普通公民之權利

134. 法官在接受任命時並未放棄社會其他成員所享有的言論、信仰、結社及集會自由，法官也未放棄其之前的政治信念，且中止在政治問題上的利益。然而爲維持公衆對司法機關公正與獨立的信心，克制其行爲是有必要的。在界定法官參與公開辯論之適當界限時，有二個基本要素應加以考慮。第一，是否法官的介入可能合理地損及公衆對其公正的信心；第二，是否該介入可能使法官不必要地受到政治攻擊，或與司法職務的尊嚴不符。二者之一，法官均應避免介入。

不相容的活動

135. 法官之職責與某些政治活動不相容，例如國會或地方議會議員身分。

法官不應捲入公共爭議

136. 法官不應使自己不當地捲入公共爭議，理由很明顯，法官的本質是能夠以客觀而公正的態度處理各項爭議問題，而法官應被公衆認爲其處事，展現了法官所具有之超然、無偏見、無成見、公正、虛心及無私之特徵，也同樣重要。如果法官進入政治競技場並參與公開辯論，不論法官是藉由針對爭議性問題發表意見，而與社區公衆人物進行辯論，或公開批評政府，則當法官承審涉及其已公開表示意見的爭議案件，或者當法官之前所公開批評的公衆人物或政府部門爲其承審案件當事人或證人時，將不被認爲其可以公正地審理及判決。

別人對法官的批評

137. 公衆、國會或政府機關成員，可能公開評論其認爲法官及其判決偏狹、瑕疵或錯誤。有關法官，基於政治上沉默的傳統，通常不予回應。雖然批

評法官的權利，受限於藐視法庭的規範，但如今較之以往，已甚少引用相關規定來壓制或處罰批評司法機關或特定法官的意見。比較好而且聰明的作法，是忽視任何醜化的攻擊，而不是藉由發動藐視法庭程序來激怒公眾。如前人所言：「司法無法與世隔絕：她必須容忍一般人的監督及其所為尊重的（即使是坦率的）評論。」[55]

法官對於影響司法機關的事件可以表示意見

138. 法官對於某些政治上爭論議題，亦即當相關問題直接影響法院運作、司法機關之獨立（可能包括法官薪資及利益）、司法事務的基本面向或法官個人的廉正問題時，可以公開表示意見。然而，即使是與此等事務有關，法官仍應以最大之克制為之。雖然法官可以適度地對政府針對此等問題公開表示意見，法官不應被視為係「遊說」政府，或暗示如特殊情事到法院爭訟時，其將如何判決。抑有進者，法官應記得其所為公開評論，可能被認為是反應司法機關之觀點，有時候很難將法官所表示之意見認為僅係個人，而非司法機關之一般意見。

法官可以參與法律的討論

139. 法官可以基於教育目的或指出法律的弱點而參與討論，在某些特殊情形，只要法官避免針對合憲性問題提供非正式解釋或爭議性意見，法官對於法律草案的評論，不僅有益，而且適當。一般言，對於法律草案或政府政策的其他問題所為司法評論，應與實務運作或草案瑕疵有關，而應避免涉及政治爭議問題。該司法評論通常應由司法機關集體或機構為之，而非個別法官。

法官可能在道德上感覺有表示意見的必要

140. 在法官生涯中，有時基於人類良心、道德、感情及價值觀，法官認為在道德上有義務表達出來。例如，在行使其言論自由時，法官得以加入表示反戰、支持節能、獨立或為反貧窮機構募款之守夜、舉牌、或簽名請願，此等意見係對於地區或國際社區之關懷。如此等問題由法官所服務法院受理，法官對於其過去所參與行動，會令人對於法官公正性及司法廉正性造成疑慮時，法官即應自行迴避有關案件之審理。

---

[55] *Ambard v. Attorney General for Trinidad and Tobago*, [1936]AC 322 at 335, per Lord Atkin.

4.7. 法官應瞭解其個人及受託人財務利益，並應作出合理的努力瞭解家人的財務利益。

評 註

瞭解財務利益

141. 法官、其家人或與法官間有信託關係之他人，如因承審案件的判決結果，可能因而在財務上獲利，法官別無選擇，只得迴避，因此法官應時時瞭解其本身及其家人之信託上財務利益，「信託」包括遺囑執行人、遺產管理人、受託人及監護人。

財務利益

142. 「財務利益」指法律上或衡平法上利益的所有人（不論其利益多麼微小），或是在機構或組織中有董事、顧問或其他積極參與者之關係，除非：

(i) 擁有的共同投資基金所持有的證券，並非由該組織所持有證券的財務利益；

(ii) 在教育、宗教、慈善、兄弟會或民間團體的職務，並非由該組織所持有證券的財務利益；

(iii) 在共同保險公司保險單持有人或在共同存款協會寄存人的財產利益，或類似財產利益，僅於訴訟程序的結果，實質影響利益的價值，於該組織始有財產利益；

(iv) 擁有政府證券，僅於訴訟的結果，實質影響證券的價值，於證券發行人有「財務利益」。

4.8. 法官不應讓法官家人、社交或其他關係不當影響其以法官身分所作出的司法行為和判決。

評 註

避免不當受影響的責任

143. 法官家人、朋友及社交、民間及職業上同僚，經常因共同利益或關心的事務而有連繫、溝通，以及取得相互信賴關係，具有不當影響或在外觀上可能影響法官執行職務。其可能為本身利益，或者向訴訟當事人或代理人兜售影

響力而有如是行為。法官須特別小心，以確保其司法行為或判斷不致因該等關係，甚至在下意識中，受到影響。

避免自利的責任

144. 法官如為了個人利益或回報而由司法職務獲利，是濫用權力。法官的行為應避免讓人感覺法官的判決是受到自利或偏袒影響，因該濫權行為深深破壞公眾對司法機關之信賴。

4.9. 法官不得使用或借用司法職務的聲望，藉以提高法官本人、其家人或任何其他人的私人利益，法官亦不得暗示或允許他人暗示有任何人擁有特殊地位，可不當影響法官執行司法職責。

評 註

區分適當及不當使用司法職務的責任

145. 法官通常被一般大眾視為非常特殊的人物，在庭內或法庭外，受到奉承或諂媚的對待，因此法官應區分適當及不當使用司法職務的聲望。法官使用或企圖使用其地位以獲得任何個人利益或特殊待遇，並不適當。例如法官不應於處理個人事務時，使用司法信紙來獲取利益。法官也不應以使用其司法職務的事實，企圖（或可以合理看出其企圖）使自己由法律或行政官僚體系的困境脫身。法官如因違反交通規則而被攔阻下來，法官不應自動向執法人員表白其司法身分；因違反交通規則，在交通罰單已交付法院書記官後，而去電詢問檢察官關於該罰單「是否有任何事可以做」，其行為在外觀即屬不當，即使並無企圖使用司法職務來影響案件的結果。

沒有必要隱匿從事司法職務的事實

146. 法官無需隱匿從事司法職務的事實，但法官應小心避免讓人有利用法官身分以獲得特殊利益的印象。例如，如法官兒女被逮捕，法官也同樣會有如任何其他父母般的人類情感，作為父母，有權就有關其小孩受到不公平待遇來回應，但如法官直接或經由中間人來接觸執行法律人員，提到其法官身分，並要求對逮捕的官員懲處，則父母與法官間之界限即模糊了。雖然法官一如任何父母，有權為其兒女提供父母的援助，並有權採取保護子女的法律行動，但法官無權從事其他不具司法職務身分父母所無法從事之行為。利用司法職務企圖

影響執行法律職務之其他公務員，是踰越了父母合理保護與求情的界限，且濫用了法官職務的聲望。

使用司法信紙

147. 使用司法信紙不應達到濫用司法職務聲望的程度。原則上，司法信紙是法官在公務上有需求時來使用，將司法信紙使用於私人事務，應該小心。例如，依情況於社交場合結束後，使用該信紙來寄「感謝」函，尚無不當。反之，如法官使用司法信紙，可以合理感到其有引起別人注意其為法官的用意，以影響收信人的話，例如法官寫信對於保險單有爭議的請求，表示抱怨，即不適當。

推薦信

148. 法官為人寫推薦信並無不可，但應小心為之。請法官寫推薦信的人，可能不是因為法官對他很熟，而僅是因為要由法官的地位獲得利益。關於推薦信，司法信紙通常僅用於法官個人對其所從事司法工作的認知。以下是幾點指導原則：

1. 法官不應為其所不認識之人寫推薦信。
2. 法官寫一般例行公事的推薦信（例如法院職員請求法官寫其工作經歷），該信應包括資料來源及法官個人認識的程度，且通常應直接寄給所推薦的人或組織。如係法官個人之受僱人，例如想換工作的法院書記官，推薦信可以寫「致相關的人」。
3. 法官得為其個人（非職業上）所認識之人寫推薦信，例如親戚或好朋友，一如其通常被請求基於個人關係而寫該信。

提供品格證詞

149. 法官擔任品格證人所為證詞，是將司法職務的聲望注入法官所作證的訴訟程序當中，可能被誤解為官方的推薦信。抑且，法官以證人身分作證時，之前經常出現在該法官面前的律師，可能會處在對該法官為交互詰問的尷尬場面。因此法官通常不應自願性地向法院提供品格證據。如受到要求，法官僅應於其拒絕同意時，會對於尋求品格證據的人明顯造成不公平，始予以同意，例如另一司法官員有權取得來自同儕之品格證據之情形。然而以上所述並未賦予法官拒絕回應有拘束力的作證傳喚。

150. 在某律師的懲戒程序中，自發性地寫信或打電話給律師公會，具有以

品格證人作證的效果，並因而借用司法職務的聲望來支持該律師的私人利益。同樣地，在沒有遴選委員會的正式要求，而自發性地為司法職務候選人與委員會接觸，形同以品格證人之角色作證，並借用司法機務的聲望來支持另一人的私人利益。

投稿出版品

151. 法官撰寫文章或投稿出版品，不問是否有關法律，要考慮一些問題。法官不應允許與出版品有關的人，利用法官職務。就法官所寫文章的出版契約，法官應對於宣傳保持充分的克制，以避免利用法職務。

出席商業性無線電廣播台或電視台節目

152. 法官出席商業性無線電廣播台或電視台節目，可能被視為是促進該組織或其贊助者的財務利益，因此在為此一行為前應小心。另一方面，許多公民是由此一管道獲得該各種活動、社會事件及法律知識，因而依所安排情況，參加與法律有關的節目可能是合適的。在決定法官應否參加該節目，有幾個因素需加以考慮：出現的頻率、聽眾或觀眾、主題及節目是商業或非商業性。例如，視情況討論司法機關在政府的角色，或法院與社區教育及處遇設施間的關係，可能是合適的。

前法官

153. 依地方習慣，在提供調解或仲裁服務廣告中，前法官可能是指過去曾被任命為法官，因該資訊含有前法官具有實情調查者的經驗。然而名銜附帶有「退休」或「前」來表明其已非現職法官較妥。在提供該等服務的廣告，前法官名字前不應使用「令人尊敬的」字眼。

4.10. 法官以法官身分取得的機密資料，不得用作與法官的司法職責無關的用途，亦不得為與法官的司法職責無關之目的披露機密資料。

評　註

機密資料不可用於私人利益或與他人之溝通

154. 在執行司法職務期間，法官可能獲取公眾所無法取得之商業或其他有價值之資料，法官不得以個人利益或與司法職責無關目的而披露該資料。

禁止之本質

155. 本禁止主要是關係到不公開證據的不當使用；例如，在大規模之商業訴訟，應受保密命令拘束的證據。

4.11. 在正當執行司法職責時，法官可以：

4.11.1 編寫與法律、法律制度、執行司法工作或相關事務的著作，講學及教授上述有關事務，以及參加上述有關活動；

評 註

參與社區教學

156. 法官具有在法官服務轄區內外，貢獻其能力於促進法律、司法制度與司法改進之獨特地位。其貢獻方式，可能採取講演、寫作、教授或參與其他司法以外活動等形式。只要其參與之活動不影響其履行司法職務即可，而且如時間許可，法官是被鼓勵參與該等活動。

參與法學教育

157. 法官得藉著演講、參加會議及研討會、評斷學生實習法庭訓練及擔任審查人的方式，來貢獻其心力於法學及專業教育。法官也可以從事法律著作的撰寫及編輯。法官與參與之該等專業活動，與公益有關，而且受到鼓勵。然而，特別是因為法官對於在法院訴訟中案件，不宜表示意見或提供諮詢意見，是以法官於必要時應表明，其在教育場所所為評論，並無意作為在法院程序中的特定案件諮詢意見或承諾。在證據被提出來，經過言詞辯論，且完成必要之研究前，法官無法公正權衡雙方所提證據及言詞辯論，而形成確信的司法意見。在接受任何酬勞之前，法官應弄清楚該酬勞之數額，不會超過另一位非法官之教師就相對之教職所得到之數額，而且與任何規範額外收入之憲法或法律義務相符。

4.11.2 由於法律、法律制度、執行司法工作或相關事務出席官方機構的公聽會；

評 註

以法官身分出席官方機構

158. 法官可以出席官方機構提供證據，一般認為法官的司法經驗可以在該領域提供特別專業能力。

以公民身分出席官方機構

159. 法官得以公民身分出席政府機構，就有關可能對其個人有特別影響的事項，提出證據或表示意見，例如影響法官不動產的都市區域劃分提案，或與是否提供地區醫療服務的有關提案。法官應謹慎處理，避免借用法官職務的聲望，就法官無特別司法權限的公共諮詢問題，促進一般事務的進行。

4.11.3 出任官方機構、其他政府局署、委員會或諮詢機構的成員，惟不得與法官須公正和保持政治中立性有所牴觸；

評 註

諮詢委員會成員

160. 由於司法機關在社會上享有聲譽，以及司法真實發現之價值，法官常被要求負責無關司法功能領域，而被公眾認為重要事件之諮詢及報告工作。法官在考量該要求之前，應仔細思考接受該委託，對於司法獨立所可能造成的影響。以往有一些例子，在法官所服務的諮詢委員會報告出版後，造成法官捲入公共紛爭、受到批評且感到困擾。諮詢期間及其他條件（例如時間與資源）應小心檢視，以便評估其與司法功能的相容性。法官並無義務擔任諮詢委員會委員，除非或許在國家緊急狀態之國家重要事件上，而以（國會通過之）特別處遇方式行之。在某些國家，基於憲法上理由，法官被禁止為行政機關提供諮詢[56]，而即使准許，依其主題及任命相關法官之程序，並不被鼓勵提供諮詢。

161. 雖然有人強力主張基於公眾或國家利益，有針對影響公眾甚大之事件，進行完全、清楚而澈底調查的必要，而該工作最好交由已經有多年經驗的法官來執行，身為法官及法律實務工作者有能力過濾證據及評估證人的可信

---

[56] *Wilson v Minister for AboriginalAffairs*, High Court of Australia, (1997) 189 CLR 1.

度，但應銘記在心者為：

(i)法官的合法職能是判斷，此一職能在社會上僅有少數人具備，有資格的人數以及在所定時間內可以行使該職能者，除已經受任司法職務者外，非常有限。另一方面，如已有足夠能力及經驗、可以勝任委員會委員之人員，即無庸要求司法機關承擔該工作[57]，而且

(ii)委員會的職能通常不屬於司法，而屬於行政領域。該職能係調查及確認行政資訊，以便採取適當行動。該行動可能與個人在法院的民事或刑事性質訴訟程序有關，而該等個人的行為則受到委員會的調查。或者該調查可能與具爭議性的提案有關，例如機場或高速公路的興建、空難事件的調查、某特定法律或政策的改革、特別團體之法律需求等等。一如所有行政行為，諮詢委員會的調查程序與事實認定，可能（而且經常）成為公眾爭議之主題。

162. 加拿大司法會議於1998年宣示其對於委任聯邦所任命的法官擔任諮詢委員會成員之立場[58]。其所認可的程序包括以下步驟：

(i)請求法官擔任諮詢委員會委員，應先向首席法官為之；

(ii)該請求應提出諮詢的條件，如委員會的工作有期限，並指明之；

(iii)首席法官在與受邀法官商量時，應考量是否法官的缺席會嚴重影響法院的工作；

(iv)首席法官及該法官將會考慮，是否接受諮詢委員會之任命，可能影響該法官在法院未來的工作。就此而言，他們可能考慮：

(a)諮詢之主題是否本質上需要就公共政策提供意見，或者本質上是政黨爭議問題？

(b)其本質是否涉及對於委任機關行為的調查？

(c)諮詢的本質是否有關特定個人有無犯罪或民事侵權責任的調查？

(d)由何人選定代表委員會的律師及幕僚人員？

(e)是否受邀法官具有特殊知識或經驗，為該諮詢所需？是否退休法官或

---

57 Sir Murray McInerney, "The Appointment of Judges to Commissions of Inquiry and Other Extra-Judicial Activities",(1978) *The Australian Law Journal*, vol.52, pp 540-553.

58 *Position of the Canadian Judicial Council on the Appointment of Federally-Appointed Judges to Commissions of Inquiry*, approved at its March 1998 meeting, www.cjc-ccm.gc.ca

非編制內法官也適合？

(f) 如該諮詢需要一位受法律訓練之委員，法院應否覺得有義務為其提供一位法官，或者一位資深律師也一樣可以勝任該職務？

在沒有特殊情形下，加拿大司法會議的立場是，聯邦所任命法官在首席法官及受邀法官已有充分機會考慮所有以上事項，並認為接受該委任不致於對法院工作或該法官未來的司法工作造成相當影響前，不應接受委任。

163. 法官對於接受政府委員會，或其他有關法律、司法制度或司法事務改進以外有關事實或政策事務問題的委任乙事，除法律所明定者外，通常應謹慎為之。如法官（接受委任）之政府職責會影響司法職務的執行，或有損及公眾對於司法機關廉正、公正或獨立之信心時，無論如何，均不可接受委任。抑有進者，如法官離開其一般職務之時間很長，可能對於回歸正常生活及外觀，與調整其司法工作之心態習慣，會感到並不容易。

涉及政府之行為

164. 法官行使職務，不應同時涉及行政或立法行為。然而，如制度上許可，在離開其司法機關職務後，得行使行政部門之職務（例如在司法部的民事或刑事立法部門）。關於法官成為部長辦公室幕僚人員時，問題顯得比較複雜。雖然在普通法系國家，此等任命從不被認為適當，在某些大陸法系國家則不同。在大陸法系國家，法官在進到部長辦公室服務之前，應徵詢任命法官之權責機關及其司法同僚之意見，以適用每一個案之行為法則。而在法官回歸司法機關之前，法官應辭去所有行政或立法職務。

代表國家

165. 法官得代表其國家、邦或地方出席慶典或與國家、地區、歷史、教育或文化有關之活動。

4.11.4 參加不會降低司法職責尊嚴或以其他方式干擾執行司法職責的活動。

評　註

參與司法職務外活動

166. 法官得參加適當的司法職務外活動，以便不致與社會隔絕。因而法官

得以寫作、演講、授課，及談論非法律主題事物，及參與藝術、運動及其他社交及娛樂活動，只要該等活動不致減損法官職務之尊嚴，或影響法官履行其司法職責。事實上，在不同領域的活動賦予法官拓展視野的機會，讓法官瞭解社會上問題，補充法官在行使其法律職業之職責時所獲得之知識。然而在法官得參加職務外活動與其執行職務需要（且外觀上）獨立及公正之間，有必要求其平衡。歸根究底，本問題總在於，在特殊社會背景以及合理旁觀者眼中，法官所參與的活動是否在客觀上可能損及其獨立性或公正或其外觀。

非營利組織之會員

167. 法官得參加社會上各種非營利組織，成為組織之會員或管理單位之成員。例如慈善組織、大學、學校委員會、世俗宗教團體、醫院董事會、社交俱樂部、運動組織及促進文化或藝術之組織。然而在參加該活動時，應注意以下事項：

(a)法官所參加的組織，如其目的是政治性或其活動可能使法官暴露於公共爭議之中，或該組織可能規則性或經常性有訴訟案件，法官即不適合參加；

(b)法官應確保其參加不致占用太多時間；

(c)法官不應擔任法律顧問，但此並不阻止法官針對可能有法律爭訟問題，基於該團體成員之身分，表達觀點，惟法官應表明該等觀點並非法律諮詢意見，任何法律諮詢意見應尋求法律專業人士；

(d)法官應小心避免涉及，或借用其名字，進行募款活動；及

(e)如召募會員可能被合理視為是強迫的或本旨上有募款功能，法官個人即不應參與召募會員活動。

168. 法官不應加入以種族、性別、宗教、祖籍或其他與基本人權不相干之因素，而有歧視作風之組織，因該會員身分即足以損及法官公正之觀感。一個組織的作風是否有令人不滿的歧視情事，常為複雜問題。一般言，一個組織如果恣意地排除以種族、宗教、性別、祖籍、種族地位或性別傾向為基礎之會員，而上述以外的人則得以入會，即構成令人不滿的歧視。然而法官得加入致力於會員之共同利益，以保存宗教、種族或合法文化價值之組織，成為會員。同樣地，法官不應在法官知悉有令人不滿歧視作風的俱樂部，安排會議，法官也不得經常地使用該俱樂部。

財務活動

169. 除為保障法官適當執行職責必要所為之限制外，法官就其個人財務事宜，享有與一般公民同樣的權利。法官得持有並管理投資，包括不動產，並從事其他獲利活動，但不得擔任任何企業的幹部、董事、積極的合夥人、經理、顧問或受僱人，除非該企業係由法官家人的成員所緊密擁有或控制。法官參與其家人緊密擁有的企業，雖然原則上許可，但如要花很多時間，或涉及濫用法官聲望，或該企業可能涉訟，即應避免。然而法官擔任以獲利為目的之企業之董事，即不適當。此於公營或私營公司均有其適用，不問董事職位是否有行政性質，也不問是否受有報酬。

住所協會之會員

170. 法官於某建築物中擁有或占有房屋，該建築物有「所有權人」或「住所」協會，法官得於其管理委員會服務，但不應提供法律諮詢意見。但此並不阻止法官針對可能有法律爭訟問題，基於該團體成員的身分，表達觀點，惟法官應表明該等觀點並非法律諮詢意見，任何法律諮詢意見應尋求法律專業人士。如產生的問題可能或變得有爭議性，法官即應小心，不要對爭議性問題表示意見。該等意見必然會流傳得使該法官或相關法院感到難堪之程度。

擔任受託人

171. 法官視情形得擔任家人或好朋友的信託的遺囑執行人、遺產管理人、受託人、監護人或其他不動產受託人，只要該服務不致影響法官適當履行其司法職責，且未受報酬。法官雖擔任受託人，但對於法官有關個人財務活動的限制，於此同樣有其適用。

4.12. 在司法職務任期內，法官不得執行法律業務。

評 註

「執行法律業務」之意義

172. 執行法律業務，也包括在法院以外執行沒有立即涉及訴訟程序的工作。其包含就廣泛的主題提供法律諮詢意見，以及涵蓋廣大企業、信託關係或其他事物，準備及製作法律文書的傳達流程。法官在休假年度於政府部門就有關法院及司法業務，以特別顧問身分受全職僱用，等同於「執行法律業務」。

有關此一禁止範圍之觀點，因不同地方傳統而有不同。在某些大陸法國家法官，即使是終審法院，可以從事仲裁人或調解人之工作。在普通法國家，即將退休之法官可以從事由外國政府所成立團體之國際仲裁人之有償工作。

擔任仲裁人或調解人

173. 在普通法轄區的法官，除法律有明白規定外，法官不得擔任仲裁人或調解人或以其他方法以私人身分執行司法職務。一般認為，如法官經由提供私人爭議解決之服務，以獲得司法職務外活動之金錢利得，是以司法職務獲得財務利益，會損害司法機關之廉正。即使其服務並未獲得酬勞，仍可能影響司法職務之適當履行。

對於家人提供法律諮詢

174. 法官不應提供法律諮詢，然而於親密家人或好友之情形，法官得基於友善、非正式、無償之基礎，提供個人諮詢意見，惟法官應表明其不應被視為提供法律諮詢意見，而於必要時，任何法律諮詢意見應尋求法律專業人士。

法官自身利益之保護

175. 法官有權保護其自己權利及利益，包括在法院提起訴訟。然而法官對於個人涉及訴訟，應慎重考慮。法官作為訴訟當事人，即有利用其職務獲利之外觀；反之，其可信性也受司法同僚所為判決之不利影響。

4.13. 法官可籌組或參加法官組織，亦可參加代表法官權益的其他團體。

評註

工會會員

176. 法官行使其結社自由，法官可加入以促進及保護法官工作條件及待遇的工會或職業團體，或與其他法官籌組該性質的工會或團體。然而考量到公眾利益以及法職務務在憲法上的角色，可以限制其罷工權。

4.14. 法官及法官家人不得因執行司法職責所作出或不作出事項而索取或收受饋贈、遺贈、貸款或好處。

4.15. 法官不得在知情的情況下准許法庭人員或受法官支配、指示或權力指使的人，因執行各自職務或職能所作出或不作出事項而索取或收受饋贈、遺

贈、貸款或好處。

評 註

讓家人及法庭人員瞭解倫理限制之義務

177. 向法官家人或居住法官家中之人給予饋贈、遺贈、貸款或好處，可能（或看起來是）有意影響法官，因此法官應該讓其家人瞭解相關倫理就此對法官之限制，並勸阻家人不要違反。然而法官既被合理期待要瞭解所有居住其家中的人所有財務或商業活動，自不能以放任態度對之。

178. 相同之考量因素也適用於受法官支配、指示或權力指使的人。

可以接受之情形

179. 以上禁止不包括：

(a) 一般社交款待在法官社群是普遍的，非商業目的，且限於提供適度的如食物及茶點等物品；

(b) 僅有些微內在價值之物品，意在作為禮品，例如匾、證書、紀念品及問候卡；

(c) 基於一般因素，與司法職位無關，一般條件均可獲得之銀行及其他金融機構之貸款；

(d) 基於司法職位以外的因素所獲得之機會及利益，包括優惠利率及商業折扣；

(e) 基於司法職位以外的因素，對公眾公開所為隨機抽獎、競賽或其他事件，而給與競爭者之獎品；

(f) 基於相同條件以及適用於任何非法官聲請人所給與的獎學金；

(g) 伴隨法官出席致力改善法律、司法制度或司法實務的職能或活動，而給與法官與旅行有關費用補償或退費，包括法官及其親屬的交通、住宿及膳食費；

(h) 從事合法及受允許的司法職務外活動的合理報酬。

社交款待

180. 「社交款待」與為不當獲取法官好感意圖的界限，有時難以劃定。法官在決定是否出席某場合，事情背景是重要的，在決定是否出席時，應考慮接受該款待，是否會對於法官的獨立、廉正、遵守法律的義務、公正、尊嚴、適

時執行司法職責,造成不利影響,或有違反上述情事之虞。另所應考慮的事項是:發動該社交接觸的人,是老友或新識?該人在社會上風評是否不佳?該聚會是大型或私人性質?是自發性或預先安排?出席人當中是否有案件在法官承審中?法官有無接受並未提供他人(而會合理引起他人懷疑或批評)的利益?

4.16. 在遵守法律及公開宣示要求的法規的前提下,法官可酌情接受適當象徵性禮物、獎賞或利益,惟不得用作影響法官執行司法職責,亦不得讓人有偏私的看法。

評　註

超過價值之禮物不可接受

181. 給予法官或居住法官家中之人超過價值之禮物,會引起法官公正及司法職務廉正之問題,此舉可能使得法官要迴避案件之審理。因之,該等禮物不可接受,法官可能要禮貌性地拒絕該禮物或贈與的要約,有時該禮物是自發性的提供,無法評價拘束法官的規則或慣例。法官在執行法律所許可的婚禮或公民身分宣告儀式後,提供法官健康俱樂部會員認購的要約,可能係基於善意,但法官應拒絕要約,向其解釋,接受要約可能表示其執行公共職務而接受費用或獎賞。另一方面,贈送一瓶威士忌酒或幾片法官所喜愛之音樂CD,可能不致引起反感。

接受合理的謝禮

182. 法官並不被禁止接受謝禮或演講費,只要該報酬合理且與其所為工作相當。然而法官應確保該安排並造成無利益衝突情事,法官不應讓人感到其係利用司法職位來謀取個人利益。法官也不應花太多時間遠離其法院職責,以獲取有償的演講或寫作承諾。此外,報酬的來源不得引起懷疑法官受到不當影響,或法官對於案件處理公正性的能力與意向。

準則5：平等

原則

在妥善執行司法職務時，確保法庭面前人人獲得公平待遇極爲重要。

評註

國際標準

183. 法官應具備有關禁止歧視社會上弱勢團體之國際及地區文件的知識，例如1965年的消除一切歧視形式種族國際公約、1979年的消除對婦女一切形式歧視國際公約、1981年的消除基於宗教或信仰原因的一切形式的不容忍和歧視宣言、及1992年的在民族或族裔、宗教和語言上屬於少數群體的人的權利宣言。同樣地，法官應瞭解公民與政治權利國際公約（ICCPR）第14(1)條保證「人人在法院或法庭之前，悉屬平等。」第2(1)條與第14(1)條一起看，即可瞭解，每一個人，無分種族、膚色、性別、語言、宗教、政治或其他主張、民族本源或社會階級、財產、出生或其他身分等等，一律享有公平審判之權利。這片語「其他情形」（或其他身分）已被解釋爲包括，例如私生、性別傾向、經濟地位、殘障及愛滋病的身分。從而法官有責任經由避免有任何偏見及歧視，維持當事人間的平衡，並確保雙方受到公平審理的方式，以適當尊重平等對待當事人原則之態度，來執行其司法職務。

法官應避免刻板印象之態度

184. 公平對待當事人，已長久被認爲是司法之本質。依法平等，不僅是司法的基本原理，而且是執行司法職務與司法公正，有強力關聯性之特徵。例如，法官雖然做出正確判決，但審理過程卻帶有刻板印象的態度，法官如此態度是在實際上及當事人感受上，付出了公正形象的代價。法官不應受到刻板印象、沒有事實根據之觀點或偏見的態度的影響。因此法官對於該等態度，應盡力認知、展現敏感力，並改正之。

性別歧視

185. 法官要扮演確保男性及女性都有權接近法院的角色，此義務適用於法

官自己與當事人、律師及法庭人員間之關係，以及法庭人員與律師及其他人間的關係。法官對於律師明顯的性別偏見，在今日的法庭已不常發生，雖然偶有言語、姿勢或其他行為有時被認為是性騷擾；例如在稱呼女性律師時使用高傲的字眼（「寶貝」、「親愛的」、「小女生」、「小妹」），或以不致對男律師說出的語氣，評論該律師之身材或服裝。法官擺出恩賜態度的行為（「本訴狀一定是由一位女性所起草」）影響女律師，有時貶損自尊或降低其處理技巧的信心程度。冷漠對待女性當事人（「那個愚蠢女人」），也可能在實際上及外觀上直接影響其法律上權利。對法庭人員、律師、當事人或同事性騷擾，常是非法而且違反倫理規範。

適用範圍

5.1. 法官應知道和理解社會上的多元性及存在各方面的差異，包括但不限於種族、膚色、性別、宗教、祖籍、社會等級、殘障、年齡、婚姻狀況、性傾向、社會和經濟地位及其他類似原因（「不相關理由」）。

評 註

回應文化差異之職責

186. 法官不僅有責任知悉及熟悉社會上文化、種族及宗教差異性，而且不得因任何不相關理由而有偏見或成見。法官應以適當方法試圖對於社會上改變中的想法與價值持續瞭解，並利用適當協助法官公正（或看起來公正）的教育機會（國家應合理提供之），然而應注意此等努力在於強化（而非減損）法官的公正性。

5.2. 在執行司法職責期間，法官不得因不相關理由，用文字或行為對任何人或團體表示偏見或成見。

評 註

避免使用貶抑性評論的責任

187. 法官應努力確保其行為在任何合理旁觀者的觀點，會對於其係公正的法官，具有無可非議的信心。法官應避免在評論、表達、姿勢或行為方面，讓

人合理解釋其係對人冷漠或不尊重。例如基於種族、文化、性別或其他刻板印象所為之無關或貶抑性評論，以及隱含在法庭之人將不會受到平等考量及尊重之行為。法官關於種族來源所為輕蔑的評論（包括法官本身），亦屬不莊重且粗魯。法官應特別小心其言語不可以（或甚至不經意地）有種族主義者的弦外之音，不可以冒犯社會上少數團體。

司法言語必須以謹慎及禮節調和

188. 法官不得對訴訟者、律師、當事人及證人有不適當及侮辱性言語。過去有法官在對刑事被告宣示判決時，以大量侮辱性言語數落被告。雖然法官依地方習慣，適當代表社會對於嚴重犯罪行為表達社會的憤怒，司法言語仍應總是以謹慎、克制及禮節調和之。對犯罪的被告宣示判決，是代表社會執行法律行為的沉重責任。但這並非法官宣洩個人情緒的場合，該行為會降低司法職務之基本品質。

5.3. 法官在執行司法職責時應適當考慮各方人士（如當事人、證人、律師、法庭人員及其他法官）的情況，不得以對妥善執行司法職責不重要的不相關理由加以區別待遇。

評　註

應以莊重態度對待法庭使用人

189. 營造法庭氣氛及建立公平審判環境的人是法官，對法庭使用人不平等或區別待遇，不論是事實或給人感受，均無法令人接受。所有出席法庭之人，法律實務人士、訴訟當事人及證人，均有權請求以尊重其人之尊嚴及基本人權之態度待之，法庭應確保以上之人不會受到基於種族、性別、宗教（或其他不相關理由）歧視之保護。

5.4. 在審理任何案件時，法官不得在知情的情況下准許法庭人員或受法官支配、指示或管控的人，以任何不相關理由對有關人士加以區別待遇。

評　註

確保法庭人員遵守規定標準之責任

190. 公眾成員與司法系統第一次接觸的，經常是法庭人員，因此法官應盡量確保於其權限範圍內，受法官指揮監督的法庭人員的行為，符合上述行為標準。法庭人員的行為應保持得體，而且不得有性別冷漠言語，以及可能被認為辱罵、攻擊、威脅、過度親密或其他被認為受禁止的不當行為。

5.5. 在法庭進行的法律程序中，法官應要求律師不得以不相關理由，用文字或行為表示偏見或成見，但與程序中的法律爭點有關或可成為合法辯護事由等情事者，不在此限。

評　註

阻止律師有種族主義者、性別主義者或其他不當行為

191. 法官應明白告訴律師在法庭或其他在法官前面所進行的法律程序中，帶有種族主義者、性別主義者等不相關的評論，是冒犯或不當行為。以可能被合理解釋為贊成該評論的言語、姿勢或不作為，亦被禁止。惟此並非要求適當的辯護或受准許的證言應被縮減，例如有關性別、種族或其他相類因素涉訟而在法庭成為爭點。法官的一般職責是公平審理，但在必要時，要掌控法庭程序，並以適當堅定態度來維持法庭平等、禮儀與秩序。「適當堅定態度」要視情況而定。在某些情形，禮貌性糾正即為已足，但對於故意或非常冒犯的行為則需要更強烈的行動，例如由法官下達特別指示，為私下警告、在法庭紀錄中予以警告，或者如律師在經警告後仍一再有不當行為時，在法律允許範圍內，對於違反之律師以藐視法庭來加以處理。

準則6：稱職與盡責

原則

稱職與盡責乃妥善執行司法職務之先決條件。

評 註

稱職

192. 執行司法職責的能力需要法律知識、技巧、細心及準備工作。法官的專業能力在執行其職責時應顯而易見，當法官因藥物、酒精或其他精神或身體損傷，可能降低或損及其司法專業能力。在少數個案，法官可能有經驗不足、人格及脾氣問題，以及被任命的法官並不適合執行司法職務，或其行為顯示其並不適合執行司法職務。在某些個案，可能是法官成為無行為能力或失能，就此唯一極端之解決方法，可能是依憲法予以解除職務。

盡責

193. 思考冷靜、判決公正及行為迅速，均屬司法盡責的面向。盡責也包括努力公正而公平適用法律，及避免濫用程序。在執行司法職責方面所顯示盡責的能力，可能要依工作負擔、適當資源（包括人力與技術支援），以及研究、評議、撰寫裁判書及除在法庭外的其他司法職責工作時間來判斷。

相關的休息、休閒及家庭生活

194. 法官對其家庭責任的重要性已受承認，法官應有充分時間來維持其身心健康，並有合理機會來加強其有效執行司法職務，所必要的技巧與知識。執行司法職務所生的壓力，於現在已漸受承認。在適當情形下，對於為壓力所苦的法官，有必要提供其諮商及治療之設施。在過去，法官及法律專業人士有輕視或拒絕此等考量的傾向。在最近，實證研究以及一些司法人士崩潰的不名譽案例，已讓此問題受到注意[59]。

適用範圍

6.1. 法官的司法職責重於一切其他活動。

評 註

法官所負主要義務的對象是法院

195. 法官的主要義務在於適當執行司法職務，其基本內涵包括審理以及對

---

[59] M.D. Kirby, "Judicial Stress-An Update", (1997) 71 *Australian Law Journal* 774, at 791.

於（需要解釋及適用法律之）案件做出判決。法官如受政府機關號召擔任需要離開法院一般工作之任務時，在其與審判長及其他法官商量，以確保接受該司法職務外的委任，不致於影響法院之有效職能，或不當增加其他法官的負擔之前，不應接受委任。法官應抵抗任何過渡關注司法職務外活動，而降低法官執行其司法職務能力的引誘。如該等活動係有償，則法官過渡關注該等活動的危險，即明顯升高。於該等情況，合理旁觀者可能懷疑法官接受司法職務外的職責，是爲了增加職務上收入。司法機關是爲社會服務的機構，非僅是另一個競爭市場經濟的部門。

　　6.2. 法官應將其專業活動，貢獻於司法職責上，不僅包括在法庭執行司法職能及責任和作出判決，亦包括與司法職務或法院運作有關的其他任務。

評 註

執行司法職務所必要的專業能力

　　196. 每一法官在某程度，至少要管理案件，以及就案件做出判決。法官的職責在於有效率地在其法院執行司法職務。其中涉及案件管理，包括迅速處理案件、保存紀錄、管理開銷及監督法庭人員。如法官在監督及處理案件方面未能盡責，其無效率的結果將增加成本而損及司法行政。因而法官應維持其執行司法職務的專業能力，並促使法庭人員履行執行司法職務責任。

法庭紀錄的喪失

　　197. 法官應採取所有合理及必要措施來防止法庭紀錄的喪失或被隱藏，該等措施可能包括法庭紀錄的電腦化。法官也應建立調查法庭檔案喪失的制度，在懷疑有違法情事時，法官應確保就喪失的檔案進行獨立調查，一般會認爲該情事是涉及有關法院有嚴重失職行爲。在檔案喪失的情形，法官應盡量以合理可行方式，採取重建紀錄的行動，並著手進行避免該喪失的程序。

非法定費用

　　198. 來自許多司法管轄區的報告指稱，有特定（或表面上）法庭人員爲了例如調卷、發出開庭通知書、通知書的送達、發給證據影本、保釋金的取得、提供經認證的法院判決書影本、案件的加速處理、案件的遲延處理、訂定方便的庭期及喪失檔案的重建等情事，有要求給付非法定費用的情事，法官就此應

考慮：

(a)將公告張貼在法院建築及其他可以被相關人士看到的地點，禁止所有該等費用的收取，並提供對於該等措施申訴的秘密程序；

(b)委派法院監查人員與使用者委員會一同以適當的監督制度，來對抗該等非正規收費；

(c)引進法庭紀錄電腦化，包括法庭審理計劃；

(d)引進在準備審理程序所必需採取法律措施的時限；

(e)由法院迅速而有效回應公眾的申訴。

6.3. 法官應採取一切合理措施，利用司法機構爲法官提供的培訓及其他設施，維持及增廣其執行司法職責所需的知識、技能及個人素質。

評　註

每一位法官均應參加各種培訓

199. 司法機關獨立，賦予法官權利，但也課以其倫理責任。後者包括以專業及盡責態度執行司法工作的責任，這意味法官應有實質專業能力，法官有責任並有權利藉由培訓來取得、維持及定期加強該能力。新上任的法官，縱非必要，最好應接受詳細、有深度、適合法官專業經驗的多元培訓課程，以便其得以令人滿意地執行司法職務。其所需知識不僅應廣及實體及程序法，而且應及於法律及法庭的實際生活。

200. 如果法官對於知識的深度及多元性，超越法律的技術層次，達到社會所關心的重要領域，瞭解法庭及個人管理案件的技巧，而且以適當而敏銳的態度與所有相關人員相處，公眾對於司法體系的信心將會增強。簡言之，培訓是爲了培養客觀、公正及有能力執行司法職務的法官，並保護法官免於不當干涉。從而當代的法官通常在受任時，會接受例如有關性別、種族、原住民文化、宗教多元性、性別傾向、愛滋病狀態、殘障等等的敏感性課程。在過去人們常認爲法官在律師平日執行法律業務中獲得該知識，然而經驗告訴我們，培訓的價值——尤其是由該族群及少數團體成員來直接告訴法官，以便法官聽到及取得資料，而幫助他們在日後處理案件的相關爭議。

201. 法官在其專業生涯受徵召之初，通常在大學時期，即需加以訓練，同

樣地，法官在由最好且最有經驗律師中選任後，也應予以訓練。「一位好律師可能成為一個壞法官，而一位平庸律師可能成為一位好法官。在法庭內的裁判與行為品質，可能遠較對法律專精程度來的重要。」[60]

司法培訓課程的內容

202. 執行司法職責對於新徵召及有經驗的律師，都是新的職業，而且在許多領域方面，尤其有關法官的專業倫理、法庭程序，以及在法庭程序中與相關人員的關係，有其特殊的一面。依新徵召人員的專業經驗程度，培訓內容不僅應包括法官處理案件的技巧，也應考慮對於社會認知以及反應社會複雜生活的不同主題，有廣泛性瞭解的需求。另一方面，考慮到徵召方法的特點，來釐訂及適當調整培訓計劃。有經驗的律師應受培訓的內容，僅係新職業所需要者，其對於法庭程序、證據法、一般習慣及對法官的期待，可能已充分瞭解。然而該種人士可能從未接觸過愛滋病患者，或者考慮過那種人的特殊法律及其他需求。就此而言，持續的司法教育可能令人大開眼界。雖然有些看法在許多普通法轄區可能相對的新，但經驗告訴我們，由司法機關本身進行培訓，對於新法官可能有益，並為其成為一位成功的法官奠立良好基礎。

為司法機關各審級法官所辦理的在職訓練

203. 法官除了在其司法生涯之初，要獲得法官所需的基本知識外，自受任命後，即有義務永續研究與學習。該培訓對於法律、技術的經常變更，以及在許多國家法官擔任新職而有新的責任時，是不可缺少的。因而在職訓練計劃在其職務改變時，即應提供其訓練的可能性，諸如職務在刑事庭與民事庭（或不同案件類型）之間、擔任專業管轄職務（例如家事或少年法院），或擔任庭長或院長職務所發生的改變。持續性的訓練最好應包括司法機關各審級的人員。如果可行，不同審級的人員都應有代表出席同一講習課程，給與相互交換意見的機會。這有助於化解過渡的司法官僚傾向，使司法機關各審級的人都可以瞭解相互間的問題與關心的事，進而促進整個司法機關提供一個更有凝聚力且一致的服務。

---

[60] Sir Robert Megarry VC, 'The Anatomy of Judicial Appointment: Change But Not Decay', The Leon Ladner Lecture for 1984, 19:1 *University of British Columbia Law Review*, p.113 at p.114.

司法機關負責司法訓練

204. 雖然國家有責任提供必要資源與所需成本（如有需要，並受國際社會的支援），司法機關應扮演（或本身有責任）安排與監督司法訓練的角色。此等責任在每一國家，應賦予的對象，不是司法部，或任何其他應對立法或行政機關負責的機關，而是司法機關本身或另一諸如司法服務委員會的獨立單位。法官協會也可以在法官任職時，扮演鼓勵及促進不斷之訓練。在考慮到現代社會的複雜性，無法想當然地認爲幾乎每天坐在法庭的經驗，即足以使法官準備好處理所發生的所有問題，以及如何獲得最好的答案。資訊系統的技術性改變，已讓即使是非常有經驗的法官也有再訓練的必要，並應鼓勵他們瞭解且予以接納。

訓練機構不同於懲處或任命機構

205. 爲了確保適當的角色分離，最好同一機構不要直接負責法官的訓練與懲處。負責訓練的機構不應直接負責法官的任命與晉升。在司法機關或其他獨立單位之下，訓練應委託一個特別自治、有自有預算的機構爲之。其得以與法官商量，擬定訓練計劃，並確保其執行。該訓練應由各個訓練領域的法官及專家來實施。訓練者應由各專業領域最好的人來擔任，並由負責訓練的單位考慮其對各主題的知識及教學技巧，小心遴選。

6.4. 法官應隨時瞭解國際法的有關發展趨勢，包括確立人權標準的國際公約及其他文書。

評　註

相關的國際人權法律

206. 基於社會的日益國際化，以及個人與國家間漸增的國際法關連性的背景下，有必要賦予法官，不僅是依照國內法，在國內法的充分授權範圍，也應適用於現在民主社會所承認的國際法原則，來行使其權力。在合乎地方法律的要件下，不論法官責任的本質爲何，法官不能不知（或主張不知）國際法，包括國際人權法，只要其係源自國際習慣法、現行國際條約或地區人權公約。爲促進此一法官義務的基本面向，最好在一開始或在職訓練計劃中，就提供新法官學習人權法的課程，並特別參考該法律在法官一般工作（於國內法容許範圍

內）的實務運作。

6.5. 法官應以高效、公平及適當迅捷的方式執行一切司法職責，包括作出延期判決等。

評　註

以適當迅捷的方式處理案件的責任

207. 在以高效、公平及迅捷的方式處理案件方面，法官應展現對於案件當事人權利的適當關心，並且在未花費非必要費用或遲延情形下解決問題。法官應掌控及監督案件，以降低或排除拖延情事、可避免的遲延及非必要的費用。法官應鼓勵並尋求促成和解，但不應讓當事人感覺為了在法院解決爭端而被迫放棄權利。以公平而耐心的態度審理的責任，並不致於與迅速處理法院業務的責任發生衝突。法官可能有效率，且像企業一般，同時保有耐心與細心。

準時的責任

208. 迅速處理法院業務，法官要準時出庭，並於當事人表示意見後迅速作出決定，而且應要求法庭人員、訴訟當事人及其律師與法官合作，直到案件終結。庭期時間不規則或有空檔，會成為案件遲延的因素，而造成對法院的負面印象。從而在庭期是規則性或可預期的司法管轄區，法官應依指定庭期準時出庭，同時確保案件可以迅束終結。

無遲延地做出延期判決的責任

209. 法官於適當考慮案件急迫性及其他特殊情形，考量案件審理時間及複雜性及其他工作承諾，應盡合理可能做出延期判決。關於判決理由，法官尤應無不合理遲延地如期交付印行。

透明的重要性

210. 法官應建立允許律師及訴訟當事人知悉法庭進行程序的透明機制，法院應公開推行一些規程，使律師或自己代理訴訟的人可以藉以詢問似乎已構成不當遲延判決的原因。該等規程應許可向法院內有關單位，提出案件有不合理遲延，或對當事人一方構成嚴重偏見的申訴。

6.6. 法官應維持法庭所審理法律程序的秩序及禮儀，並須耐心、莊重及禮貌對待訴訟當事人、陪審員、證人、律師及法官以公務身分交往的其他人。法官亦應要求法定代表、法庭人員及受法官支配、指示或管控的其他人有相同行為。

評 註

法官的角色

211. 有位資深法官以下列文字總結法官的角色[61]：

法官這一方……傾聽證據，其本身僅於有必要澄清被忽視或有疑問的爭點時，才詢問證人問題，確保律師行為合宜且遵守法律規定，排除無關事項並阻止重複論述；適時中斷發言，以確信其瞭解律師所為陳述並評估其價值；於最後決定事實之所在。如他所為超越以上所述，則他是丟掉法官袍子，而穿上律師袍子，此一改變並不致於使他變好，……這就是我們的標準。

維持法庭秩序及禮儀的責任

212. 「秩序」指用以保證法庭的事務，會符合訴訟程序規則所要求的規律及禮節的水準。「禮儀」指關注及真誠努力的氣氛，對於訴訟參與人及對於公眾，傳達了法庭所處理之事件受到認真而公平的考慮。法官個人對於出庭律師及訴訟當事人關於其特殊行為、言語及服裝，可能有不同想法與標準。某位法官可能認為顯不合宜的行為，另一位法官可能認為是無害的古怪、不相關或一點也無不合宜的行為，而且，在某些程序所要求的，較其他程序來得正式。從而，在某特定時期，全國法庭將無可避免地展現了大幅度的「秩序」及「禮儀」。因而建議採取統一的「秩序」或「禮儀」標準，不僅不太好，也不可能。反之，要求法官應採取合理措施來達到並維持法庭的秩序及禮儀，是要達成法院業務得以在規律及明顯公平的情況下進行，而同時讓律師、訴訟當事人及公眾確信其規律及公平。

對訴訟當事人的行為

213. 法官的行為對於維持其公正形象很重要，因為這正是別人判斷的依據。不當行為可能傷害司法程序，傳達了偏見或漠不關心的印象。對於訴訟當

---

[61] *Jones v. National Coal Board*, [1957] 2 QB p.55 at p.64, per Lord Denning.

事人不尊重的行為，侵害訴訟當事人的聽審權，並損及法庭的尊嚴及禮儀。不禮貌的行為也影響訴訟當事人對於案件處理的滿意度，它造成對法院整體負面的印象。

對律師的行為

214. 法官應以適當方法宣洩憤怒，不論法官受到何等挑釁，法官的回應，應該是明智而審慎的。即使法官受到律師粗魯行為所激怒，法官也應採取適當措施來控制法庭秩序，不應施以報復。如有必要予以訓戒，有時候與正在處理案件分開處理，比較適當。法官沒有正當事由一再打斷律師發言，或予以辱罵或嘲笑律師的行為或言詞辯論，都不適當。另一方面，法官對於明顯無法律上理由而對法庭程序或辯論所為指責行為，或者對於法官或其他律師、當事人或證人所為漫罵行為，並無不得中斷其發言，而傾聽之義務。

耐心、莊重及禮貌是基本特質

215. 在法庭及法官辦公室，法官應行為有禮，且尊重所有在場人員的尊嚴。法官亦應要求在法庭之人、法庭人員及其他受其指示或控制之人，要同樣禮貌。法官應摒除個人私怨，且不應對於出席法庭的律師有偏好的表現。法官對於律師的訓戒、對於訴訟當事人或證人的冒犯性言語、殘酷的玩笑、諷刺及激烈的行為，都會損及法庭秩序及禮儀。法官打斷發言時，應確保其公正或公正的感覺，不致因其打斷發言行為而受不利影響。

6.7. 法官不得作出違背盡力執行司法職責的行為。

評　註

公平而平等分配法院工作

216. 負責分案的法官，應不受案件當事人或任何與案件結果有關人員希望的影響，該分案應以抽籤方式或依字母排序的制度，或類似制度，來自動分配。如由審判長分配案件時，應與法官商量，並以廉正及公平態度來執行工作。於必要時，可能要盡量考慮個別法官的特別需求及狀況，分配工作給每一法院法官，在數量與質量條件方面應平等，並應讓所有法官知悉。

案件的撤回改分

217. 案件分給特定法官後，除有例如疾病或利益衝突情事的正當理由

外，不應再撤回案件改分其他法官。任何該等撤回改分的理由及程序，應以法律或法院規則定之，且不可以被任何利益或代表行政或其他外在力量的影響，以確保依照法律及與國際人權規範來執行司法職務。

另一位法官或律師的不專業行為

218. 法官知悉另一法官或律師有不專業行為可能性的證據時，應採取適當行動。適當行動可能包括直接與違反規定的另一位法官或律師溝通，如尚有其他直接行動可資採取，並向有關機關報告違反情事。

濫用法庭人員

219. 不當使用法庭人員或設施是濫用司法職權，而使受僱人或設施處於相當困難之狀態。法庭人員不應被指示執行不當及過分服務法官個人的行為，但符合既定慣行的小事，不在此限。

實施辦法

由於司法職務的性質，如在其司法管轄區內尚未設有機制實施以上原則，有關國家的司法機關應採取有效措施，藉此實施以上原則。

評　註

220. 司法廉政工作組目前正在草擬有效執行班加羅爾司法行為原則程序的文件，一如本原則本身，該等程序並無意被認為對任何國家司法機關構成拘束，他們只是用來作為指導原則以及建構制度的基準。

定義

在本原則聲明中，除非文意另行許可或另有所指，以下文字應具其所屬涵義：

「法庭人員」包括法官的私人職員、法庭書記在內；

「法官」指行使司法權力的人，不論其稱謂為何；

「法官家人」包括法官的配偶、兒子、女兒、女婿、兒媳及居於法官家庭

的其他摯親或親人，或法官的友人或雇員；

「法官配偶」包括法官的家庭伴侶或與法官有親密私人關係的其他人，不論任何性別亦然。

評 註

221. 在「法官家人」定義中，「居於法官家庭」僅適用於「其他摯親或親人，或法官的友人或雇員」，並不適用於法官的配偶、兒子、女兒、女婿、兒媳。

附錄：文化及宗教傳統

從最早時代的文化及宗教傳統，法官就被認為是具有高道德水準的人，其所具有的特質不同於一般人，受到較其他人嚴格的限制，並應遵守較社會其他人更嚴格及限制的生活及行為模式。

古中東

於西元前1,500年左右，Thutmose 國王三世曾對於埃及Rekhmire首席法官下達以下指令[62]：

「留心首席法官的大廳；注意在那邊所做的事。注意，那是全國的支柱，……注意他不是支持那些不是人民兄弟的官員及議員。
……你自己看，依照法律做事；做對的事情……瞧，官員依法行事是安全的，請願者如是說……
神厭惡偏心的表現，教義說：你應對人一視同仁，應把你所認識的人，當做你所不認識的人，對於靠近你的人，……視同是遠離你的人，……能做到這樣的官員，將會使這塊土地受到極大滋養。
不要不平地對人憤怒，但要對於人應該憤怒的事表示憤怒。」

---

[62] J.H. Breasted, *Ancient Records of Egypt*, Vol II (The Eighteenth Dynasty) University of Chicago Press, 1906, pp.268-270, cited in C.G. Weeramantry, *An Invitation to the Law*, Butterworths, Melbourne, Australia, 1982, pp. 239-240.

印度法

　　印度法中內容最廣泛的法典是Manu法（大約西元前1,500年），在印度很出名的法學家Narada（大約西元400年）對Manu法的評註中，如是敘述法院[63]：

1. 皇家法院的成員應熟悉神聖律法及謹慎法則，以高尚、眞誠及公平的態度對待朋友及敵人。
2. 正義的實現，依賴他們，國王則是正義的泉源。
3. 當正義被不義所擊傷，進到法院尋求救濟，法院的成員如果無法把箭從他身上拔出來，他們即是被自己所傷。
4. 進到司法會堂，就要得到公平的意見。對此保持沉默或表示與正義相反意見的人，是罪人。
5. 法院的成員進入法院，保持沉默並冥想，在必要時也不發言，是說謊的人。
6. 不公不義的事，1/4是犯人造成的；1/4是證人造成的；1/4是法院成員造成的；1/4是國王造成的。

　　Manu 律法要求法官要具備不會「縱慾的」美德，因「沉溺於感官享受的人」無法公正地對犯人施以處罰[64]。

　　Kautilya在其所撰Arthasastra專論（大約西元前326-291年）（是古印度論法律與政府的名著），關於法官有如下論述[65]：

「當法官威脅、恫嚇、驅逐或不公平地壓制到法院爭訟之人，應處以第一級罰金。如其羞辱或辱罵他們，處罰加倍。如其不問所當問，或問所不當

---

[63] *Sacred Books of the East*, Max Muller (ed), Motilal Banarsidass, 1965, Vol XXXIII, (The Minor Law Books) pp 2, 3, 5, 16, 37-40, cited in Weeramantry, *An Invitation to the Law*, pp. 244-245.

[64] 'The Laws of Manu', *Sacred Books of the East*, 50 vols., ed. F.Max Muller, Motilal Banarsidass, Delhi, 3rd reprint (1970), vol xxv, vii.26.30, cited in A.R.B. Amerasinghe, *Judicial Conduct and Ethics and Responsibilities*, Sri Lanka, Vishva Lekha Publishers, 2002, p.50.

[65] *The Arthasastra*, R.Shamasastry (trans.), Mysore Printing and Publishing House, 1967, pp.254-255, cited in Weeramantry, *An Invitation to the Law*, p 245.

問，遺漏其已問部分，或指導、提醒或提供任何人之前陳述內容，其應處以中等罰金。

當法官為不必要之詢問，或詢問不當問題，造成執行職務之遲延，或惡意遲延，以遲延手段使當事人離開法院，規避或使規避達成和解之陳述，以提供線索方式協助證人，或者就已和解或結案之案件重新辦理之情形，應處以最高罰金。」

佛教哲學

佛陀（大約西元前500年）傳授承認人類各方面之善行——佛教「八正道」。八正道的內容括正見解、正思想、正語言、正行為、正職業、正精進、正意念、正禪定，其整體涵蓋所有人類行為守則。佛教的正義，指遵守這些面向，而這些內容一直是佛教思想精細哲學分析，許多世紀的主題，而正行為觀念一直是佛教的政府及法律制度不可分的一部分[66]。

國王固然是真正法律的施與者，但他不過是同輩中的首席，因而並不在法律之上，適用於國王的行為守則包括以下原則[67]：

- ·他不應貪婪錢財；
- ·他在執行職務時，不應有所畏懼或偏心，意念要真誠，而且不應欺騙公眾；
- ·他的脾氣要溫和；
- ·他應過簡單生活，不應貪圖奢華，並應自制；
- ·他對人不應忌恨；
- ·他要能忍受艱困，受到屈辱也不生氣。

國王（或其他法官）對於爭議，要能「平等注意雙方的意見」、「傾聽雙方的辯詞，並且依照其所認為對的來做判決。」法官在經過調查後，要小心避免「通往不義的四條路」。即偏見、怨恨、畏懼及無知[68]。

---

[66]　Weeramantry, *An Invitation to the Law*, p 23.

[67]　Walpola Rahula, *What the Buddha Taught*, The Gordon Fraser Gallery Ltd, Bedford, 1959, 1967 edition, 85.

[68]　*Human Rights and Religions in Sri Lanka*, Sri Lanka Foundation, Colombo, 1988, p 67.

正義的自然法則的重要性，可以佛陀與其門徒—可敬的Upali的對話爲
證[69]：

問：閣下，一項應由被指控之僧侶在場完全執行的行爲的指令，如他不在
場，閣下，請問那樣的行爲是否有效？
答：不論應由被指控之僧侶在場完全執行的行爲，是什麼樣的指令，如
他不在場，那樣的行爲無效，不是有紀律的有效行爲，因此指令並非適
法。
問：閣下，一項應由被指控之僧侶完全執行訊問行爲的指令，如並無訊
問，又如何？
答：不論應由被指控之僧侶在場完全爲訊問，是什麼樣的指令，如並無訊
問，那樣的行爲無效，不是有紀律的有效行爲，因此指令並非適法。

相同原則也適用於世俗人：

「凡匆促作出判斷的人，不會公正。智者調查的內容包括對與錯。以深思
熟慮、正確及公平判斷態度導引別人的智者，是法律的眞正導引者。」[70]

日本攝政王子阿佐太子（約西元604年）運用佛教哲學，闡述了17點行爲
準則：其內容包括：

「公正處理交給你的訴訟案件，由人民所提出的申訴，一天有千件，如一
天有這麼多，那連續幾年會有多少案件？如果有人在做出判決時，有謀求
自己利益的動機，聽訟時是帶著收受賄賂的觀點，那麼由富人提起的訴
訟，就會如同丟入水中的石頭，但窮人的訴訟則如同丟向石頭的水。在
此情形下，窮人將不知去何處求援，就此而言，大臣的職責即有一些瑕

---

[69] I.B. Horner (trans), *The Book of the Discipline (Vinaya-Pitaka)*, Vo. IV: *Mahavagga or the Great Division IX*, Luzac & Co Ltd, London, 1962, pp 466-468, cited in Nihal Jayawickrama, *The Judicial Application of Human Rights Law: International, Regional and National Jurisprudence*, Cambridge University Press, Cambridge, 2002, pp 7-8.

[70] *Dhammapada*, verses 256, 257.

疵。」[71]

羅馬法

十二銅表法（西元前450年前）中有以下指令[72]：

「在太陽下山前，是法官必須做出判決的最後時刻。」

中國法

一位中國古代著名長者及受人尊敬的地方行政官荀子（大約西元前312元）寫道[73]：

「公平是衡量意見的天平，中和是衡量意見的準繩。有法律的時候，遵循法律規定，沒有法律的時候，依照先例或類似情形來行為—此即最佳傾聽意見方法。如果表現出偏愛或黨派意念，而沒有什麼原則—這是最糟糕的事了。因此雖有良好的法律，但國家仍毫無秩序，是有可能的。」

反之，一位貴族的兒子韓非子（大約西元前280前）則提出了比較像法家的觀點[74]：

---

[71] W.G. Aston (trans), *Nihongi, Chronicles of Japan from the Earliest Times to AD 697*, Kegan Paul, Trench, Trubner & Co, 1896, cited in Weeramantry, *An Invitation to the Law*, pp 249-250.

[72] *The Civil Law*, S.P. Scott (Trans), Central Trust Co., Cincinnati, 1932, Vol 1, pp 57-59, cited in Weeramantry, *An Invitation to the Law*, pp 265-266.

[73] *Basic Writings of Mo Tzu, Hsun Tzu and Han Fei Tzu, Burton Watson* (trans), Columbia University Press, 1967, p 35, cited in Weeramantry, *An Invitation to the Law*, p 253. 〔譯者註：本段之中文原文為：公平者，聽之衡也；中和者，聽之繩也。其有法者以法行，無法者以類舉，聽之盡也。偏黨而不經，聽之辟也。故有良法而亂者，有之矣。（荀子王制篇第九）〕

[74] *Basic Writings of Mo Tzu, Hsun Tzu and Han Fei Tzu*, Burton Watson (trans), Columbia University Press, 1967, pp 28-29, cited in Weeramantry, *An Invitation to the Law*, pp 253-254. 〔譯者註：本段之中文原文為：巧匠目意中繩，然必先以規矩為度；上智捷舉中事，必以先王之法為比。故繩直而枉木斲，準夷而高科削，權衡縣而重益輕，斗石設而多益少。故以法治國，舉措而已矣。法不阿貴，繩不撓曲。法之所加，智者弗能辭，勇者弗敢爭。刑過不避大臣，賞善不遺匹夫。故矯上之失，詰下之邪，治亂決繆，絀羨齊非，一民之軌，莫如法。（韓非子第二卷第六篇有度）〕

「雖然一位技術精良的木匠有辦法只用他的眼睛來判斷直線，但他仍以尺規先衡量；雖然一位非常有智慧的人有辦法用本身智慧來處理事情，他仍然先參考先王的律法為準據；把錘線拉直，彎曲的木頭就可以刨直，使用水平儀，木頭的凹凸腫塊可以刨除；使用天秤，可以調整輕重；取出測量的罐子，可以更正數量的差異。因而以法律治理國家，不過是在他們各自的基礎來處理所有的事情。

法律不會因人的地位高而有例外，錘線也不會轉彎來適應彎曲的地方。是以法律頒布後，有智慧的人不敢不尊重它，勇敢的人也不敢忤逆它。犯罪要被處罰，即使大臣也無法逃避；善行要被獎賞，即使農夫也不會遺漏。從而矯正上位者的違失行為，懲罰下位者的不正行為，恢復秩序、揭露錯誤，節制過度的行為、矯正不良的行為，齊一人民的行為標準，沒有東西比得上法律。」

非洲法

有人提到[75]，曾有許多文明及法律制度在非洲蓬勃發展 —— 有些來自來希臘及羅馬，有些來自歐洲中古世紀。眾多的法律概念，為行為合理性的概念。「在Barotse的概念中，理性的人有二層意義，一般理性的人，以及『特殊社會地位的理性現任者』，例如，當有人主張具有卓越地位的議員並未依其職位尊嚴來行為時，法官就會自問，是否受質疑的人一如一位理性議員所應有之行為模式來行為。社會對於該種人的行為有自身的看法 —— 即對於申訴者莊重、耐心及禮貌的態度。」在Barotse的觀點，不提供申訴者座位並傾聽其申訴的議員，不是一位「理性的議員」。社會上所認同的標準，本身不是法律問題，而漸漸在法律判斷過程中蔓延開來，而提供了重新思考古老標準以適應現代生活條件的可能路徑。理性的人的觀念，後來被引進普通法，使其也具有觀念上的彈性，這在非洲法早就有了，而在普通法尚無有完整的理性觀念。」

猶太教法

以下這段話是由一位猶太人學者Moses Maimonides (1135-1205) 的作品

---

[75] Weeramantry, *An Invitation to the Law*, pp 35-36.

Mishneh Torah[76]中所摘錄出來：

1. 聖靈居住於猶太人法庭裡，它要法官（穿著流蘇邊的法袍）專注於敬畏及嚴肅的心情，端坐法庭。他不可以舉止輕浮、開玩笑，或無事閒聊，他們應把精神專注於教義及知識上。

2. 古猶太最高評議會兼最高法院或者國王，……任命不適任的人（基於道德因素）為法官，或他的教義知識尚不足以使他擔任這職位，即使後者或許是一位討人喜歡的人，具有令人敬佩的特質，任命他的人違反了消極的命令，因為據說：「你不會敬佩做出判決的人。」這句話是出自有權任命法官的人之勸戒。

   猶太教祭司說：「對於『某某人是一位英俊的人，我要使他成為法官；某某人是一位勇士，我要使他成為法官；某某人與我有關係，我要使他成為法官；某某人是一位語言學家，我要使他成為法官。』說不。如果你任命他，他將開釋無罪的人，而把無辜者判決有罪，不是因為他邪惡，而是因為他缺乏智慧。」

3. 在一位藉由支付代價而獲得法官職務的人，不可以在他前面起立，猶太教祭司輕聲囑付我們，並鄙視他所穿著的法袍，有如驢子的馱鞍。

基督教

在聖經出埃及記2：14提到以手指輕蔑地指著迷路的法官：

誰立你作我們的首領和審判官呢？

羅馬書2：1說：

你這論斷人的，無論你是誰，也無可推諉，你在甚麼事上論斷人，就在甚麼事上定自己的罪。因你這論斷人的，自己所行卻和別人一樣。

---

[76] I. Twersky (ed), *A MaimonidesReader*, Behram House Inc., 1972, pp 193-194, cited in Weeramantry, *An Invitation to the Law*, pp 257-258. http://www.ebaomonthly.com/bible

基督在山上佈道時說（馬太福音7：12）：

所以無論何事，你們願意人怎樣待你們，你們也要怎樣待人，因為這就是律法和先知的道理。

舊約的教義中載有關於公民正義的格言，例如利未記19：15載明：

你們施行審判，不可行不義；不可偏護窮人，也不可重看有勢力的人，只要按著公義審判你的鄰舍。

申命記1：16載明：

你們聽訟，無論是弟兄彼此爭訟，是與同居的外人爭訟，都要按公義判斷。在判斷時不可以偏袒，案件不論大小，都要聆聽。
沒有意圖不當影響法官的人，寧願在這基礎下接受判斷，這是唯一審判別人的方法。

伊斯蘭法

伊斯蘭法律學者確定了一位法官為了可以適當履行其職責所應具備的幾項特質，包括[77]：

1. 成熟：未成年人不可以被任命為法官。一個對自己沒有監護能力的人不能被授予施加他人的權力。法官不僅要有健全的身心，而且必須有高度洞察力。雖然法官並無需年邁，但年齡可以增進法官的尊嚴及聲望。
2. 明智：由於年老或疾病而減損判斷力的人，不應擔任法官。要符合這條件，一個人必須身心健康，以對於所為負法律上責任。他必須有智識且具有足以明辨事物的能力。他不可以心不在焉與粗心。

---

[77] *The Judicial System in Islam,* The Discover Islam Project, www.islamtoday.com（內容已轉移至www.ediscoverislam.com）

3. 自由：法官應享有充分自由。

4. 正直：法官必須誠實，明顯廉正，沒有不道德及放蕩行為，避免可疑的行為，符合社會規範，而且在其宗教及世俗事物上，是行為良好的模範。

5. 獨立為法律上推理的能力：法官應有由法律根源推理的能力，他要有類推適用法律的能力。

6. 充分感知能力：法官要有看、聽及說的能力。一個聾子無法聽到別人說話。一個瞎子無法由視覺區別原告與被告、承認另一方權利的人，也無法區別證人所為證言是對何方有利。一個啞巴無法宣示判決，他所為的手語難以被大眾所瞭解。

　　為了確保法官行為可以被大眾所接受，而不致讓人們懷疑他的廉正及公正，伊斯蘭法律學者有如下意見[78]：

1. 法官不得經營商業。如果容許他可以這麼做，即無法確保他不會由某些人獲得好處或優待，而之後那些人在法庭使法官給予優待。

2. 法官不可收受禮物。法官在其服務轄區自另一人所收受之各種形式的利益，均應被視為禮物。

3. 法官不可從事社會所無法接受的行為。法官不應與他人有過度的社交活動，這是要保護他免受他們的影響，損及他的公正形象。同樣地，他也不應避免適當的公共聚會。他不應開玩笑，使別人笑，不論他是與別人一起，或別人與他一起的場合都一樣。他說話時，要盡可能保持高標準的言談水準，避免錯誤或有瑕疵。他也應避免嘲笑他人以及態度傲慢。

4. 法庭是嚴肅、冷靜及莊重的場所。這不是一個輕佻行為、冗長言論及不良行為的場所，也同樣適用於訴訟當事人、證人及任何在法庭上的人。法官坐在法庭時，應處於可上場的狀態，對於要開庭的案件，充分準備聽審，並考量所有提出來的證據。法官不應憤怒，而應避免極

---

[78] *The Judicial System in Islam*, The Discover Islam Project, www.islamtoday.com（內容已轉移至www.ediscoverislam.com）

度口渴、過分快樂或悲傷及相當憂心的樣子。他不應顯得需要放鬆或過度疲倦的樣子。所有這些事情可能損及他的心理狀態及適當考量訴訟當事人證據的能力。

5. 法官不應讓目光到處飄移。法官應盡量少講話，所講的侷限於相關的問題及答覆。除了遏止無禮舉動所必要外，他不應提高他的音量。他應時時保持嚴肅的表情，不會顯現生氣的態度。他應以平靜而莊重的態度坐在法庭，既不説俏皮話，也不談與本案無關的話。

6. 法官應表現出讓他人尊敬的樣子，即使在穿著也是。

7. 法官應以盡可能平等對待訴訟當事人，不問他們是父親及兒子，國王及其臣民，或伊斯蘭教徒及非伊斯蘭教徒。包括他看他們、跟他們講話及處理他們事物的時候。他不應對其中一方微笑，而對另一方皺眉，對其中一個人關心的程度超過另一個人。如果他會説雙方訴訟當事人都瞭解的語言，他不應對其中一方説另一方不瞭解的語言。

8. 法官在法庭僅能使用法律所承認的證據。他不可以以個人知識來做出判決。

9. 法官必須迅速交付判決。任命法官的首要目的，是解決人民的爭議，並終止他們的衝突。適當的判決愈快做成，人民就愈快能正當地解決爭議。

爲維持司法獨立的外觀，除非基於公眾福祉，伊斯蘭法並不允許政府當局將一個公正的法官免職。一個合法的免職理由可能是爲了安撫人口的大部分人，或者任命另一位更適合該職位的人。如果法官被免職並無合理理由，他的任命並不受影響[79]。

法官應全心全意在他的職務上。他不可以經由商業賺取報酬，在與其他人的經常性交往中，並應維持最高水準的禮儀及端莊。因此他應由國庫收受與其生活水準相當的薪水，以便他不致於被迫要去以不適合他身分的方式賺取收入[80]。

[79] *The Judicial System in Islam*, The Discover Islam Project, www.islamtoday.com（內容已轉移至www.ediscoverislam.com）

[80] *The Judicial System in Islam*, The Discover Islam Project, www.islamtoday.com（內容已轉移至www.

　　法庭程序應公開，但如法官認為基於有關人員最大利益考量，不應公開，即得不予公開，即使對法庭人員不公開，而僅由其與訴訟當事人在場。例如在男人與女人間的醜事這類案件，最好保持秘密。或者如果公眾在場，可能會引起其哄然大笑的荒謬情形，也可以不公開[81]。

　　在可蘭經中，公平不分種族、階級、膚色、國籍、地位或宗教。全人類都是上帝的僕人，因而在法庭都應受到公平對待，而所有的人並對其行為負責[82]。一位著名法學家Abu Bakr Ahmad ibn al-Shaybani al-Khassaf寫過法官的規矩（The Adab al-Qadi）手冊，用以讓法官依先知穆罕默德所制定法律為基礎，來實現正義。其倫理法則，除了其他部分，包括了下列規則[83]：

積極規則

1. 他應有指揮若定的人格與知識，在法庭並應顯示耐心。
2. 他應確保每一個人都能容易地接近法院。
3. 當他認為法院之前的判決顯然錯誤，他應將之視為無效。
4. 在他受任為法官，他應知悉人民的風俗習慣。
5. 他對於法院職員的日常生活應密切注意。
6. 他應認識法律學家，以及城市中虔誠、值得信賴及公正的人。
7. 他可以參加葬禮及探視病人，但不可以在這些場合談訴訟當事人的司法事務。
8. 他可以參加宴會。依照al-Sarakhsi法律學家的意見：「如果舉行的宴會，沒有法官參加，這宴會是『一般』宴會；但如果舉行的宴會，法官的出席無可避免，則該宴會是『特別』宴會，即特別為法官所安排的。」

---

ediscoverislam.com）

[81] *The Judicial System in Islam*, The Discover Islam Project, www.islamtoday.com

[82] Muhammad Ibrahim H.I. Surty, "The Ethical Code and Organised Procedure of Early Islamic Law Courts, with Reference to al-Khassaf's Adab al-Qadi", in Muhammad Abdel Haleem, Adel Omar Sherif and Kate Daniels (eds), *Criminal Justice in Islam*, I.B. Tauris & Co Ltd, London and New York, 2003, pp 149-166 at 151-153.

[83] Muhammad Ibrahim H.I. Surty, "The Ethical Code and Organised Procedure of Early Islamic Law Courts, with Reference to al-Khassaf's Adab al-Qadi", in Muhammad Abdel Haleem, Adel Omar Sherif and Kate Daniels (eds), *Criminal Justice in Islam*, pp 149-166 at 163.

消極規則

1. 他不可以在生氣或情緒緊張的時候做出判決，因為法官在精神或情緒方面不穩定，可能損及他的推理能力及判斷。
2. 他不可以在想睡覺或很疲倦或狂喜的時候做出判決。
3. 他不可以在飢餓或吃得過飽時做出判決。
4. 他不可以收受賄賂。
5. 他不可以嘲笑訴訟當事人或對他們開玩笑。
6. 他在判決案件時，不可以從事非義務性戒食而使自己變得衰弱。
7. 他不可以誘導被害人說話，也不可以暗示他回答，也不可以指著訴訟當事人。
8. 他不可以允許訴訟當事人進入他家，雖然與案件無關的人可以為了問候或其他目的而拜訪法官。
9. 他不可以在居所接待其中一造訴訟當事人，但可以一起接待二造訴訟當事人。
10. 他不可以堅持自己所不知道的事情，但應向有知識的人請教。
11. 他不應渴求財富，也不應成為淫慾的奴隸。
12. 他不可以懼怕任何人。
13. 他不可以懼怕受免職，也不應頌揚，也不可以厭惡對他的批評。
14. 他不可以接受禮物，雖然可以接受來自並無待審案件的親戚的禮物。他也可以繼續收受在他受任為法官之前就有送禮物給他的人的禮物，但如果在他受任之後的禮物價值增加了，就不允許收受。
15. 他不可以因為害怕某人生氣而偏離了事實，且不應單獨行走於街道中。這樣子他的尊嚴可以維持，而且不會使自己暴露在與利害關係人的不當接近中。
16. 他不可以考慮訴訟當事人的情緒。

附二錄　美國聯邦法官行為守則
Code of Conduct for United States Judges (2011)

目　次

引言

　　本行為守則經司法會議於1973年4月5日通過，稱為「聯邦法官司法行為守則」。（參照JCUS-APR 73, pp. 9-11.）自斯時起，司法會議已對本守則作了以下修正：

　　·1987年3月：刪除本守則名稱中之「司法」乙詞；

　　·1992年9月：實質修改本守則內容；

　　·1996年3月：在本守則之後，修改遵守項目之C部分；

　　·1996年9月：修改準則3C(3)(a)及5C(4)；

　　·1999年9月：修改準則3C(1)(c)；

　　·2000年9月：釐清遵守規定條項之內容；

　　·2009年3月：通過實質修改本守則。

最後一次實質修改（傳送GR-2），2009年6月30日

最後一次修改（小幅度技術性修改），2011年6月2日

　　本守則適用於美國巡迴上訴法院法官、地方法院法官、國際貿易法院法官、聯邦求償法院法官、破產法院法官及治安法官。本守則部分規定適用於「遵守」規定條項之條文所指之主事官及受託人。稅務法院、退伍軍人求償上訴法院，及軍事上訴法院已採取本守則。

　　司法會議授權行為守則委員會就本守則適用及解釋提供諮詢意見，其僅於本守則所適用之法官提出要求時，始得為之。要求提供意見及有關本守則之其他問題及其適用性，應函詢如下之行為守則委員會主席：

行為守則委員會主席

由法律總顧問轉交

聯邦法院行政處

Thurgood Marshall 聯邦司法大廈

One Columbus Circle, N.E.

Washington, D.C. 20544

202-502-1100

程序問題得函詢：

法律總顧問辦公室

聯邦法院行政處

Thurgood Marshall 聯邦司法大廈

One Columbus Circle, N.E.

Washington, D.C. 20544

202-502-1100

準則1：法官應維護司法之廉正與獨立。

　　獨立而可敬之司法乃我國社會正義所不可缺少。法官應維持並強化高行為標準，並應親自遵守該等標準，以維護司法之廉正與獨立。本守則規定之解釋及適用，應促進該目標之實現。

註　釋

　　公眾順從法院裁判，取決於其對司法之廉正及獨立之信心。而司法之廉正及獨立，復取決於其行事無懼及無私之態度。雖然法官應獨立，但其必須遵守法律，且應遵守本守則規定。恪遵職責，有助於公眾對司法公正之信心。反之，違反本守則規定，損及公眾對司法之信心，並傷害我們法律下之政府制度。

　　本守則之準則係合理原則，適用時，應審酌所有相關情況，並符合憲法、法律、法院規則、判例之內容。本法之解釋，不得侵害法官審判核心之獨立。

　　本守則制定旨意在於提供法官及司法職位候選人行為指引。雖然本守則並無意對每一違反本守則規定行為加以懲處，但其亦可作為1980年司法會議改革及司法行為與失能法（Judicial Councils Reform and Judicial Conduct and Disability Act of 1980）(28 U.S.C. §§ 332(d)(1), 351-364)，所適用程序之行為標準。並非所有違反本守則之行為，均會受到懲處。懲處是否適當，以及懲處之程度，應由條文之妥當適用來決定，並取決於諸如違反之嚴重性、法官之動機、有無不當行為之類型，以及其不當行為對其他人或司法制度之影響等因素。本守則許多禁止規定，有必要以概括用語來表示，法官可能在解釋上有合理之不同意見。再者，本守則制定目的並非以之作為民事責任或刑事起訴之基礎。最後，本守則不應被用以獲得訴訟程序策略上之利益。

準則2：法官所為各種行為，應避免不當及看似不當之情事。

A. 遵重法律
　　法官應尊重且遵守法律規定，其行為並應時時以促進公眾對司法廉正與公平之信心為念。

B. 外來影響

　　法官不應允許家庭、社會、政治、理財或其他關係影響司法行爲或判斷。法官不應借用其司法職位名望，來促進其私人或其他人之利益；亦不應傳達或讓他人傳達他人處於得以影響法官之特殊地位之印象。法官不得自願擔任品格證人。

C. 非採行差別待遇組織之會員

　　法官不應成爲基於種族、性別、宗教或原始國籍因素，所採行令人不滿之差別待遇之組織會員。

註　釋

　　準則2A. 法官之行爲，如經理性之人合理查證相關情事後，認爲有損及法官之誠實、廉正、公正、性格或擔任法官之適格性者，即構成看似不當之行爲。法官不負責或不當行爲，腐蝕公衆對司法之信心。法官必須避免所有不當及看似不當之行爲。對於不當或看似不當行爲之禁止，適用於法官職務及個人行爲。法官必須預期其係時時受公衆監督之對象，因而欣然接受被一般人視爲負擔之限制。由於列舉所有被禁止之行爲，並不切實際，因此禁止規定必須以概括用語來表示，以使其規範及於法官所爲有害而未經本守則特別規定之行爲。實際不當行爲之判斷標準，包括違反法律、法院規則或本守則其他特別規定。

　　準則2B. 法官擔任品格證人之證詞，係將司法職位之名望注入法官作證之訴訟程序中，可能被誤認爲官方證明書。除爲實現司法正義之特別情形所必要，法官應拒絕當事人請其擔任品格證人之要求。本守則並非賦予法官拒絕法院正式傳喚之特權。

　　法官應避免借用其司法職位名望來促進法官私人或他人利益。例如，法官不得利用法官職位或頭銜來獲得涉及朋友或法官家庭會員之訴訟上利益。在法官著作出版契約中，法官應保留刊登廣告之權，以避免利用法官職位獲益情事發生。

　　法官應對於職位名望之濫用可能性敏感。法官不應主動與案件承辦法官、保護或矯正官，談論有關案件之資訊，但可就對方之正式要求，予以回應。法官得經由與法官任命機關或人員之審查委員會合作，以及回應有關法官遴任之正式詢問，參與法官遴選程序。

準則2C. 法官屬實施令人不滿之差別待遇之組織會員，會使法官公正性之觀感受損。準則2C指該組織目前之措施。某組織有無實施令人不滿之差別待遇，常係法官應敏感對待之複雜問題。該問題之解答，不能僅憑審查目前組織會員之名單，即加以決定，而是取決於組織如何選擇會員，以及其他相關因素，諸如組織致力於保留宗教、種族或文化價值之合法共同利益予其會員，或其事實上及實效上純屬私人組織，其會員限制並非憲法所禁止者。（參照 New York State Club Ass'n. Inc. v. City of New York, 487 U.S. 1, 108 S. Ct. 2225, 101 L. Ed. 2d 1 (1988); Board of Directors of Rotary International v. Rotary Club of Duarte, 481 U.S. 537, 107 S. Ct. 1940, 95 L. Ed. 2d 474 (1987); Roberts v. United States Jaycees, 468 U.S. 609, 104 S. Ct. 3244, 82 L. Ed. 2d 462 (1984).）其相關因素包括該組織之大小與性質，以及依常情可入會之地方人士之多樣性。從而單純欠缺多樣會員之情事，並不當然表示其違反規定。但瞭解所有相關情況之人，可合理預期如無令人不滿之差別待遇情事，即不致有欠缺會員多樣性情事者，不在此限。欠缺上開因素，如某組織有基於種族、宗教、性別或原始國籍之事由，而恣意排除有上述事由之人入會者，則通常可認該組織有實施令人不滿之差別待遇措施。

雖然準則2C之規定，所涉及者僅基於種族、性別、宗教或原始國籍事由採行差別待遇之組織之會員，但法官加入被現行法所禁止採行令人不滿之差別待遇之組織，成為會員，乃違反準則2及2A規定，其行為即看似不當。此外，法官在其所知基於種族、性別、宗教或原始國籍事由，於會員或其他政策採行差別待遇之俱樂部，舉行會議，或定期使用該種俱樂部，均係違反準則2及2A之規定。抑有進者，法官公開表示，該法官有意認可基於任何事由而採行令人不滿差別待遇行為者，亦屬準則2規定之看似不當之行為，且會降低公眾對司法廉正及公正之信心，亦違反準則2A之規定。

當法官認定其所屬之某組織有從事令人不滿之差別待遇情事，依準則2C或準則2及2A之規定，法官本不得加入為會員者，法官得不退出該組織，而迅速且持續努力使該組織終止其令人不滿之差別待遇措施。如該組織未能儘早（無論如何，均應於法官知悉其措施時起二年內）終止其令人不滿之差別待遇措施，法官應立即退出該組織。

準則3：法官應以公平、公正及勤勉之態度，執行司法職務。

　　法官之司法職務優先於所有其他活動。法官執行法定職務時，應遵守以下標準：

A. 審判職務

(1) 法官應忠於並保持法律專業能力，且不應為黨派利益、公眾喧譁或畏懼批評而有所動搖。

(2) 法官除有迴避事由外，應審判所分受之案件，並應於所有司法程序中維持法庭秩序及禮儀。

(3) 法官應以耐心、嚴肅、尊重及禮貌之態度，對待當事人、陪審員、證人、律師及其他法官職務上所接觸之人，並應要求其他受法官監督之人，包括律師，於符合其於對立之訴訟程序之角色範圍內，亦為類似之行為。

(4) 法官應予每一於訴訟程序有利害關係之人，依法充分陳述之權利。除以下情形外，法官不得就繫屬中或即將繫屬之案件之案情，或影響案情之程序，在無他方當事人或律師在場之情形，主動或考慮與當事人進行單方溝通。基於案件之性質，法官有為未經當事人授權之單方溝通之必要時，法官應即通知該案件之當事人，並於當事人提出要求時，給與回應機會之情形，法官得：

(a) 發動、准許或考慮法律所授權之單方溝通；

(b) 於必要時，准許案件流程、行政上或緊急情況下之單方溝通，但以該單方溝通無關實體事項，以及法官合理相信並無當事人會因該單方溝通之結果而獲得程序、實體或技術上利益；

(c) 取得無利害關係法律專家之書面意見書，但以法官事前通知所欲諮詢之對象及諮詢事項，並予雙方當事人對於上開通知以及書面意見，有為異議之合理機會，或

(d) 經雙方當事人同意，分別與當事人及其律師進行協商，以促成繫屬中案件之調解或和解。

(5) 法官應迅速處理法院事務。

(6) 法官不應公開評論繫屬中或即將繫屬案件之案件。法官對於法院內受法

官指揮監督之人,應為同樣之要求。公開評論案件之禁止,不及於法官執行職務時所為之公開陳述、就法院程序所為之解釋,或為法學教育之目的所為學術上之意見表述。

B. 行政職務

(1) 法官應勤勉地履行行政職務、保持司法行政專業能力,並協助其他法官及法院官員執行行政職務。

(2) 法官不應指示法院人員,從事以法官名義或法官代理人進行有違本守則所規範之行為。

(3) 法官不得為不必要之任命,於行使該權力時,並避免偏袒及徇私,以才能為唯一考量基礎。法官不應許可給與受任人超過其提供勞務公平價值之報酬。

(4) 對於其他法官有監督權之法官,應採取合理措施,以確保其適時而有效率地執行職務。

(5) 法官基於可信證據,知悉某法官之行為違反本守則或某律師違反專業行為所適用規範時,應採取適當行動。

C. 迴避

(1) 法官之公正性於訴訟程序中被合理質疑者,應自行迴避。其情形包括但不限於:

(a) 法官對當事人有個人成見或偏見,或其個人知悉有關訴訟案件爭議證據之事實;

(b) 法官曾經擔任訟爭案件之律師,或法官之前擔任律師時曾與訟爭案件之律師共同處理該案件,或法官或該律師曾為該案件之重要證人;

(c) 法官本身或擔任信託受託人時知悉,法官、法官之配偶或居住法官家中之未成年子女,就訟爭標的或當事人有財產上利益,或可能因訴訟結果而受相當影響之任何其他利益;

(d) 法官或法官之配偶,或其三親等內之親屬,或該親屬之配偶:

(i) 為該案件之當事人,或當事人之重要職員、董事或理事(受託人);

(ii) 為該案件之律師;

(iii) 法官知悉某項利益可能因訴訟之結果而受相當影響;

(iv) 就法官所知,可能成為案件之重要證人;

(e) 法官任職政府機關時，曾以法官（在之前之司法職務）、律師、顧問或重要證人之身分，參與該案件，或曾針對訟爭案件之案情表示意見。

(2) 法官應隨時掌握法官個人及身為信託受託人之財產上利益之訊息，並盡力隨時掌握法官配偶及居住法官家中之未成年子女之財產上利益之訊息。

(3) 本項規定適用時：

(a) 親等之計算，依大陸法系之方式為之；下列親屬在三親等之範圍：父母、子女、祖父母、孫子女、曾祖父母、曾孫子女、姊妹、兄弟、姨母、叔父、姪女、姪兒；名單上之親屬包括全血親及半血親以及大多數之繼父母親屬關係；

(b)「信託受託人」包括遺囑執行人、遺產管理人、受託人，及監護人；

(c)「財產上利益」指擁有法律上或衡平法上利益，不論其利益如何微小，或具有如當事人之董事、顧問或其他積極參與其事務之關係者，但有下列情事之一者，不在此限：

(i) 擁有相互或共同投資基金之有價證券，對該有價證券並不構成「財產上利益」，除非法官參與基金之管理；

(ii) 任職於教育、宗教、慈善、敦睦或民間組織，對該組織所持有之有價證券，並不構成「財產上利益」；

(iii) 相互保險公司保險單持有人或相互存款協會存款人之財產上利益，或類似財產上利益，僅於訴訟結果對於利益之價值可能造成相當影響時，始構成「財產上利益」；

(iv) 擁有政府債券，僅於訴訟結果對於債券之價值可能造成相當影響時，始構成「財產上利益」。

(d)「訴訟」包括預審、審判、上訴審查或其他訴訟階段。

(4) 儘管本守則之前述規定，法官就一造當事人具有財產上利益之原因，固然要迴避（除其利益可能因訴訟結果而有相當影響者外），但如法官（或法官之配偶或未成年子女）放棄造成迴避事由之利益，即無庸迴避。

D. 迴避之免除

法官依準則3C(1)規定應迴避者，除有(a)至(e)款所明定之情事者外，得將迴

避事由載明筆錄，而不退出訴訟程序。當事人及其律師於該登載後，於法官不在場之情形進行會商，而以書面或於筆錄載明法官無庸迴避，而法官並願意參與訴訟程序者，該法官即得參與訴訟程序。該同意書應附卷。

註釋

準則3A(3). 以公平而且耐心之態度聽審職責，與迅速處理法院事務職責，並不衝突。法院得以耐心及審慎態度辦案，並得以如企業般有效率處理業務。

法官依準則2規定，行為時以促進公眾對司法廉正與公正信心為念，適用於所有法官之行為，包括履行法官司法上及行政上之責任。尊重之職責，包括避免評論，或行為時，避免可能被合理解釋為騷擾、偏見或成見。

準則3A(4). 本規定禁止法官於程序中為單方溝通之對象，包括律師、法學教授及其他未參與案件之人。法官得與其他法官或協助法官履行其司法職責之法院人員，討論案件。法官應盡合理努力，確保法院書記官或其他幕僚人員遵守本規定。

法官得鼓勵並嘗試促進和解，但不應強迫任何一方當事人放棄使其爭議由法院解決之權利。

準則3A(5). 法官在迅速、有效率而公平處理案件方面，應展現對當事人聽審權之適當尊重，使其爭議在未耗費不必要成本或遲延之情形下，獲得解決。法官應監督並管理案件，以減少或消除拖延慣習、避免遲延及不必要之花費。

法官要能迅速處理法院事務，必須就司法職責付出適當時間，準時開庭、迅速決定受理之案件，並採取合理措施以確保法院職員、當事人及其律師與法官合作，達到目標。

準則3A(6). 告誡法官不得對繫屬中或即將繫屬案件公開評論，其適用時程，直到上訴程序終了為止。如公開評論涉及該法官自己法院之案件，法官應特別注意該評論並未違反準則2A規定，貶損公眾對司法廉正與公正之信心。法官得以私人身分針對其本身為當事人之案件為公開評論，但在執行職務程序中，法官係以公職身分為當事人，不得為評論（但法官得依Fed. R. App. P. 21(b)規定予以回應）。

準則3B(3). 法官之受任人包括受任律師；仲裁人、受命辦理特定事務之人、特別主事官、破產管理人、監護人等官員，以及書記官、司法助理等人員。當事人雙方同意之任命或報酬之給予，均不免除法官依本款規定所課以之

義務。

準則3B(5). 適當之行動可能包括與該規定之法官或律師進行直接溝通，或其他可行之直接行動，並將該違反行為向權責機關報告，或法官相信某法官之行為係因毒品、酒精或醫療狀況所導致者，則將其秘密轉介至援助計畫。

準則3C. 適用於法官配偶之迴避事由，也應被考慮適用於配偶以外而維持家人及親密關係之人。

準則3C(1)(c). 有權請求損害賠償之刑事程序被害人，不屬本準則所指系爭程序之被害人。對於犯罪被害具有財產上利益之法官，無庸依準則3C(1)(c)規定迴避刑事程序，但如法官之公正性，依準則3C(1)規定可能被合理質疑，或依準則3C(1)(d)(iii)規定，其利益可能因訴訟之結果而受到實質影響者，法官即必須迴避。

準則4：法官得從事與司法職務義務一致之司法職務外活動。

法官得從事司法職務外活動，包括與法律有關之事務，及民間、慈善、教育、宗教、社會、金融、信託及政府之活動，並得演講、寫作以及傳授與法律有關或非法律課程。然而法官不應從事與法官職務不相容、影響法官履行職務、對法官公正性有不良反應、導致經常性迴避情事或違反下列限制規定之司法職務外活動。

A. 與法律有關之活動

(1) 演講、寫作及教學：法官得演講、寫作、授課、教學及參與其他有關法律、司法制度及司法行政之活動。

(2) 諮商：法官得與行政或立法機關或人員進行諮商，或出席其所舉辦公聽會：

　　(a) 有關法律、司法制度或司法行政事務；

　　(b) 一般認為法官之司法經驗提供該領域之特殊專業；或

　　(c) 法官親自參與有關法官或法官利益之事務。

(3) 組織：法官得從事並擔任致力於法律、司法制度或司法行政之會員、重要職員、董事、受託人或非法律之顧問，並得協助該組織為基金之管理及投資。法官得對於公共或私人提供基金之機構，提出有關法律、司法

制度或司法行政之方案或計畫之建議。

(4) 仲裁及調解：除法律有明文規定外，法官不得擔任仲裁人或調解人，或於法官職務外執行司法職務。

(5) 執行法律業務：法官不得執行法律業務，且不得在法庭上擔任其家人之律師。惟法官得親自參與自己之案件，並得無償為法官家庭成員提供法律意見及草擬或審查文書。

B. 民間及慈善活動

法官除有下列應受限制之事由外，得參與並擔任非營利之民間、慈善、教育、宗教或社會團體之重要職員、董事、受託人或非法律之顧問：

(1) 如該組織可能會有案件繫屬法院，而案件通常由該法官受理或將經常有案件繫屬任何法院，法官即不得擔任該組織之職務。

(2) 法官不得對該等組織提供投資建議，但得於董事會或理事會擔任職務，即使其負有投資決策責任，亦然。

C. 募款

法官得協助非以營利為目的之與法律有關、民間、慈善、教育、宗教或社會團體，計畫募款活動，並得被列名為重要職員、董事或受託人。法官得為該等團體向不具有監督權或下級審關係之法官，或法官之家庭成員募款。除此之外，法官不得為任何組織親自參與募款活動，或為該目的而使用或同意使用司法職務之名望。如招募會員可能合理被視為具強迫性或本質上為募款行為，法官即不得親自參與招募會員。

D. 理財活動

(1) 法官得保有並管理投資，包括不動產以及從事其他獲利活動，但應避免利用司法職位，或使該法官有經常性商業行為，或與律師或其他可能經常到法官所服務法院之人，為理財及企業上交易。

(2) 法官得擔任由法官家屬所緊密保有並控制之企業之重要幹部、董事、執行業務合夥人、經理、顧問或受僱人。就此所稱「法官家庭成員」指依準則3C(3)(a)所界定與法官或法官配偶有三親等關係，以及其他與法官或法官配偶維持緊密家族關係之人及其配偶。

(3) 法官放棄投資及其他財產上利益而不致造成財產上之嚴重損失者，法官即應放棄之。

(4) 法官應遵守司法會議禮物規則對於收受禮物以及禁止請求禮物之限制規

定。法官應努力避免居住其家庭之成員要求或收受禮物，除非所收受禮物屬法官依司法會議禮物規則所許可之範圍。「法官家庭成員」係指與法官有血親、收養或姻親關係之親屬，或法官待之如法官家庭成員之人。

(5) 法官不得將其司法職務所取得之非公開資訊，就無關司法職務之目的，予以揭露或使用。

D. 信託受託人行為

法官就準則4D(4)所界定法官家庭成員之不動產、信託或人，得擔任其遺囑執行人、遺產管理人、受託人、監護人或其他受託人。法官擔任家庭信託受託人，應受以下限制：

(1) 受任關係所涉案件通常將由該法官審理，或該財產、信託或受監護人所涉案件，係由法官所服務之法院或其管轄下級法院審理者，法官不得擔任之。

(2) 法官擔任信託受託人之理財活動所受限制，與其法官個人身分應受之限制同。

F. 政府之任命

法官得接受有關法律、司法制度或司法行政，或經聯邦法律所規定，擔任政府委員會成員，或其他職位。不論在任何情形下，如法官接受該等任命，該政府職務有損及公眾對於司法廉正、公正或獨立信心之虞者，法官不得接受之。法官得代表法官之國家、州或地區參加慶典或與歷史、教育及文化有關之活動。

G. 辦公室、資源及職員

法官不得實質使用法官辦公室、資源或職員從事本守則所允許之司法職務外活動。

H. 報酬、支出補償及財產報告

法官得收受從事本守則所允許與法律有關及司法職務外活動之報酬及支出之補償，但以該等給付之來源不致予人以影響法官司法職務之判斷或看似不當之觀感，且未違反下列限制為限：

(1) 報酬不得超過合理數額，亦不得超過非法官參與同一活動所得數額。

(2) 支出之補償限於法官因旅行、食宿合理負擔之實際支出，及其配偶或親屬於適當情形之上開支出。超過該等數額之支出即屬報酬。

(3)法官應依現行法及司法會議規則及指令，揭露財產資訊。

註　釋

準則4. 法官完全隔絕司法職務外活動，既不可能，也不明智；法官不應與其生活之社會隔離。身爲精於法律之司法人員，法官處於可致力改善法律、司法制度及司法行政之獨特地位，包括修改實體及程序法，及改進刑事及少年之司法問題。法官在時間許可與不影響其公正性之情形下，被鼓勵單獨或經由致力改善法律之法曹協會、司法會議或其他組織，從事上開活動。在相同限制下，法官也可從事各種與法律無關之活動。

在現行法之範圍內（參照，例如18 U.S.C. § 953之規定），法官得對世界上任何地方有關律師及法官受迫害情事，表達反對之立場；但以法官爲合理調查，確信該迫害係由於被迫害法官或律師職業上職責，與有關政府之政策或措施發生衝突所引起者爲限。

非法官配偶而維持與法官家人及親密關係之人，於準則4A(5)所指法律協助、準則4C所指募款及準則4D(2)所指家庭企業活動，應視爲法官之家庭成員。

準則4A. 法官得從事教學及在法學院董事會任職，但於以獲利爲取向之法學院，其於董事會之任職僅限於非管理性質之諮詢董事會。

法官得鼓勵律師於合乎本守則意旨下，提供無償法律服務。

準則4A(4). 本守則原則上禁止法官就州法院事件爲調解，但有特殊情事者，不在此限。（例如，法官正在調解聯邦事件，而該事件如未處理相關之州法院事件，即無法有效解決。）

準則4A(5). 法官得親自參與自己所有法律事件，包括出席涉及訴訟與政府機關間之事件或其他交涉行爲。法官爲該等行爲時，不得濫用職務名望以促進法官或法官家庭之利益。

準則4B 某些組織及其與法院接觸之關係，不致於一成不變，從而法官有必要定期檢討其所參與組織之活動，以決定其繼續參與之妥當性。例如，在許多法院轄區之慈善醫院，目前比以往有較多案件在法院。

準則4C. 法官得參加與法律有關之組織所舉辦之募款活動，即使法官並非該活動計畫之演講人、貴賓或號召性人物。在組織之信頭上，使用法官姓名、在組織之職位及司法派任情事，用以募款或招募會員等行爲，並不違反準則4C之規定，但以相對之資訊及派任情事也提供他人爲限。

　　準則4D(1)(2)及(3). 準則3規定法官應迴避，不論其財產上利益多麼微小。準則4D要求法官避免從事可能影響法官公正行使職務之商業及理財行為。準則4H要求法官報告其司法職務外活動所收受之報酬，而除為保障法官適當履行職務所為限制外，法官與一般公民同樣有理財之權利。法官參與經營由其家人所緊密掌控之企業，雖原則許可，但如其參與花費過多時間，或有濫用司法名望之情事，或該企業可能於法官服務之法院涉訟，則可能被禁止。持有並收受投資之收益，並不必然影響法官職責之履行。

　　準則4D(5). 限制法官使用未公開之資訊，於符合本守則其他規定之前提下，無意影響法官以之保護法官或法官家庭成員、法院人員或其他司法官員之健康或安全。

　　準則4E. 單純居住法官家中之人，依本守則之目的，並不當然使其成為法官之家庭成員，必以該人經法官待之如家庭成員始足當之。

　　有關本守則遵守規定之適用日期，處理信託受託人之繼續服務問題。

　　法官依本守則之義務可能會與其擔任信託受託人之義務，發生衝突，例如，如法官因持有證券係違反準則4D(3)規定而有予以出脫之必要，而對信託關係造成損害時，法官即應辭去受託人之職務。

　　準則4F. 法官接受司法職務外之任命，必須依司法資源之需求，以及保障法院免於涉及可能會有爭議之事件之需要，來加以評估。政府之任命，如可能影響司法效率及獨立、影響法官司法職務之履行或有損及公眾對於司法信心之虞，法官即不應接受。

　　準則4H. 除本守則有特別規定者外，法官無須依本守則揭露其所得、負債或投資。1989年倫理改革法以及司法會議所頒施行規則，對於法官收受報酬，有額外之限制。法官在達成有關收受報酬之約定前，應先參酌該法及該等規則規定。其對法官所課限制包括但不限於：(1)禁止收受「酬勞金」（其內涵指因演講、出席或提供論文所收受有價值之物），(2)禁止因擔任營利或非營利組織之董事、受託人或重要職員所提供勞務，而收受報酬，(3)有報償之教學活動應事先獲准，及(4)所收受「業外收入」不超過15%。

準則5：法官應避免參與政治活動。

A. 一般禁止

法官不得：

(1) 擔任政治組織之領導人或職務；

(2) 為政治組織或候選人演說，或公開支持或反對某公職候選人；或

(3) 為政治組織募款或給付登記參選費或捐款給政治組織或候選人，或出席由政治組織或候選人所主辦之晚宴或其他活動，或購買其門票。

B. 辭職參選

法官為公職初選或普選候選人時，應辭去司法職位。

C. 其他政治活動

法官不得從事任何其他政治活動，但參與準則4所指活動，不在此限。

註　釋

「政治組織」乙詞指政黨、與政黨或公職候選人有關之團體，或於公職選舉以支持或反對政治候選人或政黨為主要目的之實體。

遵守行為守則

於聯邦司法系統中有權執行司法職務之官員，係本守則之法官。所有法官除有下列情事者外，應遵守本守則規定：

A. 兼職法官

兼職法官係於經法律許可，將部分時間從事其他職業，其所得因而少於全職法官，而持續或間歇性擔任法官職務之法官。兼職法官：

(1) 無庸遵守準則4A(4), 4A(5), 4D(2), 4E, 4F, or 4H(3)之規定。

(2) 除適用於兼職治安法官之利益衝突規則別有規定外，不得於該法官所服務之法院或該法官服務法院所管轄下級法院，執行法律業務，或就其擔任法官時曾受理之案件，或任何其他相關程序，擔任律師。

B. 暫時法官

暫時法官係經暫時任命擔任法官或特別主事官之人。

(1) 擔任暫時法官於任職期間，無庸遵守準則4A(4), 4A(5), 4D(2), 4D(3), 4E, 4F, or 4H(3)之規定。再，僅擔任特別主事官者，無庸遵守準則4A(3), 4B, 4C, 4D(4), or 5之規定。

(2) 擔任暫時法官之人不得就其擔任法官時曾受理之案件，或任何其他相關程序，擔任律師。

C. 退休法官

退休法官係依28 U.S.C. §§ 371(b)或372(a)，或依§ 178(d)規定退休或停止執行職務者，應遵守本守則準則4F以外之所有規定，但法官應避免未經準則4F許可之司法職務外任命之期間，從事司法服務。所有其他有資格停止司法服務之退休法官（除領地內之法官），應遵守本守則規範兼職法官之規定。領地內之資深法官應依28 U.S.C. § 373(c)(5)及(d)規定，遵守本守則規定。

遵守之適用日期

適用本守則之人，應及早安排其財產上及信託受託人事務，以遵守本守則規定，無論如何，均應於任命後一年內爲之。然而如處理有關事務，所花時間不多，且利益衝突可能性不太，該人得繼續無償擔任非法官家庭成員之遺囑執行人、遺產管理人、信託受託人或其他不動產或人之受託人，但以終止該關係將對任何不動產之重大利益造成不必要之危險，且經巡迴上訴法院之司法會議認可者爲限。

目　次

前言

[1] 獨立、公平而公正之司法，係司法制度所不可缺少。美國司法制度係建立在以下原則：由正直之人所組成之獨立而公正之司法當局，將解釋及適用治理我國社會的法律。從而司法在維護司法原則及法治方面即扮演著核心角色。本法所涵蓋之法則乃所有個別及全體法官應重視此司法職位應受公眾信賴，並努力維持及強化其對司法制度之信心。

[2] 法官應隨時維持司法職務之尊嚴，於職業上及個人生活方面，避免不適當及看似不適當之行為。其應高度自我要求，於行為隨時確保公眾對其獨立、公正、正直及能力方面之最大信心。

[3] 司法行為模範法，建立了有關法官及法官候選人之倫理標準。本法並無意成為全面性法官及法官候選人之倫理規範，渠等為適用於其司法及個人之一般倫理及本法標準之規範。惟本法意在提供司法行為指引，並協助其維持司法及個人行為之最高標準，亦提供懲戒單位規範其行為之基礎。

適用領域

[1] 司法行為模範法包括四條準則、每條準則內所包含之規則，以及通常在每一規則中所附帶及解釋之註釋。各項規則適用於法官及法官候選人。

[2] 行為準則所述包羅萬象之法官倫理原則，所有法官均應遵守。雖然法官僅得因違反規則而受到懲戒，但準則在解釋規則方面，提供了重要指引。當規則內容使用了許可用語，例如「得」（may）或「應」（should），則為該行為，即繫乎法官或法官候選人個人及職業上之裁量，對於在裁量範圍內之行為或不行為，即不得予以懲戒。

[3] 附隨規則之註釋，有二項功能，第一，提供有關規則訂定目的、意義及妥當適用之指引；其內容包括解釋資料，在某些情形，提供容許或禁止行為之例示。註釋本身對於規則所揭示之拘束性義務，並不發生增減之效果。從而，倘註釋使用必須（must）之用語，並不意味註釋

本身具有拘束力或執行力；其係表示該規則應被適當瞭解，而系爭行
爲具有義務性。

[4] 第二，註釋內容，形同法官渴望達到之目標。爲完全實踐本法於準則
中所揭示之原則，法官應努力超越規則所建立之行爲標準，使其本身
達到最高之倫理標準，並致力於達到自己渴望達到之目標，以強化司
法職務之尊嚴。

[5] 司法行爲模範法之規則，係應與憲法規定、法律、其他法院規則、裁
判法，與所有相關情形一致之理則。規則之解釋，不得侵犯法官做成
裁判之獨立性。

[6] 雖然規則之黑體字具拘束力及執行力，但並不能認爲任何違反行爲均
會導致懲戒之結果。是否懲戒，應透過規則之合理及合法適用來決
定，並以例如違反之嚴重性、違反當時之事實及情狀、不合宜行爲之
範圍及類型、過去有無違反情事，以及不當行爲對於司法制度或其他
方面，來加以決定。

[7] 本法制定之目的，不在以之作爲民事或刑事責任訴求之基礎。其亦無
意使訴訟當事人以之作爲相互附帶追償之目的，或在法院訴訟程序中
獲得策略上之利益。

名詞

規則中第一次出現下列名詞時，將以＊號表示。

「總額」

就對法官候選人之捐獻言，不僅指以現金或實物直接對法官候選人競選委員會
之捐獻，也包括所有間接性捐獻，即捐獻人瞭解其捐款將被用以支持候選人之
選舉或反對其對手之選舉。見規則2.11及4.4。

「權責機關」

意指對於有關違反情事之報告，有責任發動懲戒程序之機關。見規則2.14及
2.15。

「捐獻」

指包括現金及例如貨品、職務上或自願性勞務、廣告之實物（in-kind）捐獻，

及其他受領人以其他方式取得即須為現金支出之協助。見規則2.11、2.13、3.7、4.1及4.4。

「細微」

乙詞，在有關主張法官因利益之迴避事由，指無關緊要之利益，不足以作為法官公正性問題之合理理由。見規則2.11。

「同居人」

指一人與另一人維持著家庭及親密關係，而非一人與他或她有合法婚姻關係。見規則2.11、2.13、3.13及3.14。

「經濟利益」

指擁有者多於微細之法律上或其衡平利益。除法官參與該法律或衡平利益之管理，或該利益可能對法官承審中案件產生實質影響外，該利益不包括：

(1) 在相互或共同投資基金，個人所擁有之利益。

(2) 法官或法官之配偶、同居人、父母或兒女在教育、宗教、慈善、敦睦或民間組織擔任重要職員、董事、顧問或其他職務，因該組織持有有價證券而具有之利益。

(3) 在金融機構有存款，或專有利益，而法官得因而維持其共同存款協助或信用聯盟會員之地位，或類似專有利益。

(4) 法官持有政府所發行證券之利益。見規則1.3及2.11。

「受託人」

包括例如執行人、管理人、受信託人或監護人。見規則2.11、3.2及3.8。

「公正的」、「公正」及「公正地」

指不因喜愛或反對特別當事人或某些當事人而存有成見或偏見，且保持無私之心胸來考量受理案件之爭點。見規則1、2、及4；規則1.2、2.2、2.10、2.11、2.13、3.1、3.12、3.13、4.1；及4.2。

「即將繫屬之案件」

指在最近未來即將發生或預期將繫屬法院之案件。見規則2.9、2.10、3.13及4.1。

「不當行為」

指行為違反法律、法院規則或本法之規定，而其行為損及法官之獨立、正直或公正性。見準則1及規則1.2。

「獨立」

指法官免於法律以外因素之影響或控制。見準則1及4；規則1.2、3.1、3.12、3.13及4.2。

「正直」

指品格上之廉潔、公正、誠實、正派及健全。見準則1及規則1.2。

「法官候選人」

指在法官職務之選舉或任命程序中，尋求遴選或保持法官職務之人，包括現任法官在內。凡公開宣布角逐法官職務、宣稱或向遴選或任命當局聲請為候選人，或業經獲准聲請，而從而募款或接受捐獻或支持之活動，或經提名為遴選或任命名單成員者，均屬法官候選人。見規則2.11、4.1、4.2及4.4。

「故意地」（Knowingly）「知悉」（knowledge）「已知」（known）「知道」（knows）

指對於有關事實實際瞭解。一個人對事實之瞭解，得由各種情況來推論。見規則2.11、2.13、2.15、2.16（無）、3.6及4.1。

「法律」

包括法院規則及法律、憲法規定及法院判決（decisional law）。見規則1.1、2.1、2.2、2.6、2.7、2.9、3.1、3.4、3.9、3.12、3.13、3.14、3.15、4.1、4.2、4.4及4.5。

「候選人之家庭成員」

指配偶、同居人、兒女、孫子、父母、祖父母或其他與候選人維持親密家庭關係之人。

「法官之家庭成員」

指配偶、同居人、兒女、孫子、父母、祖父母或其他與候選人維持親密家庭關係之人。見規則3.7、3.8、3.10及3.11。

「居住於法官家中之家庭成員」

指法官之血親或姻親，或被法官視同家庭成員之人，居住於法官家中之人。見規則2.11及3.13。

「非公開資訊」

指非公眾得以取得之資訊。非公開資訊得包括但不限於，經法律或法院命令所封鎖，或於拘留中或秘密通訊之資訊，以及提供大陪審團之資訊，宣判前之報告、少年監護事件或精神分析報告。見規則3.5。

「繫屬中之案件」

係已開始進行之案件。一案件在經上訴程序終結之前,均係繫屬中之案件。見規則2.9、2.10、3.13及4.1.。

「個人募款活動」

指法官或法官候選人直接要求現金支持或實物供應者,其以書信、電話或任何其他溝通方式爲之,均非所問。見規則4.1。

「政治組織」

指政黨或其他爲政黨所支持或與其有關聯之其他團體,其主要目的係促進選舉或促進政治職務候選人之任命者。就本法之目的言,該名詞並不包括依規則4.4授權而成立之法官候選人競選委員會。見規則4.1及4.2。

「公開選舉」

包括初選及普選、政黨選舉、非政黨選舉及留任選舉。見規則4.2及4.4。

「三等親關係」

包括以下人員:曾祖父母、祖父母、父母、叔、姑、兄弟、姊妹、兒女、孫子、曾孫、姪兒、姪女。見規則2.11。

適用

　　本節規定各項規則適用於法官或法官候選人之時期。

I.　本法之適用性

　　(A)本法規定適用於所有全職法官。本節第II至第V部分適用於四種兼職法官。除全職以外之四種兼職法官職務,因其職務之重大不同,有予界定之必要。準則4適用於所有法官候選人。

　　(B)本法意義下之法官,係經授權執行司法職務,包括治安法官、司法事務官、法院受託人、特別主事官、仲裁人或行政法法官[1]。

---

[1]　每一司法轄區應考量特別行政法法官職務之特性,在行政司法職務方面,採用、修訂、適用及執行本法。見1989年聯邦行政法法官模範司法行爲法(Model Code of Judicial Conduct for Federal Administrative Law Judges(1989))及1995年州行政法法官模範司法行爲法(Model Code of Judicial Conduct for State Administrative Law Judges (1995))。

註　釋

[1] 本法之規則係對於擔任法官職務之人，規範其倫理義務，並以統一之倫理規範制度應適用於所有有權執行司法職務之人爲其前提。

[2] 決定類別，以及何等規則適用於個別司法人員，取決於個別司法職務之情況。

[3] 近年來許多司法轄區成立所謂「解決問題」法院，此等法院法官有權以法院規則以非傳統之方式進行程序。例如，毒品案件之主審以及管控參與法院計劃進度之法官，經授權或被鼓勵超越其一般本於事實及法律爭議，獨立作出決定之角色，直接與社工人員、監護人及其他人進行溝通。地區規則特別授權之行爲，未經本法規則准許者，其規定優先於本法規則之適用。然而擔任「問題解決」法院之法官，除地區規則有特別規定外，必須遵守本法之規定。

II. 停止執行職務之退休法官

A 停止執行職務之退休法官，依法不得執行法律業務，無須遵守：

(A)規則第3.9之規定（擔任仲裁人或調解人）。但擔任法官角色者，除外。

(B)規則第3.8之規定（經任命爲受託人）。

註　釋

[1] 依本節規定旨意，退休法官停止執行職務，該法官仍屬「執行司法職務」。

III. 持續性兼職法官

經由選舉或持續性任命，而一再擔任兼職法官職務，包括停止執行職務，而經許可執行法律業務之法官（「持續性兼職法官」），

(A) 無須遵守：

(1)規則2.10(A)及2.10(B) 之規定（對於繫屬或即將繫屬法院之案件，表示法律意見）。但其擔任法官期間，除外。

(2)規則3.4之規定（經受任行政機關職位）、規則3.8 之規定（經受任受託人職位）、規則3.9（擔任仲裁人或調解人）、規則3.10之規定（執行法律業務）、規則3.11之規定（從事理財、企業或有報酬之

活動）、規則3.14 之規定（支出之償還及費用之放棄）、規則3.15
之規定（報告之要求）、規則4.1之規定（法官及一般法官候選人從
事政治及競選活動）、規則4.2之規定（法官候選人於公開選舉中從
事政治及競選活動）、規則 4.3之規定（法官候選人就任命職務進行
活動）、規則4.4之規定（競選委員會）及規則4.5之規定（成為非司
法職務之法官之活動）；及

(B) 不得在其所服務法院或該法官所服務法院之上級法院，執行法律業
務；亦不得在其曾任職法官之法院之訴訟程序或其他有關程序中，擔
任訴訟代理人。

註　釋

[1] 持續性兼職法官不再具該身分（包括退休法官無庸停止執行職務之情
形），該人於其曾任職法官之法院，或相關程序中，代理他人訴訟，
於經當事同意，並合於相關職業行為模範規則規定時，得為之。採行
本法之司法轄區應以其他可行規則取代之。

IV. 周期性兼職法官

周期性兼職法官，固係一再擔任或預期擔任兼職職務，但其任職係就每一
限定時期或每一案件為基礎，其

(A) 無須遵守：

(1) 規則2.10(A)及2.10(B) 之規定（對於繫屬或即將繫屬法院之案件，表
示法律意見），但其擔任法官期間，除外。

(2) 規則3.4之規定（經受任行政機關職位）、規則3.7 之規定（參與教
育、宗教、慈善、敦睦或民間組織及其活動）、規則3.8 之規定（經
受任受託人職位）、規則3.9（擔任仲裁人或調解人）、規則3.10之
規定（執行法律業務）、規則3.11之規定（從事理財、企業或有報
酬之活動）、規則3.13 之規定（禮物、貸款、遺贈、利益或其他有
價值物品之接受與報告）、規則3.15 之規定（報告之要求）、規則
4.1之規定（法官及一般法官候選人從事政治及競選活動）及規則4.5
之規定（成為非司法職務之法官之活動）；及

(B) 不得在其所服務法院或該法官所服務法院之上級法院，執行法律業務；

亦不得在其曾任職法官之法院之訴訟程序或其他有關程序中，擔任訴訟代理人。

V. 暫時兼職法官

暫時兼職法官，係僅一次或間歇地擔任或預期兼職職務，但其任職係就一段時期或每一案件為基礎，其無須遵守：

(A)規則1.2之規定（促進對司法之信心）、規則2.4之規定（司法行為之外在影響）、規則2.10之規定（對於繫屬或即將繫屬法院之案件，表示法律意見）、規則3.2之規定（出席政府機關及向政府官員諮商）。但其擔任法官期間，除外；或

(B)規則3.4之規定（經受任行政機關職位）、規則3.6之規定（與歧視組織有所關聯）、規則3.7之規定（參與教育、宗教、慈善、敦睦或民間組織及其活動）、規則3.8之規定（受任受託人職位）、規則3.9（擔任仲裁人或調解人）、規則3.10之規定（執行法律業務）、規則3.11之規定（從事理財、企業或有報酬之活動）、規則3.13之規定（禮物、貸款、遺贈、利益或其他有價值物品之接受與報告）、規則3.15之規定（報告之要求）、規則4.1之規定（法官及一般法官候選人從事政治及競選活動）及規則4.5之規定（成為非司法職務之法官之活動）。

VI. 遵守之時間

適用本法之人應即遵守本法規定，但規則第3.8之規定所指法官（經受任受託人職位）及規則3.11規定（從事理財、企業或有報酬之活動）者，應盡可能於合理時間內遵守之，但至遲不得逾本法適用於該法官一年之後。

註釋

擔任受託人之人經選任為法官者，不受規則3.8規定之禁止，仍得繼續擔任受託人，但其期間以避免對於信託關係之受託人造成嚴重不利結果所必要為限，且無論如何，均不得逾一年。同樣地，於法官選任時期從事企業活動，經選任後，不受規則3.11規定之禁止，仍得為之，但以合理之期間為限，且無論如何，均不得逾一年。

準則1：法官應維護並促進司法之獨立、正直與公正，且應避免不當及看似不當之行為。

規則1.1：遵守法律

法官應遵守法律*，包括司法行為法。

規則1.2：促進公眾對司法之信心

司法行為時應隨時以促進公眾對司法獨立*、正直*及公正*之信心為念，且應避免不當及看似不當之行為。

註 釋

[1] 人民對司法之信心，為不當之行為及看似不當之行為所腐蝕。本原則適用於司法職務上及個人行為。

[2] 法官應預期其係公眾監督之對象，其他人可能以之為負擔，而法官必須接受本法所加諸之約束。

[3] 法官對於司法獨立、正直及公正所為之妥協或看似妥協之行為，損及公眾對司法之信心。由於將所有該等行為加以列出，並不切實際，本規則僅得以概括性用語來表示。

[4] 法官應參與促進法官間、律師間倫理行為之活動，支持法官及律師職業之專業氣質，並促進公眾接近司法。

[5] 實際之不當行為包括違反法律、法庭規則或本法之規定。看似不當行為之判斷標準，在於該行為予一般人之認知，係法官違法本法或所從事之其他行為，對於法官之誠實、公正、氣質或擔任法官之適任性，有負面之思考。

[6] 法官應發動並參與為促進公眾對司法事務之瞭解與信心之社區延伸服務活動，法官為此等行為時，應以合乎本法規定之方法為之。

規則1.3：免濫用法官職位之聲望

法官不得濫用法官職位之聲望，以增進法官或其他人個人或經濟利益*，或允許其他人如是為之。

註　釋

[1] 法官使用或意圖使用其職位以獲取個人利益或任何優惠待遇，並不適當。例如，法官在與交通官員接觸時，暗示其法官身分以獲得有利待遇。同樣地，法官不得使用信頭上之法官名銜來獲取個人事務之利益。

[2] 法官得基於法官個人知悉事實，向他人提供對某人之意見或推薦。如法官表明所提供意見純屬個人事項，法官得使用信頭之名銜，但以其使用信頭名銜不致被推論為，有以法官職位來行使壓力之意。

[3] 法官得藉由與任命機關及審查委員會之合作，以及回答該等機關有關被考慮為法官人選之專業資格之詢問，參與法官遴選程序。

[4] 法官撰寫或共同為非營利單位撰寫出版品，不論是否與法律有關，應注意相關問題。法官不應允許與該出版品有關之任何人，以違反本規則或其他現行法之方式，來利用法官職位。在訂定法官撰稿之契約中，法官對於廣告部分，應保有相當之控制權，以避免該利用情事之發生。

準則2：法官應以公正、適任及勤勉之態度，執行司法職務。

規則2.1：司法職位職責優先

法官個人及司法職務外之活動，應優先考量法律*所規定司法職務之責任。

註 釋

[1] 為確保法官得以實踐其法官責任，法官於從事個人及司法職務外活動時，必須減少導致造成經常性迴避事由爭議之風險。見準則3。

[2] 除法律明文規定外，參與促進公眾對司法制度之瞭解與信心之活動，固非司法職務之責任，但被鼓勵參與之。

規則2.2：公正且公平

法官應維護及適用法律*，並公平而公正地*執行司法職務。

註 釋

[1] 為確保法官對所有當事人公正而公平，法官必須客觀且無成見。

[2] 雖然每一法官擔任法官時有其獨特背景與個人哲學，但法官解釋及適用法律時，應不問其是否贊成所適用之法律。

[3] 法官適用及解釋法律時，就事實之認定或法律之適用，可能犯了無心之差錯。此等差錯不構成本規則之違反。

[4] 法官為確保親自出庭之當事人之案件得以受到公平審理，而合理調適程序之進行，不構成本規則之違反。

規則2.3：成見、偏見及騷擾

(A)法官必須無成見或偏見地執行包括行政職務在內之司法職務。

(B)法官執行司法職務，不得以言語或行為，明示成見或偏見或有騷擾行為，其內涵包括但不限於基於種族、性別、宗教、原始國籍、種族淵源、殘障、年齡、性傾向、婚姻狀態、社經地位、政治關聯性因素之成見、偏見或騷擾行為；亦不得准許法院職員、法院官員或其他受法官指揮監督之人，為該等行為。

(C)法官必須要求律師於法院訴訟程序中，避免對於對造當事人、證人、律師或其他人，明示成見或偏見或有騷擾行為，其內涵包括但不限於基於種族、性別、宗教、原始國籍、種族淵源、殘障、年齡、性傾向、婚姻狀態、社經地位或政治關聯性因素者。

(D)(B)及(C)項之限制，並不妨礙法官或律師就訴訟程序有關爭點事實或類似事實，提出合法參考資料。

註釋

[1] 法官於訴訟程序中明示成見或偏見，損害程序之公平性，並使司法信譽受損。

[2] 明示成見或偏見之例子，包括但不限於貶損用語；輕視用語；損人之綽號；負面刻板印象；帶有刻板印象之幽默；威脅、脅迫或不友善行為；在種族、種族淵源或原始國籍與犯罪間之暗示或關係；對個人特質提出不相關之參考資料。即使表面之言語表達及肢體語言，亦能對訴訟當事人、律師、陪審員、媒體及其他人，傳達成見或偏見之跡象。法官必須避免可能被合理視為有偏見或成見之行為。

[3] (B)及(C)項所指之騷擾，指基於種族、性別、宗教、原始國籍、種族淵源、殘障、年齡、性傾向、婚姻狀態、社經地位或政治關聯性因素，而對某人為貶損或表示敵意或惡意之言詞或身體舉動。

[4] 性騷擾，包括但不限於性要求、性癖好要求及其他與性有關之言詞或肢體行為，而不受歡迎者。

規則2.4：司法行為之外在影響

(A)法官不得因公眾之喧譁或擔心批評而受影響。

(B)法官不得容許家庭、社會、政治、理財或其他利益或關係，影響法官之司法行為或判斷。

(C)法官不得傳達或容許他人傳達任何人或團體立於有影響法官之地位之印象。

註釋

　　獨立之司法，要求法官應依法律及事實作出決定，不問該法律或當事人是否受到公眾、媒體、政府官員或法官之朋友或家人之歡迎。司法決定如被認為受到不當之外在影響，人民對司法之信心將受到腐蝕。

規則2.5：適任、勤勉及合作

(A) 法官必須適任而勤勉地執行司法及行政職務。

(B) 法官必須在法院事務之行政，與其他法官及法院官員合作。

註 釋

[1] 法官執行司法職務之適任性，在於其應具備為執行法官司法職務所合理必要之法律知識、技能、細心及準備工作。

[2] 法官應尋求必要之庭期、法院職員、專家及資源，以履行所有司法上及行政上職務。

[3] 法官為迅速處理法院事務，應就司法職務付出適當時間、準時開庭、快速決定當事人所提案件，並採取合理措施，以確保法院官員、當事人及其律師與法官共同合作來達成以上目標。

[4] 在迅速而有效處理案件程序中，法官必須展現對於當事人聽審權之適度關心，並避免不必要之費用及延遲來解決爭議。法官應以減少或排除拖延手法、可避免之遲延及非必要之費用，來監督及管理案件。

規則2.6：確保當事人聽審權

(A)法官必須給予在訴訟程序中有法律利益之人，或其律師，依據法律*之聽審權。

(B)法官得鼓勵訴訟程序當事人及其律師就爭議之案件為和解，但不得強迫任何當事人達成和解。

註 釋

[1] 聽審權乃公平與公正司法制度之要素。當事人之實體權利，僅於保障其聽審權之程序被遵守，始有受保護之可能。

[2] 法官在監督當事人和解爭端方面，扮演著重要角色，但應注意於努力促成和解之過程，不要損及當事人依法之聽審權。法官應牢記，法官參與和解之討論，不僅站在法官個人觀點來看該案，而且也要瞭解該案如和解不成，案件仍由該法官審理時，律師以及當事人之感受。法官於決定就某案進行適當之和解程序時，應考慮之因素如：

(1)當事人已否要求或自願地主張由法官參與某程度之和解討論，(2)當事人及其代理人是否相當精於法律案件之處理，(3)案件是否將由法官或陪審團審理，(4)當事人是否有代理人陪同其參與和解之討論，(5)當事人中有無由代理人代理訴訟，及(6)該案件為民事或刑事。

[3] 法官必須注意，和解討論可能造成之影響，不僅係其客觀與公正，而且及於其客觀與公正之外觀。儘管法官已盡最大努力，仍可能有些事例，依和解討論過程所取得之資訊，對於法官在審理過程之判斷可能有所影響，於此等事例，法官即應考慮迴避是否合宜之問題。見規則2.11(A)(1)之規定。

規則2.7：作出決定之責任

法官除有規則2.11或其他法律*所規定之迴避事由外，必須就其分受案件進行聽審並作出決定。

註　釋

法官必須就法院所受理之案件作出決定。雖然迴避制度在保護當事人之權利，並維護人民對司法獨立、正直與公正之信心，法官仍必須就法院受理之案件作出決定。無依據之迴避事由可能予公眾對法院及法官個人造成不良印象。法院之尊嚴、法官對實踐司法責任之重視，以及可能對法官同儕造成負擔之適當考量，法官不應以迴避事由來避免事實複雜、有爭議性或不受歡迎之案件。

規則2.8：法庭禮儀、舉止及與陪審員之溝通

(A)法官必須要求法庭之程序合乎秩序及法庭禮儀。

(B)法官必須以耐心、嚴肅及禮貌之態度，對待當事人、陪審員、證人、律師、法院職員、法院官員，及其他與法官處理事務有關之人員，並應要求律師、法院職員、法院官員及其他受法官指揮監督之人，以類似態度行為對待述人員。

(C)法官除於程序中之法庭命令或意見書外，不得對陪審員所為裁決予以命令或批評。

註 釋

[1] 法官以耐心及禮貌態度審理所有程序，並未與規則2.5所定迅速處理法院事務之規定牴觸。法官得以耐心及細心態度審理案件，且兼顧如企業般注意效率問題。

[2] 對於陪審員所為裁決予以命令或批評可能暗示司法對未來案件之期待，並可能傷害陪審員在其後案件公平且公正之判斷能力。

[3] 陪審員於審判後選擇留下，與法官見面者，法官得與其見面，但應注意不得討論案件之重點，但法律禁止者，不在此限。

規則2.9：單方溝通

(A)法官不得就繫屬中*或即將繫屬之案件*，促使、准許或考慮單方溝通，或考量無當事人或其律師在場之其他溝通方式，但有下列情事者，不在此限：

(1)當情況所需，以排定庭期、行政或緊急之目的，未論及實體事項者，並合於下列條件者，得為單方溝通：

(a)法官合理相信任何一方當事人不會因單方溝通而獲得程序上、實體上或策略上之利益，且

(b)法官迅速通知單方溝通所提實體事項之所有其他當事人，並予當事人回應之機會。

(2)法官得接受無利害關係之專家依法於訴訟程序中所提書面報告，惟法官應事先通知當事人所欲諮詢之對象以及所請求提出報告之主題，並予當事人對於該通知及所接受報告提出反對及回應之合理機會。

(3)法官得與協助法官處理司法事務之法院職員、法院官員，或其他法官，討論案件，但以法官盡力避免接受非紀錄所載事實資訊，且未免除其個人決定該案件之責任為限。

(4)法官為促成繫屬案件之和解，經當事人之同意，得分別與當事人及其律師進行協商。

(5)法律明定法官得促使、准許或考慮單方溝通者。

(B)法官不經意接受載有實體事項之單方溝通內容者，該法官必須迅速通

知與溝通內容之實體事項有關之當事人，並予當事人回應之機會。

(C)法官不得私自調查案件之事實，且必須僅考量提出之證據，以及經司法適當調查所得之事實。

(D)法官必須經由適當監督之合理努力，來確保法院職員、法院官員及其他受法官指揮監督之人不違反本規則之規定。

註 釋

[1] 在可能範圍內，所有當事人或其律師必須包括於法官進行溝通之對象中。

[2] 本規則所定當事人在場或對一方當事人之通知，係指該當事人之律師，如該當事人未委任代理人，則爲當事人本身，應在場或應受通知。

[3] 於程序中禁止溝通之對象，包括與未參與本程序之律師、法學教師及其他人，但爲本規則所准許者，不在此限。

[4] 法官得促使、准許或考慮法律明文授權之單方溝通，例如任職於治療性或解決問題之法院、精神健康法院或處理毒品案件法院者。基此身分，法官與當事人、提供治療者、保護官、社會工作者及其他人間，可以承擔較爲互動性之角色。

[5] 法官得與其他法官就繫屬中案件進行討論，但必須避免與之前迴避本案件之法官及本案上訴法院之法官，爲單方討論。

[6] 對於法官調查事實之禁止，及於經由所有媒體，含電子媒體，所取得之資訊。

[7] 法官就法官遵守本法規定之事項，得請教律師或法律專家以外之倫理諮詢委員會。該等諮商，不受(A)(2)項之限制。

規則2.10：對於繫屬或即將繫屬法院之案件，表示法律意見

(A)法官不得對於繫屬或即將繫屬任何法院之案件，公開表示任何被合理認爲將影響案件之判決結果或損及其公平性之意見，或爲可能實質影響公平裁判或審理之非公開意見。

(B)法官不得就法院可能受理之案件、爭議或爭點，作出與法官司法職務

公平性不相容之擔保、允諾或承諾。

(C)法官必須要求法院職員、法院官員及其他受法官指揮監督之人，避免作出(A)及(B)項所禁止之行為。

(D)法官得就其行使之職務公開表示意見，得解釋法院程序，並得對其個人為訴訟當事人之案件，於任何程序中表示意見，不受(A)項之限制。

(E)有關法官在個案中之行為，在不違反(A)項規定前提下，法官得直接或經由第三人在媒體或其他場所表達意見。

註釋

[1] 本規則對司法言論之限制，乃維持司法獨立、正直及公正所必要。

[2] 本規則並不禁止法官對於其本身係訴訟當事人之案件，於訴訟程序中予以評論。但法官係以公職身分為訴訟當事人者，例如在執行職務令（writ of mandamus）程序中，法官即不得公開評論。

[3] 法官應視情形考量有關法官在個案行為之意見表達，究以經由第三人或法官本人予以回應或發表書面聲明為宜。

規則2.11：迴避

(A)法官就其公正性被合理質疑，包括但不限於以下情事，不問在任何訴訟程序，均必須自行迴避：

　(1)法官對於有關當事人、當事人之律師或個人認知之訴訟上爭議事實*，具有個人成見或偏見。

　(2)法官知道法官、法官之配偶或同居人*、或具有三等親關係*之人，或該人之配偶或同居人為：

　　(a)訴訟之一造當事人，或當事人之重要職員、董事、普通合夥人、管理階層人員，或受託人；

　　(b)在訴訟程序中擔任律師；

　　(c)因訴訟結果可能造成之實質影響，而受有較細微利益為大之人；或

　　(d)可能於訴訟程序中成為重要證人。

　(3)法官知道其本人個別或共同為訟當事人之受託人*，或法官之配

偶、同居人、父母、或子孩或居住於法官家中之家庭成員*，對於當事人訴訟程序爭議之標的，具有經濟利益*。

(4)法官知道或因適時申請而知悉，當事人、當事人之律師、或當事人之律師事務所在（填入數字）年內，曾對於法官之競選活動之捐獻*總額*，個人部分超過（填入數額）元，事務所部分超過（填入數額）元〔個人及事務所捐獻合理數額〕。

(5)法官於擔任法官或成為法官候選人期間，在法院訴訟程序以外、法院裁判或意見書中，曾經公開表示之意見，對於訴訟中爭議之案件，已使得或似乎使得法官將以特定方式作出特定之決定或裁決。

(6)法官：

(a)就爭議之案件，曾擔任律師，或與實質參與該案件之律師，就該案件於有合作關係期間合作處理；

(b)曾於政府機關服務，並以律師或官員之身分，個別或實質參與有關之訴訟程序，或基於該身分公開表示有關爭議案件是非曲直之意見；

(c)關於該案件曾為重要證人；或

(d)曾於其他法院審理本案件。

(B)法官就其個人及受託人之經濟利益，其資訊必須隨時可以取得，有關法官配偶或同居人及居住法官家中之未成年子女之個人經濟利益，並且必須盡力使其資訊隨時可以取得。

(C)依本規則應迴避之法官，除係有關(A)(1)項規定之成見或偏見外，得公開法官迴避原因之紀錄，並得要求當事人及其律師，在無法官或法院人員參與之情形下，考量放棄迴避之爭議。於有關資訊公開之後，在無法官或法院人員參與之情形下，如當事人及律師同意法官不應迴避，法官即得進行訴訟程序。該同意必須載明訴訟程序中之記錄。

註　釋

[1] 依本規則之規定，於法官之公平性被合理質疑時，法官即應迴避，不問(A)(1)至(6)項規定有無適用餘地。在許多法院轄區，「recusal」乙詞與「disqualification」常互相替換使用。

[2] 法官不得審理或決定其必須迴避之案件，不問當事人有無提出迴避之

聲請。

[3] 必要法則可以凌駕迴避法則。例如法官可能被要求參與有關法官薪資法律之司法審查，或可能係在某要求即刻採取司法行為之案件，諸如就有無相當理由或暫時限制命令案件之審理，該法官係當時唯一可以處理者。在應即時處理之案件，法官應公開可能構成迴避事由之紀錄，並應盡力及早將該案件移轉其他法官處理。

[4] 訴訟案件律師與法官之親戚同為某律師事務所成員之事實，並不構成法官應迴避之事由，但如法官之公平性，依(A)項規定被合理質疑，或該親戚經法官知悉對於該事務所有利益，而該利益可能為(A)(2)(c)項規定之程序所實質影者，法官即應迴避。

[5] 法官應於紀錄資訊中表明，法官相信當事人或其律師可以合理考量提出迴避之聲請，即使法官相信並無迴避之事由存在。

[6] 經濟利益，一如在名詞節中所述，係指擁有者多於微細之法律上或其衡平利益。除法官參與法律或衡平利益之管理，或該利益可能被法官所審理案件之結果所實質影響，該利益並不包括：

(1)在相互或共同投資基金，個人所擁有之利益；

(2)法官或法官之配偶、同居人、父母或兒女在教育、宗教、慈善、敦睦或民間組織擔任董事長、高階職員、顧問或其他職務，因該組織持有有價證券而具有之利益；

(3)在金融機構有存款，或專有利益，而法官得因而維持其共同存款協助或信用聯盟會員之地位，或類似專有利益；或

(4)法官持有政府所發行證券之利益。

規則2.12：監督責任

(A)法官必須要求法院職員、法院官員及其他受法官指揮監督之人，所為行為應與本法對法官行為義務之規定一致。

(B)就法官職務有監督權之法官，必須採取確保該等法官妥適履行司法責任之合理措施，包括迅速處理其所分受之案件。

註釋

[1] 法官爲其本身行爲，以及依其指揮監督而爲行爲之其他人（例如職員）之行爲負責。法官不可以指示法院人員，以法官名義或以法官代表人身分之名義，從事如由法官爲之即違反本法規定之行爲。

[2] 公衆對司法制度之信心繫乎適時之正義。爲促進有效率之司法行政，有監督權之法官必須採取必要措施，以確保受其監督之法官迅速處理分受案件。

規則2.13：行政任命

(A)法官於爲行政任命時，

(1)必須基於表現情形，公平行使任命權限；並且

(2)必須避免偏袒親戚、表現偏好以及不必要之任命。

(B)法官知道或於當事人或其他訴訟利害關係人適時提出之聲請而知道，律師、律師之配偶或同居人，於（塡入數字）年前，曾對法官之競選法官活動之捐獻超過（塡入數額）元者，不得對律師爲行政任命。但有以下情事者，不在此限：

(1)該職位實質上係無給職；

(2)律師之所以被選任，係基於有資格及可參與之輪值名單中選任者，並非因考量其曾爲政治捐獻之理由；或

(3)法官或其他主審或行政法官確定並無律師有意願、適任及有能力接受該職位。

(C)法官不得對受任命人准許超過其所提供勞務公平價值之報酬。

註釋

[1] 法官之受任人，包括指定律師，諸如仲裁人、受任人、特別主事、破產管理人及監護人之高級職員，以及諸如書記官、秘書及法警等人員。經當事人同意所爲之任命，或報酬之給與，並不免除(A)項所定法官之義務。

[2] 除法律有特別定義外，偏好任用親戚，係指任命或僱用法官或法官配偶或同居人三等親內關係之人，或該親戚之配偶或同居人。

[3] 本規則禁止曾對法官在其競選法官期間，所為捐獻超過一定數額之律師，予以行政任命之規定，並不包括該行政職實質上係無償之職位，諸如給與該律師之報酬僅限於墊款之償還。

規則2.14：失能及傷害

法官有合理理由相信某律師或其他法官，有因毒品或酒精，或有心理上、情緒上或身體上因素而傷害其執行職務之能力，必須採取適當行動，包括秘密轉介至律師或司法協助計劃。

註 釋

[1] 「適當行動」意指用意在於或合理可能協助問題法官或律師，應付該問題，並避免對司法制度造成傷害之行動。適當行動應視情形而定，可能包括但不限於，直接告知受傷之人、通知對該受傷之人有監督權之人，或轉介其至協助計劃。

[2] 採取或發動轉介至協助計劃之矯正行動，可能使法官得以符合本規則所定之責任。協助計劃有提供受傷法官及律師許多協助方式，諸如介入、諮商或轉介至適當醫療專業人員。然而依法官所發現行為之嚴重性，法官得被要求採取其他行動，諸如將受傷法官或律師提報有關當局、機構或單位。見規則2.15。

規則2.15：對司法及律師不當行為之回應

(A)法官知悉其他法官有違反本法規定，而涉及有關該法官之誠實、可信或其他有關法官適任性之實質問題者，必須通知權責機關*。

(B)法官知悉某律師有違反職業行為規範規定，而涉及有關該律師之誠實、可信或其他有關律師適任性之實質問題者，必須通知權責機關。

(C)法官收到指稱其他法官已違反本法規定之資訊，而其內容有實質可能性者，必須採取適當行動。

(D)法官收到指稱某律師已違反職業行為規範規定之資訊，而其內容有實質可能性者，必須採取適當行動。

註 釋

[1] 提報已知不當行為，係法官之義務。(A)(B)項規定課以法官向該管懲戒機關，報告所知其他法官或律師涉及有關法官或律師誠實、可信或適任性之不當行為。忽略或否認所知司法同儕或法律職業成員之不當行為，無形中損害法官努力參與確保公眾對司法制度信賴之責任。

[2] 法官雖未實際知悉其他法官或律師可能已為之不當行為，但收到指稱該不當行為之資訊，而其內容有實質可能性者，必須依(C)及(D)項規定，採取適當行動。適當行動包括但不限於直接與可能已違反本法規定之法官溝通、與有監督權之法官溝通，或將涉嫌之違反情事向權責機關、機構或單位報告。同樣地，回應指稱某律師已違反職業行為規範之資訊，所採取之行動，可能包括但不限於直接與可能已違反該規範之律師溝通，或將涉嫌之違反情事向權責機關、機構或單位報告。

規則2.16：與懲戒機關合作

(A)法官應必須以坦率及誠實態度與司法及律師懲戒機構合作。

(B)法官對於已知*或可能協助或合作調查法官或律師事宜之人，不得對之為直接或間接報復。

註 釋

與司法及律師懲戒機構合作進行調查程序，無形中灌輸了公眾就法官對司法制度忠誠承諾及保護公眾之信心。

準則3：法官必須以極力降低與司法職務義務發生衝突風險之態度，來從事法官個人及司法職務外活動。

規則3.1：司法職務外活動通則

除法律*或本法別有禁止之外，法官得從事司法職務外活動。但從事司法職務外活動時，法官不得：

(A)從事妨礙法官適當執行司法職務之行為；

(B)從事導致造成經常性迴避事由之行為；

(C)從事在外觀上被理性之人認為無形中損害法官獨立*、正直*或公正*性之行為；

(D)從事在外觀上被理性之人認為強迫性之行為；或

(E)使用法院場所、職員、文具、設備或其他資源。但其偶發性使用，係有關法律、司法制度或司法行政，或該附帶使用係經法律許可者，不在此限。

註 釋

[1] 在時間許可範圍內，以及司法獨立及公平未被妥協之前提下，法官被鼓勵參與適當之司法職務外活動。法官尤其有資格從事有關法律、司法制度及司法行政，諸如演講、寫作、教學、或參與學術研究計劃之司法職務外活動。此外，法官被許可或鼓勵參與非以利益為取向之教育、宗教、慈善、敦睦或民間團體之司法職務外活動，即使該活動並非關法律，亦得為之。見規則3.7。

[2] 參與與法律有關及其他司法職務外活動，有助於使法官融入社會，促進公眾對於法院及司法制度之瞭解與尊重。

[3] 法官即使在司法職務行為外，從事歧視行為或表達成見或偏見，均可能使一般人質疑法官之正直及公正性。例如法官所說玩笑或其他言語，顯示對於個人基於其種族、性別、宗教、原始國籍、種族淵源、殘障、年齡、性傾向，或社經地位之貶抑。基於同一理由，法官之司法職務外活動，不得與實施令人不滿之歧視活動之團體有所關聯。見規則3.6。

[4] 法官從事被許可之司法職務外活動時，不得有強迫他人或被合理視為強迫他人之行為。例如，依當時情況，法官為某團體之募款或招募會員行為，即使為規則3.7(A)之規定所許可，仍可能造成被請求人感覺有義務為有利之回應，或為討好法官而接受之。

規則3.2：出席政府單位及與政府官員交換意見

法官不得自願出席行政或立法單位，或與其官員會商，但其行為係與以下情事有關者，不在此限：

(A)與法律、司法制度或司法行政有關之案件；

(B)與法官於執行司法職務所獲得知識或專業知識有關之案件；或

(C)法官就涉及法官本身之法律或經濟利益而親自出庭之案件，或法官以受託人*身分從事之行為。

註 釋

[1] 法官具備有關法律、司法制度及司法行政之專業知識，得適度將其專業知識與政府單位及行政或立法機構官員分享。

[2] 在出席政府單位或與政府官員交換意見之場合，法官必須注意其仍受本法有關規定之拘束，諸如規則1.3有關禁止法官使用職務上聲望以促進自己或他人利益之規定，規則2.10有關規範對於繫屬中或即將繫屬案件公開表示意見之規定，及規則3.1(C)有關禁止法官從事在外觀上一般人認為無形中傷害法官獨立、正直及公正性之司法職務外活動。

[3] 原則上，禁止法官就有關可能影響法官非官方之公民身分之案件，例如針對其不動產之都市使用區分之提議，出席政府單位或與政府官員交換意見，並無必要，且不公平。然而在從事該等活動時，法官不得提及其司法職位，且必須注意避免以其他方式利用司法職務之聲望。

規則3.3：以品性證人身分作證

法官不得於司法、行政或其他裁判程序中，以品格證人之身分作證，或以其他方式在訴訟程序中擔保某人之品格，但經適法傳喚者，不在此限。

註 釋

法官未經傳喚，而以品格證人身分出庭作證，係促進其他人之利益而濫用司法職務之聲望。見規則1.3。除於正義所需之極端情形，法官應不准當事人要求法官以品格證人身分出庭作證之請求。

規則3.4：受命擔任政府職位

　　法官不得接受有關政府機關委員會委員或其他政府職位之任命，但有關法律、司法制度或司法行政者，不在此限。

註 釋

[1] 規則3.4之規定暗示本法承認法官接受有關法律、司法制度或司法行政單位之任命，即使如此，法官仍應評估接受任命、尤其注意任命職務內容，以及司法資源取得可能性及分配性（包括時間之承諾），以及適當考量司法獨立及公正要求之妥當性。

[2] 法官得代表其國家、州或地區參加慶典或有關歷史、教育或文化活動。該代表身分並不構成接受政府職位之行為。

規則3.5：非公開資訊之使用

　　法官不得為與法官司法職務無關之任何目的，故意公開或使用其執行司法職務所取得之非公開資訊*。

註 釋

[1] 法官執行司法職務期間，可能取得商業性或其他有價值而非公開之資訊。法官不得為個人利益或其他與其司法職務無關之目的，公開或使用該資訊。

[2] 然而本規則並無意影響法官，在不牴觸本法規定情形下，按資訊之內容，來保護法官或法官家庭成員、法院人員或其他司法官員之健康或安全。

規則3.6：與歧視組織之關聯性

(A)法官不得成為基於種族、性別、宗教、原始國籍、種族淵源或性傾向因素，所採行令人不滿之歧視行為之組織成員。

(B)法官如知道*或應知道某組織有實施(A)項所定一種以上之歧視行為者，即不得利用該組織之利益或場所。法官出席法官所不被許可加入

之組織之場所，如其出席係不可能被合理視為對該組織行為加以背書
之單一案件者，其出席並不違反本規則之規定。

註　釋

[1] 法官公開表明贊成令人不滿之基於任何原因之歧視行為，會導致不合
宜之行為外觀，並降低公眾對司法正直與公正之信心。法官成為實施
令人不滿歧視行為之組織成員，會造成法官公正性受傷害之觀感。

[2] 某團體對於有意加入其組織之人，係任意地以種族、性別、宗教、原
始國籍、種族淵源或性傾向因素加以排除，而無上開因素即得入會
者，一般即被認為有令人不滿之歧視行為。某團體是否有實施令人不
滿之歧視行為，乃法官應注意之複雜問題。其解答無法由單純檢視組
織之現行會員名單來決定，而是應由組織如何選擇會員及其他相關因
素，諸如該組織是否致力於在會員間，保留宗教、種族或文化價值之
合法共同利益，或其是否係一親密之純私人組織，而其會員限制不可
能違反憲法規定。

[3] 法官知悉其所屬之某團體有從事令人不滿之歧視行為時，法官必須立
即退出該組織。

[4] 法官在某宗教組織之會員，係宗教自由之合法行使，並不違反本規則
之規定。

[5] 本規則不適用於國家或州兵役。

規則3.7：參與教育、宗教、慈善、敦睦或民間組織及活動

(A)在規則3.1之規範之前提下，法官得參與組織或政府單位所主辦有關法
律、司法制度或司法行政之活動，以及由教育、宗教、慈善、敦睦或
民間團體所主辦或以其名義所舉辦之非營利活動，其活動包括但不限
於以下活動：

(1)協助該組織或單位從事有關募集資金之計劃，並參與該組織或單位
資金之管理及投資；

(2)為該組織或單位募集*捐款*，但以募款對象係法官家庭*成員，或法
官對其無監督權或上訴管轄權之人為限；

(3)爲該組織或單位招募會員，即使會費或所生費用可能被用以支持該組織或單位之成立宗旨，但只要該組織或單位係有關法律、司法制度或司法行政者即可；

(4)在有關該組織或單位之活動，出席或演講，接受獎狀或其他表彰活動，在計劃上以其名銜並同意其使用者，但如該活動係以募集資金爲目的，法官僅得參與有關法律、司法制度或司法行政之活動爲限；

(5)向公立或私立之授與資金之組織或單位，推薦該組織或單位之計劃及活動，但以該組織或單位係有關法律、司法制度或司法行政者爲限；及

(6)擔任該組織或單位之重要職員、董事、受託人或非關法律之顧問，但該組織或單位可能有以下情事者，不在此限：

    (a)將從事通常由該法官受理之訴訟程序；或

    (b)將經常於該法官任職之法院進行對立之訴訟程序，或該法官任職之法院對之有上訴管轄權者。

(B)法官得鼓勵律師提供公益性法律服務。

註 釋

[1] (A)項規定所許可之活動，通常包括由公立或私立非營利之教育機構，及其他非營利之組織，含與法律有關、慈善及其他團體，所主辦或舉辦之活動。

[2] 即使係與法律有關之組織，法官仍應考量其組織之會員及成立宗旨，或法官之參與或與組織之關係，是否會與法官之義務有所衝突，而避免參與對法官獨立、正直與公平之形象有負面影響之活動。

[3] 單純出席一項活動，不論是否以募集資金爲目的，並不構成違反4(A)項之規定。在由教育、宗教、慈善、敦睦或民間組織所贊成之募集資金活動中，法官通常得擔任引導人、提供食物之服務人員或準備人，或執行類似職務。該活動並非募款行爲，且不至成爲強迫或濫用司法職位之要素。

[4] 爲募資金或招募會爲之目的，而在教育、宗教、慈善、敦睦或民間團體印有信頭之信紙上，載明法官職位，並不違反本規則之規定。在信

紙上可記載法官之名銜或司法職位，只要其他人在信紙上有可類比之表示方式即可。

[5] 法官除於個案中任命律師擔任貧困當事人之代理人外，亦得藉由鼓勵律師參與公益性法律服務，來促進更廣泛接近司法（access to justice）之效益，只要法官非以強迫或濫用司法職務聲望爲之即可。鼓勵方式有許多形式，包括提供可行計劃、訓練律師參與公益性法律工作，以及認可已參加公益性工作之律師得參與之活動。

規則3.8：受任受託人職位

(A)法官不得接受擔任諸如遺囑執行人、遺產管理人、受信託人、監護人、代理律師或其他個人之代理人之受託人*職位之任命，但其受任係爲法官家庭成員之遺產、信託或人員而爲，且該服務與適當執行法官職務不相衝突者，不在此限。

(B)法官如因受託人身分而可能進行訴訟，而該案件通常將由其受理者，或該遺產、信託或受保護人涉及有對造之訴訟程序，而案件將由該法官任職之法院或上訴管轄法院所轄法院辦理者，法官即不得接受受託人之任命。

(C)具有受託人身分之法官，同樣必須受到適用於法官個人，對於從事理財行爲之限制。

(D)具受託人身分之人成爲法官者，必須儘可能於合理時間內遵守本規則，但至遲不得逾其成爲法官〔一年〕之後。

註 釋

法官應認識本法對法官所課予之其他限制，作爲受託人，可能與法官之義務相衝突，遇此情事，法官應辭退受託人之職務。例如，擔任受託人，依規則2.11之規定，可能會使法官有經常性之迴避事由，因法官因信託關係而持有股票，持有之數額如較細微爲多者，法官即被認爲其股票之持有具有經濟上之利益。

規則3.9：擔任仲裁人或調解人

　　法官不得擔任仲裁人或調解人或執行其他與法官之司法正式職責無關之司法職務，但法律*有明文規定時，不在此限。

註 釋

　　本規則並未禁止法官在執行受分派之司法職責中，參與仲裁、調解或和解會議。在其職責之外，對於爭議之解決提供服務，不問有無經濟上利得，除經法律明文規定，不得為之。

規則3.10：執行法律業務

　　法官不得執行法律業務。法官得親自出庭，並得無償為法官之家庭成員*提供法律意見，並草擬或審查文件，但不得以任何形式擔任家庭成員之律師。

註 釋

　　法官得就所有法律案件親自出庭，包括涉及訴訟之案件及為涉及之案件出席政府單位或為其他交涉事宜。法官不得利用職位之聲望促進法官個人或家庭之利益。見規則1.3。

規則3.11：理財、企業或有報酬之活動

(A)法官得持有並管理法官及法官家庭*成員之投資。

(B)法官不得擔任任何企業單位之重要職員、董事、經理、一般合夥人、顧問或受僱人，但法官得管理或參與：

(1)為法官或法官家庭成員所密切擁有之企業；或

(2)企業單位主要從事法官或法官家庭成員資金之投資。

(C)法官依(A)及(B)項規定所許可理財行為，如有以下情事，即不得為之：

(1)與適當執行司法職務有所衝突；

(2)導致法官經常性之迴避事由；

(3)使法官會與律師或可能至法官任職法院之其他人，有經常性業務往

　　來或持續性之交易關係；或

(4)導致違反本法之其他規定。

[1] 法官原則上得從事理財行為，包括管理遺產及為其本身或其家庭成員之其他投資行為。參與此等行為，如同參與司法職務外活動般，應符合本法之規定。例如，法官耗費太多時間在企業活動上，以致響影到其司法職務之執行，即不適宜。見規則2.1。同樣地，法官於商業廣告中使用其職務名銜，或穿著法袍出現，或以常構成迴避事由之方式來管理其企業或理財事務，亦不適宜。見規則1.3及2.11。

[2] 在不造成嚴重理財上損害可能之情形下，法官必須使自己放棄可能會造成其經常性迴避事由，或其他違反本規則之投資及其他理財上利益。

規則3.12：司法職務外活動之報酬

　　法官得接受本法或其他法律*所許可司法職務外活動之合理報酬，但該接受無形中損害一般人對法官獨立*、正直*或公正*之感覺者，不在此限。

[1] 法官得因演講、教學、寫作及其他司法職務外活動，而接受謝禮、津貼、費用、工資、薪資、權利金或其他報酬，但以該報酬係合理並與其履行之工作相當為限。然而該法官應注意司法職責必須優先於其他行為而考量。見規則2.1。

[2] 因司法職務外活動所取得之報酬或應為公開報告。見規則3.15。

規則3.13：禮物、貸款、遺贈、利益或其他有價值物品之接　　　　　　受與報告

(A)法官接受禮物、貸款、遺贈、利益或其他有價值物品，如為法律*所禁止，或其接受無形中損害一般人對法官獨立*、正直*或公正*之感覺者，即不得接受。

(B)除法律或(A)項規定禁止之外,法官得接受以下物品,無庸爲公開報告:

(1)本質上價值很低的物品,例如匾、證書、獎品及問候卡;

(2)由朋友、親戚或其他人,包括律師,所給與之禮物、貸款、遺贈、利益或其他有價值物品,而該等人士出現於法官受理之繫屬中案件或即將繫屬之案件,或對該等案件有利益,即構成法官依規則2.11規定之迴避事由者;

(3)一般社交款待;

(4)商業或融資機會及利益,包括特價及折扣,以及由貸款機構依其一般商業程序之貸款。而同樣之機會及貸款之利益,對於非法官而有類似情形之人,得以同一條件取得者;

(5)對於競爭者或參與者給與獎金及獎品,而係依隨機抽籤、競賽或其他非以法官爲對象之公開活動者;

(6)獎學金、研究生獎學金,及其他類似利益或獎金,而對於非法官而有類似情形之人,亦得以同樣之條件及標準取得者;

(7)出版品免費提供公務使用之書籍、雜誌、期刊、視聽資料及其他消遣物品;或

(8)與法官配偶、同居人*或其他居住法官家庭之成員*之企業、職業或其他個別活動而取得之禮物、獎金或利益,對法官言係偶發性者。

(C)除法律或(A)項規定別有禁止之外,法官得接受以下物品或邀請,並且必須依規則第3.15之規定報告該接受情事:

(1)因撰寫公開之推薦書而獲贈之禮物;

(2)邀請法官及法官配偶、同居人或賓客無償出席:

(a)與律師公會宴會相關之活動,或其他有關法律、司法制度或司法行政之活動;或

(b)與法官教育、宗教、慈善、敦睦或民間團體相關,爲本法許可之活動,而對於以類似法官般方式參與之非法官人員,也提供相同邀約者;及

(3)禮物、貸款、遺贈、利益或其他有價值物品,其來源係一造當事人或其他人,包括律師,其案件已爲或將爲該法官受理,或其利益已爲或可能爲該法官所處理者。

註　釋

[1] 法官接受禮物或其他有價值物品而未給付公平市場價格者，該利益即有有可能被視為有意影響法官對案件決定之風險。規則3.13之規定，依照風險程度，課予法官接受利益之限制。(B)項規定指明，該接受對於無形中損害一般人對法官獨立、正直或公正之感覺可能性低，因而明文規定該等項目，無須公開報告。至於利益之價值增加，或利益來源將出現在法官面前之可能性增加，法官只得依(A)項規定拒絕禮物，或依(C)項規定為公開之報告。

[2] 朋友與親戚間送禮，係常有之事，從而不致造成一般人認為法官之獨立、正直或公正已受妥協之不當行為或因素之外觀。此外，當有案件之朋友或親戚出現在法官面前，將構成法官依規則2.11規定之迴避事由時，禮物將無影響法官作成決定之可能性。(B)(2)項規定對於法官接受禮物或其他有價值物品，並未加以限制，因而並未要求公開報告。

[3] 企業及金融機構基於顧客關係之期間、交易量及其他因素，而為促銷或為其喜好之顧客，經常舉辦特價、折扣及其他利益之活動。如該等利益同樣適用於一般大眾，或如非法官之人亦得以同一標準享有法官所得享有之特價或折扣，法官得不受拘束地接受之。例如，由金融機關所提供之適用一般利息之貸款並非禮物，而法官不能自金融機構接受低於市場利率之貸款，除非相同利率對一般大眾於一定期間亦有適用，或僅適用於具特定資格之借款人，而法官亦具備該資格。

[4] 規則3.13僅適用於法官接受禮物或其他有價值物品之情形。但是，如禮物或其他利益係給與法官之配偶、同居人或居住法官家中之法官家庭成員，該禮物可能被視為有意規避規則3.13之規定，並間接影響法官。當禮物或利益主要係給與該他人時，法官僅係偶發性受益人，其疑慮即降低。然而法官應提醒家庭成員有關規定對法官之限制，並要求其於決定接受該等禮物或利益時，應考量此等限制。

[5] 規則3.13不適用於法官競選司法職位之捐獻。該等捐獻受本法其他規則，包括4.3及4.4規定之規範。

規則3.14：支出之補償與費用之免除

(A)除規則3.1及3.13或其他法律*別有禁止外，法官得由法官之僱用單位以外來源，接受必要及合理之旅行、食物、住宿或其他偶發性支出之補償，或免除全部或一部報名費、學費及其他類似項目，但以其支出或費用係與法官參與本法所許可司法職務外活動有關者爲限。

(B)旅行、食物、住宿或其他偶發性支出之補償，應限於法官，以及於適當情形下，法官配偶、同居人*或賓客，實際上合理負擔之費用。

(C)法官以法官或法官配偶、同居人或賓客名義，接受支出之補償或費用之全部或一部免除者，應將該接受情事依規則3.15之規定，爲公開報告。

註 釋

[1] 教育、民間、宗教、敦睦及慈善團體常主辦會議、研討會、座談會、晚宴、頒獎典禮及其他類似活動。法官被鼓勵以教師或參與者之身分參加與法律及學術訓練有關之教育計劃，以促進其維持法律方面能力之職責。參與各種其他司法職務外活動亦爲本法所許可及鼓勵。

[2] 主辦團體邀請某些法官出席研討會或其他活動，以全部或一部免除費用，有時並包括必要旅行、食物、住宿或其他偶發性支出之補償爲條件，並非不尋常。法官於有關此等或其他司法職務外活動，決定是否接受支出之補償，或全部或一部費用之免除，應綜合各項情事加以評估。爲依相關訊息作出其接受是否合乎本法規定之判斷，法官應就必要之資訊加以詢問。

[3] 法官應使自己確信其接受補償或免除費用，不致無形中損害一般人對法官獨立、正直或公正之感覺。法官就某特定活動之出席，決定是否接受補償或免除費用，應考慮之因素包括：

(1)是否主辦者係經評鑑合格之教育構構或律師公會，而非商業團體或營利單位；

(2)是否資金係大多數來自無數捐款者，而非來自單一單位，且係經標記爲有特殊內容之計劃；

(3)是否其內容係與繫屬該法官或即將繫屬該法官案件之標的有無關

聯；

(4)是否該活動主要為教育性，而非娛樂性，以及是否活動費用與由司法單位、律師公會或類似團體所辦理者，係合理且可與之比擬；

(5)是否有關活動及其資金來源之資源，可經查詢；

(6)是否主辦單位或資金來源通常與特定當事人或利益有關，而目前有案件繫屬法院或即將有案件繫屬法院，從而可能導致該法官有規則2.11規定之迴避事由；

(7)是否呈現不同意見；及

(8)是否各階層之司法及非司法人員均受邀請，是否大多數參與者均受邀請，以及是否該計劃係特別針對法官而為。

規則3.15：申報之要求

(A)法官必須公開申報以下項目之數額或價值：

(1)從事規則3.12之規定司法職務外活動所接受之報酬；

(2)為規則3.13(C)規定所許可之禮物及其他有價值物品，但該等項目，由同一來源、於同一年度中，單一或與其他項目之總額合計未超過（填入數額）元者，不在此限；及

(3)為規則3.14(A)規定所許可之支出補償及費用免除之報酬，但該補償或免除之數額，由同一來源、於同一年度中，單一或與其他補償及免除之總額合計未超過（填入數額）元者，不在此限。

(B)依(A)項規定所為之公開報告，法官必須申報法官所受任受報酬之日期、地點及活動之性質；描述所接受任何禮物、貸款、遺贈、利益，或其他有價值物品；以及支出補償或費用全部或一部免除之來源。

(C)依(A)項規定所為之公開報告，至少每年一次，但支出補償或費用全部或一部免除之報告，必須於活動或計劃結束後30日內為之。

(D)依本規則所為之報告，應於法官任職之法院書記官辦公室或法律*指定之其他辦公室，以公開之文書方式存檔，且於技術上可行時，由法院或人室單位張貼於法院網站上。

準則4：法官或司法職位候選人，不得從事有悖於司法獨立、正直或公正之政治或競選活動。

規則4.1：法官及司法職位候選人之政治及競選活動通則

(A)除法律或規則4.2、4.3及4.4所許可之活動外，法官或司法職位候選人*不得：

(1)擔任政治組織*之領導人或具有某項職位；

(2)代表政治組織發表演說；

(3)公開支持或反對任何公職候選人；

(4)為政治組織或公職候選人募款、予以評價或給與捐款；

(5)出席由政治組織或公職候選人所主辦之晚宴，或購買餐券，或出席其主辦之其他活動；

(6)公開確認其本身為政治組織之候選人；

(7)尋求、接受或利用來自政治組織之支持；

(8)除透過規則4.4所認可之競選委員會為募款外，並為個別募集或接受競選捐獻；

(9)為法官、候選人或其他人私人利益，而使用或允許使用競選捐獻；

(10)於法官職位競選活動使用法院職員、設施或其他法院資源；

(11)故意地*或不經意地輕忽事實，發表不實或誤導之言論；

(12)發表足以被認為會影響任何法院繫屬中*或即將繫屬*案件結果或傷及其公平性之言論；或

(13)就可能為法院所處理之案件、爭議或爭點，予以擔保、允諾或承諾，而有悖於公正*履行司法職務之司法職責。

(B)法官或司法職位候選人必須採取合理措施，以確保其他人不致以法官或司法職位候選人名義，從事(A)項規定所禁止之任何活動。

註 釋

一般考量

[1] 即使受公職選舉之拘束，法官所扮演之角色仍不同於立法委員或行政部門官員。法官係以法律及事實為基礎來作成決定，而不是以表達之觀點或選民之喜好為基礎來作決定。從而，為促進此一利益，法官及司法職位候選人必須盡最大努力，免於或在外觀上免於政治影響及政治壓力。本準則考量各種遴選法官之方法，對於所有法官及司法職位候選人之政治及競選活動，為限縮性之限制。

[2] 某人成為司法職位候選人時，本法對其行為即有其適用。

參與政治活動

[3] 法官或司法職位候選人如被認為受到政治影響，公眾對司法獨立及公正之信心，即受侵蝕。雖然法官及司法職位候選人可以登記為某政黨會員而投票，但其依(A)(1)項規定，不得擔任政治組織領導人之角色。

[4] (A)(2)及(A)(3)項規定，禁止法官及司法職位候選人代表政治組織發表言論，或公開表示支持或反對公職候選人，其目的均係避免法官濫用司法職位聲望，以促進其他人之利益。見規則1.3。此等規則並未禁止候選人以自己名義為競選，或支持或反對與其競選同一司法職位之候選人。見規則4.2(B)(2)及4.2(B)(3)。

[5] 雖然法官及司法職位候選人家庭成員得自由參與其本身之政治活動，包括競選公職，但
(A)(3)項禁止法官或司法職位候選人公開支持公職候選人之規定，並未規定「家庭成員例外」。法官或司法職位候選人不得涉入家庭成員之政治活動或競選公職活動，或公開為相關行為。為避免公眾誤解，法官及司法職位候選人應採取，並督促其家庭成員採取合理措施，避免予人以其支持任何家庭成員之競選或其他政治活動之印象。

[6] 法官及司法職位候選人保有以初選及普選選舉人身分，參與政治過程。依本法規定旨意，參與政黨核心小組形式之選舉過程，並不構成對政治組織或候選人之公開支持，因而不受(A)(2)或(A)(3)項規定之禁止。

競選司法職位期間所為言論及評論

[7] 司法職位候選人及其競選委員會，必須小心而公正及正確地發表所有言論。(A)(11)項規定，限制候選人及其競選委員會避免發表錯誤或誤導之言論，或發表省略為使整體訊息不致造成誤導之必要事實之言論。

[8] 司法職位候選人有時會成為候選人對手、第三人或媒體，為錯誤、誤導或不公平指陳之對象。例如，錯誤或誤導之言論可能係有關候選人之身分、目前職位、經驗、資格或司法裁決。在其他情況，錯誤或誤導之指陳，可能對於候選人之正直或司法職位之適任性，有所影響。只要候選人不違反(A)(11)、(A)(12)或(A)(13)項之規定，候選人得為事實上正確之公開回應。此外，當一獨立第三人對於候選人之對人作出毫無根據之攻擊，候選人得駁斥該攻擊，並要求第三人中止其攻擊言論。

[9] 在(A)(12)項規定之限制範圍內，司法職位候選人得對於在競選期間對其個人所為錯誤、誤導或不公平之指陳，直接回應，但如該指陳係有關繫屬中案件，其回應以由其他人為之為宜。

[10] (A)(12)項規定禁止司法職位候選人對於可能傷害繫屬中或即將繫屬案件之公平性。本規定並未限制為司法職位候選人之律師，向法院或陪審團為辯論或陳述，或可能合法影響案件結果之法官，於程序中為裁判、陳述或指示。

為有悖於公正履行司法職務之司法職責之擔保、允諾或承諾

[11] 即使法官受公職選舉之限制，但法官角色不同於立法委員或行政部門官員。司法職位之競選必須不同於其他職位之競選。準則4就司法職位候選人從事政治及競選活動之限縮性限制，容許候選人對選舉人提供充分資訊，以使其得以於候選人中加以區別，並依充分資訊作出選舉之選擇。

[12] (A)(13)項使規則2.10(B)適用於法官，即禁止法官為有悖於公正履行司法職務之司法職責之擔保、允諾或承諾，適用於法官及司法職位候選人。

[13] 作出擔保、允諾或承諾之判斷，並非取決於或限於所使用之特別用語

或說法，而是應由其陳述之整體內容來檢視，以判定是否一般人會相信司法職位候選人已特別承諾造成特定之結果。擔保、允諾或承諾，必須由其個人所為未被禁止，有關法律、政治或其他問題觀點之陳述或宣示，交互對照觀察。法官發表該等言論時應知悉，不論其個人觀點如何，適用並支持法律，係其首要之司法義務。

[14] 司法職位候選人得於競選時，允諾有關司法組織、行政及法院管理問題，諸如允諾終結積壓之案件、準時開庭或避免於任命或僱用時有偏袒情事。候選人亦得擔保採取法庭外行動，諸如推動改善陪審員遴選制度，或支持以更多資金來改善法庭物理設備及其便利設施。

[15] 司法職位候選人得接受，為瞭解其對爭議或有爭論之法律或政治問題觀點之媒體、爭議問題廣告、或其他社區組織，所為問卷調查或訪問之要求。(A)(13)項並未特別指明對該等詢問之回應，視該等問卷用語及格式，候選人之回應可能被視為係對於履行職務之司法職責之擔保、允諾或承諾，而非以公正之方式為之，因而，為避免違反(A)(13)之規定，候選人對媒體及其他詢問回應時，亦應確信其將以開闊心胸來看問題，如獲遴選，將忠實而公正履行其司法職責。不回應之候選人，得說明其不回應之理由，諸如其回應之危險，可能使其被一般人認為無形中傷害一位成功候選人之獨立或公正，或其可能導致經常之迴避事由。見規則2.11。

規則4.2：司法職位候選人於公開選舉期間之政治及競選活動

(A)司法職位候選人*於政黨、非政黨或留任之公開選舉，必須：

(1)行為舉止隨時保持不悖於司法獨立*、正直*及公正*之態度；

(2)遵守本司法轄區現行選舉、競選活動及競選活動募集資金之法律及規定；

(3)依規則4.4規定授權，由司法職位候選人及競選委員會所提出之所有競選文件及資料之內容，在發布之前，予以審查及認可；及

(4)採取合理措施，以確保其他人不致以候選人活動之名義，進行規則4.4所述以外，而為司法職位候選人所被禁止從事之行為。

(B)參與選舉司法職位之候選人，除法律*禁止，以及在第一次初選、政黨

核心小組或一般或留任選舉前（填入時間數額）之外，得：

(1)依規則4.4之規定成立競選委員會；

(2)以候選人之名義，經由包括但不限於廣告、網路或其他文宣在內之媒體，發表演說；

(3)公開支持或反對與其同樣競選司法職位之候選人；

(4)出席由政治組織*或公職候選人所主辦之晚宴，或購買其晚宴餐券，或出席其主辦之其他活動；

(5)尋求、接受或利益來自除政黨政治組織外之人或組織之支持；及

(6)對政治組織或公職候選人為捐獻，但其對任何組織或候選人之捐獻數額以不超過（填入數額）元為限。

(C)在政黨公開選舉之司法職位候選人，除法律禁止，以及在第一次初選、政黨核心小組或一般選舉前（填入時間數額）之外，得：

(1)表明其本身係某政治組織之候選人；及

(2)尋求、接受及利用某政治組織之支持。

註釋

[1] (B)及(C)項規定允許參與公開選舉之司法職位候選人，從事某些未經規則4.1規定禁止之政治及競選活動，候選人不得於第一次選舉活動，諸如政黨核心小組選舉或初選，之前（填入時間數額）從事此等活動。

[2] 儘管有(B)及(C)項之允許規定，參與公開選舉之司法職位候選人仍應受規則4.1規定之限制。例如，候選人仍不得為政治組織募集資金、於競選期間故意為錯誤或誤導之言論，或就有關未來之司法職責作出某種允諾、擔保或承諾。見規則4.1(A)，(4)(11)及(13)項。

[3] 在司法職位之政黨公開選舉，候選人得被政治組織，包括政黨，提名、表示關聯性、或以其他方式公開表明其間之關係。此一關係得維持至公開競選活動之期間，並得於競選文宣及選票上，使用政黨或類似名號。

[4] 在非政黨之公開選舉或留任選舉，(B)(5)項規定禁止候選人尋求、接受或利用來自政治組織之提名或支持。

[5] 司法職位候選人得出席由政治組織所主辦之晚宴，或購買餐券，或出

席其主辦之其他活動。

[6] 依(B)(3)項規定旨意，多數候選人競爭同一司法職位，或有同一法院有許多法官職位有待經由選舉填補，則多數候選人係爲同一司法職位來競選。於支持或反對另一候選人競爭同一法院之職位，司法職位候選人必須遵守，適用於候選人本身競選活動之競選行爲及言論之同一規範。

[7] 雖然非政黨公開選舉之司法職位候選人，不得於選票上表明與政治組織之關聯性，但其得以群體或同盟方式於選票上表明，以使其競選活動更有效率。

候選人如對註釋[6]所述條件感到滿意，而群體一起競選，意味其係競選同一司法職位。

規則4.3：任命之司法職位候選人之活動

任命之司法職候選人得：

(A)與任命或確認機構，包括遴選、審查或任命委員會或類似單位，進行溝通；及

(B)尋求除政治組織以外之人或組織關於任命之支持。

註　釋

在尋求支持，而直接與任命或確認機關溝通時，任命之司法職位之候選人不得作出有悖於公正執行該職務之司法職責之擔保、允諾或承諾。見規則4.1(A)(13)。

規則4.4：競選委員會

(A)受到公開選舉*拘束之司法職位候選人*得成立競選委員會，以爲候選人管理及處理依本法規定之競選事宜。候選人有責任確保其競選委員會遵守本法及其他現行法*之有關規定。

(B)受公開選舉拘束之司法職位候選人必須指示其競選委員會：

(1)於合理範圍內募集及接受該競選捐獻*，不論任何情況，其總額，個人部分不超過　（填入數額）　元，任何單位或組織部分，不超過（填

入數額）元；

(2)於有關初選、政黨核心小組選舉或一般或留任選舉開始前（填入時間），或於候選人參與上次選舉之後（填入數目）日期間，不要為候選人現行競選捐獻募集或接受捐獻；及

(3)遵守有關公開及放棄競選捐獻之法律規定，並向（適當之法定機關名稱）提交報告，載明每一向委員會捐獻總額超過（填入金額）元之人之姓名、地址、職業及其僱用人。該報告必須於選舉結束後（填入數目）日內，或法律所規定之其他期間為之。

註釋

[1] 司法職位候選人不得以個人名義募集競選捐獻或以個人名義接受競選捐獻。見規則4.1(A)(8)。本規則認識到在許多司法轄區，司法職位候選人必須募集資金來支持其候選，並允許候選人，除任命之司法職候選人外，成立競選委員會，來募集及接受合理之金錢捐獻或實物捐獻。

[2] 競選委員會得募集及接受競選捐獻，管理競選資金之支出，及處理一般競選事務。候選人有責任遵守選舉法律及其他現行法規定，並為其競選委員會之活動負責。

[3] 於競選活動一開始，候選人必須指示競選委員會只募集或接受數額合理、情況適當以及符合現行法規定之捐獻。雖然律師及其他人可能會前來向一位成功的司法職位候選人，為競選捐獻，而其捐獻為法之所許，但候選人仍應指示其競選委員會要特別小心處理此等捐獻，以免其成為日後候選人當選後之迴避事由。見規則2.11。

規則4.5：法官成為非司法職位候選人之行為

(A)法官成為非司法之選舉職候選人時，必須辭去司法職位，但法律*准許其繼續保有司法職位者，不在此限。

(B)法官成為非司法之任命候選人時，無庸辭去司法職位，但以法官遵守本法其他規定為限。

註 釋

[1] 從事非司法之選舉公職競選活動，候選人可能對其所欲擔任之職位，以及其如選上該職位將採取之方法，提出擔保、允諾或承諾。雖然在非司法職之競選活動並無不當，但此種競選方法與法官必須公平且公正對待所有人之角色，並不相容。基於濫用司法職位之可能性，及法官在競選非司法之選舉職會被迫作出政治允諾之因素，而要求欲競選該職位之法官，於成為候選人時，必須辭職。

[2] (A)項所規定「辭職參選」之規定，乃確保法官不能利用司法職位來促進其候選優勢，並避免法官於選舉落敗後，為選後之報復行為。惟法官尋求非司法之任命職時，其危險性並不足以作為實施「辭職參選」法則之理由。

國家圖書館出版品預行編目資料

法官倫理規範與實踐╱蔡烱燉著. －－初版.
－－臺北市：五南，2014.06
　面；　公分
ISBN 978-957-11-7604-8 (平裝)

1.法官　2.專業倫理　3.職業倫理
589.6　　　　　　　　　　　103006899

1QD4

法官倫理規範與實踐

作　　　者 ― 蔡烱燉（316.8）

發 行 人 ― 楊榮川

總 編 輯 ― 王翠華

主　　　編 ― 劉靜芬

責任編輯 ― 宋肇昌

封面設計 ― P.Design視覺企劃

出 版 者 ― 五南圖書出版股份有限公司

地　　　址：106台北市大安區和平東路二段339號4樓

電　　　話：(02)2705-5066　　傳　　真：(02)2706-6100

網　　　址：http://www.wunan.com.tw

電子郵件：wunan@wunan.com.tw

劃撥帳號：01068953

戶　　　名：五南圖書出版股份有限公司

台中市駐區辦公室／台中市中區中山路6號

電　　　話：(04)2223-0891　　傳　　真：(04)2223-3549

高雄市駐區辦公室／高雄市新興區中山一路290號

電　　　話：(07)2358-702　　傳　　真：(07)2350-236

法律顧問　林勝安律師事務所　林勝安律師

出版日期　2014年6月初版一刷

定　　　價　新臺幣600元